DAS SCHWEIGEN DER GLÜCKLICHEN SKLAVEN

Richard Melisch

Das Schweigen der glücklichen Sklaven

Die letzte Chance
zum Ausstieg aus
der Globalisierung

HOHENRAIN TÜBINGEN

Lektorat; Karl Richter

Melisch, Richard :

Das Schweigen der glücklichen Sklaven :
Die letzte Chance zum Ausstieg aus der Globalisierung /
Richard Melisch.- Tübingen : Hohenrain-Verlag 2010
ISBN 978-3-89180-090-4

ISBN 978-3-89180-090-4

Postfach 1611, D-72006 Tübingen
www.hohenrainverlag.de

Gedruckt in Deutschland

Inhaltsverzeichnis

Vorwort · *9*

1 Wie geht es Thomas Barnett? · *13*

2 Ein Schlüsselwerk der Globalisierung. Barnetts Strategie-Fahrplan Great Powers · *21*

3 Religion und Weltanschauung · *49*

3.1 Das Kreuz mit der Analog-Religion · *50*

3.2 Ein gemeinsames Bekenntnis tut not · *50*

4 Das Ende nationaler Politik · *55*

4.1 Blick zurück – als die Staaten noch souverän waren · *57*

4.2 Der Siegeszug der Menschenrechte · *59*

4.3 Die ›Menschenrechte‹ als unabdingbare Stütze der Globalisierer · *63*

4.4 Zur Rechtslage in Deutschland und Österreich nach 1945 · *68*

4.5 Die Europäische Verfassung · *77*

4.6 Der ›Lissaboner Vertrag‹ – kritische Stimmen und was wirklich drinsteht · *80*

4.7 Die Weichen sind gestellt – freie Fahrt in Richtung Globalisierung · *104*

4.7.1 Exkurs: Logenbrüderliche Hilfe bei der Umsetzung der Globalisierung · *105*

4.7.2 Angewandte ›Demokratie‹ am Beispiel einer Volksabstimmung · *107*

4.7.3 Das vereinigte Europa der Bürokraten und Lobbyisten · *108*

4.8 Zusammenfassung · *112*

5 Das Ende der Volkswirtschaften und der nationalen Währungen · *119*

5.1 Einführung: die handelnden Personen. Der Versuch eines Vergleichs · *119*

5.1.1 Wie gingen die Financiers der ›Federal Reserve‹ ans Werk? · *124*

5.1.2 Die Globalisierung von Wirtschaft und Finanzen schreitet voran · *127*

5.2 Erkenntnisse, Meinungen und Standpunkte zum Thema »Krise« · *139*

5.2.3 Über die Rolle der ›Lobby‹ in der US-Politik · *159*
5.3 Die ›Fed‹, die ›Bailouts‹ und ihre Folgen in den USA · *164*
5.3.1 Wie wird das ›Federal Reserve System‹ verwaltet? · *165*
5.3.2 Die ›FED‹ als Verursacherin der Finanzkrise · *166*
5.3.3 Die Machenschaften der ›FED‹ geraten unter Druck · *171*
5.3.4 Das Kreuz mit den ›Bailouts‹, den finanziellen Hilfspaketen in den USA · *178*
5.3.5 Etwas für Trostsuchende · *181*
5.4 Ursprung, Auswirkungen und Folgen der Finanzkrise · *192*
5.4.1 Ein kurzer historischer Rückblick · *194*
5.4.2 Und wie reagiert die EU auf die Finanzkrise? · *202*
5.4.3 . . . und Österreich und Deutschland? · *207*
5.4.4 Und wie reagieren die Bürgerinnen und Bürger? · *212*
5.4.5 Die Europäische Union wird von der Weltfinanzkrise eingeholt · *219*
5.4.6 Lehren und Erkenntnisse · *235*
6 Die Internationalisierung aller Lebensbereiche und staatlichen Funktionen · *239*
6.1 Einführung · *239*
6.2 Die Internationalisierung des Rechtswesens und Deutschlands Sonderstellung · *244*
6.2.1 Analog-Justiz ist Schein-Justiz · *244*
6.2.2 Die EU-Verfassung bedeutet das Ende der Meinungsfreiheit · *254*
6.2.3 Recht ›im Namen des Volkes‹ – oder im Namen der Menschenrechte? · *256*
6.2.4 Deutschlands Sonderstellung · *266*
6.3 Die Internationalisierung der Sozialpolitik und des Gesundheitswesens · *283*
6.3.1 Soziales · *283*
6.3.2 Gesundheitswesen · *320*
6.3.3 ›Gender Mainstreaming‹ – die neue Rolle der Geschlechter · *329*
6.4 Die Internationalisierung des Militärs · *345*
6.4.1. Die zwielichtige Rolle der NATO · *347*
6.4.2 Ein Damoklesschwert · *359*
6.5 Die Internationalisierung von Bildung, Wissenschaft und Forschung · *361*

6.6 Die Landwirtschaft in ›Globalistan‹ · *374*
6.6.1 Verdrängungskampf um die letzten Lebensmittelreserven – wer steckt hinter dem Geschäft mit der Gen-Technik? · *384*
6.6.2 ... und die Folgen für die Konsumenten · *394*
6.7 Kunst und Kultur, Medien und Reklame · *396*
6.7.1 Kunst und Kultur · *396*
6.7.2 Medien und Nachrichtenagenturen · *402*
7 Die Vereinigten Staaten von Nordamerika · *409*
7.1 Die Implosion der amerikanischen Weltmacht · *411*
7.2 Im Westen nichts Neues · *415*
7.3 Viel Sand im Getriebe der amerikanischen Streitkräfte · *418*
7.4 ... und die Zuwanderung aus Lateinamerika hält an · *421*
7.5 Die US-Gesellschaft ›kippt‹ · *424*
7.6 Wer oder was regiert eigentlich die USA? · *425*
7.7 Die USA sind bankrott, es will nur keiner zugeben · *429*
7.8 Zusammenfassung · *431*
8 Der Nahostkrieg – und kein Ende · *433*
8.1 Wie stellt sich die Lage aus israelischer Sicht dar? · *435*
8.2 Wie stellt sich die Lage aus arabischer Sicht dar? · *439*
8.3 Ein Blick in die Zukunft · *440*
8.4 Bilanz · *445*
8.5 Warnung · *451*
9 Können wir uns aus dem Würgegriff der Globalisierung befreien? · *453*
9.1 Die Achse Paris–Berlin–Moskau · *453*
9.2 Die ›Shanghai-Connection‹ · *454*
9.3 Wer ist Hugo Chávez? · *457*
9.4 Die unaufhaltsame Emanzipation der indigenen Völker Lateinamerikas · *464*
9.5 Das Angebot des Hugo Chávez an die Völker Europas · *468*

Nachwort · *472*

Personenverzeichnis · *474*

Vorwort

Kassandren, das weiß man wohl, werden keine Kränze geflochten. Irren sie in ihren Voraussagen, werden sie mit Spott und Hohn verfolgt. Erweisen sich ihre Weissagungen als richtig, werden sie als unheilkündende Unglücksboten aus der Stadt gejagt. Der trojanischen Namensgeberin dieser unseligen Zunft erging es nicht anders: Nach dem Sieg der Achäer fiel sie dem glorreichen AGAMEMNON zu, der sie als Sklavin und Geliebte nach Mykene entführte, wo sie von seiner Gattin KLYTEMNÄSTRA ermordet wurde.

In seinen Büchern *Pulverfaß Nahost* (2003) und *Der letzte Akt* (2007) wagte der Autor, sowohl das Mißlingen des zionistischen Experiments zur Errichtung eines Judenstaates im Heiligen Land vorauszusagen als auch den zwangsläufigen Zusammenbruch der von Globalisierern seit 1913 angestrebten und geförderten Welteroberung im Zeichen des Materialismus zu prognostizieren, und wird seither von selbsternannten und institutionalisierten Polit-Zensurbehörden diffamiert und ostraziert.

Ein arabisches Sprichwort lautet: Wer die Wahrheit sagt, braucht ein schnelles Pferd.

In diesem Buch will der Autor der Frage nachgehen, in welchem Umfang seine Voraussagen eingetroffen sind und er stellt fest:

- Rund um das Pulverfaß Nahost sind die Konfliktparteien von einer friedlichen Lösung weiter entfernt als jemals zuvor. Das Beharren der USA und Israels auf militärische Interventionen vom Land der Zedern bis zum Hindukusch hat seither nur zu Pannen, Pech und Pleiten geführt. Weil Verhandlungen mit siegreichen ›Terroristen‹ der Hisbollah, Hamas, Taliban, die sich selbst als Freiheitskämpfer betrachten, für Israel und die USA nicht in Frage kommen, wird sich – so sicher wie Allah im Koran – der radikale Islam nicht nur im Maghreb und Maschrek ausbreiten, sondern auch in Marseilles, Manchester, München, Mailand, Madrid, Milwaukee, Mumbai und Mombasa Fuß fassen.

- Die von den Globalisierern betriebene Umkehrung aller traditionellen Werte und Abschaffung sittlicher Normen hat den gleichgeschalteten Völkern der EU nur Analog-Demokratie, Geheimlogen-Politik, Mogel-Justiz, Schwindel-Kultur, Schein- Wirtschaft und eine Schummel-Währung beschert.

– Nichts fürchten ›demokratische‹ Regierungen der sogenannten westlichen ›Werte‹-Gemeinschaft mehr als Volkes Stimme. Sie schrecken deshalb vor Volksabstimmungen zurück wie der Teufel vor dem Weihwasser.

– Obwohl die weltbeherrschende Finanz-Mafia 2008 zur Kenntnis nehmen mußte, daß auch die schwindelerregendsten Spekulationen, Luftgeschäfte und ausgeklügelte Betrügereien die Gesetze der Natur und der Arithmetik nicht aus den Angeln heben konnten, der Mega-›Crash‹ somit vorprogrammiert war, geht sie – fleißig unterstützt von ihren hochbezahlten, hochgradigen Politlobbyisten und medialen Auftragskläffern – 2010 daran, eine noch mächtigere Weltfinanz-›Titanic‹ auf Kiel zu legen, die denselben Kurs steuern und deshalb genau so gegen den Eisberg krachen wird wie ihr Vorgängerin. Mögen die Völker verrecken, denn Rettungsboote für Passagiere der dritten und vierten Klasse sind von der Reederei ›Wall Street & Partners‹ auch dieses Mal nicht vorgesehen.

– Die ›demokratischen‹ Regierungen und Parlamentarier in den USA und den EU-Mitgliedsstaaten haben bewiesen, daß auf sie Verlaß ist, wenn die Globalisierung in Schwierigkeiten gerät: In Rekordzeit von nur wenigen Tagen beschlossen sie, als folgten sie einträchtig einem Befehl von ›ganz oben‹, auf Kosten und Risiko ihrer Steuerzahler, Geschenk-Pakete in Multimilliardenhöhe, nicht etwa zur Sicherung der Altersrenten und der Krankenversorgung sowie der Schaffung von Arbeitsplätzen in ihren Ländern zu schnüren, sondern zur Auszahlung an die an der Finanzkatastrophe schuldigen Wucherer. Wer genau hinhört, wird bemerken, daß Systempolitiker und Lizenzmedien von wachsender Schuldenlast, längeren Arbeitszeiten, steigender Arbeitslosigkeit stets im Indikativ, von angedachten, in Betracht gezogenen Bankensteuern und Finanztransferabgaben nur im Konjunktiv berichten.

– Der Autor wird aufzeigen, daß es im Laufe der letzten Jahre - trotz zunehmender Kontrolle und Beeinflussung durch Gleichschaltungspolitik, Medien und Weltfinanz – immer mehr Völkern gelungen ist, sich aus dem Würgegriff der Globalisierer zu befreien.

* * *

Marie von Ebner Eschenbach schrieb 1916, daß niemand seine Freiheit so heftig bekämpft wie der glückliche Sklave. Gebe Gott, daß sich Europas Völker nicht mit Brot und Spielen einschläfern lassen, sondern sich ihrer von den Globalisierern betriebenen Abschaffung erwehren mögen.

Das Abendland geht schweren Zeiten entgegen. Ihm schlägt längst nicht mehr die Weltenuhr der Geschichte, sondern tickt unbarmherzig der Sekundenzeiger des Überlebens seiner Völker und Kulturen.

1. Kapitel

Wie geht es Thomas Barnett?

Danke, Thomas Barnett geht es gut: Der Chefpropagandist der Globaliserer schreibt gelegentlich Leitartikel im amerikanischen Männermagazin *Esquire*, wirkte nach den Anschlägen des 11. September 2001 an der Ausarbeitung des »Patriot Act« zur flächendekkenden Überwachung des amerikanischen Volkes mit und leitet seit 2007 das Unternehmen ›Enterra Solutions‹, das für seine Kunden, unter ihnen Regierungen, weltweit engagierte Konzerne, die Hafenbehörde von Philadelphia, globalwirtschaftliche Konzepte erstellt. Er berät Anleger, wie man in Kurdistan, das US-Verteidigungsministerium, wo man im Irak am besten investiert.

Zur Erinnerung: Unter dem Titel *Der letzte Akt – Kriegserklärung der Globalisierer* (Tübingen 2007) stellte der Autor dieser Zeilen die amerikanische Strategie zur Eroberung der Welt, so wie sie Thomas Barnett in seinen auf Amerikanisch verfaßten Bestsellern *The Pentagon's New Map* und *Blueprint for Action* dargelegte, die bisher – aus einsichtigen Gründen – weder ins Deutsche noch ins Französische, Spanische, Italienische usw. übersetzt wurden, der deutschen Leserschaft vor.

Hier noch einmal kurz die Zusammenfassung: Die Globalisierung ist eine von ganz wenigen machtvollen Entscheidungsträgern geplante und mit allen ihnen zur Verfügung stehenden finanziellen, politischen und propagandistischen Mitteln angestrebte Weltherrschaft im Zeichen eines puren Materialismus. Wer steckt hinter dieser Interessensgemeinschaft? Es sind die neokonservativen Kriegshetzer, die Finanz-Mafia an der Wall Street, der militärisch-industrielle Komplex, das Ölkartell, die Weltherrschaftsutopisten im Weißen Haus und im Pentagon, die hochgradig Erlesenen, die sich von den Bilderberger-Treffen, der Trilateralen Kommission, dem Council on Foreign Relations her bestens kennen.

Die Globalisierer wollen kein national- und traditionsbewußtes Weltreich gründen, sondern einen erdumspannenden Weltmarkt ohne Grenzen errichten. Sind Grenzen abgeschafft, brauchen sie auch nicht mehr verteidigt zu werden, entfallen alle nationalen und territorialen Sonderinteressen, verschwinden alle über Jahrtausende natürlich gewachsenen kulturellen, religiösen und sittlichen

Wertvorstellungen im Brei der gleichgeschalteten ›Einen Welt‹. Während in einer Volkswirtschaft der Erfolg danach bemessen wird, ob er sozial- und umweltverträglich zustande gekommen ist, besteht aus der materialistischen Sicht der Globalisierer die Welt aus lebenden und toten ›Produkten‹, die keinen Wert an sich, sondern nur einen Preis haben, daher käuflich und verkäuflich sind. Für sie stellt die Welt einen einzigen riesigen Markt dar, der nach marktwirtschaftlichen Regeln verwaltet werden muß.

Aus dem Handel mit der Ware Mensch, Tier, Kunst, Sport, Natur, Religion, Gesinnung usw. können nur besonders befähigte, gewinnorientierte, weltumspannende Konzerne Höchstgewinne erwirtschaften, niemals jedoch der gemeinnützige Staat, so die Globalisierer. Deshalb:

> »Her mit den Milliarden, die von ›Humanressourcen‹ im Laufe von Jahrzehnten angespart wurden und jetzt nutzlos in Krankenkassen, Renten- und Arbeitslosenversicherungen eingebunkert sind! Her mit den Streikrücklagen der Gewerkschaften und den Bausparverträgen kleiner Sparer, die für den Ernstfall gehortet werden, anstatt sie unseren mit allen trüben Abwässern gewaschenen Kapitalinvestoren anzuvertrauen. Und sollten wir uns verschätzen, falsch kalkuliert haben, verschwinden wir ohnehin auf Nimmerwiedersehen und hinterlassen – wie eh und je – den dummen Steuerzahlern die Rechnung. Es tut uns wirklich leid, wir wollten ja nur das Beste.«

Wer ein rechter Globalisierer sein will, muß ›mobil‹ sein: Im Laufe seines Lebens sollte er seine Gesinnung, seine Loyalität, seinen Standort, seinen Beruf, seine Ehepartnerin genau so oft wechseln wie sein Automodell.

Der angestrebte Endzweck der Globalisierer sind weder Ehrungen noch Lorbeerkränze, weder göttlicher Lohn noch Ritterschlag, sondern ausschließlich der zu erzielende fette Profit. Ihr Glaubensbekenntnis lautet: Eigennutz geht vor Gemeinnutz – Gewinne sind zu privatisieren, Verluste zu sozialisieren.

Zu Beginn des Jahres 2000 war die weltweite Ausbreitung der Globalisierung nicht mehr zu übersehen: Auf ihrem Globus konnten die Weltherrschaftsplaner und Globalisierungsfetischisten zu New York und Washington freudig erkennen, daß sie bereits den gesamten amerikanischen Kontinent, die Staaten der EU, Australien und Neuseeland, Indien und Pakistan, Japan, die Türkei, das von JELZIN heruntergewirtschaftete Rußland, Israel sowie weite Teile Afrikas und Südostasiens kontrollierten. Un-integriert waren lediglich noch die ›Schurkenstaaten‹ China, Kuba, der Iran und die meisten islamisch geprägten arabischen Staaten geblieben. Die Globalisierer fühlten sich nun so siegessicher, daß sie Thomas BARNETT, einem ihrer bedeutendsten Strategieplaner, gestatteten, die von ihm ausgearbeitete Kriegs- und Friedensstrategie zur Erringung der Weltherrschaft zu veröffentlichen und die dazu nötigen *New Rule Sets* (die neuen Spielregeln) auszuarbeiten.

BARNETT, der ›Clausewitz‹ der Globalisierer, war um die Jahrtausendwende Professor für Strategie an der Marineakademie von Rhode Island und wurde von der Firma Cantor & Fitzgerald, dem weltgrößten Devisenspekulanten an der Wall Street – nach Rücksprache mit Verteidigungsminister Donald RUMSFELD – beauftragt, eine Denkfabrik einzurichten, an der hohe Beamte der Regierung, Generale des Pentagon, Geheimdienstler, Wissenschaftler, Vertreter des militärisch-industriellen Komplexes und der Wall Street angehören würden. Die Firma Cantor & Fitzgerald, die 2001 an die 50 000 Milliarden Dollar (!) bei Währungsspekulationen umgesetzt hatte – eine Zahl mit 14 Nullen vor dem Komma –, stellte Anfang 2001 diesem ›think tank‹ ihr Büro im 107. Stockwerk des New Yorker World Trade Center zur Verfügung. Wie erging es dieser erlesenen Schar am 11. September, als zwei Großraumflugzeuge in die beiden Türme des WTC krachten? Keine Sorge, es wurde keinem einzigen auch nur ein Haar gekrümmt; sie befanden sich wohl gerade in der Pizzeria oder im Coffee Shop ums Eck. Ein Schurke, wer Böses dabei denkt!

Die Gründung dieser von einer amerikanischen Privatbank vorgeschlagenen und geleiteten Denkfabrik, einer Interessensgemeinschaft von Hochfinanz, Politik und des militärisch-industriellen Komplexes, ist als Bestätigung für die allen Eingeweihten seit einhundert Jahren ohnehin bekannte Tatsache anzusehen, daß Amerika stets von der Wall Street geleitet wurde. Was bisher im verborgenen geschah, ist nunmehr für alle sichtbar: die Machtergreifung der Privatfirma ›Pentagon & Wall Street‹ in den USA.

Thomas BARNETT hat in zwei *New York Times*-Bestsellern die Strategie der Globalisierer zur Erringung der Weltherrschaft dargelegt: *The Pentagon's New Map* (*Die neue Weltkarte des Pentagon*) und *Blueprint for Action* (*Planskizze zum Angriff*). Die darin enthaltene Kriegserklärung der Globalisierer an die Völker der Welt liegt nunmehr schriftlich vor. Anfang 2009 erschien BARNETTs neuestes Werk: *Great Powers – America and the World after Bush* (*Großmächte – Amerika und die Welt nach Bush*) über das im nächsten Kapitel zu reden sein wird.

BARNETT teilt die Welt in zwei Zonen auf: Die eine umfaßt die bereits globalisierten Kernstaaten (englisch: the Core), die noch nicht gleichgeschalteten Länder bilden eine Bresche (englisch: the Gap), die es zu überbrücken gilt. Und worin bestehen nun diese *New Rule Sets*, diese vier Gebote, die den Dekalog – die zehn Gebote, die seit zweitausend Jahren Grundlage unserer abendländischen Zivilisation sind – ersetzen sollen?

»Sie werden«, so BARNETT, »nicht mehr von Staaten festgelegt, sondern von der Globalisierung vorgegeben, denn nur sie kann Frieden und Ausgewogenheit in der Welt gewährleisten. Als Voraussetzung für ihr reibungsloses Funktionieren müssen vier dauerhafte und ungehinderte ›Flows‹ (Ströme, Flüsse) gewährleistet sein.« Und täglich werden wir aufs neue Zeugen, wie linientreu diese vier Gebote von ›unseren‹ Politikern umgesetzt werden:

1. Gebot: In der globalisierten Einen Welt wird kein Nationalstaat, keine Regierung, das Strömen von Menschenmassen aus seinem Land heraus und in sein Land hinein mehr behindern. Wohin und woher auch immer es ›der Markt‹ erfordert, werden Humanressourcen fließen. »Dieser Strom von Menschenmassen wird nötig sein, um die abnehmende Bevölkerung der CORE-Länder durch Zuwanderung aus dem GAP auszugleichen. Bis zum Jahre 2050 werden zwei Drittel der Neueinwanderer in die USA lateinamerikanische Wurzeln besitzen. Schlimm schaut es »in Japan und im ausländerfeindlichen Europa aus«, so BARNETT: »In Europa tummeln sich zahlreiche rechtsgerichtete und einwanderungsfeindliche Politiker, die die schlimmsten Ängste der Bevölkerungen schüren. Anstatt nur 300 000, müßte EUropa bis 2050 jährlich 1,5 Millionen Immigranten hereinlassen, um seine Bevölkerungsziffern konstant zu halten.«

2. Gebot: In der globalisierten Einen Welt werden keine Nationalstaaten mehr über ihre eigenen Rohstoffe und Naturreserven verfügen. Diese werden von den Globalisierern privatisiert, internationalisiert und dann profitorientiert vermarktet. Die Kontrolle über Naturreserven und Rohstoffe, die Energieversorgung, die kommende Weltwährung ›Amero‹, über die Erzeugung genmanipulierter Nahrungsmittel und über die Trinkwasserversorgung, ist eine unabdingbare Voraussetzung zur Erringung ihrer Weltherrschaft.

3. *Gebot:* In der globalisierten Einen Welt dürfen nationale Regierungen weder Bestimmungen erlassen noch Gesetze beschließen, die das unkontrollierte Hereinströmen von Investitionen und Krediten des IWF, der Weltbank und internationaler Banken zum Zweck der Kontrollausübung über die Volkswirtschaften behindern oder erschweren. Keine Regierung darf den Rückfluß von solcherlei erpreßten Profite sowie von Zins- und Zinseszinszahlungen an die Wucherer in Frage stellen. BARNETT: »Die Globalisierung ist die einmalige Gelegenheit, den Einfluß amerikanischer und einiger europäischer Finanzhäuser in den Ländern des ›Gap‹ zu stärken und unsere neuen globalen Spielregeln dort einzuführen.«

4. *Gebot:* In der globalisierten Einen Welt dürfen Einsätze des amerikanischen Militärs - auf amerikanisch klingt es viel schöner, nämlich: »Export of US-security services«, so, als leiste das amerikanische Militär nur ›Dienstleistungen‹ im Namen des Weltfriedens - von keinem Staat behindert werden. Denn wie wir ja wissen, haben die USA - wie schon im Ersten und auch im Zweiten Weltkrieg - stets nur selbstlos und aus rein humanitären Beweggründen in das Weltgeschehen eingegriffen. In seiner Ankündigung der neuen *Security Strategy of the USA* prägte Präsident George W. Bush im September 2002 denn auch folgerichtig zwei neue juristische Begriffe, nämlich das Recht der USA auf »anticipatory self defense« (»vorweggenommene Notwehr«) sowie auf »creative destruction« (»schöpferische Zerstörung«) von Staaten, die sich der Globalisierung widersetzen.

Speziell der Jugend der Welt verkündet BARNETT die folgende Frohbotschaft: »Die Globalisierung wird euch zweierlei bescheren: mehr Profite und mehr Spaß! In jeder eurer Gemeinden werden Disney-Erlebniswelten entstehen, und wird es eigene MTV-Sender geben.«

An die Adresse chronischer Globalisierungsverweigerer richtet BARNETT demgegenüber einige unverhüllte Drohungen:

1. »Als Problem erwies sich, daß sich hinter der Antiglobalisierung kein greifbarer Bösewicht verbarg. Mangels Erkennens eines klar umrissenen Feindbildes beschlossen wir einfach, die Rolle der größten Bedrohung der Welt dem radikalen Islam zuzuschieben.« (Regierungsspitzen der USA, einige auserwählte Alliierte, hohe Militärs des Pentagon und der NATO, die meisten Geheimdienste in West und Ost, sind seit langem Mitwisser, daß Osama BIN LADEN am 13. Dezember 2001 in Tora Bora verstorben ist, von den Propagandisten der Globalisierung jedoch weiterhin als Symbol des Ter-

rorismus verkauft wird, auf daß die gleichgeschalteten Völker bei der amerikanischen Stange bleiben. Näheres im Kapitel über den Nahen Osten).

2. BARNETT wendet sich an seine Landsleute: »Amerika hat sich darauf spezialisiert, seine Staatsschulden zu exportieren und fast alles andere zu importieren. Wie schaffen wir es, derart über unsere Verhältnisse zu leben und dabei trotzdem riesige Defizite einzufahren? Wir bringen eben die Welt dazu, unsere Schuldscheine zu kaufen, weil sie Uncle Sam vertraut und der Dollar verhältnismäßig billig ist. Das Geschäft mit unseren Schuldscheinen (treasury bills) ist umwerfend einfach. Wißt ihr, was es kostet, diese grünen Papierfetzen, genannt Dollar, zu drucken? Fast nichts! Und wißt ihr, was wir als Gegenleistung bekommen? Videorecorder, Autos, Computer aus der ganzen Welt! Hört auf zu jammern, denn sollte die Welt jemals draufkommen, welch großartiges Luftgeschäft wir betreiben, könnten wir in arge Schwierigkeiten kommen.«

3. »Wenn die Nichtvernetzung (*disconnectedness*) der wahre Feind ist, müssen wir in diesem Krieg jene bekämpfen, die diese fördern, durchsetzen wollen und alle terrorisieren, die ihre Hände nach der vernetzten freien Welt ausstrecken, um sich zu befreien. Somit ist unser strategisches Ziel klar vorgegeben: Vernichtung aller Gegner, die sich der Globalisierung widersetzen und damit den Freiheiten, die diese eröffnet.« »Wenn nötig, werden wir einen neuen 11. September inszenieren!«

4. Die folgende Drohung gilt ganz besonders den unverbesserlichen und widerspenstigen Nationalen, deren Zahl sogar in den Kernstaaten bedrohlich anwächst. BARNETT: »Unser Planet steckt voller Spinner, die gegen die Vermischung von Rassen und Kulturen wettern und sich der Erkenntnis verschließen, daß die Logik der Ökonomie obsiegen wird und nur sie die Menschen überzeugen kann. Diese Logik erfordert eine Globalisierung, die sowohl multikulturell als auch multirassisch sein muß. Sofern sie nicht von Kräften im Innersten des CORE heraus sabotiert wird, ist ihr Siegeszug nicht mehr aufzuhalten. Jawohl, ich nehme die vernunftwidrigen Argumente unserer Gegner zur Kenntnis. Doch sollten sie Widerstand gegen die globale Weltordnung leisten, fordere ich: Tötet sie! (I say: Kill them!)«

Verhält sich hierzulande angesichts solcher Drohungen ein Befürworter der Globalisierung nicht wie eine Gans, die sich auf Weihnachten freut? Hierzu noch ein passendes Zitat aus einer Rede von Bundeskanzlerin Angela MERKEL am 11. Juli 2007 an der Universität Heidelberg:

> »Das vereinte Europa lebt von seiner Vielfalt. Die Voraussetzung, daß diese gelebt werden kann, ist die Freiheit... Dazu gehört die Freiheit, seine eigene Meinung öffentlich zu sagen... Diese Freiheit brauchen wir wie die Luft zum Atmen... Diese Freiheit ist auch die Freiheit des Andersdenkenden... Die Eigenschaft, die uns dazu befähigt, ist die Toleranz. Das, was Europa ausmacht, ist die Toleranz... Die Toleranz zerstört sich jedoch selbst, wenn sie sich nicht vor Intoleranz schützt. Oder mit den Worten Thomas MANNS gesagt: ›Toleranz wird zum Verbrechen, wenn sie dem Bösen gilt.‹ Es muß also klar sein, wo Toleranz endet und wo intolerantes Verhalten beginnt. Intolerantes Verhalten darf unter keinen Umständen geduldet werden – weder bei Gewalt und Extremismus noch bei Diskriminierung, Rassismus und Antisemitismus. Hier darf es keine Indifferenz und keine Toleranz geben... Derartiges Verhalten wird geächtet und bekämpft... Wir alle spüren die weitreichenden Konsequenzen dessen, was wir Globalisierung nennen... Ich sehe sehr viele Chancen, denn für mich ist die Globalisierung auch ein Schlüssel zur Zukunft und übrigens auch zur Toleranz, weil sie eine weltweite Öffnung politischer, wirtschaftlicher und kommunikativer Grenzen mit sich bringt. Sie verstärkt Mobilität und Vernetzung ebenso wie den Wettbewerb... Sie schafft das Bewußtsein, in einer gemeinsamen Welt zu leben. Meine Damen und Herren, ich bin zutiefst überzeugt: Globalisierung ist keine Naturgewalt, sie ist eine von Menschen geschaffene Entwicklung... Ich bin sehr froh, daß der Begriff der Toleranz nun auch Teil der Grundrechte-Charta im neuen EU-Reformvertrag ist.«

Über welche Art von Toleranz Frau MERKEL »sehr froh« ist, kann man im EU-Vertrag nachlesen: Obwohl die Todesstrafe EU-weit längst abgeschafft ist, heißt es unter den im Verfassungsrang stehenden Erläuterungen zum EU-Vertrag Artikel 2 Abs. 2 EMRK:

> »Eine Tötung wird nicht als Verletzung dieses Artikels betrachtet, wenn sie durch eine Gewaltanwendung verursacht wird, die unbedingt erforderlich ist, um zum Beispiel einen Aufruhr oder Aufstand rechtmäßig niederzuschlagen.«

Und unter Artikel 2 des Protokolls Nr.6 EMRK heißt es:

> »Ein Staat kann in seinem Recht die Todesstrafe für Taten vorsehen, die in Kriegszeiten oder bei unmittelbarer Kriegsgefahr begangen werden. . .« (Näheres dazu siehe im 4. Kapitel zum Thema ›Lissabon-Vertrag‹).

Gesetzt der Fall, daß weltweit einige Millionen oder auch nur Hunderttausende Englischsprachiger BARNETTS Bücher gelesen haben, so werden sich unter ihnen sicher auch Tausende von Gegnern der Globalisierung befunden haben, die nicht nur Gleichgesinnten, sondern auch anderen Mitbürgern darüber Bericht erstattet haben, was die Globalisierer gegen nationalbewußte Völker im Schilde führen und was die Vier Gebote der globalen Einen Welt für das Überleben nationaler Kulturen und Traditionen bedeuten. Sollten sich unter diesen Mitwissern und Vorgewarnten auch Vertreter EUropäischer Regierungen befunden haben, kann ihre Reaktion nur als »Schweigen ist gleich Zustimmung« interpretiert werden. Und falls die von BARNETT klar und deutlich formulierte Warnung zur Kenntnis der globalisierungsunwilligen Bürger gelangt sein sollte, haben auch diese sich bisher in ihrer großen Mehrheit bestenfalls wie glückliche Sklaven verhalten.

2. Kapitel

Ein Schlüsselwerk der Globalisierung: Barnetts Strategie-Fahrplan *Great Powers*

> »Die Globalisierung erfordert Mobilität und schnelle Anpassung an jede veränderte Marktlage. . . Willst du heute Gott befragen, mußt du ihn über das Mobilfunknetz anrufen, unter Google suchen oder bei Wikipedia anfragen.«
>
> Thomas BARNETT, *Great Powers* (S. 299)

Thomas BARNETTS jüngstes Buch unter dem Titel *Great Powers – America and the World after Bush* (*Großmächte – Amerika und die Welt nach Bush*) erschien 2009 bei G.P. Putnam´s Sons in New York. BARNETT muß darin viel Kreide fressen, hat er doch im Laufe der vergangenen vier bis fünf Jahre seit dem Erscheinen seiner beiden vorangegangenen Bücher erfahren müssen, daß es seit einigen Monaten im Gebälk der ›Neuen Weltordnung‹ gewaltig knistert und daß Amerika, leuchtendes Fanal der unaufhaltsam vordringenden, alle Völker plattwalzenden Globalisierung, samt seinem unbequemen Partner Israel, der den gemeinsamen Kurs so gern allein bestimmen möchte, von einer militärischen und wirtschaftlichen Pleite in die andere schlittert.

In *Great Powers* kommen wir Europäer gar nicht mehr vor, es sei denn als hilfswillige Vasallen oder gelegentlich aufsässige Erfüllungsgehilfen der weltbeherrschenden Globalisierer. Vertrat BARNETT in seinen beiden ersten Büchern noch die Meinung, die USA könnten ihre strategischen Ziele allein, allenfalls mit Unterstützung einiger untertäniger Satellitenstaaten erreichen, so verabschiedet er sich in *Great Powers* von solcher Überheblichkeit, beschwört eine Zusammenarbeit zwischen Amerika und den neuen Großmächten China, Indien, Rußland und Brasilien, setzt dabei voraus, daß sich diese Staaten den USA willig unterordnen werden, räumt aber immerhin ein, daß die USA ihren neuen Trabanten einige Bissen der fetten Beute übriglassen müßten.

An dieser Stelle eine Warnung an die Leser dieses Buches: Angesichts der zahllosen Geschichtsverdrehungen, Unwahrheiten und salbungsvollen Heucheleien, derer sich BARNETT in seinen früheren Büchern befleißigte, konnte der Autor dieser Zeilen nicht anders, als einige Richtigstellungen, giftige Bemerkungen und Interjektionen anzubringen. Diese sind im folgenden in Schrägschrift gesetzt.

Doch zunächst einige Auszüge aus dem Vorwort und den Kapiteln 1 bis 3:

– ». . .Um unsere Energien anzuspornen und unseren Tatendrang zu steuern, hat sich Amerika weltstrategischen Wunschvorstellungen hingegeben und ist daran gescheitert. Anstatt Hoffnungen zu wecken, haben wir Ängste geschürt, und statt Brücken zu bauen, haben wir Mauern errichtet. Ich behaupte nicht, daß unsere Kritiker unrecht haben, ich sage nur, daß ihre Sicht beschränkt ist. Dies ist noch immer Amerikas Welt, und sie wird von uns gestaltet. Sie entstand weder durch Schöpfungsakt noch durch Zufall. *Wir* gestalten sie durch unsere vernetzte und gleichgeschaltete Wirtschaftsordnung und Staatengemeinschaft. Niemand könnte es besser machen als wir. Schrecken wir nicht vor den Milliarden Mündern zurück, die wir ernähren müssen, sondern freuen wir uns auf die Milliarden Hirne, die wir gleichschalten werden. . . *Wir* sind die DNS, der genetische Code der Globalisierung. *Wir* sind der Welt älteste und erfolgreichste multinationale Wirtschafts- und politische Union. Heute beherrscht unsere liberale Wirtschaftsordnung die große Mehrheit der Weltbevölkerung. Unsere größte Herausforderung besteht heute nicht darin, uns der wenigen noch übriggebliebenen Feinde zu erwehren, sondern in der zunehmenden Zahl unserer Freunde, die uns übertreffen wollen. Jawohl, es ist uns gelungen, den Berg zum Propheten zu schleppen und dabei einigen der ältesten Kulturvölker und ihren ehrwürdigen Traditionen unser amerikanisches Globalisierungssystem überzustülpen. . .«

– »In den Kapiteln 4 bis 8 werden wir auf die fünf wichtigsten, dringend gebotenen Anpassungen unserer Weltstrategie zu sprechen kommen. In den nächsten Jahren wird sie ihre Feuerprobe bestehen müssen. Während die Globalisierung gerade eine schwere Finanzkrise durchzustehen hat, ist unser Weltwirtschaftssystem den stärksten Anspannungen seit der großen Depression des Jahres 1929 ausgesetzt. Sollte angesichts dieser Gefahren jemand daran zweifeln, daß in der global vernetzten Welt die betroffenen Großmächte gemeinsam schwimmen müssen, um nicht gemeinsam unterzugehen, hier ist der Beweis!. . . Die Globalisierung hat längst aufgehört, eine nationale Alternative zu sein, sondern stellt den Ist-Zustand unserer Welt dar. Diese kategorische Wahrheit erfordert in solch kritischer Lage von den USA – ihrem Schöpfer – immer neue Kraftanstrengungen. Die USA stehen nicht vor dem schrecklichen Ende, sondern am Anfang eines glorreichen Neubeginns. Unser Rom wurde nicht an einem Tag erbaut, sondern im Laufe eines mehrere Jahrhunderte dauernden Kampfes. Heute sind wir mit einer globalen Wirtschaft gesegnet, deren Ausweitung alle Erwartungen und unsere kühnsten Träume übertrifft... Die Terrorangriffe des 11. September gaben der amerikanischen Regierung die Gelegenheit, das internationale Sicherheitssystem neu zu definieren und ihre Führungsrolle in der Welt zu stärken... Viele Aufgaben zur Umsetzung der totalen Gleichschaltung erwarten uns, und es bleibt nur noch wenig Zeit. Gehen wir nicht mit bösen Vorahnungen an diese Aufgaben heran, sondern mit der Überzeugung, daß wir sie lösen können. Amerika hat der Menschheit eine Welt beschert, in der Kriege verschwinden und Interessensgeflechte sich ausbreiten. Die Ziellinie ist schon in Sicht. Vertraut mir! Sofern wir nicht vergessen, welche Tugenden uns so weit gebracht haben, werden wir auch in Zukunft stets den rechten Weg finden.«

– »Nach den Anschlägen des 11. September waren BUSH und CHENEY regelrecht gezwungen, neue weltpolitische Spielregeln (Gebote) einzuführen, und dafür gebührt ihnen unser Dank. Sind sie dabei zu weit gegangen? Das ABC der BUSH-Regierung bestand darin, die NATO-Mitgliedsländer auf Trab zu halten, die aufstrebenden Staaten China, Indien, Rußland auf ihre Plätze zu verweisen und der US-Hegemonie Geltung zu verschaffen. Sie erreichte das Gegenteil, wie sich im Sommer 2008 anläßlich des russisch-georgischen Konflikts zeigte, als die USA machtlos abseits stehen mußten... Ich bekenne mich zur Aggression gegen den Irak. Diese war notwendig, weil Saddam HUSSEIN ein verbrecherischer Diktator war und Al Qaida und die Dschihadisten früher oder später ohnehin einen Anlaß gefunden hätten, uns anzugreifen. Durch die Übernahme der langfristigen strategischen Kontrolle im Persischen Golf verwandelten BUSH und CHENEY unsere Politik des offenen Zugangs zu dieser ölreichen Region in ein Vermächtnis, sowohl als Leibgarde der Globalisierung aufzutreten als auch die traditionell islamische Gesellschaft in diesem Weltteil umzuwandeln.«

– »Die Globalisierung wird notwendigerweise die Landkarte des ›Gap‹ [der noch nicht globalisierten Staaten] neu zeichnen, auf daß über drei Milliarden neuen Kapitalisten eine bessere Zukunft erschlossen wird. Finden es die heutigen Besucher des Nahen Ostens nicht erstaunlich, wie wenig sich die Lage im Irak destabilisiert hat und wie sehr die Wirtschaft dort aufblüht?«

Natürlich weiß BARNETT genau, wie katastrophal die Lage im Irak ist, doch weil seine Privatfirma Kunden in Kurdistan und im Irak berät, malt er ein rosiges Bild.

– »Vertraten 1990 der neokonservative Charles KRAUTHAMMER, 1992 die neokonservativen Paul WOLFOWITZ und Douglas FEITH die Militärdoktrin, die USA müßten zu jeder Zeit für den Präventivkrieg gegen jeden möglichen Gegner gerüstet sein, so forderte WOLFOWITZ nach den Anschlägen des 11. September 2001 eine Neuausrichtung unserer militärischen Strategie im Nahen Osten mit Schwerpunkt Persischer Golf sowie einen globalen Präventivkrieg gegen den ›Terror‹... Der Begriff ›Achse des Bösen‹ wurde so streng ausgelegt, daß auch schon das Unterhalten von Handelsbeziehungen zu einem Mitgliedsland dieser Achse zur Dämonisierung des Frevlers führte. Sowohl der schiitische Iran als auch sunnitische ›Terror‹-Organisationen wurden in den Eintopf der Al Qaida geworfen. Zögernde, besorgte Alliierte wurden als Förderer des Terrors hingestellt. Die Aufdeckung der Folterkammern von Abu Ghraib und das Eingeständnis von Angriffen auf zivile Ziele führten sogar bei unseren engsten Alliierten zu weltweitem Antiamerikanismus... Krieg wurde ganz allgemein als Entscheidungskampf gegen das Böse schlechthin dargestellt, in dem unseren Feinden keinerlei Rechte zugestanden wurden. Gegen jeden Feind mußte erbarmungslos losgeschlagen werden, und von unseren Alliierten wurde bedingungsloser Gehorsam verlangt... Der Krieg gegen den Irak, in den uns Vizepräsident Dick CHENEY mit seinen Propagandamärchen hineinlog, war von einem totalen Mangel an Nachkriegsplänen gekennzeichnet. Es gab keinerlei Koordinierung zwischen zivilen und militärischen Stellen, man vertraute undurchsichtigen und zweifelhaften Oppositionellen wie Achmed SCHALABI, der im Irak mehrere Privatinteressen vertrat... Es kam, was kommen mußte: Durch die Einsetzung einer schiitischen Regierung in Bagdad wurden die Erwartung aller Schiiten in den benachbarten Ländern nach mehr Macht und Einfluß geweckt, die Schlüsselrolle des schiitischen Iran als Schutzmacht der Hisbollah und als Regionalmacht gefestigt. Anstatt den Iran in unser Allianzsystem einzubinden, befolgten BUSH und CHENEY im Interesse Israels und Saudi-Arabiens [des Ölkartells] eine anti-iranische Politik, wodurch sich der Iran erst recht bedroht fühlte und keinen anderen Weg mehr sah, als nuklear aufzurüsten. Als Begründung für diesen Entschluß verweist der Iran auf immerhin 60 Jahre Erfahrung im Umgang mit den USA. Die Gelegenheit, mit dem Iran zu einer friedlichen Übereinkunft zu gelangen, ist jetzt vorbei. Letztendlich wird der Iran seine Bombe so oder so bekommen und seine regionale Stellung auch ohne unser Einverständnis behaupten. . . Nach den Angriffen auf den Irak und Afghanistan, die mit viel zu wenig Truppen und Alliierten vonstattengingen, fand man ein drittes Opfer: den Iran. Dieser wehrt sich, indem er seine Satelliten Hamas und Hisbollah gegen Israel aufhetzt. Wir begingen dabei einen großen Fehler: Anstatt die Vernetzung des Irak und Afghanistans im Rahmen der Globalisierung zu betreiben, verfolgten die USA eine Politik der einseitigen militärischen Kontrolle dieser beiden Länder. . . Entweder bestehen die USA weiterhin auf der Umsetzung des politischen Ziels, diese Länder um jeden Preis zu demokratisieren, oder sie widmen sich der vorrangigen wirtschaftlichen Aufgabe, sie zu globalisieren. Nur durch ein weltweites Vernetzen der arabischen Mittelschichten mit den Ländern des ›Core‹ wird dies gelingen. . .«

– »Mit 4,4 Prozent des BIP sind die Militärausgaben der USA heute geringer als jemals zuvor. Im Zweiten Weltkrieg lagen sie bei 33 Prozent, sanken in Korea auf 11, im Vietnam-Krieg auf 6 Prozent des BIP. 1968, auf dem Höhepunkt des Vietnam-Krieges, trug einer von 200 Amerikanern Uniform, heute nur mehr einer von 800. Obwohl wir derzeit in über 100 Staaten kostspielige Militärstützpunkte unterhalten, wären wir nicht in der Lage, unsere Armee gleichzeitig auf mehreren Kriegschauplätzen einzusetzen. Wie es aussieht, wird auch die Amtszeit von Präsident Barack Obama damit belastet sein, die militärischen Unternehmungen in den bisher schon umkämpften Regionen fortzuführen und zusätzliche Militärausgaben von jährlich 100 Milliarden Dollar für sie aufzutreiben.«

Barnett verschweigt, daß der Senat, zusätzlich zum bereits bewilligten Wehrbudget 2009 in Höhe von 533,7 Milliarden Dollar, weitere 61 Milliarden für den Irakkrieg, 65 Milliarden für die Ausweitung des Krieges in Afghanistan und 75 Milliarden für die Geheimdienste bewilligt hat: mehr als das Zehnfache des chinesischen Wehretats!

– »Nur, wenn wir unsere begangenen Fehler erkennen, wird es uns gelingen, Amerikas Führungsrolle wieder herzustellen. Da draußen wartet eine Neue Welt darauf, von unserer Großen Nation entdeckt und neu gestaltet zu werden. Es ist dies eine Welt, in der die Globalisierung erdumspannend ist und alles gemäß gerechten Regeln im Interesse eines jeden einzelnen, sich selbst erschaffenden und gestaltenden Menschen ablaufen wird. Eine Welt des unbegrenzten Fortschritts, ungezügelter Energie und grenzenlosen Einfallsreichtums. Es ist höchste Zeit, daß wir – die dominante Spezies – in ihr aufgehen. Weil die Welt verzweifelt darauf wartet, daß Amerika wieder die Führung ergreift, seien hier 12 Punkte aufgezeigt, die unbedingt befolgt werden müssen.« [Hier seien nur einige davon in Auszügen angeführt; d. Verf.:] »Geben wir doch zu, daß wir Amerikaner den Einsatz von billigen Arbeitskräften und das Errichten von Handelsschranken seitens einiger Länder der Zweiten und Dritten Welt ablehnen und als ›unamerikanische‹ Konkurrenz empfinden, obwohl gerade diese Methoden lange Zeit als ›typisch amerikanisch‹ galten. Es wäre deshalb falsch, zur Abwehr von Zuwanderung und Billigimporten nun unsererseits Mauern und Schranken zu errichten.«

– »Hören wir doch damit auf, unsere Geheimdienste mit Milliarden Dollar an Steuergeldern zu finanzieren, damit sie unter strengster Geheimhaltung weltweit Politiker, Wirtschaftsunternehmen, das Militär, Forschungsinstitute, Privatfirmen und einfache Bürger überwachen und ausspionieren. Weil der Geheimdienste größtes Problem darin besteht, daß sie nicht wissen, was sie nicht wissen, ist es höchste Zeit, daß sie damit anfangen, offene Kontakte zu allen Ländern der Welt zu pflegen. . . Da es uns gelungen ist, mehrere führende Kader der Al Qaida zu töten oder gefangenzunehmen, beschränkt sich diese Terrororganisation nunmehr auf den ideologischen Kampf gegen Globalisierung und Demokratisierung in Asien und Afrika sowie auf die Aufrechterhaltung fundamental religiöser, nationaler und fortschrittsfeindlicher Schranken, wie zum Beispiel gegen die Gleichberechtigung der Frauen. Es ist deshalb klar, daß wir darum kämpfen müssen, Frauen durch weltweite Vernetzung zu befreien und junge Männer, die sich uns in den Weg stellen, umzulegen [*killing young men*]. Unser Ziel wird es sein, den befreiten Frauen sowohl die Geburtenkontrolle als auch die Teilnahme am demokratischen Entscheidungsprozeß zu ermöglichen. . .

Im Interesse einer langfristigen wirtschaftlichen und kulturellen Vernetzung der islamisch geprägten Völker des Nahen Ostens werden wir einige Kompromisse eingehen müssen. . . Sowohl Al Qaida als auch fanatische Globalisierungsgegner in einigen Ländern des ›Core‹ beharren auf den Irrtum, daß die Globalisierung ausschließlich einer kleinen, fremden Elite zugutekommt und deshalb verhindert werden muß. Sie verweigern sich der Erkenntnis, daß die Globalisierung eine dynamische Kraftquelle darstellt, die in jedem Einzelnen schlummert. Dieser Entscheidungskampf wird noch sehr lange dauern. Erwartet nicht, daß das Töten bald ein Ende findet. . .«

– »Vertrauen wir darauf, daß wir auf der richtigen Seite der Geschichte stehen. Definieren wir unseren Endsieg nicht durch das Aufzählen der von uns umgelegten Terroristen, sondern durch Erfolge bei der Beschaffung neuer Arbeitsplätze und die Durchsetzung von Chancengleichheit. Letztlich wird dieser Krieg nicht auf dem Schlachtfeld entschieden, sondern in Chefetagen und Planungsbüros. Es wird uns nicht gelingen, die ›bad guys‹ (Bösewichter) schneller umzulegen, als diese von unseren Feinden herangezüchtet werden. Wir müssen diesen deshalb ein vorteilhaftes Ausstiegsszenario anbieten. Es ist bereits absehbar, daß sich der Krieg vom Nahen Osten auf das subsaharische Afrika ausweiten wird. Unsere Strategie sieht vor, auch diese Region global zu vernetzen. Das bedeutet, daß wir für die jungen Männer dort Arbeitsplätze schaffen müssen, damit sie nicht als Bombenleger ausgebildet werden. Dank Vorzügen und materiellen Anreizen, die die Globalisierung bietet, werden es die jungen Frauen und Männer im Nahen Osten und in Nordafrika sein, die – wie es ihre islamischen Brüder und Schwestern in den USA und EUropa schon vorgeführt haben – den Islam reformieren werden, und es wird der Tag kommen, da sich Sunniten und Schiiten zu einem gemeinsamen ›Su-Schi‹-Islam vereinigen werden. . . Die EU wird entweder ihre islamischen (arabischen, türkischen, pakistanischen) Minderheiten in den politischen demokratischen Prozeß integrieren oder zusehen müssen, wie sie mit chaotischen Verhältnissen wie jenen des Jahres 2005 und 2006 in Paris fertig wird. Die Türkei wird mit gutem Beispiel vorangehen und eine global ausgerichtete Form des Islam einführen. Auch in den aufgeschlossenen, toleranten, demokratischen, weltmarktorientierten südostasiatischen Staaten Singapur, Indonesien, Malaysia wird eine Reform des Islam stattfinden...«

– »Nachdem wir bekennen müssen, daß wir nicht in der Lage waren, mit 25 Millionen Irakern fertigzuwerden, sollten wir einsehen, daß wir es nicht mit 175 Millionen Pakistanern aufnehmen können. Wir sollten ferner eingestehen, daß die Regierung BUSH und CHENEY uns und unsere Alliierten in den Irakkrieg hineingelogen hat. Dasselbe Szenario planen die Neokonservativen jetzt mit dem Iran... Anstatt mit einem vereinigten Irak müssen wir uns dort mit Kurden, Sunniten, Schiiten herumschlagen und mit den Versäumnissen, die wir beim Wiederaufbau dieses Landes begangen haben. Sie waren ein Geschenk an den Iran, der den weltweit zunehmenden Antiamerikanismus jetzt ausnützt, um seine atomaren Pläne zu fördern. . . Wir sollten endlich damit beginnen, mit internationalen Organisationen zusammenzuarbeiten, um begangenes Unrecht zu beheben. Das Verfolgen von ›Terroristen‹ als ›unlawful enemy combatants‹ (rechtlose Feindkräfte) sowie der ihnen verweigerte Rechtsbeistand zwingt so manche unserer Politiker und Militärs, die Nähe zum Internationalen Haager Kriegsverbrechertribunal zu meiden. Wir haben an die hundert Regierungen erpreßt, bilaterale Immunitätsverträge mit uns abzuschließen, zum Schutz amerikanischer Regierungsbeamter und Soldaten, die Kriegsverbrechen begangen haben oder begehen könnten. . .«

Wie schon das 1945 von den USA eingesetzte Nürnberger Tribunal zur Aburteilung ausschließlich deutscher Politiker und Soldaten, so darf auch der nach demselben Modell installierte Haager Gerichtshof nur Gegner der sogenannten westlichen »Werte«-Gemeinschaft aburteilen. Trotz Protesten von seiten der mächtigen ACLU (American Civil Liberty Union), trotz entsprechender Gerichtsurteile und des Vorliegens schriftlicher und photographischer Beweise für Folterungen von Gegangenen durch amerikanisches Militär- und Geheimdienstpersonal im Irak, in Afghanistan, Guantánamo und anderen amerikanischen Stützpunkten haben Pentagon und US-Behörden die Veröffentlichung des Beweismaterials bisher verweigert.

– »Allzu lange haben Politiker geglaubt, daß wir unsere Feinde entweder nach dem Motto: ›Je besser sie uns kennenlernen, um so inniger werden sie uns lieben‹ oder nach der Devise: ›Desinformieren wir sie einfach zu Tode‹ bekehren können... BUSH' und CHENEYS Bekenntnis zur bedingungslosen Solidarität mit Israel ist ein entscheidendes Hindernis für die erfolgreiche Beendigung des Krieges im Irak, für eine friedliche Lösung des Palästinakonfliktes, und sie zwingt uns, Irans nukleare Pläne zu durchkreuzen... Um Amerikas Sieg im Krieg gegen den Terrorismus zu erringen, müssen wir auch jenes Drittel der Erdbevölkerung integrieren, das seine Nasen seit vielen Jahren an unseren Schaufenstern plattdrückt und darauf wartet, zur Eröffnungs-Party seines Einstiegs in die Globalisierung eingeladen zu werden. Beginnen wir endlich, auch mit den Ländern dieses Weltendrittels strategische Allianzen zu schmieden und militärisch mit ihnen zusammenzuarbeiten... Des weiteren ist es dringend geboten, China in eine ostasiatische NATO zu integrieren. Gelingt es uns, diese zwölf Punkte umzusetzen, werden wir versuchen, unsere neue Globalstrategie der Welt zu verkaufen (*to sell our Grand Strategy to the world*)...«

Barnett befaßt sich dann mit der Entstehungsgeschichte von ›God´s own country‹, den USA: »Vergessen wir nie, daß unser junger Staat das Ergebnis einer Revolution war, einen schmutzigen Partisanenkrieg geführt hat, unsere Anführer von den Engländern als Terroristen bezeichnet wurden. 1789, nach dem Erringen der Unabhängigkeit, waren nur die reichen Grund- und Sklavenbesitzer wahlberechtigt, die kaum zwei Prozent unserer Bevölkerung ausmachten. Unsere junge Republik benötigte 89 Jahre, um die Sklaven zu befreien, 144 Jahre, um Frauen, 189 Jahre, um Negern das Wahlrecht einzuräumen... Es liegen vier fundamentale Gründe vor, warum der Globalstrategie der USA gerade heute die höchste Bedeutung beigemessen werden muß. [Hier werden zwei von ihnen angeführt; d. Verf:]

Erstens stellen die USA das älteste und erfolgreichste Modell einer multinationalen, politischen, wirtschaftlichen und militärischen Union unseres Planeten dar. Vergessen wir nie, welche grundlegende Bereicherung der Weltgeschichte diese Errungenschaft bedeutet.

Zweitens: Während einige europäische und asiatische Mächte den Traum ihrer nationalen Wiederauferstehung in alter Größe und Reichsherrlichkeit noch immer nicht aufgegeben haben, hat sich Amerika einer solchen imperialen Aufgabe versagt und sich statt dessen der Errichtung eines Weltreichs der Ideale verschrieben, das zu verteidigen nur es alleine in der Lage ist. Dank Übernahme der Funktion eines Leviathans [übermächtige Herrschaft] der globalen Welt durch die USA werden die europäischen Länder in die Lage versetzt, im Rahmen der EU nicht nur ihre Vereinigung voranzutreiben, sondern auch die unruhigen Länder Nordafrikas, des Nahen Ostens, des Kaukasus und am Balkan durch Integration zu befrieden.«

– »Das amerikanische ›System‹ beruht auf Geschwindigkeit, der Suche nach Abkürzungen und auf unbändigem Ehrgeiz. Es verspricht keine gleichen Erträge, sondern gleiche Chancen. Es stellt das Ideal eines unbegrenzten Marktes für jeden Suchenden nach seinem Eigennutz dar. In diesem Land der unbegrenzten Möglichkeiten dreht sich seit Anbeginn alles um das Streben nach sozialer und materieller Besserstellung eines jeden Einzelnen. Als Amerika 1783 aus einem Konglomerat von 13 künstlichen Bundesstaaten heraus entstand, besaß es keine Grenze, außer der Küste des Atlantik. Doch bald schon kam es zu Grenz- und Handelskonflikten mit England, Spanien, Frankreich, die ihre Kolonien in Nordamerika schützen mußten. Trotz mangelnder Ausrüstung und fehlender Kader ging die junge Republik 1787 daran, ihr Staatsgebiet zügig nach Westen auszuweiten. Als Ausrede gegenüber den betroffenen Nachbarn bemühten die Gründerväter unserer Republik ihr Recht auf Nutzung der ›inviting geography‹ (einladenden Geographie) unseres Halbkontinents.«

Auf eine solche Ausrede konnten wirklich nur Amerikaner kommen.

– »Und so begann unsere junge Nation mit der Invasion Nordamerikas, ergoß sich – frühen Dschihadisten gleich – über die weiten Prärien des Mittleren Westens, überwand gewaltige Ströme, mächtige Gebirge und dehnte sich nach nur wenigen Jahren bis zur Küste des Pazifik aus. Seit Jahrtausenden hier siedelnde Indianerstämme wurden ausgerottet, seit zweihundert Jahren hier ansässige spanische Colonos, französische Colons und mexikanische Estancieros wurden vertrieben. Unsere amerikanischen ›pioneers‹ waren Vorgänger der Globalisierer und predigten die amerikanische Philosophie: ›Welche Wertvorstellungen wir auch immer aus Europa mitbrachten, ab jetzt wird alles neu bewertet und verkauft. Wir haben nicht gegen England revoltiert, um uns von diesem zu unterscheiden, sondern um es an Macht und Größe zu übertreffen.‹ Kein Wunder deshalb, daß wir Anfang des 20. Jahrhunderts zu einer Allianz mit Großbritannien bereit waren, als es galt, eine ›protective alliance‹ (ein Schutzbündnis) gegen Deutschland einzugehen. . .«

BARNETT bekennt sich auf den Seiten 92 bis 98 seines Buches zu amerikanischen Sündenfällen: »Wie die heutigen mexikanischen und islamischen Einwanderer, so hätten im 19. und 20. Jahrhundert Iren und Chinesen die ›3 D-Jobs‹ verrichten müssen, die ›dirty, dangerous, difficult‹ waren. Amerika mußte Sklavenrevolten und einen blutigen Bürgerkrieg überstehen, dem so viele Menschen zum Opfer fielen, daß die US-Regierung jedem europäischen Neu-Einwanderer, der mit einem Pflug umgehen konnte, 160 Morgen Akkerland schenkte, woraufhin von 1862 bis 1890 die Bevölkerung der USA um 32 Millionen zunahm. Amerika wurde zum China des 20. Jahrhunderts und überholte Großbritannien in fast allen wirtschaftlichen Bereichen...«

– »Die Entscheidung, 1880 eine starke Flotte zu bauen, verdanken wir den strategischen Vordenkern Theodore ROOSEVELT und Alfred MAHAN. Sie hatten erfaßt, daß unsere militärischen und diplomatischen Mittel nicht genügten, um unsere weltweite wirtschaftliche Vernetzung zu schützen, und nur eine starke Flotte den freien Handel auf allen Seewegen gewährleisten und die Rechte derjenigen Völker erzwingen konnte, die mit uns Handel treiben wollten. . . Heute müssen wir aus denselben Gründen die heranwachsenden Weltmächte China und Indien sowie das dahinschwächelnde Rußland in unser System einbinden, damit sie uns bei Friedenseinsätzen zur Verbreitung der Globalisierung unterstützen. Dank der Finanzpolitik des Präsidenten Franklin D. ROOSEVELT war Großbritannien Ende des Zweiten Weltkrieges so hoch verschuldet, daß es sein imperiales Wirtschafts- und Finanzsystem den Regeln des Abkommens von Bretton Woods unterordnen und somit die Herrschaft des Dollar anerkennen mußte. ROOSEVELT war ein Meister im Manipulieren der öffentlichen Meinung und seiner politischen Gegner. Er log das amerikanische Volk in den Zweiten Weltkrieg. So wie Winston CHURCHILL einen Pakt mit dem Teufel ROOSEVELT schloß, um England vor der Niederlage zu bewahren, schloß ROOSEVELT einen Pakt mit dem Teufel STALIN, um mit Hilfe der Roten Armee Nazi-Deutschland zu vernichten. . .«

Nach Frankreichs Niederlage im Juni 1940 hätte CHURCHILL nur zum Telefonhörer greifen müssen, um den Frieden wiederherzustellen.

– »So wie heute manche Amerikaner fürchten, China könnte mittels seiner zwei Billionen Dollar-Reserven die USA aufkaufen, errechnete einst der Industriemagnat Andrew CARNEGIE, Amerika könne ganz Großbritannien samt seinen Schulden auf einen Schlag erwerben... Die Verkündung der Monroe-Doktrin, die von Kolumbien erzwungene Abtretung Panamas zum Bau eines Kanals, die Gründung des IMF (Internationalen Währungsfonds) waren allesamt kleine Schritte auf dem Wege zur weltweiten Hegemonie der USA. So wie die Doktrin des US-Präsidenten MONROE jede fremde Macht vom amerikanischen Kontinent fernhielt, sollte in den 70ern die Doktrin des US-Präsidenten CARTER jede fremde Einmischung im Persischen Golf ausschließen... Nach dem Ersten Weltkrieg verabsäumten die USA, die ihnen in den Schoß gefallene Weltherrschaft anzutreten. Im Laufe der letzten hundert Jahre haben Europas Faschismus, dann Eurasiens Kommunismus und zuletzt die zweifache Geißel des radikalen Islam mit seinem Exklusivanspruch und seinem gewalttätigen Terrorismus versucht, die Welt zu erobern. Im Ersten Weltkrieg führten die europäischen Großreiche von 1914 bis 1918 gegeneinander Krieg. 1917 griffen die USA an der Seite Frankreichs und Großbritanniens ein und errangen den Sieg. Trotz der 14 von Präsident WILSON eingebrachten Friedensbedingungen wurden Deutschland bei den Verhandlungen in Versailles von den Franzosen und Engländern harte Bedingungen auferlegt...«

In Versailles, St. Germain und Trianon wurde nicht verhandelt, sondern diktiert.

– »1933 erringt die Nazi-Partei die Kontrolle über das nachkriegsgeschwächte Deutschland und stürzt es in den Zweiten Weltkrieg. Ende 1941 greifen die USA sowohl gegen Japan als auch gegen Deutschland an der Seite der Demokratien entscheidend ein...«

Wer plante und finanzierte denn diese zwei Weltkriege?

– »Aus früheren Fehlern lernend und aus Erfahrung klug geworden, gestalteten die USA die Nachkriegszeit diesmal nach langfristigen Plänen, ergriffen einschneidende Maßnahmen durch die Gründung der ›Vereinten Nationen‹, der Weltbank, der NATO, und ermöglichten die Vorfinanzierung von Wiederaufbau- und Hilfsprojekten durch den MARSHALL-Plan, die Berliner Luftbrücke und die Wiedereingliederung Deutschlands und Japans in die westliche Wertegemeinschaft...«

Deutschland wurde weder etwas geschenkt, noch wurde es irgendwohinein gleichberechtigt integriert.

– »So wie Präsident WILSON 1916 sein edles Kriegsmotiv klarstellte, er wolle ›make the world safe for democracy‹ (die Demokratisierung der Welt sicherstellen), so verkündete Präsident Franklin D. ROOSEVELT urbi et orbi im August 1940 in seiner ›Atlantic Charta‹, Amerika wolle Meinungsfreiheit und die Freiheit des Bekenntnisses durchsetzen sowie die Welt von Angst und Armut befreien. . .«

Im folgenden seien noch einige zentrale Aussagen der Kapitel 4 bis 8 des BARNETT-Buches wiedergegeben. Hier stellt BARNETT die Wirtschaftsleistung der 50 amerikanischen Bundesstaaten jener von 50 Fremdstaaten gegenüber: So erwirtschafte Kalifornien so viel wie Frankreich, Texas so viel wie Kanada, Georgia so viel wie die Schweiz, Virginia so viel wie Österreich, New Mexico so viel wie Ungarn usw. »Damit beweisen wir«, so BARNETT, »daß die Vernetzung unserer 50 Bundesstaaten dank besserer Gesetze, Regeln, Maßnahmen und Methoden uns zu einer wirtschaftlichen Hochblüte sondergleichen geführt hat.«

BARNETTS Meinung zu der im Herbst 2008 ausgebrochenen Finanzkrise: »Es stimmt, daß wir im September 2008 den drohenden Kollaps der Wall Street als Mahnung auffassen sollten, daß verbesserte Methoden und strengeres Risiko-Management riskante Neuerungen begleiten müßten; doch sollte irgend jemand der Meinung sein, daß Investmentbanken als feste Einrichtung der amerikanisch-globalen Wirtschaftsordnung auf Grund der gegenwärtigen Krise verschwinden werden, so irrt er gewaltig. Solche finanziellen Störfälle müssen im Zuge der Ausweitung des Globalisierungsprozesses eben in Kauf genommen werden. . .«

Investmentbanken wie z. B. Goldman Sachs verdienen, indem sie Kunden überreden, ihre Schulden durch Ausgabe von eigenen Aktien zu vermindern, die auf den Markt gebracht werden. Wie die meisten Investmentbanken verdienen sie am Umsatz mit Aktien, nicht an den Bewegungen auf den Aktienmärkten.

Es folgt eine typisch amerikanisch simplifizierte Darstellung von 58 afrikanischen sogenannten ›fake states‹ (unechten Staaten), deren Grenzen von den früheren Kolonialmächten mit dem Lineal gezogen wurden und die etwa 1 Milliarde Einwohner zählen. »Sie sind mit niemandem vernetzt und können deshalb leicht Opfer von Terrororganisationen wie Al Qaida werden. . . China hat die SCO (Shanghai Cooperation Organization) gegründet, um der Gefahr, die von solchen ›fake states‹ und Minderheiten in Zentralasien ausgehen, zu begegnen. Wir Amerikaner beherbergen 500 solcher ›independent nations‹ von ›native Americans‹ – Indianerstämmen –, die vertrieben wurden.«

BARNETTS *Unterstellung, China und Rußland hätten die SCO erschaffen, um integrationsunfähige und -unwillige Minderheiten zu bekämpfen, ist sowohl eine glatte Lüge als auch eine bewußte Irreführung. Die 2004 gegründete SCO, der inzwischen etwa zwanzig weitere Staaten auf drei Kontinenten beigetreten sind, ist eine Organisation zur Abwehr von freundlicher und unfreundlicher Übernahme durch die Globalisierer und richtet sich folglich gegen die USA. Übrigens haben die USA Anfang 2009 tatsächlich einen Aufnahmeantrag in diese Organisation gestellt, der jedoch nicht einmal ignoriert wurde. (Siehe 10. Kapitel.)*

– »Ich bin überzeugt«, so BARNETT, »daß die Aufnahme des Iran in den Klub der Atommächte eine gute Sache wäre. Israel ist dabei das große Fragezeichen. Einerseits will es sein Monopol als einzige regionale Atommacht bewahren, andererseits muß es zugeben, daß sein Atomwaffenarsenal es bisher nicht vor militärischen Angriffen mit konventionellen Waffen schützen konnte. . .«

Wer hat denn 2006 im Krieg gegen den Libanon und 2008 im Gaza-Streifen angegriffen?

– »Nutznießer unserer feindlichen Haltung gegenüber dem Iran sind die Russen und Chinesen. Der Iran wird sich so oder so zu einer regionalen Macht entwickeln und – an Amerika vorbei – seine engen Beziehungen zu Rußland, China und den arabischen Frontstaaten vertiefen. Sind die Iraner Antisemiten? Sicher nicht, also wäre eine gegenseitige Annäherung zwischen Israel und dem Iran prinzipiell möglich. . .«

Kennt BARNETT denn nicht den Unterschied zwischen Antisemitismus und Antizionismus?

– »Es war kein Ruhmesblatt für BUSH und CHENEY, daß sie den Iran als eine Art hitlerischer oder stalinistischer Bedrohung verteufelten und zu deren Abwehr einen Raketenschirm, gleichsam eine Maginot-Linie, quer durch das östliche Mitteleuropa aufziehen wollten. Wir sollten uns unter keinen Umständen dazu drängen lassen, einen solchen Abwehrschirm rings um Israel einzurichten. . . Es ist absolut sicher, daß wir uns aus den Ländern des Nahen Ostens erst dann zurückziehen werden, wenn sie im Rahmen der Globalisierung gleichgeschaltet worden sind. Unsere Strategie ist somit klar vorgegeben, und unser Engagement im Nahen Osten bleibt bestehen: Deshalb muß auch die NATO stärker eingebunden werden und müssen unsere asiatischen Partner China und Indien durch Anreize ermutigt werden, sich an dieser Aufgabe zu beteiligen. Beide Länder haben das Recht, ihre strategischen und wirtschaftlichen Interessen in dieser Region wahrzunehmen und zu schützen. Helfen wir ihnen dabei: Jedes Jahr läßt der Kongreß einen Bericht über das erschreckend anwachsende militärische Potential Chinas erstellen und erklärt, dieses könnte zur ungeahnten Gefahr für die internationale Gemeinschaft heranwachsen. Wißt ihr, wer sich hinter dieser sogenannten ›internationalen Gemeinschaft‹ versteckt? Wenn nicht, dann will ich euch jetzt diese ›Gemeinschaft‹ von 535 Interessenten vorstellen, die allesamt mit Milliardenaufträgen des Verteidigungsministeriums rechnen können.«

Welch herrliches Eingeständnis der wahren Machtverhältnisse und Drahtzieher, die in den USA den Entscheidungsprozeß der Globalisierung bestimmen!

– »Als unsere Geheimdienste im November 2007 das vom Iran ausgehende Gefahrenpotential stark herabstuften, fühlten sich die Kriegstreiber Bush und Cheney herausgefordert und feuerten den Chef des Vereinigten Generalstabs, Admiral William Fallon, der einen Angriff auf den Iran ablehnte. . . Inzwischen wächst die Zahl von kleinen und mittleren Staaten, wie etwa Kuba und Venezuela, die es wagen, vor der UNO und anderen internationalen Gremien die USA zu beleidigen und herauszufordern. Sollte es dem neuen Präsidenten Barack Obama nicht gelingen, den anderen Mächten zu signalisieren, daß wir die Grenzen unserer Macht und Mittel klar erkannt haben, und sie zu überzeugen, sich der Vollendung unseres Werkes zur Umsetzung der Globalisierung anzuschließen, dann werden 1. die meisten der mit uns befreundeten Staaten darauf drängen, daß wir von der Überausdehnung unserer Kapazitäten Abstand nehmen mögen, und 2. die anderen aufstrebenden Mächte sich gegen die USA zusammenschließen. . .«

– »Was Rußland anbelangt, sollten wir erkennen, daß es zu keiner Zeit eine bessere Gelegenheit gegeben hat, es für unsere globalstrategischen Pläne einzuspannen. Leider besteht Washington nach wie vor darauf, Rußland als einen undemo- und autokratischen ›Schurkenstaat‹ anzusehen, was Rußlands Machthaber darin bestärkt, ihrerseits Amerika zu unterstellen, es trachte nur danach, Rußlands weltweiten Interessen entgegenzutreten, um die eigenen durchzusetzen. Das Ausüben von Weltherrschaft schließt die Übernahme von Verantwortung für den Schutz der weltweiten Geschäftsinteressen seiner Staatsbürger ein... Einige Neokonservative wie Robert KAGAN fordern, wir sollten unseren Idealen und der ›Allianz der Demokratien‹ die Treue halten. Aber geben wir doch zu, daß es uns nach dem Zweiten Weltkrieg gelang, auch die nichtdemokratischen Länder Japan und Deutschland zu retten, indem wir sie nach unserem Ebenbild formten und diese früheren Feinde in verläßliche Alliierte verwandelten... Heute ist keine neue Allianz der Demokratien gefragt, sondern eine Liga kapitalistischer Mächte zur Umsetzung des kapitalistisch-amerikanischen Globalisierungssystems mit weltumspannender Dimension. Während wir der Weltbank und dem IWF den Vorzug geben, überschwemmen China, Rußland, Indien und Brasilien ganz Südostasien und das subsaharische Afrika mit zinsgünstigen Krediten im Multimilliardenhöhe...«

BARNETT verschweigt, daß einige dieser nicht-kapitalistischen Staaten – am Dollar vorbei – sogar schon zins- und zinseszinsfreie Kredite auf der Grundlage von langfristigen Warenaustauschabkommen gewähren.

– »Wie erlangten wir unsere militärische Weltmacht?« fragt BARNETT. »Anfangs suchten wir unsere Feinde sorgfältig aus, bekriegten primitive Indianerstämme, 1890 das im Niedergang begriffene Spanien, danach Kuba, die Philippinen, warteten im Ersten Weltkrieg auf die günstige Gelegenheit zum Eingreifen gegen das geschwächte Deutschland. Im Zweiten Weltkrieg waren wir gezwungen, uns zu wehren [!]... Die Inder und Chinesen hatten kaum vier Jahrzehnte Zeit, um militärisch zu uns aufzuschließen. Geben wir ihnen die Gelegenheit zu gemeinsamem Vorgehen. Eine NATO allein genügt nicht: In allen unseren ›Military Commands‹ (US-Militärkommandos) rund um die Welt müssen wir NATO-ähnliche Strukturen schaffen... Werden wir diesen neuen Alliierten vertrauen können? Erwarten wir nicht, daß Chinesen, Russen, Inder anders denken als Chinesen, Russen und Inder und daß sie in uns etwas anderes sehen werden als Amerikaner, die amerikanische Interessen vertreten.«

BARNETT fragt gar nicht erst, ob er auch den Deutschen vertrauen kann, denn alle Welt weiß, daß Deutschlands Führung nicht deutsch, sondern treu amerikanisch denkt.

– »Der Hauptgrund, warum wir ihnen [diesen drei Alliierten] vertrauen können, liegt darin, daß wir einen Krieg gegen den Islam führen. . . In diesem Krieg besteht die Gefahr, daß der islamische Nahe Osten in eine gefährliche Krise schlittert, die das vernetzte Ölkartell und die Weltwirtschaft in arge Turbulenzen versetzen, das Voranschreiten der Globalisierung behindern und Unruhe in das politische Gefüge Rußlands, Indiens und Chinas bringen könnten. Somit bedeutet auch für diese Länder der Krieg gegen die radikal islamischen Extremisten ein Kampf ums Überleben. . .«

Glaubt BARNETT im Ernst, daß sich Rußland, China und Indien ausgerechnet mit den USA verbünden würden, die im Irak und in Afghanistan kläglich versagt haben, um islamischen Widerstandsbewegungen in ihren Ländern Herr zu werden?

– »Zur Umsetzung unserer Ziele wird Amerika 1. seine Pläne mit den genannten vier Mächten militärisch abstimmen, ferner Bangladesch, Ägypten, Indonesien, Mexiko, Nigeria, Pakistan, die Philippinen, Südkorea, die Türkei und Vietnam ins Boot holen müssen, 2. sich der SCO anschließen müssen, 3. seine in allen Teilen der Welt stationierten US-Oberkommandos zur Zusammenarbeit mit dem Militär der regionalen Staaten auffordern müssen, 4. seine Weltmachtstrategie bei Gipfelkonferenzen, G8- und G20-Treffen durchsetzen müssen, 5. einer gemeinsamen Kontrolle über die globalen Finanzströme und dem gemeinsamen Kampf gegen die Erderwärmung und gegen Epidemien zustimmen müssen.«

Sehr viel ›müssen‹ auf einen Schlag, und es ist zu bezweifeln, ob sich auch nur eine der ins Auge gefaßten Partnermächte oder einer der aufs Korn genommenen Vasallenstaaten, deren Interessen oft gegenläufig und miteinander unvereinbar sind, angesichts früherer Erfahrungen mit Uncle Sam und dessen jüngsten Pannen und Pleiten bereit finden werden, die USA noch ernst zu nehmen. Ein Beitritt der USA zur SCO wäre geradezu ein Oxymoron.

– »Kurz zusammengefaßt, bedeutet diese neue diplomatische und militärische Ausrichtung der USA nicht so sehr das Eingeständnis ihrer schwindenden Kraft als das Anerkennen der zunehmenden Macht der anderen Mächte. So lange wir uns als Vorkämpfer der Globalisierung bewähren, wird es nie zu einer nach-amerikanischen Weltordnung kommen, sondern schlimmstenfalls zu einem ›nach-europiden‹ Zeitalter. . . Als wirtschaftsorientierter Determinist glaube ich daran«, so BARNETT, »daß Technologie das *Geschäft* ankurbelt, daß *Geschäft* das grundlegende Motiv der Globalisierung darstellt, daß deshalb das *Geschäft* als rein profitorientierte und dienstleistungsbezogene Kultur erblüht und das *Geschäft* auch als grundlegende Struktur der Welt verstanden werden muß.«

Welche Ehre, Mister BARNETT, Ihr Bekenntnis zu Mammon, dem Gott der Globalisierer, nicht teilen zu können, denn das *ist nicht unser Gott! Bekannte nicht schon Calvin COOLIDGE, US-Präsident von 1923 bis 1929, »the business of America is business!« (daß das Sinnen und Trachten Amerikas das Geschäft ist)?*

– »Wir müssen Gott dankbar sein, daß er uns Al Qaida und Osama BIN LADEN als Geschenk des Himmels gesandt hat, damit wir ständig an die dringendste Aufgabe erinnert werden, nämlich unter der Führung der dazu am besten geeigneten und fähigsten Amerikaner unsere globalen Pläne umzusetzen. . . Unser Militär muß endlich umdenken. Präsident REAGAN stellte einst die Frage, welche Methode am schnellsten und sichersten zum Sieg führe. Sollte die Antwort lauten: ›Bestechen wir unsere Feinde doch einfach zu Tode‹, müßten wir diesen Weg schleunigst beschreiten und keinen Augenblick zögern, für diesen guten Zweck Milliarden Silberlinge zu prägen. Unsere Regierung und das militärisch-industrielle Establishment bemühen sich, viele militärische Bereiche zu privatisieren. Ein gutes Beispiel dafür liefert die Firma Kellog Brown & Root, die schon im Vietnam-Krieg und im Balkan-Konflikt 85 Prozent unserer militärischen Infrastrukturen erbaute und verwaltete. Die Firmen Blackwater, DynCorp und Triple Canopy erhielten im Nahen Osten Milliardenaufträge, um sowohl militärische als auch nachrichtendienstliche Aufgaben zu übernehmen. Trotz Meinungsverschiedenheiten, wie zum Beispiel über die Frage der Verantwortung im Falle von Massakern an Zivilisten im Irak und in Afghanistan, ist der Trend zur Privatisierung und zum ›outsourcing‹ (zur Auslagerung) vieler Aufgaben, die zuvor von Berufsoffizieren, Diplomaten und Beamten wahrgenommen wurden, unumkehrbar. Globalisierung und ihre Umsetzung darf nicht mehr allein Regierungen und ihren Behörden überlassen werden, sondern muß weltweit vom Privatsektor wahrgenommen werden, der nach den Regeln des Marktes das Risiko abzuschätzen und zu tragen hat.«

Wissen wir denn nicht schon seit zweihundertfünfzig Jahren, daß für die am Blutzoll aller Völker profitierenden und bei allen Schlachten stets auf allen Seiten die Gewinne einstreichenden Finanzhyänen, Zinsenaasgeier und andere Volksfledderer Kriege stets das beste Geschäft bedeuten?

– »Gönnen wir doch der Privatwirtschaft die 22 Billionen Dollar an Infrastrukturprojekten, die im Laufe der nächsten Jahre im Zuge der Einführung der Globalisierung in den aufstrebenden Ländern der 2. und 3. Welt abzusahnen sein werden. Wir wollen auf dieser gewaltigen, globalen Woge reiten, nicht wie die national traditionellen Kräfte gegen den Strom schwimmen... War es nicht ein schönes Beispiel für gelungene Vernetzung, wie es nach dem Zweiten Weltkrieg General MAC ARTHUR und den alliierten Hochkommissaren gelang, fanatisch nationale Japaner und Deutsche in brave Demokraten umzuwandeln?... Diese gelungene Umwandlung und Vernetzung der Völker des ›Core‹ gilt es unter allen Umständen aufrechtzuerhalten, denn schon kreisen wieder antiglobalistische Aasgeier über diese Länder in der Hoffnung, daß sich die USA zurückziehen könnten.«

Keine Sorge, Mister BARNETT, denn wir wissen, daß in Berlin, Wien, Bern, Paris und anderen Hauptstädten einst stolzer europäischer Völker jetzt Satrapen von Amerikas Gnaden herrschen und sicherstellen, daß die Globalisierung zügig voranschreitet.

– »Solche Organisationen wie SOCOM (*Special Operations Command*), jene Spezialeinheiten der USA, die für ›dirty work‹ (Drecksarbeit) hinter den feindlichen Linien zuständig sind, Lügenpropaganda verbreiten, ›false flag operations‹ (Einsätze unter falscher Flagge) durchführen, Aufbau und Bewaffnung von oppositionellen Kräften sicherstellen, politische Gegner liquidieren, werden wir in Hinkunft seltener einsetzen müssen, wenn es uns gelingt, SysAdm (Systems Administration) einzuführen. Nach der Verwaltungsreform unseres Systems werden wir zur Fortführung der Globalisierung künftig weniger Schlachtschiffe, Tarnkappenbomber und Raketenschirme brauchen, dafür mehr unbemannte Drohnen, Hubschrauber, sprachkundiges Personal, elektronisches Überwachungsgerät benötigen...«

Im folgenden noch einige Passagen aus den Kapitel 7 bis 10:

– »Im Verlauf des Kalten Krieges haben die Vereinten Nationen an zwölf Friedensmissionen teilgenommen, seither kamen weitere fünfzig dazu. Angesichts dieses Anstiegs fragen sich viele Amerikaner, ob die Globalisierung stabilisierend oder destabilisierend wirkt, ob sie zur Integration oder Desintegration führt und ob sie gut oder schlecht für sie ist. Je nach Standpunkt fällt die entsprechende Antwort aus: Vom ›Core‹ aus gesehen, erscheint die Globalisierung zumeist als Faktor der Stabilisierung, Integration und Gleichschaltung. Aus der Sicht des ›Gap‹ zieht sie in vielen Fällen destabilisierende, desintegrierende und trennende Folgen nach sich. Für jene Menschen, die ihre Gemeinschaft verlassen, ungeachtet ihrer kulturellen und konfessionellen Bande heiraten, ihren Job und Wohnsitz beliebig wechseln wollen, bedeutet Globalisierung ein Segen, weil sie ihre persönliche Entscheidungsfreiheit gewährleistet. Doch für jene, die sich all diese Freiheiten nicht nehmen können, weil sie ihre Vorstellungskraft überfordern, ihre Tabus und den Sittenkodex ihres Stammes brechen würden, erscheint die Globalisierung als eine revolutionäre und angsteinflößende Gefahr... Das Bekenntnis zur Globalisierung gleicht in mancherlei Hinsicht dem Entschluß, nach Amerika auszuwandern, denn dieser Schritt bedeutet gleichsam die Wiedergeburt eines jeden Auswanderers auf der Suche nach seinem persönlichen Glück. Ist es nicht eine Binsenwahrheit, daß es jedem eingewanderten Durchschnittsbürger, egal welcher Herkunft, in Amerika besser geht als in seiner früheren Heimat? Dies ist auch der Grund, warum Amerika die natürliche Heimat aller nach individuellem Glück strebender Menschen ist...«

Amen.

– »Als unangenehme Begleiterscheinung der Globalisierung hat sich erwiesen, daß die Eliten in einigen Ländern des ›Gap‹ die Vorzüge der Vernetzung zu ihrem Vorteil nützen, die daraus erwachsenden Verpflichtungen zum Öffnen der Grenzen jedoch nicht einhalten, die erwarteten Gegenleistungen bei der Angleichung von Regeln und Gesetzen an jene der Globalisierung nicht erbringen wollen... Was eben fehlt, ist der feste Glaube – vor allem bei den Mittelklassen des ›Gap‹ – an die Ideale der Globalisierung sowie die Einsicht, daß auch sie – befreit von Nationalitätszugehörigkeiten, festen Bindungen an einen Beruf und festen Wohnsitzen – sich vom Kollektiv abwenden und den Weg der Individualität beschreiten können. Die Globalisierung erfordert Mobilität und schnellere Anpassung an jede veränderte Marktlage... Willst Du heute Gott eine Frage stellen, mußt Du ihn über das Mobilfunknetz anrufen, unter Google suchen oder bei Wikipedia anfragen...«

– »So wie wir vor über hundert Jahren noch die ›bad guys‹ im Wilden Westen jagten, so führen wir heute Krieg gegen radikal-islamische Schurken. Wir tun das auch zum Wohle der drei Milliarden potentiellen neuen Kapitalisten der Zweiten und Dritten Welt, die auf ihre Befreiung durch die Globalisierung warten. Um unsere Netzwerke, globalen Wirtschaftsinteressen und Profite abzusichern, müssen wir ihnen dazu verhelfen, ihre eigenen Profite einzufahren. . .«

Über die sich gerade entfaltende Weltfinanz- und Wirtschaftskrise weiß BARNETT zu berichten: »Im Unterschied zu den USA würde China im Falle einer größeren Finanzkrise über keinerlei Einrichtungen – wie zum Beispiel verantwortungsbewußte Versicherungsgesellschaften, funktionierende Kontrollinstanzen, ein landesweit abgesichertes Bankwesen und zuverlässige Behörden – zum rechtzeitigen Eingreifen und zur Regulierung seiner Finanzmärkte verfügen. . .«

Vom amerikanischen Finanzkrisenmanagement könnten nicht nur China, sondern alle Länder Welt nur lernen, wie ein von ganz wenigen verschworenen Gaunern, Spekulanten und Betrügern erfundenes Perpetuum Mobile zur Geldfälschung in nichts zerfällt, dabei Hunderte Millionen fleißiger Menschen weltweit in den Ruin treibt und um ihre Ersparnisse bringt.

– »Auch im Zeitalter der Globalisierung wird es immer wieder schwarze Schafe geben, die nur den eigenen Vorteil suchen. Solche Fehlentwicklungen kann nur im Rahmen einer noch engeren Vernetzung Einhalt geboten werden.«

Steht denn dieses Bekenntnis nicht im krassen Widerspruch zu dem von BARNETT immer wieder gesungenen Loblied auf die Globalisierung, die jedem Menschen das Verfolgen seines eigenen Vorteils gestattet, das Recht auf seine ganz persönliche ›pursuit of happiness‹ (Jagd nach dem Glück) und das Nacheifern von Vorzeigeglobalisierern wie GREENSPAN, BERNANKE, GOLDMAN, SACHS, MADOFF, AKKERMANN, SOROS, den Brüdern LEHMAN e tutti quanti ermöglicht?

– »So wie heute Automobile und Waschmaschinen aus Einzelteilen zusammengesetzt sind, die in verschiedenen Ländern der Welt erzeugt werden, wird es in Zukunft keine Elektrogeräte, Lebensmittel, Möbel, Modeartikel ›made in X‹ oder ›made in Y‹ mehr geben, sondern nur noch global vermischte und zusammengesetzte Endprodukte. . . «

– »Unsere unbeweglichen militärischen Industriekonzerne werden lernen müssen, sich von der Massenproduktion ausschließlich schweren Kriegsmaterials abzuwenden, um sich den Erfordernissen des Wiederaufbaus und der Infrastruktur in den Ländern des ›Gap‹ zu widmen. Hier wird der künftige Schwerpunkt der Globalisierung liegen... Amerika ist es gelungen, seinem liberalen, global ausgerichteten Handelssystem dank erfolgreicher Einbindung mächtiger Partner in Süd und Ost (Brasilien, Mexiko, China, Indien, Japan), eine überragende Machtstellung zu verschaffen. Es muß alles vermieden werden, Amerikas globale Strategie in der nächsten Zeit mit kurzfristigen Zielen wie dem Kampf gegen den transnationalen Terrorismus oder gegen die Erderwärmung zu belasten."

Was ist denn plötzlich in BARNETT gefahren, daß er vom Kreuzritter wider den weltweiten Terrorismus zur Friedenstaube mutiert ist?

»Wir sollten in das langfristige Ziel einer Vermehrung von Demokratien investieren, die Vermischung ihrer Bevölkerungen fördern und ihnen zu besseren Einkommensverhältnissen verhelfen... Die immer schneller wachsende Weltwirtschaft wird mit einer einzigen Reservewährung nicht mehr auskommen, sondern zum Entstehen neuer Währungsblöcke führen... Während die Bevölkerung Japans und auch EUropas bis 2025 weiter schrumpfen wird, werden die USA in dieser Zeit um jährlich drei Millionen Menschen zulegen. Noch gibt es viele Nostalgiker in Amerika, die sich um unsere historischen, nationalen und kulturellen Bindungen zu Europa sorgen. Denen sage ich: Wer auch immer künftig neben uns am Steuer sitzen wird, den Opa aus Europa werden wir so oder so am Rücksitz mitschleppen müssen... Auf Grund des Festhaltens an ihren post-religiösen, nationalen Identitäten erstarren die EUropäer aus Angst vor der unausweichlich auf sie zukommenden Aufgabe, Millionen weiterer Zuwanderer aus den ärmsten Schichten Asiens und Afrikas integrieren zu müssen...«

– »Der unaufhaltsame Fortschritt hat in weiten Teilen der Welt zur Linderung von Armut, Hunger und Seuchen geführt, gleichzeitig aber auch zur Aufweichung traditioneller Strukturen: Bisher existierende feste Bindungen zur Familie, Ehe und zur Volksgemeinschaft werden plötzlich in Frage gestellt. Zunehmende materielle Sicherheit und Unabhängigkeit regen zur Frage an, wozu familiäre Bande überhaupt noch nötig seien. Die Ausweitung des

Welthandels auf fünf Kontinenten und die damit einhergehende Bereicherung nicht nur von Reichen und Superreichen, sondern auch von den Mittelklassen der Kolonialmächte führten im 17. Jahrhundert zur Überzeugung, diese Entwicklung würde schnurstracks zu einem materiellen Himmelreich auf Erden führen. An diesem Punkt angelangt, ergriffen Technokraten das Ruder und erklärten Wissenschaftler Gott für tot. . . In EUropa ist das Bekenntnis zu einer Religion noch nicht völlig erloschen; doch in einer hochentwickelten, unternehmerisch geprägten Gesellschaft wie der amerikanischen kommt es folgerichtig zu einem Angebot vieler, untereinander konkurrierender und nachfrageorientierter Glaubensgemische. Wie einst die Bourgoisie einen bürgerlichen Gott brauchte, sucht heute der global vernetzte Mensch – jeder für sich – nach einem ebensolchen vernetzten Gott. . .«

– »In Zeiten seiner größten Ausdehnung bedeckten die europäischen Kolonialreiche etwa ein Drittel der Erdoberfläche. Die globalisierte Eine Welt wird das gesamte Erdenrund umfassen. Während die europäischen Kolonialvölker hungerten und darbten, wird das amerikanische Weltreich der Globalisierung das erste sein, in dem sich alle Menschen bereichern werden. . .«

Im 8. Kapitel zählt Barnett dann Bereiche auf, die im Zuge der Globalisierung die größten Umwandlungen erfahren werden. Um Gefahren und Geburtswehen bei der Einführung derart tiefgreifender Umwandlungen vorzubeugen und Krisen rechtzeitig zu begegnen, werden – Barnett zufolge – internationale Behörden und globale Agenturen für die reibungslose Gleichschaltung und Vernetzung in den folgenden Bereichen sorgen:

1. beim Konsumverhalten, 2. bei der Lebensmittel- und Trinkwasserversorgung, 3. im Verkehrswesen, 4. bei der Energieversorgung, 5. bei der Definition militärischer Aufgaben, 6. bei der Kommunikation, 7. bei der Definition von Religion, 8. im Bauwesen in Stadt und Land, 9. bei der Geschlechtergleichschaltung (Gender Mainstreaming, 10. bei der demographischen Entwicklung, 11. im Gesundheitswesen, 12. bei der Vermarktung aller bisher nichtvermarktbarer Einrichtungen, Naturschätze und kultureller Einrichtungen, 13. bei der Gleichschaltung von Regierungsformen, 14. bei der Erschaffung einer globalen Mittelklasse.

Es ist aufschlußreich, daß Barnett die Bereiche Wirtschaft und Finanzen hier nicht berücksichtigt. Diese längst schon globalisierten Bereiche stehen wohl nicht mehr zur Diskussion und bedürfen keiner weiteren Umwandlungen mehr.

Zuguter Letzt noch einige der wichtigsten Schlußfolgerungen, die Barnett am Ende seines Buches zieht:

– »Unsere Politik gegenüber den Ländern des ›Gap‹ wird keinerlei Zwang zur Globalisierung beinhalten. Wir werden ihnen nur sagen: ›Come as you are, and come when you can‹ (kommt, wie ihr seid, und kommt, wenn ihr so weit seid). Ich werde ihnen auch sagen: ›Falls Euch die Sendungen von MTV ankotzen, die pornographische Zurschaustellung unserer westlichen Werte zuwider ist, werden wir Euch eine Übergangsfrist gewähren und sogar zulassen, daß Ihr in Euren Ländern eine Art Zensur ausüben dürft. Wenn wir auch der Überzeugung sind, daß im Leben letztendlich jeder für sich das Gleiche erstrebt, sehen wir doch ein, daß jeder sein eigenes Tempo finden muß. In Bezug auf die militärische Sicherheit wissen wir aus Erfahrung, daß die Anerkennung gemeinsamer Regeln im sozialen und wirtschaftlichen Bereich sowie bei der Zielsetzung globaler Aufgaben Voraussetzungen für den Erfolg sind. Sollte es im Zuge unserer Friedenseinsätze zu unbeabsichtigten Tötungen und ›collateral damages‹ (unbeabsichtigte Begleitschäden) kommen, werden wir Euren Beschwerden nachgehen. Kurz, wir werden nur dann Gewalt anwenden, wenn es ganz bestimmte Bedingungen erfordern. Falls Ihr in Euren Ländern die Religionsfreiheit fordert, werden wir unser Bestes tun, um Euch einen kulturellen Sonderweg zu gestatten. Wenn Ihr trotz Eures Glaubens, daß Gottes Gesetze ewig währen, zustimmen könnt, daß der Menschen Bedarf auch an irdischem Regelwerk groß ist, sind wir bereit, Euch innerhalb unserer globalen Welt eine Enklave zuzugestehen. Amerika behauptet nicht, alle Antworten auf die Fragen nach dem weltgeschichtlich einmaligen Globalisierungsprozeß zu kennen. Ihr müßt jedoch wissen, daß wir gerade dabei sind, den größten der im Verlauf der Weltgeschichte jemals unternommenen Versuch zur Gleichschaltung aller Völker, Staaten und Religionen im Zeichen der gemeinsamen Ideale von individueller Freiheit, kollektiver Sicherheit und materiellem Wohlstand für alle umzusetzen‹.«

Soviel Hybris, pharisäerhafte Selbstgerechtigkeit und Selbstüberschätzung sind wohl nicht zu überbieten und rufen bei vielen Europäern zivilisationsbedingten Brechreiz hervor.

– »Aus dem amerikanischen System, das zu einem liberal-internationalen Welthandelssystem aufblühte, entstand die Globalisierung. Dies sind die beiden gewaltigsten Schöpfungsakte der amerikanischen Geschichte. Wie nie zuvor in der Menschheitsgeschichte haben sie zur Minderung von Armut, Förderung des Wohlstands und Erhaltung des Friedens in der Welt beigetragen.«

Hier möge der Leser innehalten und der Millionen und Abermillionen Menschen in Nord-, Mittel- und Südamerika, auf den Philippinen, in Japan, in Vietnam, im Irak, in Afghanistan und nicht zuletzt in Deutschland gedenken, denen Amerika – ›God's own Country‹ – Tod und Verderben beschert hat.

Abschließend noch eine grobe Zusammenfassung des Inhalts des Barnett-Buches *Great Powers*:

– Unerschütterlich hält Barnett an den Endzielen der Globalisierung fest. Dieser im Weg stehende ›Schurkenstaaten‹ müssen integriert, Widerstand leistende ›Terroristen‹ müssen umgelegt werden.

– Aus taktischen Gründen dürfen die Globalisierer gelegentlich auch friedlichere Mittel wie Bestechung, Propaganda und Scheinverhandlungen anwenden.

– Unverändert bekennen sich die Globalisierer zu den materialistischen ›Idealen‹, die in der Deklaration der Menschenrechte vorgegeben sind: Losgelöst von jeglichem Moralgesetz und ererbten Bindungen, möge jeder Mensch seinem Eigennutz frönen, auf daß er seinen ganz persönlichen Weg, seine ganz persönliche Wahrheit und sein von jeglicher Verantwortung und von jeglichen Bindungen befreites Leben finde.

– Barnett glaubt, daß drei Milliarden potentieller Kapitalisten in den Ländern des ›Gap‹ nur darauf warten, von den Fesseln ihrer strengen Glaubensregeln und Stammesgebräuche befreit zu werden, um sich all den von der Globalisierung versprochenen Freiheiten hinzugeben und ihre Vorzüge zu genießen.

– Die Weltfinanzkrise behandelt Barnett nur an einer einzigen Stelle in seinem Werk. Er behauptet, das amerikanische Finanzsystem sei das beste der Welt und werde unverändert weiterbestehen. Krisen seien systemimmanent, man müsse sie gelegentlich in Kauf nehmen.

– Genau wie Franklin D. Roosevelt das amerikanische Volk in den Zweiten Weltkrieg, so hätten Bush und Cheney die USA in den Irakkrieg hineingelogen.

– Die bedingungslose Solidarität der USA mit Israel stehe einer friedlichen Lösung des Palästinakonflikts, dem erfolgreichen Abschluß des Irakkrieges und einer Verständigung mit dem Iran gelegentlich im Wege.

Thomas BARNETT.

– Erstaunlich, daß BARNETT immer wieder die Einzigartigkeit und Überlegenheit der amerikanischen Supermacht herausstreicht, um einige Seiten weiter eine enge Allianz mit den aufstrebenden Weltmächten China, Indien und Rußland zu predigen.

– Im umfangreichen Literaturverzeichnis von *Great Powers* finden sich keinerlei Verweise auf Bücher und Schriften europäischer Zeitgeschichtler. Offensichtlich betrachten BARNETT und seinesgleichen – wie einstmals das mächtige Rom die armseligen, untereinander zerstrittenen ›graeculi‹ – uns EUropäer schon längst als ›quantité négligeable‹, die auf dem Schachbrett der Weltpolitik mit freiem Auge nicht mehr wahrgenommen werden kann.

– Die Globalisierung mache traditionelle Bindungen zu Familie und Ehe überflüssig.

Im Gegensatz zu BARNETT ist es die feste Überzeugung des Autors dieser Zeilen, daß das Experiment ›Globalisierung‹ zum Scheitern verurteilt ist, und zwar aus folgenden zwingenden Gründen:

1. Das Festhalten der Globalisierer an ihrem Finanzierungssystem, das nur auf der Grundlage eines unaufhaltsamen Wirtschaftswachstums funktionieren kann, welches wiederum nur durch exponentiell ansteigende Zins- und Zinseszinsverschuldungen in alle Ewigkeit finanziert werden müßte. Theoretisch würden dann am Jüngsten Tag die materialistischen Globalisierer – ihren Verheißungen entsprechend – unendlichen Gewinn bilanzieren können, die von ihnen ausgebeutete Menschheit unendlichen Verlust verbuchen müssen.

2. Das Vernachlässigen der reellen, produzierenden Wirtschaft durch die Globalisierer zugunsten

des Betreibens unkontrollierter Spekulationsgeschäfte im Rahmen einer irreellen Scheinwirtschaft, die etwa sechzig mal höhere Umsätze als jene abwirft, deren Milliardengewinne an Zinsen und Zinseszinsen privatisiert, während allfällige Verluste freilich sozialisiert werden.

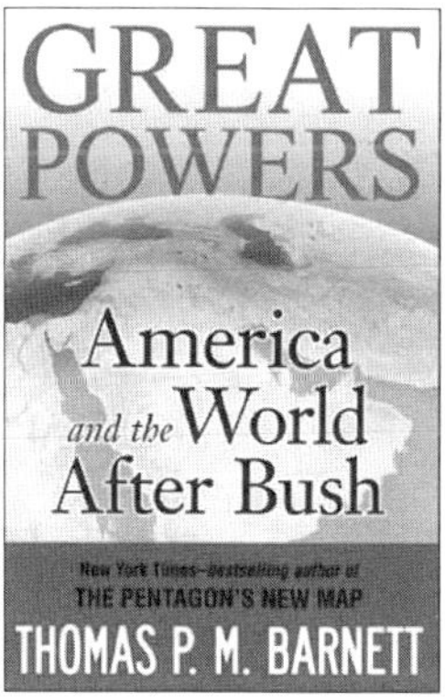

BARNETTS neues Buch *Great Powers.*

3. Der utopische Aberglaube der Globalisierer an die Eine Welt, in der alle Völker in einen einheitlich eurasiatifrikanischen Menschenmischmasch verwandelt werden müßten – wobei sie vergessen, daß es bisher in keinem einzigen Land der Erde gelungen ist, zwei oder gar mehrere Völker verschiedener ethnischer Herkunft in einen Staat erfolgreich zu integrieren – nicht einmal in der Schweiz, in Belgien, schon gar nicht in Indien, Kanada, geschweige denn in den USA.

4. Das zunehmend sichtbar werdende Unvermögen der Globalisierer und ihrer Satelliten in den Staaten des ›Core‹, ihre Welteroberungspläne militärisch umzusetzen. Wohl wäre ihre schimmernde Wehr jederzeit in der Lage, gleich mehrere ›Schurkenstaaten‹ auf einmal nuklear auszulöschen, nicht aber, kleinere Feldzüge gegen leicht bewaffnete ›Fedajin‹ zu gewinnen, ›Vergeltungsschläge‹ so sicher auszuführen, daß nicht auch zahllose unschuldige Zivilisten als ›collateral damages‹ und nur allzuoft auch eigene Soldaten durch ›friendly fire‹ in Kauf genommen werden müssen. Dieses Versagen hat zum Gesichtsverlust der führenden Globalisierungsweltmacht USA und ihrer Hiwis geführt, die sich als militärische Papiertiger erwiesen haben, und darüber hinaus zu einem immer engeren politischen und wirtschaftlichen Zusammenschluß der meisten ›Schurkenstaaten‹, die eine Unterwerfung durch die Globalisierung ablehnen.

5. Der unerschütterliche Glaube, daß höhere Moral und sittliche Werte gegen den kalten, zerstörerischen Materialismus obsiegen werden.

3. Kapitel

Religion und Weltanschauung

Ob die vielen Wunder und Sagengeschichten, die sich um Leben und Wirken der Religionsgründer des Christentums, des Judentums, des Buddhismus, des Islam, des Brahmanismus und Zoroastrismus ranken, in allen Einzelheiten stimmen, ist völlig belanglos. Wesentlich ist, daß ihre Gebote und Sittenlehren den Gläubigen helfen, das irdische Leben seelisch halbwegs unbeschadet zu überstehen, auf daß Gott oder Karma ihnen im Jenseits den gerechten Lohn, als Wiedergeborene die verdiente Form verpaßt.

Glaubt man Statistiken, so gab es 2009 4,2 Millionen Anhänger des Dschainismus, 7 Millionen Bahai, je 15 Millionen Animisten und Juden, 23 Millionen Sikhs, 100 Millionen Anhänger traditioneller afrikanischer Naturreligionen, 300 Millionen nichtafrikanischer indigener Religionen, 376 Millionen Buddhisten, 394 Millionen Konfuzianer und Taoisten, 900 Millionen Hinduisten, 1,1 Milliarden Agnostiker und Atheisten, 1,3 Milliarden Muslime und 2,1 Milliarden Christen. Während alle genannten Religionen mit stets wachsender Anhängerschaft rechnen können, vermindert sich die Zahl der Christen immer schneller: In Nordamerika, Europa, Australien, Neuseeland, in Ostasien, Nordafrika und im Orient stehen immer mehr Kirchen leer.

Wer trägt die Schuld an diesem Schisma zwischen Volk und Kirche? Sind der protestantischen, der katholischen Kirche die Gläubigen davongelaufen, oder sind den europäischen Völkern ihre Kirchen abhanden gekommen? Vor allem in Deutschland wird öfter geklagt, einige Päpste und Kirchenfürsten hätten sich nach Ende des Zweiten Weltkriegs auf die Seite der Siegermächte und des Liberalismus geschlagen. Es entsteht tatsächlich der Eindruck, daß zwischen Kirche und Volk schon lange kein Dialog mehr stattfindet, ja gar nicht mehr erwünscht ist. Missioniert wird in Ländern der Dritten Welt, wo noch es nicht allzu schwerfällt, Hunderttausende einfältige Seelen zu ernten, die man begeistert zählt, anstatt sie zu wägen.

Wie kommt es, daß am 1. April 2010 in Rußland – trotz siebzig Jahren Prägung durch den bolschewistischen Atheismus – der orthodoxe Religionsunterricht an den Schulen wieder eingeführt wurde, während in immer mehr katholischen und protestantischen

Schulen und Ämtern Europas die Kreuze entfernt werden müssen? Warum missionieren die katholische und die protestantische Kirche nicht bei ihren verlorenen Schafen in Europa und Nordamerika?

3.1 Das Kreuz mit der Analog-Religion

Sogar im Bereich des Überirdischen hat sich der Etikettenschwindel breitgemacht:

Die Kirchen des Abendlandes haben dank eines globalisierungsinfizierten Klerus das Kreuz ihrer Schein-Religionen zu tragen. In den USA entschieden Gerichte, Christen hätten ihre ›Christmas trees‹ in ›Community trees‹ umzubenennen. Der Straßburger EU-Gerichtshof entschied, daß in Italien Kreuze von den Wänden der Schulen und Ämter entfernt werden müssen. Übrigens hat bei dem Zustandekommen des Straßburger Urteils schon ein türkischer Richter mitgewirkt.

Während die Orthodoxen und Orientchristen zu den Lehren Jesu Christi und den Schriften ihrer Gründer stehen, steuern die protestantischen und katholischen Amtskirchen einen Kurs, der sie von Nazareth, Rom und Wittenberg immer weiter entfernt. Weit und breit keine gesicherten Wahrheiten, kein klarer Weg, kein frommes Leben mehr rund um den Felsen Petri!

Wenn kein Wunder geschieht, wird für kommende Generationen globalisierter Europiden bald nur noch der nordische Lichterbaum an das Christentum erinnern, die Sonne nichts anderes bedeuten als eine regelmäßig am Himmel vorbeiziehende glühende Scheibe, die mit dem Nikkei aufgeht und dem Dow Jones untergeht.

3.2 Ein gemeinsames Bekenntnis tut not

Weltweit ist zu erleben, daß sich Gläubige immer radikaler zu ihren Propheten und heiligen Schriften bekennen, immer enger um ihre Prediger und religiösen Führer scharen. Nicht nur fanatische Araber, Juden, Hindus, Tibetaner, Uiguren sind bereit, für ihren Glauben und die gerechte Sache ihres Volkes fast jedes Opfer auf sich zu nehmen, sondern auch 55 Millionen gut protestantisch-evangelikanisch-amerikanische ›Millenarians‹, die – angeleitet und motiviert von ihren Predigern – nicht so sehr für die Lehre Martin LUTHERS als für das Wohlergehen des Judenstaates Israel – militieren und spenden. Anders die heutigen Europiden, die glauben, ohne Religion, ohne ein gemeinsames Bekenntnis auskommen zu können. Zwar herrscht bei ihnen Hochkonjunktur an verschiedenen Sekten, schamanischen Praktiken, afrikanischen Kulten – Hauptsache, die Gurus, Swamis und Zauberer kommen von weither und treiben es besonders wild und toll. Es versuchen immer mehr Europäer, an ihre keltischen oder germanischen Wurzeln anzuknüpfen, altes Brauchtum zu pflegen, einer vergangenen Götterwelt zu huldigen. Nach gälischen, bretonischen, germanischen Riten wird gesungen, Met getrunken, aus der *Edda* oder der *Artus-Sage* zitiert, doch ist das lebendige Band zu einer dreitausend Jahre alten Kultur längst zerrissen.

Was uns Europäern hingegen verblieben ist und uns täglich an unsere sechzehn Jahrhunderte währende gemeinsame Vergangenheit gemahnt, ist die Tatsache, daß es zwischen Lissabon und Lahti, Larnaka und Liverpool kein Dorf, keine Stadt gibt, in denen nicht christliche Kirchen stehen. Der Autor will damit sagen, daß Europäer nicht in die verschüttete Vorvergangenheit ihrer einstigen Hochkulturen zu suchen brauchen, um ihre vergessenen Kulte neu zu entdecken, finden sie doch vor den eigenen Haustüren eine Religion samt Gotteshäusern und Traditionen, die für ihre Ahnen und Urahnen seit über tausend Jahren das einigende Band der abendländischen Kultur bedeutet hat. Er ist aber überzeugt, daß eine Renaissance der europäischen Nationen und christlich abendländischer Traditionen weder mit der heutigen nachkonziliaren katholischen Amtskirche noch mit dem ultraliberalen Protestantismus gelingen kann. Diese von Liberalismus und Freimaurerei unterwanderten, Einbahntoleranz betreibenden, sich vor politischer Korrektheit überschlagenden und jedem modischen Trend nacheifernden Kirchen werden ohnehin still und leise im ›mainstream‹ untergehen und vielleicht als Moscheen oder Parkgaragen wiederauferstehen. In einem Punkt waren sich der fundamental nationale Arthur MOELLER VAN DEN BRUCK und der fundamentale Kleriker Bischof Kurt KRENN einig. MOELLER: ›Der Liberalismus ist die Gesinnung der Gesinnungslosen«, KRENN: »Liberalismus ist die Immunschwäche Europas.«

Was deshalb dringend nottut, ist eine ›Ecclesia militans‹, die bereit ist, wie einstmals in Wolfszeiten der Awaren-, Mongolen- und Türkenstürme den Kampf der Gläubigen zu segnen, ihren Widerstand zu stärken, ihnen in der Niederlage Trost zu spenden.

Helmuth von Moltke, preußischer Feldherr, schreibt über die Türkenbelagerung von Wien (1683) in *Briefe aus der Türkei*, 1839:

> ». . . und wenig fehlte, so wäre aus dem Stephansdom zu Wien eine Moschee geworden wie die Agia Sophia zu Byzanz. . . Es ist lange Zeit die Aufgabe abendländischer Heere gewesen, der osmanischen Macht Schranken zu setzen; heute scheint es die Sorge der europäischen Politik zu sein, diesem Staate das Dasein zu fristen.«

Und anderthalb Jahrhundert später ist es die Sorge der europäischen Politik, den Islam und die Osmanen in Europa zu implantieren!

Die Alternative zu einem nationalen Bekenntnis wäre die Unterwerfung unter die von Globalisierern gepredigte und betriebene Gleichschaltung aller Konfessionen, Traditionen und Kulturen. Präsident Obama sagte in seiner Rede am 24. Juli 2008 vor der Siegessäule in Berlin:

> ». . . Die Mauern zwischen Christen, Muslimen und Juden müssen niedergerissen werden, und dies werden wir auch tun.«

Tosender Applaus Hunderttausender Berliner.

Walter Marinovic schrieb in der *Aula* (Juli 2009) über des Arminius denkwürdigen Sieg vor zweitausend Jahren:

> ». . . Wenn Umerzieher zu hastig vorgehen, erregen sie Widerstand. Das erfuhren die Römer, als sie die Umerziehung der Germanen beschleunigen wollten. Quinctilius Varus kam im Jahre 7 als Statthalter nach Germanien. . . Cassius Dio schreibt über seine Methoden: ›Als Varus Statthalter von Germanien wurde, erteilte er den Germanen Befehle, als wären sie römische Sklaven. . . Eine solche Behandlung wollten sie sich aber nicht gefallen lassen, wollten wieder die frühere Ordnung und lehnten die Fremdherrschaft ab. Sie empörten sich.‹ Die Germanen vor 2000 Jahren haben sich empört, aber die umerzogenen Germanen von heute? Die von Kommissaren beherrschten EU-Europäer?«

Der türkische Ministerpräsident Recep T. Erdogan ›drohte‹ Anfang April 2010:

> »Sollte sich die Europäische Union zu einem Christenklub entwickeln, wollen wir ihr nicht mehr beitreten.«

Wen es so weitergeht mit der EU wie bisher, besteht eher die Aussicht, daß sie sich osmanisiert.

Jede Leserin, jeder Leser möge die folgenden drei Fragen für sich beantworten:

- Glaubt sie, glaubt er, daß, wenn tausend Muslime morgen das Brandenburger Tor stürmten und auf der Quadriga die grüne Fahne hißten, auch nur hundert beherzte Berliner zum Gegenangriff antreten würden?
- Glaubt sie, glaubt er, daß, wenn morgen tausend Muslime den Kölner Dom besetzten und in eine Moschee umfunktionierten, auch nur hundert Bischöfe, Priester und Gläubige den Mut hätten, die Besetzer hinauszujagen?
- Glaubt sie, glaubt er, daß, wenn morgen tausend Türken den Stephansdom und das Schloß Schönbrunn zu Wien ausräumten und daraus Auffanglager für nachziehende Glaubensbrüder machten, auch nur hundert mutige Wiener bereit wären, zur Abwehr der dritten Türkenbelagerung anzutreten?

Warum rottet sich in jedem Land der Welt – mit Ausnahme Deutschlands – das Volk zusammen und leistet Widerstand, wenn Fremde seine Tempel und Gedenkstätten entweihen, sein Andenken beschmutzen? Weil jedes Volk mit seiner Geschichte, Kultur und Tradition eng verbunden ist.

Warum rotten sich keine hundert Deutschen zusammen, wenn das Andenken an ihr Volk beschmutzt wird? Weil ihnen von der Siegermacht des Zweiten Weltkriegs die Erinnerung und Bindung an ihre Geschichte, Gemeinschaft und Traditionen amputiert worden sind. Deutsche Denkmäler, Symbole, Altäre und Kulturschätze bedeuten für die große Mehrheit der Deutschen keine Werte mehr, für die es sich lohnen würde, auch nur einen Augenblick von der *Bild*-Zeitung oder von der Glotze aufzublicken. Und ›deutsche‹ PolitikerInnen wachen darüber, daß keine noch so nebelhaften Erinnerungsschwaden an die Vergangenheit zurückbleiben, kein noch so winziger Stummel an alten Werten nachwächst.

Sollte es noch von Glaubenseifer brennende Priester und feurige Prediger der Marke PETER ›DER EINSIEDLER‹, BERNHARD VON CLAIRVAUX, Girolamo SAVONAROLA, Marco D'AVIANO, ABRAHAM A SANTA CLARA geben, dann sollten sie nicht zuwarten, bis der Ruf erschallt, sondern schleunigst das Kreuz ergreifen und ihren Völkern voranschreiten auf dem Weg des Herrn, der da ist die Wahrheit und das Leben.

Literaturhinweise:

Die Heilige Schrift, 1894; *Glorious Koran*, 1934; NAYANATYLOKA, *Das Wort des Buddha*, 1923; LIN YUTANG, *The Wisdom of Confucius*, 1938; H.G. CREEL, *La pensée chinoise*, 1955; *Der babylonische Talmud*, Ausg. 1961; Maurice PINAY, *Verschwörung gegen die Kirche*, 1963; Leopold von RANKE, *Die Geschichte der Päpste*, 1970; René NELLI, *Les Cathares*, 1972; *Conferences on Moslem Doctrine and Human Rights in Islam*, 1972; Kh. MEHRABAN, *Zoroaster and his Religion*, 1975; Mgr. LEFÈBVRE, *J'accuse le concile!*, 1976; Maurice BUCAILLE, *The Bible, the Qur'an and Science*, 1976; Rudolf KRÄMER-BADONI, *Revolution in der Kirche*, 1981; Yves CONGAR, *Der Fall Lefèbvre*, 1977, und *Journal du Concile*, 2002; Hamid ENAYAT, *Modern Islamic Political Thought*, 1991; LAO TSE, *Tao Te King*, 1992; Reinhold OBERLERCHER, *Lehre vom Gemeinwesen*, 1994; Jean Michel BILLIOUD, *Histoire des chrétiens d'Orient*, 1995; A.L. BASHAM, *The Wonder that was India*, 1998; Claire LALOUETTE, *Weisheit und Wissen des Vorderen Orients*, 1999; Sigmund FREUD, *Der Mann Moses*, Ausg. 1999; Richard MELISCH, *Pulverfaß Nahost*, 2003; Michael LIND, *Made in Texas*, 2003; Thor VON WALDSTEIN, *Die zehn Todsünden des real existierenden Liberalismus*, 2007.

4. Kapitel

Das Ende nationaler Politik

»Jesus... ward vierzig Tage lang von dem Teufel versucht... Der Teufel führte ihn auf einen hohen Berg und wies ihm alle Reiche der ganzen Welt in einem Augenblick und sprach zu ihm: Diese Macht will ich dir alle geben und ihre Herrlichkeit, denn sie ist mir übergeben, und ich gebe sie, welchem ich will.
So du willst mich anbeten, so soll es Alles dein sein. Jesus antwortete ihm und sprach: Hebe dich weg von mir, Satan; es stehet geschrieben: Du sollst Gott, deinen Herrn, anbeten, und ihm allein dienen.«

Lukas-Evangelium, Kap. 4

Die Globalisierer waren schlauer: Sie unterschrieben den Pakt und kassieren seither als Lohn den Mammon der ganzen Welt. Alle Staatsgewalt geht von Brüssel aus – so will es die EU.

Der Einfluß der Globalisierer auf das Brüssler EU-Establishment, sein Parlament, seine Institutionen und Kommissionen ist bereits so übermächtig, daß man rechtens weder von einer europäischen, geschweige denn von nationaler Politik irgendeines EU-Mitgliedsstaates sprechen kann. Es gibt praktisch keinen Bereich mehr, in den sich Brüsseler Kommissariate nicht einmischen oder versuchen, sich einzumischen. Eher gelingt es einem Ungläubigen, nach Mekka zu gelangen, als einem EU-kritischen Politiker in EU-Landen, höhere Weihen zu erlangen oder einen höheren Posten zu erklimmen. Sollte es einem solchen Bösewicht dennoch gelingen, durch die engen Maschen der Gesinnungsschnüffelei hindurchzuschlüpfen und der Aufmerksamkeit der auf ihn angesetzten Polit-Aufpasser zu entgehen, wird er von der Systemjournaille medial hingerichtet.

Wie wir tagtäglich aus Pressemitteilungen, Radiokommentaren und Fernsehnachrichten unserer politisch gleichgeschalteten Medien erfahren können, setzen Politiker und Parlamente aller demokratischen Staaten der westlichen ›Werte‹-Gemeinschaft ›überholtes‹ und dem modernen Zeitgeist nicht mehr entsprechendes nationales Regelwerk außer Kraft und übernehmen, in Befolgung der ›Vier Gebote‹ (four flows) der Globalisierer, Schritt für Schritt deren neue Spielregeln, die ›new rule sets‹, zur Gleichschaltung mit der von den USA beherrschten ›Einen Welt‹. Für EU-ropäische Schaufenster-PolitikerInnen der Marke Tony BLAIR, Silvio BERLUSCONI, Nicolas SARKOZY, Angela MERKEL sowie für Auftragskläffer der Globalisierer der Sorte Joschka FISCHER, Manuel BARROSO, Jean-Claude JUNCKER gilt es, die Befehlskette zu respektieren: Befehle erteilen Washington und New York, werden nach Brüssel geleitet, von dort an die EU-Statthalter weitergereicht, die sie umgehend auszuführen haben.

Mit Recht ist die Brüsseler Nomenklatura stolz darauf, daß bereits 84 Prozent – manche sprechen schon von 87 Prozent – aller europäischen Gesetze, Dekrete, Bestimmungen, Verordnungen, die einstmals im House of Commons, in der Chambre des Déptués, im Bundestag, im Parlamento, in der Câmara dos Deputados, im Országyulés, im Sejm, im Riksdag erlassen wurden, heute in Brüssel von EU-Kommissaren und hochgradigen Polit-Apparatschiki verabschiedet werden, die sich in keinem einzigen Staat Europas einer Wahl stellen müssen, ihren Herkunftsländern nicht mehr rechenschaftspflichtig sind und ihren Völkern gegenüber keine Treuebindung mehr empfinden.

Wäre es angesichts dieser Tatsache nicht konsequent, wenn die EU-Staaten ihre 84 Prozent nutzloser und unterbeschäftigter Politiker einer sinnvollen Beschäftigung zuführten und die eingesparten saftigen Gehälter wohltätigen Zwecken zukommen ließen? Weil dem Brüsseler Apparat mit der Unterschrift der 27 EU-Satellitenstaaten gewissermaßen die Aufsicht über das Gemeinwohl (und -wehe!) der europäischen Völker übertragen wurde, werden sie Zug um Zug die Verantwortung auch über jene Bereiche übernehmen, die sie bisher noch nicht kontrollieren. Wozu soll denn fürderhin noch jeder einzelne EU-Mitgliedsstaat ein teures, weltweites Netzwerk von Botschaften, Konsulaten und Handelsdelegationen unterhalten, wenn in seiner Hauptstadt keine nationale Außen- und Wirtschaftspolitik mehr gemacht werden darf? Wozu sollen EU-Länder über eigenes Militär verfügen, wenn nur noch die NATO befiehlt?

Es paßt durchaus ins Bild, daß diese abgehobene Brüsseler Politkaste sich nicht schämte, im November 2009, inmitten der Weltwirtschaftskrise, auf ›Sonderverträge‹ zu pochen und für ihre 50 677 Apparatschiki eine Gehaltserhöhung von 3,7 Prozent zu fordern.

Kaum ein halbes Jahr später genehmigten sich die Brüsseler Drohnen eine Gehaltserhöhung von monatlich 1500 Euro, die ab 2011 um weitere 1500 angehoben werden soll.

Ja zu einem Europa der Vaterländer! Nein zu einem gleichgeschalteten EUropa der Globalisierer! Sogar der französische Patriot General Charles DE GAULLE hegte den Wunschtraum, der Vertrag von Verdun des Jahres 842 zur Aufteilung des Reiches KARLS DES GROSSEN möge revidiert werden, auf daß die Franken des Westens mit den Franken des Ostens wiedervereinigt würden. (Henri DE GROSSOUVRE, *Paris – Berlin – Moscou*, 2002) Europas Nationen haben auch ohne EU grenzüberschreitende Fusionen, Eidgenossenschaften, Zoll- und Wirtschaftsunionen geschaffen, wovon die Schweiz, die Benelux- und die skandinavischen Länder Zeugnis ablegen.

4.1 Blick zurück – als die Staaten noch souverän waren

Viertausend Jahre lang befolgten Völker entweder Gesetze, die von ihren sagenhaft mächtigen Herrschern verkündet wurden, wie die Codices von HAMMURABI, die berüchtigte *Carolina* KARLS V., den Code Napoléon oder ganz einfach Gesetze, die in Volksversammlungen unter Eichen, in Tempelhallen oder Parlamenten verabschiedet wurden. Herrscher und Richter sprachen ausschließlich nach eigenen Gesetzen Recht. Bei den Römern sorgte das von Kaiser JUSTINIAN eingeführte *corpus iuris civilis* für Rechtsordnung. Wer sicher gehen wollte, opferte den Stadtgöttern und verließ sich auf »di omnipotentes, ut populi romani res melior ampliorque faciant« (mögen es die allmächtigen Götter richten, daß sich das Wohl des römischen Volkes mehre und ausbreite) oder vertraute darauf, daß »videant consules, ne quid detrimenta capeat res publica« (mögen die Konsuln sehen, daß dem Staat kein Schaden entstehe).

Bis zum Ausbruch der Französischen Revolution herrschten Kaiser und Könige in Europa absolut. Jean BODIN, französischer Rechtsgelehrter im 16. Jahrhundert, schreibt in seinen *Six Livres de la République* (1576): »Maiestas est summa in cives ac subditos legibusque soluta potestas« (»Für Bürger und Untertanen stellt der Herrscher kraft der Gesetze die absolute Macht dar«). In seinem *Esprit des Lois* schreibt Charles DE MONTESQUIEU (um 1740): »Alles Gesetz entspringt dem Boden.« Teil dieses Rechts war immer und überall das Gastrecht, welches einerseits die Sicherheit und Unantastbarkeit des Gastes, andererseits das selbstverständliche Prinzip beinhaltete, daß sich der Gast nach den Gesetzen des Gastgebers zu richten hat, und nicht umgekehrt.

In der Verfassung (Constitution) der Vereinigten Staaten von Amerika vom 17. September 1787 gibt es noch keinen Bezug auf das Volk als Souverän. Die berühmten Worte »this nation, under God, shall have a government of the people, by the people, for the people (eine Regierung des Volkes, durch das Volk, für das Volk)« wurden erst von Abraham LINCOLN, Präsident der Nordamerikanischen Union, am 19. November 1863 auf dem Soldatenfriedhof von Gettysburg gesprochen, vier Monate nach der gleichnamigen Schlacht, die über 30 000 Gefallene auf beiden Seiten gefordert hatte.

In der Präambel zu Deutschlands Weimarer Verfassung vom 11. August 1919, Artikel 1, war klargestellt: »Die Staatsgewalt geht vom Volke aus.« An dieser Formulierung wurde auch im sogenannten ›Ermächtigungsgesetz‹ des März 1933 »zur Behebung der Not von Volk und Reich« nichts geändert.

In der Präambel zum Grundgesetz für die Bundesrepublik Deutschland vom 23. Mai 1949 heißt es, das deutsche Volk habe beschlossen, sich – »für eine Übergangszeit« – dieses Grundgesetz zu geben. Im Artikel 1 ist zwar von der Würde des Menschen und von Menschenrechten die Rede, nicht aber, woher die Staatsgewalt – damals ja wohl von den Besatzungsmächten – ihre Ermächtigung ableitet.

In der Verfassung der Deutschen Demokratischen Republik vom 7. Oktober 1949 stand geschrieben: »Alle Staatsgewalt geht vom Volke aus.«

In Österreichs Bundesverfassung der 1. Republik vom 1. Oktober 1920 und auch in jener der 2. Republik vom Dezember 1945, Artikel 1, war und ist festgelegt: »Alles Recht geht vom Volk aus«. Artikel 44 präzisiert: »Jede Gesamtänderung der Bundesverfassung, eine Teiländerung aber nur, wenn diese von einem Drittel der Mitglieder des Nationalrates oder des Bundesrates verlangt wird, ist einer Abstimmung des gesamten Bundesvolkes zu unterziehen.«

Die Bundesverfassung der Schweizer Eidgenossenschaft des Jahres 1784 wurde sowohl im Namen Gottes, des Allmächtigen, als auch der Schweizer Nation erlassen.

Frankreichs Revolutionäre dekretierten in der Verfassung vom 3. September 1791, wohlgemerkt zu einer Zeit, da sie schon die Macht ergriffen hatten: »Der Ursprung jeder Souveränität ruht in der Nation... Die Person des Königs [LUDWIG XVI.] ist unverletzlich und heilig. Sein Titel lautet Roi des Français...« Doch nach der Machtübernahme durch die Blutsäufer ROBESPIERRE, DANTON, MARAT und die Canaille von Halsabschneidern des ›régime de la terreur‹, der Guillotinierung von Louis CAPET (LUDWIG XVI.), der ›veuve Capet‹ (Königin MARIE ANTOINETTE), von 42000 Angehörigen der französischen Eliten und dem Massaker an 1025711 einfachen ›citoyens‹ beschlossen die Hintermänner und Nutznießer der Revolution am 24. Juni 1793 eine neue transnationale Verfassung (Constitution), die von Idealen der Freimaurerei geradezu triefte: »Le peuple français proclame en présence de l'Être suprême la déclaration des droits de l'homme et du citoyen... (»Das französische Volk verkündet in Gegenwart des Allerhöchsten die Erklärung der Menschen- und Bürgerrechte...).

Artikel 1: Das Ziel der Gesellschaft (société) ist das allgemeine Glück (le bonheur commun). Die Regierung ist eingesetzt, um dem Menschen den Genuß seiner natürlichen Rechte (la jouissance de ses droits naturels) zu verbürgen...

Artikel 4: Jeder Ausländer, der das Alter von 21 Jahren erlangt hat und in Frankreich lebt, ist zur Ausübung der Rechte eines französischen Bürgers zugelassen.«

Der 1979 als Tourist nach Deutschland eingereiste Arif ÜNAL, der es inzwischen zum Abgeordneten der Grünen im Landtag von Nordrhein-Westfalen gebracht hat, stellte im Namen seiner Fraktion im Juli 2010 den Antrag, statt die traditionelle Eidesformel »auf das Wohl des deutschen Volkes« nunmehr »auf das Wohl aller Menschen in NRW« zu sprechen. Der Antrag wurde angenommen.

4.2 Der Siegeszug der Menschenrechte

Mit der Übernahme der Deklaration der Menschenrechte in die nationalen Verfassungen war es einerseits den Volksvertretungen möglich, Macht und Willkür feudaler oder autokratischer Herrscher einzuschränken, doch lernten andererseits die neuen ›demokratischen‹ Machthaber sehr bald, mit Hilfe der unterschiedlich auslegbaren und interpretierten ›Menschenrechte‹ das bisher nationale Recht ihrer Völker einem ideologisch geprägten und undefinierbaren ›internationalen Recht‹ zu unterwerfen und somit Zug um Zug auf die nationale Gerichtsbarkeit zu verzichten. Wann immer von Restelementen nationalbewußter Regierungen und Institutionen versucht wird, sich vor nationalen Gerichten zu rechtfertigen, verweist die globalisierte ›Werte‹-Gemeinschaft‹ auf übergeordnetes EU-ropäisches Recht.

Mit der Einführung der Menschenrechte wurde den Völkern eine ihrer stärksten Verteidigungswaffen aus der Hand geschlagen. Tagtäglich erleben die Bürger EU-Europas, daß Entscheidungen, die ihre Parlamente heute treffen, längst vor Wochen schon in Brüssel beschlossen worden waren, und es wächst in allen EU-Ländern die Ablehnung der Völker gegen die Einmischung der Eurokraten in nationale Belange. Kein Wunder deshalb, daß die Brüsseler Spitzen mit Zirkel und Maurerkelle jahrelang am Werk waren, um an einem wasserdichten ›Verfassungsvertrag‹ zur Ausschaltung der nationalen Verfassungen und jeglicher nationalen Mitsprache zu arbeiten. Mit dem ›Ja‹ zum Lissabonvertrag war es Ende 2009 endlich soweit.

In seinem Beitrag »Volk, nicht Bevölkerung!« schreibt Prof. Dr. Albrecht SCHACHTSCHNEIDER für die *Zeitfragen*, Ausgabe vom 28. Juni 2010:

> »Alle Staatsgewalt geht vom Volke aus... Das Volk ist Träger der Staatsgewalt. Das Volk sind alle Bürger, ... auch die, die jetzt als Migranten eingebürgert worden sind... Diese Einbürgerungen waren verfassungswidrig... Der Austausch des Volkes durch eine beliebige Bevölkerung ist mit dem Volksbegriff des Grundgesetzes unvereinbar. Das ist nicht rechtens, wenn das Volk nicht gefragt wurde: Wollt ihr ein anderes Volk werden? Oder wollt ihr überhaupt aufgeben, ein Volk zu sein und euch in eine Bevölkerung umzuwandeln, in eine multinationale, multikulturelle Bevölkerung? Die meisten dürften dagegen sein... Es gibt die Verpflichtung des Bürgers, seine bürgerliche Verfassung zu verteidigen, die Widerstandspflicht. Wenn wir die Verpflichtung nicht erfüllen, alle, zusammen, sind wir gegenüber den nachfolgenden Generationen für das Unglück verantwortlich... Widerstand im Dritten Reich war unendlich schwer, man mußte sein Leben aufs Spiel setzen. Ein solches weiteres großes Unrecht darf kein Volk dulden.«

Die heute in Deutschland Regierenden sollten sich vorsehen, daß niemand auf die Idee kommt, dem allenthalben als Vorbild der Verfassungstreue dargestellten STAUFFENBERG nachzueifern und Selbstjustiz an heutigen undemokratischen Verfassungsbrechern zu üben...

Am 10. Dezember 1948 verkündete die Generalversammlung der Vereinten Nationen die *Allgemeine Erklärung der Menschenrechte* und forderte gleichzeitig alle Mitgliedstaaten auf, sich »im Glauben an die grundlegenden Menschenrechte, an die Würde und den Wert der menschlichen Person, an die Gleichberechtigung von Mann und Frau und den sozialen Fortschritt bei größter Freiheit« einzusetzen:

»Artikel 1: Alle Menschen sind frei und gleich an Würde und Rechten geboren...

Artikel 2: Jeder Mensch hat Anspruch auf die in dieser Erklärung verkündeten Rechte und Freiheiten, ohne irgendeine Unterscheidung nach Rasse, Farbe, Geschlecht, Sprache, Religion, politischer und sonstiger Überzeugung, nationaler oder sozialer Herkunft.«

Bis zum Artikel 28 ist ausschließlich die Rede von Freiheiten und Rechten des einzelnen, nie von seinen Pflichten. Nur in den beiden letzten Artikeln 29 und 30 geht es um ›Grundpflichten‹:

»Artikel 29: Jeder Mensch hat Pflichten gegenüber der Gemeinschaft, in der allein die freie und volle Entwicklung seiner Persönlichkeit ermöglicht wird. Jeder Mensch ist in Ausübung seiner Rechte und Freiheiten nur den Beschränkungen unterworfen, die das Gesetz ausschließlich zu dem Zwecke vorsieht, um die Anerkennung und Achtung der Rechte und Freiheiten der anderen [nicht etwa Gemeinschaften, sondern nur von Einzelnen] zu gewährleisten und den gerechten Anforderungen der Moral, der öffentlichen Ordnung und der allgemeinen Wohlfahrt in einer demokratischen Gesellschaft zu genügen.«

Kann man sich einen eindeutigeren Wink aus den Logen überhaupt vorstellen?

Was dachten dagegen die großen Geister Europas über Rechte und Pflichten in einer ›demokratischen Gesellschaft‹? Hier einige Beispiele:

Aristoteles (384–322), in seiner *Politika*:

»In der vollendeten Demokratie herrschen Frauen und Großzügigkeit gegenüber Sklaven. Man wird von den Volksführern umschmeichelt, ihre Freunde und Anhänger finden sie bei den Ausländern, nicht bei ihren eigenen Bürgern.«

Lucius Annaeus SENECA (4–65) in *Vom glücklichen Leben*:

»Ein großer Haufe ist ein Beweis vom Schlechtesten.«

Jean-Jacques ROUSSEAU (1712 –1778), in *Du contrat social*:

»Gäbe es ein Volk von Göttern, würde es sich demokratisch regieren. Eine solch perfekte Regierungsform geziemt sich jedoch nicht für Menschen.« Johann Wolfgang von GOETHE: »Nichts ist widerwärtiger als die Majorität, denn sie besteht aus wenigen kräftigen Vorangängern, aus Schelmen, die sich akkomodieren, aus Schwachen, die sich assimilieren, und der Masse, die nachtrollt, ohne nur im mindesten zu wissen, was sie will.« Friedrich *Schiller*: »Mehrheit ist der Unsinn! Verstand ist stets bei Wen'gen nur gewesen. Man soll die Stimmen wägen und nicht zählen. . .«

Dazu Bischof Richard WILLIAMSON von der Priesterbruderschaft ›Pius X.‹ in einem Interview mit dem *Spiegel* (9. Februar 2009):

Spiegel: »Erkennen Sie zumindest die universellen Menschenrechte an?«

WILLIAMSON: »Als in Frankreich die Menschenrechte proklamiert wurden, sind in ganz Frankreich Hunderttausende umgebracht worden. Wo die Menschenrechte als eine objektive Ordnung verstanden werden, die der Staat durchsetzen soll, da kommt es immer zu einer antichristlichen Politik. Wenn es darum geht, dem Einzelnen die Freiheit seines Gewissens gegen den demokratischen Staat zu erhalten, da erfüllen die Menschrechte eine wichtige Funktion. Der Einzelne bedarf dieser Rechte gegen einen Staat, der sich als Leviathan geriert. Das christliche Verständnis vom Staat ist aber ein anderes, so daß die christlichen Menschenrechtstheorien mehr betonen, daß die Freiheit nicht Selbstzweck ist. Es geht nicht um Freiheit von etwas, sondern um Freiheit für etwas. Für das Gute.«

Es gilt als gesichert, daß bis in die Gegenwart hinein die Mehrheit der amerikanischen Präsidenten und Vizepräsidenten, der gekrönten Häupter konstitutioneller Monarchien sowie sehr zahlreiche europäische Staats- und Regierungschefs westlicher Demokratien Freimaurer waren und sind. Nichts fürchtet diese brüderlich-›demokratische‹ Internationale mehr als die Rückbesinnung ihrer Völker auf einstmalige und natürliche Bindungen zur Heimat, zur Religion und zu den ererbten Traditionen. Kein Wunder, daß diese Negativ-›Elite‹ samt ihren Satrapen und Auftragskläffern seit zweihundert Jahren unentwegt mit Winkelmaß und Kelle weitermauert am utopischen, abstrakten Menschen, der, endlich befreit von familiären, religiösen, nationalen und sozialen Fesseln, unter milder Anleitung demokratisch gewählter ›Volks‹-vertreter, sich ausschließlich seinem persönlichen Vorteil und seiner Entfaltung widmen kann und auch soll. Während volksverbundene Regenten nie das Bad in der Menge zu fürchten brauchen, meiden diese volksentfremdeten Potentaten, Wucherer, Globalisierungsheuschrecken und ihre Lakaien das Volk, als wäre es vom Aussatz befallen. Von Militär und Polizei abgeschirmt, hinter Stacheldraht und meterhohen Zäunen treffen sich diese Einweltler regelmäßig in abgelegenen Luxusherbergen, um für die kommenden Monate die Marschroute festzulegen und den herbeizitierten System-Politikern den Kurs vorzugeben. Und dazu schweigt der gesamte Medienwald...

Mit den erfolgreich verlaufenen Revolutionen in den USA und Frankreich war es den Wegbereitern der Globalisierung im Zeichen der zwei Säulen und der drei Punkte gelungen, die ersten strategischen Bastionen auf ihrem Weg zur Weltherrschaft zu erobern. Der erste Schritt war getan.

4.3 Die ›Menschenrechte‹ als unabdingbare Stütze der Globalisierer

Mit den ›Menschenrechten‹ übernahmen Amerikaner und Franzosen neues Recht, das besagt: »Das Recht des einzelnen Menschen ist höchstes Gut. Es steht über den Rechten der Völker und Gemeinschaften« und schufen damit ein neues Moralgesetz, das jetzt lautet: »Eigennutz geht vor Gemeinnutz.« Bald sollten die Völker erfahren, daß ihre befreiten Citoyens, Citizens und Bürger in ihren neuen Demokratien alle Freiheiten haben – außer der Freiheit, keine Demokraten sein zu dürfen. Das Bekenntnis zu den ›Menschenrechten‹ ist Voraussetzung für die Aufnahme eines jeden Staates in die ›Vereinten Nationen‹ geworden und gilt als Eintrittskarte in die Gemeinschaft der ›westlichen Wertegemeinschaft‹. Die 30 Artikel der »Allgemeinen Erklärung der Menschenrechte« sowie die 70 Artikel der UNO-Charta sind zu Glaubens- und Verfassungsartikeln der ›demokratischen‹ Wertegemeinschaft geworden, die genauso wenig hinterfragt oder in Frage gestellt werden dürfen wie einstmals im Mittelalter die Existenz des Leibhaftigen und die wunderbare Brotvermehrung.

Die Rhetorik bzw. die Religion der Menschenrechte ist der Motor des Eine-Welt-Konzepts des Westens. Zur Durchsetzung der sogenannten ›Menschenrechte‹ werden überall in der Welt, wo die Interessen der westlichen Hochfinanz bestehen, ›humanitäere Interventionen‹ forciert. Bildquelle: Menschenrechte www.friedensdekade.de

Doch um welche Art ›Demokratie‹ geht es eigentlich? Geht es um das Festhalten jener Art von Demokratie als Karikatur einer ›Volksherrschaft‹, die schon von Philosophen des Altertums, von SCHILLER und GOETHE als Verlogenheit angeprangert wurde? Oder um jene Perversion von Demokratie, die von 1945 bis 1989 von den Bolschewisten unter dem Markennamen ›Volksdemokratie‹ eingerichtet wurde, von den USA als Modell der ›American ›Democracy‹ allen ›Schurkenstaaten‹ aufgezwungen werden soll? Oder um jene Art Volksvertretung, deren Führerschaft aus dem Volk erwählt wird und nur diesem, ihrem Souverän, Rechenschaft schuldig ist?

Über die Karikatur solcher ›Demokratien‹ urteilte der Verfassungsrechtler Carl SCHMITT (1888–1985):

> »In der Einführung qualifizierter Mehrheiten ist ein Widerspruch gegen das Prinzip des parlamentarisch-demokratischen Gesetzgebungsstaates enthalten, der sich schließlich so weit treiben läßt, daß er in seiner letzten, aber formalistisch folgerichtigen Konsequenz die Legalität selbst als Prinzip legal beseitigt. Die verfassungsändernde Zweidrittelmehrheit könnte den Augenblick ihrer Mehrheit benutzen, um mit Verfassungskraft zu beschließen,

daß bestimmte Interessen und Personen in Zukunft auch gegen 100 Prozent aller Stimmen oder Einstimmigkeit überhaupt unabänderlich seien. . .«

Ähnlich urteilte der französische Zeithistoriker Jean HAUPT in *Le procès de la démocratie*, 1971:

> »Der Bürger einer Demokratie verfügt über alle Rechte mit Ausnahme des Rechts, kein Demokrat zu sein.«

Und der Publizist Thomas SCHMID leitartikelte in der *Süddeutschen Zeitung* vom 1. August 2007:

> »Die liberale Demokratie ist ein Unternehmen zum Schutz der zivilen Gesellschaft vor dem Zugriff des Volkes.«

Hier – als gutes Beispiel für die bei Brüsseler Politkommissaren vorherrschende Art von ›Demokratie‹-Verständnis – der Bericht eines dem Autor persönlich gut bekannten Wissenschaftlers:

> »In Weißrußland sollte im September 2008 anläßlich der Parlamentswahlen nach dem Willen des einzig verbliebenen Imperiums eine orange Revolution stattfinden, finanziert von internationalen Stiftungen, um einen Regimewechsel herbeizuführen und auch dort, ähnlich wie in der Ukraine 2004, Demokratie und Marktwirtschaft nach neoliberalem Muster einzuführen. Das weißrussische Volk hat jedoch neuerlich auf eindrucksvolle Weise den Kurs der Regierung unterstützt, wie ich als Beobachter der OSZE feststellen konnte. Die Wahlbeobachtung der Bezirkswahlbehörde in Gomel bei Stimmauszählung und bei der Übergabe der Protokolle hat keinerlei Unregelmäßigkeiten ergeben. Die Vertreter der Opposition waren auch immer anwesend und haben keine Einwände vorgebracht. Die OSZE gab am Montag, den 29. September, um 12 Uhr Mittag nach den Wahlen ihr Urteil ab, noch bevor sich die Mitglieder der Beobachtungsgruppen in den Bezirken überhaupt treffen konnten. Es waren nicht die Fakten ausschlaggebend, sondern vorgefaßte politische Meinungen. Am 30. September, also zwei Tage später, fand in Minsk eine Versammlung aller 450 Wahlbeobachter der OSZE unter dem Vorsitz des deutschen Botschafters AHRTENS statt. Der Botschafter verlas eine Erklärung der zentralen Beobachterkommission der OSZE: ›The elections did not meet international standards‹ (Die Wahlen entsprachen nicht den internationalen Regeln). Ich meldete mich zu Wort und stellte die Frage: ›Wenn Sie zu diesem

Ergebnis kommen, das wir in unserer lokalen Wahlkommission nicht bestätigen können, müssen Sie offenbar politische Gründe dafür haben. Können Sie uns mitteilen, welche Gründe das sind?‹ Der Vorsitzende richtete seinen Blick in den Saal und stellte die Frage: ›Gibt es noch jemanden im Saal, der dieser Meinung ist?‹ Es meldeten sich außer mir noch einige der anwesenden internationalen Wahlbeobachter. Es wurde still im Saal. Daraufhin der Vorsitzende: ›Ich danke Ihnen, das genügt. Wir können zum nächsten Tagesordnungspunkt übergehen‹.«

Ein weiteres Beispiel für Anmaßung und Überheblichkeit jener unter dem Deckmantel der Menschenrechte wirkenden Zeit-Geistlichen, die das ›Recht‹ beanspruchen, sich in fremde Angelegenheiten einzumischen, auf daß die Gleichschaltung aller Völker und Kulturen im Namen der Globalisierung gelingen möge, war ein Artikel von Bernhard BARTSCH im *Göttinger Tageblatt* vom 30. Dezember 2009:

»Im Milliardenreich China, so heißt es, ist ein einzelnes Menschenleben nicht viel wert. Die Hinrichtung des mutmaßlichen britischen Drogenhändlers Akmal SHAIKH ist ein Menschenopfer aus politischem Kalkül. Das Ausland soll nicht glauben, sich in Chinas sogenannte [!] innere Angelegenheiten einmischen zu können, lautet die Botschaft. Sie wird im Westen wohlverstanden und löst zurecht Entsetzen [?] aus. Dabei geht es nicht um die Frage, ob die Volksrepublik einen Ausländer, der in China ein Verbrechen begeht, nach ihren Gesetzen bestrafen darf. Das darf sie, [wie großzügig!] Der Skandal [für wen denn?] besteht vielmehr darin, daß die Kommunistische Partei offenbar bewußt demonstrieren will, wie wenig sie sich um internationale Standards kümmern muß. Dabei wäre der Fall SHAIKH – ebenso wie der des vergangene Woche verurteilten Demokratieaktivisten Liu XIAOBO – eine Chance gewesen, der Welt zu zeigen, daß es China mit dem Aufbau eines Rechtsstaats [welches Recht?] ernst ist. Das wäre nicht zuletzt deshalb angemessen, weil internationale Organisationen [man ahnt schon, welche] und westliche Regierungen, darunter auch die deutsche, die Reform des chinesischen Justizsystems mit Millionenbeträgen unterstützt haben. [Es wird die deutschen Steuerzahler sicher freuen zu erfahren, für welch ideologischen Quatsch ihr hart verdientes Geld hinausgeschmissen wird.] China will Härte zeigen. . . Der Westen sollte sich davon nicht einschüchtern lassen. . . Das Ausland hat ein Recht [!]

darauf, darüber zu diskutieren, nach welchen Maßstäben seine Herrscher handeln.«

Ein Köter hat gekläfft, doch die Karawane zieht weiter.

Was war geschehen? Im September 2007 war Akmal SHAIKH, ein Drogenschmuggler pakistanischer Herkunft mit britischem Paß, im Besitz von knapp über vier Kilogramm Heroin in Urumtschi (Provinz Xingjang) gefaßt worden. Nach chinesischem Gesetz reicht der Besitz von 50 Gramm Heroin aus, um zum Tode verurteilt zu werden. Schon 150 Milligramm reinen Heroins können tödlich sein; vier Kilo hätten gereicht um 26800 Menschen zu töten. Auch in Pakistan, in fast allen asiatischen und afrikanischen Ländern wäre SHAIKH ebenfalls gehängt oder geköpft worden. Sein Anwalt und die britische Regierung erklärten, er sei psychisch gestört und daher möglicherweise nicht schuldfähig. Wann immer in China, Arabien, Afrika, den USA, im Iran, Drogenhändler, Kinderschänder, Lebensmittelverseucher, Massenmörder und andere Schwerverbrecher gehenkt, totgespritzt, vergast, gesteinigt oder für Jahrzehnte weggesperrt werden, erheben die westliche ›Werte‹-Gemeinschaft samt Lizenzmedien mit reflexartiger Routine ihr Wehgeheul und klagen über die Verletzung ›elementarer Menschenrechte‹ der einzelnen Delinquenten – wie vor einigen Monaten etwa des Kinderschänders Roman POLANSKI –, berichten von ›weltweiter Empörung« und ›Entsetzen‹ seitens aller ›Demokraten‹. Weder die großen Gefahren, in denen die bedrohte Allgemeinheit geschwebt hat, noch das tragische Schicksal und immerwährende Leiden überlebender Opfer, ihrer Angehörigen und Gemeinschaften interessieren diese seltsamen Humanitätsapostel. Offensichtlich sind ihnen die Opfer und Betroffenen des Schutzes durch die Menschenrechte nicht würdig. Drum merke man: Gemäß den Menschenrechten werden *a priori* nur die Einzelnen, die Minderheiten vor den Mehrheiten geschützt. Schuldig können daher nur Mehrheiten, Gastvölker und Gemeinschaften sein, niemals jedoch der Einzelne.

Übrigens – und so interpretiert der Islam die Menschenrechte: Anläßlich einer Gipfelkonferenz verkündeten 45 Außenminister islamischer Staaten am 5. August 1990 die Kairoer Erklärung der Menschenrechte im Islam. Gemäß Präambel sind alle grundlegenden Rechte und Freiheiten sowohl der Gläubigen als auch der Nichtgläubigen verbindliche Gebote Gottes. Die ersten 24 Artikel lauten nicht grundlegend anders als die abendländische Version, doch im

Artikel 25 wird alles klargestellt: »Die Scharia ist die einzige Quelle, aus der sich jeder einzelne Artikel deuten und erklären lassen kann.«

4.4 Zur Rechtslage in Deutschland und Österreich nach 1945

Am 8. September 1948 hielt der Abgeordnete Prof. Dr. Carlo SCHMID im Parlamentarischen Rat – einer Art ›Vorparlament‹ vor der Gründung der Bundesrepublik im Mai 1949 – eine denkwürdige Rede. SCHMID wörtlich:

> »Meine Damen und Herrn, worum handelt es sich denn eigentlich bei dem Geschäft, das wir hier zu bewältigen haben? Was heißt denn ›Parlamentarischer Rat‹? Was heißt denn ›Grundgesetz‹? Wenn in einem souveränen Staatswesen das Volk eine verfassungsgebende Nationalversammlung einberuft, ist deren Aufgabe klar und braucht nicht weiter diskutiert zu werden: sie hat eine *Verfassung* zu schaffen. Was heißt hier ›Verfassung‹? Eine Verfassung ist die Gesamtentscheidung eines freien Volkes über die Formen und Inhalte seiner politischen Existenz. Eine solche Verfassung ist dann die Grundnorm des Staates. Sie bestimmt in letzter Instanz, ohne auf einen Dritten zurückgeführt zu werden brauchen, die Abgrenzung der Hoheitsverhältnisse auf dem Gebiet, und dazu bestimmt sie die Rechte der Individuen und die Grenzen der Staatsgewalt. Nichts steht über ihr, niemand kann sie außer Kraft setzen, niemand kann sie ignorieren. Eine Verfassung ist nichts anderes als die in Rechtsnorm gebrachte Selbstverwirklichung der Freiheit eines Volkes. Darin liegt ihr Pathos, und dafür sind die Völker auf die Barrikade gegangen...
>
> Was aber dieses Gebilde [Grundgesetz] von echter demokratisch legitimierter Staatlichkeit unterscheidet, ist, daß es im Grunde nichts anderes ist als die Organisationsform einer Modalität der Fremdherrschaft; denn die trotz mangelnder voller Freiheit erfolgende Selbstorganisation setzt die Anerkennung der fremden Gewalt als übergeordneter und legitimierter Gewalt voraus. Nur wo der Wille des Volkes aus sich selber fließt, nur wo dieser Wille nicht durch Auflagen eingeengt ist, durch einen fremden Willen, der Gehorsam fordert und dem Gehorsam geleistet wird, wird Staat im echten demokratischen Sinne des Wortes geboren. Wo das nicht der Fall ist, wo das Volk lediglich in Funktion des Willens einer fremden übergeordneten Gewalt organisiert ist,

sogar unter dem Zwang, gewisse Direktiven dabei befolgen zu müssen, und mit der Auflage, sich sein Werk genehmigen zu lassen, entsteht lediglich ein Organismus mehr oder weniger administrativen Gepräges...

Was ist nun die *Lage Deutschlands* heute? Am 8. Mai 1945 hat die deutsche Wehrmacht bedingungslos kapituliert. An diesen Akt werden von den verschiedensten Seiten die verschiedensten Wirkungen geknüpft. Wie steht es damit? Die bedingungslose Kapitulation hatte Rechtswirkung ausschließlich auf militärischem Gebiet. Die Kapitulationsurkunde, die damals unterzeichnet wurde, hat nicht etwa bedeutet, daß damit das deutsche Volk durch legitimierte Vertreter zum Ausdruck bringen wollte, daß es als Staat nicht mehr existiert, sondern hatte lediglich die Bedeutung, daß den Alliierten das Recht nicht bestritten werden sollte, mit der deutschen Wehrmacht nach Gutdünken zu verfahren. Das ist der Sinn der bedingungslosen Kapitulation und kein anderer. Manche haben daran andere Rechtsfolgen geknüpft. Sie haben gesagt, auf Grund dieser bedingungslosen Kapitulation sei Deutschland als staatliches Gebilde untergegangen. Sie argumentieren dabei mit dem völkerrechtlichen Begriff der *debellatio*, der kriegerischen Niederwerfung eines Gegners. Diese Ansicht ist schlechterdings falsch...

Der Rechtszustand, in dem Deutschland sich befindet, wird noch durch folgendes charakterisiert: Die Alliierten halten Deutschland nicht nur auf Grund der Haager Landkriegsordnung besetzt. Darüber hinaus trägt die Besetzung Deutschlands interventionistischen Charakter. Was heißt *Intervention*? Es bedeutet, daß fremde Mächte innerdeutsche Verhältnisse, um die sich zu kümmern ihnen das Völkerrecht eigentlich verwehrt, auf deutschem Boden nach ihrem Willen gestalten wollen. Es hat keinen Sinn, darüber zu jammern, daß es so ist. Daß es dazu kommen konnte, hat seine guten Gründe: Man kann verstehen, daß unsere Nachbarn sich nach dem, was im deutschen Namen in der Welt angerichtet worden ist, ihre Sicherheit selber verschaffen wollen! Ob sie sich dabei immer klug angestellt haben oder nicht, soll hier nicht diskutiert werden: Das ist eine andere Geschichte...

So wird man für die Frage, ob interventionistische Maßnahmen von uns als ›Recht‹ anerkannt werden müssen, spätere Vereinbarungen abzuwarten haben. Aber kein Zweifel kann darüber bestehen, daß diese interventionistischen Maßnahmen der Besatzungsmächte vorläufig legal sind aus dem einen Grunde, daß das deutsche Volk diesen Maßnahmen allgemein Gehorsam leistet. Es liegt hier ein Akt der Unterwerfung vor – drücken wir es doch aus, wie es ist –, eine Art von negativem Plebiszit, durch das das deutsche Volk zum Ausdruck bringt, daß es für Zeit auf die Geltendmachung seiner Volkssouveränität zu verzichten bereit ist. Man sollte sich doch darüber klar sein, was Volkssouveränität heißt: nicht jede Möglichkeit, sich nach seinem Willen in mehr oder weniger Beschränkung einzurichten, sondern zur Volkssouveränität gehört, wenn das Wort einen Sinn haben soll, auch die Entschlossenheit, sie zu verteidigen und sich zu widersetzen, wenn sie angegriffen wird...

Die Volkssouveränität ist, wo man von ihrer Fülle spricht, unteilbar. Sie ist auch räumlich nicht teilbar. Sollte man sie bei uns für räumlich teilbar halten, dann würde das bedeuten, daß man hier im Westen den Zwang zur Schaffung eines separaten Staatsvolks setzt. Das will das deutsche Volk in den drei Westzonen aber nicht sein! Es gibt kein westdeutsches Staatsvolk und wird keines geben! Das französische Verfassungswort ›la Nation une et indivisible‹ (die eine und unteilbare Nation) bedeutet nichts anderes, als daß die Volkssouveränität auch räumlich nicht teilbar ist. Nur das gesamte deutsche Volk kann ›volkssouverän‹ handeln, und nicht eine Partikel davon. *Eine gesamtdeutsche konstitutionelle Lösung* wird erst möglich sein, wenn eines Tages *eine deutsche Nationalversammlung* in voller Freiheit wird gewählt werden können... Eine Verfassung, die ein anderer zu genehmigen hat, ist ein Stück Politik des Genehmigungsberechtigten, aber kein Ausfluß der Volkssouveränität des Genehmigungspflichtigen!...

Ich glaube, daß das Grundgesetz eine Bestimmung enthalten sollte, daß wir die Abtretung deutschen Gebietes ohne die Zustimmung der auf diesem Gebiet wohnenden Bevölkerung nicht anerkennen. Vielleicht können wir gezwungen werden, zu erleiden und zu ertragen, was uns bisher hier angetan worden ist. Aber man wird uns niemals zwingen können, es als Recht anzuerkennen – weder im Westen noch im Osten! Das gehört zur Ehre eines Volkes und damit auch zur Demokratie. Eine Tyrannis kann es sich leisten, Menschen preiszugeben, eine Demokratie aber nicht!«

Dem ist wohl nichts hinzuzufügen.

Wahrheitswidrig verkündeten die alliierten Militärbefehlshaber am 5. Juni 1945 in der »Berliner Erklärung«:

> »In Anbetracht der Niederlage Deutschlands und der Übernahme höchster Autorität hinsichtlich Deutschlands durch die Regierungen des Vereinigten Königreichs, der Vereinigten Staaten von Amerika, der Union der Sozialistischen Sowjetrepubliken und der Provisorischen Regierung der Französischen Republik: ... Deutschland, das für den Krieg verantwortlich ist, ist nicht mehr fähig, sich dem Willen der siegreichen Mächte zu widersetzen. Dadurch ist die bedingungslose Kapitulation Deutschlands vollbracht, und Deutschland unterwirft sich allen Forderungen, die ihm jetzt oder später auferlegt werden. Es gibt in Deutschland keine zentrale Regierung oder Behörde mehr...«

Zur Klarstellung sei hier der Text der Urkunde eingefügt, die Generaloberst JODL am 7. Mai 1945 gegenüber den Westalliierten in Reims unterschrieb:

> »Der Unterzeichnete, handelnd im Namen des Oberkommandos, erklärt hiermit die bedingungslose Kapitulation aller Streitkräfte zu Lande, zu Wasser und in der Luft, welche sich in diesem Augenblick unter deutscher Kontrolle befinden, gegenüber dem Obersten Befehlshaber der Alliierten Expeditionsstreitkräfte und gleichzeitig gegenüber dem Oberkommandierenden der Sowjettruppen... Diese Kapitulationsurkunde stellt kein Präjudiz für an ihre Stelle tretende allgemeine Kapitulationsbedingungen dar, die durch die Vereinten Nationen oder in ihrem Namen festgesetzt werden und Deutschland und die Deutsche Wehrmacht als Ganzes betreffen werden.«

Sowohl historisch als auch juristisch ist hiermit erwiesen, daß nur die deutsche Wehrmacht, nicht aber das Deutsche Reich kapituliert hat.

Wie dem Artikel 3 der Charta der Vereinten Nationen zu entnehmen ist, galten schon zu diesem Zeitpunkt jene Staaten als Mitglieder, die schon am 1. Januar 1942 – drei Wochen nach dem Eintritt der USA in den Zweiten Weltkrieg – die »Declaration of the United Nations« unterschrieben hatten.

In *Der Weg zum Reich* (2007) faßt der Schweizer Publizist Bernhard SCHAUB die Chronologie der Fernsteuerung Deutschlands seit 1945 wie folgt zusammen:

Bei der ›Potsdamer Konferenz‹, die vom 17. Juli bis 2. August 1945 stattfand, entschieden STALIN, TRUMAN und ATTLEE, wie mit Deutschland verfahren werden sollte. Dem Kommuniqué zufolge wurden

> »... die geregelte und menschliche Ausweisung der Deutschen aus Polen, Ungarn und der Tschechoslowakei, die Reparationen (Sachwerte, Demontagen, Kriegs- und Handelsschiffe, usw.), die Aburteilung der Kriegsverbrecher‹ vereinbart«.

Darüber schrieb sogar Rudolf AUGSTEIN (*Spiegel* 2/1985):

> »Das gespenstische an der Potsdamer Konferenz lag darin, daß hier ein Kriegsverbrechergesetz von Siegern beschlossen wurde, die nach den Maßstäben des späteren Nürnberger Prozesses allesamt hätten hängen müssen...«

Zwischen 1945 und 1956 erklärten die mit dem Deutschen Reich (noch) im Kriegszustand befindlichen Staaten USA, Sowjetunion, Frankreich, Großbritannien, Norwegen, Belgien, die Niederlande, Rumänien, Griechenland, *Kanada*, Mexiko, Brasilien, Argentinien, Peru, Venezuela, Bolivien, Kolumbien, Costa Rica, die Dominikanische Republik, Guatemala, Nicaragua, Haiti, Paraguay, El Salvador, *Indien, Philippinen Australien, Neuseeland, Ägypten, Liberia, Jordanien, Libanon, Syrien, Indien, die Philippinen Irak, Iran, Saudi Arabien,* per Dekret den Kriegszustand mit dem Deutschen Reich für beendet. Weil das Deutsche Reich nicht mehr handlungsfähig ist, kann es diese Erklärungen nicht entgegennehmen. Sie stellen zwar einen Waffenstillstand her, sind aber kein Ersatz für einen Friedensvertrag. Die in Schrägschrift gesetzten Kolonien, Dominions und besetzten Länder waren zum Zeitpunkt ihrer ›Kriegserklärung‹ an das Deutsche Reich nicht im Besitz ihrer Souveränität, sondern standen unter der Fuchtel salbungsvoller ›Demokratien‹ der Marke USA, Großbritannien und DE GAULLES Frankreich.

Am 10. Mai 1949 übermitteln die Besatzungsmächte dem Parlamentarischen Rat das Besatzungsstatut, und am 12. Mai 1949 erfolgt das Genehmigungsschreiben der westalliierten Hochkommissare zum Grundgesetz. Dieses tritt am 23. Mai in den drei Westzonen in Kraft. Mit dem »Deutschlandvertrag« vom 5. Mai 1955 wird der Bundesrepublik seitens der drei Westmächte der Status eines souveränen Staates zuerkannt, sie behalten sich aber

Mit dem ›Deutschlandvertrag‹ wurde die Bundesrepublik 1955 scheinsouverän. Wichtige Rechte behielten sich die Alliierten vor. Das blieb auch nach dem 2 + 4-Vertrag 1990 so. Abbildung: Die Ratifikationsurkunden des Deutschlandvertrags wurden hinterlegt. Links: Der französische Botschafter André FRANÇOIS-PONCET, Konrad ADENAUER, am Mikrophon der britische Botschafter Frederick Robert HOYER-MILLAR.

»... im Hinblick auf die internationale Lage... die bisher von ihnen ausgeübten oder innegehabten Rechte und Verantwortlichkeiten in Bezug auf Berlin und auf Deutschland und einer friedensvertraglichen Regelung« vor. Sie bestimmen ferner, daß »...die Ausübung dieser Vorbehaltsrechte durch die ehemaligen Besatzungsmächte und jetzigen Verbündeten von keinem Gericht überprüft werden darf«, und beharren außerdem auf dem Recht, Streitkräfte in der Bundesrepublik zu stationieren.

Gerd-Helmut KOMOSSA, bundesdeutscher Ex-Politiker, schreibt in seinem Buch *Die Deutsche Karte – Das verdeckte Spiel der geheimen Dienste. Ein Amtschef des MAD berichtet* (2007):

»Der Geheime Staatsvetrag vom 21. Mai 1949 wurde vom Bundesnachrichtendienst unter ›strengster Vertraulichkeit‹ eingestuft. In ihm wurden die grundlegenden Vorbehalte der Sieger für die Souveränität der Bundesrepublik bis zum Jahre 2099 festgeschrieben, was heute wohl kaum jemandem bewußt sein dürfte. Danach wurde einmal der ›Medienvorbehalt der alliierten Mächte über deutsche Zeitungs- und Rundfunkmedien‹ bis zum Jahr 2099 fixiert. Zum anderen wurde geregelt, daß jeder Bundeskanzler Deutschlands auf Anordnung der Alliierten vor Ablegung des Amtseides die sogenannte Kanzlerakte zu unterzeichnen hatte. Darüber hinaus blieben die Goldreserven der Bundesrepublik durch die Alliierten gepfändet.«

Der Autor, so heißt es, habe sich inzwischen von seinen Aussagen distanziert. . .

Angesichts der eindeutig scheinenden Rechtslage stellt sich die Frage, ob die Ostverträge der siebziger Jahre etwas Grundsätzliches an ihr ändern konnten, zumal auch das Bundesverfassungsgericht am 31. Juli 1973 – also nach Abschluß der Ostverträge – mit aller Klarheit entschied:

> »Das Grundgesetz. . . geht davon aus, daß das Deutsche Reich den Zusammenbruch 1945 überdauert hat und weder mit der Kapitulation noch durch die Ausübung fremder Staatsgewalt in Deutschland durch die alliierten Okkupationsmächte noch später untergegangen ist. . . Das Deutsche Reich besteht fort, besitzt nach wie vor Rechtsfähigkeit, ist allerdings als Gesamtstaat mangels Organisation, insbesondere mangels institutionalisierter Organe selbst nicht handlungsfähig. . . Mit der Errichtung der Bundesrepublik Deutschland wurde nicht ein neuer westdeutscher Staat gegründet, sondern ein Teil Deutschlands neu organisiert. Die Bundesrepublik Deutschland ist also nicht ›Rechtsnachfolger‹ des Deutschen Reiches, sondern als Staat identisch mit dem Staat ›Deutsches Reich‹ – in Bezug auf seine räumliche Ausdehnung allerdings nur ›teilidentisch‹, so daß insoweit die Identität keine Ausschließlichkeit beansprucht. . . Sie beschränkt staatsrechtlich ihre Hoheitsgewalt auf den ›Geltungsbereich des Grundgesetzes‹, fühlt sich aber auch verantwortlich für das ganze Deutschland. Die Deutsche Demokratische Republik gehört zu Deutschland und kann im Verhältnis zur Bundesrepublik nicht als Ausland angesehen werden.«

Im sogenannten ›2 + 4 Vertrag‹ vom 12. September 1990 sollte dem wiedervereinigten Deutschland von den vier Besatzungsmächten die volle Souveränität übertragen werden. In der Präambel heißt es, daß

> »mit der Wiedervereinigung Deutschlands die Rechte und Verantwortlichkeiten der Vier Mächte in Bezug auf Berlin und Deutschland als Ganzes ihre Bedeutung verlieren«, zugleich aber bestimmt der Artikel 1 (1):

> »Das vereinte Deutschland wird die Gebiete der Bundesrepublik Deutschland, der Deutschen Demokratischen Republik und ganz Berlins umfassen. Seine Außengrenzen werden die Gren-

zen der DDR und der BRD sein und werden am Tage des Inkrafttretens dieses Vertrages endgültig sein... Das vereinte Deutschland hat keinerlei Gebietsansprüche gegen andere Staaten und wird solche auch nicht in Zukunft erheben.«

Am 27./28. September 1990 erfolgte die Bekanntmachung einer Vereinbarung zu dem Vertrag über die Beziehungen zwischen der Bundesrepublik Deutschland und den Drei Mächten (siehe BGBl. 1990, Teil II, Seite 1398). Dort heißt es:

»Erster Teil, Art. 2: Alle Rechte und Verpflichtungen, die durch gesetzgeberische, gerichtliche oder Verwaltungsmaßnahmen der alliierten Behörden oder aufgrund solcher Maßnahmen begründet oder festgestellt worden sind, sind und bleiben in jeder Hinsicht nach deutschem Recht in Kraft, ohne Rücksicht darauf, ob sie in Übereinstimmung mit anderen Rechtsvorschriften begründet oder festgestellt sind.«

»Sechster Teil, Art. 1: Die Frage der Reparationen wird durch den Friedensvertrag zwischen Deutschland (erg. Deutsches Reich) und seinen ehemaligen Gegnern oder vorher durch diese Frage betreffende Abkommen geregelt werden...«

»Sechster Teil, Art. 3: Die Bundesrepublik wird in Zukunft keine Einwendungen gegen Maßnahmen erheben, die gegen das deutsche Auslands- oder sonstige Vermögen durchgeführt worden sind oder werden sollen...«

In den *Huttenbriefen* (Ausgabe 2/2009) beschreibt der Publizist Prof. Helmut SCHRÖCKE die Rechtslage der Bundesrepublik Deutschland wie folgt:

»... Nach wiederholten Änderungsbefehlen wurde das Grundgesetz von den alliierten Hochkommissaren bestätigt und am 12. Mai 1949 in Bonn verkündet. Es gab keine vom Deutschen Volk gewählte verfassungsgebende Nationalversammlung, und das GG wurde nicht vom Deutschen Volk der westlichen Besatzungszonen durch eine Wahl bestätigt... Mit der Berliner Erklärung vom 5. Mai 1945, ›... die Übernahme... der Regierungsgewalt... bewirkt nicht die Annektierung Deutschlands...‹, wurde die Fortexistenz des Deutschen Reiches anerkannt. Es besteht also seit 1945 fort, es ist nur nicht mehr völkerrechtlich handlungsfähig... Die ›Ostverträge‹ sind nur gültig, soweit sie Gewaltverzichtserklärungen sind, nicht aber, wenn sie Gebietabtretungen sein sol-

> len. Die von der BRD mit Polen, der damaligen Tschechoslowakei und mit Tschechien geschlossenen Verträge mit Abtretungserklärungen für die Ostgebiete und das Sudetenland sind ungültig, da die erst ab 1949 bestehende BRD als Teilrechtsnachfolger des Deutschen Reiches dazu nicht befugt war...
>
> Auch die Nichtigkeitserklärung des Münchener Abkommens von 1938 durch den Prager Vertrag vom 11. Dezember 1973 ist nichtig, da die BRD dazu nicht befugt war. Sämtliche Abkommen und Verträge der Sieger unter sich – ohne Mitwirkung des Deutschen Reiches – wie die Abkommen von Teheran, Jalta, Casablanca und Potsdam, sind als Verträge zu Lasten Dritter ungültig, ebenso die Besatzungsstatute, soweit sie der Haager Landskriegsordnung widersprechen. Die Zustimmung der Sieger von 1945 zur kleinstdeutschen Wiedervereinigung von BRD und DDR nur bei Verzicht auf die deutschen Ostgebiete ist Erpressung. Die Verzichterklärung der Regierungen der BRD und der DDR, des Bundestages und der Volkskammer sind nach der Wiener Konvention von 1969 Art. 52 nichtig, da diese Gremien dazu nicht befugt waren. Da ein Friedensvertrag nur mit dem Deutschen Reich geschlossen werden kann, dieses aber nicht handlungsfähig ist, kann der 2 + 4-Vertrag nicht als Friedensvertrag oder als Ersatz für einen solchen angesehen werden... Die Feindstaatenklauseln Art. 53 und 107 der UNO-Satzung gegen Feindstaaten im Zweiten Weltkrieg können nicht auf die BRD angewandt werden, da die BRD erst ab 1949 besteht.«

Letzteres mag wohl stimmen, doch die Alliierten erließen ja nicht die Feindstaatenklauseln, weil sie sich von einem in vier Zonen aufgespalteten Deutschland fürchteten, sondern verhindern wollten, daß das Reich wieder aufersteht.

Bezüglich der Rechtslage des Deutschen Reiches richtete Rechtsanwalt Manfred ROEDER eine Anfrage an die UNO und erhielt am 12. November 1990 die folgende Antwort:

> »Sehr geehrter Herr ROEDER, Ihre an die Vereinten Nationen gerichtete Anfrage vom 3. September 1990 ist der Rechtsabteilung zur Beantwortung zugeleitet worden. Ich bedaure, Ihrer Bitte um Auskunft nicht nachkommen zu können. Die deutsche Frage war nie auf der Tagesordnung der Vereinten Nationen. Rechtsgutachten der Vereinten Nationen zur Rechtslage des Deutschen Reiches liegen nicht vor. Mit freundlichen Grüßen...«

Welcher Feindstaat und welche deutsche Lizenzpartei sollte auch Interesse daran haben, diesen verläßlichen deutschen Vasallenstaat und dauerscheißenden Dukatenesel abzuschaffen?

Auch Österreich, dessen sozialdemokratische Regierung schon 1919 die Vereinigung mit Deutschland gefordert und dessen Volk im März 1938 mit 99 Prozent für den Anschluß an das Dritte Reich optiert hatte, wurde noch im Mai 1945 in vier Besatzungszonen aufgeteilt. Anläßlich der ›Moskauer Konferenz‹ vom 1. November 1943 waren die Österreicher von den Alliierten daran erinnert worden,

> »... daß sie wegen der Teilnahme am Kriege an der Seite HITLER-Deutschlands eine Verantwortung tragen, der sie sich nicht entziehen können...«

Der Sozialdemokrat Karl RENNER, der seine Landsleute im März 1938 aufgefordert hatte, für den Anschluß mit ›Ja‹ zu stimmen, ließ sich von der Roten Armee am 27. April 1945 zum Bundeskanzler im sowjetisch besetzten Osten Österreichs einsetzen. Das Nachholen einer demokratischen Legitimation wurde weder von den Besatzungsmächten noch von RENNERS Regierung für nötig befunden.

Historiker sollten den Rat ihres französischen Kollegen Pierre GAXOTTE beherzigen, der mahnte, man solle Geschichte besser mit dem Bleistift schreiben.

4.5 Die Europäische Verfassung

> »Wenn die Sonne tief steht, werfen
> auch Zwerge lange Schatten.«
>
> Kurt TUCHOLSKY

Am 12. Mai 2005 übertrug das deutsche Fernsehen die Sendung *Panorama* aus dem Deutschen Bundestag. Die Moderatorin erklärte:

> »... Hier in Deutschland stimmt nicht das Volk, sondern das Parlament über die neue EU-Verfassung ab. Praktisch, sparen wir uns auch gleich teure Aufklärungskampagnen. Unsere Aufgabe als Bürger ist simpel, wir sollen Europa einfach gut finden und uns sonst möglichst nicht einmischen. Da uns ja der Blick auf das Große und Ganze fehlt, wie Politiker immer wider beteuern, sollten wir uns nur auf unsere gewählten Volksvertreter verlassen.

Und daß die 601 deutschen Abgeordneten heute morgen nach bestem Gewissen und vor allem aber *Wissen* abgestimmt haben, versteht sich ja von selbst – oder? Ein kleiner Test im Bundestag [es folgen die Namen der drei ›*Panorama*‹-Reporter] läßt allerdings Zweifel aufkommen. Berlin heute morgen. Die wackeren Volksvertreter eilen ihrer ureigensten Aufgabe entgegen. Vom höchsten Rang ist die Mission, schließlich gilt es die Hand zu heben für die Verfassung der EU. Ein Vertragswerk, das im Prinzip über dem Grundgesetz steht. Entsprechend ist der Politiker im Bilde, hat sich in den letzten Tagen auf die Höhe der Information gepusht. Zum Beispiel sollte er wissen: Was schreibt die EU-Verfassung fest in punkto demokratische Rechte des ganz normalen Menschen?«

Daraufhin stellten die Reporter zwanzig gerade zur Abstimmung schreitenden Abgeordneten verschiedener Parteien drei gleichlautende, grundsätzliche Fragen zur EU-Verfassung. Auf die sechzig Fragen wußte eine einzige Abgeordnete die – fast – richtige Antwort. Die Moderatorin: »Endlich ist es so weit. Begierig stürzt sich das Stimmvieh auf die Urnen. Namentliche Abstimmung, blaue Karte: ein klares ›Ja‹ für die Verfassung. . . Was sie da heute beschlossen haben, ist also nicht allen Abgeordneten klar. Um so klarer war allerdings das Ergebnis: 569 stimmten für die Verfassung, die sie wohl kaum gelesen haben. Das sind satte 95 Prozent. . .«

An diesem Tag konnte das deutsche Volk wahrlich stolz auf seine 569 Politzwerge sein!

Ebenso stolz wie die Österreicher auf die absolute Mehrheit ihrer EU-linientreuen Parlamentarier: Da Artikel 1 der österreichischen Verfassung besagt, daß alles Recht vom Volk ausgeht und Artikel 44 bestimmt, daß bei einer Gesamtänderung der Verfassung eine Volksabstimmung erforderlich ist, wurde diese mit allen Mitteln vereitelt. Weil schon vorher feststand, daß die Österreicher mit großer Mehrheit die EU-Verfassung ablehnen würden, ließ die österreichische Regierung – trotz markiger, vorwahltaktischer Sprüche – keine Volksabstimmung zum EU-Vertrag zu.

Im Februar 2007 gewährte Prof. Dr. Karl Albrecht SCHACHTSCHNEIDER, Professor an der Universität Erlangen, der Wiener Wochenzeitung *Zur Zeit* unter dem Titel »Der Weg in die Diktatur« ein Interview, in dem er folgendes ausführte:

»Der Europäische Gerichtshof ist die fragwürdigste Instanz der europäischen Integration. Er hat seit einem halben Jahrhundert nicht ein einziges Mal gegen einen europäischen Rechtsetzungsakt Grundrechtschutz gegeben. Wenn man aus dem dritten Teil [des Vertragwerks] einige Neuerungen übernimmt, ist das auch mehr als problematisch. Unter anderem steht darin die Verpflichtung der Mitgliedstaaten zur Aufrüstung und mittelfristig zum Krieg. . .

Zur Zeit: »Nach dem deutschen Grundgesetz und nach der österreichischen Verfassung geht die Staatsgewalt bzw. das Recht vom Volk aus. Haben der deutsche Bundestag und der österreichische Nationalrat mit ihren Ratifizierungen gegen das deutsche Grundgesetz bzw. die österreichische Verfassung verstoßen?«

SCHACHTSCHNEIDER: »Ja, in Österreich wie in Deutschland verstößt die Integrationsentwicklung klar gegen das demokratische Prinzip.«

Zur Zeit: »Auf Grund geschichtlicher Erfahrungen wird in der Bundesrepublik die Bedeutung von Rechtsstaat und Demokratie in besonderer Weise betont. Warum stimmte der Bundestag eigentlich dem Verfassungsvertrag zu? Ist das vorauseilender Gehorsam?«

SCHACHTSCHNEIDER: »Das ist ein hohes Maß an Opportunismus. Keiner wagt, etwas gegen die europäische Einigung zu sagen. Sie wissen ja, daß die Abgeordneten nicht gerade eine Positivauslese sind, und es kommt hinzu, daß die meisten überhaupt nicht wissen, worum es eigentlich geht. Kaum einer unserer Abgeordneten dürfte den Vertrag gelesen haben. Sie lassen sich von den Berufseuropäern ihrer Parteien führen. . . Der *Spiegel* hat über Brüssel zu Recht getitelt: ›Diktatur der Bürokraten‹, denn die EU ist ja schon mangels Gewaltenteilung und mangels demokratischer Legitimation diktatorisch. Das ist untragbar und gefährdet die Freiheit der Völker und Menschen existentiell.«

Wahrheitswidrig schrieb der damalige Bundespräsident Roman HERZOG im Frühjahr 1999 das folgende Geleitwort zu einem Brief an die ›Bundeszentrale für politische Bildung‹ in Bonn:

»Am 3. Oktober 1990 wurde die staatliche Einheit Deutschlands vollendet. Das Grundgesetz wurde – auf Grund souveräner und bewußter Entscheidung der Bürger – gesamtdeutsche Verfassung.

Die erfolgreiche demokratische Revolution in der ehemaligen DDR hatte ihre Ziele erreicht: Menschenwürde, freiheitliche Grundrechte, Demokratie, Rechts- und Sozialstaatlichkeit gelten für das Deutsche Volk... Das Grundgesetz hat sich in der Vergangenheit bewährt. Es ist die freiheitlichste Verfassung, die die Deutschen in ihrer Geschichte hatten. Für viele andere demokratische und rechtsstaatliche Verfassungen in der Welt war es Vorbild. Wir haben allen Grund, auf das Grundgesetz stolz zu sein, uns auf die Seite dieser Verfassung zu stellen und für sie mit aller Kraft einzutreten. Deshalb bin ich dankbar dafür, daß die Bundeszentrale für politische Bildung in vier Jahrzehnten acht Millionen Textausgaben des Grundgesetzes für die Bundesrepublik Deutschland verbreitet hat.«

4.6 Der ›Lissaboner Vertrag‹ – kritische Stimmen und was wirklich drinsteht

Auf Einladung der ›Initiative Heimat & Umwelt« hielt Prof. Dr. Albrecht Schachtschneider, Professor für öffentliches Recht an der Universität Erlangen-Nürnberg, einen Vortrag in Salzburg zum Thema: »Was würde die EU-Verfassung ›Reform‹-Vertrag von Lissabon für jeden Einzelnen bedeuten?« Hier einige Auszüge (der vollständige Text erschien in Folge 1 der *Wegwarte*, März 2008).

»... Es heißt immer: ›Europa, das seit 50 Jahren besteht‹. Ich dachte immer, Europa ist schon sehr viel älter!... Aber für viele besteht Europa erst seit 50 Jahren, nämlich seit die ›Europäische Gemeinschaft‹ dieses Europa zusammenführt unter gemeinsamen Werten. Das ist auch das wichtigste Wort von Angela Merkel... Sie ist ja Pfarrerstochter und kann solche Dinge ganz gut zum Ausdruck bringen, wie die ›Berliner Erklärung‹, die ›Umtaufung‹ der gescheiterten EU-Verfassung in den Reform-Vertrag von Lissabon, ein Täuschungsmanöver ersten Ranges... Nur, wenn Angela Merkel immer wieder gerade auf die ›Wertegemeinschaft‹ hinweist, muß man auch erwähnen, daß gerade Papst Benedikt XVI. die Wertelosigkeit der Europäischen Union scharf kritisiert hat... weil sich mehr und mehr die Union lossagt vom Christentum und einem neuen Gott huldigt, dem Kapitalismus...

– Der Verlust an Demokratie: Der Hauptmangel der ganzen europäischen Integration ist also der Verlust an Demokratie. Und die ist verloren, wenn wir alle zusammen sie nicht wieder beleben. Darum geht es ganz entscheidend!... Der Rechtsstaat ist ohne Demokratie – von der Freiheit her gesehen – nicht denkbar. Demokratie ist die politische Form der Freiheit, nicht der Herrschaft... Und die Freiheit kann uns wohl niemand nehmen! Es ist immer ein Verbrechen, wenn den Menschen die Freiheit genommen wird. Die Europäische Integration nimmt die Freiheit und sie hat auch die Demokratie weggenommen...

– Der Europäische Gerichtshof ist gar kein Gericht: Diese mächtigste Instanz in unserem Leben, das ist gar kein Gericht... Es heißt nur so... Diese Machtinstanz, Integrationsinstanz, Europäischer Gerichtshof genannt, hat noch nicht ein einziges Mal in einem halben Jahrhundert seiner Tätigkeit... einen Rechtssatz der EU – und es gibt etwa 130000 Gesetze der Europäischen Union – sie heißen ›Richtlinien‹ oder ›Verordnungen‹ – für grundrechtwidrig erklärt... Jeder Mitgliedstaat, auch Malta, hat einen Richter, der für Deutschland genauso viel zu sagen hat wie der deutsche Richter... Also aus den kleinsten Ländern kommen Richter, die die Rechtsordnung in Deutschland und Österreich natürlich nicht kennen. Wie sollten sie die kennen können? Man kann vielleicht mühsam seine eigene Rechtsordnung kennen lernen, aber die eines anderen Landes verstehen und kennen – völlig unmöglich! Wie sollen die da Recht sprechen?

– 84 % der Gesetze in Deutschland und Österreich wurden in den Jahren 1998 bis 2004 von ›Brüssel‹ in Form von Verordnungen und Richtlinien vorgegeben. Nur 16 % beruhen noch auf Eigeninitiative Deutschlands – etwa Steuergesetze, Gesundheitsreform und ähnliche Dinge... Die große Masse unserer Rechtsordnung kommt von den Bürokraten in Brüssel... das geschieht ohne jeden demokratischen Einfluß! Es sind auch nicht die Politiker im ›Rat‹ der Staats- und Regierungschefs, die das machen. Die spielen in Wirklichkeit gar keine große Rolle. Die Kommission schlägt vor, die hat das alleinige Vorschlagsrecht für Gesetze, und der ›Rat‹ berät überhaupt nur jene Rechtsakte... die strittig geblieben sind... In Wirklichkeit handelt es sich um eine rein bürokratische Rechtssetzung, die allerdings sehr viel mehr von Lobbyisten der Konzerne beeinflußt wird als von den Politikern.

– Das Recht auf freie Rede? Es gab 26 Abgeordnete, die meisten von der CSU, die der EU-Verfassung nicht zugestimmt haben. Jeder einzelne wurde von Angela MERKEL vorgeladen, und es ist ihnen nahegelegt worden, doch zuzustimmen... Das weiß ich von den Abgeordneten! Es geht darum, daß Deutschland nicht widersprechen darf, Deutschland dem Vertrag einstimmig zustimmen muß... Das Recht auf freie Rede? Dafür haben wir doch die Medien. Dort sind nur die Verleger maßgeblich, die Journalisten haben nichts zu sagen. Die haben genau das zu machen, was der Verleger anordnet, sonst verlieren sie ihren Job... Und wenn mal ein Journal kritisch ist, dann wird er eben in die rechte Ecke geschoben. Das ist ja klar in Deutschland...

– Das Europäische ›Parlament‹ ist gar kein Parlament: Das Hauptproblem ist also der demokratische Verlust, und daran hängt alles... Das Bundesverfassungsgericht hat im Maastricht-Urteil gesagt, daß das Europäische Parlament die demokratische Legitimation des Rechts nicht gibt, sondern diese kommt von den nationalen Parlamenten... Das Gericht hat gesagt: Wenn ein Wahlsystem mit demokratisch-freiheitlichen Wahlrechten und Prinzipien gegründet wird, dann kann das Europäische ›Parlament‹ vielleicht diese Funktion haben, aber davon sind wir weit entfernt... Die sind schwer durchsetzbar... Ohne ›Europäisches Volk‹, das erst staatsrechtlich geschaffen werden müßte und dem alle europäischen Völker erst zustimmen müßten, gibt es eben kein ›europäisches Parlament‹.

– Es gibt kein ›Europäisches Volk‹: Dieses wird ständig herbeigeredet, gibt es aber nicht. Natürlich sind wir alle in irgendeiner Weise Europäer... Wir leben seit eh und je im Erdteil Europa, aber ein ›europäisches Volk‹ ist ein staatsrechtlicher Begriff, und das ist eben das Volk, von dem originär die Gewalt ausgeht... Das ist nun einmal der Grundsatz der Demokratie... Schleichend will der Verfassungsvertrag genau das erreichen, aber das geht natürlich nur, wenn alle Völker dem zustimmen und sagen: Wir geben unsere Souveränität auf... und sind [bereit], eine neue zu begründen, zusammen mit 500 Millionen Menschen... Diesen Rechtsakt müssen alle Völker entscheiden. Denn niemand kann, ohne daß es ein völkerrechtliches Verbrechen ist, einem Volk die Souveränität streitig machen... Das ist der uralte Grundsatz des Völkerrechts: Die Selbständigkeit und Gleichberechtigung der

Völker, seien sie groß oder klein. Das steht gleich im ersten Artikel der UNO-Charta... darüber kann man nicht hinweggehen!

– Selbstbestimmungsrecht der Völker: Und deshalb gibt es nur einen Weg zum Verfassungsvertrag: Die Völker müssen alle gefragt werden – *horribile dictu* – auch die Deutschen, die eigentlich gar nichts zu sagen haben, da sie den Krieg verloren haben... Auch die müssen gefragt werden, ob sie denn aufgehen wollen in einem neuen Volk, eben dem Unionsvolk.

– Die wirtschaftliche Entwicklung kann niemand voraussagen: Es heißt, ›der europäischen Integration verdanken wir den Wohlstand‹... Das ist die ganz große Lebenslüge dieser europäischen Integration, weil es niemand nachweisen kann... Niemand ist in der Lage, die zukünftige makro- oder mikroökonomische Entwicklung vorauszusagen...

– Die Handelspolitik ist unser Schicksal: Es ist ein Riesenunterschied, ob Österreich für Österreich oder Deutschland für Deutschland die Handelspolitik bestimmt oder die Union für 500 Millionen Menschen... Dafür eine einheitliche Handelspolitik zu machen, ist völlig untragbar... Der Vertrag bekennt sich uneingeschränkt zum Freihandelsprinzip und spricht der EU die ausschließliche Befugnis zu, Handelsabkommen zu machen, die Außenwirtschaftspolitik, die Handelspolitik zu betreiben. Das ist untragbar! Die Volkswirtschaften sind zu unterschiedlich export- oder importorientiert und vieles andere mehr... Daß die Standorte verlagert werden in Länder, in denen die Arbeit nichts kostet..., ist ja überhaupt nur möglich, weil eben eine reine Freihandelspolitik gemacht wird... Es wird offiziell eingestanden, daß der Einfluß der Lobbyisten auf die Brüsseler Bürokratie viel größer ist als der Einfluß der nationalen Regierungen...

– Der grenzenlose Kapitalverkehr: Den haben die Amerikaner durchgesetzt... Im EU- Vertrag steht, daß jede Beschränkung des freien Kapitalverkehrs gegenüber Mitgliedstaaten und Drittländern, also gegenüber der ganzen Welt, verboten ist... Wir wissen alle, Kapitalverkehr heißt heute zu 97–98 % spekulativer Kapitalverkehr... Das ist genau das Szenario, das sich die Kapitaleigner wünschen: Die Kombination von freiem Kapitalverkehr und Welthandelsorganisationen mit völliger Deregulierung in der Europäischen Union. Die EU muß man begreifen als einen Teil der globalen Wirtschaft! Das ist nicht mehr das ›Friedenswerk‹, das sind alles Sprüche! Sie ist ein Ausbeutungswerk geworden...

– Keine gleichheitliche Vertretung der Wähler im EU-Parlament: ... Ein Parlament ist ja nur ein Parlament, wenn jeder einzelne Mensch darin gleichheitlich vertreten ist. Das Stimmgewicht bei europäischen Wahlen weicht davon bis zu tausend Prozent ab. Ein Malteser hat ein Stimmgewicht, das tausend Prozent größer ist als das der Deutschen. Aber auch ein Luxemburger: Bei einem Luxemburger sind es 65000 Menschen, die vertreten werden durch einen EU-Abgeordneten, in Deutschland sind es 850000! Das ist gegen das demokratische Prinzip... Deswegen ist es kein Parlament!

– Das Europäische Parlament kann keine Gesetze beschließen: Wer macht denn nun eigentlich das Recht? ... Es sind genau genommen die Bürokraten in Brüssel. Natürlich muß das beschlossen werden... vom ›Rat‹, der einen leitenden Einfluß ausübt... und von der Kommission, also vom Beamtenapparat... Das kann man nicht als demokratisch bezeichnen! Da ist die Gewaltenteilung etwas völlig anderes... Daß jene, die die Gesetze ausführen, gleichzeitig die Gesetze geben, ist nun einmal der schwerste Frevel gegen die Gewaltenteilung... Wenn die Gewaltenteilung zwischen Legislative und Exekutive fehlt, spricht man von Despotie.

– Kein Rechtschutz in der EU: Versuchen Sie doch einmal, sich beim Europäischen Gerichtshof zu beschweren. Da ist keine Zulässigkeit, da gibt es keinen Weg für den Bürger, keinen! Der Europäische Gerichtshof entscheidet nur auf Vorlage von Gerichten oder auf Klage der Kommission oder einer Regierung. Die klagen fast nie. Ich bin im Namen einiger Wiener Persönlichkeiten zum Menschenrechts-Gerichtshof gegangen, um den EU-Beitritt Österreichs anzugreifen, wegen der elenden Propaganda vom *ORF*; es war ja kaum ein Wort davon wahr... Und dann ist die Klage mit dem schäbigsten Argument überhaupt abgelehnt worden, das es gibt: ›Da könnte ja jeder kommen!‹ Als wenn nicht jeder Österreicher betroffen gewesen wäre... In Deutschland ist es noch viel schlimmer. Sie glauben doch nicht, daß ich, nachdem ich zweimal da war, jemals wieder zu Frau CHRISTIANSEN [Moderatorin einer Polit-›Talk-show‹ im deutschen Fernsehen; d. Verf.] eingeladen werde!... Ich sage es in aller Öffentlichkeit:

Deutschland ist keine Demokratie mehr! Das europäisierte Deutschland lebt nicht in einer Demokratie... und ich bin nicht bereit, den Parteienstaat, die Parteien- und Medien-Oligarchie mit dem Wort ›Demokratie‹ auszuzeichnen...

– Verlust des Sozialstaates durch das EU-Dogma: Warenverkehrsfreiheit über alles! Die ›Grundfreiheiten‹, die so eine große Rolle spielen, der ›Binnenmarkt, das heißt Warenverkehrsfreiheit, Dienstleistungsfreiheit, Niederlassungsfreiheit, Kapitalverkehrsfreiheit, Arbeitnehmerfreizügigkeit, haben eine enorme Wirkung in der Rechtssprechung des Europäischen Gerichtshofs, die mit den EU-Verträgen nichts zu tun hat. Das steht alles nicht drin in den Verträgen, aber der EuGH macht das so. Diese ›Grundfreiheiten‹ bewirken einen ganz massiven Deregulierungsdruck. Weil aber die Regulierungen und Einrichtungen der Mitgliedstaaten gegen die Warenverkehrsfreiheit verstoßen, werden sie alle geschliffen.

– Die Falle ›Herkunftslandprinzip‹: ... Das Arbeitsrecht, das Lebensmittelrecht, das Insolvenzrecht, das Gesellschaftsrecht usw., alle unterliegen dem Prinzip der gegenseitigen Anerkennung... Auf Grund dieses Prinzips können z.B. Polen als selbständige Dienstleistungsunternehmer mit ukrainischen Billigstlohnarbeitern in Deutschland Dienstleistungen erbringen, da gibt es keine Beschränkung. Auch ein deutscher Unternehmer kann das mit polnischen Arbeitern machen, die ein Siebentel der deutschen kosten...

Karikatur von Götz Wiedenroth zum Lissaboner-Vertrag.

– De-Regulierung, Privatisierung, Gefährdung der Daseinsvorsorge: . . . Jetzt ist ja die Phase, die Daseinsvorsorge zu ruinieren, d.h. die Energieversorgung, die Abfallbeseitigung usw., alles, was die Kommunen, die Gemeinden machen, damit man einigermaßen leben kann in der Stadt. . . Jetzt wird alles privatisiert, und zwar auf Druck der Europäischen Union. Alles muß dem Wettbewerbsprinzip überlassen werden. . . Die De-Regulierung läßt ja gar keine hohen Sozialstandards mehr zu. . . Die Union hat keine Befugnisse für Sozialpolitik,. . . das ist das Raffinierte! Die Union kann alle Regelungen – weil sie die ›Grundfreiheiten‹ beeinträchtigen – schleifen. . . sie kann aber dagegen – mangels Befugnissen – keine einheitliche Sozialstandards für die Renten, die Krankenvorsorge usw., erlassen. . . also bleibt aus Wettbewerbsgründen nichts anderes übrig, als die Leistungen im sozialen Bereich herabzusenken. . .

– Altersversorgung: Umlage-Verfahren sicherer als private Kapitalversicherungen? Im Zug dieses fortschreitenden Kapitalismus wird ja den jungen Leuten sehr wirksam eingeredet, sie müßten unbedingt eine private Kapitalversicherung abschließen. . . Jedenfalls betreibt das in Deutschland die ›neue soziale Marktwirtschaft‹, die von Industrie-Unternehmen, insbesondere von Versicherungen finanziert wird. . . Nur eines ist doch völlig klar: Die private Altersversorgung muß auch finanziert und erwirtschaftet werden. . . Sie muß genau so bezahlt werden, wie das Umlage-System. Es ist derselbe Topf, es ist dieselbe Volkswirtschaft.

– Der Kategorische Imperativ: Ich vertrete den kantianischen Freiheitsbegriff, und der heißt: Äußere Freiheit, Unabhängigkeit von eines anderen nötigender Willkür, das heißt politische Freiheit, das heißt innere Freiheit, Sittlichkeit, die bedeutet: ›Handle jederzeit nach einer Maxime, von der Du wollen kannst, daß sie zugleich allgemeines Gesetz sei.‹

– Zur Währungsunion: Deutschland hat wegen der Währungsunion an den Geldmärkten Transferleistungen in der Höhe von vier Prozent seines gesamten Brutto-Sozialprodukts zu erbringen, um die Inflation in Italien, Portugal, Griechenland, Spanien, Irland, zunehmend auch in Frankreich auszugleichen.

- Wiedereinführung der Todesstrafe: Entgegen der in allen EU-Staaten und der laut Art. 102 des Grundgesetzes in Deutschland abgeschafften Todesstrafe ermöglichen die in der Grundrechte-Charta aufgenommenen ›Erläuterungen‹ und deren ›Negativdefinitionen‹ ausdrücklich die Wiedereinführung der Todesstrafe im Kriegsfall, bei unmittelbar drohender Kriegsgefahr, aber auch die Tötung von Menschen, um einen Aufstand oder einen Aufruhr niederzuschlagen. Maßgeblich dafür ist nicht Art. 2 Abs. 2 der Charta, der die Verurteilung zur Todesstrafe und die Hinrichtung verbietet, sondern die in das Vertragswerk aufgenommene Erklärung zu diesem Artikel, die aus der Menschrechtskonvention von 1950 stammt. Nach Art. 6 Abs. 1 UAbs. 3 des EU-Verfassungsvertrags in der Lissaboner Fassung werden die Rechte, Freiheiten und Grundsätze der Charta gemäß den allgemeinen Bestimmungen von Titel VII der Charta, in dem die Auslegung und Anwendung derselben geregelt ist, und unter gebührender Berücksichtigung der in der Charta angeführten ›Erläuterungen‹, in denen die Quellen dieser Bestimmungen angegeben sind, ausgelegt. Die rechtliche Relevanz der ›Erläuterungen‹ folgt auch aus Absatz 5 S.2 der Präambel der Charta, wonach deren Auslegung ›unter gebührender Berücksichtigung der Erläuterungen‹ erfolgt... und noch mehr aus Art. 52 Abs.3 der Charta, wonach die Rechte der Charta, ›die den durch die Europäische Konvention zum Schutz der Menschenrechte und Grundfreiheiten garantierten Rechten entsprechen‹, ›die gleiche Bedeutung und Tragweite haben, wie sie ihnen in der genanten Konvention verliehen wird‹. Absatz 7 des Art. 52 wiederholt die Pflicht der Gerichte der Union und der Mitgliedstaaten, die Erläuterungen, die als Anleitung für die Auslegung der Charta der Grundrechte verfaßt wurden, gebührend zu berücksichtigen... Im übrigen verpflichten sich die Mitgliedstaaten durch Art. 28 Abs. 3..., ›ihre militärischen Fähigkeiten schrittweise zu verbessern‹. Die Kriege in der Vergangenheit und Gegenwart haben bewiesen, daß die Todesstrafe... die militärischen Fähigkeiten einer Armee ungemein zu steigern vermag... Die Effizienz militärischer Maßnahmen kann auch durch die Hinrichtung von Terroristen und Saboteuren oder auch nur vermeintlichen Terroristen und Saboteuren erhöht werden... Die Praxis der Union, die Texte über Pflichten der Mitgliedstaaten extrem auszudehnen, läßt auch eine solche Interpretation nicht ausgeschlossen erscheinen, wenn die Lage es gebietet oder nahelegt...

– Besagter Artikel 2 Absatz 2 der Europäischen Menschenrechtskommission lautet: ›Eine Tötung wird nicht als Verletzung dieses Artikels betrachtet, wenn sie durch eine Gewaltanwendung verursacht wird, die unbedingt erforderlich ist, um a) jemanden gegen rechtswidrige Gewalt zu verteidigen; b) jemanden rechtmäßig festzunehmen oder jemanden, dem die Freiheit rechtmäßig entzogen ist, an der Flucht zu hindern; c) einen Aufruhr oder Aufstand rechtmäßig niederzuschlagen.

Ein Staat kann in seinem Recht die Todesstrafe für Taten vorsehen, die in Kriegszeiten oder bei unmittelbarer Kriegsgefahr begangen werden; diese Strafe darf nur in den Fällen, die im Recht vorgesehen sind, und in Übereinstimmung mit dessen Bestimmungen angewendet werden. . .‹

Aufstände oder Aufruhre kann man auch in bestimmten Demonstrationen sehen. Der tödliche Schußwaffengebrauch ist in solchen Situationen nach dem Vertrag von Lissabon keine Verletzung des Rechts auf Leben. Im Krieg befinden sich Deutschland und Österreich auch gegenwärtig. Die Kriege der Europäischen Union werden mehr werden. Dafür rüstet sich die Union – auch durch den Vertrag von Lissabon.«

Soweit Prof. Dr. Albrecht SCHACHTSCHNEIDER. Niemand, der die im Artikel 6 des EU-Verfassungsvertrages umständlich vernebelte Formulierung gelesen hat, wonach »eine Tötung nicht als Verletzung des entsprechenden Artikels der Grundrechte-Charta betrachtet wird« und die Todesstrafe somit wieder eingeführt wurde, wird sich über einen Bericht in den *Zeit-Fragen* vom 1. Februar 2010 wundern, dem zufolge die EU schon längst über eine geheime Einsatzgruppe verfügt: Sie heißt ›Eurogendfor‹ (European Gendarmerie Force), zählt 3000 Mann, ihre Kommandozentrale ist in Vicenza (Italien) stationiert. Sie wurde aufgestellt, um ausufernde Unruhen, wie sie in französischen, inzwischen auch in griechischen, spanischen, italienischen Städten immer häufiger ausbrechen, leichter unterdrücken zu können. Der große Haken bei der Sache: ›Eurogendfor‹ wird künftig EU-weit nationales Recht und die nationale Souveränität der EU-Mitgliedstaaten aushebeln. Über den Einsatz in einem Mitgliedsland entscheidet ein ›Kriegsrat‹ (!), der sich aus den Verteidigungs- und Sicherheitsministerien der an ›Eurogendfor‹ beteiligten EU-Länder sowie des betroffenen Staates zusammensetzt. So ist es in der ›Gründungsurkunde‹ der neuen EU-Einsatzgruppe, dem Vertrag von Velsen (Niederlande), klar und deutlich geregelt.

Dies ist für Beobachter – so die *Zeit-Fragen* – klares EU- Besatzungsrecht. Denn wenn ein Einsatz in einem ›befreundeten‹ EU-Staat erst einmal beschlossen ist, sind alle Gebäude und Gebiete, die von der ›Eurogendfor‹-Einsatzgruppe in Beschlag genommen werden, immun und auch für Behörden des betroffenen Landes nicht mehr zugänglich. Faktisch herrscht dann EU-Besatzungsrecht. Aber es kommt noch schlimmer: ›Eurogendfor‹ verfügt im Einzelfall nicht nur über polizeiliche, sondern auch über geheimdienstliche Kompetenzen und soll Ruhe und Ordnung im betroffenen Einsatzgebiet in enger Zusammenarbeit mit dem Militär (!) wiederherstellen. Die EU-europäischen Regierungen sind dank ›Eurogendfor‹ fein raus: Sie können im Fall sozialer Unruhen, Massendemonstrationen oder Generalstreik künftig auf die eigene Bevölkerung schießen lassen – wir erinnern uns an die Forderung des Globalisierungsapostels Thomas BARNETT: »Kill them!« – und Rädelsführer [«Terroristen«!] aus dem Verkehr ziehen, ohne eigenes Militär oder eigene Polizeikräfte heranziehen zu müssen, die sich möglicherweise mit den Demonstranten solidarisieren könnten. Möglich macht diese unglaubliche Konstellation übrigens erst der »Lissaboner Vertrag«, der nichts anderes darstellt als eine Mogelpackung der von Franzosen, Iren und Niederländern in Volkabstimmungen abgelehnten und daher nie zur Gesetzeskraft gelangten ›EU-Verfassung‹ darstellt.

Ganz auf dieser Linie äußerte sich Professor Dr. Hans KLECATSKY, österreichischer Bundesminister für Justiz a. D., im Dezember 2007:

> »Eine Volksabstimmung ist nach Artikel 44 Abs. 3 des Bundesverfassungsgesetzes auch deshalb angezeigt, weil das österreichische Staatsvolk in der obligatorischen Volksabstimmung vom 12. Juni 1994 seinen Beitritt begreiflicherweise nur zu einer EU in ihrer damaligen organisatorischen und rechtlichen Gestalt erklären konnte. Die ›Neue Lissaboner EU‹ ist ihrer organisatorischen und rechtlichen Gestalt nach *per se* anderes und mehr als die alte EU vom 12. Juni 1994, die gewiß nach ihrer bisherigen ›Arbeitsweise‹ ausgedient hat. Vor allem das mit dem Beitritt zur ›Fusion der drei Säulen der Union zu einer eigenen Organisation mit Rechtspersönlichkeit und Erstreckung der supranationalen Kriterien der EG auf die gesamte Union, insbesondere die dritte Säule‹ verbundene Unterwerfungsdiktat gegenüber

Bundeskanzlerin Angela Merkel unterzeichnet den Vertrag. Peter Gauweiler: »Vor allem macht die Union mit dem Vertrag von Lissabon den Schritt vom Europäischen Staatenbund zum ›Europäischen Bundesstaat‹, also eine Art EU-USA.«

dieser neuen supranationalen Organisation bleibt wie der seinerzeitige Beitritt zu ihrer Vorgängerin ›EU-alt‹ Sache einer Abstimmung des gesamten österreichischen Staatsvolks... Durch diese Anerkennung und Potenzvermehrung der ›Rechtspersönlichkeit‹ der EU wird deren Mitglied, die Republik Österreich, mit ihrer Bundesverfassung zwangsläufig zu einem Sub-Rechtssubjekt des neuen Rechtssubjekts EU degradiert... Will Österreich mit seiner Bundesverfassung so oder so, mit oder ohne Volksabstimmung, in einer dem Lissaboner EU-Reformvertrag real entsprechenden Weise künftig leben, so kann es sich kein zweites Mal leisten, sich wie beim EU-Beitritt einfach vorbehaltlos in den Vertrag zu stürzen.«

Recht auf Angriffskriege? Leserbriefschreiber Erich Schäfer erinnert in der *Kronenzeitung* vom 12. Februar 2010 daran, daß Angriffskriege, allerdings in der Umschreibung von ›Eingriffskriegen‹, im Lissabon-Vertrag keineswegs verurteilt werden:

»Obwohl das Völkerrecht ein grundsätzliches Verbot des Angriffskrieges aufstellt, unterliegt es einer ständigen Weiterentwicklung, die nicht unbedingt ein Fortschritt zu mehr Friedensordnung sein muß. Und so hat der europäische Reformvertrag von Lissabon die Rechtsgrundlagen für einen präventiven ›Eingriffskrieg‹ geschaffen. Die ›gemeinsame Sicherheits- und Verteidigungspolitik‹ sieht ausdrücklich ›Missionen außerhalb der Union zur Friedenssicherung, Konfliktverhütung und Stärkung der internationalen Sicherheit‹ vor. Die Missionen umfassen auch ›Kampfeinsätze im Rahmen der Krisenbewältigung einschließlich Frieden schaffender Maßnahmen und Operationen zur Stabilisierung der Lage nach Konflikten‹. Mit all diesen Missionen ›kann zur Bekämpfung des Terrorismus beigetragen werden... durch die Unterstützung für Drittländer bei der Bekämpfung des Terrorismus in ihrem Hoheitsgebiet. (Art. 28b Abs. 1 des Vertrags über die Europäische Union) Von ›Landesverteidigung‹ ist heute nur noch bei der Amtsbezeichnung der Kriegsminister die Rede. Im ›Eingriffskrieg‹ geht es für den Eingreifer nicht um Existenzielles, sondern um die innere Ordnung eines – oft weit vom Land des Eingreifers entfernten – Staates. Der Eingriff ist in der Regel präventiv und damit ein Angriffskrieg. Jedenfalls ein Verstoß gegen das Gewaltverbot.«

In diese Richtung geht auch, was Dr. Martin GRAFS Informationsdienst *unzensuriert* am 14. Februar 2010 meldete:

»Still und leise ist von [Österreichs] Justizministerin BANDION-ORTNER ein Terrorismuspräventionsgesetz vorbereitet worden. Ein schöner Titel, der sich bei näherer Betrachtung als eine Ungeheuerlichkeit entpuppt, die glücklicherweise einigen aufmerksamen Menschen aufgefallen ist. Was für Frau BANDION-ORTNER unter Terrorismusprävention fällt, ist – so steht‹s im Entwurf unter § 283 – auch die freie Meinungsäußerung! Und sie begründet es, wie sonst in Diktaturen üblich, mit der Gefährdung der öffentlichen Ordnung. Man möchte mit diesem Gesetzestext in erster Linie kritischen Politikern, die sich nicht der Political Correctness unterwerfen, mit Gefängnisstrafen bis zu zwei Jahren den Mund verbieten... Ob das nicht ein Vorgeschmack darauf ist, was die EU mit ihren Bürgern beabsichtigt: die Ausschaltung der Meinung jener, die nicht der vorgeschriebenen Linie folgen – zuletzt praktiziert am Beispiel Irlands...«

Die *Wegwarte*, Folge 4 (Dezember 2008), berichtete über Österreichs Klage gegen die EU-Verträge, die in fast allen Punkten mit der deutschen Klage identisch ist. Der Klageschrift zufolge sind sowohl Österreichs Beitritt zur EU als auch die EU-Verträge insgesamt anzufechten:

»Als Professor SCHACHTSCHNEIDER am 23. Oktober 2008 in Wien weilte, um im Namen des ›Klägerkreises für die Verfassungsklage gegen die EU-Verträge‹ dem Österreichischen Verfassungsgerichtshof seine Klagschrift gegen Österreichs Mitgliedschaft bei der EU und gegen den ›Lissaboner Vertrag‹ zu überreichen, fand eine Pressekonferenz statt, zu der alle Massenmedien rechtzeitig und mehrfach eingeladen worden waren. Ein Kamerateam des *ORF* hielt die gesamte, fast zweistündige Konferenz in Bild und Ton fest, gesendet wurde aber nur eine sehr kurze Meldung im Hörfunk-Abendjournal. Ein kurzer Artikel erschien in *Die Presse*... Totgeschwiegen wurde das Einreichen der Klage von der *Kronenzeitung* und von der *APA* (Austria Presse Agentur)... Am Vorabend der Klagseinreichung hatte der Wiener Sozialphilosoph Prof. Erwin BADER zu einem öffentlichen Vortrag zum Thema ›Verfassungsfragen zur Mitgliedschaft Österreichs in der EU‹ in die Universität Wien geladen und auch Professor SCHACHTSCHNEIDER gebeten, vor interessierten Fachleuten und Studierenden in Wien zu sprechen. Der große Hörsaal 31 im Hauptgebäude der Uni war ordnungsgemäß gebucht, aber die weit über 100 Besucher wie auch Professor BADER und Professor SCHACHTSCHNEIDER standen vor versperrter Tür. Das Personal eines ›Sicherheitsdienstes‹ erklärte, der Vortrag sei ›aus Sicherheitsgründen‹ abgesagt! Das Dekanat hatte Professor SCHACHTSCHNEIDER als ›Sicherheitsrisiko‹ eingestuft.«

Im Jahre 2008 hielt Dr. Menno ADEN, Professor für internationales Wirtschaftsrecht, anläßlich einer Veranstaltung der SWG (Staats- und Wirtschaftspolitische Gesellschaft) zu Hamburg einen vielbeachteten Vortrag zum Thema »Nationale Interessen in der globalisierten Welt – Fallstudie Deutschland«. Hier ein Auszug:

»Die Deutsche Gesellschaft für Auswärtige Politik gibt eine Zeitschrift heraus, *Internationale Politik*, welche ich seit etwa 12 Jahren beziehe... Es ist mir noch nie ein Artikel darin aufgefallen, der einen Titel trug etwa wie: ›Deutsche nationale Interessen und Wege zu ihrer Durchsetzung‹ trug... Man spricht von *deutschen Sicherheitsinteressen*, von einem *Verfassungspatriotismus*, und der darf sich sogar kämpferisch geben... Nicht zu vergessen sind *deutsche Wirtschaftsinteressen*... Aber hier herrscht Unklarheit über die Hauptfrage: Deutsche *Staatsbürger* als Unternehmer oder sonst Beschäftigte haben individuelle wirtschaftliche Interessen. Aber Deutschland als solches auch? Der Reichstag in Berlin trägt die Aufschrift *Dem Deutschen Volke*. Der Bundestag ist aber eine Einrichtung des Staates. Gerichtsurteile ergehen im Namen des

> Volkes, hier fehlt das Wort *deutsch*. [Zum Thema Sicherheit:] Die enge Verbindung mit den USA ist für Deutschland auch außenpolitisch ein Risiko. Die Gefahr, von den USA in einen Krieg verwickelt zu werden, ist hoch... Der Bestand Deutschlands ist offenbar nicht dadurch gefährdet, daß in New York Bomben gelegt werden. Die Gefährdung Deutschlands ergibt sich eher aus seinem Abhängigkeitsverhältnis zu den USA, so daß die Terroristen die USA zu treffen glauben, wenn sie in Deutschland – was bisher nicht geschehen ist – Anschläge verüben... Das führt zu dem Punkt: Neuordnung der UNO und des Sicherheitsrates, welcher ein Klub ist, in welchem die USA mindestens zwei Stimmen (USA und England)... haben. Dabei entfallen natürlich auch die ›Feindstaatenklauseln‹. Sie werden regierungsamtlich als obsolet bezeichnet, weil die vier Mächte im Zwei-plus-Vier-Vertrag auf alle mit der Besetzung Deutschlands verbundenen Rechte verzichtet hätten. Die 50. Generalversammlung der UN 1995 in der Resolution A/Res/50/52 zu Charta-Fragen ›drückt die Absicht aus, in der Erwägung, daß sie hinfällig geworden sind, auf ihrer nächsten geeigneten Tagung das Verfahren zur Streichung einzuleiten.‹«

Im Rahmen der anschließenden Diskussion wurde Professor Dr. Albrecht SCHACHTSCHNEIDER gebeten, zu folgenden Fragen Stellung zu nehmen:

> [Zum Thema Euro-Währung:] »... Sie müssen einfach sehen, daß einige Länder der EU, die am Euro beteiligt sind, wie insbesondere Italien, Spanien, Portugal, Griechenland bis hin zu Frankreich, den heutigen Kurs kaum noch aushalten können... Bestimmte Länder sind wegen der Stärke des Euro nicht mehr wettbewerbsfähig. Die deutsche Wirtschaft könnte das noch aushalten. Die Währungsunion ist nun einmal einheitlich, aber die wirtschaftliche Leistungsfähigkeit ist mehr als unterschiedlich, so daß wir angesichts der großen spekulativen Bewegungen am Geldmarkt... in eine mehr als prekäre Situation geraten sind... Ich halte deshalb an meiner Meinung fest, daß der Euro von der Anlage her zum Scheitern verurteilt ist... «

Anschließend kam Henry NITZSCHE, Begründer der Wählergemeinschaft ›Arbeit, Familie, Vaterland‹ zu Wort, erwähnte ein Beispiel aus der DDR und zog daraus einen treffenden Vergleich:

»Es gab in der DDR das Konsum-Prinzip: Hatte ich drei Kirschbäume im Garten und am Sonntagabend zwei Eimer Kirschen gepflückt, dann habe ich diese am nächsten Morgen in den Konsum-Verkauf getragen und je Kilo 4,20 DDR-Mark bekommen. Diese Kirschen wurden vorne in der Geschäftsstelle preisgestützt für 1,20 Mark verkauft. Dieses Prinzip war übrigens ein Grund, warum die DDR eingegangen ist, denn die meisten haben die Kirschen vorne für 1,20 gekauft und in der nächsten Annahmestelle für 4,20 abgegeben. Was das mit der EU zu tun hat? Ich habe das vielen westdeutschen Kollegen bildlich erklärt, die haben gesagt: ›Da muß ja ein Staat eingehen!‹ Richtig! Entsprechend geht es bei den EU-Zahlungen zu. Die EU-Förderperioden haben einen Siebenjahres-Rhythmus. Wir bezahlen pro Jahr 20 bis 24 Milliarden Euro. Große Preisfrage: Wie viel bekommen wir zurück? Jährlich können wir 3 bis 3,2 Milliarden nach Deutschland zurück erhalten, pro Förderperiode also etwa 24 Milliarden. Bezahlen müssen wir aber pro Förderperiode 140 Milliarden! Was würde Deutschland bei einem Austritt aus der EU verlieren? Ich weiß es nicht, weiß aber gleichzeitig, daß Deutschland gleichzeitig gewinnt, zumindest viel Geld.«

Der Däne Jens Bonde sitzt seit 1978 im EU-Parlament. Er ist für Europa, aber strikt gegen den EU-Reformvertrag. Am 19. Februar 2007 vertraute er der *Kronenzeitung* an:

»Wissen Sie, ich glaube ich bin der einzige Europäer der diese Verfassung wirklich gelesen hat. Sie ist aus so vielen Verträgen entstanden, so oft nachverhandelt worden, daß sie sich ständig selber widerspricht. Es fehlt die Logik... In 19 Bereichen bekommt das EU-Parlament mehr Einfluß, aber in 68 Punkten bekommt die Kommission mehr Macht... Um in die EU zu kommen, muß ein Land eine Demokratie haben, innerhalb der EU hört sich die Demokratie dann auf... In einer Fußnote hat man im neuen Vertrag versteckt, daß EU-Recht vor Nationalrecht geht... Überall in den europäischen Ländern ist die Bevölkerung der Verfassung gegenüber sehr kritisch eingestellt. In Dänemark ist es an der Kippe, ob es zu einer Volksabstimmung kommt. [Es gab keine; d. Verf.]... Neutralität kann es innerhalb einer Militärallianz nicht geben. Österreich müßte sich auch daran halten. Dänemark darf es! Wir haben bei unseren Beitrittsverhandlungen eine Ausnahme herausgeholt. Ich habe nie verstanden, warum Schweden, Irland und Österreich als neutrale Länder keine Ausnahme bekommen haben.«

Der schottische Lord Christopher MONCKTON, ehemaliger Berater der Regierung Margaret THATCHERS, gab am 19. März 2008 folgende Erklärung zum EU-Vertrag ab:

»... das Europäische Parlament, ähnlich der HITLER-Diktatur oder dem Volkskongreß der Sowjetunion, hat keine Gewalt, Gesetzte vorzuschlagen, und seine Entscheidungen können von den Kommissaren außer Kraft gesetzt werden... Die Medien erwähnen das selten, weil es heute fast schon als Verbrechen gilt, seine Stimme gegen die Gauleiter dieser EU-Diktatur zu erheben, die über ein jährliches Propagandabudget von 2,5 Milliarden Dollar verfügt – ein Betrag, von dem Dr. GOEBBELS nur träumen konnte. Allein die BBC erhielt im letzten Jahr von den Kommissaren 300 Millionen Dollar. Kein Wunder, daß von dort kaum ein kritisches Wort über die Europäische Union fällt... Dem Volk ist das, was passiert, inzwischen dermaßen unbehaglich, daß es in jeder Meinungsumfrage klarstellt, daß es den Lissaboner Vertrag nicht will. Inzwischen steht fest, daß der Vertrag eine vernichtende Niederlage erlitte, wenn es in Großbritannien einen Volksentscheid darüber gäbe... Das von allen Parteien vor den Parlamentswahlen abgegebene schriftliche Versprechen, dem britischen Volk ein Referendum über den Vertrag zuzugestehen, bevor dieser ratifiziert wird, wurde gebrochen. Dies stellt einen klaren Fall von Landesverrat dar...«

Dr. Václav KLAUS, der EU-kritische Präsident der Tschechischen Republik, sparte am 19. Februar 2009 in seiner Rede vor dem Plenum des Europäischen Parlaments nicht mit Kritik, was zu tumultartigen Szenen führte. Hier ein Auszug:

»... Der heutige Entscheidungsprozeß in der Europäischen Union ist etwas anderes als das von der Geschichte erprobte System der klassischen parlamentarischen Demokratie... Doch das ist im Europäischen Parlament, wenn ich mich nicht täusche, nicht der Fall. Hier wird nur *eine* Alternative durchgesetzt. Und wer über *andere* Alternativen nachdenkt, wird als Gegner der europäischen Integration angesehen... Mit Bezug auf die Nichtexistenz eines europäischen Volkes stellt auch eine eventuelle Stärkung der Rolle des Europäischen Parlaments keine Lösung für diesen Defekt dar... Weder das weitere Anfachen des Feuers unter dem Einheitsbrei des bisherigen Typs des europäischen Integrationsprozesses noch die Unterdrückung der Rolle der einzelnen Mitgliedstaaten unter dem Motto einer neuen multikulturellen und multinationalen europäischen bürgerlichen Gesellschaft sind eine Lösung dafür. . . Ich befürchte, daß die Versuche, die Integration immer weiter zu beschleunigen und zu vertiefen und die Entscheidung über die Lebensbedingungen der Menschen in den EU-Ländern immer weiter auf europäische Ebene zu verlagern, in der Folge alles Positive gefährden könnten, was in den letzten 50 Jahren in Europa erreicht worden ist. . . Ich möchte auch an die Grundprinzipien erinnern, auf deren Grundlage die europäische Zivilisation seit Jahrtausenden gebaut ist. Das sind Prinzipien von zeitloser und universeller Gültigkeit, die deshalb heute erst recht in der Europäischen Union gelten sollten. Ich bin davon überzeugt, daß sich die Bürger der einzelnen EU-Länder vor allem Freiheit, Demokratie und Prosperität wünschen. Offensichtlich am wichtigsten in diesem Augenblick ist aber das Erfordernis, die freie Diskussion über diese Dinge nicht für einen Angriff auf den Gedanken der europäischen Integration an sich zu halten. Wir waren immer der Meinung, daß die Möglichkeiten, über diese wichtigen Fragen zu diskutieren,. . . eben jene Art von Demokratie bedeutet, die uns [Tschechen] über vier Jahrzehnte verwehrt war.«

Schon 2007 hatte KLAUS bei anderer Gelegenheit erklärt:

»Als jemand, der die meiste Zeit seines Lebens unter dem Kommunismus verbracht hat, fühle ich mich verpflichtet, zu sagen, daß die größte Bedrohung für Freiheit, Demokratie, Marktwirtschaft und Wohlfahrt am Anfang des 21. Jahrhunderts nicht der Kommunismus [ist]. . . Der Kommunismus wurde ersetzt durch die Bedrohung eines ehrgeizigen Environmentalismus. Diese Ideologie predigt Erde und Natur und will unter dem Slogan, sie zu schützen, ähnlich wie die alten Marxisten die freie und spontane Entscheidung der Menschheit ersetzen durch eine Art globaler Planung für die ganze Erde.« (zit. nach: *Nation & Europa*, 9/2007)

Am 3. Juli 2009 gab Professor SCHACHTSCHNEIDER ein Interview, das in der Augustausgabe der Broschüre *Der freie Mensch* erschien:

»Frage: Am 10. Februar schrieben Sie in einem Gastbeitrag, ›die EU leide an einem unheilbaren Demokratiedefizit‹. Heute schrieb das Bundesverfassungsgericht in seiner Pressemitteilung, ›die EU leide an einem 'strukturellen, im Staatenverbund nicht auflösbaren Demokratiedefizit'... Im *Focus* stand gestern, ›jetzt ist es deutlich: Solange das Grundgesetz gilt, werden auch die härtesten EU-Fans im Auswärtigen Amt die Karlsruher Aufpasser nicht mehr los...‹ Ist das nicht ein inhaltlicher Sieg für Ihr demokratisches Engagement?

SCHACHTSCHNEIDER: ... Der Vorrang des Gemeinschaftsrechts hatte in Deutschland immer Vorbehalte, ... darüber wachte immer schon das Bundesverfassungsgericht. Insoweit bestand keine Gefahr... Es sind die vielen einfachen Rechtsakte, die ohne demokratische Legitimation zustande kommen. Die hat das Gericht entgegen meinem Vorschlag gar nicht ins Auge gefaßt. Es ist auch die deregulierende und neoliberalisierende Judikatur des Europäischen Gerichtshofs, die uns unendlich schadet, der entfesselte Kapitalismus, der zur Wirtschaftskrise geführt hat usw. Damit hat sich unser Verfassungsgericht entgegen meiner Verfassungsbeschwerdeschrift nicht befaßt. Diese reale Politik wäre in einer wirklichen Demokratie undenkbar... Der polizeistaatlichen Entwicklung ist das Gericht in keiner Weise entgegengetreten. Das Urteil hat die Entwicklung zur Diktatur nicht gehemmt. Schließlich ist auch Deutschland keine Demokratie, sondern ein Parteienstaat, in dem eine Oligarchie herrscht.

Frage: Die Roten Roben haben heute endgültig festgestellt, daß die Bundeswehr ein ›Parlamentsheer‹ ist, über dessen Auslandseinsatz das Repräsentationsorgan des Volkes zu entscheiden hat. Damit hat sich doch die Blockade der Straße von Hormus durch deutsche U-Boote und Flottenverbände gegen den Iran per einfachen Befehl aus Brüssel erledigt?

SCHACHTSCHNEIDER: Immerhin, aber die Auslandseinsätze der Bundeswehr sind regelmäßig keine Verteidigung Deutschlands, sind also verfassungswidrig. Das sieht freilich das Bundesverfassungsgericht anders, das die neue NATO-Doktrin akzeptiert hat und wiederum als kläglichen Ausgleich einen Parlamentsvorbehalt kreiert hat.

Frage: Heute erkannte das Bundesverfassungsgericht in nie gekannter Deutlichkeit seit dem Faschismus, daß Deutschland ein souveräner Staat und die Deutschen ein souveränes Volk sind. Ich zitiere: ›Das Grundgesetz ermächtigt die für Deutschland handelnden Organe nicht, durch einen Eintritt in einen Bundesstaat das Selbstbestimmungsrecht des Deutschen Volkes in Gestalt der völkerrechtlichen Souveränität Deutschlands aufzugeben. . .‹ Beginnt jetzt der Berliner Frühling, eine neue, souveräne Berliner Republik?

SCHACHTSCHNEIDER: Das sind keineswegs neue Positionen des Gerichts, nur hat sich die Öffentlichkeit von dem Bewußtsein eines Selbstbestimmungsrechts Deutschlands entfernt. Viele sehnen ja die Auflösung Deutschlands in Europa geradezu herbei. Nur ist das mit Art. 20 GG schlechterdings unvereinbar und bedürfte eines neuen Verfassungsgesetzes, das den Satz, daß alle Staatsgewalt vom Volk ausgeht, aufhebt; denn gemeint ist das deutsche Volk.«

Am 8. Juli 2009 erschien in Nr. 28 der *Neuen Solidarität* das folgende Interview mit Dietrich MURSWIEK, Professor für Staats- und Verwaltungsrecht an der Universität Freiburg, unter dem Titel »Eine Blamage für die Bundestagsmehrheit«. Einige Kernaussagen seien wiedergegeben:

CELANI [*Neue Solidarität*]: »Das Urteil von Karlsruhe ist in vielen Medien, aber auch von der Regierung in Berlin und von der EU-Kommission in Brüssel sofort empfangen worden als Triumph des Lissaboner Vertrages. Sehen Sie das auch so?«

MURSWIEK: »Nein, diese Einschätzung ist ganz falsch, und zwar aus zwei Gründen: Der Vertrag konnte vom Bundesverfassungsgerichthofs nur unter bestimmten Bedingungen akzeptiert werden. Erstens ist das deutsche Begleitgesetz für verfassungswidrig erklärt worden, und das Bundesverfassungsgericht hat dem deutschen Gesetzgeber zur Auflage gemacht, dieses Gesetz in

Zusätzlich zur Verfassungsbeschwerde, die Prof. Karl Albrecht Schachtschneider (links) verfaßt hat, hat der Freiburger Professor für Staats-, Verwaltungs- und Völkerrecht, Dr. Dietrich Murswiek, im Auftrag von Gauweiler ein Rechtsgutachten zum Vertrag von Lissabon erstellt.

umfassender Weise nachzubessern... Die andere Sache ist, daß das Bundesverfassungsgericht den Vertrag von Lissabon keineswegs so akzeptiert hat, wie der auf dem Papier steht, sondern es hat gesagt: Der Vertrag ist nur in der Auslegung mit dem Grundgesetz vereinbar, die vom Bundesverfassungsgericht in der Begründung seines Urteils gegeben wird... Und damit erhält der Vertrag eine sehr viel präzisere und die Souveränität der Mitgliedstaaten besser wahrende Bedeutung, als er es ohne die Entscheidung des Bundesverfassungsgerichtes gehabt hätte.«

CELANI: »Was muß jetzt praktisch passieren?«

MURSWIEK: »Es wird jetzt folgendes passieren: Zunächst mal muß der Bundestag ein neues Gesetz machen, indem er die vom Bundesverfassungsgericht vorgeschriebenen Parlamentsvorbehalte regelt. Das ist das eine. Das andere ist der Umstand, daß das Bundesverfassungsgericht betont, es habe selber die Kontrollkompetenz darüber zu wachen, daß die europäischen Organe ihre Kompetenzen, die ihnen der Vertrag einräumt, nicht überschreiten... Aber wenn eines Tages die europäischen Organe den Vertrag anders auslegen und anwenden, als das Bundesverfassungsgericht es jetzt formuliert hat, dann kommt es zum Konflikt... Dann haben wir eine Konfliktsituation, und dann wird sich zeigen müssen, ob das Bundesverfassungsgericht sich durchsetzt, ob es bereit ist, diesen Konflikt mit dem Europäischen Gerichtshof durchzuziehen.«

In der Ausgabe 7–8/2008 der österreichischen Wochenzeitung *Zur Zeit* bestätigte auch der schon mehrmals zitierte Professor Albrecht SCHACHTSCHNEIDER allerschlimmste Befürchtungen:

»Der Vertrag ermächtigt den Europäischen Rat, im ›vereinfachten Änderungsverfahren‹ die gesamte Wirtschafts-, Währungs- und Sozialpolitik, die Landwirtschafts- und Umweltpolitik, die Arbeits- und Steuerpolitik, die Polizei- und Justizpolitik, die Verkehrs- ja sogar die Kulturpolitik zu ändern, außer der Außen- und Sicherheitspolitik, die ohnehin fest im Griff der NATO ist. Dem muß weder das Europäische Parlament zustimmen noch müssen es die nationalen Parlamente, wenn das nicht anders in den Verfassungsgesetzen der Mitgliedsstaaten geregelt ist. Österreich hat einen Art. 50, Abs. 2 in die Bundesverfassung eingeführt, der Beschlüsse im ›vereinfachten Änderungsverfahren‹ nicht von der Genehmigung des Nationalrates abhängig macht, es sei denn, daß dieser sich die Genehmigung dazu vorbehalten hat. Der Vorbehalt hängt von der jeweiligen Politik ab und bedarf der Mehrheit im Nationalrat, die gegen Regierungsparteien nicht erreichbar ist. Die Änderungen können die Lebensverhältnisse der Österreicher grundlegend umwälzen und eine Gesamtänderung der Bundesverfassung ausmachen. Schon deswegen müßte das gesamte Bundesvolk über den Vertrag von Lissabon abstimmen.

Im übrigen wird der Rat ermächtigt, ›neue Kategorien von Eigenmitteln‹ einzuführen. Eigenmittel werden vor allem europäische Steuern sein. Dadurch kann sich die Union die Mittel verschaffen, die zu ihrer Machtentfaltung noch fehlen. Auch einem solchen Beschluß müssen die nationalen und das europäische Parlament nicht mehr zustimmen. Entgegen der Propaganda wird die Demokratie durch den Vertrag von Lissabon nicht gestärkt. Das europäische Parlament hat keine ausreichende demokratische Legitimationskraft, weil es nicht gleichheitlich gewählt ist. Das hat das deutsche Bundesverfassungsgericht schon im Maastricht-Urteil klargestellt. Es ist im eigentlichen Sinne kein Parlament. Die Gesetzgebung der Union ist im wesentlichen Sache der Exekutive, der Kommission und des Rates. Die Völker sind entmündigt. Ihre Parlamente haben keinen nennenswerten Einfluß auf die Politik, ganz abgesehen davon, daß sie in den Parteienstaaten Europas ohnehin nicht mehr die Bürger so repräsentieren, wie das dem demokratischen Prinzip von Republiken entspricht. Nach dem Vertrag von Lissabon läßt sich nicht mehr ernsthaft bestreiten, daß die Union ein Bundesstaat ist. Die Mitgliedsstaaten haben in weiten Bereichen gar keine Zuständigkeiten mehr. Das ist typisch für den Bundesstaat. Die Regierungen leugnen das, weil der Schritt zum Unionsbundesstaat verfassungswidrig ist. Besonders schmerzlich ist der Verlust der Grundrechtekultur. Die Charta der Grundrechte schwächt nicht nur nach den Texten die Grundrechte, sondern verlagert den Grundrechteschutz auf die Gerichtsbarkeit der Union... Kein Volk, das seine Freiheit und damit sein Recht und seinen Staat liebt, kann den Vertrag von Lissabon hinnehmen. Er ist ein weiterer Schritt auf dem Weg zur Diktatur der Industrie und ihrer Bürokraten.«

Im *Spiegel* (Ausgabe 52/2009) erschien ein Interview mit dem Präsidenten des Deutschen Bundesverfassungsgerichts, Hans-Jürgen Papier, über die Kritik am Lissabon-Urteil und die Konkurrenz mit den EU-ropäischen Gerichten, in dem das Trapsen der EU-Nachtigallen schon recht laut zu vernehmen war. Hier die Kernpassagen:

> Papier: »Man kann sich manchmal fragen, ob der Straßburger Gerichtshof mit seinen Zuständigkeiten für ganz Europa richtig beraten ist, wenn er bisweilen in die Einzelabwägungen eintritt und meint, die nationalen Verfassungsgerichte oder auch die nationalen Fachgerichte in Bezug auf das Ergebnis der Einzelabwägung korrigieren zu müssen.«
>
> *Spiegel*: »... Ist es von Vorteil, wenn hier im ›gemeinsamen Raum des Rechts‹ übergeordnete Gerichte eine Angleichung erzwingen?«
>
> Papier: »Eine Totalnivellierung kann nicht gewollt sein. Die kulturelle Vielfalt Europas sollte doch wohl erhalten bleiben...«
>
> *Spiegel:* »Mit einer verfassungsändernden Mehrheit könnte man bei einem Konflikt wie dem um den Lissabon-Vertrag demnächst versuchen, das Bundesverfassungsgericht einfach abzuschaffen. Wäre das verfassungswidrig?«
>
> Papier: »Verfassungsmäßige Rechte müssen in jedem Fall justitiabel, also vor unabhängigen Gerichten durchsetzbar sein. Das ist elementarer Bestandteil von Rechtsstaatlichkeit, der sich nach deutschem Verfassungsrecht nicht abschaffen läßt.«
>
> *Spiegel*: »Aber man könnte zumindest den Grundrechtsschutz zum Beispiel ganz dem Europäischen Gerichtshof überlassen.«
>
> Papier: »Der Europäische Gerichtshof kann ein nationales Verfassungsgericht nie ersetzen. Im übrigen ist das Gericht, Gott sei Dank, in der deutschen Öffentlichkeit auf ein so hohes Maß an Akzeptanz gestoßen, daß eine Diskussion darüber, das Bundesverfassungsgericht in Frage zu stellen, politisch völlig irreal wäre.«

Ihr Wort in Gottes Ohr, Herr Bundesverfassungsgerichtspräsident!

Am 24. November 2009 meldete *Radio Télévision Belge*, der damalige belgische Ministerpräsident Herman van Rompuy habe ›sein‹ politisches Programm erst wenige Tage zuvor anläßlich eines Bilderberger-Treffens absegnen lassen. Ein paar Tage später wurde er von den Brüssler Politkommissaren zum Präsidenten des Europäischen

Rates gewählt, und am 1. Dezember 2009 trat der ›Lissaboner Vertrag‹ trat in Kraft. Es war bestechend, wie schnell und zuverlässig die wohlgeölte Politikautomatik auf allen Ebenen funktionierte. Es wäre wohl naiv, zu fragen, ob es hier frei und demokratisch zuging.

Hierzu noch ein weiterer Bericht, von Claus PÁNDI in der *Krone* vom 24. November 2009:

> »Eine Woche vor der umstrittenen Entscheidung um die neuen Top-Jobs der EU kam es am malerischen Genval-See bei Brüssel zu einer denkwürdigen Begegnung. In einer Suite des luxuriösen Hotels Château du Lac trafen sich der noch nicht gewählte EU-Ratspräsident Herman VAN ROMPUY, der amerikanische Ex-Außenminister Henry KISSINGER und der einflußreiche europäische Strippenzieher Étienne DAVIGNON, ehemaliger sozialdemokratischer Politiker und Vizepräsident der EU. Nun ist DAVIGNON Geschäftsmann und Lobbyist, unter anderem für ein Bergbauunternehmen [Union Minière] in der Kongo-Provinz Katanga. Er hatte, wie der britische *Guardian* meldete, das diskrete Treffen mit KISSINGER eingefädelt... Bei der Zusammenkunft im Hotel bei Brüssel seien auch einige ausgesuchte internationale Industrielle, Banker und Lobbyisten dazugestoßen, berichtet der *Guardian*... Für Verschwörungstheoretiker bietet dieses Geheimtreffen reichlich Nahrung, denn KISSINGER wie auch DAVIGNON sind führende Mitglieder der Bilderberg-Konferenz.«

Aus Brüssel berichtete der österreichische EU-Abgeordnete Andreas MÖLZER in der *Aula, Ausgabe* 12/2009:

> »Lange hat der Berg gekreißt und schlußendlich zwei (graue) Mäuse geboren... Der Bestellung VAN ROMPUYS und der Labour-Politikerin Catherine ASHTON war eine skurrile Debatte vorangegangen, die erneut gezeigt hat, daß sich die Auswahl des Führungspersonals der Europäischen Union nicht nach wirklich elitären Prinzipien vollzieht, und schon gar nicht nach demokratischen. Einmal mehr war es eher so, daß der kleinste und damit schwächste gemeinsame Nenner zum Zug gekommen ist. Zuerst schon der wiedergewählte Kommissionspräsident José Manuel BARROSO, dann der polnische EU-Parlamentspräsident Jerzy BUZEK, und schließlich auch die Mitglieder der Kommission, die allesamt keine politischen Schwergewichte sind... Die Ernennung VAN ROMPUYS zum ständigen EU-Ratspräsidenten, dessen

zweieinhalbjährige Amtszeit das bisherige System der alle sechs Monate wechselnden EU-Vorsitze ersetzt, nährt jedenfalls die vielfach geäußerte Mutmaßung, daß der EU-Ratspräsident in erster Linie ein Frühstücksdirektor sein soll. Denn der flämische Christdemokrat wurde vor einem Jahr nur deswegen belgischer Ministerpräsident, weil sein Vorgänger in dem zwischen Flamen und Wallonen zerstrittenen Land nach monatelangen Verhandlungen keine Regierung zustandegebracht hat. Der belgische Notnagel avancierte also gewissermaßen zum EU-Notnagel, weil sich die EU-Granden auf keinen anderen Kandidaten einigen konnten. Zweifelhaft ist auch die Qualifikation der ›EU-Außenministerin‹ Catherine ASHTON. Denn von allfälligen außenpolitischen Erfahrungen der in den Adelsstand erhobenen britischen Sozialistin ist nichts bekannt. . ., weshalb sich der Verdacht aufdrängt, daß sie nur deshalb in diese EU-Spitzenposition gehievt wurde, um die Frauenquote in der neuen BARROSO-Kommission zu erhöhen. Mit der Ernennung ASHTONS, die als enge Vertraute des angeschlagenen britischen Premiers Gordon BROWN gilt, soll zudem auch sichergestellt werden, daß die USA einen wichtigen Vollstrecker ihrer Interessen in der Spitze der EU haben. Denn kein anderer EU-Mitgliedstaat ist außen- und sicherheitspolitisch so eng mit den Vereinigten Staaten verbunden wie Großbritannien. . . Somit werden sich die Erwartungen, daß die Europäische Union mit dem Vertrag von Lissabon nach außen hin stärker und geeinter auftritt, nicht erfüllen.«

Möglicherweise wird die geadelte Linke Catherine ASHTON unterschätzt, denn am 12. Februar erklärte die gerade erst zur Außenministerin der EU gewählte Dame in Wien, eine ihrer vorrangigen Aufgaben werde darin bestehen, ein Netz von diplomatischen EU-Vertretungen zu schaffen. Damit dürfte das langsame Auslaufen der seit Jahrhunderten bestehenden diplomatischen Vertretungen zwischen den europäischen Staaten eingeläutet worden sein. ASHTON rief europaweit den jungen und ehrgeizigen Diplomatennachwuchs auf, sich für diese glänzende Karriere zu bewerben. Wer da wohl die Fäden ziehen, die Ziele vorgeben wird?

Zu Recht fragt der Wiener Mahner und Kulturkritiker Walter MARINOVIC:

»Bleibt in dem Buchstabenkürzel EU, in den EU-Räten und Kommissionen irgend etwas von abendländischen Werten, von griechischer Philosophie und Kunst, von römischem Recht, von christlichem Sittengesetz und nationaler Vielfalt der Völker lebendig und wirksam?«

4.7 Die Weichen sind gestellt – freie Fahrt in Richtung Globalisierung

> »Mitglieder der globalen Elite haben wenig Bedarf an einer nationalen Loyalität; für sie sind nationale Grenzen Hindernisse, die zum Glück immer mehr verschwinden. Nationale Regierungen sind Überreste der Vergangenheit, deren einzige sinnvolle Funktion es ist, die Aktivitäten der globalen Elite zu erleichtern.«
>
> Samuel Huntington, *The National Interest*, 2004

Nach Gewährung von Sonderkonditionen an die Iren und menschenrechtswidrigen Zugeständnissen an die Tschechen unterschrieben als letzte die Regierungen Irlands und der Tschechischen Republik den Lissaboner Vertrag, der somit am 1. Dezember in Kraft trat. Es wird geschätzt, daß etwa sechzig Prozent der 27 betroffenen EU-Völker bei einer Volksabstimmung über diesen zwangsratifizierten Vertrag mit ›Nein‹ stimmen würden. Wie geplant, sollen dieser europäischen Globalisierungskolonie und Spottgeburt von einstmals souveränen Staaten im Laufe der nächsten Jahre – auf Kosten der Nettozahler – noch Island, einige Balkanländer sowie Länder in Nordafrika und der Levante beitreten.

Dieser den Verfassungen der Mitgliedsstaaten übergeordnete Gemeinschaftsvertrag ist das in Erz gegossene Paragraphenwerk sowohl der völkerverneinenden Menschenrechte als auch der amerikanischen Perversion von Demokratie. Auf diesen beiden Schienen des Globalisierungsgeleises soll jetzt der EU-Europa-Express ungebremst in Richtung Auflösung aller nationalen und kulturellen Identitäten brausen. Der Inhalt des EU-Gemeinschaftsvertrages ist so kompliziert, sein Text so schwer verständlich, daß auch erfahrene Staatsrechtler und Verfassungsjuristen mit der Deutung so mancher Passagen ihre liebe Not haben. Wie schon bei den Pariser, Maastrichter, Brüssler Verträgen, so ist auch beim Lissaboner Vertrag das schlechte Gewissen seiner Betreiber und Hintermänner stets greifbar, deren Versuche stets erkennbar, ihre wahren

Absichten zu verbergen. Der Inhalt des Lissaboner Vertrags ist von den Verfassungsverfassern wohl absichtlich so kompliziert und unverständlich verfaßt worden, damit das dumme EU-Wahlvieh nicht selber nachlesen kann, wo, wie, wann und von wem es geschoren, gefleddert oder – als widerspenstig und daher unverwertbar – gleich zum nächsten Schlachthof geführt werden kann.

4.7.1 Exkurs: Logenbrüderliche Hilfe bei der Umsetzung der Globalisierung

Die gegenseitige Abstimmung von Plänen und Zielen erfolgt – wie könnte es anders sein – bei den großen Weltkonferenzen und internationalen Foren, bei den hochkarätig besetzten Geheimtreffen der Bilderberger, der Trilateralen Kommission, des Council on Foreign Relations. So soll Michel PAYEN, Präsident des Freimaurerordens ›Le Droit Humain‹, am 28. April 2008 in Brüssel dem EU-Spitzenbeamten Bruder Manuel BARROSO die ›Empfehlung‹ seiner französischen Brüder zur Neuordnung der EU-ropäischen Bildungspolitik überbracht haben, auf daß es – zur Freude des Großen Baumeisters aller Welten – den Brüdern EU-Abgeordneten gelingen möge, aus dem rohen Stein des ehemals national- und traditionsbewußten Kultureuropäers einen nirgendwo verwurzelten, überallhin verpflanzbaren Einheits-EU-ropäer zu meißeln.

Beim Bilderbergertreffen des Jahres 2009 im griechischen Vouliagmeni wurde angesichts des globalen ›Crash‹ über die Frage nach »einer neuen, tragfähigen Weltwirtschaftsordnung mit mehr Effizienz, aber mit weniger Souveränität für die Völker« diskutiert – über eine Weltregierung also, die eine Weltpolizei schaffen, globale Steuern einheben soll. Beschlossen wurde die Schaffung eines Weltgesundheitsministeriums und eines Weltfinanzministeriums. Gemäß der griechischen Tageszeitung *To Vima* und anderen Quellen nahmen – unter vielen anderen – an dem Treffen teil: BEATRIX, Königin der Niederlande, SOFIA, Königin von Spanien, PHILIPP, Prinz von Belgien, Deutsche Bank-Chef Josef ACKERMANN, der schwedische Außenminister Carl BILDT, Ex-Chef der Schweizer Volkspartei Christoph BLOCHER, die österreichische Siemens-Chefin Brigitte EDERER, der deutsche Ex-Außenminister Joschka FISCHER, US-Finanzminister GEITHNER, der fühere österreichische Bundeskanzler Alfred GUSENBAUER, US-Polit›feuerwehrmann‹ Richard HOLBROOKE, Ex-NATO-Chef Jaap DE HOOP SCHEFFER, US-Regierungsberater Robert KAGAN, Ex-US-Außenminister Henry KISSINGER, CDU/CSU-Sprecher Eckart

KLAEDEN, der (inzwischen zurückgetretene) hessische Ministerpräsident Roland KOCH, Chef der Andritz AG Wolfgang LEITNER, EU-Kommissarin Neelie KROES, der Bundesvorsitzende der deutschen Grünen, Cem ÖZDEMIR, US-Sicherheitsberater (und Hauptverantwortlicher für den Irak-Krieg) Richard PERLE, der Direktor der Stiftung Wissenschaft und Politik, Volker PERTHES, US-Viersternegeneral David PETRAEUS, EU-Kommissar Olli REHN, der Gründer des Council on Foreign Relations, David ROCKEFELLER, Ex-US-Finanzminister Robert RUBIN, der Vorstandsdirektor der Österreichischen Kontrollbank, Rudolf SCHOLTEN, der tschechische Außenminister Karel (sic!) SCHWARZENBERG, der Ex-Vorstandsdirektor von Daimler-Chrysler, AG Jürgen SCHREMPP, der Chefredakteur der *Neuen Züricher Zeitung,* Markus SPILLMANN, der Chef des Internationalen Währungsfonds, Dominique STRAUSS-KAHN, der Vorsitzende von BP und Goldman Sachs-International, Peter SUTHERLAND, der Chef der Europäischen Zentralbank, Jean-Claude TRICHET, der Chef der Novartis AG, Daniel VASELLA, Ex-Weltbankpräsident Paul WOLFOWITZ und der Präsident der Weltbank, Paul ZOELLICK. Alles in allem: ein auf kleinstem Raum komprimierter Globalisierungs-Nuklearbrennstoff sozusagen.

Am 25. Juni 2010 trafen sich im kanadischen Luxuskurort Deerhurst Resort zunächst die Schwergewichte der ›G8‹-Staaten, danach am 26. und 27. Juni die Mitläufer der ›G20‹ hinter hohen Absperrungen und Polizeikordons in Toronto. Es wurden weder Beschlüsse gefaßt noch Entscheidungen getroffen, sondern nur angekündigt, daß man sich im Herbst in Seoul wieder treffen wolle, um etwas zu entscheiden. Kosten des Treffens für die kanadischen Steuerzahler: knapp eine Milliarde Dollar.

Nicht einmal bei der Vergabe des Friedensnobelpreises durch das durchgehend aus Freimaurern bestehende Komitee ist inzwischen noch gewährleistet, daß eine durch nachweislichen und sichtbaren Einsatz für den Frieden bestätigte Symbolfigur ausgezeichnet wird – sondern ausgerechnet Barrak OBAMA, dessen Land gegenwärtig Kriege auf fünf Kontinenten führt und der gerade das größte Militärbudget aller Zeiten bewilligt hat, wurde mit dem Friedenspreis geehrt. Ginge es nach dem Autor dieses Buches und vielen seiner Freunde in Ost und West, hätte Muntaser AL SAIDI mit dem Friedensnobelpreis ausgezeichnet werden müssen. Dieser irakische Reporter, der Ende 2008 anläßlich einer weltweit übertragenen Pressekonferenz in Bagdad seinen Schuh auf den Kriegsverbrecher George W. BUSH warf und ihn nur knapp verfehlte, hat wie kein anderer im Einsatz für den Weltfrieden sein Leben auf's Spiel gesetzt und Heldenmut bewiesen.

4.7.2 Angewandte ›Demokratie‹ am Beispiel einer Volksabstimmung

Ein gutes Beispiel für ihr Verständnis von demokratischen Wahlergebnissen zeigten die von Globalisierern beherrschten Politbüros und Systemmedien in der Schweiz, in Brüssel, den europäischen Hauptstädten und sogar in den USA bei ihrem Umgang mit der Schweizer Volksabstimmung vom 29. November 2009 über den Bau von Minaretten. Hier ein Auszug aus dem Interview, das *Weltwoche*-Verleger und Chefredakteur Roger KÖPPEL, Vorkämpfer für das Minarett-Verbot, dem *Tagesanzeiger* am 30. November gab:

»*TA*: ›Die Schweiz fällt hinter die Aufklärung zurück‹, titelt heute *Die Welt*. . .

KÖPPEL: Es ist eine unglaubliche intellektuelle Arroganz, die da zum Ausdruck kommt. Sie zeigt, daß der journalistische Mainstream Mühe hat mit demokratischen Volksentscheiden. Die Annahme der Initiative zeugt ja nicht, wie überall behauptet wird, von Ängstlichkeit und Schwäche, sondern von Stärke. Der Volksentscheid zum Minarett-Verbot ist Ausdruck eines offensichtlichen Unbehagens gegenüber dem politischen Islam. Er kam zustande, obwohl die Initiativgegner eine gewaltige Einschüchterungskampagne lanciert haben. Das Stimmvolk hat mit einem ›Ja‹ Mut bewiesen.

TA: Andere Zeitungen von Weltruhm sprechen von ›einem perversen Votum‹ (*Times*), einer ›großen Peinlichkeit‹ (*New York Times*), einer ›Katastrophe‹ (*Süddeutsche*) oder von einem ›politisch feigen Entscheid‹ (*Wall Street Journal*). Liegen sie alle falsch?

KÖPPEL: In der Welt geht offensichtlich ein Gespenst um, es heißt Demokratie. Es wäre deshalb an der Zeit, daß unsere politischen Entscheidungsträger dem Ausland endlich einmal erklären, daß die Bürger in der Schweiz über wichtige politische Fragen selber abstimmen können. Bevor sich die Amerikaner und die Deutschen über unsere Demokratie entrüsten, sollten sie sich für mehr Demokratie bei sich zu Hause einsetzen. Ich wäre sehr gespannt, was eine Minarettabstimmung in Deutschland brächte. . .

TA: Bundesrätin WIDMER-SCHLUMPF fürchtet, daß sie sich am heutigen Treffen mit EU-Justizministern wohl einige Kritik anhören müsse?

KÖPPEL: Diese Wehleidigkeit ist eine Unsitte. Frau WIDMER-SCHLUMPF wird nicht dafür bezahlt, daß sie sich im Ausland für demokratische Volksentscheide entschuldigt. Sie hat zu unseren Institutionen zu stehen und sich nicht schon von vornherein mit der anderen Seite zu solidarisieren. ... In der Schweiz ist das Volk der Souverän. . .!«

Wie recht der Schweizer KÖPPEL doch hat, denn Umfragen haben ergeben, daß bei einer Abstimmung in Deutschland 82 Prozent der *Bild*-Leser, 78 Prozent der *Spiegel*-Leser gegen Minarette stimmen würden und es auch in Holland und Österreich eine satte Mehrheit für ein klares ›Nein‹ gäbe. Schon haben einige ›prominente Schweizer Intellektuelle‹ einen ›Club Helvétique‹ gegründet, der eine neue Abstimmung fordert und das Bauverbot von Minaretten wieder aufheben möchte. Kein Wunder, daß Navi PILLAY, Chef der UNO-Menschenrechtskommission, das Ergebnis der Schweizer Volksabstimmung als »klar diskriminierend« bezeichnete. Daß die meisten islamischen Länder die Christen »klar diskriminieren«, wurde – wie nicht anders zu erwarten – von diesem Einbahnmenschenrechtler mit keinem Wort erwähnt.

4.7.3 Das vereinigte Europa der Bürokraten und Lobbyisten

Über Routine und Absonderlichkeiten des EU-Betriebs zu Brüssel schrieb der EU-Abgeordnete Andreas MÖLZER in der Wochenzeitung *Zur Zeit* (Ausgabe 47/48 – 2009):

». . .Tatsache ist, daß im Rat, in der Kommission, im Europäischen Parlament, im Europäischen Gerichtshof und in den zahlreichen EU-Agenturen verteilt auf diverse EU-Mitgliedsländer eine zunehmende Zahl von EU-Beamten werkt, die sich nicht nur durch beeindruckende Gehälter und beeindruckende Privilegien auszeichnen, sondern durch eine seltsame Mischung an Unvermögen und Reglementierungswut. Bedenken muß man ja, daß sich in dieser EU-Bürokratie keineswegs das Ethos und der Arbeitseifer der effizientesten europäischen Demokratien durchsetzt, sondern daß vielmehr der Maßstab der Ineffizienz dominant ist. Nicht das josephinische Beamtenethos aus dem alten Österreich, auch nicht die Gesinnung des preußischen Beamtentums oder das elitäre Denken der französischen Zentral-Bürokratie hat sich da durchgesetzt, sondern der Schlendrian aus manchen Mittelmeer-Staaten oder aus Belgien selbst. Nachdem es sich ja um ein buntes Durcheinander von Mitgliedern alle EU-Nationalitäten handelt, reist man hier zunächst einmal am Montag an. Am Dienstag braucht man bis 10.00 Uhr für den Frühstücksplausch bei Kaffee und Croissant, und ab Mittag - es handelt sich ja samt und sonders um Dienst-Lunchs - ist keiner mehr erreichbar. Am Donnerstag erfolgt dann bereits zumeist wieder die Abreise. Wenn man sich da allein die Arbeitszeit vor Augen hält, kann man verstehen, daß diese EU-Bürokratie nichts zustande bringt.

Dafür aber versucht man, immer mehr und immer größere Bereiche des täglichen Lebens quer durch die Union, vom hintersten Ostpolen bis an die portugiesischen Atlantikinseln, vom schwedischen Lappland bis an die Gestade Zyperns, unter die Kontrolle dieser Bürokratie zu bringen... Insgesamt entwickelt sich die Europäische Union damit zu einem paternalistischen System, in dem alles geboten oder verboten, vorgeschrieben und reglementiert wird. Ein moralisch höchst libertäres und damit dekadentes System verbindet sich mit einem Höchstmaß an Illiberalität, getrieben an vorderster Stelle von einer wuchernden Zentralbürokratie, die in Brüssel ihr Zentrum findet...

Naturgemäß kam von Anfang an den großen europäischen Industriekonzernen, Rohstoff- und Energiegesellschaften, besondere Bedeutung zu... Die Politik hatte gewissermaßen nur die Rahmenbedingungen zu stellen. Die Wirtschaft - und das war eben in der jungen EWG (Europäischen Wirtschaftsgemeinschaft) die freie Marktwirtschaft - hatte das Reden. Und das ist auch in der Europäischen Union des Vertrags von Lissabon bis zum heutigen Tag so geblieben. Allerdings mit dem einen gewaltigen Unterschied: Die Konzerne des Jahres 2010 sind nicht mehr dieselben wie in den 50er Jahren des 20. Jahrhunderts. Waren es damals noch deutsche, französische, italienische, holländische, belgische, so sind es heute multinationale Konzerne, die weltweit agieren, keinerlei Bindungen mehr an nationale Belange, geschweige denn an eine jeweilige Volkswirtschaft haben, sondern nur mehr global auf Gewinnmaximierung ausgerichtet sind.

Bedeutende Wirtschaftsführer in den Jahrzehnten des Wirtschaftswunders nach dem Zweiten Weltkrieg zeichneten sich dadurch aus, daß sie Arbeitsplätze schufen. Heute gelten Top-Manager dann als besonders clever, wenn sie möglichst viele

Arbeitsplätze wegrationalisieren. Damals ging es darum, den gerade erfolgten Wiederaufbau nach dem Krieg durch wirkliches wirtschaftliches und damit auch soziales Wachstum abzusichern, heute sind schnelle Gewinne, die naturgemäß zu Lasten der arbeitenden Menschen gehen müssen, im Mittelpunkt der Konzernpolitik...

Die multinationalen Konzerne und ihr Heer von Lobbyisten haben nach wie vor den größten Einfluß auf die EU-Politik, größer wahrscheinlich als in den Gründungsjahren. Die Interessen der Konzerne sind aber mit den jeweiligen Volkswirtschaften, aus denen sie stammen, in keiner Weise mehr verbunden. Wenn Konzern-Lobbyisten heute die EU-Gesetzgebung beeinflussen – und das tun sie massiv und ständig – dann nicht mehr zum Vorteil des in einer der europäischen Volkswirtschaften eingebundenen Unternehmens, sondern im Dienste der Gewinnmaximierung eines multinationalen Konzerns, der seine globalen Gewinne einstreichen will. Graduell wird die Europäische Union somit zum Handlanger global agierender und multinational vernetzter Konzerne zu Lasten europäischer Arbeitsplätze, zu Lasten der europäischen wirtschaftlichen Entwicklung und zu Lasten der europäischen Sozialsysteme.

Am deutlichsten wurde diese wohl im Zuge der jüngsten Weltwirtschaftskrise, die bekanntlich durch Finanzblasen verursacht wurde, welche aus dem US-amerikanischen Bereich in die EU hineingetragen wurden. Die unglaublichen Summen, die zur Stabilisierung der Finanzsysteme in Europa aber in den USA ausgegeben wurden, werden wohl zum großen Teil von europäischen Steuerzahlern und der europäischen Wirtschaftsleistung abgedeckt. Die USA als globaler Hegemon werden ihre Politik gewiß so ausrichten, um diese Co-Finanzierung der Europäer möglichst hoch anzusetzen, und der generelle Wille, die generelle geradezu masochistische Bereitschaft der EUropäer, weltweit zu zahlen, auch wenn sie kausal mit den jeweiligen Mißständen nichts zu tun haben, wird das ihre dazu tun...

Spätestens mit dem Vertrag von Lissabon hat die ›Eurokratie‹ neues Gewicht gewonnen, das jenes der politischen Eliten in den Mitgliedsländern bei weitem überragt. Leider ist es kein europäisches Selbstgefühl, das diese beherrscht, sondern eine Art von Funktionärs-Arroganz, die weder in der Lage ist, demokratische

> Kritik hinzunehmen, noch die Eigenheiten nationaler und kultureller Art der einzelnen europäischen Völker zu akzeptieren. Die Arroganz der Eurokraten geht natürlich auch über kritische Meinungen und Skepsis der einzelnen EU-Bürger gnadenlos hinweg... Ein Europa der Bürokraten, der Lobbyisten und Oligarchen wollten weder die Gründerväter der Europäischen Union noch wollen es die Völker und Bürger dieser Union.«

Schwere Kritik übt auch Bernhard TOMASCHITZ, Chefredakteur der *Zur Zeit*:

> »Hoch und heilig haben die Staats- und Regierungschefs der Mitgliedstaaten versprochen, aus der Finanz- und Wirtschaftskrise die richtigen Lehren zu ziehen und die Finanzmärkte strengeren Regeln zu unterwerfen... Das klingt gut, doch bemängelte kürzlich die Transparenz-Initiative ›Alter EU‹, es dominierten Vertreter privater Großbanken, Versicherungsriesen und einer großen Bandbreite verschiedener Finanzunternehmen in den 19 Beratungsgremien zu Finanzthemen. Branchenriesen wie Goldman Sachs arbeiten also maßgeblich die Regeln aus, die ihre Tätigkeit stärker als bisher überwachen sollen. Und daß sich hier das Interesse der internationalen Finanzindustrie in engen Grenzen hält, darf angenommen werden...
>
> Während die Riesen der jeweiligen Branchen es sich leisten können, auf die Gesetzgebung Einfluß zu nehmen, bleiben die Interessen der Arbeitnehmer und der Verbraucher auf der Strecke. Dabei ist der jüngste Bericht von ›Alter EU‹ aufschlußreich: So sitzen in den verschiedenen EU-Gremien, die eine Reform des Finanzmarktes ausarbeiten sollen, 229 Vertreter der Hochfinanz, aber nur 58 Gewerkschafter und Bürgervertreter. Wessen Handschrift die Reform tragen wird, ist daher nicht schwer vorherzusagen...
>
> Längst sind die Institutionen der EU zu einer Spielwiese für Lobbyisten verkommen, von denen sich schätzungsweise 15.000 in Brüssel herumtreiben... Erst als die Kritik am Lobbyisten-Unwesen immer lauter geworden war, entschloß sich der zuständige Kommissar Siim KALLAS im Juni 2008 zur Einführung eines Lobbyisten-Registers – wohlgemerkt jedoch auf freiwilliger Basis... Anfang November 09 hatten sich gerade mal 2.114 Lobbyisten eingetragen.«

Sollten zwischen Tejo und Weichsel, Nordkap und Kreta noch einige Leserinnen und Leser der Meinung sein, in Brüssel arbeiteten Europas beste Männer, eine Elite von Idealisten und Fachleuten, Tag und Nacht daran, das Wohl ihrer europäischen Mitbürger zu mehren, Schaden von ihnen fernzuhalten, sollten sie die hier vorliegenden Berichte dreimal lesen.

Zum Glück für Europa wächst stetig die Zahl der Bürgerinnen und Bürger, die das EU-Lügengewebe und die Heucheleien der Politkommissare durchschauen. Sie haben deshalb jegliches Vertrauen zur korrupten Brüssler Bürokratie, zu EU-lobpreisenden Politikern und EU-beweihräuchernden Lizenzmedien verloren. Herrschten in Europa demokratische Verhältnisse vor, hätten verantwortungsbewußte Regierungen mittels Volksabstimmungen längst ermittelt, in welcher Art Europa ihre Völker leben wollten. In einem von der Wall Street gegängelten Europa, dessen Funktionäre und Politiker den Lobbies hörig sind – oder in einem Europa der Vaterländer, das sich nach jahrtausendealten gemeinsamen abendländischen Werten ausrichtet und die ererbten Traditionen der europäischen Völker bewahrt?

4.8 Zusammenfassung

Unschwer werden Leserinnen und Leser aus dem Bisherigen erkannt haben, daß

1. die EUropäische Union nichts anderes ist, als ein Konstrukt zur beschleunigten Umsetzung der Vier Gebote (›four flows‹) der Globalisierung;

2. die EUropäische Nomenklatura – wie auch die amerikanische – keine Völker mehr vertritt, sondern ausschließlich die Interessen der Globalisierer,

3. die EUrokraten nichts so sehr fürchten wie Volkes Meinung und wahre Demokratie.

Die Abschaffung aller über Jahrtausende gewachsenen organischen Bindungen und Loyalitäten beginnt sich in allen Bereichen auszuwirken: Immer eindringlicher stinkt vom Kopfe her die riesige Globalisierungskrake in den ideologisch gleichgeschalteten Parlamenten und Kommissionen, in den Chefetagen von Banken und Konzernen, nach Betrug und Korruption. Kein Wunder, daß sich nach und nach auch redliche Beamte, ehrliche Bankangestellte, fleißige Bahn- und Postbedienstete, idealistische Parteifunktionäre an unredlichen Ministern, Aufsichtsräten und Generaldirektoren ein schlechtes Beispiel nehmen und anfangen, in die eigene Tasche zu wirtschaften. Um ihre Machenschaften zu vertuschen, die bedrohten Völker möglichst lange über die geplante und vielerorts schon angelaufene Gleichschaltung von Mensch, Natur, Wirtschaft und Kultur im unklaren zu lassen und um ihre materialistischen Endziele zu verbergen, üben sich die Globalisierer in der Kunst des Verschleierns und des Leugnens, des Abstreitens und der Verdrehungen, der Schönfärberei oder der ganz gewöhnlichen Lüge, wobei sie auf der tatkräftigen, schwerkalibrigen Schützenhilfe aller großen Medienimperien und Nachrichtenagenturen zählen können. Gegner werden mittels ›false flag operations‹ (Unternehmen unter falscher Flagge) verleumdet und kriminalisiert. Durch das weltweite Veranstalten von ›awareness campaigns‹ (Werbekampagnen zur ›Volksaufklärung‹) werden den Steuerzahlern durch das Verbreiten von Horrorszenarien – wie das baldige Ansteigen des Meeresspiegels um mehrere Meter, wie die erwarteten Millionen Opfer der Schweinegrippe, wie die Gefahr neuer Anschläge der Al Qaida auf amerikanische und europäische Großstädte – Milliardenbeträge für unnötige Impfaktionen, für Steuern auf CO_2-Emissionen und für ›Präventiv‹-Kriege gegen ›Schurkenstaaten‹ schmackhaft gemacht.

Wie das so abläuft, hat Jean Claude Juncker, ein ›Wissender‹ aus dem innersten Zirkel der EU-Nomenklatura und Luxemburgs ehemaliger Ministerpräsident, im April 2004 dem *Spiegel* anvertraut:

> »Wir beschließen etwas, stellen das dann in den Raum und warten einige Zeit ab, was passiert. Wenn es dann kein großes Geschrei gibt, weil die meisten [hier meint er uns, das tumbe Wahlvieh; d. Verf.] gar nicht begreifen, was da beschlossen wurde, dann machen wir weiter, Schritt für Schritt, bis es kein zurück mehr gibt.«

Die zur Welteroberung angetretenen Globalisierungsapostel haben der sogenannten EUropäischen Verfassung den Geist der »Deklaration der Menschenrechte« eingehaucht, auf daß die Erben der einstmals stolzen europäischen Hochkulturen zur Selbstabschaffung schreiten und sich als ›Humanressourcen‹ der Globalisierungsheuschrecken wiederfinden mögen.

Sollte es stimmen, daß 57 Prozent der Frauen, 41 Prozent der Männer in unseren Ländern glauben, was ihnen die Reklame Tag für Tag in Presse, Funk und Fernsehen vorflunkert, darf man sich nicht wundern, daß derselbe Prozentsatz an Männlein und Weiblein auch den Wahlversprechen seiner Politiker Glauben schenkt. Die in Kerneuropa seit Jahrzehnten kaum variierenden Ergebnisse demokratischer Wahlen und nur sehr selten zu erlebenden Bürgerproteste könnten ein Beweis, freilich auch ein alarmierendes Zeichen dafür sein, daß die überwältigende Mehrheit der Bürgerinnen und Bürger bereits der Lethargie verfallen ist und an ihrem politischen Schicksal kein Interesse mehr zeigt.

Derzeit verhalten sich die EUropäer wie der brave, friedliebende Österreicher, den der Dramatiker und Schauspieler Johann NESTROY im Lustspiel *Der Zerrissene* vor der Revolution von 1848 seine fein getarnte Empörung gegen die Maulkorberlasse der METTERNICHschen Zensurbehörde sagen läßt:

> »Wir haben sogar Gedankenfreiheit g'habt, insofern wir die Gedanken bei uns behalten haben. Es war nämlich für die Gedanken eine Art Hundsverordnung: Man hat's haben dürfen, aber am Schnürl führen müssen. Wie man's loslassen hat, haben's einem's erschlagen. Mit einem Wort, wir haben eine Menge Freiheiten g'habt, aber von Freiheit keine Spur!«

Es könnte aber bald dazu kommen, daß die erzwungene, fortdauernde Massenzuwanderung integrationsunfähiger und -unwilliger Fremder, unzumutbare finanzielle Belastungen, steigende Arbeitslosigkeit, zunehmende Unsicherheit in Stadt und Land, Wertverlust des Geldes, sinkende Sozialleistungen, gepaart mit unfähigen Politikern, verantwortungslosen Wirtschaftsführern und Finanzjongleuren, in dem einen oder anderen EU-Land zu Protesten, anarchischen Zuständen, zu Pogromen gegen die Verantwortlichen und zu Revolutionen führen könnten, die in ihren Auswüchsen die Französische und die bolschewistische Revolution nicht zu scheuen bräuchten. Vergessen wir nicht, daß deren blutrünstigsten Anführer, Jean Paul MARAT und Josef STALIN, die ›permanente Revolution‹ forderten. So klagte MARAT 1793:

> »Was haben wir durch die Vernichtung der Aristokratie der Adeligen gewonnen, wenn diese von einer Aristokratie der Reichen ersetzt wird?« Die Canaille sang nicht nur »les aristocrates à la lanterne« (»Knüpft die Aristokraten an die Laternen!«), sondern auch »les riches au poteau« (»Die Reichen an den Balken!«). SAINT-JUST, der blutrünstigste von allen, donnerte vor dem ›Co-

mité de salut publique‹ (Komitee für Volkswohlfahrt) gegen jene Volksvertreter, die bei der Verhängung der Todesstrafe gegen LUDWIG XVI. zögerten: »Citoyens! Si le roi est innocent, le peuple est coupable!« (»Ist der König unschuldig, dann ist das Volk schuldig!«)

Simon MONTEFIORE berichtet in seinem Buch *Stalin*, 2005, von einem Gespräch des ›Woschd‹ (des ›Chefs‹) mit Lawrenti S. BERIJA über die Notwendigkeit permanenter Liquidierungen von ›Schpioni, Diversantsi‹, nicht absolut linientreuer Parteigenossen und mißliebiger Intellektueller:

> »Lassen wir sie in Ruhe arbeiten. Erschießen können wir sie später immer noch.«

Der italienische Marxist Antonio GRAMSCI forderte:

> »Man muß die geltenden Werte umwerten. . . Hand in Hand mit der Schändung der Kunst geht ja auch die Zerstörung von Familie, Volk und Familie, die früher als selbstverständliche Werte allgemein anerkannt waren.«

Les ›misérables‹ (die Notleidenden) der dritten und vierten Klasse, die stets auf der Verliererseite stehen und nichts mehr zu verlieren haben, lauern schon haßerfüllt in Wartestellung.

Es könnte aber bald dazu kommen, daß die erzwungene, fortdauernde Massenzuwanderung integrationsunfähiger und -unwilliger Fremder, Budgeteinsparungen zu Lasten der Ärmsten, zunehmende Kriminalität in Stadt und Land, Wertverlust des Geldes, sinkende Sozialleistungen, gepaart mit unfähigen Politikern, verantwortungslosen Wirtschaftsführern und gierigen Finanzjongleuren in dem einen oder anderen EU-Land zu Protesten, anarchischen Zuständen, zu Pogromen gegen die Verantwortlichen und zu Revolutionen führen könnten, die in ihren Auswüchsen die Französische und die bolschewistische nicht zu scheuen bräuchten. Vergessen wir nicht, daß deren blutrünstigste Anführer, Jean Paul MARAT und Josef STALIN, die permanente Revolution forderten. So klagte Marat 1793:

> »Was haben wir durch die Vernichtung der Aristokratie der Adeligen gewonnen, wenn diese von einer Aristokratie der Reichen ersetzt wird?«

Angeekelt von der Karikatur der République Française und ihrer unfähigen Politzwerge schrieb der Autor und Publizist Robert BRA-

SILLACH, der 1945 wegen Kollaboration mit der deutschen Besatzungsmacht hingerichtet wurde, im Gefängnis von Fresnes:

> »... Wird es denn nie ein Ende nehmen mit dieser langsam krepierenden, nach parfümierter Fäulnis stinkenden, syphilitischen, längst verrotteten Hure, auch genannt Republik, die noch immer ihr Trottoir entlangstreicht, stets umringt und verfolgt von Zuhältern, denen sie verläßlich und immer wieder die aus ihrem Strumpfgürtel gezerrten ungezählten Geldscheine ausbezahlt? Wie könnten es diese übers Herz bringen, sie trotz ihrer eitrigen Geschwüre sitzen zu lassen, sind sie doch selbst von ihr längst angesteckt und bis auf die Knochen verdorben?«

Schade, daß BRASILLACH die Verhältnisse in den meisten Nachkriegs-«Demokratien‹ nicht mehr erlebt hat!

Und doch: »Wir sind das Volk!«, so dichtete schon Ferdinand FREILIGRATH während der Märzrevolution von 1848, dieselben Worte erschallten 1989, 1990 in Sprechchören Tausender DDR-Bürger bei den Montagsdemonstrationen, 2004 ertönte der Ruf »Wir sind das Volk und nicht die Sklaven von Hartz IV«, als bundesweit gegen Sozialabbau protestiert wurde. Oft berufen sich auch Bürgerinnen und Bürger auf diese Zauberformel, wenn sie regionale, soziale Bürgerschutzinitiativen wie etwa in Köln, München, Nürnberg, oder bundesweite tier-, naturschutz- und umweltbezogene Anliegen gegen die ›Obrigkeit‹ durchsetzen wollen oder verteidigen müssen. Hierbei machen sowohl Betreiber als auch Mitglieder dieser ›grass-root movements‹ (›Graswurzel-Bewegungen‹) die Erfahrung, daß ihnen gerade von seiten des im ›freiesten Deutschland aller Zeiten‹ herrschenden, demokratischen Politapparats keine auch noch so geringe demokratische Mitbestimmung eingeräumt wird. Immer mehr Bürgerinnen und Bürger leiden unter Demokratieverdrossenheit und unter Zweifeln, ob Deutschland dank dieses Systems die nächsten dreißig, vierzig Jahre überleben wird.

Ob in Sachen EU-Beitritt, Abschaffung der D-Mark, Lissabon-Vertrag, Milliardenpakete für Griechenland und die notleidende Weltfinanz, Massenzuwanderung, Türkeibeitritt zur EU, offizielles Schweigen zu skandalösen Boni-Ausschüttungen, Brüsseler Selbstbedienungsladen, Zulassung genmanipulierten Saatguts, Einsatz der Bundeswehr am Hindukusch, eiserner Sparkurs auf Kosten der Ärmsten – in keinem Fall ist das Volk befragt worden, und dem Volk beginnt langsam zu dämmern, daß ›seine‹ Volksvertre-

Stuttgart im Herbst 2010. Immer mehr Bundesdeutsche fühlen sich überrumpelt.

ter nicht im Traum daran denken, es auch in Zukunft jemals um seine Meinung zu fragen. Wie es Bürgerinnen und Bürgern in Deutschland geht, die sich gegen eine Überrumpelung durch die Mächtigen aus Politik und Wirtschaft wehren, mag der Widerstand Zehntausender Stuttgarter gegen das Projekt ›Stuttgart 21‹ zum Umbau des Hauptbahnhofs zeigen.

Dem von SÖS (›Soziales, ökologisches Stuttgart‹) und der LINKEN organisierten Widerstand haben sich inzwischen an die fünfzigtausend unpolitische Stuttgarter und Stuttgarterinnen spontan angeschlossen, denen es einfach nicht paßt, daß sie auf Grund der Vetterle-Wirtschaft, der Geheimnistuerei und einer Verfilzung der Interessen von Landes- und Stadtpolitikern, einiger Banken und Immobilienfirmen, der Deutschen Bundesbahn, der Bau- und Automobilindustrie die Mehrkosten von fünf bis sieben Milliarden Euro für den ursprünglich auf 2,9 Milliarden geschätzten Umbau ihres Bahnhofs sowie weitere Überraschungen wie etwa das Fällen von 600 prachtvollen Bäumen im Schloßpark schlucken müßten, die sowohl Bombenangriffe als auch die Not frierender Nachkriegsbürger überlebt haben.

Die Stadtzeitschrift *Stadt.Plan extra* schrieb im September 2010:

> »Alle staunen, viele Politiker sind ratlos, fast panisch. . . Die Stuttgarter Bürger setzen ein Zeichen. . . Warum ist der Protest so groß und erfolgreich?«

> Gangolf Stöcker, Sprecher der Initiative, Stadtrat von SÖS: »Weil Stuttgart 21 ein alle Bevölkerungsschichten übergreifendes Thema ist. Die Bürger wollen ihre Zukunft und ihre Stadt mitgestalten. Allen gemeinsam ist die Wut auf die Regierenden, die das Volk einfach ignorieren.«
>
> *Stadt.Plan*: »Wie erklären Sie sich deren bedingungslose Härte?«
>
> Stöcker: »Es geht um Hunderte Millionen Profite für die Bau- und Immobilienindustrie.«

Am 30. September stürmten 1000 Polizisten gegen sitzende Schulkinder, demonstrierende Bürgerinnen und Bürger jung und alt, setzten Wasserwerfer, Tränengas und Pfeffersprüher ein. Es gab 400 Verletzte auf beiden Seiten, doch die Regierenden siegten: Die ersten 300 Bäume wurden geschlachtet.

Nicht anders, liebe Stuttgarter, ergeht es den Wienern mit dem Niederreißen des West- und des Südbahnhofes zu Gunsten des Baus eines Mega-Zentralbahnhofes mitten in der Stadt. Auch sie wurden nicht gefragt.

Am 13. August bestätigte der deutsche Wirtschaftsexperte Elmar Altvater in *Ö1*, der Brüssler EU-Apparat werde von der internationalen Finanzlobby des ›Round Table of Industrialists‹ beherrscht.

In der Slowakei protestierten 1,5 Millionen Steuerzahler, die 300 Euro pro Monat verdienen, gegen die Finanzhilfe an die Griechen, die 900 Euro im Monat bekommen.

5. Kapitel

Das Ende der Volkswirtschaften und der nationalen Währungen

5.1 Einführung: die handelnden Personen

»An dem Fremden magst du wuchern, aber nicht an deinem Bruder, auf daß dich der Herr, dein Gott, segne in Allem, das du vornimmst im Lande, dahin du kommst dasselbe einzunehmen.«

Martin LUTHER, *Die Heilige Schrift*, 5 Mose 23–20

Der Versuch eines Vergleichs

A. Die Schuldigen am Untergang der ›Titanic‹

Als am 10. April 1912 die Passagiere der ›Titanic‹ in Southampton an Bord kommen, um an der Jungfernfahrt des Schiffes teilzunehmen, finden sie in ihren Kabinen das folgende Schreiben vor:

»Willkommen an Bord der unsinkbaren ›Titanic‹! Sie haben die richtige Wahl getroffen. Dieser Ozeanriese – modernstes und nach dem letzten Stand der Technik konstruiertes Produkt britischer Schiffsbaukunst – wird Sie am schnellsten und sichersten nach New York bringen. Unser Wetterdienst meldet Schönwetter, Sonnenschein und ruhige See für die gesamte Dauer der Überfahrt. Nebelbänken und Eisbergen werden wir auf unserer Nordatlantik-Route zu dieser Jahreszeit nicht begegnen. Vertrauen Sie auf Ihren nächsten Fahrten wieder den Schiffen unserer Reederei. Gute Reise wünscht Ihnen White Star Line!«

Der am 31. Mai 1911 in Belfast vom Stapel gelaufene elegante Luxusliner besaß vier Schornsteine, verdrängte 66 000 Tonnen und war 300 Meter lang. Weil Fracht- und Maschinenraum in 16 Kammern aufgeteilt waren, die von 15 Schotten wasserdicht verschlossen werden konnten, hatte die Werft HARLAND & WOLFF die Nachricht halb der Wasserlinie in einer Länge von über hundert Metern aufgeschlitzt. Vom hereinströmenden Wasser sind bereits fünf Kammern überflutet – das bedeutet, daß die unsinkbare ›Titanic‹ nicht mehr zu retten ist. Das Todesurteil über die meisten Passagiere ist gesprochen. Um 00.05 Uhr des 15. April befiehlt Kapitän SMITH die Rettungsboote auszuschwingen, die Passagiere zu wecken, und dem Funker, das Seenotsignal CQD zu senden. Zunächst kaum spürbar, dann immer schneller bekommt das Schiff Schlagseite und beginnt zu sinken.

Sowohl der Reederei als auch den Offizieren war bekannt, daß für die 2207 an Bord der ›Titanic‹ befindlichen Passagiere und Mannschaften lediglich 1178 Plätze in den Booten zur Verfügung standen. Na und? Wozu brauchte man auf einem unsinkbaren Schiff denn schon Rettungsboote? Als der Kapitän den Befehl gibt, das Schiff zu verlassen, begeben sich die Damen und Herren GUGGENHEIM, HARPER, ROTHSCHILD, ASTOR, begleitet von Butlern, Zofen und Dienstmädchen in aller Ruhe zu den Booten. Der Befehl »women and children first« wird von diesen millionenschweren Industriellen, Financiers und Zeitungsherausgebern strikt eingehalten. Einige Ladies beschließen an Bord zu bleiben und das Schicksal ihrer Männer zu teilen. Erst als die Damen der 1. Klasse wohlverstaut sind, dürfen Frauen der 2. Klasse zusteigen. Der Aufgang zum Bootsdeck ist den Passagieren der 3. Klasse verwehrt. Als die Boote ablegen, ziehen sich die Männer in die hell erleuchteten Salons zurück, wo das Bordorchester bis zuletzt Ragtime und Walzer aufspielt. Ein einziger Passagier der 1. Klasse hat sich zu den Frauen ins Boot gedrängelt: Es ist Bruce ISMAY, Präsident der Reederei White Star. Um 2 Uhr 20 versinkt die Unsinkbare, um 4 Uhr erreicht die ›Carpathia‹ die Unfallstelle und beginnt mit der Bergung der Geretteten.

Die 18 zu Wasser gelassenen Rettungsboote sind nur zur Hälfte belegt. Immerhin werden ihnen 139 Männer der Besatzung, 119 männliche Passagiere, 393 Frauen und Kinder, insgesamt 651 von 2207 Menschen, das Leben verdanken. Weil nur ein einziges Rettungsboot zur Untergangsstelle zurückkehrt, um nach Überlebenden zu suchen, werden von den 1600 im eisigen Wasser treibenden Schiffbrüchigen nur 13 gerettet. Die Insassen der in sicherer Entfernung dümpelnden Boote berichten von immer leiser tönenden Hilferufen der Ertrinkenden, die nach längstens 30 Minuten endgültig verstummen. Die Angaben offizieller Stellen über die Zahl der Ertrunkenen schwanken zwischen 1490 und 1653. Sowohl Kapitän SMITH als auch Chefkonstrukteur ANDREWS gehen mit dem Schiff unter. Der gerettete Bruce ISMAY wird, von aller Welt gemieden und verachtet, in Einsamkeit sterben. Achtzig Prozent der Passagiere der 1. Klasse haben die Jungfernfahrt der ›Titanic‹ überlebt, jedoch nur fünf Prozent jener der 3. Klasse.

Fazit: Um der Erzielung eines höheren Aktienkurses und höherer Profite willen hatte sich eine kleine Clique britischer Investoren, Reeder und Industrieller verschworen, den Tod von mehr als 2000 Passagieren und Mannschaften zu riskieren, die sich im guten Glauben an medial und marktschreierisch verbreitete Anpreisungen und Zusicherungen, ihre neueste Schiffkonstruktion sei unsinkbar, am 10. April 1912 an Bord der ›Titanic‹ begeben hatten, um am sichersten und schnellsten von Europa nach New York zu gelangen. Obwohl die Konstruktion unerprobt war, hatten die Verantwortlichen von Werft und Reederei auf Sicherheitsmaßnahmen verzichtet und Kurs und Geschwindigkeit so festgelegt, als gelte es, eine sommerliche Mittelmeerkreuzfahrt zu planen. Weil vom Anfang an schiffsbautechnische Konstruktionsfehler vorlagen und gebotene Vorsichtsmaßnahmen sträflich vernachlässigt wurden, war die Katastrophe vorprogrammiert: Nicht nur Eisberge, sondern jedes Riff, jede schwere See, jede Kollision hätten ein Absaufen der ›Titanic‹ herbeiführen können.

Wäre sie nicht in einen Eisberg gekracht, sondern unbeschädigt an der Freiheitsstatue vorbei in den New Yorker Hafen eingelaufen, hätten die Verantwortlichen ohne Bedenken ihren dank neuen Streckenrekords erworbenen Wettbewerbsvorteil genützt, um Kabinenpreise zu erhöhen und ein Dutzend neuer Luxusliner desselben Typs mit genau denselben Konstruktionsfehlern zu bauen. Aktienkurs und Rendite wären in die Höhe geschossen. Doch die Hochseespekulanten hatten Pech: Aus niederen Beweggründen hatten sie hoch gepokert und alles verloren. Entsprechend den damals noch hochgehaltenen sittlichen Normen, geltenden Moralgesetzen und Wertvorstellungen fielen sie in Acht und Bann und wurden als Verbrecher gebrandmarkt. Die mitgereisten, für die Katastrophe verantwortlichen Herren der Werft und Reederei waren Briten, blieben deshalb – mit einer schändlichen Ausnahme – auf der Brücke und gingen gemäß dem abendländischen Ehrenkodex mit ihrem Schiff in die Tiefe.

B. Die Schuldigen am Schiffbruch des ›Federal Reserve System‹

Im selben Jahr, da die ›Titanic‹ versank, war es einer kleinen, einflußreichen Clique von privaten Banquiers und Financiers, die zumeist von der New Yorker Wall Street aus ihre Geschäfte betrieben, nach langer Vor- und ›Überzeugungs‹-Arbeit in Washington sowie der Finanzierung von Woodrow WILSON, des siegreichen Kandidaten der Demokratischen Partei bei den Präsidentschaftswahlen des Jahres 1912, gelungen, einen ausschlaggebenden Einfluß auf die amerikanische Finanz-, Wirtschafts- und Außenpolitik zu gewinnen. Im Gegenzug für die erhaltene Wahlkampffinanzierung übertrug WILSON seinen Financiers das alleinige Recht, die amerikanische Währung zu verwalten und zu kontrollieren, Bundeskredite im Auftrag der amerikanischen Regierung zu vergeben, Dollarnoten zu drucken und herauszugeben und für diese ›Leistungen‹ Zinsen einzustreichen.

Dieser Verschwörung von Financiers und Politikern gelang kurz vor Weihnachten 1913 in einer Nacht- und Nebelaktion die Überrumpelung der wenigen feiertagsbedingt noch anwesenden Abgeordneten des Kongresses und des Senats in Washington: Das entsprechende Gesetz »Federal Reserve Act« wurde durchgedrückt und mit dem Zusatzartikel versehen, daß Maßnahmen und Entscheidungen seines rein privaten (!) Führungsgremiums – des ›Federal Reserve Board‹ – weder von der US-Regierung noch von bundesbehördlichen Revisionsinstanzen jemals kontrolliert werden durften.

Der Erlaß des »Federal Reserve Act« bedeutete erstens das Übertragen der Kontrolle über die Finanzen eines mächtigen Staates und seiner 120 Millionen Einwohner an eine Handvoll international eng vernetzter, privater Financiers, deren Motive und Entscheidungen nicht hinterfragt werden durften; zweitens das Geschenk eines Perpetuum Mobile zur kostenlosen Geldschöpfung sowie zur Vergabe von Krediten in unbegrenzter Höhe, samt den daraus resultierenden Einnahmen aus Zinsen und Zinseszinsen in alle Ewigkeit. Ihre Geldmaschine würde die Herren der ›Federal Reserve‹ fortan in die Lage versetzen, dank Auszahlung reichlich bemessener Subventionen, Fördermittel und Bestechungsgelder an die ›richtigen Leute‹, einen entscheidenden Einfluß auf Entwicklung und Gestaltung von Politik und Wirtschaft in den USA auszuüben. Kein Wunder, daß diese plötzlich in Milliarden schwimmende, niemandem Rechenschaft schuldende oder gar zur Loyalität verpflichtete auserwählte Geldelite keine Zeit verlor, ihre strahlenden Möglichkeiten voll auszuschöpfen.

Wie die britischen Schiffseigner und Werftbesitzer, die 1912 eine Verschwörung zur Beherrschung des nordatlantischen Seeverkehrs unternommen hatten, kamen die Geldmoguln an der Wall Street gleich zu Beginn des Jahres 1914 überein, eine Verschwörung zur Ausweitung ihrer Macht zu bilden. Anders als die ›Titanic‹, fuhr die ›Federal Reserve‹ unter keiner Flagge, war in keinem Land registriert und benötigte keinen Heimathafen.

Wem gehörten denn diese Bankhäuser an der Wall Street, wer waren die Hintermänner des ›Federal Reserve Systems‹? Glaubt man den Autoren Egon CONTE CORTI, *Die Blütezeit des Hauses Rothschild*, 1928, Elie RAVAGE, *Rothschild*, 1930, Fritz SCHWARZ, *Morgan, der ungekrönte König der Welt*, 1933, Hans SCHUMANN, *Die Kriege der Milliardäre*, 1939, William CHAMBERLIN, *Amerikas zweiter Kreuzzug*, 1952, Egon CONTE CORTI, *Der Aufstieg des Hauses Rothschild*, 1953, Bernard BARUCH, *My own Story*, 1957, Wicliffe VENNARD, *The Federal Reserve Hoax*, 1963, Richard WHALEN, *The Founding Father – the Story of Joseph P. Kennedy*, 1964, Ben SELIGMAN, *Sie kauften sich Amerika*, 1972, Antony SUTTON, *Roosevelt und die internationale Hochfinanz*, 1975, Ben KLASSEN, *The White Man's Bible*, 1981, William GREIDER, *Secrets of the Temple – how the Federal Reserve runs this country*, 1987, Ron CHERNOW, *The House of Morgan*, 1990, Ron CHERNOW, *Die Warburgs*, 1994, Niall FERGUSON, *The House of Rothschild*, 1999 –, dann waren es die allmächtigen Herren der Weltfinanz, nämlich das Haus Rothschild in London, Paris und Berlin, in New York vertreten von Paul WARBURG, das Bankhaus Morgan, die Bank Samuel Montague & Co. in London, die Bank Lazard Frères in Paris, die Banken Chase Manhattan, Lehman Brothers, Kuhn & Loeb, Goldman Sachs, allesamt in New York, ferner die Drahtzieher Louis Dembitz BRANDEIS, Sidney WEINBERG, Jakob SCHIFF, die Präsidentenberater Oberst Mandel HOUSE, Felix FRANKFURTER, Bernhard BARUCH, Henry MORGENTHAU (sen.) und Samuel UNTERMEYER. Erstaunlich, wie häufig die meisten dieser Familiennamen – mal solo, mal als Kompagnons, mal ›in matrimonio‹ vereint – auch nach hundert Jahren in Lageberichten zur Wirtschaft und in den Börsennachrichten immer wieder auftauchen.

Womit können wir Abendländer gegen solche Koryphäen dagegenhalten? Mit ein paar brotlosen Dichtern, Komponisten, Feldherren, Erfindern? Wie sagte schon Thomas BARNETT:

> »Unsere Feinde haben noch immer nicht begriffen, daß die Logik des Marktes im Laufe der Weltgeschichte stets über alle geistigen Werte obsiegt hat.«

5.1.1 Wie gingen die Financiers der ›Federal Reserve‹ ans Werk?

> »Und Jesus ging zum Tempel Gottes hinein, und trieb heraus alle Verkäufe und stieß um der Wechsler Tische... und sprach zu ihnen: Mein Haus soll ein Bethaus heißen; ihr aber habt eine Mördergrube daraus gemacht.«
>
> Matth. 21, 12

Nach dem Vorbild ihres Großmeisters Meyer Amschel Rothschild war es den Financiers an der Wall Street 1912 gelungen, mit der politischen Herrschaft ihres Gastlandes einen Teufelspakt zu schließen. Sie begannen die Ambitionen des amerikanischen Präsidenten zu schüren, seine teuren und weitgesteckten Pläne zu finanzieren. Je mehr sie an diesen verdienten, um so gieriger wurden sie. Längst genügten ihnen die kargen Gewinne nicht mehr, die sie aus der real produzierenden Wirtschaft herausschlagen konnten. Sie erhöhten die Einsätze, provozierten Krisen in Süd- und Mittelamerika, finanzierten die Entente im Ersten Weltkrieg und zwangen schließlich den amerikanischen Präsidenten, 1917 gegen Deutschland und Österreich-Ungarn in den Krieg einzutreten, um den Sieg der Engländer und Franzosen herbeizuführen, auf daß diese ihre Milliardenschulden samt Zins und Zinseszinsen an die Wall Street zurückzahlen konnten.

Diesen Krieg der Profiteure ›finanzierte‹ das amerikanische Volk nicht nur mit der Entsendung von 1,5 Millionen Soldaten nach Europa, sondern wurde auch mit saftigen Kriegssteuern belegt und mit der Entrichtung eines beträchtlichen Blutzolls bestraft. Als nach Abschluß der ›Friedens‹-Diktate von Versailles, Trianon, St. Germain, Neuilly und Sèvres Bilanz gezogen wurde, lagen Deutschland, Österreich, Ungarn und die Türkei am Boden, versank Rußland im bolschewistischen Chaos, waren die ›Siegermächte‹ Großbritannien, Frankreich und Italien pleite und schuldeten der Wall Street über zwanzig Milliarden Goldfranken und Golddollar. Weil kein Land zahlen konnte oder wollte, einigten sich die ›Siegermächte‹ zunächst auf die einfache Formel: »Le boche payera tout!« (»Der Deutsche wird alles bezahlen«) Sehr bald mußten die vom Krieg schwer betroffenen Bürger, Arbeiter und heimkehrenden Soldaten Frankreichs, Englands und Italiens erkennen, daß auch für sie, die ›siegreich‹ überlebenden Humanressourcen dritter und vierter Klasse, von den Financiers und Kriegstreibern, für deren

Interessen sie viereinhalb Jahre geblutet und gehungert hatten, weder Schwimmwesten noch Rettungsboote vorgesehen worden waren.

Anfang der zwanziger Jahre waren aus den Wucherern und Geldwechslern in den Tempeln der Wall Street die Gläubiger der Welt geworden. Auf Grund der Schulden- und Zinsenfalle, in die sie geraten waren, hatten sich einst mächtigste Völker dem niemals nachlassenden Würgegriff ihrer Financiers ausgeliefert. Diese preßten jedoch nicht nur Zinsen, Goldreserven, Rohstoffe, Patente, aus den verschuldeten Volkswirtschaften, sondern bestanden auf die Einhaltung gegebener Versprechen und die Erbringung nichtmaterieller ›Leistungen‹ von seiten der von ihnen finanzierten Regierungen und bestochenen Politiker. Mit so einmalig günstigen Voraussetzungen gesegnet und Kontrollmechanismen ausgestattet, konnten diese feinen Herren endlich an die Verwirklichung ihres Fernziels schreiten: die Errichtung ihrer Herrschaft über eine politisch und wirtschaftlich global gleichgeschaltete ›One World‹ ohne Grenzen.

Da zur Erringung der Weltherrschaft ihre Kriegsgewinne nicht mehr ausreichten, begannen diese Globalisierer mit allem Erdenklichen zu spekulieren und auf alles, was nur schnellen, unkontrollierbaren Reibach versprach, Wetten abzuschließen. In den Tempeln der ›Federal Reserve‹ liefen deshalb in den zwanziger und dreißiger Jahren die Notenpressen auf Hochtouren. Die Aktienkurse an den amerikanischen und europäischen Börsen fielen ins Bodenlose. Millionen Bauern und Arbeiter, Gewerbe- und Handeltreibende, Rentner und Unternehmer ertranken in einer Flut wertlosen Papiergeldes. Es folgten die ›Großen Depressionen‹, die von Arbeitslosigkeit, Inflation und sozialen Unruhen begleitet wurden. Das ›Federal Reserve System‹ hatte Schiffbruch erlitten. Weil die am ›Crash‹ Schuldigen keinen Ehrenkodex kannten, jedenfalls keinen abendländischen, verloren sie zwar Schiff, Mannschaft und Maus, doch keiner von ihnen sein wertvolles Leben.

Sofort gingen sie daran, den Schaden zu beheben, ihr Monopol und Perpetuum Mobile zur Geldschöpfung aus dem Nichts schnell wieder in Gang zu setzen. Nach wohlbewährter Strategie gingen sie in den dreißiger Jahren daran, neue Krisenherde zu schaffen und Kriege zu schüren. Dank nachhaltiger Beeinflussung des amerikanischen Präsidenten Franklin D. ROOSEVELT, erfolgreicher Überzeugungsarbeit bei den britischen, französischen, polnischen Kriegsparteien sowie zunehmender Kontrolle über amerikanische und westeuropäische Medienkonzerne, Nachrichtenagenturen und Filmproduzenten gelang es ihnen 1939, Europa und Asien, 1941 auch ihr Gastland USA zwecks Besicherung ihrer Multimilliarden Dollarkredite und Investitionen in einen zweiten Weltkrieg zu hetzen. Als Ende August 1945 die Waffen schwiegen, lagen Europa und weite Teile Asiens in Trümmern, waren Deutschland und Japan militärisch besetzt, hatte die Auflösung der europäischen Kolonialreiche eingesetzt, standen die meisten Länder der Welt, unter Einschluß der siegreichen Sowjetunion und Vereinigten Staaten von Amerika, bei den Wucherern an der Wall Street tief in der Kreide. Dank Schaffung neuer Instrumente zur Festigung ihrer Weltherrschaft, wie UNO, NATO, SEATO, WHO, UNESCO, Weltbank, Internationaler Währungsfonds, UNRRA, Marshall-Plan gelang es dieser kleinen ›Elite‹ von Geldverleihern, Stufe um Stufe dem Ziel näher zu kommen, ihre Herrschaft über ein globales Imperium anzutreten, in dem die Sonne nicht untergeht.

Fazit: So wie sich einst die Verantwortlichen für die ›Titanic‹-Katastrophe zum Zweck persönlicher Bereicherung gegen ihre Mitmenschen verschworen hatten, arbeitet seit fast einhundert Jahren eine ›erlesene‹ Clique von privaten Financiers im verborgenen daran, zum Zweck persönlicher Bereicherung die Kontrolle über Währungen und Finanzsysteme aller Völker der Erde zu erringen. Während die Verantwortlichen an der ersten Katastrophe für ihren Frevel bestraft wurden, sind die Verantwortlichen an der zweiten Katastrophe, die aus ›niedrigen Beweggründen‹ nicht zögerten, Weltkriege, Revolutionen, Hungersnöte zu provozieren und dabei den Tod von Hunderttausenden Amerikanern, Afrikanern, Australiern, sowie von Millionen Europäern und Asiaten auf Schlachtfeldern, in Elendslagern, bei Hungerblockaden in ›Kauf‹ zu nehmen, niemals zur Rechenschaft gezogen worden. Für diesen Kauf wurden sie von uns, den von ihnen stets betrogenen und bedrohten Völkern – bisher – noch nicht zur Kassa gebeten. Sie schulden uns Trillionen mal Quadrillionen Unzen Gold. Wir, das einfache Volk dritter und vierter Klasse, wollen aber nicht ihr Geld für Blut und Tränen. Mögen sie ihre Silberlinge behalten. Was wir wollen, ist endlich Gerechtigkeit.

Wo bleibt ein Messias, der die modernen Blutsauger und Wucherer aus den Tempeln des Mammon an der Wall Street und den Bankenvierteln unserer Städte mit der Peitsche hinausjagt? Wer von uns würde ihm nicht gerne dabei helfen?

5.1.2. Die Globalisierung von Wirtschaft und Finanzen schreitet voran

»Der Liberalismus ist der freie Fuchs in einem offenen Hühnerstall.«

Jules GUESDE, französischer Sozialrevolutionär, 1847–1922.

›Globalisierung‹ bedeutet, daß in der gleichgeschalteten ›Einen Welt‹ kein den Interessen der eigenen Völker verpflichtetes Wirtschaften mehr geduldet wird. Die *›four flows‹*, die vier Gebote der Globalisierer, dienen dem Zweck, allenfalls noch vorhandene Restelemente von Volkswirtschaften zu privatisieren und zu vernetzen, auf daß sie als Ganzes oder scheibchenweise profitmaximiert vermarktet werden können. Volkswirtschaftlich gesehen, spielt es keine Rolle, ob die Wirtschaft privat oder staatlich gelenkt ist; entscheidend ist nur, von wem sie geleitetet wird. Unter dem Einfluß zumeist anglo-amerikanischer Koryphäen und ihrer liberalen Theorien eines dank ungehemmten ›Laissez faire‹ sich selbst regulierenden Marktes begann die Abdankung der verantwortlichen Politiker vor den Aposteln einer ›freien‹, das heißt: einer von privaten Financiers finanzierten und nur ihren Interessen dienenden ›Marktwirtschaft‹, deren Credo lautet: »Uns gehört aller Profit, das Volk trägt die Kosten!«

Nach dem Ende des Zweiten Weltkrieges hat sich in den westlichen Volkswirtschaften allgemein die politische Umsetzung der amerikanischen Wachstumstheorie durchgesetzt: Der Düsseldorfer Wirtschaftsprüfer Klaus WEBER schreibt dazu:

»In der westlichen Volkswirtschaftslehre gab es im 20. Jahrhundert zwei führende Schulen mit bis in die Fundamente hinein unterschiedlicher Ausrichtung: Das war zum einen die geldtheoretische und staatskritische Wiener Schule, wegen der Emigration ihrer führenden Vertreter auch die ›Austrians‹ genannt, und zum anderen die seit F. D. ROOSEVELTS New Deal bis heute dominierende amerikanische Schule als das radikale Gegenstück zu den Lehren der ›Austrians‹. Die Amerikaner fußten auf den Ideen des englischen Nationalökonomen John Maynard KEYNES (1883–1946) und entwickelten daraus eine inflationistische Vollbeschäftigungs- und Wachstumstheorie, die zur Grundlage einer Art Voodoo-Ökonomik wurde, dem größten Unglück der moderneren Menschheitsgeschichte. Sie liefert der Politik weltweit die scheinwissenschaftliche Legitimation für unendliche Verschuldung und Haushaltsdefizite, für Ozeane aus Scheingeld (Fiat-Money) und für unablässige Inflation.

Nur folgt nach dem ›Austrian‹ Joseph A. SCHUMPETER (1883–1950) jeder Inflation auch der Kater, dem zufolge die derzeitige Riesenschuldenblase der westlichen Nationalökonomien in einem Zusammenbruch apokalyptischen Ausmaßes enden wird, dem auch die Nationalstaaten selbst zum Opfer fallen könnten.«

Was ist bei alledem aus dem einstmals hochangesehenen Berufsstand der Bankdirektoren und Wirtschaftskapitäne geworden? Der Befund ist ernüchternd: Aus vielen Geschäftsführern und Aufsichtsratmitgliedern über jeden Verdacht erhabener Banken und Industriekonzerne von anno dazumal sind heute jederzeit austauschbare, überall einsetzbare, niemandem Loyalität und Treue schuldende ›Manager‹ geworden – eine verschworene Kaste von Egomanen, die ausschließlich ihre eigenen Interessen vertreten. Es sind ›Macher‹, die keiner Berufung folgen, sondern einen ›Job‹ verrichten. Die Höhe ihrer Gehälter und Zulagen ist oftmals umgekehrt proportional zu ihren Leistungen für das Unternehmen. Ihre Hauptaufgabe besteht darin, möglichst viele Humanressourcen ›freizusetzen‹, Arbeitsplätze durch ›*Outsourcing*‹ zu exportieren, auf daß Profite und ›*share holder values*‹ ihrer anonymen Investoren niemals sinken mögen. Längst vergessen sind die Zeiten, da der Erfolg eines Betriebes danach gemessen wurde, ob das Werk – mit Gottes Hilfe – den Meister lobte.

Gesegnet mit solchen ›Vorbildern‹ an den politischen und wirtschaftlichen Schaltstellen unserer Länder, stehen die EUropäer und Amerikaner vor der Entscheidungsschlacht um das Überleben der volksorientierten Wirtschaftsformen, letztendlich auch unserer Völker. Unsere Gegner, die Globalisierer, sind siegesgewiß, weil sie felsenfest davon überzeugt sind, daß die Überzeugungskraft ihrer materiellen Argumente stets über die Moral ihrer Gegner obsiegt haben und auch in Zukunft obsiegen wird. Sie sind siegessicher, weil sie – noch! – über das Gold, die Zinsschulden, die größten Medienimperien und die militärische Übermacht der westlichen ›Demokratien‹ verfügen.

An Warnungen vor den Aasgeiern des internationalen Finanzsystems hat es auch in der Vergangenheit nie gefehlt. So schrieb bereits US-Präsident Thomas JEFFERSON (1743–1826) in einem Brief an den US-Finanzminister Albert GALLATIN (1802):

> »Ich glaube, daß das Bankwesen für unsere Freiheit eine größere Gefahr bedeutet als ein stehendes Heer. Sollte das amerikanische Volk jemals Privatbanken erlauben, die Ausgabe seines Geldes durch Inflation oder Deflation zu kontrollieren, werden diese das Volk so lange enteignen, bis seine Kinder auf dem Kontinent, den ihre Väter eroberten haben, Haus und Hof verlieren werden. Das Recht auf Geldauflage muß den Banken entrissen und in die Hände des Volkes gelegt werden, wo es auch hingehört.«

Im Verlauf des Krieges gegen die Südstaaten (1861–1865) war Abraham LINCOLN, Präsident der Nordstaaten, das Geld ausgegangen. Die mächtigen Bankiers boten Geld, forderten jedoch zwischen 24 und 36 Prozent Zinsen. LINCOLN, der sein Land nicht in eine Schuldenfalle stürzen wollte, veranlaßte den Kongreß, ein Gesetz zum Drucken von staatlichen, zinsbefreiten ›Treasury Notes‹ zu genehmigen. LINCOLN ließ 400 Millionen sogenannter *›green backs‹* drucken und konnte die für den Sieg benötigten Armeen und ihre Ausrüstung finanzieren. Wären Zinsen angefallen, hätte das amerikanische Volk bis zum Jahre 1970 insgesamt vier Milliarden Dollar an Zinsen zahlen müssen.

Sir Josiah STAMP, Chef der ›Bank of England‹, sagte 1927 in einer Rede vor der University of Texas:

> »Das moderne Bankensystem erzeugt Geld aus dem Nichts. Dieser Prozeß ist vielleicht der erstaunlichste Taschenspielertrick, der jemals erfunden wurde... Die Bankiers besitzen die Erde. Wenn Sie ihnen diese wegnehmen, ihnen aber die Macht zur Geldschöpfung belassen, dann werden sie mit einem Federstrich genug Geld schöpfen, um die Erde wieder zurückzukaufen... Wenn Sie ihnen diese große Macht nehmen, dann werden alle großen Vermögen – wie zum Beispiel meiner – verschwinden; und dann wäre dies eine bessere Welt, in der man glücklicher leben könnte... aber wenn Sie weiterhin die Sklaven der Bankiers sein und die Kosten Ihrer eigenen Sklaverei bezahlen wollen, dann lassen Sie zu, daß die Bankiers weiterhin Geld schöpfen und die Kreditvergabe kontrollieren...«

Franklin D. ROOSEVELT, Mitverschwörer und Präsident der USA von 1933 bis 1945, wußte genau Bescheid und umschrieb die Lage kryptisch:

> »Wie Sie und ich wissen, hat seit den Tagen von Andrew JACKSON [amerikanischer Präsident 1767–1845; d. Verf.] ein ganz bestimm-

ter Faktor aus den einflußreichsten Kreisen von der Regierung der Vereinigten Staaten Besitz ergriffen. . .« (Zit. nach: Wilhelm Hankel, *Die Euro-Lüge*, 2007)

Dazu passend ein Auszug aus der 1959 erfolgten Anhörung des Abgeordneten Burdick vor dem US-Kongreß. (Siehe den vollständigen Text in: R. Melisch, *Der letzte Akt*, S. 101):

»T. Horton [Vorsitzender der Kommission für den Schutz der amerikanischen Verfassung]: ›Wem gehört das ›Federal Reserve System‹?‹

U. L. Burdick: ›Es gehört Privatpersonen. . . Sie gewähren der Regierung Kredit und bringen das Geld im Umlauf.‹

Horton: ›Wie geht das vor sich?‹

Burdick: ›Nehmen wir an, die Regierung will *›bonds‹* (staatliche Obligationen) im Wert von einer Milliarde verkaufen. Sie verkauft sie den Banken in New York, bekommt jedoch kein Bargeld, sondern einen entsprechenden, zinspflichtigen Kredit seitens dieser Banken. Diese Banken bringen dieselben *›bonds‹* zurück nach Washington, wo sie gegen Bezahlung einer geringen Gebühr in bares Geld eingetauscht werden, das dann zur Verteilung gebracht wird. Die Zinsen [sechs Prozent!] für diese Obligationen werden von der Regierung eingehoben und den Banken überwiesen. Das ist der Profit für ihre ›Leistungen‹.‹

Horton: ›Obwohl die Banken diese ›bonds‹ nach Washington zurückgebracht und gegen Bargeld eingetauscht haben, bekommen sie dafür trotzdem Zinsen?‹

Burdick: ›Oh yes!‹«

Der deutsche Ex-Finanzminister Karl Schiller schrieb im *Spiegel* Nr. 2/1994:

»Das Grundgesetz und die D-Mark sind die Kernstücke unseres Verfassungspatriotismus. . . Eine europäische Währung aber ist nicht nur einfach ein europäisches Zahlungsmittel, sondern mit der zentralbestimmten europäischen Geldmenge werden das Preisniveau und die Wirtschaftsaktivität in jedem Mitgliedsland bestimmt. Ihre Stabilitätsbindung liegt bei einem kollektiven Gremium. Niemand weiß, ob diese Institution so stark auf Preisstabilität eingestellt sein wird, wie wir das von der Bundesbank bisher gewohnt waren. Aber wir wissen um die großen Unterschiede in der Wirtschaftsaktivität und im Wirtschaftsniveau der einzelnen Mitgliedsstaaten. Bei gleicher Währung wird die ›Wechselkursillusion‹ zwischen ihnen entfallen. Löhne und Sozialleistungen der ärmeren Länder werden zur Aufholjagd ansetzen, große Transferzahlungen zwischen reichen und armen Ländern werden sofort fällig... Dazu kommen noch staatsrechtlich-politische Bedenken: Wollen wir wirklich einen Superstaat (Bundesstaat) mit einer multinationalen Überregierung ohne parlamentarische Kontrollen, einen Überstaat, dessen Normen die unserer nationalen Verfassung brechen?«

Und so kam das System konkret zur Anwendung:

1997: Fannie Mae ist ein GSE (›Government Sponsored Entity‹, ein vom Staat gestütztes Unternehmen), das vom Kongreß kontrolliert wird. Fanny Mae kauft Hypotheken von anderen Unternehmen, seine Verluste werden vom Steuerzahler getragen, seine Gewinne werden einbehalten. Präsident Bill CLINTON genehmigt ein Gesetz, das die Gewährung von Krediten an Häuslebauer erleichtert.

1998 bis 2008 gewähren die Banken Tausende von ›*bad loans*‹ (riskante Kredite) an Häuslebauer, gewähren ihnen Verträge über mehr als einhundert Prozent des errechneten Objektwertes, ohne auf hinreichende Sicherheiten zu bestehen, und zahlen ihnen darüber hinaus zwanzig Prozent des Vertragswertes in bar. Franklin RAINES und Jamie GARLICK, die der Seilschaft um Präsident CLINTON angehören, werden zu Geschäftsführern von Fannie Mae bestellt. 2003 kassiert RAINES 100 Millionen, GARLICK 75 Millionen Dollar an Prämien.

Zwischen 1999 und 2004 überweist Fannie Mae jährlich Millionen Dollar and die Demokratische Partei, davon 354 Millionen an Kongreßabgeordnete und Senatoren beider Parteien. Am meisten kassieren die Senatoren Chris DODD (Demokrat aus Connecticut), Barack OBAMA (Demokrat aus Illinois), Chuck SCHUMER (Demokrat aus New York) und der Kongreßabgeordnete Barney FRANK aus Massachusetts, allesamt Herren, die im Vorstand des Finanzkomitees der US-Bundesregierung sitzen.

2004 entdecken Prüfer des ›Office of Management and Budget‹ massive Betrügereien bei Fannie Mae: Auf Grund falscher Bilanzen haben beide genannten Geschäftsführer fette Prämien kassiert.

RAINES und andere Führungskräfte müssen den Hut nehmen, doch weder kommt es zu einer Anhörung im Kongreß, noch wandern die Betrüger in den Knast. Sie dürfen ihre Prämien behalten.

2005 warnt der republikanische Senator John MCCAIN:

> »Falls der Kongreß nicht einschreitet, werden die amerikanischen Steuerzahler weiterhin gewaltigen Risiken ausgesetzt, die Fannie Mae und Freddie Mac für den Immobilienmarkt, das Finanzsystem und die Wirtschaft insgesamt bedeuten«

und beantragt ein Kontrollgesetz gegen den geschilderten Mißbrauch, das aber von den vier oben genannten Hauptnutznießern abgelehnt wird.

2008 gehen Fannie Mae und Freddie Mac pleite und werden vom Staat aufgefangen. Lehman Brothers geht in Konkurs, der Versicherungsriese AIG erhält eine Kreditgarantie in der Höhe von 85 Millionen Dollar, und Franklin RAINES bekommt einen Job als Berater im Team des Präsidentschaftskandidaten Barack OBAMA.

Am 6. Oktober 2008 berichtete John TIFFANY in der *American Free Press* nicht etwa von Milliardenschulden, auch nicht von Billionen- und Trillionenschulden, sondern von »one quadrillion debt at the core of the derivative crisis«, zu deutsch: von einer Billiarde Dollar Schulden aus dem Kerngeschäft mit ›Derivaten‹. Spekulationen mit Derivaten gleichen Wetten auf steigende oder sinkende Preise von Rohstoffen, Aktien, Obligationen, Wechselkurse, Zins- und Inflationsraten, ja sogar Klimaschwankungen – über einen vorher vereinbarten Zeitraum. Ein Grund, warum sich Derivate großer Beliebtheit erfreuen, ist, daß man mit ihnen um Milliardensummen spekulieren kann, ohne sie in Bilanzen auszuweisen. »Dabei glaubten wir«, so TIFFANY, »Trillionen wären schon sehr viel. Jetzt müssen wir lernen, mit Billiarden umzugehen.« Das sind Zahlen mit fünfzehn Nullen vor dem Komma! »Wollten wir diese Billiarde Schulden mit einem Dollar pro Sekunde zurückzahlen, bräuchten wir 32 Millionen Jahre!« Ellen BROWN schreibt in *The Web of Debt* (das Schuldennetz) über die Übernahme von AIG durch den amerikanischen Staat:

> »Obwohl die ›Federal Reserve‹ die Macht besitzt, das gesamte Geld für unser Land zu drucken, ist sie keine Behörde der US-Regierung. Als ein Konsortium privater Banken hat die ›Federal Reserve‹ soeben der Welt größte Versicherungsgesellschaft ge-

kauft, und zwar mit dem Geld der amerikanischen Steuerzahler... Es wird Zeit, daß wir aufhören, die Schuldigen an diesem Debakel mit unserem Geld zu finanzieren. Ein übersichtliches und kontrollierbares Bankensystem muß her, ... das mit dem Geschmeiß von Spekulanten, Betrügern und Profitgeiern endlich aufräumt.«

Hier stellt sich die berechtigte Frage, ob auch die Europäer von solchen Skandalen betroffen sind oder betroffen werden können. Auch hier gibt es eine ernüchternde Antwort:

> »Der Schundhypothekenbetrug zur Zerstörung der Welt«, so schlagzeilte die in München erscheinende *National-Journal* am 9. Oktober 2008, »ist der größte Coup der internationalen Finanzlobby: Der Plan zur Vernichtung unserer wirtschaftlichen Lebensgrundlagen durch das Überangebot an Spekulationspapieren und Derivaten hat sich bereits vor Jahren abgezeichnet und ist von langer Hand vorbereitet worden.«

Die Vernichtungssummen, die Mr. GREENSPAN durch Unternehmens-Schlachtungen verursacht hat, und die Verluste, die er durch die ›Neue Markt‹-Blase erzeugte, könne man gar nicht genau beziffern, sie dürften etwa zehn bis fünfzehn Billionen Dollar betragen. Die kriminellen Spekulanten wollten mittels solcher irreell hohen Verschuldungssummen einen zinspflichtigen Schuldtitel gegen die Völker der Welt und ihre Währungen erwirken, auf daß sie diese ungestört kontrollieren können. Und weiter:

> »Damit die Monster-Betrüger möglichst viele Unterschriften unter ihre Hypothekenverträge sammeln konnten, wurden die einschlägigen Gesetze so angepaßt, daß die Hypothekennehmer nicht persönlich für ihre Schuldenlast haften müssen. Was den Betrug noch dramatischer machte ist die Tatsache, daß ein Großteil der Immobilien von Leuten aufgekauft wurde, die ihre Hypothekenverpflichtungen ohne weiteres hätten erfüllen können...«

Am 27. September 2008 berichtete die *Welt*:

> »Immer mehr solvente Hauseigentümer nützen den drastischen Wertverfall am Immobilienmarkt, um ihre früheren Eigenheime an die Bank zurückzugeben und zu einem deutlich geringeren Preis ein neues Objekt zu erwerben; damit reduzieren sie ihre monatlichen Kreditbelastungen.«

US-Immobilie in Illinois. Die Weltfinanzkrise wurde im Zusammenhang mit den amerikanischen Hypothekendarlehen entstandenen ›faulen Schulden‹ ausgelöst.

Viele Banken in Deutschland – allen voran Landesbanken – hätten diesen Schrott mit dem Geld ihrer deutschen Kunden gekauft und sie für diese Luftnummern bis zum Sankt Nimmerleinstag zu Sklaven transatlantischer Finanzbetrüger gemacht. Solche Summen mit neun, zwölf oder gar fünfzehn Nullen vor dem Komma könnten von den Verschuldeten niemals aufgebracht werden. Gerade deshalb ist es das Bestreben der Wucherer beiderseits des Atlantik, die Völker der Welt mittels Verschuldung in alle Ewigkeit in ihren Würgergriff zu bekommen.

Quo usque tandem, wie lange noch, werden sich die das gefallen lassen?

Ganz im Sinne der Globalisierer, die aus allem und jedem ihren Reibach herauspressen wollen, fordern US-Wirtschaftswissenschaftler, den Schutz des geistigen Eigentums aufzuheben. Darüber schreibt Dr. Wilhelm HANKEL im März 2009:

> »Die US-Ökonomen Michele BOLDRIN und David LEVINE sehen angesichts der Wirtschaftskrise die Zeit gekommen für die Abschaffung von Rechten an immateriellen Gütern. Der Propagandabegriff ›geistiges Eigentum‹ sei genauso reif für die Mottenkiste wie das Konzept des Monopolschutzes durch Patente oder Urheberrechte, erklären die beiden Forscher an der Washington University zu St. Louis. Eine entsprechende rechtliche Entwicklung würde eine Innovationswelle auslösen, was wiederum der Schlüssel sei für die Wiederbelebung der Wirtschaft. . . ›Idealerweise würden wir gern Patent- und Copyright-Gesetze insgesamt ausradieren‹, so LEVINE. . .«

Inzwischen kündigt sich der nächste Schiffbruch des Systems an. Im Jahre 2006 betrug das Handelsdefizit der USA in Summe 838 Milliarden Dollar. Gegenüber Europa betrug es 142, Kanada 75, Lateinamerika 112 (davon Mexiko 67), Asien und die Pazifikstaaten 410 (davon China 233 und Japan 91), Afrika 62 und dem Nahen Osten 36 Milliarden Dollar. Der Anteil ausländischer Investoren an amerikanischen Industrien beträgt: In der Schuhindustrie 92 Prozent, bei Audio- und Videogeräten 90 Prozent, Computern 79 Prozent, Lederwaren 90 Prozent, Bekleidung 75 Prozent, beim Maschinenbau 58 Prozent, bei Nachrichtentechnik 53 Prozent, Halbleitern 51 Prozent, optischen Geräten 46 Prozent, Motoren 44 Prozent, Haushaltsgeräten 44 Prozent. Kürzlich stellte sich heraus, daß das amerikanische Büro für Handelsstatistiken die Ziffern beschönigt hatte, indem es die Exporte ausgelagerter Produktionsstätten der amerikanischen Exportquote anstatt jener der Herkunftsländer gutschrieb.

Doch nicht nur die Wirtschaftsdaten waren ein gewichtiger Indikator für den freien Fall des amerikanischen Währungssystems; auch in anderen Bereichen schwand das Vertrauen in den Dollar. Dazu folgende Beispiele: Alljährlich besuchen Millionen Touristen den berühmten Tadsch Mahal. Vor kurzem hat die indische Regierung den Eintrittpreis zu diesem Denkmal sowie weiteren 120 Sehenswürdigkeiten auf 750 Rupien festgelegt und verfügt, daß an den Eintrittsschaltern künftig keine Dollar mehr entgegengenommen werden dürfen. Das deutschstämmige brasilianische Supermodel Gisele BÜNDCHEN hat den Vertrag mit ihrer Agentur von Dollar auf Euro umändern lassen, und ebenso halten es die teuersten brasilianischen und argentinischen Balltreter. Der israelische Finanzminister hat bei seinem amerikanischen Amtskollegen beantragt, die jährlichen Förderungen, Geldgeschenke und Zuwendungen der USA an Israel in Milliardenhöhe von nun an in Euro zu überweisen.

Bei alledem ist das sogenannte ›Fractional Reserve Banking‹ die Wurzel allen Übels. Sie muß ausgemerzt werden. Was hat es damit auf sich?

Im Herbst des Jahres 2008 war die Kernschmelze des auf der Grundlage eines stets kostenlos nachproduzierbaren und deshalb wertlosen Dollars bereits voll im Gange. Hier die Analyse des wohlinformierten ehemaligen Chefredakteurs des *Wall Street Journal*, Paul Craig ROBERTS, in der *American Free Press* vom 27. Oktober 2008:

»Beginnen wir mit der Feststellung, daß die gegenwärtige Finanzkrise die meisten Länder der Welt betrifft. Schuld an ihr ist in erster Linie das jährlich um Hunderte Milliarden Dollar wachsende Handelsdefizit der USA. Mit ihren Dollarüberschüssen investieren die Gläubigerländer in amerikanische Unternehmen, Immobilien, Hafenanlagen, kaufen US-Wertpapiere und Obligationen von Fanny Mae, Freddy Mac, und Derivate von amerikanischen Banken. Auf diese Weise haben sich auch die Finanzinstitute unserer ausländischen Gläubiger infiziert. Ein weiterer Grund für unser enormes Handelsdefizit ist das ›offshoring‹ (die Ausgliederung ganzer Produktionsstätten amerikanischer Industrien in Billiglohnländer zwecks Wiedereinfuhr in die USA). Jetzt glauben unsere Finanz- ›Experten‹, sie könnten die Krise bewältigen, indem sie die in Not geratenen Banken und Finanzinstitute mit einem ›Hilfspaket‹ aus Steuergeldern in der Höhe von 850 Milliarden und durch Senkung des Zinssatzes vor der Pleite retten können. Das wird nicht gelingen. Der Absturz an den amerikanischen Börsen bedeutet, daß mit dem Eintreten einer Rezession gerechnet werden muß, die steigende Arbeitslosigkeit sowie eine Zunahme von Pleiten und Konkursen verursachen wird.

Die verheerenden Auswüchse des ›fractional reserve banking‹ müssen endlich unterbunden und dessen System strengeren Kontrollen unterworfen werden. [Mit diesem Fachausdruck wird die schon seit Jahrhunderten von Banken praktizierte Methode bezeichnet, Kredite in – fast – unbegrenzter Höhe zu gewähren, während lediglich ein Bruchteil – ›fraction‹ – der verliehenen Summen als Sicherheiten – ›in Reserve‹ – einbehalten wird. Dieses System wird auch als *›debt based monetary system‹*, ein auf Schulden beruhendes Geldsystem bezeichnet. Dieses auf *›fiat money‹* (wertlosem Papiergeld und fiktiven Spekulationsobjekten) beruhende System verursacht bedeutend höhere Verluste, als die reelle Wirtschaft an Gewinnen jemals erzielen kann. Es muß deshalb an die Kandare genommen und zur Verhinderung weiterer Katastrophen strengen Regeln unterworfen werden. Anstatt 850 Milliarden Dollar Pannenhilfe an die Schuldigen zu vergeuden, hätte dieser Betrag zur Refinanzierung der durch das *›debt based system‹* unschuldig Verpfändeten investiert werden müssen. Die ›Große Depression‹ hat zehn Jahre gedauert, weil die Politiker ihre Ursache entweder nicht erkannten oder nicht erkennen durften: Das ›Federal Reserve System‹ hatte die Geldmenge reduziert.«

Am 26. Januar 2009 publizierte *CNN* die folgende Analyse des republikanischen Abgeordneten Ron PAUL als ›Story Highlight‹:

> »Ein Jahr nach dem Verteilen eines ›*stimulus package*‹ von über 800 Milliarden Dollar verharrt die US-Wirtschaft in ihrer Mittelmäßigkeit. Das Wirtschaftswachstum stagniert, die Arbeitslosigkeit steigt, und Millionen Amerikaner sind darüber verärgert, daß Billionen Dollar an Steuergeldern in zahlreiche staatliche Rettungspakete versenkt wurden, ohne zu einem greifbaren Ergebnis zu führen. . . Das Problem mit solchen Rettungsaktionen liegt darin, daß sie nur dann greifen, wenn die Ursachen der Probleme erkannt worden sind. Im Falle der gegenwärtigen Finanzkrise liegen die Ursachen im unkontrollierten Umgang mit dem Geld und dem viel zu leichten Zugang zu Krediten, die unsere Wirtschaft aus dem Gleichgewicht brachten. . . Die Regierung nimmt Hunderte Milliarden von den hart arbeitenden Steuerzahlern und verteilt sie an unproduktive Unternehmen. Wann immer die Regierung Geld zu verteilen hat, müssen politische Interessen berücksichtigt werden. Spendenfreudige Unternehmen mit guten Kontakten zur Politik werden bevorzugt, die sparsameren übergangen. . . Unsere Staatsverschuldung hat eine bisher unerreichte Höhe erreicht. Eine liberale Geldpolitik, liberale Kreditvergabe und eine ungeheure Verschuldung haben uns diese Finanzkrise beschert. Sollte die Regierung keine Lehren aus ihr ziehen, ihre Geld- und Finanzpolitik keiner strengen Kontrolle unterwerfen, riskiert sie die Implosion der amerikanischen Wirtschaft.«

Aus offiziellen Aussagen systemkonformer amerikanischer und EUropäischer Politiker und Berichten der gleichgeschalteten Systemjournaille ist freilich weit und breit kein Anzeichen des Benennens, Erkennens oder Erkennen-Dürfens der wahren Ursachen und Wirkungen der Weltwirtschafts- und Finanzkrise zu lesen und zu hören.

Es wundert also nicht, daß auch so manche ›Experten‹ den Überblick verloren: So bekannte Stephen LENDMAN vom ›Center zur Erforschung der Globalisierung‹: »Alles, was wir wissen, ist, daß sich keiner mehr auskennt.«

Und ein berühmter russischer Professor der Wirtschaftswissenschaften verzweifelte, die ›Federal Reserve‹ sei ein System, wo »nikto nikagda nigdje nitschewo nje snajet« (niemand nirgendwo niemals nichts nicht weiß).

Eine interessante Frage zwischendurch: Gibt es Völker, denen es gelang, sich von der ›Federal Reserve‹ zu befreien?

Der Indianerstamm der Lakota in Wyoming verfügt über eine unabhängige Bank, die ›Free Lakota Bank‹, die Geldnoten der Federal Reserve nicht anerkennt. Sie betreibt auch kein ›*fractional banking*‹. Die Währung der Lakota beruht auf Gold und Silber. Sie betrachten Papiergeld als eine Art Zahlungsversprechen, nicht jedoch als echtes Geld. Echtes Geld könne nur von jenen erschaffen werden, die arbeiten und Nützliches produzieren.

> »Wir hoffen«, so der Häuptling, »daß die Menschen eines Tages vom amerikanischen Traum erwachen, sie könnten ihr Leben fristen, indem sie mehr verbrauchen, als sie produzieren. Die kommende Krise könnte sie an wahre Werte erinnern: Werte, die durch ehrliche Arbeit und ehrlichen Handel erworben werden.«

Wer sein Gold und Silber der ›Free Lakota Bank‹ anvertrauen will, kann sich im Internet unter www.freelakotabank.com kundig machen.

Es ist mit der Finanzkrise letztlich wie mit dem heiligen Joseph: Wenn alle irdischen Stricke reißen, hilft nur der Segen von ganz oben: In Kalifornien, wo 2009 im Vergleich zum Vorjahr der Verkauf von Einfamilienhäusern um 52 Prozent zurückgegangen, ihr Wert um bis zu 100 Prozent gesunken ist, bleibt Hunderttausenden von Betroffenen nur noch die Hoffnung auf überirdischen Beistand. Im Internet finden sich zahlreiche Netzseiten, auf denen okkulte oder transzendentale Hilfe zum Aufstöbern von potentiellen Käufern angeboten wird. Besonderen Erfolg verbucht hierbei Luckymojo.com, der das Eingraben einer Statue des heiligen Joseph – mit dem Kopf nach unten – im Garten empfiehlt. Zielführend ist es, sich für schlappe 99,99 Dollar bei LUCKYMOJO gleich das dazu passende ›Real Estate Spell Kit‹ (Immobilien-Zauberbedarf) zu bestellen, das eine Statue des Hl. Joseph, eine ›dressed and blessed‹ (geschmückte und gesegnete) Josephskerze, ein Bild des Hl. Joseph, den Text des Hl. Joseph-Gebetes und ein Flacon des Hl. Joseph-Öls enthält. In Ermangelung eines Gartens darf der Heilige Joseph auch in einen (möglichst großen) Topf versenkt werden. Darüber, wie lange der verschuldete Häuslebauer auf den Anruf eines Käufers warten muß, schweigt sich LUCKYMOJO allerdings aus.

Literaturhinweise:

Hans SCHUMANN, *Männer gegen Gold*, 1941; Alfred OESTERHELD, *Die Legende vom Gold*, 1941; Eduard LUKAS, *Währungsfreiheit des deutschen Volkes*, 1942; Walter FUNK, *Europäische Wirtschaftsgemeinschaft*, 1942; Dr. Otto KRIEG, *Die Geburt Europas*, 1943; Hubertus PRINZ ZU LÖWENSTEIN, *Stresemann*, 1952; Franz von PAPEN, *Der Wahrheit eine Gasse*, 1952; George KNUPFFER, *The Struggle for World Power*, 1963; Walther RATHENAU, *Tagebuch 1907-1933*, 1967; John Maynard KEYNES, *The General Theory of Employment, Interest and Money*; 1973; Claire NIX (Hg.), *Heinrich Brüning – Briefe und Gespräche 1934-1945*, 1974; Günter OGGER, *Kauf dir einen Kaiser*, 1978; Walter LÜFTL u. Paul MARTIN, *Die Formeln für den Staatsbankrott*, 1984; Henri COSTON, *Les financiers qui mènent le monde*, 1989; Wilhelm HANKEL, *Die Euro-Lüge*, 1995; H.P. MARTIN u. H. SCHUMANN, *Die Globalisierungsfalle*, 1996; J. MEDOFF u. A. HARLESS, *The Anatomy of an Ongoing Desaster*, 1996; Gérard LAFAY, L'Euro contre l'Europe?, 1997; Jörg HUFFSCHMID, *Finanzmärkte – Funktion, Auswirkungen und politische Gestaltung*, 2001; Reiner BISCHOFF, *Entmachtung der Hochfinanz*, 2002; E.&E. HAMER (Hg.), *Der Welt-Geldbetrug*, 2007; Matthias CHANG, *The Shadow Money Lenders*, 2008.

5.2 Erkenntnisse, Meinungen und Standpunkte zum Thema »Krise«

> »Der Markt ist ein hervorragender Diener, aber ein äußerst schlechter Herr.«
>
> Rafael CORREA, Präsident von Ecuador

»Die Lehren aus dem Finanz-Tsunami: Rückkehr zur eigenen Währung« – unter diesem Titel erschien Ende Januar 2009 ein Beitrag von Friedrich ROMIG in der österreichischen Wochenzeitung *Zur Zeit*. Hier ein Auszug:

> »Gemeinwohlschädigend ist ebenso der Verzicht des Staates auf die Kreditschöpfung bei der Finanzierung seines eigenen Haushalts: Wenn der Staat durch diesen Verzicht sich selbst zur Auflegung von hochverzinslichen Anleihen zwingt, die von den Privatbanken gekauft werden, die sich zu niedrigen Zinsen, den sogenannten ›Leitzinsen‹, bei der Notenbank refinanzieren können, dann verschafft der Staat den Privatbanken einen Profit, der ihnen nicht zukommt, denn die Kreditschöpfung geschieht ja auch in diesem Falle durch den Staat bzw. seine Notenbank. Der Staat ist ›der Herr des Geldes‹ und des Kredits: ›C'est au souverain à donner le crédit, et non à le recevoir!‹ (›Es ist Sache des

Herrschers, Kredit zu gewähren und nicht, Kredit zu erhalten‹). Nicht der Staat hat sich den Banken zu unterstellen, sondern die Banken dem Staat. . . Der Staat allein ist verantwortlich für seine Währung. Er muß die Geld- und Kreditpolitik wieder in die Hand bekommen, denn sie ist das wichtigste Instrument seiner Wirtschafts- und Sozialpolitik. Auf die eigene Währung und Kreditpolitik zu verzichten, ist ein Politverbrechen der Sonderklasse. In Deutschland ist dieses Verbrechen an Außenminister Genscher und Bundeskanzler Kohl festzumachen, in Österreich an Wolfgang Schüssel, Ferrero-Waldner und dem politisch willfährigen, früheren Notenbankpräsidenten. In Österreich wurde der Euro 1999 eingeführt, obwohl Mock und die gesamte Regierung noch wenige Tage vor der 1994 erfolgten EU-Beitrittsabstimmung den Wählern versicherten: ›Der Schilling bleibt!‹ Heute weiß jeder Österreicher, daß er mit unzähligen Täuschungen und gebrochenen Versprechen von der Regierung und den Massenmedien in die EU ›hineingelogen‹ worden ist. Das hat sein Vertrauen in den Staat zutiefst erschüttert und dem politischen System der Parteiendemokratie schwersten Schaden zugefügt. In den 30er Jahren des vorigen Jahrhunderts folgte dem politischen Vertrauensverlust und Bankenkrach der politische Umsturz.

Hinter dem Euro steht kein Staat, auch keine politische Union, die es nach Ansicht des früheren Chefvolkswirts der Europäischen Zentralbank, Otmar Issing, schon mit Rücksicht auf das ›Demokratieprinzip‹, nie geben wird (*FAZ* vom 6. 12. 2008). Eine Währungsunion ohne politische Union ist aber zum Scheitern verurteilt. Das hat der Nobelpreisträger Milton Friedman uns noch kurz vor seinem Tode (2006) eingeschärft. Jetzt wird in *Die Presse* (6. 12. 2008) vom Harvard-Ökonomen Martin Feldstein, dem ehemaligen Wirtschaftsberater von Präsident Reagan und heutigen Präsidenten des ›National Bureau of Economic Research‹ allen Ernstes die Frage gestellt: ›Wird der Euro die Krise überleben?‹ Er führt gute Gründe für das erwartete Scheitern an. Gründe, die der frühere Präsident der Hessischen Landesbank, der Nationalökonom Professor Dr. Wilhelm Hankel, in einem Vortrag in Wien am 9. 10. 2008 auf den Punkt gebracht hat: ›Staat und Währung gehören zusammen und dürfen nicht getrennt werden.‹ Die Währungsunion, so Hankel in *Die Euro-Lüge*, 2008, hat dazu geführt, daß der frühere Hartwährungsblock (Deutschland, Österreich, die Beneluxländer) heute die übrigen EU-Staaten mit Leistungsbilanzüberschüssen von jährlich 250 Milliarden Euro ›subventioniert‹, indem er ihnen die sonst notwendigen Abwertungen ihrer eigenen Währung erspart. Diese horrende ›Stütze‹ scheint in keinem EU-Haushalt auf. Ein ›Versailles ohne Krieg‹ nannte *Le Figaro* diese Tribute. Stagnation und Abstieg Deutschlands und Österreichs sind auf diese Tribute zurückzuführen. Sie schwächen nicht nur den ehemaligen Hartwährungsblock, die ›Lokomotiven‹, sondern ganz Europa. Wenn die Lokomotiven nicht mehr ziehen, bleibt der Zug stehen. Die Schwächung hat mit der Währungsunion begonnen, jetzt greift sie auf den Euro über. Sein Wert schmilzt wie Butter in der Sonne. Seit Einführung des Euro vor zehn Jahren hat sich der Goldpreis – der einzig verläßliche Maßstab bei Schwachwährungen – verzweieinhalbfacht. Das entspricht einer Inflationsrate von zehn Prozent im Jahr. Das wiederum stimmt mit den Erfahrungen einer täglich einkaufenden Hausfrau, für welche die manipulierten Indizes ja keine Bedeutung haben, gut überein. Sie muß, wie jeder vernünftige Mensch, zu dem Schluß kommen: ›Die Europäische Zentralbank ist unfähig, die Inflation wirksam zu bekämpfen.‹ Tatsache ist, daß die EZB das Kreditvolumen fünfmal schneller wachsen läßt als das Bruttosozialprodukt. Der ›Stabilitäts- und Wachstumspakt‹ war, wie von Hunderten Nationalökonomen vorausgesagt, das Papier nicht wert, auf das er geschrieben wurde. Wenn jetzt noch weitere Schwachwährungsländer der EU – wie geplant – beitreten, sind eine Explosion und der Zusammenbruch der Währungsunion nicht aufzuhalten.«

Vier Monate zuvor hatte Dr. Erich Streissler, Professor für Volkswirtschaftslehre, in einem Interview mit *Zur Zeit* (September 2008) ausgeführt:

»Die Finanzkrise wird noch einige Jahre dauern. . . Die wesentliche Ursache [für den Zusammenbruch vieler Banken; d. Verf.], die viel zu wenig betont wird, ist, daß es seit dem Jahr 2000, dem Höhepunkt der Aktienpreissteigerungen in den USA, auf der ganzen Welt kaum einen realen Investitionsbedarf gibt, der über die zurückbehaltenen Gewinne der Aktiengesellschaften hinausgeht. . . Das heißt, sie haben auf der ganzen Welt seit 2000 einen gewaltigen Sparüberschuß. . . Die USA haben, das ist allgemein bekannt, schätzungsweise zwischen 60 und 75 Prozent der Welt-Sparüberschüsse aufgenommen. . . und konsumiert.«

»*Zur Zeit*: ›Welche Lösungsmöglichkeiten sehen Sie für die Finanzkrise?‹

Streissler: ›Hier gibt's keine. Die Finanzkrise dauert eine Zeit, die viel zu lang ist, als daß sie irgendwer leicht lösen könnte. Es wird ja versucht, indem man Sparkontengarantien gibt. Die Amerikaner haben jetzt hektisch beschlossen, 700 Milliarden Dollar in ihre [Finanz-]Wirtschaft hineinzubuttern. Aber das sind sechs Prozent des Sozialproduktes, und die müssen ja irgendwann zurückgezahlt werden.‹

Zur Zeit: ›Dann bedeuten also diese Maßnahmen Kosten für die kommenden Generationen?‹

Streissler: ›Genau, aber es gibt auch den positiven Effekt, daß man einen ganz großen Wirtschaftsabschwung verhindert. Die USA haben 1929 bis 33 nominell in Geld vierzig Prozent ihres Sozialproduktes verloren und zwanzig Prozent real, denn die Preise sind zurückgegangen. Aber zwanzig Prozent real sind natürlich auch enorme Verluste... Wir werden einige Verluste und, wie in Japan, eine Stagnation für etwa ein Jahrzehnt haben. Also fast kein Wirtschaftswachstum, dieses wird so zwischen Null und ein Prozent pendeln.«

Am 14. November 2008 erschien in den *Asia News* folgender Artikel zur Weltfinanzkrise von Maurizio d'Orlando: »Obama, die Weltkrise und die Neue Weltordnung«. Dort heißt es:

»Barack Obamas Kabinett, das sich aus Verantwortlichen an der gegenwärtigen Finanzkrise zusammensetzt, wird die Erwartungen der Financiers sicher nicht enttäuschen... Die seit langem angestrebte ›New World Order‹ erscheint nun unausweichlich... Die gegenwärtige Krise, die uns alle betrifft, ist eine Folge der Globalisierung. Dieser Flächenbrand hat erst amerikanische Immobilien, Banken und Finanzinstitute vernichtet, droht jetzt auch Industrien, Landwirtschaft und andere Bereiche zu verschlingen. Von den USA aus breitet er sich über die ganze Welt aus... Bei den G20 Treffen und anderen Weltkonferenzen wird die neue Riege im Weißen Haus den Delegierten aus aller Welt erzählen, daß George W. Bush schuld am Mega-Crash war, ihnen aber verschweigen, daß sie genau dieselbe Finanzpolitik fortzuführen gedenkt.

Werfen wir doch einen Blick auf die Namen der ›neuen‹ Präsidentenberater: Da begegnen wir – als wär' nichts geschehen –

den Neokonservativen Larry SUMMERS, Tim GEITHNER, Robert RUBIN, die auch mal beim Internationalen Währungsfonds, bei der Weltbank und der Federal Reserve ›gejobbt‹ haben, wo sie den Finanzgauklern Alan GREENSPAN und Ben Shalom BERNANKE gelegentlich assistieren durften.«

Alan GREENSPAN, der ehemalige Notenbankenchef, und George W. BUSH im Jahre 2000. Beide waren für eine Ausweitung der Geldmenge, die eine Spekulationswelle auslöste.

Bei der Eröffnung des ›Weltwirtschaftforums‹ im Januar 2009 zu Davos sprach Rußlands Regierungschef Wladimir PUTIN klare Worte. Hier ein Auszug aus seiner Rede:

»Ich möchte daran erinnern, daß amerikanische Delegierte an dieser Stelle und vor genau einem Jahr versicherten, die amerikanische Wirtschaft erfreue sich absoluter Stabilität unter einem wolkenlosen Himmel. Doch im Laufe der vergangenen zwölf Monate brachen die meisten ihrer Großbanken an der Wall Street ein und mußten Verluste hinnehmen, die ihre Gewinne aus den vergangenen 25 Jahren weit übertrafen. Jetzt ist die Zeit gekommen, in aller Ruhe die Ursachen der Krise festzustellen und an ihre Bewältigung zu arbeiten. Meiner Meinung nach haben an ihrem Entstehen mehrere Faktoren mitgewirkt:

Das bestehende Weltfinanzsystem hat auf Grund fehlender oder ungenügender Kontrollmechanismen versagt. Dazu kommt das Mißverhältnis zwischen den kolossalen Summen an gehandelten spekulativen Luftgeschäften und real vorhandenen Vermögenswerten. Das auf zwanghaftes Wachstum ausgerichtete Weltwirtschaftssystem, das auf ein Zentrum zur uneingeschränkten Geldbeschaffung und Nutznießung der sich daraus ergebenden materiellen Gewinne beruht, während andere Regionen billig produzieren und das von fremden Staaten gedruckte Geld sparen sollen, hat einen schweren Rückschlag erlitten. . . Diese Pyramide von unerfüllbaren Träumen wäre ohnehin früher oder später in sich zusammengefallen. Dieser Zusammenbruch hat sich gerade jetzt vor unseren Augen ereignet... Meiner Meinung nach sollte nun folgendes geschehen:

Erstens müßten alle uneinbringlichen Schulden und uneinlösbaren Vermögenswerte abgeschrieben werden, was freilich auch zum Verlust von gewaltigen Zinsguthaben, Privilegien und Bonuszahlungen führen würde. Zweitens wäre es höchste Zeit, daß wir auf künstliches Geld *(fiat money)*, zweifelhafte ›ratings‹ (Bonitätszeugnisse) und geschönte Bilanzen verzichten. Drittens sollten wir auf die Anerkennung des Dollars als einzige Weltwährung verzichten und statt dessen auch auf andere starke Währungen zurückgreifen...

Das würde bedeuten, daß eine Zusammenarbeit multipolarer Zentren das überholte Konzept einer monopolaren Weltordnung ablösen müßte.«

Im März 2009 berichtete *American Free Press* vom Pessimismus der Nomenklatura angesichts der von ihr verschuldeten Krise. Medienzar Rupert MURDOCH, Herr über Fox News, meinte:

»Wir befinden uns inmitten einer historischen Phase, in der die Rolle der Nationen verändert und ihre Zukunft neu definiert werden wird.«

George SOROS, Multimilliardär und Megaspekulant:

»Das Weltfinanzsystem ist auseinandergefallen, und es besteht keine Aussicht auf eine kurzfristige Lösung. Die gegenwärtigen Turbulenzen sind heftiger als während der Großen Depression.«

Nouriel ROUBINI, führender amerikanischer Wirtschaftsexperte:

»Die USA sind weit davon entfernt, das Ende der Banken- und Kreditkrise erreicht zu haben...« Ende Januar 2010, anläßlich der ›Wirtschaftsgespräche‹ in Davos, gab ROUBINI den anwesenden Fachleuten den guten Rat: »Nur möglichst schnell raus aus dem Euro! Nur die Wiedererrichtung nationaler Grenzen kann Arbeitsplätze sichern und neue schaffen.«

Joseph STIGLITZ, Nobelpreisträger für Ökonomie, prophezeite in Davos ebenfalls:

»Das System wird sich nie ändern...«

Paul VOLCKER, ehemaliger Chef der Federal Reserve und Berater von Barack OBAMA:

> »Ich kann mich an keine Zeit erinnern, da weltweit gleichzeitig und so schnell alles den Bach runter ging.«

David WALKER, ehemaliger Chef des Rechnungshofes unter George W. BUSH:

> »Wir bilanzieren jetzt einen Verlust von elf Billionen (amerikanisch: trillion) Dollar; aber das Problem ist nicht die Bilanz, sondern das, was nicht in der Bilanz steht: Nämlich die 45 Billionen an unbesicherten Verbindlichkeiten.«

Das bedeutet, daß die USA einen viermal höheren Betrag an fälligen Renten für ›Medicare‹ und andere Sozialleistungen schulden, als die Gesamtsumme ihrer Staatschulden ausmacht.
In *Russia Today* wagte Gerald CELENTE die folgende Voraussage:

> »Wir werden einen Kollaps der Wirtschaft erleben, wie ihn die Welt vorher nie gesehen hat... Die Verbrechensrate in Amerika wird ansteigen und sich jener der Dritten Welt anpassen...«

Angesichts so vieler Schönredereien, Betrügereien und falscher Versprechen seitens der an der Krise Verantwortlichen schreibt CELENTE:

> »Könnt Ihr Euch noch erinnern an die Lügen CLINTONS: ›read my lips – no taxes!‹ und ›I did not have sex with that woman!‹, oder an die Lüge des George W. BUSH: ›Saddam Hussein besitzt Massenvernichtungswaffen‹? Wer sollte jemals solchen Leuten wieder Glauben schenken? Es wird zu einer Revolution in diesem Lande kommen; es wird eine Revolution von Steuerverweigerern sein... Die Amerikaner sollten sich fest anschnallen. Viele von ihnen haben 2008 den schönen Wahlkampfparolen ›hope‹ und

Die neue US-Präsidentschaft wurde mit seltenem Spektakel eröffnet. Der außen- und wirtschaftspolitische Kurs des neuen Präsidenten Obama fiel jedenfalls wenig spektakulär aus, denn – so STIGLITZ – das System wird sich nie ändern.

›change‹ Glauben geschenkt, doch leider müssen wir zur Kenntnis nehmen, daß auch die glatte Redegewandtheit eines Barack OBAMA an der rauhen Wirklichkeit keinen Deut ändern wird, und deshalb sind wir stinksauer – We are mad as hell!«

Am 7. November 2009 leitartikelte Christian ORTNER in der *Wiener Zeitung*:

»Vor uns der nächste Crash?... Ein knappes Jahr, nachdem die Welt ohne jede Übertreibung am Rande einer ökonomischen Apokalypse stand, retten die US-Regierung und die ›Fed‹ [die Banken] mit Therapien, die sich früher oder später als noch lebensbedrohender als die zu kurierende Krankheit erweisen könnten: Mit einer Politik der kostenlosen Kredite in nahezu unbegrenztem Ausmaß für die Finanzindustrie. Ziemlich wahrscheinlich generiert Washington damit freilich auch, was der US-Ökonom Nouriel ROUBINI ›die kommende Monsterblase‹ nennt. Derzeit borgen weltweit institutionelle Investoren gewaltige Mengen an Dollar zu nominell fast null Prozent Zinsen aus, spekulieren – bis jetzt erfolgreich – zusätzlich auf einen fallenden Dollarkurs und kommen damit real auf Zinsen deutlich unter null. Damit kaufen sie Aktien, Rohstoffe, Gold, was auch immer, und konnten bisher damit traumhafte Gewinne erzielen... Früher oder später, argumentiert ROUBINI plausibel, werde das allerdings den ›größten Crash aller Zeiten‹ auslösen. Weil der Dollar nicht endlos fallen kann, die Finanzierungskosten der Investoren irgendwann wieder steigen, die, wie gehabt – dem Herdentrieb folgend – alle gleichzeitig verkaufen werden... Indem sie weiterhin Gratis-Geld en masse zur Verfügung stellt, nimmt die US-Geldpolitik dieses Risiko des ›größten Crash aller Zeiten‹ jedenfalls bewußt in Kauf.«

Im Dezember 2009 brachte die Monatszeitschrift *Zuerst!* ein Interview mit dem Finanzexperten Dr. Wilhelm HANKEL, der die Lage sowohl aus internationaler als auch aus deutscher Sicht analysiert:

»*Zuerst!*: ›Derzeit ist Deutschland mit etwa 1,7 Billionen Euro verschuldet. Wird die Luft langsam dünn?‹

HANKEL: Sie wird bald noch dünner werden. Laut EU wird die deutsche Staatsverschuldung bis zum Jahre 2014 weiter kräftig steigen. Meines Erachtens sogar noch stärker, als die EU befürchtet. Es könnten bis zu 100 Prozent des Bruttoinlandsproduktes werden. Andere Industrieländer, wie Japan, England, Irland, Griechenland, Italien, Belgien, Portugal und die meisten osteuropäischen Länder liegen weit darüber. Auch der deutsche Finanzminister lehnt es ab, ›in die Krise hineinzusparen‹. . . Noch mehr erschreckt mich aber, welch Schindluder mit dem Schuldenbegriff getrieben wird.‹

Zuerst!: ›Was meinen Sie damit konkret?‹

Hankel: ›Wir müssen beim Thema Schulden zwei Ebenen sehr genau unterscheiden: Schulden, die wir privat machen und Schulden, die in der Gesellschaft entstehen: öffentliche Schulden des Staates. Und wir müssen bei privaten wie öffentlichen Schulden auseinanderhalten, ob es sich um Inlands- oder Auslandsschulden handelt. Verschuldet sich der einzelne Bürger zu stark, kann das für ihn in einer Katastrophe enden. Doch etwas völlig anderes sind öffentliche Schulden. Das sind Schulden innerhalb der Gesellschaft, denn hier steht den Schulden des einen die Forderung, das heißt das Vermögen eines anderen gegenüber. Auch den Staatsschulden stehen Privatvermögen gegenüber: Nämlich die der Geldgeber oder Gläubiger des Staates. Diese Tatsache kommt in der Debatte um die Schulden zu kurz; sie wird sogar unterdrückt. Volkswirtschaftlich sind Staatsschulden Steuerersatz: Der Staat beschafft sich sein Geld nicht über Zwang, sondern über ein – meist für die Geldgeber sogar lukratives – Zinsgeschäft mit privaten Sparern und institutionellen Kapitalanlegern: Banken, Sparkassen und Versicherungen. Und demzufolge heißt Schuldenabbau, was die meisten Kritiker der Staatsverschuldung verdrängen, Vernichtung privater Vermögen! Etwas, was sie ja gar nicht wollen.‹

Zuerst!: ›Mit Verlaub, das klingt verwirrend.‹

Hankel: ›Soll es ja auch, denn Verwirrung ist die Voraussetzung, um genauer hinzusehen. Nur so kommt man zur eigenen Urteilsfähigkeit. Wann immer der Staat Schulden macht, sei es durch die Ausgabe der von mir erfundenen Bundesschatzbriefe oder Kreditaufnahmen bei einer Bank oder Versicherung, schafft er als Gegenposten privates Vermögen. Anders geht es gar nicht.‹

Zuerst!: ›Was ist mit den Auslandsschulden?‹

Hankel: ›Da sieht es etwas anders aus. Schulden Inländer (ein Unternehmen, eine Bank oder auch der Staat) Ausländern Geld (fremdes und kein eigenes), wird darauf eine Währungs- oder Transferschuld. Man muß dieses Auslandsgeld zuvor verdienen, ehe man sein Schulden tilgen kann, und das belastet nicht nur den Schuldner, sondern die gesamte Volkswirtschaft. Wie gefährlich das werden kann, sieht man jetzt in der Krise. Viele Staaten der EU, genau genommen sogar die meisten, kämpfen mit diesem Problem. Sie sind im Ausland hoch verschuldet. . . Und damit stehen sie am Rande eines sowohl Banken- wie Staatsbankrotts, denn warum sollten diese Auslandsgläubiger ihr gutes Geld weiterhin einem zahlungsunfähigen Land und dessen Schuldnern überlassen, das erkennbar schlecht gewirtschaftet hat? So selbstlos ist niemand, jedenfalls kein Privater. Und Staaten dürfen es auch nicht sein, auch sie dürfen das Geld ihrer Bürger nicht leichtsinnig gefährden. Das scheinen alle jene Europa-Politiker zu vergessen, die jetzt anderen EU- und Euro-Staaten großzügig Hilfen von Staat zu Staat versprechen. Denn es ist ja nicht ihr eigenes Geld, das sie da als großzügige Hilfe anbieten, sondern dasjenige ihrer Bürger. Eigentlich müßten sie es aus eigener Tasche bezahlen, statt aus fremder zu Lasten ihrer Bürger! Und selbst wenn es sich nicht um fremdes Geld, sondern den gemeinsamen Euro handelt: Denn auch dieser Euro ist weder ihr Geld noch darf er als das Geld aller Bürger durch solche Hilfszusagen inflationiert werden.‹

Zuerst!: ›Die Schulden der Bundesrepublik Deutschland bestehen zu etwa 50 Prozent aus Auslandsschulden. Ist das ein Problem?‹

HANKEL: ›Ich weiß nicht, woher Sie diese Zahl haben. Die Bundesrepublik Deutschland verzeichnet seit den 50er Jahren hohe Export- und Leistungsbilanzüberschüsse. Sie summieren sich inzwischen zu einem Auslandvermögen in Billionen-Umfang! Deutschland ist der wohl größte Auslandsgläubiger unter den westlichen Nationen, sowohl in Europa als auch weltweit.‹

Zuerst!: ›Was wäre, wenn es hart auf hart käme und die ausländischen Gläubiger ihr Geld zurückziehen würden?‹

HANKEL: ›Dann hätte Deutschland immer noch weitaus mehr Auslandsguthaben, als Deutsche ausländischen Gläubigern schulden. Wir könnten einen Teil liquidieren, um unsere Schulden zu bezahlen...‹

ZUERST!: ›Also können wir Deutschen wieder ruhig die Beine hochlegen, und alles kann so weitergehen?‹

HANKEL: ›Natürlich nicht! Auch wir haben unsere Sorgen: Die miserable Konjunktur, die steigende Zahl der Arbeitslosen, die Löcher in der Finanzierung des Sozialstaates. Und wir müssen uns ernsthafte Sorgen um Europa und den Euro machen. Hier gibt es die ›PIGS‹ – ein Schelm, wer Böses dabei denkt! – Also die Staaten Portugal, Irland, Griechenland und Spanien. Diese Länder sind durch ihre permanenten Defizite, speziell seit der Einführung des Euro, so sehr im Ausland und gegenüber ihren Währungspartnern verschuldet, daß ihnen jetzt ein Staats- und Bankenbankrott ins Haus steht. Denken Sie an Island, wo dieses bereits geschehen ist. Diese Island-

Situation besteht inzwischen, wie kürzlich die EU-Kommission festgestellt hat, für 13 der 16 Euro-Staaten!‹

Zuerst!: ›Und weil wir mit diesen Ländern in einer Wirtschaftszone leben, heißt es in diesem Falle ›mitgehangen, mitgefangen‹?‹

HANKEL: ›Das war der Grund, warum ich mit drei Kollegen Anfang 1998 gegen die Einführung des Euro geklagt habe. Im EU-Vertrag heißt es zwar lapidar: Kein Staat haftet für die Schulden eines anderen. Aber das ist Makulatur, wenn sich die Währung teilt. Die gemeinsame Währung hat dazu geführt, daß die Länder, die Defizite aufweisen, diese mit den Überschüssen der anderen Länder verrechnen können; und zwar automatisch und geräuschlos über den Währungsverbund und das offene Kreditfenster der Europäischen Zentralbank für eben diese Schuldnerstaaten und ihre Banken.‹

Zuerst!: ›Deutschland gehört zu diesen automatischen Kreditgebern?‹

HANKEL: ›Richtig! Neben Deutschland gibt es nur drei weitere Überschußländer in der Euro-Zone: Niederlande, Österreich und Finnland. Deutschland bringt etwa 90 Prozent der Überschüsse der Euro-Zone. Wenn von den 16 Ländern der Euro-Zone 12 seit langem defizitär sind und jetzt auch noch als überschuldet gelten, dann ist Deutschland nicht nur der Bankier der Euro-Zone, sondern muß, so ist zu befürchten, jetzt auch noch für die Entschuldung der Euro-Bankrotteure aufkommen.‹

Zuerst!: ›Das steht nicht im Vertrag zur Währungsunion.‹

HANKEL: ›Nein. Dem Vertrag nach sollte die Euro-Zone eine ›Stabilitätsgemeinschaft‹ sein. De facto ist sie jedoch zu einer ›Haftungsgemeinschaft‹ geworden mit einem Hauptgaranten: Deutschland! Das ergibt sich aus der Logik des gemeinsamen Geldmarktes und der gleichen Kreditfähigkeit aller Euro-Länder bei der EZB. Letztlich ist es aber Deutschland, das mit seiner Wirtschaftskraft und -leistung die Kreditfähigkeit der Euro-Zone und die Stärke des Euro an den internationalen Finanzmärkten ermöglicht. Doch lautet die Frage: Wie lange noch?‹

Zuerst!: ›Angenommen, die Krise verschärft sich, und noch mehr Länder der Euro-Zone nähern sich dem Staatsbankrott...‹

HANKEL: ›Darüber zerbrechen sich die Volkswirte in der EU-Kommission und der EZB den Kopf. Eine Möglichkeit wäre für die europäische Staatenwelt, wieder zu den alten, historischen Währungen zurückzukehren. Nur so würden sie die jetzt benötigte Handlungsfreiheit in der Gestaltung ihrer nationalen Politik und Krisenbekämpfung zurückgewinnen.‹

Zuerst!: ›Der Tod des Euro?‹

HANKEL: ›Der Tod des Euro ist nicht der Tod Europas. Diese Schicksalsverbundenheit bestand nie und besteht auch jetzt nicht.

Euro-Werbung an der EZB-Zentrale in Frankfurt/M. 2001. (Damals meldete Griechenland übrigens eine Neuverschuldung von nur noch 1,6 Prozent seines BIP!). Inzwischen sagen nicht wenige Fachleute das bevorstehende Ende des Euro voraus (s. Bruno BANDULET, *Die letzten Jahre des Euro,* Rottenburg a. N. 2010).

Im Gegensatz zu Europa-Phantasten und -fanatikern halte ich es für tödlich für Europa, wenn man am Unsinnsprojekt der Trennung von Staat und Währung festhält. Das Gemeineigentum an der Währung: 16 Staaten, ein Geld, hat genau das bestätigt, wovor gute Europäer, nämlich wir, die Euro-Kritiker, von Anfang an gewarnt haben: Was allen gehört, gehört niemandem und wird von niemandem gepflegt. Im Gegenteil: Man überläßt die Pflege ›den anderen‹ oder ›der Allgemeinheit‹. Genau das haben die 13 Euro-Trittbrettfahrer getan – die Pflege des Euro und die Einhaltung der feierlich beschworenen Spielregeln haben sie im wesentlichen Deutschland überlassen! Das Resultat liegt jetzt vor.‹

Zuerst!: ›Helmut Kohl sagte, die Einführung des Euro sei eine Frage von Krieg und Frieden. . .‹

Hankel: ›Vermutlich sagte er es wider besseres Wissen. . . Um die europäische Integration war es nie besser gestellt als in den Jahren vor dem Euro. Nationale Probleme, und derer gab es viele, konnten mit nationalen Mitteln, wie Zins- und Wechselkursanpassung, gelöst werden. Sie schlugen niemals auf andere Länder oder die Gemeinschaft durch, so wie sie es jetzt tun.‹

Zuerst!: ›Sie meinen, die innereuropäische Konfliktgefahr steigt durch eine gemeinsame Währung?‹

Hankel: ›Geradezu explosiv! Die Euro-Fans verwechseln bis zur Stunde Dynamik mit Dynamit. Der Euro belohnt die Mißwirtschaft der ›PIGS‹ und anderer EU-Länder, und er verstärkt die Schuldenlast gesunder Länder wie Deutschland. . . Das wird zum Problem, wenn die laufende Zinsenbelastung des Staatshaushalts zu hoch zu werden droht: Wenn andere vorrangige Staatsaufgaben (Bildung, Infrastruktur, Soziales, usw.) des Zinsendienstes wegen zurückgestellt werden müssen. Dann ist das Konzept des Steuerersatzes durch Schulden am Ende. Dann muß im Haushalt mehr gespart oder die Steuerbelastung erhöht werden. Aber nur dann, und nicht vorher!. . .

Die Zinslast bleibt unverändert. Das ist das eigentliche Dilemma. Dazu kommt der unvertretbare ›Luxus‹, Banken und Unternehmen, die längst bewiesen haben, daß sie am Markt keine Überlebenschancen haben, auf Staats- und Steuerzahlerkosten zu retten. Das vor allem bläht jetzt und in Zukunft die Staatsschulden auf. . .‹

Zuerst!: ›Ist es eine Verschwörungstheorie zu behaupten, daß die Privatbanken massiv Druck und Einfluß auf die Politik ausüben?‹

HANKEL: ›Der Einfluß des großen Geldes auf die Politik war schon immer ebenso groß wie geheim. Doch manchmal fällt ein erhellender Lichtstrahl darauf, wenn z.B. die Bundeskanzlerin den Chef der größten Bank in Deutschland zu einer kleinen Geburtstagsfeier ins Kanzleramt einlädt. Honni soit qui mal y pense!‹

Zuerst!: ›Die gegenwärtige Krise ist eine Krise der Privatbanken, die sich verspekuliert haben?‹

HANKEL: ›So kann man das ausdrücken. Dazu kommt: Die Privatbanken haben sich unkontrollierte Ableger geschaffen in Form von Fonds (Investment-Hedgefonds, etc.)

Zuerst!: Wie problematisch ist der Einfluß der Privatbanken auf die Politik?‹

HANKEL: ›Macht und Liebe sind, wie Sie wissen, sehr diskret.‹

Zuerst!: ›Vor der Bundestagswahl verkündete die Regierung, die Krise sei so gut wie überstanden, nach der Wahl sagte Bundeskanzlerin MERKEL, es sei noch nicht vorbei.‹

HANKEL: ›Die Frau hat es schwer. Einerseits braucht sie die Angst vor der Krise und ihren Folgen, um ihr Konzept der ›Bad Banks‹, der Verwandlung fauler Bankschulden in Staatsbeteiligungen zu rechtfertigen. Andererseits muß sie den Leuten Mut machen, damit sie nicht durch Kaufrückhaltung, Angstsparen und Investitionsverweigerung alles noch schlimmer machen, als es ist. . . Ein weiteres Problem kommt hinzu: Die Kreditklemme. Die Banken bekommen zwar billiges Geld nachgeworfen, fast zum Nulltarif, aber sie verleihen es teuer. . . Die Wirtschaftskrise wird zur Systemkrise, weil nur die Großen gerettet werden und überleben. . .‹

Zuerst!: ›Hat dieses Finanzrettungspaket für die Privatbanken denn irgend etwas mit dem Allgemeinwohl zu tun?‹

HANKEL: ›Es ist den vom selbstverschuldeten Konkurs bedrohten Banken gelungen, ihre Regierungen jenseits wie diesseits des Atlantik von der Interessensidentität von Gemeinwohl und ihrem Fortbestand als Banken zu überzeugen. Eine großartige Leistung! Und die Masse der Ökonomen (ihre Nobelpreisträger eingeschlossen), Regierungs- und Medienexperten bejaht diese Identität ohne Einschränkungen. Doch die schlichte Wahrheit ist: Banken sind nicht die Caritas, und sie sind als Einzelinstitute alle miteinander ersetz- und austauschbar; das System ist auf keine Einzelbank angewiesen. Man hat von Washington über London, Brüssel und Berlin statt der Opfer der Krise – den existenzbedrohten Mittelstand, die um ihren Arbeitsplatz bangenden Arbeitnehmer und die geschädigten Anleger und Sparer – die Verursacher der Krise belohnt und tut es noch immer. Dabei zeigt eine simple Überschlagrechnung, daß Staat und Steuerzahler weitaus billiger weggekommen wären, hätte man auf Staatskonto nicht alle Bankschulden – einschließlich der spekulativen aus den Interbankgeschäften – übernommen, sondern nur die Guthaben und Einlagen der Wirtschaft und der privaten Haushalte. Eine solche, auf die echten Opfer der Krise beschränkte Hilfe wäre nicht nur billiger gewesen – finanziell wie sozial – sie wäre auch effizienter. . .‹

Zuerst!: ›Wann werden wir die Krise überstanden haben?‹

HANKEL: ›Die letzte Weltwirtschaftskrise, die nach dem ›Schwarzen Freitag‹ vom Oktober 1929, kam nie zu Ende. Erst der Zweite Weltkrieg setzte einen Schlußpunkt – doch um welchen Preis!. . . Ein rasches Ende der Krise ist nicht in Sicht – jedenfalls so lange nicht, wie der eigentliche Krisengrund fortbesteht und künstlich am Leben gehalten wird: Die enorme Überkapazität eines Finanzsektors, der laufend mehr Finanzmittel ›erzeugt‹ [!] als die reale Wirtschaft braucht. Es waren diese überschüssigen Finanzmittel, die diese Krise heraufbeschworen haben und sie auch jetzt noch erhalten. Denn die ›gerettete‹ Bankwelt legt jetzt wieder ihr Geld an der Börse an, statt es in der realen und Werte schaffenden Wirtschaft arbeiten zu lassen.‹«

Am 25. November 2009 brachte *Hintergrund.de* einen Beitrag von Peter SCHWARZ über »Die Angst vor der nächsten Finanzkrise«:

»Jean-Claude TRICHET, Präsident der Europäischen Zentralbank, fürchtet sogar einen gesellschaftlichen Kollaps, falls es zu einer neuen Runde von Bankenzusammenbrüchen komme. ›Es ist sicherlich zu früh, die Krise für beendet zu erklären‹, erklärte er auf einem Europäischen Bankenkongreß in Frankfurt und fügte warnend hinzu: ›Unsere Demokratien werden eine so umfangreiche Unterstützung des Finanzsektors mit dem Geld des Steuerzahlers nicht zweimal akzeptieren.‹

> Als größte Gefahrenquelle für einen neuerlichen Crash gilt die gewaltige Spekulationsblase, die sich in den vergangenen acht Monaten an den Börsen gebildet hat. Die wichtigsten Aktien-Indices – Dow Jones, Nikkei und Dax – sind seit März um jeweils 50 bis 60 Prozent gestiegen... Der Kursanstieg geht ausschließlich auf die gewaltigen Liquiditätsmengen zurück, die Regierungen und Notenbanken in die Wirtschaft gepumpt haben. Die Finanzinstitute können sich praktisch zum Nulltarif unbeschränkte Geldsummen leihen und damit hohe Spekulationsgewinne erzielen. Auch die Billionen an Steuergeldern, die zur Ankurbelung der Konjunktur ausgegeben wurden, fließen nicht in Investitionen, sondern in Spekulationsgeschäfte, hohe Gewinnausschüttungen an Aktionäre und exorbitante Bonuszahlungen an Banker...
>
> Viele Experten halten einen baldigen Finanzkrach für unausweichlich. *Der Spiegel* erschien mit der spektakulär aufgemachten Schlagzeile: ›Die Billionenbombe: Die Frage sei nicht ob, sondern wann die derzeitige Spekulationsblase platze.‹ Unter Berufung auf den Chef der britischen Finanzaufsicht Adair TURNER weist *Der Spiegel* auf die ideologischen Auswirkungen der Krise hin: ›Kapitalismus und Marktwirtschaft sind gründlich diskreditiert... Die Finanzindustrie in den USA wird von der Finanzindustrie regiert, nicht vom Finanzminister.«

Es ließen sich eine ganze Reihe weiterer kritischer Stellungnahmen aus aller Welt anfügen, die sich dem Sinne nach kaum voneinander unterscheiden würden.

Während bei den Bürgerinnen und Bürgern in den Euro-Ländern – außer gelegentlichen Meckerns – kein erkennbarer Widerstand gegen die Machtergreifung durch die Globalisierer zu spüren ist, hat sich in den USA sowohl bei ›*grass root*‹-Patrioten, die auf ihre Verfassungsrechte pochen und sich gegen Fremdbestimmung wehren, als auch im Senat und Kongreß Widerstand gegen das seit 90 Jahren unkontrollierte G'schafteln und Wurschteln der Federal Reserve gebildet. Von diesem entscheidenden und für die ganze Welt wegweisenden Widerstand berichtete der Autor in *Zur Zeit* (Oktober 2009):

> »Widerstand regt sich in den USA... Von politischen Berufsschmeichlern der untereinander austauschbaren ›demokratischen‹ Systemparteien und ihrer wohlfinanzierten Jubelpresse

wird verschwiegen, daß sich in den USA immer stärkerer Widerstand regt. Einer dieser unermüdlichen Kämpfer gegen das undurchschaubare und undurchdringliche Federal Reserve System ist der republikanische Kongreßabgeordnete aus Texas Ron PAUL, der in *American Free Press* vom 1. Juni 2009 fordert: ›Überprüft die ›FED‹, entlarvt sie, und schafft sie endlich ab!‹:

›Ich bin sehr zufrieden mit dem Erfolg meines Gesetzesentwurfes HR 1207, der eine umfassende Prüfung und Rechenschaftslegung der Federal Reserve vorsieht und den Abbau aller bisher bestehenden Barrieren auf dem Wege zur Offenlegung und Transparenz unseres Geldsystems fordert. Dieser Antrag wird von 170 republikanischen und demokratischen Abgeordneten mitgetragen. Im Senat hat der parteiunabhängige Senator Bernie SANDERS den Unterstützungsantrag S 604 eingebracht, dem die gleichen Chancen eingeräumt werden.

Denjenigen, die diese Gesetzesvorlage ablehnen, möchte ich entgegnen: Euer Hauptargument lautet, daß die Oberaufsicht der FED durch den Kongreß eine Einmischung des Staates in den freien Markt bedeuten würde. Meiner Meinung nach wäre das die falsche Auffassung des freien Marktes, denn man kann nicht gleichzeitig die Federal Reserve und den freien Markt verteidigen, denn durch künstliches Manipulieren am Geldpreis und Geldangebot negiert ja gerade die FED die Grundlage des freien Marktes. Auf dem freien Markt werden weder Zinssätze noch Warenpreise von einer Zentrale vorgegeben, sondern vom Markt bestimmt. Die einzige Verantwortung, die der Regierung laut Gesetz und Verfassung obliegt, ist es, die Währung vor Schaden zu bewahren und sie gegen Geldfälscher zu schützen. Doch statt dessen hat der Kongreß es vorgezogen, diese Verantwortung einem Geheimbund von elitären, sich über dem Gesetz wähnenden Banken zu übertragen, die anstatt die Wirtschaft zu stabilisieren, sie destabilisiert haben. Die FED benötigte zwei Jahrzehnte, um die Große Depression der 30er Jahre herbeizuführen. Es ist ihr gelungen, seit ihrer Gründung den Wert des Dollar um 96 Prozent aufzublähen. Jahrzehnte lang bestahl sie dank kontrollierter Inflation unbemerkt die Armen und beschenkte die Reichen; in den letzten Monaten wird dieser Diebstahl durch das Verschenken von Bankenrettungspaketen in Billionenhöhe in aller Öffentlichkeit fortgesetzt.

Andere Gegner meiner Gesetzesvorlage verlangen, daß die FED aus der Politik herausgehalten werden muß, weil eine Beaufsichtigung durch den Kongreß ihre wichtigen Entscheidungsprozesse beeinflussen könnte. Doch das Gegenteil ist der Fall: Die Federal Reserve steckt schon jetzt über beide Ohren im politischen Sumpf – wie zum Beispiel ihr Vorsitzender Ben BERNANKE, der ja von der Politik eingesetzt wurde. Es gehört schon seit langem zur wohlgeölten Routine, daß höhere Beamte zwischen hohen Posten beim Finanzministerium, bei der FED, und bei deren Mitgliedsbanken hin und her rotieren, wobei sie unterwegs freilich niemals vergessen, sowohl sich selber als auch ihre Freunde und Klienten auf dieser Absahne-Tour bestens zu versorgen.

Auch ich bin überzeugt, daß es die größte Dummheit wäre, komplizierte währungstechnische Entscheidungen den Politikern zu überlassen. Kein noch so überragender Politiker, kein noch so erfahrener Zentralbankier kann es an Klugheit mit einem sich selbst regulierenden Markt aufnehmen. Obwohl politische Systeme mit zentralen Wirtschaftsplanungen schon immer versagt haben, verstehe ich nicht, warum wir wieder und wieder auf diese Idee verfallen. Um zu verstehen, wie unsinnig es ist, sich ein Federal Reserve System zu leisten, muß man sich über den Umfang der Privilegien im klaren sein, mit denen ihre Mitglieder ausgestattet wurden: Man übertrug ihnen die Macht, Geldmengen im Wert von Billionen zu erschaffen und diese, befreit von jeglicher Überprüfung und Kontrolle, zu selbstherrlich gewählten Bedingungen an ›Freunde‹ zu verschenken. Ist es deshalb nicht verständlich, daß die lautesten Proteste gegen eine Offenlegung und größere Transparenz der FED von Seiten eben jener ›Freunde‹ und Klienten zu hören sind? Jeder einzelne Kongreßabgeordnete möge sich im klaren sein, daß er die Interessen des Volkes vertritt, das ihn nach Washington entsandt hat, um herauszufinden, was mit unserem Geld geschieht. Als Regierungsbehörde, die mit der Macht über das Geldsäckel ausgestattet ist, bleibt uns keine andere Wahl, als endlich dementsprechend zu handeln.‹

Als schlagender Beweis für den selbstherrlichen und überheblichen Umgang der niemandem Rechenschaft schuldenden FED mit der amerikanischen Währung, erwies sich am 21. Juli der Dialog zwischen ihrem Chef Ben Schalom BERNANKE und dem

Kongreßabgeordneten Alan GRAYSON aus Florida vor dem Finanzkomitee des Senats, um die Frage nach dem Verbleib von 553 Milliarden Dollar:

GRAYSON: ›Was ist nun mit diesen 533 Milliarden?‹

BERNANKE: ›Das sind ›Swaps‹ mit ausländischen Zentralbanken, die Dollar brauchen.‹

GRAYSON: ›Wer bekam das Geld?‹

BERNANKE: ›Finanzinstitute in Europa und anderswo.‹

GRAYSON: ›Welche?‹

BERNANKE: »I don't know.«

GRAYSON: ›Half a trillion dollars, and you don't know who got the money?› (›Eine halbe Billion Dollar, und Sie wissen nicht, wer das Geld bekommen hat?‹)

BERNANKE bequemte sich zum Eingeständnis, daß die Summe der von der FED gewährten Anleihen an 13 ausländische Zentralbanken im Laufe des vergangenen Jahres von 24 auf 533 Milliarden Dollar angestiegen war, »mit unseren Dollar haben sie dann ihre Banken finanziert«, räumte BERNANKE schließlich ein.

Übrigens wurde Ben BERNANKE, mit Unterstützung von Barack OBAMA und dank entsprechender Überzeugungsarbeit, von Kongreß und Senat, am 28. Januar 2010 als ›Chairman of the FED‹ wiederbestätigt.«

Der Chef der US-Zentralbank (FED), Ben BERNANKE, vor dem Haushaltskomitee des US-Senats. Die FED verfolgt nicht unbedingt – entgegen ihrer eigentlichen Aufgabe – die Stabilität des Dollars als vordergründiges Ziel.

In *American Free Press* berichtete Christopher PETHERICK vom immer stärkeren Zuspruch für Ron PAULs eingebrachten Gesetzesentwurf »Federal Reserve Transparency Act« (Offenlegung) zwecks Überprüfung der FED. Anfang Juni 2009 waren es 170, am 29. Juni schon 226, am 6. Juli 243, am 21. Juli 261 und Mitte August bereits 282 republikanische und demokratische Abgeordnete – das ist eine satte Mehrheit im Kongreß –, die das private Dollarproduktionsunternehmen ›Federal Reserve‹ unter die Lupe nehmen wollten. Ron PAUL meinte:

> »Die wachsende Zustimmung im amerikanischen Volk und die parteiübergreifende Unterstützung im Kongreß für das Gesetz HR 1207 sind der Beweis dafür, daß ›mainstream America is fed up with Fed‹, daß der Durchschnittsamerikaner von der Fed angefressen ist.«

Einen herben Rückschlag mußten die Befürworter einer Überprüfung der FED am 6. Juli 2009 einstecken, als es auf Betreiben des demokratischen Senators und Wall Street-Lobbyisten Ben NELSON (Nebraska) und anderer ›Democrats‹ mittels eines verfahrenstechnischen Einwands *(procedural move)* gelang, HR 1207 vorläufig auf Eis zu legen. Der Republikaner Jim DEMINT (South Carolina) tobte:

> »Das amerikanische Volk hat ein Recht darauf zu erfahren, was die Fed mit den Billionen unserer Steuergelder getan hat und welche Verpflichtungen sie nicht nur zu unseren, sondern auch zu Lasten unserer Kinder und Kindeskinder mit ausländischen Zentralbanken und fremden Regierungen heimlich eingegangen ist.«

Als am 9. Juli der stellvertretende Vorsitzende der Federal Reserve, Donald KOHN, den Kongreß warnte, die Aufhebung der währungspolitischen Unabhängigkeit der FED würde die Finanzmärkte in Mitleidenschaft ziehen, entgegnete Ron PAUL:

> »Im Vergleich zum vollwertigen Dollar des Jahres 1913 ist sein Wert seit der Gründung der FED bis zum heutigen Tag auf 4 Cents abgesunken. Das beweist die Unfähigkeit der FED, unsere Währung zu schützen. Die FED-Mafia ist die Falschmünzerwerkstatt dieser Welt und versteckt sich hinter ihrer Geheimniskrämerei und Unantastbarkeit. Das muß endlich aufhören!«

Während es so die Wall Street-Lobby schaffte, die Entscheidung zur Überprüfung der FED immer wieder hinauszuschieben, gelang es der Klima-Lobby, denselben Senat am 26. Juni zu ›bewegen‹, mit rekordverdächtiger Geschwindigkeit und einer knappen Mehrheit, die Gesetzesvorlage HR 2454 zur Finanzierung des »American Clean Energy and Security Act« für den Kampf gegen Treibhausgase und Erderwärmung zu beschließen – ein Beschluß, der die amerikanischen Steuerzahler 9,4 Billionen Dollar kosten wird.

Es sollte noch ein ganzes Jahr dauern, bis die Lobbyisten der FED und ihre Hintermänner eine kleine Niederlage einstecken mußten: Anfang Juli 2010 beschloß der Senat, die FED einer einmaligen Prüfung zu unterziehen. Die Amerikaner werden dann einen sehr kurzen Blick durch ein sehr kleines Zeitfenster auf die private FED- Geldmaschine werfen dürfen. An der Wall Street wird erwartet, daß schon die Androhung dieses ›*only one audit*‹ (einer einzige Revision) Goldman Sachs 23 Prozent, Morgan Stanley 20 Prozent, JP Morgan 18 Prozent und Bank of America 16 Prozent ihrer Gewinne kosten wird.

Leserbriefschreiberin Virginia ABERNATHY aus Tennessee stellt fest:

> »Der amerikanische Bundesstaat Kalifornien ist pleite und erhält von unserer Regierung keinen einzigen Cent Unterstützung. Der Staat Israel hingegen, der schon seit 60 Jahren pleite ist, konnte sich stets auf den Geldfluß aus Washington verlassen. Am selben Tag, da die amerikanische Regierung ›Nein‹ zu Kalifornien sagte, bewilligte Präsident Barack OBAMA eine Soforthilfe von 2,77 Milliarden Dollar für Israel.«

Insgesamt soll die Israel bisher gewährte Finanzhilfe »10 trillion Dollar« betragen haben, so *The Christian Science Monitor* und *Washington Post*. Hierzu die entlarvende Aussage von Gouverneur Arnold SCHWARZENEGGER im *Time Magazine* vom 22. Mai:

> »Sacramento ist nicht Washington – wir können hier nicht unser eigenes Geld drucken. Wir können nur ausgeben, was wir wirklich besitzen!«

5.2.3 Über die Rolle der ›Lobby‹ in der US-Politik

An die 14000 offiziell gemeldete Lobbyisten sind in Washington am Werk, um ein paar tausend Regierungsbeamte und ein paar hundert Abgeordnete zu ›beraten‹. Es kostet die Lobbies pro Jahr zwischen eine halbe und eine ganze Million Dollar, um einen ›Congressman‹, zwischen 4 und 6 Millionen Dollar, um einen ›Senator‹ für ihre jeweiligen Anliegen zu ›gewinnen‹. Solche als ›Beratungshonorare‹ deklarierten Bestechungsgelder werden in den USA nach Bekantgabe der Einzahler und Empfänger völlig legal kassiert. Amerikanische Medien berichten regelmäßig, welche Abgeordneten von Big Oil, vom militärisch-industriellen Komplex, von Banken und Versicherungen, von der Automobilindustrie, vom AIPAC, von der Pharma- und Tabakindustrie, von ausländischen Regierungen und Zeitungsredaktionen ›beschäftigt‹ werden. Im Januar 2010 wurde ein Gesetz verabschiedet, das amerikanischen Firmen gestattet, in ihrer Produktwerbung Direktreklame für die von ihnen geförderten politischen Kandidaten zu betreiben; also zum Beispiel ›Exxon‹ für George W. Bush, ›Halliburton‹ für Dick Cheney, ›Tamiflu‹ für Donald Rumsfeld – die Liste kann beliebig erweitert werden.

Das unter diesen Umständen keineswegs erstaunliche Ergebnis der Haushaltsdebatte im US-Kongreß am 30. April 2009 hat der Publizist und ehemalige Herausgeber des *Wall Street Journal* Paul Craig Roberts zum Anlaß genommen, in *American Free Press* im folgenden Beitrag über die Loyalität der von Lobbies finanzierten amerikanischen ›Volksvertreter‹ unter die Lupe zu nehmen:

> »600 Milliarden für den Krieg, den Stinkefinger für die amerikanischen Häuslebauer und eine staatliche Krankenversicherung! Wie fühlt sich ein gerade gewählter US-Präsident, wenn er herausfindet, daß er seine Machtfülle nur im Auftrag mächtiger Lobbies ausüben darf? Ein Präsident, der seinen Job stets verläßlich im Dienste dieser ›interest groups‹ erfüllt, wird mit hochbezahlten Posten in staatsnahen Konzernen, unverschämt überhöhten Vortrags- und Autorenhonoraren belohnt. Ist er zum Zeitpunkt seines Ausscheidens aus dem Amt so jung wie Bill Clinton es war oder Barack Obama es sein wird, kann er einem langen Leben in Luxus und Überfluß entgegensehen.
>
> Das Bekämpfen jener ›Sonderzahlungen‹ zahlt sich nicht aus und hat noch nie zum Erfolg geführt: Am 30. April hat sich wieder einmal der Primat solcher ›besonderen Interessen‹ über jenes des Volkes erwiesen, als der von den ›Democrats‹ im Senat eingebrachte Gesetzesantrag zur Verhinderung von 1,7 Millionen Zwangsversteigerungen, der es amerikanischen Häuslebauern ermöglicht hätte, Hypotheken im Wert von 300 Millionen Dollar umzuschulden, ausgerechnet von den ›Democrats‹, die über eine Mehrheit von 60 Abgeordneten gegenüber den ›Republicans‹ verfügen, mit 51 zu 45 zu Fall gebracht wurde.

Es sind dieselben ›financial gangsters‹, deren unersättliche Gier und Verantwortungslosigkeit die Ausplünderung der Hälfte aller amerikanischen Rentenrücklagen, die Umwandlung der US-Wirtschaft in ein schwarzes Loch und das Abdanken des US-Dollar als Weltwährung zu verantworten haben. Obwohl es kaum möglich sein dürfte, sich eine Lobby mit schlechterem Ruf vorzustellen, hat die Mehrheit der Abgeordneten des amerikanischen Volkes nicht gezögert, dem Befehl just dieser Bankierslobby zu folgen: Hunderte Steuermilliarden sind für Bankenrettungspakete draufgegangen. Doch als die ›Democrats‹ im Senat versuchten, etwas für die Rettung der in Not geratenen Häuslebesitzer zu tun, stimmte – dank den Umfallern in den Reihen der ›Democrats‹ – die Mehrheit des Senats nach dem Motto: ›Hunderte Milliarden für Bankiers, keinen Cent für die Häuslebauer!‹ Sollte OBAMA vor der Abstimmung noch Hoffnungen gehegt haben, sind diese ihm wohl abhanden gekommen. Dick DURBIN, Sprecher der demokratischen Senatsmehrheit, gestand die Abstimmungsniederlage ein: ›The banks, frankly, own this place‹ (›Ehrlich gesagt, haben die Banken diesen Ort fest im Griff‹).«

Der Grund lag auf der Hand: Unter den Umfallern der ›Democrats‹, die den eigenen Gesetzesantrag zu Fall brachten, befanden sich die Senatoren John TESTER (Montana), Max BAUCUS (Montana), Blanche LINCOLN (Arkansas), Ben NELSON (Nebraska), Mary LANDRIEU (Louisiana), Tim JOHNSON (South Dakota), Arlen SPECTER (Pennsylvania). Laut vorliegenden Berichten ›spendeten‹ die Bankiers eine halbe Million Dollar für TESTER, 3,5 Millionen für BAUCUS, 1,3 Millionen für LINCOLN, 1,4 Millionen für NELSON, 2 Millionen für LANDRIEU, 2,5 Millionen für JOHNSON und 4,5 Millionen für SPECTER.

Das also bezeichnet man als ›Demokratie‹, die beste Regierungsform aller Zeiten.

Dieselben Senatoren, denen Millionen in Not geratene Häuslebauer und Millionen Mitbürger, die sich keine Krankenversicherung leisten können, keinen Cent wert waren, haben übrigens am 30. April 2009 – zusätzlich zum bereits bewilligten Budget von 533,7 Milliarden Dollar für den militärisch-industriellen Komplex – noch weitere 61 Milliarden für den Krieg gegen die ›Achse des Bösen‹ im Irak plus 65 Milliarden Dollar für den erweiterten ›Krieg gegen den Terrorismus‹ in Afghanistan bewilligt. Das Zehnfache des chinesischen Rüstungsbudgets! Und das bei einem Budgetdefizit von

Demonstration empörter US-Bürger, die sich in vielen Fällen nicht einmal eine Krankenversicherung leisten können, vor der Börse. Eigentlich hätten sie (auch) vor dem US-Senat protestieren müssen.

455 Milliarden Dollar im Jahre 2008 und dem bereits vor-budgetierten Defizit von 1750 Milliarden Dollar für das Jahr 2009. Ein solches sämtliche Weltrekorde sprengendes Budget muß vom US-Senat mit einem donnernden »yes, we can!« verabschiedet worden sein.

Wie sehr würde auch das EUropäische Politsystem an Ehrlichkeit und Transparenz gewinnen, wie viele teure Wahlen, unnötige Scheindebatten und -abstimmungen in den ferngesteuerten Parlamenten könnten wir uns ersparen, wenn unsere ›Volks‹-Vertreter – gleich Formel 1-Fahrern – gehalten wären, mittels Aufsetzen von bunten Mützen, Tragen von weithin erkennbaren Aufklebern, Schwenken von Fähnchen, uns, dem Wahlvieh, klar zu erkennen geben, welchen Logen sie angehören, welche transnationalen Geheimtreffen sie besuchen, welchem Konzern, welcher Lobby, welchem Fremdstaat ihre Loyalität in Wirklichkeit gilt.

Fassen wir zusammen. In zahlreichen Berichten wohlinformierter Fachleute und Publizisten über das herrschende Finanz- und Bankensystem lassen sich eine Reihe grundsätzlicher Übereinstimmungen feststellen:

1. Unbegrenzte Kreditschöpfung garantiert unbegrenzte Zinsgewinne und setzt ein unbegrenztes Wirtschaftswachstum voraus, das die Natur und die Lebensgrundlagen der Völker unbegrenzt zerstört. Genau dies ist die Doktrin der Globalisierer.

2. Die im Herbst 2008 gegen einen Milliarden Kubikmeter-Eisberg gekrachte Millionen Tonnen Spekulations-›Titanic‹ wird nicht

am Meeresgrund verrosten, sondern gehoben und mittels Quadrillionen an Steuergeldern wieder flott gemacht.

3. Sowohl die Betreiber der Millionen-Tonnen-Spekulations-›Titanic‹, Gewinner an den von ihr ›erwirtschafteten‹ Schuldenquadrillionen, als auch die von ihnen ausgehaltenen Politbetrüger in den Parlamenten und Kommissionen der global gleichgeschalteten Einen Welt denken nicht im Traum daran, den Maschinenraum ihrer ›Titanic‹, wo ihre Multimilliarden-Schwindelgelddruckerpressen verborgen sind, von ›Unbefugten‹ betreten oder gar warten zu lassen.

4. Auch bei der gegenwärtigen Katastrophe erweist sich, daß von den Betreibern und Nutznießern an diesem ›Crash‹ weder Rettungsboote noch Rettungsmaßnahmen für die steuerzahlenden Humanressourcen der dritten und vierten Klasse vorgesehen waren und beim nächsten ›Crash‹ vorgesehen sein werden.

5. Sofern es zu keinem organisierten Widerstand gegen die fortschreitende Globalisierung kommt, ist mit absoluter Sicherheit davon auszugehen, daß – so sicher wie der Lenz dem Winter folgt – der gegenwärtigen Finanzkrise ein Weltfinanz-Tschernobyl folgen wird.

6. Während in den USA, dem Kernland der Globalisierer und folglich des ›Federal Reserve System‹, der Widerstand gegen die Herrschaft der Weltfinanzwucherer stetig wächst, verharren die meisten EUropäischen Bürgerinnen und Bürger im Tiefschlaf.

Werden Leserinnen und Leser dieser Zeilen angesichts solcher täglich nur allzuleicht überprüfbaren Tatarenmeldungen zur unbeschwerten Tagesordnung von glücklichen Sklaven übergehen – oder vielleicht ganz persönliche Konsequenzen ziehen, indem sie wenigstens einen Finger, vielleicht gar zwei, rühren und Unmut bezeugen?

Bauer Lois, Nachbar des Autors, donnerte am Stammtisch: »Diese freche Saubande sch....... uns vor die Tür, klopft an der Tür und fordert auch noch Toilettenpapier!« Und dann knallte seine Faust auf die Tischplatte, daß alle Gäste aufschreckten und der Wirt herbeieilte.

Weil im letzten Abschnitt gar so viel vom ›Federal Reserve System‹ die Rede war, setzt sich der nächste Abschnitt mit diesem System noch ein wenig eingehender auseinander.

5.3 Die ›Fed‹, die ›Bailouts‹ und ihre Folgen in den USA

> »Wir haben in unserem Land eine der korruptesten Organisationen, die die Welt je gesehen hat: Ich spreche vom ›Federal Reserve Board‹.«
>
> Louis T. McFadden, republikanischer US-Politiker der frühen 30er Jahre

»Die US-Notenbank – der mächtigste Geheimbund der Welt. Kapital, Macht und Egoismus sind eine gefährliche Kombination. Wie die FED das internationale Finanzsystem kontrolliert und die Krise auslöste« – diese Überschrift zierte weder das Regierungsorgan eines ›Schurkenstaates‹ noch das Mitteilungsblatt eines obskuren Verschwörungstheoretikers, sondern die April-Ausgabe 2009 von Österreichs führendem Finanzmagazin *geld*. Den Beitrag gestalteten die verantwortlichen Redakteure Mario Franzin und Snežana Jovi. Im Anreißer ist zu lesen:

> »Die USA werden gemeinhin als die mächtigste wirtschaftliche Kraft der Welt bezeichnet – doch wer hat eigentlich in den USA das Sagen? Wer nun auf den Shooting-Star Barack Obama tippt, hat nur bedingt recht. Abgesehen vom US-Präsidenten und den demokratisch legitimierten Institutionen Kongreß und Repräsentantenhaus, laufen viele Fäden der Macht bei der amerikanischen Notenbank, der FED (Federal Reserve System), zusammen. Die FED hat zum ersten Hilfspaket der US-Regierung im Gesamtausmaß von 8,5 Millionen Dollar nicht weniger als 5,5 Billionen beigesteuert. Eine weitere Milliarde Dollar pumpte sie im März 2009 ins marode amerikanische Finanzsystem. Über die volkswirtschaftliche Sinnhaftigkeit solcher Aktionen kann man nun streiten, wirklich bedenklich ist aber, daß die FED bei solch großzügigen ›Spenden‹ an praktisch keinerlei demokratische Willensbildung gebunden ist. Während etwa Finanzminister Timothy Geithner für die Zustimmung seines jüngsten 700 Milliarden-Dollar Rettungspaketes nach Leibeskräften vor dem Kongreß kämpfen mußte, fallen innerhalb der FED die Entscheidungen hinter verschlossenen, wohlgepolsterten Türen. Übrigens ist die FED keine klassische staatliche Nationalbank, sondern ein Zusammenschluß von Privatbanken. Demokratische Kontrolle, Transparenz? Fehlanzeige. Die besondere Pikanterie an der momentanen Situation ist, daß die FED zwischen 2001 und 2003 die

US-Leitzinsen von 6,5 auf ein Prozent absenkte und damit für eine ausufernde Liquiditätsversorgung der amerikanischen Wirtschaft sorgte. Diese Niedrigzinspolitik animierte unzählige Haushalte dazu, sich zu verschulden und Hypothekarkredite aufzunehmen. Das Ende der Geschichte ist bekannt. Nicht wenige Kritiker orten die FED deshalb als Hauptverursacher des derzeitigen Schlamassels. Ob das stimmt? Das *geld*-Magazin geht in seiner aktuellen Coverstory der Wahrheit auf den Grund. Wenn das Geld die Welt regiert – wer regiert dann die FED?«

5.3.1 Wie wird das ›Federal Reserve System‹ verwaltet?

Zur FED haben sich zwölf [ursprünglich vierzehn] regionale, über die USA verstreute Privatbanken zusammengeschlossen, die jeweils den Namen ›Federal Reserve Bank‹ tragen dürfen und von denen nur die Aktionäre wissen, wem sie tatsächlich gehören. Die zweifellos wichtigste ist die ›Federal Reserve Bank of New York‹, die für Ordnung an der Wall Street sorgen soll, wo einige der weltgrößten Banken ihren Sitz haben. Als einzige darf sie Auslandsgeschäfte betreiben. Die Willensbildung findet im ›Federal Reserve Board‹ statt, dessen Sitzungen in Washington in einem eigenen, entsprechend imposant gestalteten historischen Gebäude stattfinden. Der ›Board‹ (Ausschuß) besteht aus sieben vom Präsidenten der USA ernannten und mit Zustimmung des Senats für vierzehn Jahre gewählten Mitgliedern. Die Mitglieder des Ausschusses können nicht wiedergewählt werden. Nach außen wird der ›Board‹ vom ›Chairman of the Board‹ (Präsidenten des Ausschusses) repräsentiert. Er und der Vizepräsident werden gleichfalls formell vom US-Präsidenten ernannt, doch wer sie vorher auswählt, blieb bisher geheim.

Das wirtschaftspolitisch wichtigste Gremium der FED ist das ›Federal Open Market Committee‹ (FOMC), das im historischen FED-Gebäude in Washington D.C. tagt. Es entscheidet unter anderem, ob der US-Leitzins geändert wird, und kann über Eingriffe in den Devisenmarkt den Wechselkurs des US-Dollar zu anderen Währungen beeinflussen.

Die wahren Eigentümer der Federal Reserve Banken mit entsprechenden Eigentumsrechten blieben seit fast einhundert Jahren im verborgenen, was natürlich immer wieder Anlaß zu mannigfaltigen Spekulationen gibt. Ein einziges Mal wurden die Namen der

Mitgliedsbanken der New Yorker FED, die für ihre Einlagen eine jährliche Verzinsung von 6 Prozent erhalten, veröffentlicht.

Neunzehn Jahre lang - von August 1987 bis Januar 2006 - amtierte Alan Greenspan als Präsident der FED. Am 1. Februar 2006 folgte ihm Ben Shalom Bernanke nach. Beide sind Wirtschaftswissenschafter und entstammen jüdischen Familien.

5.3.2 Die ›FED‹ als Verursacherin der Finanzkrise

Mit dieser Überschrift beginnt die vom Magazin *geld* angekündigte ›Coverstory‹ aus der Feder von Wolfgang Freisleben:

> »Die jahrzehntelang taugliche Waffe der Zinspolitik hat keine Wirkung mehr, seit die Zinsen ohnedies bereits praktisch auf null sind. Ob die bisherigen Dollar-Billionen die Lage stabilisieren oder die maroden US-Banken tatsächlich ein Faß ohne Boden sind, wird sich bald herausstellen. Bekannt ist jedenfalls, daß noch immer 165 Billionen Dollar an spekulativen Derivaten und 15 Billionen an ›Credit Default Swaps‹ (CDS) in den Büchern der großen Banken stehen. Dem gegenüber stehen gerade mal 4,5 Billionen Dollar an ›Assets‹ (Guthaben) gegenüber, die großteils aus Immobilien-, Eigenheim-, Studenten-, Auto- und Kreditkartenkrediten bestehen, die nicht gerade beruhigende Sicherheiten darstellen... Immer mehr Abgeordnete erregen sich darüber, daß die FED riesige Summen von Steuerzahler-Dollar ausgibt, ohne die Zustimmung des Kongresses einzuholen...
>
> Die ohnehin schon negative Stimmung verstärkte sich Ende März 2009, als die Obama-Regierung ankündigte, eine mit großer Machtfülle ausgestattete neue Kontrollinstanz zu schaffen, um die Stabilität des Finanzsystems zu überwachen. Denn es sickerte durch, daß der US-Präsident diese wichtige Funktion ausgerechnet der FED übertragen wollte - also just jener Institution, die schon bisher bei der Überwachung der Banken versagt hatte... Christopher Dodd, Chairman des Banken-Ausschusses, polterte Ende März bei einem Hearing (Anhörung) im Senat, die FED sei mitverantwortlich am Finanz-Desaster und somit an der Weltwirtschaftskrise.
>
> Wie die Entscheidungen in der FED getroffen werden, gab die *New York Times* in seltener Offenheit den Lesern ihrer Ausgabe vom 2. Dezember 1981 bekannt: Die FED gehöre zu den drei geheimsten Institutionen von Washington. Dann beschrieb der

Verfasser des Artikels eher zynisch seine Vorstellungen von einer Sitzung des Ausschusses (Board): Der Gouverneur der FED von New York sitzt mit dem FED-Präsidenten am Ende des Konferenztisches und verliest die Instruktionen, die sie zuvor von außen erhalten hätten. Wer die Ratgeber von außen sind, ist nicht schwer zu erraten: Es sind die Chefs jener großen Banken, die mit den Aktien der zwölf FED-Banken die Macht in Händen halten...

Es gibt da vielfältige Interessens- und Funktionsverflechtungen, nicht nur mit großen US-Konzernen, sondern auch mit den ROTHSCHILD-Banken und der J. Henry SCHRODER-Gruppe in London... Demnach halten JPMorgan-Chase – also die Familien ROCKEFELLER und MORGAN – 38 Prozent und die Citibank (gleichfalls ROCKEFELLER) 17 Prozent. Auch Goldman Sachs und Morgan Stanley dürften größere Aktienanteile besitzen. Die Mitgliederliste des Jahres 1983 umfaßte insgesamt 27 Banken. An der gesamten ›FED‹-Gruppe werden den rein amerikanischen Banken insgesamt Anteile von 66 Prozent, den alten europäischen (jüdischen) Bankhäusern (direkt oder indirekt über US-Banken) 26 Prozent zugeschrieben, darunter zehn Prozent den Rothschild-Banken... Als die FED zum 29. Juni 2004 die Leitzinsen zwölfmal hintereinander um jeweils 0,25 Prozent auf 5,25 Prozent erhöhte, schnappte am 30. Juni die Falle zu. Dementsprechend stiegen die Zinsen für Immobilienkredite und erreichten ein Niveau, das immer weniger Kreditnehmer bezahlen konnten...

Befremdlich erschien die Vorgangsweise der FED im Falle der Investmentbanken Bear Stearns und Lehman Brothers. Im ersteren Fall hatten sich im März 2008 der damalige Finanzminister Henry PAULSON, der zuvor die Konkurrenzbank Goldman Sachs leitete, gemeinsam mit Timothy GEITHNER, damals noch Gouverneur der Federal Bank of New York geweigert, Bear Stearns mit einer kurzfristigen Liquiditätsspritze auszuhelfen... Statt dessen stellte GEITHNER dem Konkurrenten JPMorgan Chase kurz vor dem Wochenende 29 Milliarden Dollar zur Verfügung, damit dieser eine Kreditlinie bis zu 30 Milliarden Dollar und eine Laufzeit von 28 Tagen mit Bear Stearns vereinbaren konnte. Am Abend desselben Freitags setzten GEITHNER und PAULSON dann per Telefon Bear Stearn-Boss Alan SCHWARTZ völlig überraschend das Messer an die Kehle... SCHWARTZ mußte über das Wochenende dem Verkauf der Bank an JPMorgan Chase um einen Pappenstiel von zwei Dollar je Aktie zustimmen. Ein halbes Jahr später wiederholte sich das Spiel, als Lehman Brothers im September 2008 Verluste von 3,9 Milliarden Dollar verlauten ließ. . .

> Weltweit brachen am 15. September die Börsenkurse ein und die ohnedies schon schwelende Krise verschärfte sich. Seither traut keine Bank mehr der anderen, denn niemand weiß bis heute, welche Bank welche Summe an faulen Immobilien-Wertpapieren und CDS investiert oder anderen Banken als Sicherheit für solche Käufe garantiert hat. Die Folge ist, daß sich bis dato die Banken untereinander kaum mehr Kredite gewähren. Der sogenannte Interbankengeldmarkt, in dem sich die Banken gegenseitig von einem Tag auf den anderen praktisch per Zuruf problemlos Milliardensummen geliehen haben, brach endgültig zusammen und hat sich – vor allem in den USA – seither nicht mehr erholt.«

Es folgt eine Aufzählung der Schlammschlachten, die sich die Chefetagen der Finanzhäuser Lehman Brothers, JPMorgan, Goldman Sachs, Bank of America, Merrill Lynch im Sommer 2008 lieferten, an denen sich die Krokodile der ›FED‹ fleißig beteiligten. *geld*-Autor Wolfgang FREISLEBEN setzt nach:

> »Die amerikanische ›Zentralbank‹ ist in Wahrheit eine Geldmaschine für ein privates Bankenkartell, das um so mehr verdient, je höher die Zinsen steigen.
>
> Der Vorschlag zur Etablierung einer Zentralbank stammte zumindest offiziell von dem deutschen Bankier Paul WARBURG. [Das Stammhaus dieser Bankierfamilie kann man in der Kleinstadt Warburg heute noch besuchen; d. Verf.] Ursprünglich Teilhaber des Bankhauses Warburg in Hamburg, hatte Paul WARBURG 1893 während eines Aufenthaltes in den USA die Tochter des Salomon LOEB vom New Yorker Bankhaus Kuhn, Loeb & Co. geheiratet, der ihn und seinen Bruder Felix 1902 als Partner in die 1977 zur Lehman Brothers fusionierte Bank holte. Vom Bankhaus Kuhn & Loeb großzügig finanziert, war Paul WARBURG sechs Jahre lang ausschließlich damit beschäftigt, eine ›Bankreform‹ mit Einrichtung einer Zentralbank nach Vorbild der ›Bank of England‹ vorzubereiten, wobei er von Senator Nelson D. ALDRICH, politischer Steigbügelhalter des Bankiers J. P. MORGAN im amerikanischen Kongreß, unterstützt wurde.«

(Bemerkung: Die im 17. Jahrhundert gegründete ›Bank of England‹ wurde 1947 von einer Labour-Regierung verstaatlicht, 1997 von einer weiteren Labour-Regierung mit tatkräftiger Unterstützung des Finanzministers Gordon BROWN reprivatisiert und offenbar den früheren Eigentümern unter der Führung der Rothschild-Gruppe zurückgegeben).

»ALDRICH sollte später zum Schwiegervater des ersten amerikanischen Milliardenerben John D. ROCKEFELLER junior avancieren... Im November 1910 begab sich schließlich eine handverlesene Gruppe unter dem Vorwand eines Jagdausflugs... nach Jekyll Island in Georgia. Auf diesem später als Verschwörung bezeichneten geheimen Treffen gingen Paul WARBURG als Vertreter von Kuhn & Loeb und anderen jüdischen Banken, je zwei führende Bankiers von J.P.Morgan, die auch die Interessen der ROTHSCHILD-Gruppe wahrzunehmen hatten, sowie Vertreter der ROCKEFELLER-Gruppe, dem überaus eitlen Senator ALDRICH zur Hand, um binnen neun Tagen eine Gesetzesvorlage zu texten, die der Republikaner unbedingt unter seinem Namen in den Kongreß einbringen wollte. Anstelle einer Zentralbank, war darin aber nur von einer privaten Reservegesellschaft mit mehreren über Amerika verstreuten Repräsentanzen die Rede, bei denen Geldinstitute, die sich freiwillig anschlossen, Geldreserven für Krisenfälle hinterlegen sollten. Wegen seiner bekannten Verbindungen zum Finanz- und Börsenzentrum in der New Yorker Wall Street scheiterte ALDRICH, weil die Mehrheit der mißtrauischen Abgeordneten darin zurecht einen Plan sah, einem kleinen Kreis von mächtigen und untereinander verbundenen Bankiers eine dominierende Stellung und damit enorme Profitmöglichkeiten innerhalb der amerikanischen Wirtschaft zu sichern. Natürlich ließen sich die Wall Street-Krokodile nicht so schnell entmutigen und nützten die Präsidentschaftswahlen 1912, um den demokratischen Kandidaten Woodrow WILSON mit üppigen Geldspenden ins Präsidentenamt zu hieven...

Die SCHIFFS, LOEBS, WARBURGS, ROCKEFELLERS und MORGANS hatten jedenfalls auf das richtige Pferd gesetzt. Unter dem verharmlosenden Titel ›Federal Reserve Act‹, der fälschlich auf eine staatliche Einrichtung hinwies und angeblich den Wall Street-Plan einer Zentralbank zunichte machte, schleusten sie die geringfügig umformulierte Gesetzesvorlage von Jekyll Island über willige

> Abgeordnete der demokratischen Fraktion mit Unterstützung von Präsident WILSON am 23. Dezember 1913 zur Abstimmung in den Kongreß, als viele Abgeordnete bereits ihren Weihnachtsurlaub angetreten hatten...
>
> Nach der Abstimmung sagte Charles A. LINDBERGH sen., Vater des berühmten Fliegers, vor dem Kongreß: ›Dieses Gesetz etabliert das gigantischste Kartell auf Erden... dadurch wird die unsichtbare Regierung der Geldmacht legalisiert sein... Das neue Gesetz wird Inflation erzeugen, wann immer das Kartell eine Inflation wünscht...‹
>
> Mit dem Monopol zur unbegrenzten Geldproduktion verfügt das Bankenkartell des Federal Reserve Systems über eine gigantische Geldmaschine, mit der es Jahr für Jahr prächtig verdient. Wer dahinter steckt, ist ein streng gehütetes Geheimnis...
>
> Licht ins Dunkel der Gründungsaktionäre bringt überraschenderweise die Website der ›Anti-Defamation League‹ mit der Aufzählung der angeblichen Gründungsbanken. Diese jüdische Lobby-Organisation zur Abwehr von Angriffen auf die jüdische Glaubensgemeinschaft wurde – zufällig oder nicht – im selben Jahr 1913 gegründet, in dem das Notenbankgesetz verabschiedet wurde. Ein Konnex ist jedenfalls nicht von der Hand zu weisen: Unter den Gründern finden sich mit den damaligen WARBURG-Banken, den beiden Rothschildbanken aus London und Frankfurt, der Bank Lazard-Frères in Paris, der Bank Israel Moses Sief in Italien und den New Yorker Banken Lehman Brothers, Kuhn & Loeb und Goldman Sachs, mehrheitlich jüdische Banken, ergänzt durch die gleichfalls in New York domizilierte damalige Rockefeller-Bank ›Chase National) sowie die Bank J.P. Morgan. Den ihm angebotenen ersten Vorsitz des Federal Reserve Board lehnte Paul WARBURG als eben erst eingebürgerter deutscher Jude mit unüberhörbarem deutschem Akzent ab... Er wurde jedoch Mitglied des Aufsichtsrats wie auch des mächtigen ›Council on Foreign Relations‹, das bis heute mit etwa 2000 Mitgliedern als einflußreiche Meinungsbildungsplattform amerikanischer Spitzenpolitiker und FED-Banker fungiert.«

Aus der 1976 veröffentlichten Liste »Ownership of the Federal Reserve« (Besitzverhältnisse der ›Federal Reserve‹) sind die Verbindungen zwischen den ROTHSCHILD, der ›Bank of England‹, den oben genannten Banken in New York und Paris sowie des einstmals

Hamburger Bankhauses, jetzt unter J. Henry Schroder firmierende Banking Company, New York.

> »Die CIA«, so Ron Paul bei einer Versammlung im Januar 2010, »wurde auf Geheiß der Wall Street Banker geschaffen. OSS-Agent und Wall Street Anwalt Frank Wisner wurde 1947 von Dean Acheson angeworben um unter Charles Saltzman im Außenministerium im Büro für besetzte Gebiete zu arbeiten. Der erste CIA-Direktor, Allen Dulles, war ein Wall Street Anwalt.«

Die CIA sei das fein geschliffene Werkzeug der Bankster für ihre neoliberale Agenda.

> »Ein beträchtlicher Teil des Reichtums der Industrieländer beruht darauf, den niedrigsten Preis für die Hauptprodukte der armen Länder zu zahlen, teures Kapital und fertige Waren dorthin zu exportieren. Die Aufrechterhaltung des Wohlstands setzt die Aufrechterhaltung dieser relativen Lücke zwischen Industrieländern und Entwicklungsländern voraus – das heißt: Man muß die armen Menschen arm halten«, schrieb der frühere CIA-Agent Philip Agee.

Die verarmten Massen verstünden in zunehmendem Maße, daß der Wohlstand der Industrieländer und der privilegierten Minderheiten in ihrem eigenen Land durch ihre eigene Armut begründet sei. Während ihrer gesamten Geschichte hätte die CIA ein ausgeklügeltes Netz von Tarnfirmen, Geldwäscheoperationen und inoffiziellen Projekten geschaffen, die so komplex seien, daß kein Außenstehender – und nur wenige Insider – sie wirklich durchblickten. Die Menge begann zu jubeln, als Ron Paul sagte:

> »Wir müssen die CIA ausschalten. Sie ist eine Regierung für sich. Sie betreibt Geschäfte, Drogengeschäfte, sie schaltet ›Diktatoren‹ aus... Wir müssen die CIA ausschalten.« Die CIA hätte ja auch die Präsidentschaftskampagne von Ron Paul infiltriert... Die CIA kontrolliere alles, sie kontrolliere das Militär und sei genau so geheim wie die Federal Reserve... »Denkt doch an den Schaden, den sie seit ihrer Gründung nach dem Zweiten Weltkrieg angerichtet hat.«

5.3.3 Die Machenschaften der ›FED‹ geraten unter Druck

Im Oktober 2008, inmitten der sich ausweitenden Finanzkrise, schrieb der Publizist Stanley Rittenhouse in *American Free Press*:

»Die Dollarwährung ist zu wertlosem Papier verkommen, das als brennende Lunte zur Auslösung der weltweiten Finanzbombe Verwendung gefunden hat. Ben BERNANKE, Chef der FED, läßt gerade weitere zwei Billionen drucken und hofft, damit die Wirtschaft und in Not gekommene Banken zu stabilisieren... Wird ihm das gelingen, wo es doch der ganzen Welt langsam dämmert, daß der Dollar nichts mehr wert ist?

95 Jahre nach ihrer Gründung hat die Federal Reserve das Ende der Fahnenstange erreicht: Der heutige Dollar ist nur knapp drei Cents eines Dollars aus dem Jahr 1913 wert!

Um die Kontrolle aufrechtzuerhalten, muß die FED ihre Geheimnistuerei fortsetzen. So hat sie im ›Bailout-Bill‹, dem Gesetz für die Gewährung von Rettungspaketen, die folgende verfassungswidrige Bedingung durchgesetzt, ›... Entscheidungen des zuständigen Ministers im Zusammenhang mit diesem Gesetz sind unwiderruflich, werden nach eigenem Ermessen der Behörde entschieden und dürfen von keinem Gericht oder einer anderen Behörde überprüft werden‹.«

Mit diesem »Bailout-Bill« des Jahres 2008 gelang den Betreibern der FED, genau wie schon ihren Vorgängern des Jahres 1913, der Kontrolle ihres Geheimkartells durch eine Bundesbehörde oder Abhängigkeit von der amerikanischen Regierung einen Riegel vorzuschieben. Die FED wahrt ihre Geheimnisse und herrscht absolut.

Dieser Meinung schließt sich auch Paul Craig ROBERTS an:

»Schon seit Jahren gilt es als ›New Economy's‹ Weisheit letzte Schluß, die Auslagerung *(offshoring)* von Industrien, telefonischen Kundendiensten *(call centers)* und Rechenzentren voranzutreiben. Jetzt werden auch ganze Laboratorien, Forschungs- und Entwicklungszentren exportiert und damit Arbeitslosigkeit importiert. Was uns hier erhalten bleibt, ist die schwergewichtige Finanzbranche, die vor unseren Augen zerfällt: Liberalisierung und Deregulierung der Finanzwirtschaft führten zur Auflösung des einst bestehenden Netzes von unabhängigen regionalen Banken und Finanzinstituten und ihrer Übernahme durch private Bankenkonsortien, die globale Interessen vertreten. Deregulierung in der Energiewirtschaft bescherte uns die Enron-Pleite, Deregulierung in der Luftfahrtbranche brachte das Ende der Panamerican Airways. Die aus Kostengründen immer häufiger erzwungenen Firmenzusammenschlüsse und Rationalisierungen führen zu einschneidenden Einsparungen beim Personal, im Sicherheitsbereich und zu immer schlechterem Service.«

Ein Jahr später stellt sich für Paul Craig ROBERTS die Lage so dar (*American Free Press*, 2. 11. 2009):

»Bloomberg berichtet, daß die engsten Mitarbeiter von Finanzminister Tim GEITHNER jährlich Millionen Dollar von Goldman Sachs, Citigroup und anderen Wall Street-Firmen kassiert haben. Obwohl ihre Stellung vom Senat nie bestätigt wurde, verteilen sie jetzt Geschenkpakete von Hunderten Milliarden Dollar Steuergelder an ihre früheren Arbeitgeber... JPMorgan Chase gab bekannt, daß es allein im dritten Quartal dieses Jahres 3,6 Milliarden Dollar einnahm. Goldman Sachs verdiente in diesem Krisenjahr so viel, daß sich die Chefetage auf Erfolgsprämien in Rekordhöhe freuen darf. *London Evening Standard* meldet, daß jeder der 5500 Angestellten der Londoner Goldman Sachs-Filiale mit einer Prämie von 500 000 Pfund (80 000 Dollar), jeder Abteilungschef mit einem Bonus von bis zu 10 Millionen Pfund (16 Millionen Dollar) rechnen kann. 2500 frühere Mitarbeiter von Lehman Brothers haben für 2008 und 2009 insgesamt zwei Milliarden Dollar an Boni kassiert. Für Bonus-Gesegnete, die Schwierigkeiten mit dem Geldausgeben haben, bietet die *Financial Times* die Beilage ›How to spend it‹ an.

Während die New Yorker Immobilienbranche über 15,3 Prozent leerstehender Objekte an der Fifth Avenue klagt, erreichen die Obdachlosenasyle Rekordziffern. Die New Yorker Stadtverwaltung schenkt jedem Obdachlosen, der die Stadt verläßt, ein Flug-

Bettler in der New Yorker U-Bahn. Es ist inzwischen fraglich, ob US-Präsident OBAMA eine ›neue‹ Politik gegen die Hochfinanz durchsetzen kann.

ticket ›one way‹. . . Entgegen den offiziell verkündeten zehn Prozent, sind in Wirklichkeit zwanzig Prozent der Amerikaner arbeitslos und bilden ein unerschöpfliches Reservoir für die Rekrutierungsbüros des amerikanischen Militärs.

Während Präsident Obama die Entsendung weiterer 45 000 Soldaten nach Afghanistan plant, sterben alljährlich 45 000 Amerikaner, weil sie sich keinen Arzt leisten können. Viele Amerikaner ziehen den Kampf gegen die Taliban dem Verdrängungskampf um Arbeitsplätze in der amerikanischen Wirtschaft vor. Trotz rapid ansteigender Arbeitslosigkeit betreiben amerikanische Großkonzerne weiterhin die Ausgliederung (offshoring) vieler Betriebe und ersetzen ihre arbeitslos gewordene amerikanische Belegschaft durch Billiglohnarbeiter aus der Dritten Welt, die mit Kurzzeitvisa ausgestattet werden.

Das politische System hat aufgehört, sich um das amerikanische Volk zu kümmern. Es ist zu einer Geisel mächtiger Interessensvertreter geworden, die durch Wahlspenden und finanzielle Zuwendungen ein Monopol über das politische Geschehen in diesem Lande errichtet haben, auf daß ihre Geschäfte gedeihen, und zur Hölle mit dem amerikanischen Volk!«

Das *National Journal* verurteilte im Dezember 2009 die FED mit folgenden Argumenten:

»Die FED stellt einen unvorstellbaren Akt des Grauens an einem Volk dar. Eine Handvoll Gieriger schöpft den Lohn der arbeitenden Menschen als Zinsen für das von ihnen gedruckte Papiergeld und für das in ihre Computer eingetippte Ziffterngeld ab. . . Und als ›Sicherheit‹ für die Forderung wurde den Eigentümern der FED der gesamte amerikanische Goldbestand übereignet. Auch das BRD-Gold liegt als Sicherungsübereignung für die BRD-Garantien im Zusammenhang mit der ›Bankenrettung‹ im Keller der FED in New York. . .

Es gibt keine Buchführung, keine Einsicht in die Geldtransaktionen der FED. Selbst die Goldbestände, die angeblich in Fort Knox lagern, dürfen nicht überprüft werden. Wir haben bereits darüber berichtet, wie mehrfach Summen von um die 10 Milliarden Dollar einfach aus den Büchern der FED verschwanden. . . Der letzte große Coup bestand darin, daß die FED die amerikanischen Bundesanleihen aufkaufte, mit Geld, das sie selbst im Computer erstellt. Dafür verlangt sie zweimal Tribut: Einmal die Zinsen von der Regierung und dazu noch die Einkommensteuer der Bürger für dieselben Zinsen...

Doch jetzt, im Strudel des finanziellen Untergangs, ist in den USA etwas geschehen, was bislang undenkbar schien. Zitat *Süddeutsche Zeitung*, 27. 11. 09: ›Trotz Warnungen des Establishments, angefangen bei Ben BERNANKE über seine Amtsvorgänger Alan GREENSPAN und Paul VOLCKER bis hin zu Präsident Barack OBAMA, stimmte der Finanzausschuß des Abgeordnetenhauses für einen von Ron PAUL eingebrachten Gesetzesentwurf, der die FED einer parlamentarischen Aufsicht unterwerfen will. PAUL hofft auf einen Dammbruch, genau das befürchtet aber die FED. Selbst im Senat, wo gemäßigtere Politiker den Ton angeben, wächst der Widerstand gegen die Zentralbank. Der Bankenausschuß will BERNANKE weitreichende Kontrollbefugnisse für das Finanzsystem wegnehmen.‹

Wenn die FED einer Buchprüfung unterzogen werden sollte, würde sie, so läßt BERNANKE sinngemäß ausrichten, quasi Rache am Volk nehmen und die Wirtschaft mit hohen Zinsen erdrükken. *bloomberg.com* am 25. 9. 09: ›Der Generalberater der FED, Scott ALVAREZ, sagte, die Überprüfung der FED-Geldpolitik durch den Kongreß könnte zu höheren Zinsen führen... Ben BERNANKE, Vorstandsvorsitzender der FED, versucht die Abgeordneten davon zu überzeugen, dem Gesetz zur Überprüfung der FED nicht zuzustimmen... Das würde die Immunität der FED im Zusammenhang mit seiner Geldpolitik aufheben‹.«

Wie reagiert die FED? Was tut jedes amerikanische Unternehmen, jede amerikanische Regierung, wenn man ihnen auf die Schliche kommt? Sie stellen einen Werbefachmann ein und starten eine Desinformationskampagne. Genau das hat nun auch die FED getan: Seit Juni 2008 kümmert sich Ms. Linda ROBERTSON um den guten Ruf und ein besseres ›Image‹ der FED. Sie verfügt über allerbeste Referenzen, hatte sie sich doch schon beim Versuch, den guten Ruf des Finanzministeriums (Treasury Department) und der Pleitefirma Enron aufzupolieren, die Zähne ausgebissen.

Im November und Dezember 2009 wächst der Druck der 295 Abgeordneten und vieler Politiker, die das Gesetz »HR 1207« zur Überprüfung der FED unterstützen, gleichzeitig auch der Widerstand der vom bisherigen System Profitierenden. So ist es dem demokratischen Abgeordneten Mel WATT, Vorsitzender des ›Subkomitees für Währungspolitik‹, gelungen, alle für die FED kritischen Passagen im Gesetz noch vor der Abstimmung im Kongreß zu entfernen.

> »Es ist kein Wunder«, so Ron PAUL, »daß sich einige Abgeordnete dazu hergeben, die an den Gebrechen der amerikanischen Wirtschaft schuldigen und raffgierigen Financiers zu unterstützen. Man braucht ja nur den Geldspuren zu folgen: Mel WATT wurde 2007 und 2008 von Bank of America, Wachovia, American Express und American Banking Association ›gefördert‹ und erhielt von Immobilienfirmen zusätzlich 187 000 Dollar.«

An der Seite von Ron PAUL bekämpft der demokratische Abgeordnete Barney FRANK, Vorsitzender der ›House Financial Services Committee‹ eine Initiative des Präsidenten Barack OBAMA zur Aufrechterhaltung der Immunität der FED. FRANK befindet sich auf Kollisionskurs mit Finanzminister Tim GEITHNER, dem Schutzpatron der FED. Ron PAUL meint:

> »Jede Entscheidung, die nicht die volle und bedingungslose Kontrolle der FED beinhaltet, ist für uns unannehmbar. Doch bis dahin gilt es, noch manchen harten Widerstand zu überwinden.«

Jim TRAFICANT, ehemaliger Kongreßabgeordneter:

> »We, the people of the United States, schulden der FED, diesem internationalen und privaten Finanzkartell, eine ungeheure Menge Geld und haften mit unserem gesamten Eigentum. Wach' endlich auf, Amerika! Befreien wir uns endlich von der Versklavung durch diesen Haufen fetter Geldsäcke. Nicht die Überprüfung, sondern die Abschaffung der FED müssen wir fordern!«

Leserbriefschreiber Stephen CLARK, Mississippi:

> »Als Präsident OBAMA den Vorsitzenden der FED, Ben BERNANKE, für weitere vier Jahre im Amt bestätigte, sparte er nicht mit Lob für seine herausragenden Leistungen und für seinen Kampf gegen die Finanzkrise. Er vergaß zu erwähnen, daß die FED seit 1913 über die amerikanischen Finanzkrisen der Jahre 1921, 1929, 1989, über die Große Depression, über die Rezessionen der Jahre 1953, 1957, 1969, 1975, 1981, den ›Schwarzen Montag‹ 1987 und auch über die gegenwärtigen Krise den Vorsitz geführt hat.«

Mitte Januar 2010 bestellte die ›Financial Crisis Inquiry Commission‹ des Kongresses die Vorstandsdirektoren der vier weltgrößten

Finanzinstitute nach Washington: Die Herren Brian Moynihan, Bank of America, Lloyd Blankfein, Goldman Sachs, James Dimon, JPMorgan, und John J. Mack, Morgan Stanley. Drei Stunden lang beteuerten die hohen Herren ihre Unschuld an der gegenwärtigen Krise und verwiesen auf ihre Bemühungen, ihr Herr zu werden. Phil Angelides, Vorsitzender der Kommission, warf Blankfein vor, den Hypothekenmarkt angeheizt zu haben, obwohl er gleichzeitig gegen diesen spekulierte:

> »Mir scheint, Sie wollten ein Auto mit defekten Bremsen verkaufen und gleichzeitig eine Versicherungspolizze auf den Fahrer abschließen.«

Lloyd Blankfein von Goldman Sachs entgegnete:

> »Wir haben nur das verkauft, was die Investoren verlangen; außerdem haben alle anderen genau so gehandelt.«

Wie nicht anders zu erwarten, verlief das hochgradig besetzte Treffen der Spitzenwucherer wie das Hornberger Schießen.

Es war zu erwarten gewesen, daß die Herren über die Weltfinanz mauern und zum Gegenangriff übergehen würden. Nicht mehr ganz so optimistisch äußerte sich Ron Paul denn auch Anfang Februar 2009:

> »Wäre diese Krisenkommission des Kongresses tatsächlich an der Aufdeckung und Behebung der Ursachen interessiert gewesen, hätte sie unabhängige Fachleute einladen müssen, die die Krise kommen sahen und rechtzeitig vor ihr gewarnt hatten. So weit ich informiert bin, wurde keiner von ihnen angerufen. Die Machthaber fürchten sich vor Fachleuten, die mit dem Finger auf die vielen Nutznießer am System zeigen und darauf hinweisen würden, daß der allergrößte Betrug von der Federal Reserve begangen wird. An solcher Aufdeckung ist die Kommission nicht interessiert. . . Ich bezweifle deshalb, daß etwas Brauchbares dabei herauskommt.«

Pauls Pessimismus ist verständlich, denn nach Aussage des Abgeordneten Barney Frank hat der demokratische Senator Chris Dodd, Vorsitzender des ›Senate Banking Committee‹, dem republikanischen Senator Judd Gregg kürzlich versichert, er würde nie zulassen, daß das Gesetz zur Kontrolle der FED von seinem Komitee genehmigt würde.

5.3.4 Das Kreuz mit den ›Bailouts‹, den finanziellen Hilfspaketen in den USA

Sowohl in den USA als auch in EUropa sind sich Wirtschaftsjuristen und Staatsrechtler darüber einig, daß für die finanziellen ›Rettungs‹-Pakete von Regierungen an Banken und Industrien in Multimilliardenhöhe, ausschließlich die Steuerzahler haften. Großspurige Erklärungen von Politikern, der Staat würde für die Sicherheit ihrer Spareinlagen garantieren, seien leere Versprechen.

Neil BAROFSKY, Generalinspektor für die finanziellen Rettungspakete der US-Regierung, sagte laut *Politico* im August 2009 vor der Aufsichtsbehörde des Kongresses:

> »Bei der Endabrechnung aller Rettungspakete werden die amerikanischen Steuerzahler für unvorstellbare 23 Billionen Dollar haften müssen. Das ist mehr als das Doppelte unseres Bruttoinlandsprodukts des Jahres 2008, mehr als die Kosten aller von den USA geführten Kriege plus die Mondlandung plus die Kosten des vom Präsidenten Franklin D. ROOSEVELT betriebenen ›New Deal‹.«

Im September 2008 waren 700 Milliarden Dollar für das TARP (Troubled Asset Relief Program, zum Aufkaufen insolventer Banken und ihrer ›*toxic assets*‹; d. Verf.) locker gemacht worden. Als ein Jahr später Bilanz gezogen wurde, stand für Neil BAROFSKY fest, »es sei höchst unwahrscheinlich, daß die Steuerzahler ihr Geld jemals wiedersehen«. Das Programm diente vom Anfang an der Verschleierung des größten Diebstahls von Steuergeldern in der Geschichte der Vereinigten Staaten.

Associated Press (AP) meldete Ende November 2008, die Regierung hätte mit dem letzten Rettungspaket von 800 Milliarden Dollar eine Gesamtsumme von insgesamt 8,5 Billionen Dollar an finanziellen Hilfsmaßnahmen ausgegeben. Davon wurden 5,5 Billionen von der FED, 1,1 vom Finanzministerium, 700 Milliarden vom TARP beigesteuert.

> »Sollte es zu einer wundersamen Krisenrettung kommen,« so Anil KASHYAP, Professor an der Chicago School of Business, »könnten die Steuerzahler sogar davon profitieren. Dies entspricht aber weder meiner Erwartung, noch scheint es ein denkbares Szenario zu sein.« Seit Ende August seien die Bundesschulden der USA von 5,5 Billionen auf 6,4 Billionen geklettert.

Weil die FED anstatt 700 Milliarden gleich zwei Billionen Dollar an Steuergeldern verliehen hat und sich weigert, die Namen der Empfänger zu nennen, klagte jetzt die Finanzagentur Bloomberg. Weil sie der amerikanischen Regierung keine Rechenschaft schuldig ist, kann die FED so lange schweigen, wie es ihr paßt.

Nur selten gelingt es dem gefledderten, gerupften, gemolkenen, geschorenen Steuerzahler, seinen Frust so treffend zum Ausdruck zu bringen, wie Leser V.G. aus Hessen im *Spiegel*, Nr. 52, 2008:

> »Zuerst wurde eine große Flut erzeugt mit dem virtuellen und billigen Geld der Zentralbanken, mit den Flutmaschinen des Bankensystems und des Staates, mit Steuersenkungen, Subventionen und Konjunkturprogrammen. Alles wurde geflutet, verschuldete sich: Konsumenten, Länder, Unternehmen. Auf Flut folgt stets irgendwann die Ebbe, aber die will man verhindern mit neuer Flut. Dadurch wird die Gesetzmäßigkeit des notwendigen Erscheinens der Ebbe aber nicht beseitigt, ihr Erscheinen nur verzögert.«

Ende September 2008 kommentierte das *National Journal* die Lage wie folgt:

> »In den USA gab es schon seit den 90ern keinerlei Regulierung und Aufsicht über Finanztransaktionen mehr. Das Bankgeschäft hatte sich zu einem Welt-Casino entwickelt. . . Die fünf größten Wall Street-Investmentbanken, die die Weltfinanzen kontrollierten, sind am 15. September entweder pleite gegangen oder vom Staat zerschlagen worden. Dieser Vorgang wurde von der *Frankfurter Allgemeinen* als ›Untergang‹ tituliert. Goldman Sachs und Morgan Stanley sollen nur noch als ›normale‹ Geschäftsbanken unter staatlicher Kontrolle fortbestehen dürfen.«

Im Vorwort zu *The Global Economic Crisis, The Great Depression of the XXI Century* (2010), schreiben die Autoren Michel CHOSSUDOVSKY und Andrew GAVIN im Vorwort:

> ». . . Die Kernschmelze der Finanzmärkte 2008–2009 war die Folge des zur festen Einrichtung gewordenen systemimmanenten Betrugssystem und der als Gewohnheitsrecht angesehenen Finanzmanipulationen. Die ›bank bailouts‹ (Bankenrettungspakete), die auf Befehl der Wall Street zügig umgesetzt wurden, führten zum größten Geldtransfer der Geschichte und gleichzeitig zu einer astronomisch hohen und deshalb niemals rückzahlbaren öffentlichen Verschuldung.«

Sowohl die *Financial Times Deutschland* als auch *American Free Press* bestätigen, daß 2009 die Arbeitslosigkeit in den USA die Rekordziffer von 17 Prozent längst überschritten hat. Im September 2009 berichtet *Der Spiegel* von horrenden Defiziten der amerikanischen Pensionsfonds: »Auf Jahrzehnte angelegt, in wenigen Monaten vernichtet«.

Anstatt als eiserne Reserven für die Altersversorgung der Angestellten im öffentlichen Dienst bewahrt zu werden, wurde mit den Fonds zwecks Erzielens saftiger Renditen spekuliert. Durch den ›Crash‹ entstanden gigantische Verluste: »Im Bundesstaat Virginia werden 2012 und 2013 nur 60 Prozent der Renten zur Auszahlung kommen, bis 2025 nur noch 50 Prozent.«

Dafür hätten die Amerikaner, so *American Free Press*, für 14 bis 20 Millionen illegale Einwanderer, Milliarden an Steuergeld für kostenlose medizinische Behandlung und den Gratisaufenthalt in amerikanischen Spitälern aufzubringen. Quer durch die USA sei wohlbekannt, daß viele Schwangere mit ›Migrationshintergrund‹ am liebsten erst knapp vor der Entbindung einen Flug nach Miami buchen, hier kostenlos ihr Kind zur Welt bringen und einen Freiflug für die Deportation zurück in die Heimat in Anspruch nehmen.

Im Dezember 2008 urteilt der *Spiegel*,

> »daß die amerikanische Autoindustrie in ihrem jetzigen Bestand nicht überlebensfähig ist. . . Blinde Subventionierung, worauf überstürzte politische Beschlüsse im allgemeinen nicht selten hinauslaufen, sei reine Geldvernichtung«.

Während Hunderttausende amerikanischer Automobilarbeiter um ihre Arbeitsplätze bangen müssen, geht Rick Wagoner, Chef von General Motors, in Pension, wo laut *American Free Press* ein Betrag von 23 Millionen Dollar plus ein Aktienpaket im Wert von 366 000 Dollar und eine Prämie von 534 000 Dollar auf ihn warten.

Im März 2009 meldet *Associated Press (AP)*: »Massenentlassungen bei Caterpillar Inc., 45 000 von 112 000 Mitarbeitern sind betroffen.« Und die *New York Times* vom 16. Oktober titelt – ohne Kommentar –, das ›Federal Budget Deficit‹ sei per Ende September auf 1,4 Billionen Dollar geklettert.

Und nochmals *Der Spiegel* im März 2009:

> »US-Rechnungshof fürchtet Billionen- Defizite bis 2019. . . Der Kampf gegen die Krise droht den US-Haushalt auf ein Jahrzehnt

hinaus drastisch zu belasten. Eine neue Schätzung des Kongreß-Rechnungshofes ergibt, daß in diesem Jahr ein höheres Rekorddefizit bevorsteht als bisher bekannt – und der Fehlbetrag bis 2019 jährlich eine Billion Dollar ausmachen könnte. . . Im laufenden Haushaltsjahr, das bis Ende September andauert, könnte das Minus bei 1,85 Billionen Dollar liegen. . . Das Defizit für 2009 entspräche der Rechnung zufolge 13,1 Prozent des BIP und liegt weit über den 449 Milliarden des Vorjahres. . . Ein Ende der Schuldenmisere scheint nicht in Sicht: . . . das Defizit werde jährlich um eine Billion wachsen und sich bis 2019 zu einem Schuldenberg von 9,3 Billionen Dollar auftürmen. . . Manche Experten bezweifeln jedoch, daß die aggressiven Maßnahmen für dauerhaft niedrigere Zinsen auf Verbraucherkredite führen werden. Zudem wird befürchtet, daß die Schritte, die letztlich auf unentwegtes Drucken frischen Geldes durch die FED hinausliefen, die Inflation über Gebühr anheizen würden.«

5.3.5 Etwas für Trostsuchende

Eine Million Sekunden währen zwölf Tage, eine Milliarde Sekunden daher 32 Jahre, eine Billion Sekunden 32 tausend Jahre. Ende dieses Jahrzehnts werden die amerikanischen Steuerzahler der ›FED‹ 9 Billionen Dollar schulden. Sollten sie jede Sekunde einen einzigen Dollar zurückzahlen, haben sie genau 290 007 Jahre Zeit für die Tilgung ihrer Schulden.

Also, wo liegt das Problem?

Die drängendste Frage, die alle Amerikaner beschäftigt, lautet: »Who dunnit?« – wer steckt dahinter?

In den vorangegangenen Kapiteln ist der Autor schon mehrmals auf die kleine Clique zu sprechen gekommen, die dank ihrer vor einhundert Jahren erschlichenen Kontrolle über das Weltfinanzsystem zum Endkampf um die Weltherrschaft im Zeichen der Globalisierung angetreten ist. Hier folgen einige weitere, recht aufschlußreiche Informationen über die ›*crème de la crème*‹ der Oberzinswucherer und ihre Handlanger:

The Guardian: »Fünfundzwanzig Leute stehen im Zentrum der Kernschmelze«, schreibt Julia Finch, »wer hat uns auf den Weg in den Ruin geführt?« Sie sind alle abgebildet, die 25 Bösewichter, und ihr Sündenkatalog wird – leicht britisch gefärbt – aufgezählt. Alan Greenspan, ehemaliger Chef der FED, Mervyn King, Chef der

Bank of England, Bill CLINTON, Ex-Präsident der USA, Gordon BROWN, britischer Premier, George W. BUSH, Senator Phil GRAMM (Texas), Abby COHEN, Strategieplanerin bei Goldman Sachs, Kathleen CORBET, ehemalige Chefin der Rating-Agentur Standard & Poor's, Maurice GREENBERG, ehemaliger Chef des Versicherungsriesen AIG, Andy HORNBY, ehemaliger Chef von HBOS (Halifax Bank of Scotland), Sir Fred GOODWIN, ehemaliger Chef von RBS (Royal Bank of Scotland), Steve CRAWSHAW, ehemaliger Boss von B&B (Bradford & Bingley), Adam APPLEGARTH, ehemaliger Chef von Northern Rock, Dick FULD (auch: Fould), Chef von Lehman Brothers, Ralph CIOFFI, ehemaliger Chef von Bear Stearns, Lewis RANIERI, einer der Schöpfer der Spekulationsblasen, Joseph CASSANO, Verantwortlicher für die Pleite des Versicherungsriesen AIG, Chuck PRINCE, Chef der Citibank, Angelo MOZILO, Chef von Countrywide Financial, Oberspekulant in Sachen Hypotheken, Stan O'NEAL, ehemaliger Chef von Merrill Lynch, Jimmy CAYNE, ehemaliger Boss von Bear Stearn, Chris DODD, Vorsitzender des Bankenuntersuchungskomitees des US-Senats, Geir HAARDE, isländischer Premierminister, John TINER, ehemaliger Chef der amerikanischen Financial Services Authority (FSA), ferner Andrew LAHDE, Chef einer Hedge Fund-Agentur, John PAULSON, der größte Gewinner bei Spekulationen überhaupt, der ewige Pessimist Nouriel ROUBINI, der Milliardär Warren BUFFETT, der Oberspekulant George SOROS, Stephen EISMANN, Hedge Fond-Manager, Meredith WHITNEY, Chef von Oppenheimer Securities, und zu guter Letzt auch das amerikanische Volk, daß doch irgendwann hätte erkennen müssen, daß Bonsai nicht in den Himmel wachsen.

Auch Friedrich ROMIG erstellte eine Liste der für die Finanzkatastrophe verantwortlichen Architekten: Paul VOLCKER, Alan GREENSPAN, Ben BERNANKE (alle drei nacheinander FED-Präsidenten), Robert RUBIN, Larry SUMMERS (nacheinander Finanzminister in der Regierung CLINTON), James D. WOLFENSOHN, Paul WOLFOWITZ, Robert ZOELLIK (alle drei Weltbank), Dominique STRAUSS-KAHN (IMF), Tim GEITHNER (jetzt US-Finanzminister), Maurice GREENBERG (AIG), Josef ACKERMANN (Deutsche Bank), George SOROS, (Großspekulant). Hinter den Massenverbrechen solcher Großarchitekten verliert man die Gaunereien der kleinen Betrüger vom Schlage eines Bernie MADOFF (50 Milliarden Dollar), seiner Wiener Vertrauten Sonja KOHN (3,7 Milliarden Euro) oder des Finanzpokerspielers Boaz WEINSTEIN von der New Yorker Investmentabteilung der Deutschen Bank leicht aus den Augen. Letzterer scheint ein ganz besonders hell leuchtender Stern am Firmament der Absahner zu sein: Dieser 35jährige Spezialist für besonders komplizierte Spekulationen bei der Deutschen Bank in New York ›machte‹ in guten Zeiten 40 Millionen Dollar pro Jahr. 2008 jedoch ›erwirtschaftete‹ seine Fachabteilung einen Verlust von 1,8 Milliarden Dollar. Jetzt will WEINSTEIN seinen eigenen Hedge-Fonds gründen.

Der Spiegel veröffentlichte eine Liste der sechzehn Top-Absahner von ungerechtfertigten Bonuszahlungen in Multimillionenhöhe: Stefan JENTZSCH (8 Millionen von Dresdner Bank), Stefan ORTSEIFEN (800 000 Euro von IKB), Georg FUNKE (Hypo Real Estate), Boaz WEINSTEIN (Deutsche Bank), Peter WUFFLI (UBS), Marcel OSPEL (UBS), Joachim NEUPEL (450 000 von IKB), Fred GOODWIN (RBS), John MACK (40 Millionen US-Dollar von Morgan Stanley, 2006), Richard FULD (Lehman Brothers), John THAIN (83 Millionen Dollar von Merrill Lynch im ersten Jahr), Andy HORNBY (HBOS), James CAYNE (Bear Stearns), Stan O'NEAL (161 Millionen ›Pensionsbeigabe‹ von Merrill Lynch, 2006), Sandy WEILL (Citigroup), Lloyd BLANKFEIN (53 Millionen Dollar von Goldman Sachs).

> »Im Dezember 08 meldete *Associated Press*, daß 1,6 Milliarden Dollar des Geldes, das die US-Steuerzahler zur Rettung ihrer Banken berappten, in die Taschen von Top-Managern flossen. Die zum Preis von rund 230 Milliarden Dollar Staatsgeld verkaufte Merrill Lynch beschenkte nochmals die Top-Verdiener. Sie verlegte die Prämienauszahlung von 3,6 Milliarden kurz entschlossen vor dem Dezembertag, an dem die Aktionäre über den Verkauf an die Bank of America abstimmen sollten. Präsident OBAMA: ›Wir haben nichts gegen Reichtum. Und wir glauben, daß Erfolg belohnt werden soll. Aber was die Menschen zurecht verärgert, ist, Versagen zu belohnen.‹ ...
>
> Diskutiert wurde etwa, Gehaltsgrenzen nicht nur für die Führungskräfte, sondern für alle Bankangestellten festzulegen. Der Wall Street gehen auch diese abgemilderten Regeln viel zu weit. Vergangene Woche hatte das *Wall Street Journal*, Hausorgan der Finanzbranche, vor einer Begrenzung des Boni-Systems gewarnt. Leistungsprämien seien ›ein wichtiger und nötiger Teil dieser schnellen Hochdruckindustrie‹. Sie wegzunehmen, könnte die Rückkehr des wirtschaftlichen Aufschwungs behindern.«

Dieser Artikel war unter dem Titel »Gier ist gut!« erschienen. Der Publizist William Engdahl berichtete im April 2009 über »Das ›kleine schmutzige Geheimnis‹ von US-Finanzminister Geithner:

Produktivitäts-, Wachstums- und Profitbesessenheit – die GIER – bilden den einen Dreh- und Angelpunkt der Globalisierung. Der andere ist – wie gesagt – die Rhetorik der Menschenrechte, »die kein anderes Ziel hat, als die Widerstände gegen die Globalisierung zu brechen« (Alain de Benoist). Um »das System zu retten« (A. Merkel), wurden Rettungspakete geschnürt, die die meisten Staaten überfordern und in den Ruin treiben werden.

»Geithners jüngster Plan, sein sogenanntes ›Öffentlich-Privates Partnerschafts-Investmentprogramm‹ – PPPIP (Public Private Property Investment Program) – ist nicht entwickelt worden, um ein gesundes Kreditsystem wiederherzustellen, . . . sondern um noch weitere viele hundert Milliarden Dollar direkt den führenden US-Banken und anderen Wall Street-Häusern zuzuführen – ausgerechnet jenen Finanzinstituten, die für das augenblickliche Chaos auf den Weltkreditmärkten verantwortlich sind. . . Tim Geithner, ein Protégé von Henry Kissinger und bis vor kurzem noch Chef der New Yorker FED, verteidigte seinen Plan, es sei nicht seine Absicht, ›schwache Banken auf Kosten der starken zu erhalten‹. Doch genau das passiere mit dem jetzt verfolgten PPPIP. Die fünf ›schwachen‹ US-Banken sind nämlich die fünf größten Bankhäuser im ganzen US-Finanzsystem... Was die Öffentlichkeit auf keinen Fall erfahren, geschweige denn verstehen soll, ist sein ›kleines, schmutziges Geheimnis‹: Nämlich die Tatsache, daß die Außerkraftsetzung des ›Glass-Steagall Acts‹ (ein Gesetz aus dem Jahre 1933 zur klaren Trennung von Geschäftsbanken, Versicherungsgesellschaften und Investmenthäusern) die Bildung einer kleinen Gruppe von US-Großbanken ermöglichte, um die entscheidenden Bereiche der ›außerbilanzlichen‹ und ›außerordentlichen‹ globalen Herausgabe von Finanzderivaten zu monopolisieren und vollständig kontrollieren zu können. Laut letzten Daten des amerikanischen Bundesrechnungshofes halten diese fünf US-Banken insgesamt 96 Prozent der nominellen Derivatpositionen aller US-Banken und erschreckende 81 Prozent des gesamten Netto-Kreditrisikos.« »Diese fünf US-Banken sind: JPMorgan Chase mit atemberaubenden 88 Billionen Dollar an Derivaten, Bank of America mit 38 Billionen, Citigroup mit 32 Billionen, Goldman Sachs mit 30 Billionen und die fusionierte Wells Fargo-Wachovia Bank mit 5 Billionen Dollar an Derivaten. Das Gleiche gilt für die britische HSBC-Bank-Filiale in den USA, die 3,7 Billionen Dollar an Derivaten in ihren Büchern stehen hat. Dank Tim Geithner, seinen Machenschaften und finanziellen Hilfspaketen in Multimilliardenhöhe sind die fünf Banken überzeugt, sie wären so mächtig, daß sie der US-Bundesregierung die Politik vorschreiben können. . .«

Die in München erscheinende *National-Zeitung* beschäftigte sich im Juli 2009 mit der ›Goldman-Verschwörung‹:

»Wo sitzt die wahre Macht in den USA? Im Weißen Haus oder in 85 Broad Street in Manhattan? Letzteres ist der Firmensitz der Investmentbank Goldman Sachs. Das mächtigste Bankhaus der Welt hat seine Finger überall im Spiel. Jetzt hat Präsident Obama auch noch den früheren Goldman Sachs-Manager Murphy als neuen US-Botschafter für Deutschland benannt. . . In einem aufsehenerregenden Artikel, der in der Zeitschrift *Rolling Stone* erschien, analysiert der Journalist Matt Taibbi die Vorgehensweise von Goldman Sachs: ›Die mächtigste Investmentbank der Welt ist ein riesiger Vampirtintenfisch, der unerbittlich seinen Bluttrichter in alles rammt, das nach Geld riecht.‹ Sie habe systematisch Pensionsfonds und andere Investoren abgezockt, in dem man ihnen Berge von toxischen Wertpapieren angedreht habe. . . Dann habe sie viele Milliarden Steuergelder eingesackt, indem der Staat die Schulden des Kreditversicherers AIG bei Goldman Sachs übernommen habe. . . Außerdem sei sie maßgeblich verantwortlich für das Entstehen der riesigen Spekulationsblase am Neuen Markt, durch die allein in den USA fünf Billionen Dollar an Vermögen vernichtet wurden... Goldman Sachs sei auch die treibende Kraft hinter dem Handel mit wertlosen amerikanischen Immobilien- und Finanzderivaten. An der dadurch hervorgerufenen Finanz- und Wirtschaftskrise krankt die ganze Welt. In Deutschland drohen deswegen Millionen zusätzliche Arbeitslose. Von den astronomischen Staatsschulden, die zur Eindämmung der Krise nicht nur in den USA, sondern auch in Deutschland und vielen anderen Staaten aufgenommen wurden, ganz zu schweigen.«

»Goldmänner in allen Schlüsselpositionen«, setzt die *NZ* ihren Bericht fort:

»Tatsächlich befinden sich ehemalige Goldman Sachs-Mitarbeiter in nahezu allen Schlüsselpositionen der Macht. Vom Weltbankpräsidenten bis hin zum Direktor der italienischen Nationalbank. Ganz zu Schweigen von den engen Verbindungen zu anderen Unternehmen und den amerikanischen Medien, was Recherchen erschwert. Kritische Berichte, wie die von Matt TAIBBI, werden als ›antijüdisch‹ abqualifiziert, weil man damit das ›jüdischste Unternehmen‹ bewußt schlechtmache. Nicht umsonst gilt Goldman Sachs als ›Weltmacht mit Drehtür‹. Zahlreiche Mitarbeiter von Goldman Sachs gingen in die Regierung und kehrten anschließend wieder zur Bank zurück... Im Fall der toxischen Wertpapiere spielte Robert RUBIN die entscheidende Rolle, von 1995 bis 99 Finanzminister unter Bill CLINTON, und heute einer der einflußreichsten Berater von Barack OBAMA...

Auch wir Deutsche sind massiv betroffen... Die von Goldman Sachs maßgeblich verursachte Finanzkrise hat Deutschland fest im Griff... Als Karstadt in Schieflage geriet, holte es sich Berater von Goldman Sachs. Diese empfahlen den Verkauf der Kaufhaus-Immobilien bei gleichzeitiger Rückanmietung zu horrenden Mietpreisen. Die Kaufhäuser wurden sinnigerweise an niemand anderen verkauft als an Goldman Sachs – genauer gesagt, an dessen Immobilientochter Whitehall. An der Verwertungsgesellschaft hält Goldman Sachs 51 Prozent der Anteile. Die Miete kostete Karstadt 350 Millionen Euro pro Jahr – zu viel, um wirtschaftlich überleben zu können... Für Goldman Sachs war Karstadt eine Lizenz zum Gelddrucken. Für die Angestellten des Konzerns und für den deutschen Steuerzahler war das Engagement von Goldman Sachs ein Desaster.«

Daß alle beim amerikanischen Billionenpoker Mitwirkenden unter einer Decke stecken und sich gegen die Welt verschworen haben, belegt die folgende Meldung von *MMNews* (28. 5. 2009):

> »Märchenstunde bei Moody's? Die Rating-Agentur hat ihre Bonitäts-Bestnote für die USA trotz steigender Staatsschulden bekräftigt. Sie stellt fest, daß die Bewertung der Bonität mit ›AAA‹ trotz erhöhter Defizite stabil sei... Bei Großbritannien wurde das Rating auf Grund einer Neuverschuldung von 12 Prozent in Frage gestellt... Wenn man das Defizit der USA auf das Gesamtjahr 2009 hochrechnet, sprechen wir von einem Gesamtbudgetdefizit von bis zu knapp 20 Prozent des US-BIP. Und trotzdem sieht Moody's keinen Handlungsbedarf.«

Keine Frage, daß auch die beiden anderen amerikanischen Rating-Agenturen Standard & Poor's und Fitch Ratings, die den USA die Vorzugsnote AAA einräumen, obwohl die ganze Welt weiß, daß der Dollar das Papier nicht wert ist, auf dem er gedruckt ist, mit der Wall Street unter einer Decke steckten.

Al Jazeera meinte Mitte Juli 2009:

> »US Bankenriese Goldman Sachs meldet für das zweite Quartal einen Nettogewinn von 3,44 Milliarden Dollar... Lloyd BLANKFEIN, Chef der Bank meint, der Weltmarkt sei zwar noch gebrechlich, doch seien die Erfolge von Goldman Sachs ein Zeichen, daß es wieder aufwärts geht.«

Die Londoner *Sunday Times*, die *New York Post* – beide gehören zum News Corp. Imperium des Rupert Murdoch – sowie Carsten KNOP in der *Frankfurter Allgemeinenm Zeitung* vom 9. November 2009 berichteten von Aussagen, die Lloyd BLANKFEIN, Vorstandsvorsitzender von Goldman Sachs, anläßlich eines Interviews gemacht hat: Banken erfüllten einen »gesellschaftlichen Zweck«. Er selbst sei, entgegen allen Vorwürfen, er sei ein böser Bonze, der die Öffentlichkeit verhöhnt, lediglich ein Banker, der Gottes Werk verrichtet. Die jüngsten Rekordgewinne von Goldman Sachs sollten kein Anlaß zur Kritik sein, sondern ein Freudenfest auslösen, weil sie ein Beleg für konjunkturellen Aufschwung seien. Und hohe Bonus-Zahlungen seien eben der gerechte Lohn für den Ehrgeiz der Spitzentalente, deren sich Goldman rühmt.

> »Ich will nicht ihr Streben begrenzen. Es fällt mir schwer, für eine Obergrenze bei der Entlohnung zu argumentieren«, sagte BLANKFEIN, der in diesem Jahr selbst 68 Millionen Dollar verdient hat, so viel wie noch kein anderer Vorstandsvorsitzender an der New Yorker Wall Street vor ihm. Zudem gehören ihm Aktien von Goldman Sachs im Wert von mehr als 500 Millionen Dollar.«

Ende April 2010 war nicht mehr zu verheimlichen, daß Goldman Sachs, Merrill Lynch, die Schweizer UBS und Deutsche Bank überführt wurden, Anlegern wertlose Papiere angedreht und gleichzeitig mit deren Verluste spekuliert zu haben. Bei diesem ›Gotteswerk‹ hätten die Goldmänner eine Milliarde Dollar Reibach eingesteckt.

Am 24. April berichtete die *Huffington Post*, so *Zuerst!*, Nr. 6/2010, elf angeklagte somalische Piraten hätten vor einem US-Gericht ausgesagt, für Goldman Sachs zu arbeiten:

> »Wir verrichten Gottes Werk und arbeiten für Lloyd BLANKFEIN... Wir funktionieren wie Investmentbanker...«

Eine solche Ironie des Schicksals ist wahrlich nicht mehr zu übertreffen.

Solcher Goldman Sachs-Mentalität kann Peter SODANN, Bundespräsidentenkandidat der Linken, keine Sympathie entgegenbringen. In einem Interview mit *Zuerst!* (4/2010) bekennt er:

> »Als ich Bundespräsident werden sollte, habe ich gesagt, daß ich gerne den ›Banker mit A.‹ verhaften möchte. Das hat für Empörung gesorgt...«
>
> *Zuerst!*: »Also müßte man jetzt mehr von denen verhaften, die die aktuelle Krise zu verantworten haben?«
>
> SODANN: »Man muß ja nicht gleich mit Handschellen kommen. Aber sie zur Verantwortung ziehen – das wäre doch was!«

Daß sich auch deutsche Banken nicht lumpen lassen, bestätigt *Bild* am 25. September 2010:

> »2,2 Milliarden Verlust im vergangenen Jahr, 142 Milliarden Euro Staats-Garantien, so lautet die düstere Bilanz der verstaatlichen Pleitebank HRE (Hypo Real Estate). Nur die persönliche Bilanz der Vorstände ist rosig: Sie können schon nach kurzer Amtszeit mit gigantischen Pensionen rechnen, wie Ex-Bankchef Axel WIEANDT (44). Ihm steht nach nur eineinhalb Jahr Dienst eine Pension in der Höhe von 238 000 Euro zu. Das sind 19 840 Euro monat-

lich. Für eine solche Rente müßte ein Durchschnittsverdiener fast 730 Jahre arbeiten! Für welches › Werk Gottes‹ Axel Wieandt hier wohl belohnt wird?

Die *FAZ* fragt verzweifelt:

»Aber haben die Mahner recht? Haben die Banken wirklich nichts dazugelernt? Ist alles wieder wie vor der Krise?«

Diese Frage muß mit eindeutigen ›Ja‹ beantwortet werden. Der *Spiegel* (Nr. 30/2010) titelt seinerseits:

»Ein britischer Hedgefonds treibt die Kakaopreise in die Höhe, auch Zucker, Weizen geraten ins Visier von Spekulanten.«

Als Beispiel wird Anthony Ward, Chef des Londoner Agrarhandelshauses Armajaro angeführt, zu dem auch ein Hedgefonds gehört, der in den vergangenen Wochen an den Märkten für Furore gesorgt hat. Ward soll Terminkontrakte für die Lieferung von 241 000 Tonnen Kakao im Wert von einer Milliarde Dollar gekauft haben. Dies entspricht rund sieben Prozent der Weltjahresernte; sie würde ausreichen, Deutschland ein Jahr lang mit Schokolade zu versorgen. »Der Markt wird von einigen wenigen, die Börsenpositionen kontrollieren, zunehmend manipuliert«, so der Hamburger Kakaohändler Andres Christiansen zum *Spiegel*. Die Turbulenzen am Kakaomarkt sind nur der jüngste Beleg dafür, daß die internationalen Finanzmärkte erneut mit Agrarrohstoffen spekulieren. Gegenüber 2007 stiegen die Preise für Kakao um 86 %, für Kaffee um 29 %, für Weizen um 17 %, für Soja um 12 %.

Die Spekulation auf Lebensmittel und damit das Geschäft mit dem Hunger – das gehört leider zum Globalisierungsgeschäft.

Auch die Großbanken Goldman Sachs, Bank of America, Citigroup, Morgan Stanley, J.P. Morgan und Deutsche Bank – so der *Spiegel* – mischen fleißig mit. Beim ›Geschäft‹ mit Agrarrohstoffen haben sie 2009 Milliardengewinne ›erwirtschaftet‹. Diese Wucherer folgen nur dem Beispiel jener Aasgeier, für die Lebensmittel und Agrarprodukte zu reinen Spekulationsobjekten degradiert wurden.

> »Schon bald, so Anthony Wards Kalkül, werden Schokoladenhersteller wie Lindt & Sprüngli oder Kraft nicht anders können, als teuer bei ihm zu ordern. Das Weihnachtsgeschäft steht schließlich vor der Tür.«

Der Wiener *Kurier* bemerkte am 1. Oktober 2009:

> »Der Schuhwerfer von Bagdad hat einen Nachahmer gefunden: IWF-Direktor Dominique Strauss-Kahn wurde in Istanbul am Rande einer Weltfinanz-Tagung attackiert. . . Getroffen wurde er nicht. Vor der Universität kam es zu heftigen Zusammenstößen zwischen der Polizei und Demonstranten, die gegen die Globalisierung protestierten.«

Ganz besonders verärgert zeigen sich die miteinander verschworenen und eng verzahnten Herren der Weltfinanz darüber, daß ausgerechnet einer aus ihrer Mitte die Chutzpe hatte, seine Zunftkollegen zu betrügen. Die Rede ist von Bernard Madoff. Der 70jährige ehemalige Vorsitzende der New Yorker Nasdaq-Börse ist angeklagt, die jüdische ›Lappin Charitable Foundation‹, die jüdische ›Lautenberg Foundation‹, die führenden Geschäftsmänner und Investoren Norman Braman, Fred Wilpon, Ezra Merkin, Mortimer Zuckerman, Steven Spielberg, Carl Shapiro, Leonard Feinstein, ja sogar Elie Wiesel mit seinem Pyramidenspiel um 50 Milliarden Dollar geprellt zu haben (*Jüdische Zeitung*, März 2009). Auf einschlägige Rückfragen von *AP (Associated Press)* hätten Deutsche Bank, Dresdner Bank und Commerzbank mit »no comment!« geantwortet.

> »Auf die Madoff-Abzockerei von 50 Milliarden Dollar folgte die eng mit dieser verknüpften Betrügereien der im Besitz von Erwin und Sonja Kohn befindlichen ›Bank Medici‹ aus Österreich,« schreibt George Kadar in *American Free Press* vom 2. Februar 2009. »In Wien beschäftige die Bank lediglich 16 Angestellte und arbeitet mit Madoff eng zusammen. Am Tag von Madoffs Verhaftung tauchte das Ehepaar Kohn in Israel, später in den USA un-

ter. Sonja KOHN war eine im Investmentgeschäft hyperaktiv umtriebige Dame, die in Wien, Zürich, Jerusalem und nahe New York teure Residenzen unterhält.«

Der Wiener *Die Presse* (11. 10. 2008) und *American Free Press* zufolge hat Joseph CASSANO, Risk (!)-Manager von AIG, dem Versicherungsriesen American Insurance Group, nach dem Einfahren eines Verlustes von 40 Milliarden Dollar, eine Abfindung von 34 Millionen bezogen. Den Empfang des ›Bailout‹ von 170 Milliarden Dollar an Steuergeldern feierte das Top-Management von AIG in einem exklusiven kalifornischen Kurort und ließ sich die Party 444 000 Dollar kosten. Ein paar Monate später ging die lustige Runde auf Jagdurlaub nach England (86000 Dollar) und erholte sich im November auf einer Luxusranch in Arizona (343000 Dollar). Für diese unzumutbar harten Arbeitsbelastungen genehmigte sich die Chefetage von AIG Boni-Zahlungen in der Höhe von 165000 Dollar.

EUropäische Steuerzahler sollten nicht die Nase rümpfen: ›Unsere‹ Finanzeliten verhalten sich nur selten besser: Das Management des belgisch-niederländischen Versicherungskonzerns Fortis, das im Herbst 2008 gerade einen Verlust von 15 Milliarden Euro ›erwirtschaftet‹ hatte, veranstaltete im teuersten Luxushotel von Monte Carlo ein Galadiner für fünfzig Gäste.

Anfang Februar 2010 wagten die Wirtschaftspublizisten Ian GORDON und Christopher FUNSTON von der angesehenen britischen Publikation *Longwave Group* eine kurzzeitige Prognose:

> »Die sich auf Grund steigernder Verschuldung weltweit drastisch verschlechternde wirtschaftliche Lage wird vor allem die USA und das Vereinigte Königreich treffen. Wir erwarten für 2010 ein weltweit beträchtliches Absinken des BIP. Mit dem Begriff ›Depression‹ wird man die Wirtschaftslage am besten beschreiben können. Die Arbeitslosigkeit wird stark ansteigen; in den USA könnte sie 2010 bis zu 27 Prozent erreichen. Alle gegenwärtigen finanziellen Probleme in den USA sind die Folge von Maßnahmen und Entscheidungen der FED. Sie erschafft Geld, das Inflation schafft. Deshalb wird 2010 die FED unter starken Druck geraten, sich einer staatlichen Kontrolle zu unterziehen und heftiger Kritik seitens der Öffentlichkeit ausgesetzt sein. Finanzminister Tim GEITHNER dürfte das Jahr 2010 nicht heil überstehen.«

Von solchen systemangepaßten Wirtschaftswetterfröschen darf man freilich nicht erwarten, daß sie grundlegende Fehler aufdecken und die Schuldigen benennen, sondern muß schon froh sein, wenn sie angesichts des sich zusammenbrauenden Finanz-Mega-Hurrikan ihren Lesern immerhin empfehlen, nicht ohne Regenschirm das Haus zu verlassen.

5.4 Ursprung, Auswirkungen und Folgen der Finanzkrise

> »Zins ist die einzig wahre und wirkliche Ursache, daß die Welt dem Wahnsinn des ewigen Wachstums verfallen ist.«
>
> Konrad LORENZ, Verhaltensforscher (1903–1989), in: *Die acht Todsünden der zivilisierten Menschheit.*

Am 8. Mai 1985 hielten Dipl. Ing. Walter LÜFTL und Dr. Paul C. MARTIN an der Hochschule St. Gallen einen Vortrag zum Thema »Der Staatsbankrott kommt doch«, in dem die beiden Autoren der wegweisenden Bücher *Die Pleite* und *Formeln für den Staatsbankrott* (1984) achtzehn Argumente anführten, darunter:

1. Das Kennzeichen jeder Vor-Crash-Phase sei die Rundum-Illusion des Publikums, das Finanz-System sei ›fundamentally sound‹ (von Grund auf gesund), es könne deshalb »nie mehr etwas passieren«. So hätten es auch die US-Präsidenten COOLIDGE und REAGAN sowie der Wirtschaftswissenschaftler John M. KEYNES befunden. (...)

5. Crash sei der Zusammenbruch irrealer Forderungen. (...)

8. Die geltende Wirtschaftspolitik gehe von der Vorstellung aus, daß sich Geld, das man dem Bürger erst wegnimmt, um es ihm anschließend zurückzugeben, dadurch irgendwie ›vermehrt‹. In Wirklichkeit sei der Staat nie die Lösung, sondern immer nur das Problem.

9. Jede ›freie Wirtschaft‹ sei eine Folge des Eingehens und Auflösens von Schuldverhältnissen. (...)

12. Das ›System‹ münde in eine Phase der allgemeinen Aufschuldung, die per Zinseszins-Effekt zu den kuriosesten Ergebnissen führe. (...)

18. Um sich die sozialen Folgen des unausweichlichen Zusammenbruchs auszumalen, dürfte selbst die ausschweifendste Phantasie außerstande sein.

LÜFTL stellt dann die fundamentale Frage: »Warum halte ich den Staatsbankrott für unvermeidlich, wenn sich nichts Grundlegendes ändert? Weil die Staatsschulden schneller wachsen als das Einkommen und das (Sach)-Vermögen«, könne die Lösung des Problems nur durch eisernes Sparen erreicht werden: »Was für jeden Privaten tödlich ist, muß auch für den Staat gelten. Und wenn es auch die Nationalökonomen noch nicht begriffen haben oder – wider besseres Wissen – leugnen, die Biologen haben es begriffen«, und zitiert einen der berühmtesten:

> »Sie [die ›Experten‹] scheinen blind für zwei unbezweifelbare Tatsachen, die jedes Schulkind begreifen kann: Erstens, daß ein unbegrenztes Wachstum im endlichen Raum auf die Dauer nicht möglich ist, zweitens, daß kein Haushalt mehr ausgeben kann, als er einnimmt.« (Konrad LORENZ, *Der Abbau des Menschlichen*, S. 220)

Daß LÜFTLS Grundsätze nicht neu sind, sondern in Zeiten, da korrektes Wirtschaften und sorgsames Umgehen mit Volksvermögen als preußische Tugenden galten, ist zum Beispiel aus dem Resümee herauszulesen, das Herr von STRUENSEE, königlich preußischer Staatsminister, aus seiner 1800 für seinen König verfaßten *Abhandlung über wichtige Gegenstände der Staatswirtschaft* gezogen hat:

> »Nichts ist richtiger als daß jeder Staat, der immerfort borget, der nie die vorher gemachten Schulden abbezahlet, ohne wieder neue größere zu machen, endlich untergehen muß.«

Daß diese Weisheit und Allerweltsregel auch heute noch ›höheren Ortes‹ bekannt ist, beweist das folgende Eingeständnis. Im *Spiegel* (9/2010) antwortete der Ex-Verfassungsrichter Paul KIRCHHOF auf die Frage, wie die Konstruktionsfehler in der Europäischen Währungsunion zu beheben seien:

> »Es geht darum, zügig alle beteiligten Staaten zu absoluter Haushaltsdisziplin zu bewegen. Kein Staat darf auf Dauer mehr Geld ausgeben, als er einnimmt. Dieses Prinzip müssen wir durchsetzen. Und das Denken, das dahintersteckt, müssen wir in allen Staaten verankern. Das ist der eigentliche Kern des Währungsproblems, keine europäische Nation weiß das besser als die deutsche.«

Nach einem solchen verspäteten Eingeständnis würden viele deutsche Bürgerinnen und Bürger natürlich gern erfahren, warum gerade dieses Bundesverfassungsgericht – wohl wissend um den völligen Mangel an Haushaltsdisziplin in den meisten EU-Mitgliedsländern, die fehlende Transparenz und Kontrolle beim Brüsseler Finanzapparat – Deutschland diesem Betrugsystem ausgeliefert hat?

5.4.1 Ein kurzer historischer Rückblick

Seit der Antike läßt sich aus Büchern und Schriften zahlreicher Autoren die herausragende Rolle jüdischer Händler, Geldwechsler, Geldverleiher, bis hin zu einflußreichen und mächtigen Bankier-Dynastien, zurückverfolgen. Auch wenn sie ob ihrer die gesamte Ökumene umfassenden Kontakte und Kenntnisse ›*in rebus pecuniariis*‹ (in Sachen Geldwesen) von ihren Gastvölkern stets beneidet, auf Grund ihrer manchmal wucherischen Verleihungskonditionen oft Verfolgungen und Vertreibungen ausgesetzt waren, blieben viele Juden dem Geldverleihgewerbe treu und können heute mit Recht stolz darauf sein, in den meisten Ländern der westlichen Welt – und gelegentlich darüber hinaus – das Bankengeschäft zu beherrschen.

Auf die zumeist jüdischen Erfinder und Betreiber des weltweit richtungsweisenden amerikanischen ›Federal Reserve System‹ ist ja schon zuvor hingewiesen worden. Darob soll aber die Rolle jener jüdischen Stammväter des Bankwesens nicht vergessen werden, die man zu Recht als Pioniere des Welthandels bezeichnen kann und in deren Nachfolge sich die heutigen jüdischen Geldfinanzdynastien nahtlos einreihen. Von der Anwesenheit jüdischer Gemeinden in hellenischen, römischen Städten, später auch in römisch besetzten Kolonien berichten DIODOROS, Marcus T. CICERO, SENECA, die Kaiser CLAUDIUS und TRAIAN, JUVENAL, TACITUS, DIO CASSIUS und AMMIANUS MARCELLINUS, die jüdischen Chronisten JOSEPHUS FLAVIUS, Simon DUBNOW, H. GRAETZ, Salcia LANDMANN, Shlomo SAND, die Historiker Edward GIBBON, Theodor MOMMSEN, Johann G. DROYSEN, Heinrich VON TREITSCHKE, Felix DAHN, Maurice PINAY, Jacques BAINVILLE und andere mehr.

Beginnen wir mit Spanien: Anfang des 13. Jahrhunderts hatte Papst INNOZENZ III. die Christenheit zur Befreiung Spaniens vom Islam aufgerufen. Es sollen 10000 Ritter und 100000 Mann Fußvolk aus Frankreich und aus deutschen Landen zu Hilfe geeilt sein. 1212 wurden die Sarazenen bei Las Navas de Tolosa vernichtend geschlagen. Schätzungsweise drei Millionen Juden waren in Spanien verblieben. Jene, die sich taufen ließen, wurden ›Marranen‹ genannt. Ende des 14. Jahrhunderts ernannte ALFONS XI. von Kastilien den Juden Ephraim Benveniste HA-LEVI zum ›Almoxarife‹ (Steuereintreiber). Sein Nachfolger, PEDRO I., der ›Grausame‹, sammelte so viele jüdische Berater um sich, daß sein Hof bald ›Palácio del Judio‹ genannt wurde. Am 31. März 1492 verkündete das spanische Königspaar FERDINAND VON ARAGON und ISABELLA VON KASTILIEN das Dekret zur Ausweisung der Juden und führte die ›Inquisition‹ zur Gesinnungsschnüffelei bei Marranen und ›Moriscos‹ – den zum Christentum bekehrten Mauren – ein. An die 200 000 Juden mußten Spanien verlassen, doch kaum ein König, kaum ein Kardinal kam ohne jüdische Finanzberater aus. In Kastilien walteten Jahuda CAVALLERIA, in Aragon Benveniste DAS PORTA, in Navarra Esmel de ABLITAS ihrer Ämter. Don Joseph NASI war der enge Vertraute König PHILIPPS II. (1580–1640) in finanziellen Angelegenheiten.

Wie alle anderen Untertanen auch, waren Juden den Berechnungen und Launen ›de los Reyes muy católicos‹ (ihrer sehr katholischen Majestäten) ausgeliefert. Waren sie erfolgreich, durften sie – wie Christoph KOLUMBUS – kurzfristig hohe Ämter bekleiden. Brachten sie keinen Nutzen, wurden sie abserviert. Der Vorname ›Matajudeus‹ (Judentöter) war im Portugal des 16. Jahrhunderts durchaus gebräuchlich. Als Ausrüster von Flotten, die Gewürze aus Insulinde, Sklaven aus Westafrika, Gold und Silber aus Süd- und Mittelamerika, Seide und Porzellan aus China, Opium aus Indien, Nerze aus Kanada, deutsches Kanonenfutter für Englands Kriege transportierten, waren auch jüdische Handelshäuser beteiligt.

Literaturhinweise:

M. Menéndez PELAYO, *História de los Heterodoxos Españoles*, 2 Bde., 1880; Gregorio MARAÑON, *Olivares, der Niedergang Spaniens als Weltmacht*, 1939; Trevor DAVIES, *Spaniens goldene Zeit*, 1939; Joaquim SILVA, *História do Brasil*, 1948; Gregorio MARAÑON, *António Pérez, der Staatssekretär Philipps II.*, 1959; Henry KAMEN, *Die spanische Inquisition*, 1959; Salvador de MADARIAGA, *Kolumbus, die Entdeckung neuer Welten*, 1975; Damião PERES, *História dos Descobrimentos Portugueses*, 1983; José M. GARCIA, *Ao Encontro dos Descobrimentos*, 1994; Maria da Graça Mateus VENTURA, *Os Portugueses no descobrimento e conquista da Hispano-América*, 2000; Richard MELISCH, *Pulverfaß Nahost*, 2003.

Aus Frankreich waren die Juden in der Regierungszeit von PHILIPPE IV. ›dem Schönen‹ (1285–1314), vertrieben worden, aber schon ein Jahrzehnt später waren sie wieder im Lande. Im Auftrag von CHARLES V. (1364–1380) trieben die Juden Menasse DE VESOUL in

Nordfrankreich, Denis QUINAN im Languedoc die Steuern ein. Unter CHARLES VI. (1380–1422) wurden die Juden abermals vertrieben, wobei immer Ausnahmen gewährt wurden: Um seine vielen Kriege zu finanzieren, wollte und konnte LOUIS XIV. auf seinen jüdischen Financier Nathan OFFICIAL nicht verzichten. Erst unter LOUIS XVI. (1774–1793), der sich bei so manchen Finanztransaktionen auf seinen Bankier Jakob WORMS verließ, durften sich Juden wieder in Frankreich niederlassen.

Die Französische Revolution wurde teils von London, teils von Berlin finanziert. Es waren FRIEDRICH WILHELMS II. treuer ›Hofjude‹ David ITZIG, ITZIGS Schwiegersohn Herz CERFBEER, der Londoner Financier Benjamin GOLDSMID, sein Bruder Abraham, ferner Moses MOCATTA, Partner der Brüder GOLDSMID und Onkel von Sir Moses MONTEFIORE (BLUMBERG), die dabei die Hauptakteure waren. Die gelungene Revolution brachte den Juden die Gleichberechtigung vor dem Gesetz und förderte ihre Emanzipation. In Paris gründeten die jüdischen Partner PEREIRA (BIRNBAUM), Solomon HEINE und D'EICHTHAL die Bank ›Crédit Mobilier‹. Es war la Banque Rothchild, die 1872 Frankreichs Reparationszahlungen an Preußen von fünf Milliarden Goldfranken vorschoß.

Literaturhinweise:

Nesta WEBSTER, *The French Revolution*, 1919; François PIETRI, *Napoléon et les Israélites*, 1965; Emmanuel de LAS CASES, *Mémorial de Ste. Hélène* (2 Bde.), 1968; Pierre GAXOTTE, *La Révolution Française*, 1970; Henri COSTON, *Procès de Louis XVI et de Marie Antoinette*, 1981; Joseph LÉMANN, *Les juifs dans la Révolution Française*, 1988.

Obwohl Zar PETER DER GROSSE (1682–1725) Rußland für Juden nicht öffnen wollte, machte er für seinen kurländisch-jüdischen Financier Lipman LEVI eine Ausnahme.

Nur nach und nach konnten im Laufe des 19. Jahrhunderts einige wenige angesehene jüdische Bankiers hier Fuß fassen: Baron Joseph H. GÜNZBURG und Leon ROSENTHAL in St. Petersburg, EFRUSSI und RAFALOWITSCH in Odessa. Daß die russische Revolution von amerikanisch- und britisch-jüdischen sowie von deutschen Banken finanziert wurde, ist allgemein bekannt.

Literaturhinweise:

Karl BARTZ, *Peter der Große*, 1936; Peter-Heinz SERAPHIM, *Das Judentum im*

Osteuropäischen Raum, 1938; Léon de PONCINS, *Histoire du Communisme*, 1957; Harold LAMB, *The March of Muscovy*, 1966; Großfürst Nikolaus MICHAILOWITSCH, *La fin du tsarisme*, 1968, Alexander RUZKOI, *Vom Reich*, 1996; Stéphane COURTOIS, *Das Schwarzbuch des Kommunismus*, 1997; Alexander LEBED, *Rußlands Weg*, 1998; Elisabeth HERESCH, *Nikolaus II.* und *Geheimakte Parvus*, 2000; Alexander SOLSCHENIZYN, *Zweihundert Jahre zusammen – die russisch-jüdische Geschichte* (2 Bde.), 2002; Simon S. MONTEFIORE, *Stalin*, 2005.

Ende des 13. Jahrhunderts übten in England die jüdischen Financiers Aaron VON LINCOLN und Aaron VON YORK einen nicht immer segensreichen Einfluß aus. Dreimal wurden Juden aus England vertrieben: Das erste Mal 1290 von EDWARD I., das zweite Mal 1358 von EDWARD III., das dritte Mal 1609 von JAMES I. Erst unter Oliver CROMWELL (1653–1658), später unter WILLIAM III. (1689–1702), dem der Financier Isaak SUASSO zwei Millionen Gulden gepumpt hatte, durften sie sich in England wieder niederlassen. Weder MARLBOROUGHS Feldzüge gegen LUDWIG XIV. noch – hundert Jahre später – WELLINGTONS Expedition gegen NAPOLEON in Spanien wären ohne die Finanzierung des jüdischen Bankiers Salomon MEDINA bzw. des Bankhauses ROTHCHILD nicht möglich gewesen. Ohne das das Gold des Bankhauses ROTHCHILD hätte England sein Kolonialreich niemals errichten, den Suez-Kanal niemals bauen können. Der Aufstieg Benjamin DISRAELIS zum Premierminister des British Empire war das äußere Zeichen, daß den Juden – zumindest in England – die volle Emanzipation geglückt war.

Literaturhinweise:

Theodor HERZL, *Der Judenstaat*, 1895; *Der III. Zionisten-Congress zu Basel*, 1899; Lord Edward GREY, *Fünfundzwanzig Jahre Politik*, 2 Bde., 1926; Austen CHAMBERLAIN, *Down the Years*, 1935; Arthur BRYANT, *Baldwin*, 1938; Sir Frederick MAURICE, *Haldane*, 1938; Paul SCHMITZ-KAIRO, *Die britische Schwäche*, 1940; William JOYCE, *Twilight over England*, 1940; Rudolf CRAEMER, *Disraeli*, 1941; Giselher WIRSING, *Hundert Familien beherrschen das Empire*, 1942; Wolf MEYER-CHRISTIAN, *Die englisch-jüdische Allianz*, 1942; Mamun AL-HAMUI, *Die britische Palästina-Politik*, 1943; Chaim WEIZMANN, *Trial and Error*, 1949; Olivia O'GRADY, *Beasts of the Apocalypse*, 1959; Robert BLAKE, *Disraeli*, 1980; John Howland SNOW, *The Case of Tyler Kent*, 1982; David IRVING, *Churchill's War*, Band 1, 1987; Frank MCDONOUGH, *Neville Chamberlain, appeasement and the British road to war*, 1998; Richard MELISCH, *Pulverfaß Nahost*, 2003; Olaf ROSE, *Der Hetzer – Lord Vansittart*, 2004.

Je nach Lust und Laune der vielen in Deutschland und Österreich-Ungarn regierenden Fürsten, Grafen und Bischöfe erging es den zum Teil schon seit der Römerzeit hier angesiedelten Judengemeinden. Nicht nur Duodezfürsten, sondern auch Kaiser, Könige und Kanzler hielten sich ›Hofjuden‹ als Ratgeber in finanziellen Angelegenheiten. MICHAEL VON BERLIN war Hofjude des Herzogs JOACHIM VON BRANDENBURG, am Wiener Hofe wirkten Samson WERTHEIMER und BASSEVI VON TREUENBERG. Meyer Amschel ROTHSCHILD (geboren 1743) war Hofjude des Kurfürsten WILHELM I. VON HESSEN-KASSEL. Mit dem Sieg der ›Heiligen Allianz‹ (Rußland, Österreich, Preußen, England) über BONAPARTE hatte das Bankhaus ROTHSCHILD die Herrschaft über die Weltfinanzen erobert. Bis in die fünfziger Jahre des 19. Jahrhunderts koordinierten die Söhne des Meyer Amschel von Paris, London, Wien, Neapel aus die vielen Wünsche ihrer kaiserlichen und königlichen Gastgeber und vergaßen dabei nie, ihre eigenen Interessen zu fördern. Sowohl Klemens Fürst VON METTERNICH als auch sein Assistent Friedrich GENTZ waren mal größeren, mal kleineren Aufmerksamkeiten des Hauses ROTHSCHILD niemals abgeneigt.

Meyer Amschel VON ROTHSCHILD stieg zu einem Finanzier von Weltrang auf.

In der zweiten Hälfte des vorvergangenen Jahrhunderts kamen in Deutschland und Österreich-Ungarn neue Namen auf: Die Bankhäuser STERN, HIRSCH, BISCHOFFSHEIM, EPHRAIM, GUMPERTZ, WERTHEIMER, ERLANGER, BLEICHRÖDER und einige mehr, die den ROTHSCHILD jedoch das Wasser nicht reichen konnten.

Literaturhinweise würden mehrere Seiten in Anspruch nehmen.

Als die Vereinigten Staaten von Amerika 1776 ihre Unabhängigkeit erfochten, lebten in den 13 Bundesstaaten 2500 Juden. Verhältnismäßig spät etablierten sich jüdische Banken in den USA. 1837 hatte die englische ROTHSCHILD-Dépendance ihren Vertreter SCHÖNBERG nach New York delegiert. Im amerikanischen Bürgerkrieg finanzierten die Brüder SELIGMAN und die Bank Speyer & Co. die Nordstaaten, Bank Erlanger die Südstaaten. Der in Deutschland geborene Bankier Max WARBURG wurde in New York Partner des jüdischen Bankhauses Kuhn & Loeb, sein Bruder Paul WARBURG Partner von einem Dutzend amerikanischer Konzerne, der aus Frankfurt stammende Jakob SCHIFF ebenfalls Partner von Kuhn & Loeb.

Literaturhinweise:

Alexis de TOCQUEVILLE, *De la Démocratie en Amérique*, 2 Bde., 1840; Ludwell DENNY *Amerika schlägt England*, 1930; Fritz SCHWARZ, *Morgan, der ungekrönte König der Welt*, 1933; Hans SCHUMANN, *Kriege der Milliardäre*, 1939; CINCINNATUS, *War! War! War!*, 1940; Giselher WIRSING, *Der maßlose Kontinent*, 1942; Sven HEDIN, *Amerika im Kampf der Kontinente*, 1942; Joseph DAVIES, *Als US-Botschafter in Moskau*, 1943; James BYRNES, *Speaking frankly*, 1947; Robert SHERWOOD, *Roosevelt und Hopkins*, 1948; Walter MILLIS (Hg.), *The Forrester Diaries*, 1951; William CHAMBERLIN, *Amerikas zweiter Kreuzzug*, 1952, William G. CARR, *Pawns in the Game*, 1955; Revilo OLIVER, *Populism and Elitism*, 1963; Ben SELIGMAN, *Sie kauften sich Amerika*, 1972; Anthony SUTTON, *Roosevelt und die internationale Hochfinanz*, 1975; Gerald SMITH, *Besieged Patriot*, 1978; De HERTE & NIGRA, *Die USA, Europas mißratenes Kind*, 1979; David HOGGAN, *Das blinde Jahrhundert*, (1.Teil: *Amerika*), 1979; Revilo OLIVER, *America's Decline*, 1981; Hamilton FISH, *Der zerbrochene Mythos*, 1982; Dirk BAVENDAMM, *Roosevelts Weg zum Krieg*, 1983; Neil GABLER, *An Empire of their own*, 1988; William GREIDER, *Who will tell the People?*, 1992; M. BESCHLOSS und Strobe TALBOTT, *At the Highest Levels*, 1994; Patrick BUCHANAN, *A Republic, not an Empire*, 1999; Chalmers JOHNSON, *Ein Imperium verfällt*, 2000.

Seit über tausend Jahren haben sich Juden als Finanzberater und Kreditvermittler von Kaisern, Königen und Kanzlern unentbehrlich gemacht. Warum suchten diese Herrscher nicht nach einheimischen Meistern ihres Faches? Warum haben sich die florentinischen, genuesischen, venezianischen Bankhäuser nicht durchgesetzt? Warum nicht die Fugger und Welser? Warum erwählten die meisten Landesherren – mit nur wenigen Ausnahmen – Finanzberater aus den sephardischen oder aschkenasischen Gemeinden ihrer Städte? Hierfür hatten sie gute Gründe: *Erstens* waren jüdische Financiers mit Glaubens- und Fachgenossen in der gesamten Ökumene vernetzt und mit lokalen Zuständen und Verhältnissen der meisten

Länder seit Generationen bestens vertraut. *Zweitens* gab es keine christlichen Geldhäuser, die in benachbarten Ländern, gegen die oftmals Krieg geführt wurde, gleichberechtigt etabliert waren und Einfluß ausüben konnten. *Drittens* mußte jeder Monarch vermeiden, sich durch Verschuldung gegenüber einheimischen Adeligen und Bürgern in deren Abhängigkeit zu begeben. *Viertens* standen Judengemeinden unter dem besonderen Schutz ihrer Landesherren, lebten nach eigenen Sitten und Gesetzen, die ihnen das Einheben von Zinsen – oftmals in dessen Auftrag – bei dem ihnen fremd gebliebenen Gastvolk gestatteten. Und *fünftens* blieb bis tief ins 18. Jahrhundert vielen Landesherren noch die Möglichkeit, im Falle ausufernder Verschuldung ihrer Völker oder der eigenen Person, die lästigen Gläubiger zu vertreiben.

Eines ist sicher: Ohne die Leistung jüdischer Bankhäuser des 18. und 19. Jahrhunderts, sich ihren Fürsten unentbehrlich zu machen, wäre die Judenemanzipation viel langsamer vonstatten gegangen.

Dazu noch ein Vergleich aus alter und neuer Zeit. In *Der freie Mensch*, Folge 3–4, 2009, beschreibt M. Winkler, wie Herrscher in alten Zeiten mit Finanzkrisen umgingen:

> »Nehmen wir den klischeehaften bösen König, der das Staatvermögen verpraßt. Kurz vor dem Staatsbankrott hat er erst ein paar seiner Güter verpfändet, aber schließlich einfach gesagt, daß jetzt nichts mehr ginge. Dann standen die Gläubiger dumm herum und konnten recht wenig tun, denn der König hatte noch immer eine Menge Soldaten. Die Schuldscheine des Königs waren wertlos, deshalb sind die Gläubiger Bankrott gegangen. So funktioniert das, wenn der Schuldner viel mächtiger ist, als der Gläubiger. . .
>
> Demokratische Regierungen sind natürlich viel besser dran als Könige. Unsere großartige Weimarer Republik zum Beispiel ist nie Bankrott gegangen. Warum? Weil sie die absolut segensreiche Papierwährung eingeführt hatte. So konnten die Reichskanzler immer genug Geld nachdrucken, um dem Bankrott zu entgehen. Aus Kaisers – und Weltkriegzeiten hatte die Republik gigantische 164 Milliarden Goldmark Schulden übernommen. Das entsprach 58718 Tonnen Gold, also rund 1175 Milliarden Euro. Als man genug Geld gedruckt hatte, beschloß man damals, das Geld grundlegend zu renovieren. Da wurden in einer Währungsreform aus den 164 Milliarden per Federstrich 16,4 Renten-Pfennig, also durchaus bezahlbare 1,18 Euro.

Der Staat ging 1923 nicht Bankrott, dafür aber seine Bürger. In der Inflation lösten sich die Ersparnisse von Generationen in Nichts auf. Nehmen wir 30 000 Mark – das waren zehn Jahre zuvor eine ernorme Summe im Wert von 10,74 Kilo Gold, nach heutigem Wert runde 200 000 Euro... In der Zeit der Goldwährung und der Könige wäre der Staat Bankrott gegangen... In der Zeit von Demokratie und Papierwährung wurde es für die Bürger deutlich teurer. Da die heutige BRD bereits mehr Schulden angehäuft hat als das Deutsche Reich im Ersten Weltkrieg, wird es auch für uns bedenklich. Wir torkeln auf Ereignisse zu, die einem Staatsbankrott verdächtig ähnlich sind...

Es gibt zwei Ausgabeposten, die Deutschland schwer belasten: die EU und Israel. Zumindest die EU kostet uns soviel wie ein seit 50 Jahren schwelender Krieg. Wir sind der größte Netto-Beitragszahler. Wir profitieren angeblich vom freien Handel, weil wir die Möglichkeiten der EU nutzen. Nur: 1913 gab es keine EU, und das Deutsche Reich stand kurz davor, dem vielfach größeren Britischen Empire den Titel des Exportweltmeisters abzunehmen: ohne EU, ohne EU-Beiträge, ohne Subventionen an andere Länder und ohne die Regelungswut Brüsseler Eurokraten. Der Sonderfall Israel hat uns je nach Quelle bis jetzt 120 bis 150 Milliarden Euro gekostet...

Die EZB steuert entweder in einen schleichenden, inflationären Staatsbankrott... oder in einen radikalen Staatsbankrott mit einem Währungsschnitt... Diese Phase der fortlaufenden Verschlechterungen kann lange andauern, denn sie hält die Regierenden an der Macht, in Amt und Würden, an Pfründen und Dienstwagen. Das Kanzleramt wird zum Führerbunker in Merkeldeutschland. Durchhalteparolen werden ausgegeben, Wunderkonjunkturpakete werden angekündigt, eine wirtschaftliche Ardennenoffensive begonnen... Die Schlußphase beginnt, wenn die Steckenpferde des Staates dem Rotstift geopfert werden müssen: kein Geld mehr für Gleichstellungskommissare, Integrationsbeauftragte, Antirassismus- und Antisemitismuswächter, kein Geld mehr für Multikulti-Feste. Vielleicht werden sogar die Beiträge an die EU oder die UNO mit Verzögerung bezahlt...

Die Besatzung unter Deck merkt, daß das Schiff sinkt. Die Keile stopfen die Lecks nicht mehr, sondern vergrößern sie. Die Offiziere gehen in die Boote, die Maschinisten haben jetzt Zeit zum

Beten... Mit ein wenig Glück wird der Staatsbankrott von außen überdeckt. Wenn Italien oder Spanien zuerst Bankrott gehen, zerfällt der Euro. Das öffnet den Weg zu einer Währungsreform, durch die alle Staatsschulden vernichtet werden, auf Kosten der Vermögen der Bürger. Eine Regierung übersteht eine Währungsreform besser als die Bürger. Das Staatsschiff kommt in letzter Minute in ein Trockendock, das Wasser läuft heraus, Lecks werden fachmännisch geschlossen.«

Die ›Titanic‹ wird wieder einmal gehoben, instand gesetzt, noch schwerer gepanzert, bewaffnet und wird auf neue Kaperfahrt gegen die Völker geschickt. Das Spiel kann von vorn beginnen, ›et pereant populi‹ (›mögen die Völker verrecken‹).

5.4.2 Und wie reagiert die EU auf die Finanzkrise?

Da die ›Europäische Union‹ ein Instrument der Globalisierung ist, die von den USA politisch, wirtschaftlich und militärisch ferngelenkt wird, können und dürfen weder die in Brüssel versammelten Euro-Bonzen, die in Frankfurt sitzenden Europäischen Zentralbankiers, Europas große Bankhäuser noch die in EUropas Hauptstädten auf ihre Tagesbefehle wartenden Polit-Bonsai selbständig agieren und reagieren, sondern haben den von der Wall Street vorgegebenen Kurs einzuhalten. Dies erklärt auch, wie es dazu kommen konnte, daß im Herbst 2008 die Regierungen des Euro-Blocks auf Befehl von ›ganz oben‹ gezwungen wurden, viele ihrer größten Bankhäuser, die sich an der Weltspekulationslotterie der Wall Street beteiligt und dabei kräftig verloren hatten, innerhalb einer Rekordzeit von zwei bis drei Tagen mit Hilfspaketen in Multimilliardenhöhe wieder ›flott‹ zu bekommen.

Es kann deshalb weder von einem EU-eigenen Krisenrettungsplan noch von ernstgemeinten, nationalen Ausstiegsszenarien die Rede sein. Wie üblich, wird in den Brüsseler Kommissionen und im Parlament sehr erhitzt debattiert, wobei nichts Konkretes herauskommt, außer einer kleinen Gehaltserhöhung für die ach! so unentbehrlichen Funktionäre und ihren Troß. In ihren Hauptstädten warten der Nicolas, der David, die Angie, der José Luiz, der Silvio und all die anderen Bauchrednerpuppen auf Richtlinien aus New York und Washington, damit sie wissen, wo's lang geht. Sollten sie beim nächsten Bilderberger-Treffen oder anläßlich der nächsten Gipfelkonferenz den Befehl erhalten, eine Währungsreform durchzuführen und damit die Enteignung ihrer Bürgerinnen und Bürger einzuläuten, werden sie keinen Augenblick zögern, die Anordnungen ihrer Meister des Stuhles zu folgen.

Das Jahrestreffen der Trilateralen Kommission im Jahre 2010 fand vom 6. bis 10. Mai im ›Four Seasons Hotel‹ zu Dublin jenes der Bilderberger vom 3. bis 7. Juni im ›Dolce Hotel‹ zu Sitges (Katalonien) statt. Auch diesesmal haben die erlesenen Gäste, ihre beflissenen Gastgeber und die sonst so News-geile Medienmeute eisern und einträchtig darüber geschwiegen, welche richtungsweisenden Beschlüsse zur Beglückung der Völker hinter verschlossenen Türen gefaßt wurden. Zum Glück gibt es in Euro-Landen und den USA einige mutige Publizisten, die für ihre Leserschaft einen Zipfel des Logenteppichs zu heben vermögen, auf daß sie einen Blick auf die unter diesen gekehrten Tatsachen werfen kann. Sie kann sich darauf verlassen, daß viele gelernt haben, zwischen den Zeilen auch halber Wahrheiten zu lesen.

Hier ein Potpourri [«pourri‹ frz.: verdorben, verfault; d. Verf.] aus deutschen und österreichischen Oberglobalisierern, die am Treffen der Trilateralen Kommission teilgenommen haben:

Michael FUCHS (CDU), Ursula PLASSNIK (ÖVP), Heinrich WEISS (Deutsche Bahn), Manfred BISCHOFF (Daimler), Edelgard BULMAHN (SPD), Erhard BUSEK (ÖVP), Jürgen CHROBOG (Multifunktionalist), Eckhard CORDES (Multifunktionalist), Jürgen FITSCHEN (Deutsche Bank), K. D. FRANKENBERGER (FAZ), Wolfgang GERHARDT (FPD), Wolfgang ISCHINGER (Allianz AG), Ulrich LEHNER (Deutsche Telekom), Peter LÖSCHER (Siemens), Friedrich MERZ (Multifunktionalist), Peter MITTERBAUER (Ex-Industriellenvereinigung), K. P. MÜLLER (Commerzbank), Ewald NOWOTNY (Österreichische Nationalbank), Arendt OETKER (Multifunktionalist), Dieter PFUND (Bank Sal. Oppenheim), Dieter RAMPL (Börse München), Heinz RIESENHUBER (CDU), Andreas SCHMITZ (Banker), H. SCHULTE-NOELLE (Allianz SE), Andreas TREICHL (Erste Bank Österreich), Matthias WISSMANN (Automobilindustrie).

Die richtige Richtung wurde vorgegeben von den Herren Paul VOLCKER (Ex-FED), J. C. TRICHET (EZB), Lord GUTHRIE (Rothschild & Sons), Nigel HIGGINS (Rothschild Group), Lord KERR (Royal Dutch Shell), Gerald CORRIGAN (Goldman Sachs), William DUDLEY (FED) und einigen mehr.

Zum Befehlsempfang bei den Bilderbergern erschienen aus Deutschland, der Schweiz und Österreich: Josef ACKERMANN (Deutsche Bank), Oskar BRONNER (Publizist), Thomas ENDERS (Airbus),

Heinz FISCHER (Bundespräsident Österreich), Peter LÖSCHER (Siemens), Rudolf SCHOLTEN (Österreichische Kontrollbank), Olaf SCHOLZ (SPD), Daniel VASELLA (Novartis), Peter VOSER (Royal Dutch Shell), Francis WALDVOGEL (Novartis), Dieter ZETSCHE (Daimler). Verunedelt wurde diese ›elitäre‹ Versammlung durch die Anwesenheit hochkarätiger Fixsterne der Globalisierung wie David ROCKEFELLER, Carl BILDT (EU-Finanzgleichschalter), Bill GATES (Microsoft), Henry KISSINGER, Neelie KROES (EU-Kommissarin), G. PAPACONSTANTINOU (griechischer Finanzminister), Richard PERLE (Alt-Neocon), Königin BEATRIX (Niederlande), Königin SOFIA (Spanien), Peter SUTHERLAND (Goldman Sachs), Martin TAYLOR (Syngenta), nochmals Paul VOLCKER (Ex-FED), Robert ZOELLICK (Weltbank) und noch einige Kulissenschieber mehr.

Die Schweizer *Zeit-Fragen* brachten im Januar 2010 den folgenden Artikel von Karl MÜLLER über die Staatsverschuldung in der EU:

»Im September 2009 schreckte das *Handelsblatt* seine Leser mit dem Titel ›Explodierende Staatsverschuldung‹ auf. Einer nicht veröffentlichten Studie der EU-Kommission zufolge werde in einigen EU-Staaten die Staatsverschuldung infolge der Weltfinanzkrise bis 2020 enorm steigen. Für Großbritannien wurde ein Anwachsen auf 180 Prozent des BIP vorausgesagt. Noch Ende 2008 hatte die Verschuldung in Großbritannien bei ›nur‹ rund 50 Prozent gelegen. Auch in anderen EU-Ländern, so der Artikel, werde die Staatsverschuldung rasant ansteigen: In Frankreich zum Beispiel auf 125 Prozent, in Deutschland auf etwas mehr als 100 Prozent des BIP. Zugleich dämpfte die Studie allzu euphorische Wachstumserwartungen: ›Die EU werde auf absehbare Zeit mit Wachstumsraten von weniger als 1 Prozent leben müssen.‹ Sollte die Konjunktur anziehen, dann hätten die Staaten mit deutlich höheren Zinssätzen und deshalb auch höheren Zinsverpflichtungen zu rechnen. Am 7. Januar 2010 berichtete die *Financial Times*, daß es Deutschland Anfang 2010 nicht mehr gelungen sei, ›genügend Bieter für seine Staatsanleihen zu finden... Analysten deuten dies so, daß das Vertrauen in die bislang als solide gehandelten deutschen Staatsanleihen nicht mehr uneingeschränkt vorhanden ist... Der Mehrheit der Deutschen ist die äußerst angespannte Lage der deutschen Staatsfinanzen durchaus bewußt. Bei einer Januar-Umfrage des Instituts infratest... lehnte eine Mehrheit der Befragten Pläne für weitere Steuersenkungen ab. . . Für die EU insgesamt prognostizierte die Wirtschaftskammer Österreichs im November 2009 eine Zunahme der gesamten Staatsverschuldung aller 27 EU-Staaten von 61,5 Prozent des EU-BIP im Jahr 2008 auf 83,8 Prozent im Jahr 2011, in der Euro 12-Zone sogar auf 88,2 Prozent. Die erlaubte Obergrenze gemäß Euro-Stabilitätspakt liegt aber bei 60 Prozent Staatsverschuldung. . . Allein für die ersten drei Quartale des Jahres 2009 ist das aktuelle Finanzierungsdefizit der öffentlichen Haushalte in Deutschland. . . auf 96,9 Milliarden Euro gestiegen; das sind 79,6 Milliarden mehr als im vergleichbaren Vorjahrszeitraum. Und für die Jahre 2010 und 2011 werden. . . insgesamt 240 Milliarden Euro Neuverschuldung hinzukommen‹.«

»Aber wer profitiert nun wirklich?« fragen die *Zeit-Fragen*: Antony SUTTON hat im dritten Band seiner Reihe *Wall Street und der Aufstieg Hitlers* (2008) etwas Interessantes geschrieben:

> »Wenn wir uns die breitgefächerte Anordnung der Tatsachen betrachten..., stellen wir eine konsequente Wiederkehr derselben Namen fest: Owen YOUNG, Gerard SWOPE, Hjalmar SCHACHT, Bernard BARUCH, dieselben internationalen Banken: J.P. Morgan, Guaranty Trust, Chase Bank und dieselbe Adresse in New York. . . Diese Gruppe internationaler Bankiers unterstützte die bolschewistische Revolution und zog nachfolgend Gewinne aus der Gründung eines sowjetischen Rußlands. Diese Gruppe war der Geldgeber ROOSEVELTs und zog Gewinne aus dem Sozialismus des ›New Deal‹. Diese Gruppe war ebenso der Geldgeber HITLERs und zog mit Sicherheit Gewinn aus der deutschen Rüstung. Während das Großkapital in den Firmen Ford Motors, Standard Oil, usw. seine normalen Geschäfte hätte betreiben sollen, finden wir es aktiv und tief in politischen Umwälzungen, Krieg und Revolutionen in drei wichtigen Ländern involviert.«

Nochmals also die Frage, wie die EU auf die Finanzkrise reagieren wird.

> »Was also wird passieren«, fragt der schon zitierte Karl MÜLLER, »wenn die eingangs genannten Prognosen über die Staatsschulden eintreffen? Werden immer mehr Staaten der EU den finanziellen Bankrott erklären müssen? Werden immer mehr Staaten der EU von den Rating-Agenturen herabgestuft und dann mit noch höheren Zinsen belastet? Wird die EU ein immer krasseres Instrument der Umverteilung zugunsten der Hochfinanz? Wer-

> den die Zinszahlungen, die immer üppiger an diese Gläubiger fließen, die eigentlichen Staatsaufgaben immer mehr verdrängen? Werden noch mehr staatliche Dienstleistungen privatisiert? Oder suchen die Regierungen der EU-Staaten schon sehr bald ihr Schulden-Heil in einer Werte vernichtenden Inflationspolitik?«

Fragen über Fragen, deren Antworten der Schreiber des Artikels mit Sicherheit kennt.

In einem am 22. Dezember 2009 erschienenen Artikel in *Spiegel Online* stand zu lesen:

> »Es ist der Skandal des Jahres: Die Investment-Banker, die fast die Welt in den finanziellen Abgrund gerissen hätten, spielen wieder ihr Billionen-Monopoly... Sie profitieren von dem Notenbankgeld, das es für sie praktisch zum Nulltarif gibt... Die Regierungen in London und Washington haben ihre Länder im vergangenen Jahrzehnt abhängig gemacht vom Wohlergehen der Geldbranche. Die Wall Street regiert schon seit langem in Washington mit. London ist nach New York das zweitgrößte Zentrum der Hochfinanz und will es bleiben; da darf man das Monster nicht mit allzu lästigen Auflagen verärgern.«

Schon im Mai 2008 hatte der Euro-Kritiker Wilhelm HANKELLAUT einem Bericht der in Riesa erscheinenden *Deutschen Stimme* gewarnt:

> »Das dicke Ende kommt noch!... Alle neuen EU-Länder sind Defizitländer... Deutschland, Österreich, die Niederlande und Finnland sind nicht in der Lage, wie bisher diese Defizite auszugleichen. Der Euro wir dann entweder ins Bodenlose abstürzen, oder die Währungsunion löst sich auf.«

Für diese Entwicklung rät HANKEL den Deutschen schon vorsorglich, sich auf eine Rückkehr zur D-Mark einzustellen – denn der Euro schade Europa.

5.4.3 ... und Österreich und Deutschland?

> »Diejenigen, die unser politisches und wirtschaftliches Schicksal entscheiden, sind nicht demokratisch gewählt. Jene, die demokratisch gewählt sind, können nichts entscheiden.«
>
> Horst SEEHOFER, CSU-Vorsitzender (in der ARD-Sendung *Bei Pelzig*, 20.5.2010)

Die *Unabhängigen Nachrichten* (2/2009) berichteten unter dem Titel »Die Bundesregierung informiert«:

> »Laut Bundeskanzlerin Angela MERKEL hat sich Deutschland verpflichtet, keine systemrelevante Bank fallen zu lassen.«

UN stößt nach:

> »Wer hat sich da wem gegenüber ›international‹ verpflichtet, Frau Merkel? Wer hat darüber abgestimmt? Wo sind die Gesetze und Verträge dazu?«

UN melden:

> »Selbst in der Finanzkrise haben die Bundestagsparteien noch Großspenden von den Banken erhalten. Das geht aus Veröffentlichungen des Bundestagspräsidenten hervor, dem alle Spendeneingänge über 50000 Euro gemeldet werden müssen... Danach hat allein die Deutsche Bank im letzten Quartal 2008 je 200000 Euro an CDU und FDP sowie 100000 Euro an die SPD überwiesen. Unter den Spendern ist auch die Commerzbank, die nach der Übernahme der Dresdner Bank staatliche Hilfe in Höhe von 18,2 Milliarden Euro erhielt. Den Verdacht, daß solche Spenden bei der Zustimmung zum Bankenrettungsgesetz eine Rolle gespielt haben könnten, wies CDU-Fraktionschef Volker KAUDER selbstverständlich zurück.«

Das *National Journal* fordert im April 2009: »Polit-Verbrecher anzeigen, und ab in den Knast!«:

> »Die sogenannte HRE (Hypo Real Estate)-Rettung – insgesamt soll sie die Steuerzahler über 100 Milliarden Euro gekosten haben – ist nur eine weitere gigantische Tributzahlung an die Weltfinanz.«

An der HRE ist auch der Multimilliarden Währungsspekulant George SOROS, Gründer von Grove International & Partners, New York, mit sieben Prozent beteiligt, eine global agierende, in Immobilien handelnde ›Private Equity‹-Gesellschaft mit Büros in New York, London, Frankfurt, Amsterdam, Tokio und Singapur. Wetten, daß SOROS seine Schäfchen schon längst im trockenen hat?

Der Publizist Udo ULFKOTTE enthüllt in der Ausgabe 16/2009 des Rundbriefes *Kopp-exklusiv* die deutschen Namen der für die Finanzkrise Verantwortlichen:

> »Wer hat den Finanzcrash in Deutschland gefördert? Wer setzte sich öffentlich für die Liberalisierung der Finanzmärkte ein? Wer hat der Wirtschaftskrise in Deutschland den Weg gebahnt? Es waren... der Volkswirt Bert RÜRUP Vorsitzender der fünf Wirtschaftsweisen..., der Volkswirt Josef ACKERMANN (Vorstand Deutsche Bank), der Betriebswirt Roland BERGER (Ex-Berater von Bundeskanzler SCHRÖDER), der Jurist Wolfgang CLEMENT (früher Bundeswirtschaftsminister – heute im Aufsichtsrat von RWE Power, bei Dussmann und bei DIS), Hans EICHEL (Ex-Bundesfinanzminister), Joschka FISCHER (Ex-Vizekanzler und Außenminister, heute bei ›Associate Albright LLC‹), der Volkswirt Otmar ISSING (Ex-Chefvolkswirt bei der Deutschen Bundesbank – heute ›advisor‹ bei Goldman Sachs), der Jurist und CDU-Generalsekretär Volker KAUDER, Bundeskanzlerin Angela MERKEL, der gelernte Fliesenleger und Ex-Arbeitsminister Walter RIESTER, der Volkswirt und Direktor des Ifo-Instituts für Wirtschaftsforschung Professor Hans Werner SINN, der Volkswirt Peer STEINBRÜCK (Ex-Finanzminister), der Volkswirt Hans TIETMEYER (Ex-Bundesbankpräsident, heute im Aufsichtsrat der Depfa-Bank), der Volkswirt Axel WEBER (Ex-Wirtschaftsweiser, heute Präsident der Deutschen Bundesbank) und der Volkswirt Ernst WELTEKE (Ex-Präsident der Deutschen Bundesbank).«

Der aktuellste Hinweis auf ACKERMANNS krude Gedankenwelt war in der *Financial Times Deutschland* vom 16. Januar 2009 zu lesen:

> »Die größte Gefahr, die ich sehe, ist ein Wiedererstarken des ökonomischen Nationalismus.«

Der Staat als Anteilseigner von Banken werde bei der Politik auf die Bedürfnisse seiner Volkswirtschaft achten. »Das ist nicht gut«, so der Globalisierer und ›Volks‹-Wirt ACKERMANN. Hier drängt sich die Frage auf, wie gut denn ›Volks‹-Wirt ACKERMANN für die Volkswirtschaft ist.

M. WINKLER bestätigt in *Der freie Mensch*:

> »Was gut ist fürs Volk, ist schlecht für die Ackermänner dieser Welt. Solange ›unsere‹ Politiker ›ihre‹ neu erworbenen Banken so führen wie bisher die KfW und die Landesbanken, besteht für die Pfründe des Deutsche Bank-Chefs keine Gefahr. Für unsere Volkswirtschaft aber wächst die Gefahr mit jedem Tag, den dieses Bankster-System weiter existiert. . .
>
> Nicht einer der vorgenannten Verantwortlichen hatte bislang das Rückgrat, sich öffentlich für das angerichtete Unheil zu entschuldigen, sein Büro zu räumen, empfangene Gelder zurückzugeben und zurückzutreten. Zur Erinnerung: Adolf MERCKLE, der fünftreichste Deutsche mit einem geschätzten Vermögen von fast dreizehn Milliarden Dollar, verlor durch den Finanzcrash viele Milliarden. Der 74 Jahre alte Mann konnte die Sorgen um die so zerstörten Arbeitsplätze einfach nicht verkraften. Am 5. Januar 2009 warf er sich in seiner Heimatstadt Blaubeuren vor einen Zug. Es gibt immer mehr Menschen in Deutschland, die durch die Krise alles verlieren. Und es gibt einige wenige, die weiterhin so tun, als ginge sie das alles nicht an.«

In *Spiegel-Online* vom 10. Februar 2009 erinnert Andreas STREHLE unter dem Titel »Gescheitert, verspottet, belohnt« daran, daß die Schweiz nicht nur aus heiler Bergwelt besteht:

> »So lukrativ ist Scheitern: Gerade erst vom Staat mit Steuergeldern gerettet, zahlt die UBS (Union des Banques Suisses) ihren Mitarbeitern Milliarden an Boni aus. Die Chefs des Geldhauses haben eine wichtige Lektion noch nicht verstanden: daß die Banken selbst schuld sind an ihren Problemen. . . Die schlingernde Großbank, lange der Stolz der Nation, zahlt ihren Mitarbeitern auch für das vergangene Jahr für 2,2 Milliarden Franken Boni aus. . . Einzig ein staatliches Rettungspaket in Höhe von 66 Milliarden Franken bewahrte den Geldkonzern vor dem Zusammenbruch. . . Das Wort des Tages kam von den Lippen des UBS-Konzernchef Marcel ROHRER: ›Wir sind der Schweiz und der Nationalbank dankbar!‹ Eigentlicher Adressat des Dankes hätte doch wohl der Schweizer Steuerzahler sein müssen!«

Hier der treffende Lagebericht »Zahlmeister der Welt«, in *Zuerst!* Nr. 7/2010 unter dem Titel »Berlin macht Milliarden locker, während Deutschland finanziell ausblutet«:

»Die Deutschen werden ausgenommen – wie lange lassen sie sich das noch gefallen? Die Schuldenuhr des Bundes der Steuerzahler in Berlin zeigte am 15. Juni um 20 Uhr 20 1.719.050.392.742 Euro Schulden der BRD an: 1,7 Billionen! Das sind mehr als 21.000 Euro für jeden Deutschen. Und pro Sekunde steigt die Gesamtverschuldung um weitere 4485 Euro... Obwohl alle Alarmglokken schrillen, zieht Deutschland immer wieder aufs neue die ganz große Spendierhose an: Mit einem Anteil von 8,7 Milliarden Euro an der sogenannten Griechenlandhilfe hatten sich Bundesregierung und Bundestag Anfang Mai in einem ›äußersten Kraftakt‹ zur bislang größten – laut MERKEL ›alternativlosen‹ – Einzelhilfe durchgerungen. Keine 48 Stunden später warb die Bundeskanzlerin für weitere 123 Milliarden deutscher Bürgschaften im Rahmen des gigantischen 750 Milliarden-Pakets zur Rettung des Euro – ebenfalls ›alternativlos‹ und unabdingbar... Der deutsche Gesamtanteil... kann nach Einschätzung von Finanzexperten im Ernstfall bis zu 150 Milliarden Euro betragen...

Wieviel Deutschland insgesamt schon für andere Staaten Europas und in die Brüsseler EU-Kassen gezahlt hat, dazu gibt es keine klaren Auskünfte der Bundesregierung, und schon gar nicht von den Instanzen der EU-Bürokratie. Ginge es nach dem Litauer Algirdas SEMETA, dem neuen EU-Kommissar für Steuern, Zollunion und Betrugsbekämpfung, sollte man den Menschen in den Nettozahler-Staaten sowieso komplett verschweigen, wieviel die EU sie kostet...

Der Finanzwissenschaftler Franz-Ulrich WILLEKE rechnete 2005 in einer Studie vor, Deutschland habe sich Europa allein in den 15 Jahren seit der Wiedervereinigung bis 2004 annähernd 315 Milliarden D-Mark kosten lassen, wobei das Geld überwiegend Spanien, Griechenland, Portugal und Irland zugute kam... Deutschland leistet mit Abstand die höchsten Netto-Zahlungen, zahlt aber 89 Prozent mehr, als es bei gleicher Lastenverteilung zahlen müßte. Britannien zahlt 42 Prozent weniger, Frankreich und Italien sogar 60 Prozent weniger, als sie bei gleicher Belastung zahlen müßten...

Sicher ist, daß die Bundesrepublik Deutschland allein in den zehn Jahren von 1999 bis 2008 mehr als 70 Milliarden Euro zuviel in die Brüsseler Kasse gezahlt hat. Auch 2009 hat Berlin fast acht Milliarden Euro mehr überwiesen, als es zurückbekam, und 2010 wird Deutschland wieder der EU-Zahlmeister bleiben und 20 Prozent des Gesamthaushalts der EU stemmen... Für 2011 will Brüssel die Haushaltssumme von 123 auf 130 Milliarden erhöhen – die Ambitionen einer eigenen EU-Außenpolitik müssen sich dann die deutschen Steuerzahler etwas kosten lassen!

Doch Geld für die Welt saß in der BRD schon immer locker. Auch längst nach dem Kriegsende und dem Erlangen der Souveränität zahlt Deutschland noch immer jährlich eine Milliarde Dollar dafür, daß die Amerikaner Truppen hier stationieren dürfen... 90 Jahre nach dem Versailler Diktat zahlt Deutschland noch immer jährlich 56 Millionen Euro Kriegsschulden aus dem 1. Weltkrieg ab...

Der deutsche Steuerzahler trägt neun Prozent der Kosten für Blauhelmeinsätze der UNO; derselben UNO, in deren Satzung Deutschland immer noch als Feindstaat diskriminiert wird... Er trägt auch die Kosten der Rundumfinanzierung für Staatsbürger der ehemaligen Sowjetunion, sofern sie nach russischem Recht jüdischer Nationalität sind. In den Jahren 2002 bis 2004 hat Deutschland mehr osteuropäische Juden aufgenommen als die USA oder Israel. Kostenpunkt: 1,8 Milliarden Euro...

2009 gab Deutschland 8,83 Milliarden Euro für Entwicklungshilfe aus, darunter auch an China (!)... Der Wiener *Standard* prophezeit: ›Man hat immer gesagt, Europa funktioniert so lange, wie die Deutschen zahlen. Dazu scheinen sie nicht mehr lange bereit.‹

Der Finanzexperte Bruno Bandulet: ›Es ist höchste Zeit, daß die politische Klasse, die für ihre Großzügigkeit nie ein Mandat der Wähler hatte, dies begreift und die Konsequenzen daraus zieht. Das fängt damit an, daß sauber bilanziert wird, daß Kosten und Nutzen jeder staatlichen Tätigkeit gegeneinander abgewogen werden und daß die Vertretung der eigenen Interessen wieder dorthin gerückt wird, wohin sie gehört: an die erste Stelle‹!«

Während sich die Nutznießer und Begünstigten des seit Jahrzehnten grassierenden, hündisch kriecherischen Zahlungseifers des deutschen Polit-Establishments, auf Kosten seines Volkes alle Rechnungen der Welt begleichen zu wollen, freudig die Hände reiben, schütteln so manche kritische Beobachter dieses seltsamen Symptoms eines kollektiven Masochismus den Kopf. Einer von ihnen, der britische Schriftsteller Frederick FORSYTH, erklärte *Zuerst!*, was in der Bundesrepublik alles schiefläuft:

> »Wenn wir das Agieren der politischen Klasse in Deutschland objektiv betrachten, müssen wir zu dem Schluß kommen, daß dieser keine andere Wahl bleibt. Sie muß tun, was sie tut. Die Vertreter dieser Klasse müssen diese Milliardenpakete beschließen und deutsche Steuergelder in die maroden Haushalte anderer europäischer Länder pumpen.«
>
> *Zuerst!*: »Das ist erklärungsbedürftig. Warum bleibt ihnen nichts anderes übrig?«
>
> FORSYTH: »Weil es dem seit mindestens 30 Jahren geltenden Geiste ihrer Politik entspricht. Jetzt umzukehren, würde doch bedeuten, daß die etablierte Politik einräumen würde, sich jahrzehntelang geirrt zu haben! Das wäre ein politischer Offenbarungseid ohnegleichen. Seit Jahrzehnten ist die deutsche Politik bemüht, sich möglichst in ein europäisches Staatensystem einzubinden, Souveränität an Brüssel abzugeben. Der Begriff des Nationalstaates ist verpönt. Daher ist das, was wir derzeit erleben, nur die logische Folge einer solchen Politik. Und was erwarten Sie jetzt? Daß ebendiese Politiker plötzlich sagen: ›Oh, wir haben uns geirrt. Macht nix, jetzt machen wir's anders‹. Wenn sie sich zwischen der Rettung der EU und der Rettung ihres Landes zu entscheiden haben, dann wissen wir doch, wie die Entscheidung ausfällt. . . Wir sprechen hier über Glaubensfragen. Was erwarten Sie? Daß Ihre Politiker plötzlich ihrem Glauben, ihrer EU-Religion abschwören? Ich bitte Sie. . .«

Thank you Mr. FORSYTH, für Ihre klaren Worte. Ist es nicht höchst aufschlußreich, daß aus den Rängen des schwarzrotgrüngelben Einheitspolitjubelchors seit Jahrzehnten keine einzige Stimme zu hören ist, die den Mut aufbringt, für die Interessen Deutschlands einzutreten?

5.4.4 Und wie reagieren die Bürgerinnen und Bürger?

Die Wiener Gratiszeitung *Heute* titelte am 4. Jauar 2009:

> »Vertrauen in Banken stürzt ins Bodenlose! Motivforscherin Sophie KARMASIN fragte für *profil* 5000 Österreicher, welchen Organisationen sie weniger vertrauen als vor einem Jahr. Die Antwort müßte bei den Marketingstrategen der Banken alle Alarmglocken schrillen lassen: 53 Prozent gaben an, den Geldin-

> stituten weniger Vertrauen entgegenzubringen als 2009. Kaum besser erging es der Bundesregierung, der 46 Prozent, sowie den Versicherungen, denen 43 Prozent der Österreicher weniger vertrauen als vor einem Jahr.«

Es heißt, daß das Schreiben von Leserbriefen den Frust abbauen kann. Hier einige Beispiele aus dem *Spiegel*:

> »Vielen Leuten wird jetzt klar, daß die Börse nicht viel mehr war als ein großes Casino, in dem man Wetten abschließt.« Dr. J. B., Freiburg

> »Die Menschen glauben, das System habe einen Fehler gemacht. Aber jetzt fangen sie an zu begreifen, der Fehler sei das System.« K.H.H., Lübeck

> »Die hemmungslose Spekulation mit anvertrautem Geld und virtuellem Kapital auch noch als ›Innovation‹ zu bezeichnen, war von einer entlarvenden Unverfrorenheit. Dies zeigt, wie weit sich die Bankenwelt von der Realwirtschaft entfernt und entfremdet hatte.« H.J.Q., Bad Dürkheim

Ein paar Erdhörnchen haben gefiept, die Goldkarawane zieht weiter. Bürgerinnen und Bürger, die sich zurecht aufregen, wenn ein Kellner oder eine Verkäuferin ihnen ein paar Cent zu viel berechnet, schweigen und lassen es sich gefallen, daß ihre Regierungen sie um Milliarden Euro erleichtern, auf daß die Vision eines EUropa der Banken und Kommissare gedeihe, ihre Pfründe sich vermehren und die Globalisierung gelinge. Und diese Parteien werden verläßlich wiedergewählt.
Wladimir I. Lenin, 1918:

> »In Deutschland wird es keine Revolution geben, weil die deutsche Arbeiterklasse den Rasen vor den Palästen ihrer Unterdrükker nicht betreten darf.«

Und hier noch ein Streifzug durch einige EU-Staaten.

Als zuverlässige Claque der herrschenden Clique, die das Himmelreich der Globalisierer auf Erden errichten will, bieten die Gipfelkonferenzen und Generalversammlungen des EU-Politapparates zu Brüssel und Straßburg dasselbe Bild wie weiland die im Kongreßpalast des Kreml versammelten Delegierten bei Parteitagen der KPdSU, die jeder Logorrhöe eines Genossen Parteichefs ihren – im Protokoll vermerkten – »langanhaltenden, nicht enden wollenden Beifall« spendeten.

EU-Politkommissare werden entweder nach dem Grad ihrer Bedeutungslosigkeit und des Nichtvorhandenseins eines selbständig funktionierenden Denkapparates ausgesucht oder nach dem Grad der Einsatz- und Kampfbereitschaft, sich für die Interessen ihrer Lobbies einzusetzen. Das strikte Einhalten dieser Kriterien bescherten EUropa solche Leuchten wie Javier SOLANA, José Manuel BARROSO, Herman VAN ROMPUY, Lady Catherine ASHLEY und so manche mehr. Man sehe sich doch diese wie Uhrwerke eiskalt funktionierenden Funktionäre mit den Fischaugen an, denen man ansieht, daß sie zu keiner Loyalität fähig sind, es sei denn, diese würde ihnen teuer bezahlt. Daß Günter VERHEUGEN nach seinem Abschied von Brüssel vom türkischen Premier ERDOGAN mit dem großen Kebaborden am grünen Band ausgezeichnet worden sei, ließ sich nicht bestätigen.

Geht es nach dem Willen der Globalisierer, werden nach dem Muster der aus 50 Bundesstaaten zusammengesetzten USA aus den derzeit 27, bald auch 33 oder 44 Mitgliedstaaten der Europäischen Union die ›United States of Europe‹ entstehen, die von einem skanitalportufraspanaustrungermanobalkanobritieskonedersintitur kofinnisches Mischvolk bereichert werden sollen. So wie in den USA zwei ideologisch austauschbare Fraktionen die beiden ›Häuser‹ beherrschen, liefern sich auch in EUropas Parlamenten die ideologisch gleichgeschalteten Sozialdemokraten und die konservativen Volks(!)Parteien nur Scheingefechte und veranstalten – nach unabänderlicher demokratischer Liturgie und zum Erbrechen der Bürgerinnen und Bürger – alle vier oder fünf Jahre wieder – sogenannte ›Wahlen‹. Rechtsparteien und national orientierte Parteien schaffen es selten, den Einzug dort zu schaffen, und tun sich schwer, gemeinsame Nenner mit gleichgesinnten Parteien hervorzuheben.

An dieser Stelle noch einige Momentaufnahmen aus Europa und Kanada.

Italien: Die rechtsgerichtete ›Alleanza Nazionale‹ des Gianfranco FINI hat sich im Mai 2009 der BERLUSCONI-Partei ›Popolo de la Libertá‹ angeschlossen. Vor zehn Jahren hatte der MUSSOLINI-Verehrer FINI dekretiert: »L'Europa será germanocentrista, o non será« (»Europa wird sich nach Deutschland ausrichten, oder es wird nicht sein«). Wer sich für die Hintergründe italienischer Nachkriegsgeschichte und -politik interessiert, sollte unbedingt das Buch von Regine IGEL, *Terrorjahre – Die dunkle Seite der CIA in Italien* (2006), lesen. Es ist spannender als jeder Krimi. Seit Jahrzehnten weiß in

Italien keiner mehr, wer zur Mafia gehört und wer nicht. Angesichts des drohenden Staatsbankrotts ist Italiens Regierungschef Silvio Berlusconi dazu übergegangen, einen Teil der 3000 staatlichen Museen und 2000 archäologischen Sehenswürdigkeiten an private Interessenten zu verscherbeln. Italiens kulturelles Erbe wurde laut *Daily Telegraph* mit 1,3 Billionen Pfund veranschlagt. Schon wurde einem deutschen Reiseunternehmer ein ganzer Hügel der Toscana verkauft, dem Bekleidungshaus H&M eine ganze Fassade des Mailänder Doms als Werbefläche mit Madonnas kurvenreichen Konturen verpachtet. Wer wird wohl Venedig kaufen?

Tschechien ließ sich seine Unterschrift unter den Lissabon-Vertrag von den Globalisierern um den Preis der Aufrechterhaltung der Benesch-Dekrete abkaufen. Damit bewies die EU-Clique, samt Europäischem Gerichtshof, EU-Parlament, EU-Gerichtshof für Menschenrechte, daß sie nicht den Senf wert ist, mit dem der Prager Schinken bestrichen wird. Präsident Václav Klaus bekannte in seiner Rede an das tschechische Volk am 3. September 2009, dem Tag seiner Unterschriftsleistung: »Heute habe ich den Lissaboner Vertrag unterschrieben. Hiermit hat Tschechien seine Souveränität aufgegeben.«

Das immer kleiner werdende ***Großbritannien*** wird von einem unerhörten Skandal erschüttert: Wie tief gesunken die Moral der ›honourable members of Parliament‹ ist, wird von der Tatsache erhellt, daß 184 Abgeordnete des Unterhauses – unter ihnen auch Gordon Brown, Tony Blair und ›Tory‹-Chef David Cameron, wegen Unterschlagungen und Diebstahl von Steuergeldern überführt wurden und eine Million Pfund an die Staatskasse zurückzahlen müssen. Die Parlamentarier hatten Geld abgezweigt, um unter anderem Luxusreisen, Bildersammlungen und Pornofilme zu finanzieren. Die Empörung der Briten ist groß, das Einsichtsvermögen und Unrechtsverständnis der britischen ›Volks‹-Vertreter hält sich in Grenzen. Einige von ihnen hatten – in vorauseilender Sorge – von sich aus Anträge zur Rückzahlung der von ihnen widerrechtlich beantragten, kassierten und längst ausgegebenen Zuwendungen gestellt: nicht etwa aus Einsicht und verspäteter Reue, sondern nur deshalb, weil sie auf frischer Tat ertappt und ihre Namen veröffentlicht worden waren.

Von Edinburg bis Exeter, von Newcastle bis Norwich gab es keinen Engländer, keinen Schotten, der angesichts des am 4. Juni 2009 eingetretenen historischen Wahldebakels der Arbeiterpartei unter

Gordon BROWN nicht die ehest mögliche Abhaltung von Neuwahlen erwartete. Obwohl ›Labour‹ mit nur 15 Prozent der Stimmen weit hinter die ›Tories‹ (Konservative) auf den dritten Platz abgerutscht war, dachten die von der internationalen Finanzmafia geleitete Londoner City und das von der Wall Street und den Globalisierern gelenkte Londoner Politestablishment nicht im Traum daran, das Risiko einer Neuwahl einzugehen, zumal David CAMERON, Chef der ›Tories‹ und strahlender Wahlsieger, schon vor der Wahl klargestellt hatte, er werde im Falle seines Sieges den Lissaboner Vertrag niemals unterzeichnen. Klar, daß den Betreibern der Globalisierung daran lag, den politischen Leichnam des Gordon BROWN – gut geschminkt und ausgestopft – so lange ins Fenster von Downing Street Nr. 10 zu stellen, bis der Lissaboner Vertrag unter Dach und Fach war. Möge dann das dumme Wahlvolk ruhig für die ›Tories‹ stimmen. Hauptsache, die EU-Verfassung ist dann endgültig festgeschrieben, denn von diesem Tag an wären die Verfassungen der einzelnen Mitgliedsstaaten das Papier nicht wert, auf das sie einst – im Namen des Volkes! – verfaßt wurden.

Bei seiner Rede vor betuchten Wahlspendern am 11. Juni 2009 sagte Gordon BROWN, der nach seiner katastrophalen Wahlniederlage von linken Wahlstrategen als ›New Brown‹ angepriesen wurde:

> »Es wird mir vorgeworfen, ich sei rachsüchtig, unsicher, eingebildet. Well, wie würden Sie sich fühlen, wenn sie mit einem Freund wie Peter MANDELSON gesegnet wären?«

Was als witzige Einleitung zu einer Rede vor versammelten, schwer enttäuschten Anhängern gemeint war, hatte einen sehr reellen Hintergrund, war BROWN doch der Inhalt von MANDELSONS vertraulicher Korrespondenz zur Kenntnis gelangt, in der seine Fähigkeit angezweifelt wurde, die Regierungsgeschäfte weiter zu führen. Der nach seiner schweren Wahlniederlage aufgezogene dichte Nebel hatte sich gelichtet, und nun war für alle klar zu erkennen, daß der Koloß Peter ›Mandy‹ MANDELSON sich aufmachte, Whitehall (Sitz der Regierung) zu erobern. Die Frage, die sich jeder stellte, war: Wird MANDELSON seine Machtgelüste zügeln, oder wird er sie seiner merkurianischen (quecksilbrigen) Natur entsprechend mißbrauchen. Ein Minister kommentierte im Unterhaus Gordon BROWNS Entscheidung, MANDELSON zu seinem Vertreter zu ernennen, mit den Worten:

»MANDELSON ist der mächtigste, nicht gewählte Abgeordnete seit der Ernennung von Kardinal WOLSEY durch HEINRICH VIII.«

Es ist MANDELSON tatsächlich gelungen, sich nicht nur zum ›Business Secretary‹ (Wirtschaftsminister), sondern auch zum ›First Secretary of State‹ (de facto Vizepremierminister) - ein Ehrentitel, den zuletzt der überragende Michael HESELTINE unter Prime Minister John MAJOR tragen durfte, und zum ›Lord President of the Council‹ (Vorsitzender des britischen Staatsrates), den der Alleskönner Willy WHITELAW unter Margaret THATCHER trug, ernennen zu lassen. Ferner herrscht MANDELSON über ein Superministerium für ›Business Regulations‹ (wirtschaftliche Fragen), das für Universitäten, das Postwesen bis hin zu Reisen in den Weltraum zuständig ist.

MANDELSON wird von sechs Ministern mit Regierungserfahrung und vier Neulingen unterstützt. Kein anderes Regierungsmitglied verfügt über solche Macht. MANDELSON stehen mehrere Büros zur Verfügung: eine Suite mit den Dimensionen eines Tennisplatzes in der Victoria Street, ein Büro im House of Lords (Oberhaus) und - nur einen kurzen Korridor entfernt von Gordon BROWNS Räumlichkeiten in Downing Street Nr. 10 - noch ein drittes. Einige der ihm unterstellten Minister unterhalten Amtsräume im Verteidigungs-, im Außenministerium und im ›Communities Department‹ (Städteplanung und Arbeitsmarktpolitik). Daß er sie als seine Spione und Werkzeuge benützt, um seinen Einfluß in White Hall zu stärken, ist kein Geheimnis.

Eine weitere Funktion bekleidet MANDELSON als Leiter des Amtes für Innenpolitik. Als Aufseher über die öffentlichen Dienste verfügt er über ein beträchtliches Budget. Zwei seiner engsten Freunde hat er die Ministerposten für Nordirland und für die kommenden Olympischen Spiele in London verschafft. Sie sitzen jetzt als Babysitter von Gordon BROWN im Kabinett. Es ist der Einfluß, den MANDELSON auf Gordon BROWN ausübt, der ihm diese Macht beschert hat. Wann immer ein größeres Problem auftaucht, eine Krise droht, erdröhnt Gordon BROWNS Ruf: »Get me MANDELSON!« (Holt den MANDELSON her). Je stärker der psychische Druck, um so geringer BROWNS Fähigkeit, Entscheidungen zu treffen, um so größer seine Abhängigkeit von MANDELSON. Typisch verlief die Kabinettsitzung am 12. Juni 2009: BROWN eröffnete sie zwar, überließ es aber MANDELSON, den Abgeordneten den wichtigen Regierungsplan ›Building the British Future‹ darzulegen. MANDELSONS Selbstvertrauen ist so ausgeprägt, daß er anläßlich eines Besuchs in Berlin eine neue britische Währungspolitik dekretierte. Selbstherrlich erklärte er: »Ohne Zweifel befinden wir uns auf dem besten Weg, die gemeinsame Währung zu übernehmen.« Gemeint war die Übernahme des von allen Briten aus ganzem Herzen verabscheuten Euro. Von Downing Street 10 kam kein einziges Wort der Zurechtweisung. MANDELSON scheint tatsächlich niemandem Rechenschaft schuldig zu sein. Niemand traut der ›Labour Party‹ zu, die kommenden Wahlen zu überstehen, es sei denn, MANDELSON könnte auch Wunder bewirken.

Um Englands Wirtschaft steht es nicht zum besten: 70 Prozent seiner Wirtschaftsleistung wird von der Dienstleistungsbranche erbracht, nur 17 Prozent von produzierenden Betrieben. Zum Vergleich: Laut einer Statistik von *Destatis.de* vom 15. Februar 2010, erwirtschaftete 2009 die produzierende Wirtschaft Deutschlands lediglich 18 Prozent des BIP.

Kanada: Was hat denn Kanada hier zu suchen? Die Kanadier sind es immer leid gewesen, von Europäern, Asiaten und vor allem von US-Amerikanern als wirtschaftliches und politisches Anhängsel der USA angesehen zu werden. Obzwar dieses Vorurteil in vielen Belangen leider stimmt, hat Kanada jüngst der Welt bewiesen, daß es sich aus seiner fatalen Anhängselrolle emanzipiert hat. Kanada blüht in der Weltfinanzkrise regelrecht auf: Weil seine Banken finanziell gut gepolsert sind, können sie Gelegenheiten ergreifen, die der EUropäischen und US-amerikanischen Konkurrenz jetzt versperrt sind. Vor über einem Jahr belegte ›The Toronto Dominion Bank‹ den 15. Rang in Nordamerika, heute ist sie die fünftgrößte. Nicht sie ist gewachsen, sondern die anderen sind geschrumpft. Welchem Geniestreich verdanken die Kanadier diesen Aufschwung? Gesundem Menschenverstand! Als in Europa und den USA das Finanzwesen dereguliert wurde, Kontrollen entfielen, bestand man in Ottawa auf dem Festhalten an bewährten Regeln und Kontrollen: Während Banken in den USA nur den 26. Teil, europäische Banken gar nur den 61. Teil ihrer gewährten Kredite als Bedeckung zu behalten brauchen, müssen kanadische Banken ein Achtzehntel in Reserve behalten. Kanada erlebt zwar den Hauch einer Krise, nicht jedoch den Wirbelsturm, der die USA voll getroffen hat. Zwölf Jahre in Folge erwirtschaftet das Land Handelsbilanzüberschüsse. Nicht im US-Staat Michigan, sondern in der kanadischen Provinz Ontario werden heute die meisten Automobile des Kontinents erzeugt.

5.4.5 Die Europäische Union wird von der Weltfinanzkrise eingeholt

Aufgrund der schon sehr weit gediehenen wirtschaftlichen und währungspolitischen Vernetzung und Gleichschaltung mit den USA war es kein Wunder, daß die 2008 ausgelöste Finanzkrise sich auch in EUropa schnell bemerkbar machte. In beiden Kontinenten waren Ursachen und Wirkungen der Krise die gleichen. Weil sowohl in den USA als auch in Euro-Landen die Geldmacht entscheidet, was die Politik zu tun hat, wurde beiderseits des Atlantik nicht lange überlegt und diskutiert, sondern sofort entschieden, daß es Sache eines jeden Staates ist, seine durch Spekulationen und Luftgeschäfte in Turbulenzen geratenen Finanzinstitute vor dem Ertrinken zu retten. Und so geschah es, daß in Befolgung des ›guten‹ Beispiels aus Washington die braven ›Volks-‹ Vertreter in Berlin, Rom, Paris, London, Wien und den Haag über das Gewähren von ›Hilfspaketen‹ in Multimilliardenhöhe an ihre Banken nicht lange diskutierten, sondern das entsprechende Gesetz einfach durchwinkten, in Rekordzeit genehmigten und damit ihren Bürgern – auf Generationen hinaus – das volle Risiko übertrugen.

Mittlerweile erwächst aus der griechischen Tragödie die Krise des Euro. »Banken zittern mit den schwachen Euro-Staaten«, titelte die *FAZ* am 5. Februar 2010 und berichtete über die griechische Schuldenkrise, die auf andere Länder des Euro-Raums übergreift. Gegenüber deutschen Banken stünden griechische Schuldner mit 43 Milliarden Dollar in der Kreide. Das Engagement der deutschen Banken summiere sich in Portugal auf 34 Milliarden Euro, in Irland auf 140 und in Spanien auf mehr als 176 Milliarden Euro. Darüber hinaus schulde Griechenland den Franzosen 75, den USA 16,4, der Schweiz 64, England 12,3, den Holländern 12 und Portugal 10,3 Milliarden Dollar. Das meiste davon ist spätestens Mai 2010 zu begleichen. Verschwiegen wird tunlichst EU-weit von Politikern und Lizenzmedien, daß Griechenland darüber hinaus bis zum Jahre 2019 das Zehnfache dieser Summe an Schulden zu begleichen haben könnte.

Noch viel höhere Summen schulde *Spanien* seinen ›amigos‹. Auch die Iberer haben große Schuldenprobleme und stehen ganz oben auf der Liste der angehenden EU-Staatsbankrott-Kandidaten. Spaniens Zahlungsausfall wäre für Deutschland eine Katastrophe: Von den 1,15 Billionen US-Dollar, die die Iberer dem Ausland schulden, entfalle der größte Anteil auf die Bundesrepublik: 240 Milliarden US-Dollar! Die Portugiesen schuldeten Deutschland 47 Milliarden US-Dollar... Irland, der nächste Wackelkandidat, gar 193 Milliarden. Die irische Republik, die jährlich 30 bis 31 Milliarden Euro Steuern einnimmt, hat kürzlich seiner Staatsbank NAMA eine Finanzspritze von 54 Milliarden Euro zugestanden. Sollten diese Staatsbankrott-Kandidaten ihre Schulden nicht mehr zahlen können, wäre nicht nur die Europäische Union in Gefahr, auch Deutschland müßte über eine halbe Billion (523 Milliarden Dollar) in den Wind schreiben. Was das für die deutsche Wirtschaft und die deutschen Privathaushalte bedeutet, braucht nicht näher ausgeführt zu werden. Es wäre auf jeden Fall eine Katastrophe.

Bis vor kurzem sprachen Eingeweihte in Brüssel und in EUropas Hauptstädten hinter vorgehaltener Hand von den ›PIGS-Staaten‹ der EU, deren Budgetziffern man nicht trauen könne, deren Bilanzen oft geschönt seien. Die Rede war von der Kreditwürdigkeit der Länder Portugal, Irland, Griechenland und Spanien, die mit A+, AA, BBB+ und AA+ benotet wurden. Auf Grund der fortschreitenden Krise ist auch Italiens Kreditwürdigkeit herabgesetzt worden, sodaß aus ›PIGS‹ nunmehr ›PIIGS‹ geworden sind. Belgien, Zypern, Slowenien, Slowakei, Malta, die jüngst auf AA+, A+, A+, A+ und A herabgestuft wurden, sind die nächsten Kandidaten. Nur Deutschland, Frankreich, Finnland, Österreich, die Niederlande, Luxemburg sind – noch! – mit dem Gütesiegel AAA versehen, das sie freilich zu Dauermelkkühen der EU stempelt.

Die Herabstufung Griechenlands erfolgte viel zu spät: Seit Jahren schon wußte man EU-weit von den Kunststücken griechischer Politiker und Ökonomen, mittels bilanztechnischer Zaubertricks und ökonomischer ›Prestidigitation‹ (Schnellfingerfertigkeit) Verluste als Gewinne auszuweisen, Abschreibungen in Investitionen umzuwandeln. Ende Juni 2010 kündigte der Vorsitzende der griechischen Oppositionspartei ›Nea Demokratia‹ an, im Falle eines Sieges bei den nächsten Wahlen die Verträge mit der EU und dem IWF zu lösen. »Wir werden dafür sorgen, daß Griechenland wieder Herr über seine eigene wirtschaftliche Entwicklung wird«, kündigte Parteichef Antonis SAMARAS an. Und falls diese ›Entwicklung‹ zur Fortsetzung der Pleite führt, haften ja die Germanen.

Ob PAPAKONSTANTINOU oder ALOGOSKOUFIS, KARAMANLIS oder PAPANDREOU, sie alle waren und sind noch große Meister dieser kreativen Buchführung. Aus Parteisolidarität schwiegen und schweigen die europäischen Genossen. Als nächstes droht nun auch den Spa-

Athens Schuldenkrise ist nicht Ursache, sondern lediglich Auslöser einer seit Jahrzehnten schwelenden Krise. »Mit dem Bail-out brechen die Regierungen die letzte und wichtigste Regel, mit der die Wahrungsunion sich als Stabilitätsgemeinschaft etablieren wollte« (Patrick WELTER in fast.net)

niern, Portugiesen, Iren und Italienern die Herabstufung in der Benotungsskala. Finanzexperten befürchten einen Domino-Effekt.

Thorsten HINZ hat die Lage völlig richtig erfaßt und beklagte in der *Jungen Freiheit* vom 11. Februar 2010:

> »Und es kommt, wie's kommen mußte. Europa (also vor allem Deutschland) wird für den Schlendrian in Griechenland und danach in Portugal, Spanien, Italien, Irland, einstehen. Darüber läßt sich nicht mehr nur in politischen Kategorien reden. Wir befinden uns mitten in einem Gangsterstück. Nichts gegen supranationale Strukturen in Europa, allein schon aus der Erwägung heraus, daß die europäischen Nationalstaaten im globalen Konkurrenzkampf sich nur gemeinsam behaupten können. . . Die deutschen Steuerzahler werden ihre Hoffnung auf Entlastungen begraben können. Die Kommunen haben kein Geld, um Schultoiletten zu reparieren und die Verwahrlosung der Städte aufzuhalten. Wir machen Schulden wegen der Schulden anderer... Der griechische Ministerpräsident Georgos PAPANDREOU, der jetzt als Athener Lichtgestalt gepriesen wird, war Außenminister, als Griechenland mit gefälschten Zahlen seinen Beitritt in die Euro-Zone erzwang. . . Dieser Mann gehört zur internationalen Fahndung ausgeschrieben wegen Betrugs und arglistiger Täuschung!«

Richtig! Diese Verbrecher am eigenen Volk – nicht nur in Griechenland – gehören hinter Schloß und Riegel. Kein Wunder, daß das

Volk der Griechen sich wehrt und protestiert: Warum soll es die Zeche bezahlen für die jahrzehntelang ausgeübte, systembedingte Kleptomanie seiner politischen ›Eliten‹, allesamt Ephialtesse*) im Solde ihrer Lobbies. Mit solchen Kreaturen hätten die einstmals stolzen Spartaner im Zuge einer Krypteia**) schnellen Prozeß gemacht.

Am Beispiel der Griechen und Spanier können alle von der Ausplünderung durch die Globalisierer bedrohten Völker schon heute ermessen, was ihnen blüht, wenn Bankiers und Polit-›Eliten‹ den Staat in den Pleite-Eisberg krachen. Und wie gewohnt, wird der Befehl erschallen: Ran an die Ruder und mächtig pullen, damit die verschworene Bande von Wucherern und ihren Vasallen der Ersten Klasse trockenen Fußes und rechtzeitig zur Cocktailstunde die Märcheninsel Eleusis erreichen kann, wo Bilderberger und trilaterale Brüder schon auf sie warten!

Am 13. April 2010 wurde der Anfang gemacht: Die für Finanzen zuständigen EU- Kommissare Claude JUNCKER, Meister der Verschleierung, und sein finnischer Kollege Olli REHN gaben bekannt, die EU Regierungschefs hätten einstimmig (!) beschlossen – wenn nötig (!) – die griechische Pleite im ersten Jahr mit einem Hilfspaket von 30 Milliarden Euro (5 Prozent verzinst) zu finanzieren. Von dieser Summe hätten die deutschen Steuerzahler 8,4 Milliarden, die österreichischen 0,8 Milliarden Euro zu garantieren. Dabei stehen die Summen, die 2011 bis 2019 noch fällig werden, gar nicht fest. Weil die Hellenen nie in der Lage sein werden, ihre Finanzen in Ordnung zu bringen, geschweige denn, auch nur einem Bruchteil ihrer Zahlungsverpflichtungen nachzukommen, werden die DÖNAFL-Steuerzahler auch nach 2010 ihre Euro nach Athen tragen müssen. Sogar die sonst so systembeflissene *FAZ* legt am 24. April 2010 den Griechen nahe, aus der Euro-Währungsunion auszusteigen.

Am 14. Februar 2010 bestätigte *The New York Times*, Griechenland sei es dank Hilfe der Wall Street gelungen, seine Verluste jahrzehntelang vor der EU zu verbergen, um an neue Kredite und Förderungen heranzukommen. Dem ›guten Rat‹ der New Yorker

---

*) EPHIALTES: ein Verräter, der den Persern unter XERXES den Weg zeigte, auf dem sie 480 v. Chr. den Griechen unter LEONIDAS bei den Thermopylen in den Rücken fielen.

**) Krypteia: Vermehrten sich ihre Sklaven (Heloten) zu schnell, veranstalteten die Spartaner, zwecks Bevölkerungsregulierung, eine nächtliche Krypteia.

Wucherer folgend, hätten die Griechen unter anderem Flughäfen, Straßen und anderes Familiensilber an sie verpfändet. Anfang November 2008, kurz vor dem Bekanntwerden von Griechenlands Mega-Pleite, besuchte eine Delegation von Wall Street-Bankern unter der Leitung des Präsidenten von Goldman Sachs, Gary COHN, Athen, um den Griechen neue, für beide Seiten einträgliche Taschenspielerkunststücke zum Hinausschieben ihrer Probleme vorzuschlagen. Doch diesmal war die Krise zu weit fortgeschritten, um Lösungen aus der Trickkiste zu zaubern.

Wie viele EUropäische Großbanken waren informiert und haben am Betrug partizipiert? Wo blieb der Aufschrei in Brüssel und in den Hauptstädten ›Globalistans‹? Der Autor hat einen einzigen vernommen: Empört protestierte Christoph LEITL, Chef der Bundeswirtschaftskammer in Wien am 17. Februar 2007 in den Nachrichten des österreichischen Fernsehsenders *ORF2*:

> »Wie die Amerikaner, sollte auch die EU eine ›Watch List‹ einführen, um unliebsame und in Europa nicht willkommene Politiker an der Einreise zu hindern!«

Bravo, Herr LEITL!

An dieser Stelle zur besseren Erinnerung nochmals eine kurze Chronik der jüngsten Krise im Zeitraffer.

27. März 2010

Daniel HANNAN titelt im *Telegraph:* »Germans, stop being ripped off! (»Deutsche, laßt euch nicht ausplündern!«) Keinem Land der EU wird so übel mitgespielt: Es zahlt mehr in das System ein als jedes andere und hat dabei die niedrigste Pro-Kopf-Vertretung in den Brüssler Institutionen. Die Transferleistungen, die deutsche Steuerzahler gemäß den Bestimmungen der EU-Agrarpolitik an die französischen Bauern leisten, übertreffen bei weitem alles, was sich CLEMENCEAU vorstellen konnte, als er 1919 in Versailles Kriegsreparationen forderte... Ich habe schon immer gesagt, die Deutschen sind uns vom Temperament her ähnlich. Sie sind geduldige Menschen, aber irgendwann kommt der Punkt, wo ihr Geduldfaden reißt, und es scheint, als näherten sie sich jetzt langsam diesem Punkt.«

27. April

Anhörung der Manager von Goldman Sachs vor dem US-Senat: Lloyd BLANKFEIN und vier seiner Oberspekulanten können sich an nichts mehr erinnern. – In einer Rede klagt der damalige deutsche Bundespräsident Horst KÖHLER: »Nur wenige haben diese Finanzkrise verursacht, doch zahlen muß jetzt die Allgemeinheit.« Mußte Köhler wegen dieser wahren Worte den Hut nehmen?

8. Mai

Staatsrechtler K. A. SCHACHTSCHNEIDER in *Focus-Online*: »Kaum jemand weiß, daß die Kredite, für die der Bund bürgt, nur zweitrangige Forderungen sind. Als erster bekommt der IWF sein Geld wieder. Der Schulterschluß zwischen Regierung und Banken am 4. Mai bedeutet nur, daß auch die Banken an erster Stelle mit dem IWF bedient werden sollen. Erst danach sehen der Bund und somit der Steuerzahler das Geld wieder – wenn überhaupt.«

Focus: »Wenn Griechenland nicht geht, sollte Deutschland die Eurozone verlassen?«

SCHACHTSCHNEIDER: »Ja, unbedingt. Die Rückkehr zur D-Mark ist sogar aus verfassungsrechtlichen Gründen geboten. Deutschland darf nur einer stabilen Währungsgemeinschaft angehören.«

Focus: »Wenn wir Griechenland helfen, müssen wir dann auch für die anderen PIIGS-Staaten zahlen?«

SCHACHTSCHNEIDER: »Sicher. Wir statuieren ein Exempel. Mit welchen Rechtsargumenten sollten wir diese Länder denn hängen lassen? Es gibt ein gewisses Gleichbehandlungsgebot, aber dann wäre der Euro am Boden.«

Focus: »Haben Sie im Kampf gegen die Milliarden-Finanzspritzen Unterstützung aus der Politik?«

SCHACHTSCHNEIDER: »Nein.«

8. Mai

Gleich nachdem der Bundestag das Hilfspaket für Griechenland beschloß, reichten die prominenten Gegner dieser Maßnahme, die Professoren SCHACHTSCHNEIDER, HANKEL, STARBATTY, NÖLLING und SPETHMANN beim Bundesverfassungsgerichtshof eine Klage ein mit der Begründung, das Gesetz verletze EU-Verträge. Außerdem komme das Rettungspaket nicht den Griechen, sondern den Banken zugute.

9. Mai

Die Klage wird vom VGH abgelehnt, denn: »...sollte jetzt eine ›Einstweilige Anordnung‹ ergehen, die Übernahme der Gewährleistung des Bundes für Notkredite sich später aber als verfassungsrechtlich zulässig erweisen, drohen der Allgemeinheit schwere Nachteile.« [Seit wann entscheidet ein nationales Gericht im Namen der Allgemeinheit? d. Verf.] Andreas VOSSKUHLE, Präsident des VGH, warnt im *Spiegel* (Nr.20/2010), daß die Politik sich nicht allzu frei von Karlsruhe machen dürfe, denn »Freiheit und Demokratie gibt es nur durch Recht.«

10. Mai

Focus Online: »750 Milliarden Euro an Krediten werden hochverschuldeten Euro-Ländern zur Verfügung gestellt: 60 Milliarden von der EU-Kommission, 440 von den EU-Mitgliedstaaten und 250 Milliarden vom IWF. Die deutschen Steuerzahler werden für 123 Milliarden, die österreichischen für 15 Milliarden Euro geradestehen müssen.

Dazu IWF-Präsident STRAUSS-KAHN: »Das sind starke Maßnahmen, die helfen werden, die Stabilität der globalen Wirtschaft und der Finanzmärkte zu sichern...«

Merci, Monsieur STRAUSS-KAHN, für Ihre ungewohnt offenen Worte. Höchste Zeit, daß uns Humanressourcen der dritten und vierten Klasse ein Wissender endlich einmal klar sagt, für wessen Stabilität wir, unsere Kinder und Kindeskinder, die nächsten hundert Jahre werden roboten dürfen. Hallo, Ihr lieben Schweizer! Wollt Ihr nicht endlich auch an den ›Segnungen‹ der Europäischen ›Gemeinschaft‹ teilnehmen?

10. Mai

Der Spiegel (Nr. 19/2010) berichtet unter dem Titel »Der Stab ist gebrochen«: In Anbetracht seiner geringen wirtschaftlichen Leistungsfähigkeit, einer unveränderbar komplexen, nicht mehr ganz europäischen Sozialstruktur sowie ausufernder Schulden von über 300 Milliarden Euro ist es unwahrscheinlich, daß sich Griechenland, trotz Sparmaßnahmen und Hilfspaketen von derzeit 110, vielleicht bald 140 oder 200 Milliarden Euro, jemals erholen wird. Und folgert im Artikel unter der Überschrift »Die Logik des Bankrotts«, der Reformvertrag der Athener Regierung sei bei Lichte betrachtet völlig illusorisch. Es sei unmöglich, die Steuern zu erhöhen, Beamtenbezüge radikal zu kürzen, den Binnenkonsum komplett abzuwürgen und gleichzeitig ein Wirtschaftswachstum erzielen zu wollen.

Im Beitrag »Wir müssen das Biest aushungern« urteilt ein New Yorker Experte:

Spiegel: »Wie groß schätzen Sie die Gefahren ein, die von Griechenland ausgehen?«

Nouriel Roubini: »Heute sorgen wir uns um Griechenland, aber es ist nur die Spitze des Eisbergs. Allmählich geraten auch Staaten wie Großbritannien und Irland ins Visier der Spekulanten. . . In den USA stehen Bundesstaaten wie Kalifornien, Nevada, Arizona, New York und Florida vor gewaltigen fiskalischen Herausforderungen. . . Ich fürchte, Griechenland hat nicht nur Liquiditätsprobleme, sondern ist bankrott. . . Wir brauchen einen Plan B.«

Spiegel: »Und wie soll der aussehen?«

Roubini: »Es ist notwendig, eine Umschuldung vorzunehmen, bevor der Staatsbankrott eintritt... Ein Großteil der griechischen Schulden wird von ausländischen Finanzinstituten gehalten... Sie werden auf einen Teil verzichten müssen. . . Wenn ein solcher Plan B nicht bald erarbeitet wird, besteht die Gefahr eines Dominoeffekts. Dann könnte sich die Krise sehr schnell auf Portugal oder Spanien ausweiten. Das würde am Ende den Euro sprengen.«

Spiegel: »Sehen Sie es als Fehler, eine Europäische Währungsunion geschaffen zu haben?«

Roubini: »Es war wohl fahrlässig, so viele Länder schon so früh als Mitglieder zuzulassen.«

12.Mai

Unzensuriert.at: Österreichs Finanzminister und Vizekanzler Josef Pröll trat vor das Parlament und warb um Zustimmung für Gesetzesänderungen zur Griechenlandhilfe (2,3 Milliarden) und Österreichs Beteiligung am Euro-Stabilisierungspaket (15 Milliarden Euro). Zur Erläuterung des in Rekordzeit bewilligten 750 Milliarden-Paketes vor dem ›Hohen Haus‹ begnügte sich Pröll mit der Vorlage eines einzigen DIN A4-Zettels. Erklärungen über Art und Wirkungsweise des Pakets gab er keine. Pröll: »Man muß sich eben auf die Experten verlassen.«

12. Mai

In der *FAZ* erscheint folgende Anzeige der fünf Klage-Einreicher beim Verfassungsgericht: »Was geht in den Köpfen von Politikern vor, die über Nacht ein ›Rettungspaket‹ von 750 Milliarden beschließen, das alte Schulden in neue verwandelt? Doch nicht Staaten werden gerettet, sondern die Banken. Und woher kommen die Mittel? Steuerzahler und Währungshüter bringen sie auf. Die europäische Zentralbank und der Internationale Währungsfonds geben ihre Unabhängigkeit auf. Sie brechen ihre Statuten und stellen frisches Geld für den Ankauf der Staatsschulden bereit. Die größte Lüge aber ist, daß es den Schuldenländern danach gelingen wird, auch nur einen Cent dieser Kredite zurückzuzahlen. Die mit der Finanzhilfe verbundenen Auflagen machen dies unmöglich.«

12. Mai

Professor HANKEL schreibt in der *Jungen Freiheit:* »Der Bundespräsident hätte das Gesetz zur Griechenland-Hilfe nicht unterschreiben dürfen. Die Verfassungsrichter haben zwar den Antrag der fünf Euro-Kläger abgelehnt, aber nicht den Inhalt ihrer Klage. . . Im Zuge der Bankenkrise brach als erster Damm der Stabilitätspakt. Die EU-Kommission ließ seinen Bruch durch alle EWU-Staaten zu. . . Jetzt bricht der zweite Damm: Die Währungsunion wird zur Haftungsgenossenschaft erklärt, der damit verbundene Rechtsbruch durch ein deutsches Kredit-Ermächtigungsgesetz ›geheilt‹, das ebenfalls im Kern ein Bankensanierungsgesetz ist, denn unter dem Etikett Griechenlandhilfe werden die in das Geschäft verwickelten Finanzinstitute vor Verlust und Konkurs bewahrt, die Staaten aber nur mittelbar. . . In der jetzigen Krise wird offenbar, wie miserabel und inkompetent Europas Zentralorgane, Brüssler Kommission und EZB mit der ihnen zugewachsenen Verantwortung umgehen. . . Der Erhalt der EWU ist ihr wichtiger als die Stabilität der ihr anvertrauten Währung. (Man) betreibt – unter offenem Bruch der Verträge – die Umwandlung der EU-Staatenunion mit begrenzter Haftung in einen zentralen Bundesstaat mit unbegrenzter Gewalt und Zuständigkeit.«

12. Mai

Leserbrief von Friedrich ROMIG in der Wiener Krone: »Die Europäische Währungsunion ist gescheitert. PRÖLL und FAYMANN wollen es nicht wahrhaben, sind schwer von Begriff. Der Grundvertrag, durch den uns der Verzicht auf den Schilling schmackhaft gemacht wurde – strikte Einhaltung von Verschuldungs- und Defizitgrenzen – existiert nicht mehr. Der Lissabon-Vertrag, kaum beschlossen, wurde gebrochen. Die ›No-Bail-Out‹ Klausel wird umgangen.

Österreich hat eben 2,2 Milliarden Schulden aufgenommen, damit Griechenland seine Pensionisten auszahlen kann. Absurd! Das für die EZB geltende Verbot, Staatsdefizite direkt oder indirekt zu finanzieren, wurde aufgehoben. Die EZB hat die Gelddruckmaschine angeworfen. Sie belehnt staatliche Schrottanleihen mit frischem Geld. Und die EU-Kommission will jetzt IWF spielen und hat einen Krisenfonds eingerichtet, der Pleite-Staaten unterstützt und lenkt. Václav KLAUS hat recht: ›Nicht Griechenland ist das Problem, sondern der Euro!‹ Schleunigst weg mit ihm, zum Teufel mit der EU-Kommission! Gehen wir den Weg der Schweiz!«

13. Mai

Welt-online.de: »Werden die Steuerzahler ihre Hilfskredite an Griechenland... abschreiben müssen?«

Josef ACKERMANN, Chef der Deutschen Bank: »Ob Griechenland über die Zeit wirklich in der Lage ist, diese Leistungskraft aufzubringen, das wage ich zu bezweifeln.«

16. Mai

Jürgen STARK, Chefökonom der EZB, im Interview mit der *FASZ*: »Wer den Euro in Frage stellt, stellt die europäische Integration in Frage!«

14. Mai

Der Wirtschaftsnachrichtendienst *Bloomberg* berichtet: Nicht nur der kurze Indexsturz in New York war der Auslöser der Panik-Reaktion in der EU, sondern die unverhüllten Drohungen der ›Association of Financial Markets‹ in London: Ihr Direktor Schol telefonierte am 7. Mai mit einflußreichen EZB-Gourverneuren und EU-Finanzministern und machte ihnen klar, daß griechische Verhältnisse auf Portugal, Spanien, Irland, Italien überzugreifen drohten. Es gäbe [für deren Wertpapiere] keine Käufer mehr, jetzt müsse die EZB ein Zeichen setzen und als Käufer auftreten... Am frühen Morgen des 10. Mai um 03.15 Uhr [Frankfurter Zeit] bestätigte die EZB, sie würde als Käufer [auch wertloser Papiere] auftreten.

17. Mai

Im *Spiegel* (Nr. 20/2010) kommentiert Ex-Bundesbank-Chef Karl Otto PÖHL die Rettungspakete für südeuropäische Staaten wie folgt: »Iin Wirklichkeit geht es um die Rettung der Banken und der reichen Griechen.«

Spiegel: »Kann es sein, daß die Politik den angeblichen Angriff der Spekulanten nur erfunden hat, um eine Legitimation für den Bruch des Lissabon-Vertrages und die EZB-Satzung zu haben?«

PÖHL: »Natürlich, das ist möglich. Es ist sogar wahrscheinlich. . . Jetzt wird die EU-Kommission sehr viel mehr Befugnisse und Macht erhalten, haushaltsrechtliche Eingriffsmöglichkeiten und Ähnliches. Diese Weiterentwicklung der Gemeinschaft geht aber eben zu unseren Lasten. Sie müssen ja sehen, was uns Deutsche das alles kosten wird.

»Der Stabilitätspakt«, so der *Spiegel* (Nr. 20/2010), »muß verschärft werden. Bei Verstößen gegen die finanzpolitische Solidarität müssen Sanktionen bis hin zu Bußgeldern automatisch folgen. . . Olli REHN [Euro-Kommissar; d. Verf.] will den Euro durch weiteren Souveränitätsverzicht der Mitgliedsländer stärken. Alle Staaten sollen sich einer zentralen Haushalskoordinierung aus Brüssel unterwerfen. . . In Deutschland stellt sich ein weiteres Problem: Das Bundesverfassungsgericht hat der weiteren Integration Deutschlands in Europa einen Riegel vorgeschoben. REHNS Pläne laufen aber genau darauf hinaus.«

In seinem Plädoyer für die »Abschaffung des Euro« (*Spiegel* Nr. 20/2010) schreibt der niederländische Publizist Leon DE WINTER:

> »Ich mag die Griechen und die Spanier sehr. Aber ich fühle mich nicht dazu verpflichtet, mir ihre finanziellen Sorgen aufzuladen... Unsere supranationalen politischen Eliten denken anders darüber. Ihre Glaubwürdigkeit ist mit dem Projekt Europa verstrickt, und deshalb behaupten sie, wir müßten die Griechen retten, weil wir sonst selbst rettungslos verloren seien. Aber dem ist nicht so... Erst die EU hat Möglichkeiten dafür geschaffen, daß Griechen und Spanier die Arme bis zu den Achseln in die Schatzkisten der EU zu tauchen... Ich habe nicht vergessen, mit welchen Argumenten den Bürgern Europas der Euro schmackhaft gemacht wurde: In einer immer globaler werdenden Welt würden unsere nationalen Währungen nicht überleben... Entstanden ist eine zusätzliche Etage Brüsseler Bürokraten oberhalb unserer nationalen Bürokratien. Unsere nationale Autonomie wird zusehends geschmälert, immer mehr Macht wird an dies neuen Bürokraten übertragen. Bei Referenden zeigte sich jedes Mal, wie lebendig das Mißtrauen der europäischen Völker gegen diese Bürokratie ist – die politischen Eliten kümmerte das nicht. Die Griechen-

land-Krise zeigt uns nun: Europa existiert nicht. Als in Brüssel über die Europäische Verfassung diskutiert wurde, fragte ich mich, warum deren geistige Väter nicht auf dem gesamten Kontinent im Fernsehen zu sehen und zu hören waren. Wo waren ihre mitreißenden Reden? Wo waren ihre Ausführungen zur europäischen Seele und zur europäischen Mission in der Welt? Die Europäische Verfassung ist nicht das Produkt prophetischer Founding Fathers, sondern das Produkt von Technokraten, die jetzt ihre große Chance wittern: sie schnüren Rettungspakete im Umfang Hunderter Milliarden. Die Schulden werden von der EU übernommen und letztlich vom europäischen Steuerzahler und seinen Kindern und Kindeskindern getragen. Dies wird den Wohlstand im Norden mindern, auf Generationen hinaus.«

17. Mai

Der *Spiegel* (Ausgabe 20/2010) faßt im Artikel »Wir haben nur einen Schuß« die Ereignisse des dramatischen Wochenendes vom Freitag, 7., bis Sonntag, 9. Mai, zusammen: Während Kanzlerin MERKEL nach Moskau fliegt, um am 8. Mai auf dem Roten Platz an der Feier zum Sieg über Deutschland teilzunehmen, eilt am 7. Mai SARKOZY nach Brüssel, wo er seine Kollegen ZAPATERO, SÓCRATES und BERLUSCONI von der Notwendigkeit einer einheitlichen europäischen Finanz- und Wirtschaftspolitik sowie von der Ausgabe einer europäischen Anleihe überzeugen will, für die alle Länder gemeinsam haften. Am 9. Mai veröffentlicht die EU-Kommission eine Beschlußvorlage, wonach Finanzhilfen unbefristet und auch gegen den Willen einzelner Mitgliedstaaten gewährt werden dürfen. Das Papier liest sich, als wäre es direkt im Elysée-Palast geschrieben. Den deutschen Vertretern in Brüssel ist jetzt klar, daß sie an die Wand gedrückt werden sollen... MERKEL verspricht (am Nachmittag) Präsident OBAMA, bis zum Abend einen Vorschlag zu unterbreiten, der weit über das bisher bislang diskutierte Notprogramm von 60 Milliarden Euro hinausgeht... Nach dem Telefonat übermittelt das Kanzleramt in den Elysée-Palast, daß die deutsche Regierung daran denke, den Kreditrahmen für die Euro-Länder auf 440 Milliarden auszuweiten. Am frühen Morgen des 10. Mai, zwischen 1.45 Uhr und 2.00 Uhr, hat sich EUropa zur Rettung seiner Gemeinschaftswährung auf ein Kreditprogramm von 500 Milliarden Euro geeinigt.

20. Mai

Die Eurokraten genehmigen sich selbst eine Gehaltserhöhung von monatlich 1500 Euro ab sofort, und von weiteren 1500 monatlich ab 2011.

21. Mai

Im Bundestag verweist Oskar LAFONTAINE (Die Linke) auf die in Brüssel alle anderen Argumente ausschließende normative Kraft des Faktischen:

»Über Nacht mußten die EU-Finanzminister dem 550 Milliarden Rettungs-Paket in Rekordzeit zustimmen, weil um 3 Uhr früh MEZ die Börse in Tokio öffnet.«

25. Mai

Wolf SCHÄFER in der *FAZ*:

»Das politische Kartell zur Rettung des Euro, koste es, was es wolle, ist etabliert: Aus wessen Kosten? Schutzschirme gigantischen Ausmaßes, die im Falle Griechenlands beinahe täglich um zig Milliarden größer wurden, um danach weiter zu explodieren, wurden verabredet. Denn, so das Mantra der EU-Klasse: ›Wenn der Euro zerbricht, zerbricht Europa‹. Wieso eigentlich nicht? Aus der Sicht der Kanzlerin sind die Rettungsschirme, also die Haftungsübernahme für überschuldete Euro-Staaten, alternativlos. Wieso denn: Sind geordnete Umschuldungs- und Staateninsolvenzverfahren keine Alternative? Zudem bewaffnet sich das Politikkartell mit kriegerischem Vokabular: ›Wir kämpfen gemeinsam gegen die Spekulanten und zeigen ihnen unsere Folterwerkzeuge.. Das ist politisch kartellierte Kriegsbemalung kontra ökonomischen Sachenverstand!«

27. Mai

Edmund CONWAY titelt in *The Telegraph*: »Is Europe heading for a meltdown?« (»Steht Europa vor einer Kernschmelze?«)

»Als Präsident SARKOZY Anfang Mai ein Hilfspaket von einer Trillion Euro ankündigte, glaubte man einen Augenblick lang, die Politik könnte es schaffen. Doch sehr bald erwies sich, daß Europas Führung nicht in der Lage sein würde, diese einmalige Rettungsaktion mit 16 Ländern verschiedener Sprache und ohne gemeinsame Zentralbank abzustimmen. Erschwerend wirkt sich aus, daß die meisten EU-Bürger, vor allem in Deutschland, nicht einsehen, warum sie pleite-bedrohten Mitgliedstaaten finanziell helfen sollen.«

Für Herman VAN ROMPUY, ›praeceptor Europae‹, besteht die Lösung der Krise in verstärkter Integration und schmerzhaften Sparpaketen. Die EU-ropäischen Politiker würden hin- und hergerissen zwischen ihren Verpflichtungen gegenüber Brüssel und den Interessen ihrer Wähler. Der Wert des Euro sinkt und sinkt. Er könne nur überleben, wenn die Mitgliedsstaaten einem engeren politischen Zusammenschluß zustimmen.

29. Mai

Die *FAZ* zitiert die Aussage des französischen Europa-Ministers Pierre LELLOUCHE in der *Financial Times*: »Der Beistands-Mechanismus von 440 Milliarden Euro ist nichts anderes als die Übertragung des Artikels 5 des NATO-Vertrages auf den Euro-Raum. Wenn ein Mitglied angegriffen wird, sind die anderen verpflichtet, zur Hilfe zu kommen.«

7. Juni

Die deutsche Regierung plant, bis 2014 achtzig Milliarden Euro einzusparen. Eine ›Bankensteuer‹ auf Finanztransaktionen ›soll‹ folgen.

8. Juni

Beim Treffen der EU-Finanzminister in Luxemburg wird beschlossen, die Kontrolle über das Finanzrettungspaket von 750 Milliarden für in Not geratene Mitglieder einer EZB-nahen ›Gesellschaft‹ zu übertragen. [Wer bestimmt, was ein Notfall ist? D. Verf.]

Anläßlich der Verleihung des Aachener Karlspreises an den polnischen Premier Donald TUSK ruhft Kanzlerin Angela MERKEL dazu auf, ALLES zu tun, um eine Krise des Euro abzuwenden:

»Scheitert der Euro, dann scheitert Europa, dann scheitert die Idee der europäischen Einigung!«

Dazu Professor HANKEL in den *Zeit-Fragen* vom 14. Juni:

Zeit-Fragen: »Nun hat ja Frau MERKEL gesagt, es hätte keine Alternative zum Vorgehen ihrer Regierung [in Sachen Milliardenhilfe für Griechenland] gegeben.«

HANKEL: »Ich bin sprachlos. Ein Politiker, der diese Worte in den Mund nimmt, zeigt eigentlich, daß er ein verkappter Diktator ist. Es gibt zu jeder Politik eine Alternative. Und wenn Frau MERKEL die nicht kennt, dann scheint sie – wie einst LUDWIG XIV. – dazu zu neigen, daß ihre Meinung die einzig richtige ist: L'état c'est moi!«. . .

Zeit-Fragen: »Und wie ist es zu erklären, daß die deutsche politische Klasse bei all dem mitmacht, obwohl es sich ja offensichtlich gegen das eigene Volk richtet?

HANKEL: »Man bekommt den Verdacht, daß die deutsche politische Klasse jeden Kontakt zu den Nöten und Sorgen ihres Volkes verloren hat... Demokratie lebt davon, daß die Regierung die Interessen des Volkes vertritt, aber was sie hier vertritt, das sind nicht die Interessen der Völker, sondern die Interessen der Banken, das sind die Interessen der Berufseuropäer, die natürlich ihre Pfründe in Europa sehen. . . In den vielen Jahren, die ich mit diesen Leuten zu tun habe, ist mir immer wieder aufgefallen, daß viele dieser europäischen Funktionäre eigentlich nicht für Europa leben, sondern von Europa.«

9. Juli

Der *Spiegel* berichtet, die EU fordere für 2011 zusätzliche Mittel in Milliardenhöhe. Nach einer Vorlage des Kommissionschefs José Manuel BARROSO würde das EU-Budget 2011 um 7 Milliarden auf 130 Milliarden Euro ansteigen. Deutschland, das mit 20 Prozent den größten Anteil am EU-Budget zu tragen hat, müßte 26,5 Milliarden blechen. Schließlich gilt es unter anderem, auch die Mittel aufzubringen, um die selbstgenehmigte Gehalterhöhung der Brüsseler Eurokraten um monatlich 7000 Euro – ab 1. Januar 2011 automatisch um weitere 7000 Euro – sowie den ausscheidenden EU-Kommissaren die selbstgenehmigten Gehaltsfortzahlungen in der Höhe von 11 000 Euro monatlich während drei Jahren aufzubringen. Ja, ein VERHEUGEN müßte man sein. . .

11. August

Telepolis News: »Daß die FED sich um die Nachhaltigkeit des Wachstums große Sorgen macht, hatte ihr Chef Ben BERNANKE erst kürzlich deutlich gemacht. . . und sich erneut zu massiven Interventionen entschlossen. Die FED wird die Druckmaschinen wieder anwerfen, um erneut Staatsanleihen [gegen zinspflichtige Dollar] zu kaufen. . . Der FED bereitet aber große Sorgen, daß der Aufschwung nicht selbsttragend ist und sich deutlich abschwächt. In den USA sieht man deshalb die Gefahr eines erneuten Rückfalls in die Rezession.«

11. September

Am 11. September 2010 wurden in einer Nacht- und Nebelaktion der Bank Hypo Real Estate (HRE), die schon 2008 dank eines Rettungspakets in der Höhe von 102 Milliarden Euro vor dem Absaufen gerettet werden konnte, ein weiteres ›Rettungspaket‹ von 40 Milliarden Euro nachgeschmissen. Wie wär's denn, wenn die flotten Retter aus Finanzpolitik und Politfinanz um dasselbe Geld zur Abwechslung Renten und Krankenkassen vor der Pleite retteten?

Merke(l)n nicht endlich auch die allerglücklichsten Sklaven, welch schändliches Spiel unsere Regierungsspitzen im Auftrag der Globalisierer mit unserem Geld treiben, welche Schuldknechtschaft sie uns, unseren Kindern und Kindeskindern zugedacht haben? Mit der Offenbarung ihres Zieles, den Euro zu retten, um die Mißgeburt EU-ropa auf Kosten Deutschlands am Leben zu erhalten, hat sich Angela MERKEL dankenswerterweise selbst als Erfüllungsgehilfin der Wucherer entlarvt.

Als ebensolcher Lakai der Globalisierer entpuppte sich der mit Hängen und Würgen am 30. Juni zum Bundespräsidenten ›demokratisch‹ gewählte Christian WULFF, der gleich nach Antritt seines Amtes *urbi et orbi* wissen ließ, er wolle sich für die Globalisierung Europas einsetzen:

> »Die Globalisierung bietet für Deutschland große Chancen. Unsere Wirtschaft profitiert vom Euro. Für die Gestaltung des Globalisierungsprozesses brauchen wir einen festen Ankerpunkt in der Europäischen Union. Sie ist ein einzigartiges Friedens-, Werte- und Wohlstandsprojekt. Wir müssen andere Kulturen besser verstehen lernen, auf andere zugehen, den Austausch verstärken in unserer bunten Republik Deutschland... Dazu will ich in den kommenden Jahren beitragen.«

Jetzt ist wohl klar, warum Wulff als Kandidat aufgestellt wurde. Als am Freitag, 8. Oktober 2010, der Platzsprecher im Berliner Olympiastadion vor Anpfiff des Fußball-Länderspiels Deutschland gegen Türkei die Ehrengäste vorstellte, wurde vom weitaus mehrheitlich türkischen Publikum der türkische Ministerpräsident ERDOGAN bejubelt, der deutsche Bundespräsident ›Musel-Wulff‹ jedoch ausgebuht.

In seiner Rede in Bremen am 1. Oktober zum 20. Jahrestag der Wiedervereinigung verkündete Wulff: »Wie Christentum und Judentum gehört der Islam inzwischen zu Deutschland.«

Mit einem solchen nicht vom Volk, sondern von einer dem Fraktionszwang unterliegenden Claque undemokratisch gewählten Utopisten als Präsidenten werden die Deutschen noch ihre Wunder erleben.

Wie sagte doch Georges Clemenceau 1919 in Versailles? »Le boche payera tout« – der Deutsche wird alles bezahlen. Innerhalb weniger Monate nach Erscheinen dieses Buches wird sich nun entscheiden, ob und wie die EU – das heißt vorrangig die Steuerzahler der DÖNAFL-Staaten (Deutschland, Österreich, Niederlande, Finnland, Frankreich, Luxemburg) – die sonnenbevorzugten und Siesta-gesegneten Mittelmeeranrainer sowie andere Rating-geschädigte Mitglieder herauspauken werden. Eines ist sicher: Hilft man den Griechen, muß man auch den Portugiesen, Spaniern, Iren und Italienern helfen – bis auch das allerletzte deutsche Sparschwein geschlachtet ist. Dafür werden jene nomadisierenden Spekulanten sorgen, die sich darauf spezialisiert haben, wie Krokodile auf verwesende Währungen zu stürzen, um sie zu zerfleischen.

Spanier, Portugiesen, Italiener, hört die Signale: Wird die Versauwirtschaftung der Griechen belohnt, kann eure nicht bestraft werden! Also werden ›les boches‹ auch eure Finanzen retten müssen. Aus diesem Grund wird ›man‹ dem deutschen Dukatenesel den Ausstieg aus dem Euro-Block und die Wiedereinführung der D-Mark nie und nimmer gestatten. Die Deutschenhasser beiderseits des Atlantik und ihre Erfüllungsgehilfen in Berlin sollten aber bedenken, daß nicht einmal die unterwürfige und stets zu globalen Diensten bereitstehende Dauerfinanzzapfsäule Deutschland ein solches Leerpumpen überstehen, sondern zwangsläufig gerade sie den Zusammenbruch des Euro und die Implosion der EU auslösen würde.

5.4.6 Lehren und Erkenntnisse

Welche Lehren ziehen wir, welche Erkenntnisse gewinnen wir aus den Tatarenmeldungen zum Thema Finanzkrise, die uns – mit oder ohne Anästhesie – von Medien, Politikern und sogenannten ›Experten‹ täglich schaumgebremst und tröpfchenweise verabreicht werden?

1. Die Erkenntnis, daß unsere ›Staatslenker‹ im Auftrag der Globalisierer den Euro auf unsere Kosten ›retten‹ müssen, auf daß die Utopie einer Europäischen Union umgesetzt und das Weltfinanzsystem der Wucherer aufrecht erhalten werden können.

2. Die Erkenntnis, daß unsere Staatslenker die gegenwärtige Finanzkrise zum Anlaß nehmen, um die nationale Wirtschafts- und Budgetpolitik der EU-Mitgliedstaaten auszuhebeln und einer weiteren Globalisierungsbehörde des Namens ›EU-Wirtschaftsregierung‹ zu unterstellen.

3. Die Erkenntnis, daß die Regierungen der Euro-Staaten samt EU-Kommission und EZB mit geradezu lichtgeschwindigkeitsverdächtiger Eile in der Lage waren, Finanz- ›Rettungspakete‹ von über einer Billion Euro zur Verfügung zu stellen – nicht etwa zur Sicherung der Renten, Krankenversicherungen und Arbeitsplätze ihrer Völker – sondern für die in Finanzbredouille geratenen Großbanken und vom Staatsbankrott bedrohten Euroländer. Und – wie immer – haften die Steuerzahler für das Risiko.

4. Die Erkenntnis, daß ›unsere‹ Politiker von den auf uns Bürger zukommenden Belastungen im Affirmativ, von den auf die Geldwirtschaft zukommenden Bankensteuern und Abgaben stets nur im Konjunktiv sprechen.

5. Die Erkenntnis, daß wir, das Volk, von seiten der für die Weltfinanzkrise verantwortlichen Börsianer, Spekulanten und Wucherer nie ein Eingeständnis von Scham, ein Wort des Bedauerns zu hören bekamen, wohl auch niemals zu hören werden, geschweige denn die Bereitschaft, Wiedergutmachung zu leisten.

6. Die Erkenntnis, daß seit einhundert Jahren dieselben Seilschaften am Werk sind, um die Reichtümer alle Völker der Welt in ihre Kontrolle zu bringen. In der gegenwärtigen Weltfinanzkrise sind ausgebeutete Griechen, Spanier, Italiener, Franzosen die ersten gewesen, die auf die Straße gingen und forderten, daß die Hintermänner der Katastrophe nicht ungeschoren davonkommen dürfen. Bald werden auch die bisher Geduldigsten marschieren.

7. Die Erkenntnis, daß die Utopie der gleichgeschalteten ›Europäischen Union‹ auf einen Denkfehler der Globalisierer beruht: Erst langsam fangen sie an zu begreifen, daß ein ›Europäisches Gemeinschaftsvolk‹, das es nie gegeben hat, auch niemals künstlich geschaffen werden kann, sondern es stets nur die einzelnen europäischen

Völker mit ihren verschiedenen Kulturen und Traditionen geben wird, die sich ihrer Partikularitäten noch lange erfreuen werden.

8. Die Erkenntnis, daß es im Laufe der letzten Jahre immer mehr Völkern gelungen ist, sich vom Würgegriff der Globalisierung zu befreien.

9. Die tröstliche Erkenntnis, daß letztendlich auch diese Spekulations-›Titanic‹ zerschellen wird – und die Hoffnung, daß diesmal auch die fetten Ratten mit ihr untergehen.

Erinnern wir uns an dieser Stelle nochmals an den ›Saldo‹ der Globalisierer:

> »Wir Globalisierer betreiben keine Wirtschaften: Erst finanzieren wir sie zugrunde, dann kaufen wir sie billig wieder ein. Die Gewinne werden privatisiert, die Verluste sozialisiert, die Humanressourcen freigesetzt. Dadurch sorgen wir für steten Nachschub an billigem und fügsamem Humankapital.«

Für uns Normal-Bürger, Normal-Steuerzahler, Normaldeutsche kann es aus alledem nur eine Konsequenz geben: Befreien wir uns vom Würgegriff der Globalisierungs-Blutsauger. Raus aus der EU!

6. Kapitel

Die Internationalisierung aller Lebensbereiche und staatlichen Funktionen

6.1 Einführung

> »Nachdem es uns gelang, einer großen Mehrheit der Weltbevölkerung unser amerikanisches Wirtschaftssystem aufzuzwingen, stehen wir jetzt vor der Herausforderung, die Welt mit unserem politischen Gedankengut, unseren Gesetzen, unsere Kultur, unsere Religionsfreiheit und Lösungsvorschlägen in allen Bereichen zu bescheren.«
>
> Thomas BARNETT, *Great Powers*, 2009, S. 79

Getrieben nicht von des Schicksals, sondern von der Globalisierung Mächten, rast die Meute von Wucherern und Spekulanten, fetten Ratten gleich, immer schneller und schneller, über Hungernde und über Leichen, dem Trugbild des allerhöchstmöglich zu erschwindelnden Reibachs entgegen. Hinter ihnen her hecheln die Polit-›Eliten‹ – Hyänen gleich –, um beim Abnagen von letzten Fleischfetzen an den ihnen Vertrauenden noch ein paar Bissen zu erhaschen.

Nicht nach der Maxime LUDWIGS XIV. »l'État c'est moi!« (»Der Staat bin ich«) wollen die Globalisierer regieren, sondern nach dem Motto: »Die ganze Welt sind WIR!«

Die Folge ist – die ›Apocolcyntosis‹: Europas ›Verkürbissung‹ durch die Globalisierung.

Die Satire *Apocolocyntosis*, die Verkürbissung des römischen Kaisers CLAUDIUS, der von 41 bis 54 regierte, schrieb Lucius Annaeus SENECA (4 v. – 65 n. Chr.) anläßlich des mit großem Pomp veranstalteten Staatsbegräbnisses und anschließender Apotheose (Vergöttlichung) des verstorbenen Kaisers, der von seiner Gattin AGRIPPINA vergiftet worden war. Solches Verächtlichmachen eines ›imperator deusque‹ war Gotteslästerung und wurde von CLAUDIUS' Nachfolger NERO nicht geduldet. Er befahl SENECA, seine Adern zu öffnen. Lebte er heute, würde er über die zu Grabe getragene, zweieinhalbtausend Jahre alte europäische Zivilisation und ihr Wiederauferstehen als Symbol und Vergöttlichung des Materialismus eine zweite *Apocolocyntosis*, diesmal über die Verkürbissung oder Verbrüsselung der abendländischen Kultur schreiben.

Wie schon im 4. und im 5. Kapitel zu lesen war, gewährt das Imperium den gleichgeschalteten Staaten keinerlei Autonomie, schon gar nicht in den wichtigen Bereichen Politik, Wirtschaft und Finanzen. In diesem Kapitel soll aufgezeigt werden, daß den Völkern in ›Globalistan‹ zwar Regierungen, Parlamente sowie Ministerien für Wirtschaft und Finanzen, für innere und äußere Angelegenheiten, für Justiz und Soziales, für Verteidigung und Bildung, Landwirtschaft, Forschung, Kultur usw., als Kulissen belassen wurden, daß in den Ländern der EU ab jetzt aber der Lissaboner Vertrag Vorrang über alle nationalen Verfassungen, Gesetzbücher und Vertragswerke hat.

Es kann nicht oft genug betont werden, daß die von derzeit 27 EU-Mitgliedern nach Brüssel entsandten Kommissare nicht die Interessen ihrer Länder im EU-Zentralkomitee vertreten, sondern die vom EU-Globalisierungsapparat festgelegten Maßnahmen in den Mitgliedstaaten umzusetzen haben. Wie schnell solche von keinerlei Loyalität belasteten und deshalb überall einsetzbaren EU-Apparatschiki in ihre neue Rolle schlüpfen können, bewies der als ›EU-Kommissar für Regionalpolitik‹ auserkorene ÖVP-Wissenschaftsminister Gio Hahn bei seiner Anhörung vor dem EU-Parlament zu Brüssel: Dort versprach er hoch, heilig und weisungsgemäß, mit den Mitteln seines gewaltigen Milliarden-Budgets niemals nationale Planung und Programme zu finanzieren, sondern ausschließlich in integrierende, assimilierende und Grenzen überwindende Projekte zu investieren. (*ORF*, 14. 1. 2010)

Eher schlüpft freilich das Kamel durch ein Nadelöhr als der Abgeordnete einer Rechtspartei in die EU-Kommission. Dafür finden kommunistische Ex-Funktionäre in Brüssel stets offene Türen und Tore: so der Tscheche Stefan Füle, EU-Kommissar für das Erweiterungs-Ressort, und der Este Siim Kallas, EU-Kommissar für Verkehr.

Während das brave Wahlvieh gespannt die alle paar Jahre wieder veranstalteten ›demokratischen‹ Wahlkämpfe zwischen Kasperle, Hexe und Krokodil verfolgt und die Fäden nicht sehen will, an denen sie zappeln, gelingt es immer mehr mißtrauisch gewordenen und besorgten Europäern, einen Blick hinter die Kulissen zu erhaschen und zwischen den Zeilen der täglichen Polit-Schönwetterfärberei, Börsennachrichten und Regierungsbulletins die Wahrheit herauszulesen. Sie haben erkannt, daß uns, den Völkern, demokratische Entscheidungsbefugnisse zwar vorgegaukelt werden, den Globalisierern es jedoch nur um eines geht: nämlich um die Kontrolle über unsere Währungen und damit unsere Volkswirtschaften. Alles andere ist ihnen Nebensache. Mit ungeheurem Aufwand an Propaganda chloroformieren sie die Völker, wobei die in ihrem Namen Regierenden sich als die zuverlässigsten Anästhesisten bewähren. Immer mehr Europäer entdecken, daß ihnen – wie in PLATONS Höhlengleichnis (*Politeia*, 7. Buch) – eine analoge Welt vorgespiegelt wird, die Wahrheit jedoch verborgen wird.

Laut Auskunft im Internet »besteht der Analog-Käse (Schein-Käse) aus Rindertalg, Wasser, Pflanzenöl, Farbe, Aromaten, Geschmacksverstärkern, wird beim Zubereiten von Pizzas, Streich- und Weichkäsen verwendet und untersteht in den EU-Ländern keiner Kennzeichnungspflicht«. Wie man sieht, es ihm aber nicht ansieht, ist solcher Käse alles andere als Käse, darf den EU-Konsumenten aber als Käse verkauft werden. Wie viele Konsumenten aus schmerzhafter Erfahrung wissen, findet man am Markt auch Formfleisch, Schummelschinken und Schwindelwurst, in denen keine Spur von Fleisch festzustellen ist, in Österreich fertige Marillenknödel, in denen kaum Marillen, dafür aber viel Karotin verarbeit wurde. Selbstverständlich erfreut die Lebensmittelindustrie ihre Kunden auch mit Analog-Marmelade, Analog-Weinen und Analog-Fisch. Dies ermöglichen konsumentenunfreundliche Gesetze im Interesse jener Industrien, die nur an größter und schnellster Profitmaximierung interessiert sind: Globalisierer, denen alles nur ›Ware‹ ist, die Begriffe ›Volksgesundheit‹ und ›Qualität‹ aber Fremdwörter sind. Der Kunde, einstmals ›König‹ genannt, ist zum Allesschlukker und Fußabstreifer der Mogelwirtschaft und Schein-Politik geworden.

›Analog‹ heißt ›gleichbedeutend‹, ›ähnlich‹. Analog-Käse ist also nur zum Schein Käse, und genau so verhält es sich mit den Analog-Regierungen, Analog-Parteien, Analog-Verfassungen, die in ›Globalistan‹ eingeführt wurden. Sie dienen nur dem Schein, in Wirklichkeit aber ganz anderen Zwecken, als öffentlich bekundet wird.

Wie schon am Beispiel des Käses sichtbar wurde, hat der Trend zur ›Analogie‹, zur Schein-Ähnlichkeit, wichtige Lebensbereiche erfaßt und auf alle staatlichen Funktionen der Völker in der Europäischen Union übergegriffen.

In der Schein-Welt von ›Globalistan‹ zählen nicht mehr Inhalt und Wert politischer Programme sowie Tadellosigkeit und Ehrlichkeit ihrer Verkünder, sondern nur noch das Erscheinungsbild, das ›Image‹, der äußere Schein, die Verpackung.

Obwohl feststeht, daß EU-weit 80 bis 85 Prozent aller politischen und wirtschaftlichen Entscheidungen nicht mehr von Regierungen, Parlamenten und Ministerien der Mitgliedsländer beschlossen werden, sondern von nicht gewählten Politkommissaren in Brüssel, wurden in keinem einzigen EU-Staat Ministerien aufgelöst, die Zahl der Abgeordneten verringert, die Parteifinanzierungen und Politikergehälter gekürzt. Warum wohl? Der Grund liegt auf der Hand: In den Hauptstädten der EU-Mitgliedsstaaten ›regieren‹ – im Auftrag der Globalisierer – absolut zuverlässige Satrapen, die dafür sorgen sollen, daß ihre Völker die vier Gebote der Globalisierung befolgen. Um dies zu erreichen, muß erstens dem tumben Volk der Erhalt der Souveränität, vertrauter Institutionen und liebgewonnener Traditionen vorgegaukelt werden und zweitens sichergestellt sein, daß die Macht und Privilegien der Satrapen samt ihrer Helfershelfer gewährleistet ist, auf daß sie bei der Stange bleiben.

Dazu dienen Schein-Parlamente und Schein-Verfassungen: Wie beim Analog-Käse ist in den Analog-Parlamenten nichts drin, was drin sein sollte, steht in den Analog-Verfassungen nichts drin, was drinstehen sollte. Beide dienen nur dem Schein, denn jeder Parlamentspräsident weiß, daß sein Parlament nichts beschließen kann, jeder Oberste Richter weiß, daß sein Verfassungsgericht nicht urteilen darf, bevor er nicht vorab die Orakel von Brüssel und Straßburg gnädig gestimmt hat. Die EU-Völker sollen im Glauben belassen werden, daß die »Bill of Rights«, »la constitution de 1875«, das »Grundgesetz«, der »Staatsvertrag« auf ewig Gültigkeit haben und unter den Fittichen der Brüsseler Spitzen gut aufgehoben sind. Wenn sie nur ahnten, welch kärgliche Spurenelemente von Freiheit und Souveränität ›ihre‹ Politiker ihnen nach dem Unterschreiben des Lissaboner Vertrages noch gelassen haben!

Mit der Analog-Demokratie verhält es sich nicht anders: Da wagen es die mit Steuergeldern und saftigen Spenden der Lobbies künstlich am Leben erhaltenen Lizenzparteien des westlich demokratischen ›Werte(!)‹-Systems heute noch zu behaupten, das Kürzel ›C‹ stünde für ›christliche‹ Werte, das ›V‹ beweise, sie stünden – in Treue fest – zum ›Volk‹, das sie gewählt hat, das ›S‹ sei Garant für ›Soziale Gerechtigkeit‹.

Die immer noch hohe Wahlbeteiligung und das sich kaum verändernde Wahlverhalten der meisten Europäer zeigen freilich, daß sie in ihrer großen Mehrheit noch immer an den Weihnachtsmann glauben, manche gar an den Osterhasen, und mit ihrem Sklavenschicksal durchaus glücklich sind.

Um stets unmißverständlich klar und deutlich kundzutun, daß man politisch korrekt zu reden, zu denken und zu schreiben hat, befleißigen sich immer mehr europäische, vor allem deutsche Gutmenschen eines garantiert sterilen Vokabulariums und haben gelernt, von allen als ›ewiggestrig‹, ›überholt‹, ›rassistisch‹ interpretierbaren Wörtern Abstand zu nehmen. Längst wissen Bürgerinnen und Bürger, daß die Begriffe ›Neger‹, ›Zigeuner‹, ›Ausländer‹ pfui sind, statt dessen die Begriffe ›Afrikaner‹, ›Sammelfahrende‹, ›Mitbürger mit Migrationshintergrund‹ anzuwenden sind. In manchen Ämtern für Ausländerfragen ist schon angeregt worden, statt umständlicher, windungsreicher, ausufernder Umschreibungen für die verschiedenen Kategorien von Fremden einfache und leicht merkbare Abkürzungen wie ›Limimimihi‹ für ›liebe Mitbürgerinnen und Mitbürger mit Migrationshintergrund‹ oder ›Lambidl‹ statt ›liebe ausländische Mitbürger in diesem Lande‹. Um mißliebige Begleiterscheinungen der Globalisierung zu verschleiern, sollte der politisch korrekt Denkende statt der Wörter ›Armutsgefährdete‹, ›Arbeitslosigkeit‹ und ›Wirtschaftskrise‹ die aus der Schein-Sprache entlehnten Begriffe ›Transferempfänger‹, ›Freizeitoptimierung‹ und ›erektile Dysfunktion des Wirtschaftsaufschwungs‹ verwenden.

In nationalen Verfassungen und Gesetzbüchern häufig vorkommende Begriffe wie ›Volk‹, ›Gemeinschaft‹ oder gar ›Volksgemeinschaft‹ meiden politisch Korrekte wie der Teufel das Weihwasser und ersetzen sie durch Begriff ›Gesellschaft‹ oder ›die Menschen‹. Ist die Rede von der ›Völkergemeinschaft‹, dürfte ein ›europäisches Gemeinschaftsvolk‹ gemeint sein, das aber gar nicht existiert.

Im 5. Kapitel ist dargelegt worden, wie die Globalisierer schon vor einhundert Jahren ihre wirtschaftliche und finanzielle Machtergreifung eingeleitet haben. Es wäre ein Pleonasmus, alle gegen die Wucherer angeführten Argumente und Beweise hier nochmals anführen zu wollen. Es genügt, daran zu erinnern, daß die von ihnen geleitete Wall Street nicht an Wirtschaften interessiert ist, sondern nur am Erlös, den sie aus diesen herauspressen kann: In zwei von den vier Geboten (›four flows‹) der Globalisierung wird darauf Bezug genommen:

2. Gebot: In der global vernetzten Welt werden keine Nationalstaaten mehr über ihre Rohstoffe und Naturreserven verfügen. Diese werden privatisiert, internationalisiert und profitorientiert vermarktet.

3. *Gebot:* In der global vernetzten Welt dürfen nationale Regierungen weder Bestimmungen erlassen noch Gesetze beschließen, die das unkontrollierte Hereinströmen von Investitionen und Krediten des IWF, der Weltbank und internationalen Finanzinstituten zum Zweck der Kontrollausübung über die Volkswirtschaften behindern oder erschweren.

Mit ihrer Schein-Währung haben die Globalisierer die Welt mit wertlosem grünen Toilettenpapier überschwemmt, mit ihren Spekulationsgeschäften aus heißer Luft die Welt in die gefährlichste Krise der vergangenen hundert Jahre gestürzt und wurden aus Steuermitteln ihrer Opfer wieder flottgemacht. Sie werden niemals aufgeben, sondern – ihren Gesetzen und ihrer Berufung folgend – mit dem Raffen unaufhaltsam fortfahren, bis das Endziel erreicht ist: die Zinsverschuldung aller Völker ›ad saecula saeculorum‹, in Ewigkeit, amen.

6.2 Die Internationalisierung des Rechtswesens und Deutschlands Sonderstellung

6.2.1 Analog-Justiz ist Schein-Justiz

> »Wenn man etwas Unstrittiges über die großen Unrechtsregime der Weltgeschichte sagen kann, so dies, daß sie das Recht mit dem Gesetz gleichsetzen und sogar besonders unrechtes Tun mit Vorliebe in Gesetzesform bringen.«
>
> Reinhold OBERLERCHER, *Das Gesetz*, 2008

Entgegen herkömmlichen Verfassungen und Gesetzbüchern aller europäischen Staaten, nach denen »im Namen des Volkes«, »au nom du peuple«, »by the people, for the people« Gesetze erlassen und Recht gesprochen wurde, überstimmt, seit der Unterzeichnung des Lissaboner Vertrages durch die Regierungen der 27 Mitgliedsländer der Europäischen Union ›kommunitäres‹ Regelwerk das bisher gültige nationale Recht. Nicht mehr dem Schutz des Staatsvolkes, der Nation, der Gemeinschaft dient das EU-Gesetzeswerk, sondern – ganz im Sinne der Globalisierung und der alle Rassenunterschiede und territoriale Grenzen leugnenden ›Menschenrechte‹ – dem Schutz des einzelnen Bürgers und der Minderheiten. In EU-Europas Hauptstädten kann man sie zwar noch bewundern, die klassizistischen und modernistischen einstigen Justizpaläste. Heute dienen sie als Ministerien für Schein-Justiz, wo über den Nationen erhabene Richter von Globalisierern ausgehecktes EU-Schein-Recht sprechen.

Im 4. Kapitel ist geschildert worden, wie 569 von 601 Mandatare des Deutschen Bundestags am 12. Mai 2005 für die Annahme der EU-Verfassung stimmten. Im österreichischen Parlament stimmte eine einzige (!) Abgeordnete gegen die EU-Verfassung. Entweder wußten die Ja-Sager, was sie taten, oder sie hatten keine Ahnung. In beiden Fällen haben sie sich als Vertreterinnen und Vertreter ihres Volkes disqualifiziert.

Die Schweizer Eidgenossen sollten sich vorsehen und wachsam sein, sonst blüht auch ihnen – trotz Reichs-Freibriefen und Rütlischwur – die Machtergreifung durch die schon seit langem am Schweizer Bollwerk eifrig wühlende Brüsseler Fünfte Kolonne.

Es muß jeder EU-Bürgerin, jedem EU-Bürger klar sein, daß sie mit der Einführung der EU-Verfassung ihre persönlichen Rechte nur noch einklagen können, wenn sie sich als Angehörige einer Minderheit benachteiligt oder verfolgt fühlen, nicht jedoch, wenn sie in Belangen ihres Volkes um Rechtshilfe ansuchen. Einstmals streng geahndete und todeswürdige Verbrechen, wie ›Bereicherung am Volksvermögen‹ oder ›Gefährdung der Volksgesundheit‹, gelten heute als unvermeidbare und systemimmanente Kavaliersdelikte bei der Befolgung der ›four flows‹, der vier Gebote der Globalisierung.

Beispiel gefällig? Am 3. April 2008 entschied der Europäische Gerichtshof auf Anfrage des Oberlandesgerichts in Celle, daß die ›Dienstleistungsfreiheit‹ – wie im 2. Gebot der Globalisierung gefordert wird – Vorrang vor nationalen Arbeitnehmerrechten hat.

In ihrer maßlosen Überheblichkeit sind die Globalisierer dazu übergegangen, ihre Rechtsauffassung der ganzen Welt aufzuzwingen zu wollen und sich in fremde Angelegenheiten einzumischen. Dazu dient zum Beispiel der Internationale Strafgerichtshof in Den Haag, vor den politisch unkorrekte Meinungsdelinquenten und Repräsentanten von ›Schurkenstaaten‹ zitiert werden. Klar, daß die USA, Rußland, China, Indien, Pakistan, Israel und der Iran ihn nicht anerkennen. Ganz nach dem Vorbild amerikanischer Elefanten in Porzellanläden erlauben sich einige größere EU-Zwerge gegenüber kleineren Zwergen wie ›Sheriffs‹ aufzutreten, erstellen ›schwarze Listen‹, in denen die Steueroasen Luxemburg, Liechtenstein und die Schweiz getadelt werden, Steuerparadiese wie China und die zu Großbritannien gehörenden Kanal-Inseln und Grand Cayman keine Erwähnung finden. Zu Recht empört waren nicht nur die Eidgenossen, als Peer STEINBRÜCK, der seinerzeitige bundesdeutsche Finanzminister, im Mai 2009 erklärte, in früheren Zeiten hätte ›man‹ zur Disziplinierung solcher Kleinstaaten die Kavallerie entsandt, und der damalige SPD-Chef Franz MÜNTEFERING daran erinnerte, »früher hätte man in einem solchen Fall Soldaten geschickt«. (*Zeit-Fragen*, 18. 5. 2009)

Hier geht es nicht darum, ob es rechtens ist, wenn sich Banken von Kleinstaaten auf Kosten des Fiskus größerer, mächtiger Länder bereichern, sondern um das polternde Gehabe deutscher Bonsai-Politiker, die regelmäßig kuschen und schweigen, wenn es darum geht, Kriegsverbrechen oder himmelschreiendes Unrecht der USA und Israels anzuprangern.

Im März 2008 wurde der Staatsrechtler Thomas FLEINER von den *Zeit-Fragen* über die völkerrechtlichen Erwägungen zur Anerkennung des Kosovo befragt:

> »Zum Kosovo gehört auch die serbische Volksgemeinschaft. Und für die serbische Volksgemeinschaft ist es sicher kein glücklicher Tag. . . Man muß sich die Frage stellen: Welches Volk ist denn eigentlich Träger des Selbstbestimmungsrechts? Gilt das Volk der Serben, inklusive der Kosovaren, oder soll nur das Volk der Kosovaren albanischer Abstammung, ausgeschlossen alle Serben, im Kosovo wie auch in Serbien Freude haben? . . . Wer ist das Volk, das Recht auf Selbstbestimmung hat? Ist es das Volk der serbischen Verfassung, das heißt aller Einwohner Serbiens, inklusive Kosovo, das heißt der Nation, die jetzt Mitglied der Vereinten Nationen ist, oder ist das Volk nur ein ethnisches Volk von Kosovaren albanischer Abstammung? Aber wenn es nur die Kosovaren sind, wie ist es dann mit dem Volk der Serben, die ja auch im Kosovo leben und damit auch eine Volksgemeinschaft bilden? Wie läßt sich damit der Anspruch auf eine multiethnische Nation rechtfertigen?
>
> [Die Amerikaner] wollen die Anerkennung des Kosovo mit dem Begriff ›earned sovereignty‹ (›verdiente Souveränität‹) legitimieren, weil er jahrelang unter internationaler Aufsicht stand und

ihm gewisse Hoheitsrechte übertragen wurden... Dieser Begriff ist aber im Völkerrecht überhaupt nicht anerkannt. Und wenn man schon von der sogenannten ›earned sovereignty‹ spricht, dann müßte man ja vor allem auch die Souveränität der Urbevölkerungen in den Vereinigten Staaten, in Lateinamerika, in Kanada, in Australien und in Neuseeland ansprechen, und hier haben die USA, Australien und Neuseeland eine Resolution der UNO klar zurückgewiesen, die den Urvölkern nicht etwa Souveränität, sondern nur weitgehende Autonomie innerhalb ihrer Staaten gewähren sollte. Der Begriff ›earned sovereignty‹ ist höchst gefährlich, weil er ein Recht auf unilaterale Sezession begründen würde, was zu einer Auflösung und zum Chaos der jetzigen Weltordnung führen müßte.«

Eine der fundamentalen Säulen eines jeden Staates ist die Justiz. Wird sie gestürzt, bricht das Staatsgefüge zusammen. Genau dieses Ziel verfolgen die Globalisierer: den Sturz der Fundamente bestehender Ordnungen.

Über die Meinungsdiktatur in den linkslastigen Demokratien Europas schrieb im August 2009 der Schweizer Publizist Jan MAHNERT die Studie *La mystique égalitaire* (*Mythos der Gleichheit*):

»Müßte man nicht von einer konsequenten Demokratie erwarten, daß sie alle Formen von Extremismus bekämpft? Doch ist festzustellen, daß dem nicht so ist. Laut *Tagesanzeiger* vom 2. Juli 2009 haben die Schweizer Rechtsparteien das Verbot von linksextremen Symbolen wie Hammer und Sichel der Kommunisten sowie das ›A‹ der Anarchisten gefordert. Das Bundesamt für Justiz befand jedoch, daß linke Symbole im Unterschied zu rechten nicht rassistisch seien. Das Argument ist nicht neu: Ein solcher Streit hatte bereits 2005 zwischen der EU und neuen Mitgliedstaaten aus Osteuropa stattgefunden, die das Verbot kommunistischer Symbole forderten, mit der Begründung, kommunistische Diktaturen hätten in einem ähnlichen Maße wie der Nationalsozialismus Abermillionen von unschuldigen Zivilisten ermordet. Franco FRATTINI, EU-Kommissar für Justiz, Freiheit und Sicherheit, meinte daraufhin, die beiden Debatten seien nicht zu verwechseln, denn NS-Symbole stünden spezifisch für Rassismus, Antisemitismus und Fremdenfeindlichkeit. Daran erkennt man, daß im Namen von ›Égalité‹ (Gleichheit) begangene Mordtaten weniger wiegen als auf Grund von Rasse und Abstammung

> erfolgte Mordtaten. Und daraus kann geschlossen werden, daß die Opfer des einen Verbrecherregimes weniger zählen, als die Opfer des anderen...
>
> Im Lauf der Debatte um das *Schwarzbuch des Kommunismus* (Stéphane COURTOIS, 1997) relativierten linkslastige Historiker die Verbrechen der Kommunisten, seien sie doch aus edlen Motiven und in Erfüllung hehrer Ideale begangen worden, die STALIN – leider – verraten hätte, während der Nationalsozialismus von Anfang an böse Absichten gehabt hätte. Eine Geschichtsverdrehung, denn die kommunistischen Massaker hatten schon 1917 unter LENIN begonnen: STALIN setzte lediglich die Politik Lenins fort und verschärfte sie...
>
> Wenn unsere fortschrittlichen Demokratien sich weigern, kommunistische Verbrechen mit derselben Energie zu verfolgen wie nationalsozialistische, so liegt es daran, daß der Gleichheits-Glaube den Kern der heutigen demokratischen Doktrin bildet. Kein Tag vergeht ohne Forderungen nach mehr Gleichheits-Rechten: Gleichstellung für Ausländer in allen Bereichen, für illegal Zugewanderte mit legalen Einwanderern, für Homo- und Transsexuelle mit Heterosexuellen...
>
> Die Menschenrechte, Grundlage der westlich-demokratischen Verfassungsform, beruhen auf denselben Gleichheits- und Universalprinzipien wie der Kommunismus. Um die Menschenrechte zu retten, ist es deshalb erforderlich, den Nationalsozialismus als das Schreckgespenst schlechthin darzustellen.«

Es ist wirklich ein Jammer mit den Linken! Die meisten von ihnen sind volksverbundene – Pardon! – dem internationalen Proletariat verbundene Idealisten, die fest davon überzeugt sind, nur sie allein besäßen wissenschaftlich bewiesene und deshalb bestmögliche Lösungen für alle denkbaren Probleme und Krisen. Leider besteht die Mehrheit ihrer Kader aus Doktrinären, deren Sonne mit MARX aufging, mit LENIN den Zenith erreichte, STALIN ausklammerte und am Ende des Sowjetimperiums unterging.

Sie bilden eine verschworene Gemeinschaft von Genossen, nicht jedoch von Volksgenossen, die den Kapitalismus genau so bekämpfen wie sie. Wie es sich für Doktrinäre gehört, befassen sie sich ausschließlich mit Werken linientreuer Gleichgesinnter und lehnen es kategorisch ab, sich mit den Argumenten ihrer Gegner zu befassen. Als geeichte Internationalisten und Aposteln der Weltvermischbrüderung des Proletariats sind ihre Kader willkommenes Kanonenfutter für die Globalisierer.

Wenn's um viel Knete geht, stellt auch ›Die Linke‹ mal die Ideologie hintan und entscheidet sich für den schnöden Mehrwert: Dr. Uwe BASTIAN, Fachmann für sozialökonomische Transformationen im ländlichen Raum der neuen Bundesländer, wandte sich im September 2009 in einem offenen Brief an Oskar LAFONTAINE:

»In den ländlichen Regionen Vorpommerns und der anderen neuen Bundesländer vertritt die Partei ›Die Linke‹ die Interessen der großen Agrarunternehmen mit der Begründung, daß ihre Chefs ehemalige Funktionäre der SED oder der Bauernpartei waren. Sie waren in der Regel tatsächlich Vorstände der früheren LPG (Landwirtschaftliche Produktionsgenossenschaften) und haben deren Flächen zum überwiegenden Teil privatisiert. Real besitzen ehemalige SED-Nomenklaturkader und SED-Funktionäre nachweislich bis zu 90 Prozent der landwirtschaftlichen Nutzfläche im Osten Deutschlands.

Nach Auskunft der ›Treuhand‹ (BVVG) existieren in den neuen Bundesländern über 1600 Agrarunternehmen mit über 100 Hektar Flächengröße, die sich zum überwiegenden Teil heute im Privatbesitz ehemaliger SED-Nomenklaturkader befinden. In der Geschichte Deutschlands gab es noch nie einen derartigen Großgrundbesitz. Diese Firmen werden durch die EU hoch subventioniert. In Ostvorpommern befindet sich beispielsweise ein solcher Betrieb mit über 6000 Hektar Nutzfläche, der entlang der Küste des Peene-Stromes die ganze Länge der Insel Usedom einnimmt. Der Großbetrieb besitzt heute 15 ehemalige Güter, die mit der Bodenreform in der Sowjetischen Besatzungszone enteignet wurden. Die europäischen Steuerzahler berappen allein für die Subventionierung dieses Privatbetriebes jährlich weit über zwei Millionen Euro. Das ist viel mehr, als das Britische Königshaus bezieht. Dabei wurden in diesen Betrieben Arbeitsplätze derartig wegrationalisiert, daß nur noch durchschnittlich ein Arbeitsplatz auf 300 Hektar fällt. Die Folge ist die Massenabwanderung aus den ländlichen Regionen. Der Monopolisierung folgt die soziale Perspektivlosigkeit.

Plant Ihre Partei eine derartige Entwicklung, verbunden mit der Enteignung der Bauern, auch im Westen Deutschlands? Mit den Steuermillionen der Agrarsubventionen kaufen die neuen

Großagrarier die Felder und Wälder von der Treuhand und den früheren Bauern. Die chemische Industrie bekam durch die Großflächenbetriebe im Osten den lukrativsten Absatzmarkt für Pflanzengifte, denn niemand protestiert. Vielleicht der Gesundheitszustand von Mensch und Natur?« (Zit. nach: *Stacheldraht*, 2009)

Ein gutes Beispiel für verordnete Hysterie gegen Rechts war die im Dezember 2008 von deutschen Lizenzparteien und politisch korrekten Medien veranstaltete Gespensterjagd nach dem ›Attentäter‹ auf den Passauer Polizeidirektor MANNICHL, der über Nacht zum Helden der Republik avancierte. Nach Aufdeckung zahlreicher Widersprüche und Ungereimtheiten in des Helden Aussagen wurde still und heimlich die ›SOKO MANNICHL‹ aufgelöst, der gute MANNICHL versetzt, das ›Attentat‹ *ad acta* gelegt, aber die irrtümlich Verhafteten nicht entgolten.

In *Zur Zeit,* Ausgabe 7/2010, war zu lesen:

»Am 2. Februar fand in Brüssel eine EU-Podiumsdiskussion zum Thema ›Istanbul Agency 2010‹ statt, die sich mit der Finanzierung des Projekts ›Istanbul Kulturhauptstadt Europas‹ befaßte... Es wurde über Möglichkeiten, den Transit von Erdgas durch die Türkei zu besteuern (150 Millionen Euro) sowie über EU-Fördermittel gesprochen, wobei die Vorwürfe der Unterschlagung von 7 Millionen Euro an EU-Fördermitteln durch die türkische Regierungspartei AKP ausgeklammert wurden... An der Diskussion beteiligte sich der EU-Abgeordnete der SPÖ Hannes SWOBODA, der vor den Europa-Wahlen 2009 sowohl einen EU-Beitritt der Türkei als auch weitere Verhandlungen mit Ankara strikt ablehnte. In seiner Rede betonte Türkenfreund SWOBODA die geistige Nähe der Türkei zu Brüssel und meinte, die Türkei sei auf jeden Fall einem Beitritt einen großen Schritt nähergekommen. Daraus kann nur der folgende Schluß gezogen werden: Sobald SWOBODA in Brüssel aus dem Flugzeug steigt, wiederholt er die vorgekauten Meinungen seiner Fraktionskollegen. Und in Österreich versucht die SPÖ, von Bundeskanzler Werner FAYMANN abwärts, den Bürgern weiszumachen, sie hätten bei einer Volksabstimmung über den EU-Beitritt der Türkei das letzt Wort.«

In seinem Wahlverhalten beherzigt das brave Wahlvieh leider nicht die weise Regel: »Wer einmal lügt, dem glaubt man nicht, und wenn er auch die Wahrheit spricht«, sondern folgt dem Motto: »Wer immer lügt, dem folg' ich brav und wähle deshalb wie ein Schaf.«

Die *Süddeutsche Zeitung* berichtete am 9. April 2008 unter dem Titel »Justiz-Sumpf in Deutschland«:

> »Ein Richter im Ruhestand läßt die Republik erbeben. Dabei berichtet er nur von seiner Arbeit innerhalb der deutschen Justiz. . .« Die Rede ist von Frank FAHSEL, früher Richter am Landgericht Stuttgart: »Wenn ich an meinen Beruf zurückdenke, dann überkommt mich ein tiefer Ekel vor ›meinesgleichen‹. . . Ich habe unzählige Richterinnen und Richter, Staatsanwältinnen und Staatsanwälte erleben müssen, die man schlicht ›kriminell‹ nennen kann. . . Ich war von 1973 bis 2004 Richter am Landgericht Stuttgart und habe in dieser Zeit ebenso unglaubliche wie unzählige vom System organisierte Rechtsbrüche erlebt, gegen die nicht anzukommen war, weil sie systemkonform sind. . . [Diese Leute] waren sakrosankt, weil sie ›par ordre de Mufti‹ [= auf höchstem Befehl; d. Verf.] gehandelt haben oder vom System gedeckt wurden.«

Was meinte wohl der angeekelte Richter mit »Rechtsbrüchen, gegen die nicht anzukommen war, weil sie systemkonform sind«? Wenn es bedeutet, daß nach Auffassung des bis 2004 amtierenden Richters die Rechtsprechung im Namen des Volkes und nach nationalen Rechtsnormen als überholt und daher system-feindlich angesehen wurde, die Rechtsprechung nach kommunitärem EU-Recht schon damals als systemkonform galt, dann kann mit absoluter Sicherheit davon ausgegangen werden, daß in ›Globalistan‹, seit Anerkennung der EU-Verfassung nur noch nach global-doktrinärem Analog-Recht ›Recht‹ gesprochen wird.

Wie sonst ließen sich folgende, gemäß nationalen Rechtsprinzipien unverständliche Urteile und Stellungnahmen erklären?

Junge Freiheit, 20. 2. 2008: Die OMV Hannover (Ost- und Mitteldeutsche Vereinigung der CDU) hatte zu einer Veranstaltung am 12. Februar 2008 zum Thema »Um ein neues Frauenbild« geladen. Anfang Februar erhielten Mitglieder und Gäste einen Brief, in dem mitgeteilt wurde, die Veranstaltung werde »aufgrund eines einstimmigen Beschlusses des Kreisvorstandes der CDU Hannover-Stadt abgesagt«. Das Pikante daran: Der CDU-Kreisvorstand hatte gar nicht die Kompetenz, die Veranstaltung der OMV abzusagen. . . Als sich die Empfänger der Absage bei der CDU-Geschäftsstelle erkundigten, erfuhren sie, es sei

> »nicht hinnehmbar, daß ausgerechnet die ehemalige *Tagesschau*-Sprecherin Eva HERMAN bei einer CDU-Organisation im Wahlkreis von Bundesfamilienministerin Ursula VON DER LEYEN auftrete. Ferner entspreche das Frauen- und Familienbild, das HERMAN... vertritt, nicht den Auffassungen der CDU«.

Im 2007 beschlossenen Grundsatzprogramm der Analog-Partei ›C‹DU steht unter dem Stichwort ›Familie‹:

> »Für uns ist die Familie das Fundament der Gesellschaft... Die Ehe ist das Leitbild der Gemeinschaft von Mann und Frau. Ehe und Familie brauchen unsere Unterstützung. Jedes Kind braucht persönliche Zuwendung.«

Genau diese Grundsätze und das traditionelle Familienbild hat Frau HERMAN immer wieder verteidigt, weswegen sie rüden Attacken von vielen Seiten ausgesetzt war. Soll das alles für die moderne CDU nicht mehr gelten?

Der *Norddeutsche Rundfunk*, der sich von Frau HERMAN getrennt hatte, weil sie angeblich die »Nazi-Zeit verherrlicht« habe, mußte sich vom Landgericht Hamburg belehren lassen, daß es kein einziges Zitat von Eva HERMAN gebe, das eine derartige Verherrlichung belege. Vor dem Landgericht Köln gewann sie einen Prozeß gegen den Springer-Verlag, in dessen *Hamburger Abendblatt* HERMAN mit einem gefälschten Zitat abqualifiziert worden war, das von mehreren Zeitungen übernommen wurde. Der *Bild*-Kolumnist F. J. WAG-

Von links: Eva Herman, die zur Zeit amtierende Gersundheitsministerin Kristina KÖHLER, Michele Renouf (s. S. 254). Die gebürtige Australierin, die inzwischen in Großbritannien lebt, ist politisch sehr engagiert. Sie unterstützte unter anderen WILLIAMSSON, meinte seine Behandlung sei »beängstigend«, und warf der Bundesrepublik Deutschland »mangelnde demokratische Toleranz« und die fehlende Bereitschaft abweichende Meinungen zuzulassen vor.

NER hatte Frau HERMAN als »dumme Kuh« angepöbelt, wofür SPRINGER jetzt Schmerzensgeld zahlen muß. Auch das ZDF hatte eine angebliche HERMAN-Aussage gefälscht. Und trotzdem rückt die CDU von ihr ab und verleugnet die eigenen Werte und Grundsätze.

Ist das nicht ein Beweis für die Umwandlung der CDU in eine Analog-Partei, eine Schein-Partei, eine Erfüllungsgehilfin der Globalisierer? Was sagt die wertgetreue und anständige christlich-demokratische Parteibasis dazu? Läßt sie sich das gefallen, oder jagt sie die abtrünnigen Parteispitzen aus den Landtagen und dem Bundestag?

Im Nachrichtenmagazin *Focus* (25. 1. 2010) legt die 31jährige, ledige und kinderlose neue Bundesfamilienministerin der CDU, Kristina KÖHLER, ihre Grundsätze offen: Es sei nicht Aufgabe des Staates, »ein mit einer bestimmten Rollenverteilung verbundenes Familienmodell zu fördern«. Quo vadis, CDU?

Daß auch in Österreich die Justiz die Hand nicht beißt, die sie füttert, ärgert Leserbriefschreiber Joachim MEYER aus Strobl (*Krone*, 19. 6. 2009):

> »Das geplante Antikorruptionsgesetz wurde dermaßen ›entschärft‹, daß der Korruption keinerlei Grenzen mehr gesetzt sind. Im Gegenteil, es wurde mehr legalisiert, als guttut. Es haben sich eindeutig die Lobbyisten aus Wirtschaft und Kultur durchgesetzt, die die Rücknahme der erst in Kraft getretenen Antikorruptionsbestimmungen gefordert haben. Die Beschränkungen für Spitzenbeamten im Rahmen ihrer ›Repräsentationsverpflichtungen‹ sollen deutlich gelockert werden. Die Entschärfungen gehen so weit, daß das prophylaktische ›Anfüttern‹ von öffentlichen Amtsträgern (Beamten, Bürgermeistern und Regierungsmitgliedern) wieder erlaubt würde. Unter anderem, dürfen sich Spitzenbeamte künftig einladen lassen, und zwar mit oder ohne angemessener (!) Begleitung. Mitarbeiter von Staatsunternehmen, die auf dem Markt agieren, fallen künftig nicht mehr unter die Antikorruptionsbestimmungen, sondern unter die lockeren Regeln der Privatwirtschaft. Die Mafia läßt mit kräftiger Unterstützung der Justiz grüßen!«

»Bella gerant alii, tu felix homo politicus obolos carpe!« – mögen andere Kriege führen, greife Du, glücklicher Politiker, nach den Münzen. . .

6.2.2 Die EU-Verfassung bedeutet das Ende der Meinungsfreiheit

Zur Eröffnung der vom 14. bis 18. Oktober 2009 abgehaltenen Frankfurter Buchmesse war eine Diskussion über die »Meinungsfreiheit in China« angesetzt worden. Diese Gelegenheit ergriffen sechs Damen und ein Herr aus dem nationalen Lager, um sich unter die Diskutanten zu mischen. Ein Vertreter des Auswärtigen Amtes eröffnete, übergab der Moderatorin die Leitung der Diskussion. Gegen Ende der Diskussion gelang es – zur Empörung der Moderatorin und des Vizepräsidenten des Pen-Clubs, Dirk SAGER – den Damen Ursula HAVERBECK, der aus England angereisten Lady RENOUF und dem begleitenden Herrn auf die in Deutschland verbotenen Bücher und inhaftierten Schriftsteller hinzuweisen, während die anderen Damen sich Schilder mit der Aufschrift »Meinungsfreiheit auch für Deutsche« und »Weg mit dem Maulkorbgesetz« umhängten und vor das Podium traten.

In einem Brief an den Direktor der Buchmesse bedankte sich das Septett für seine Erklärung, sich nachdrücklich für die Meinungsfreiheit einsetzen zu wollen, und teilte ihm mit, die chinesische Delegation sei entsprechend informiert worden. Der Herr vom Auswärtigen Amt bezeichnete die sieben Aufrechten als »arme Irre«. Als Dirk SAGER aus der Satzung des PEN-Clubs zitierte, dieser distanziere sich von Gewalttätigkeit und Rassismus, versicherten die rechten Damen, dies würde ja auch der wegen angeblicher ›Holocaust-Leugnung‹ inhaftierte Germar RUDOLF jederzeit unterschreiben.

In der *Aula* (Januar 2010) schrieb Erwin ARLT:

> »In linken Kreisen erfreuen sich Anzeigen wegen ›Volksverhetzung‹ großer Beliebtheit. Als nächstes wäre da die Kritik am Multikulturalismus und am Antifaschismus, an der EU-Ideologie, vielleicht an der Gleichstellungsideologie (Gender Mainstreaming) und vor allem an der Verbindung von deutscher und israelischer Staatsräson ein Grund für eine Anzeige nach § 130 StGB. Dieser Paragraph könnte auch gegen Islamisierungskritiker eingesetzt werden. Sicher ahnen das alles auch die Richter des Bundesverfassungsgerichts und reden sich auf den besonders großen politischen Druck heraus, unter dem sie bekanntlich stünden... Viele politisch wache Bürger stellen fest, daß es vor der Wiedervereinigung... nicht so schlimm war in der politischen Rechtsprechung wie heute. Nach der Einheit versuchen

alle linken Kräfte und alle Feinde Deutschlands, die Rolle der BRD als Verweser des weltgeschichtlichen Bösen den Deutschen wieder aufzuoktroyieren und sie wieder unter Vormundschaft zu stellen.«

In seinem *täglichen Tagebuch im Internet* kommentierte Andreas UNTERBERGER, der SPÖ unliebsam gewordener und deshalb ›freigestellter‹ Chefredakteur der *Wiener Zeitung,* am 9. Januar 2010:

»In Wien lebt es sich gefährlich. Denn hier ist die Meinungsfreiheit auf einem Niveau, das intensiv an das System Metternichs vor 1848 erinnert, ...in denen jede unerwünschte Meinungsäußerung bestraft worden ist.

Da Unkenntnis nicht vor Strafe schützt, sei hier als Leserservice das ›Wiener Antidiskriminierungsgesetz‹ in Erinnerung gebracht, mit dem in dieser Stadt seit 2004 im Grund fast jede kritische Äußerung mit 1200 Euro bestraft werden kann. Das Gesetz ist bisher trotz seiner Ungeheuerlichkeit nicht als Verletzung der Bundesverfassung und der Menschenrechtskonvention aufgehoben worden. Offenbar fürchtet jeder, der gegen dieses Gesetz ist, daß er dann selbst als Diskriminierer dasteht... Wäre es nicht einfacher, man würde einfach alle bestrafen, die nicht der Weltsicht Michael HÄUPLS [sozialdemokratischer Bürgermeister Wiens; d. Verf.], seiner Political Correctness-Wächter und informellen Mitarbeiter sind?«

Die Freiheitliche Partei (FPÖ) unterhält ein ›Beobachtungsbüro gegen Inländerfeindlichkeit, das von alteingesessenen Österreichern vor allem in den Bereichen Miet- und Arbeitsrecht in Anspruch genommen wird.

Der Integrationsreferent der Wiener FPÖ schreibt in der *I-Post* vom 5. Juli 2010:

»Vorige Woche wurde im Wiener Landtag das ›Wiener Antidiskriminierungsgesetz‹ ergänzt, und zwar in der Weise, daß die Diskriminierung von alteingesessenen Österreichern fortan rechtens ist.« Laut §9 gelten nunmehr »positive Maßnahmen zur Gewährleistung der vollen Gleichstellung, mit denen Benachteiligungen auf Grund eines in §2 Abs. 1 genannten Merkmales verhindert oder ausgeglichen werden, nicht als Diskriminierung im Sinne dieses Gesetzes.«

Das hat Auswirkungen auf alle Lebensbereiche wie Arbeitssuche oder Wohnungsvergabe. Wer einen Migranten abweist, riskiert dessen Anzeige, wer einen alteingesessenen Inländer abweist, hat nichts zu befürchten. Der passende Fachausdruck lautet: ›Positive Diskriminierung‹.

Wie volksfern und abgehoben die EU-Politiker heute Recht auffassen und die EU-infizierte Richterschaft neues ›Recht‹ spricht, mögen im folgenden einige Beispiele belege.

6.2.3 Recht ›im Namen des Volkes‹ – oder im Namen der Menschenrechte?

> »Die Tyrannei des Herrschers in einer Oligarchie bedeutet für das Wohlergehen des Volkes eine viel geringere Gefahr als die Gleichgültigkeit der Bürger in einer Demokratie.«
>
> Charles de MONTESQUIEU, 1689–1775, *De l'Esprit des lois*

Thomas VOSS in der in Riesa erscheinenden *Deutschen Stimme*, Januar 2009:

> »Am 3. Januar wird der neunfache Mörder und Stalinist Christian KLAR aus der Haft entlassen. Dies ist nicht nur ein Schlag ins Gesicht der Opfer, sondern ins Gesicht jedes gesetzestreuen Bürgers. Es ist die Perversion von Recht und Gerechtigkeit. Deshalb gab jetzt der Co-Pilot der Lufthansa-Maschine ›Landshut‹, Jürgen VIETOR, sein 1977 erhaltenes Bundesverdienstkreuz zurück. Diesem Beispiel wollen – nach Ankündigung von Dieter FOX (GSG 9, 1977 in Mogadischu im Einsatz) – demnächst auch andere folgen. Diese Helden geben der Bundesrepublik ihre Ehrenabzeichen zurück, denn sie sind in einem System, das die Täter schützt und die Opfer ›links‹ liegen läßt, nichts mehr wert. . . Ein schwarzer Tag in der Geschichte unseres Rechtstaates. Denn weder zeigte Christian KLAR Reue, noch half er bei der Aufarbeitung der Taten oder entschuldigte sich bei den Opfern. Christian KLAR ist und bleibt ein feiger Mörder. Während die Familien der Opfer weiter leiden, wird schon einmal für den wegen neunfachen Mordes zu fünfmal ›lebenslänglich‹ und 15 Jahren Haft verurteilten Schwerstkriminellen und Serienmörder vorgesorgt. Er bekommt einen ›Ausbildungsplatz zum Bühnentechniker‹ bei Klaus PEYMANN, Intendant des Berliner Ensembles und beken-

> nender Marxist... Politisch wird sich doch sicher noch ein Plätzchen bei der ›Linken‹ finden, dem Sammelhort für Leninisten, Stalinisten und Mauermörder – gefördert vom ›Schweinesystem‹, wie es der jetzt Freigelassene zu nennen pflegte.«

In derselben Ausgabe der *Deutschen Stimme* wird berichtet, wie nah politische Korrektheit oft ans Lächerliche grenzt: Als die Münchner Stadtväter beschlossen, eine nach dem früheren, angeblich ›antisemitisch‹ eingestellten evangelischen Landesbischof MEISER benannte ›Meiserstraße‹ nach der Gattin Martin LUTHERS in ›Katharina von Bora-Straße‹ umzubenennen, fragte der Stadtrat Karl Richter beim Münchner SPD-Oberbürgermeister UDE an, ob und wieweit der rot-grünen Ratsmehrheit die mutmaßlich antisemitische Gesinnung auch der neuen Straßennamensträgerin bekannt gewesen sei... und »welche Kenntnis der Oberbürgermeister davon habe, ob und in welcher Form sich KATHARINA VON BORA von den antisemitischen Tiraden ihres Mannes distanziert hat?«

> Denn: »Wäre KATHARINA VON BORA heute im öffentlichen Dienst tätig, würde sie – sollte sie sich nicht rechtzeitig scheiden lassen – wegen der antisemitischen bzw. rechtsextremistischen Aktivitäten ihres Mannes vermutlich entlassen oder in den vorzeitigen Ruhestand versetzt werden.«

Leserbriefschreiber Dr. B. aus Wien in der *Krone* vom 22. 4. 2009:

> »Rechtzeitig vor den EU-Wahlen wird den Österreichern vor Augen geführt, was sie an der EU haben. Die fixen Verpackungsgrößen... sind seit April 2009 aufgehoben und damit den Mogelpackungen Tor und Tür geöffnet. Mit den wohlbekannten Argumenten der Liberalisierung und Entbürokratisierung haben sich der Europäische Rat und die EU-Kommission durchgesetzt. Das Parlament war zumindest bestrebt, für Grundnahrungsmittel die Festlegung der Verpackungsgrößen zu erhalten. Während die Lobbyisten der begünstigten Industrie zielstrebig an der Rücknahme der ›Verpackungsrichtlinie 2004‹ gearbeitet haben, ist diese Einflußnahme bei den betroffenen Bürgern spurlos vorübergegangen. Würde man in Österreich an einer solchen konsumentenfeindlichen Bestimmung basteln, würden die Wellen der Empörung hochschlagen und politisch die Zurücknahme der Schutzbestimmung nicht durchsetzbar sein. Aber in den Tintenburgen von Brüssel haben die Lobbyisten das Sagen. Der Bürger wird sich für den immer schwerer durchschaubaren

Durchblick beim Einkaufen anläßlich der anstehenden EU-Wahl bedanken!«

Ob die EU-Bürger, die hierzulande zur EU- Wahl gingen, sich für die vielfachen Segen aus Brüssel bedankt haben?

Der *Daily Mail* vom 26. Januar 2010 konnte man entnehmen, daß EU-Recht und EU-Regelwerk auch in Britannien ihren *›non-sense‹* treiben: Immer mehr ›Job Centers‹ (Arbeitsvermittler) lehnen Inserate ab, in denen *›reliable workers‹* (zuverlässige Arbeiter) oder *›experienced applicants‹* (Bewerber mit Erfahrung) gesucht wurden. Die Verwendung solcher Attribute sei eine Diskriminierung nichtzuverlässiger und unerfahrener Menschen und könnte zu Klagen sowohl der Antidiskriminierungsbehörde als auch von nichtzuverlässigen und unerfahrenen MitbürgerInnen führen. Selbstverständlich dürfen auch im Vereinigten Königreich bei Stellenangeboten, Vermietungen, Wohnungsverkäufen keinerlei Präferenzen für Geschlecht, Farbe, Nationalität und Alter der Bewerber erwähnt werden. Um die Frage, inwieweit ein Brautwerber einen Mann ablehnen darf, der sich auf seine Heiratsannonce hin meldet, weil er auf die Gleichstellung des Geschlechtes und der sexuellen Orientierung pocht, werden derzeit in England mehrere richtungsweisende Prozesse geführt.

Über die fortschreitende Globalisierung unseres Wirtschaftsrechts berichtet *Zuerst!* (7/2010):

> »Das amerikanische ›Rechts‹-System, das zum Mißbrauch geradezu einlädt, hat eine Anwaltsindustrie ganz eigener Art entstehen lassen. Angloamerikanische ›law firms‹ sind straff organisierte Unternehmen... kennen nur ein Ziel: Profitmaximierung. Mit Fragen der Standesethik oder gar dem Ideal der Rechtspflege setzen sich US-Anwälte gar nicht erst auseinander... ›Es gibt immer eine Möglichkeit, jemanden zu verklagen‹... Die Besonderheiten des US-Verfahrens arbeiten diesen Unternehmen in die Hände. Das beginnt bereits bei der Frage des Gerichtsstandes. Selbst wenn ein deutsches Unternehmen in einen US-Bundesstaat nur minimale Kontakte – dafür reichen schon zirkulierende Werbebroschüren aus – habe sollte, erklären sich US-Gerichte für zuständig... Dies kann sogar so weit gehen, daß Klage für Bevölkerungsgruppen geführt wird, die zwar keinerlei Schaden erlitten haben, desungeachtet aber als ›Risikogruppen‹ potentielle Schäden erleiden könnten. Der Hintergrund dieser ›no da-

mage‹-Klagen ist in den Spezifika der US-›Klage-Industrie‹ zu suchen: Je größer eine mögliche Opfergruppe, desto höhere Streitwerte und höhere Anwaltshonorare werden fällig...

Wer einen Vergleich verweigert, weil er eine Klage für gegenstandslos hält, steht vor einer regelrechten Kostenfalle, nämlich dem Beweisermittlungsverfahren (discovery). Im US-Rechtssystem haben Prozeßparteien nämlich das Recht, in den Räumlichkeiten und Akten des Prozeßgegners nach belastendem Material zu forschen... Die hierbei entstehenden exorbitanten Kosten sind insbesondere für ausländische Beklagte ein entscheidendes Argument, doch lieber einen Vergleich einzugehen... Die Schadenersatzforderungen in Form von Sammelklagen (class actions) belasten die US-Wirtschaft mit ca. 250 Milliarden Dollar pro Jahr. Von den vereinbarten Schadensersatzsummen gehen letztlich nur rund 36 (!) Prozent an die Geschädigten. Den Großteil streichen die ›law firms‹ ein...

Insbesondere in Großbritannien, aber auch in Deutschland sind mittlerweile europäische Niederlassungen von US-›law firms‹ tätig, die in Brüssel aktive Lobbyarbeit betreiben. Derartige Aktivitäten bestätigen die Zeitschrift *Economist*, die bereits 2004 zwei Tendenzen ausmachte, nämlich, daß US-Standards im Wirtschaftsrecht triumphieren werden, weil die US-Anwaltsindustrie – wie die gesamte Industrie – dem Trend der Globalisierung folge und sich international ausbreite. Zum anderen die Entwicklung weg von der Verschiedenartigkeit nationaler Rechtssysteme hin zu einer einheitlichen Dominanz des US-Wirtschaftsrechts.

Ein erster massiver Vorstoß in Richtung einer derartigen Rechtsgleichschaltung wurde von der ehemaligen EU-Wettbewerbskommissarin Neelie Kroes – jetzt EU-Kommissarin für die Digitale Agenda – mit Vehemenz vorgetragen, ist aber aufgrund starker Kritik aus Deutschland und Frankreich zunächst gescheitert.«

In der *Aula* (November 2009) schreibt Andreas Mölzer, fraktionsloses Mitglied der Europäischen Parlaments, über den schändlichen Tauschhandel: Das ›Ja‹ der Tschechen zum Lissaboner Vertrag gegen das Anerkennen der Gültigkeit der Benesch-Dekrete durch die EU:

»Mit dieser Entscheidung hat das EU-Establishment beim Gipfeltreffen Ende Oktober unmißverständlich zu verstehen gegeben, daß der Vertrag von Lissabon um jeden Preis durchgepeitscht werden soll, und zwar auch um den Preis, daß die sogenannte EU-›Wertegemeinschaft‹ die menschen- und völkerrechtswidrigen BENESCH-Dekrete zumindest indirekt anerkennt... Besonders skandalös ist, daß Bundeskanzler Werner FAYMANN entgegen seiner Ankündigung beim EU-Hauptausschuß nur zwei Tage vor dem Brüssler Gipfel umgefallen ist und der Ausnahme für die Tschechei zugestimmt hat. Daran kann auch die Tatsache nichts ändern, daß die BENESCH-Dekrete in der Ausnahmeklausel für die Tschechen nicht ausdrücklich erwähnt werden. Denn entgegen derartiger semantischen Spielereien kommt es auf den Inhalt und den Zweck der Extrawurst für Prag an, wobei unzweifelhaft ist, daß es gerade darum geht, diese Unrechtsbestimmungen unangetastet zu lassen.

Freilich bedeutet der Austritt der Tschechei aus der Grundrechte-Charta der Europäischen Union eine Änderung des Lissaboner Vertrages, weil dafür ein entsprechender Zusatz zu diesem Regelwerk erforderlich ist. Der in diesem Buch bereits mehrmals zitierte Professor Karl A. SCHACHTSCHNEIDER führt dazu aus: ›Für eine Vertragsänderung genügt auch die Änderung von Protokollen oder Anhängen in Form von Erklärungen.‹ Daraus folgt, daß der Ratifizierungsprozeß des Vertrages von Lissabon von vorne beginnen müßte, was aber die EU, die dieses zentralistische Machwerk um jeden Preis durchsetzen will, tunlichst vermeiden will. Daher wird nach altbewährter Manier der Verschleierung versucht, den Austritt der Tschechei aus der EU-Grundrechte-Charta durch die Hintertüre zu bewerkstelligen, wobei der EU-Beitritt Kroatiens, der ebenfalls Ergänzungen notwendig macht, als geeignetes Vehikel erscheint.«

Was bei diesem schändlichen Kuhhandel der EU besonders empörte, war das Stillschweigen der deutschen ›Volks‹-Vertreter, die sich der normativen Kraft des EU-Schein-Rechts fügten, anstatt, ihrem Amtseid entsprechend, die Rechte ihrer aus Böhmen und Mähren vertriebenen sudetendeutschen Landsleute zu verteidigen.

Kommentar von *unzensuriert* (Wien) am 30. Oktober 2009:

»Mit welcher Legitimation stimmt [Bundeskanzler] FAYMANN Tschechiens Ausnahmeklausel zu? Die österreichische EU-Gipfelmannschaft war begeistert, applaudierte ganz begeistert, daß endlich das letzte Hindernis auf dem Weg zum Lissaboner Vertrag beseitigt wurde. Was zählen in einer solchen Stunde schon die Menschenrechte? Noch dazu die der Sudetendeutschen, die ja schon viel Schlimmeres erlebt haben... Und wie Kanzler FAYMANN und Außenminister SPINDELEGGER betonen: Der Begriff BENESCH-Dekrete kommt in der Erklärung gar nicht vor. Welch ein Verhandlungserfolg, ein Dokument durchgesetzt zu haben, in dem der Anlaß dafür nicht namentlich erwähnt wird!... ÖVP-Vertriebenensprecher Norbert KAPELLER: ›Wenn Grundrecht bedeutet, daß im Endeffekt alle Menschen Rechte haben, außer Vergewaltigte, Ermordete, Mißhandelte, Enteignete und Beraubte, muß man Inhalt und Bedeutung der EU-Grundrechte-Charta wohl massiv hinterfragen.‹«

KAPELLER hat den Kern des Problems genau erfaßt: EU bedeutet Schein-›Recht‹-Sprechung für die Täter, und Schein-Rechtsprechung gegen die Opfer.

In *Weitblick* (März 2010) wird daran erinnert, daß auch die vom kommunistischen Jugoslawien 1946 zum Gesetz erhobenen AVNOJ-Dekrete zur Entrechtung und Enteignung der in Jugoslawien lebenden Menschen deutscher Abstammung in den Nachfolgestaaten Jugoslawiens - also auch im EU-Mitgliedsstaat Slowenien und dem EU-Kandidaten Kroatien - noch immer Gültigkeit besitzen, ohne daß die auf Menschenrechte so oft pochende EU, geschweige denn die Regierungen in Berlin und Wien auch nur ein ›Muh‹ von sich geben.

Einem Artikel von Elfriede HAMMERL im *Profil* vom 12. Oktober 2009 war von folgendem Skandal die Rede:

»Ein Schulwart in Niederösterreich terrorisierte Volksschülerinnen, indem er sie, so steht es in der Anklageschrift, an der Brust betastete und am Gesäß begrapschte... Wegen sexuellen Mißbrauchs wurde der Mann von einer beherzten Richterin denn auch zu zwei Jahren Haft verurteilt. Doch der Oberste Gerichtshof, bei dem er Berufung einlegte, sieht die Angelegenheit ganz anders: ›Das Gesäß zählt nicht zur unmittelbaren Geschlechtssphäre eines Menschen. Es zu betasten stellt keine geschlechtliche Handlung dar, weil der Anus damit nicht gemeint ist.‹ Deshalb sei der Schuldspruch ›rechtsirrig‹ und durch einen Freispruch zu ersetzen. Da greift man sich ans Hirn! Was denken sich die obersten Richter, wenn sie den kindlichen Körper quasi zum Selbstbedienungsladen erklären, an dem sich Erwachsene nach

Belieben vergreifen können, sofern sie es vermeiden, jene Körperöffnungen, die (auch) bei der sexuellen Penetration zum Einsatz kommen, *unmittelbar* zu berühren?

> ... Gleichzeitig erfolgte die Verhaftung Roman Polanskis in der Schweiz. Ja, es ist 32 Jahre her, daß er eine damals 13jährige unter Alkohol setzte und vergewaltigt hat...
>
> Die Empörung, mit der führende Persönlichkeiten der internationalen Kulturschickeria darauf reagierten, daß man es wagt, einen großen Künstler wegen so was Nebensächlichem wie der Vergewaltigung einer Minderjährigen zu belangen, ist bestürzend.«

Bestürzend ist vor allem, daß es keine Instanz mehr gibt, die sofort einschreiten müßte, um solche Schandurteile im Namen des Volkes zu kassieren.

Daß ein gut funktionierendes Netzwerk von Pädophilen und Pornoliebhabern aus höchsten Kreisen von Politik und Wirtschaft EU-weit am Wirken sein dürfte, deutete der Autor bereits in *Der letzte Akt* (S. 202) an. Hier eine kurze Zusammenfassung der dort referierten Fakten und Zusammenhänge:

Als Jean Nicolas und Frédéric Lavachery im Verlag ›Flammarion 2001‹ über den größten Skandal, der Belgien je erschüttert hatte, ihr Buch *Dossier pédophilie, le scandale de l'affaire Dutroux* herausbrachten, fanden die Leser folgende Verlagsmitteilung auf einem Zettel eingeklebt:

> »Der Präsident des Obersten Landesgerichtes von Paris zwingt uns, bekanntzugeben, daß der Belgische König sich gegen die in diesem Buch erhobenen Anschuldigungen gegen seine Person verwahrt.«

Als 1996 die Verhaftung der Kindesentführer Marc Dutroux und seiner Helfershelfer bekannt wurde, konnte noch niemand ahnen, in welches politische Wespennest soeben hineingestochen worden war. In Charleroi waren zwei minderjährige Mädchen aus einem Folterkeller befreit, vier schrecklich zugerichtete Leichen von minderjährigen Mädchen entdeckt worden. Dann kommt es im Zuge der Ermittlungen, Beweissicherungen, Zeugenaussagen zu unvorstellbaren Pleiten, Pannen und Pechserien seitens der Polizei, peinlichen Versäumnissen und offensichtlichen Vertuschungen seitens der ermittelnden Behörden, just so, als gäbe es einen Befehl von

›ganz oben‹, man müsse bestimmte Namen heraushalten und dürfe gewisse Spuren nicht weiter verfolgen. Von Zeugen werden Namen von ›Kunden‹, Auftraggebern und Hintermännern des Marc Dutroux verschwiegen. Vielen Hinweisen auf ein Netzwerk von sehr hochgestellten Pädophilen und Kinderschändern, das nach Frankreich hineinreicht und deren Anwesenheit bei obszönen ›ballets roses‹ mit minderjährigen Mädchen und Sexorgien aktenkundig sind, wird nicht nachgegangen. Richter Connerotte verspricht, niemanden schonen zu wollen. Es fallen die Namen des belgischen Königs Albert II., des Premierministers Jean-Luc Dehaene, des Vorsitzenden der wallonischen Sozialisten Elio di Rupo, von prominenten ›Kunden‹ aus Holland, Deutschland und Frankreich. Jetzt kommt es zur Gegenoffensive der Vertuscher: Die Direktoren belgischer Medien werden von ›höchsten Regierungsstellen‹ zur Ordnung gerufen, kritische Berichterstatter werden bedroht, während der nächsten Monate kommt es zu angeblichen Selbstmorden und ungeklärten Todesfällen von kerngesunden Zeugen. Es wird in Belgien von ›Geselbstmordungen‹ gemunkelt. . . Kein einziger der auf den Sex-Videos und Pornofilmen identifizierten ›Kunden‹ wird verfolgt. Entgegen der Forderung nach Verfolgung und Bestrafung der erkannten Sexualverbrecher aus höchsten Kreisen im Namen des Gesetzes verweist das liberale Establishment im Namen der Deklaration der Menschenrechte auf die Selbstverwirklichung des Individuums, und sei dieses auch noch so kriminell und abartig veranlagt. Die Autoren konnten schließlich den Nachweis erbringen, daß der Kreis von ›Bestellern‹ und ›Abnehmern‹ minderjähriger Mädchen, zwecks Teilnahme an passiven oder aktiven Vergewaltigungen und Folterungen, bis in die höchsten politischen und gesellschaftlichen Kreise der Nachbarländer reicht. Dort wäscht natürlich eine Hand die andere, und es wird, wo und wann auch immer nötig, fleißig ›Amtshilfe‹ geleistet. Ein schönes Beispiel also für eine gelungene EU-europäische Vernetzung!

Es sind wohl alle von der gegenwärtigen Weltfinanz- und Wirtschaftskrise betroffenen oder sie auch nur von fern betrachtenden Menschen darüber empört, daß von keiner einzigen Regierung der demokratisch westlichen ›Werte‹-Gemeinschaft, von keinem einzelnen Systempolitiker von Gewicht, von keiner einzigen Lizenzzeitung, ja nicht einmal vom Papst eine strenge Bestrafung der an dieser Krise Schuldigen und von ihr saftig Profitierenden gefordert wurde und auch heute nicht verlangt wird. Mit Staunen haben die

Völker des Abendlands erlebt, wie schnell ihre Regierungen zur Hand waren, um mächtigen international agierenden Finanzinstituten, ohne drastische Vorbedingungen, von nationalen Volkswirtschaften abgesicherte Kredite in Multimilliardenhöhe zu gewähren, damit sie ihre Spekulationen-, Luft- und Schein-Geschäfte – zu Lasten des Volkes – weiter fortsetzen können.

Bürgerinnen und Bürger, die wegen Zahlungsrückständen, Steuervergehen, verspäteten Ratenzahlungen usw. mit empfindlichen Strafen rechnen müssen, wundern sich zu Recht und haben kein Verständnis dafür, daß Wucherer, die ganze Industriezweige, Volkswirtschaften und Währungen durch Spekulationen vernichtet haben, nicht nur ungeschoren davonkommen, sondern mit Steuergeldern gemästet werden. Langsam, nur sehr langsam, beginnt das Volk die Zusammenhänge zu erkennen, das System zu begreifen, in dessen Räderwerk es gelangt ist, und will sich aus diesem befreien. Es fordert nicht nur materielle Wiedergutmachung samt Zins- und Zinseszinsen – auch rückwirkend – von den Schuldigen, sondern auch die Bestrafung der Täter, ihrer Helfer und Helfershelfer sowie der Polit-LügnerInnen und -BetrügerInnen, die vor den Wahlen alles versprechen, nach den Wahlen sich an rein nichts mehr erinnern können.

Niemand in Österreich wird die heiligen Versprechen seiner koalitionsvereinten Politiker vor der Volksabstimmung zum EU-Beitritt vergessen: »Der Schilling bleibt!« »Die Neutralität bleibt!« Am frechsten aber log die Wiener SPÖ-Politikerin Brigitte Ederer: Sie versprach, dank Beitritt zur EU würde jede Österreicherin, jeder Österreicher am Monatsende 1000 Schilling mehr in der Brieftasche haben. Gäbe es ein Gesetz, das PolitikerInnen für bewußt falsche Versprechen zur Verantwortung zöge, könnte das österreichische Volk die Gitti auf das Herausrücken der versprochenen Tausender verklagen: eine Summe, die 2010 etwa 1500 Milliarden Schilling ausmachen dürfte. Wir Österreicher haben's ja nicht eilig und vergönnen der Ederer Gitti den Super-Job, den sie sich – dank des ›Ja!‹ ihrer Landsleute zum EU-Beitritt – ehrlich verdient hat: 2000 wird sie Chefin von Siemens-Österreich, im Mai 2010 folgt sie der Berufung in den Siemens-Vorstand nach München und ist jetzt zuständig für ›Human Ressources‹ (!).

Ebenso ehrlich verdient war der Karrieresprung des SPÖ-Bundeskanzlers und EU-Beweihräucherers Viktor Klima zum Volkswagen-Chef für Südamerika. Länger warten mußte freilich der damalige ÖVP-Chef Wolfgang SCHÜSSEL: Erst 2010 fanden seine ehrlichen Verdienste um Österreichs Beitritt zur EU die richtige Würdigung: Er schaffte es in den Aufsichtsrat des Energie-Riesen RWE. Ist es nicht eine Freude, zu erleben, welche versteckten Talente in unseren Politikern schlummern? Erst solche global verschachtelten Konzerne waren in der Lage zu begreifen, welch sichere Investitionen EDERER, SCHÜSSEL, KLIMA für sie bedeuteten. Man sollte Wetten darauf abschließen, welche globale Apotheose Frau MERKEL nach dem heute noch schwer vorstellbaren Ende ihrer Amtsperiode erleben wird.

Einstmals schützten sich auch die abendländischen Völker und Gemeinschaften durch die Verhängung der Todesstrafe gegen Verbrecher, die sich durch ihre Taten außerhalb der Gemeinschaft gestellt hatten. Die Allgemeinheit wollte Verbrecher weder resozialisieren noch wieder integrieren, sondern von der Gemeinschaft auf ewig ausschließen. Seit Einführung der ›Menschenrechte‹ sorgt sich die Justiz vorrangig um die Rechte des Einzelnen, und sei dieser auch noch so kriminell und abartig, und benachteiligt den Schutz von Volk und Gemeinschaft: Begriffe, die in den 30 Artikeln der Deklaration der Menschenrechte gar nicht vorkommen. Geht es um die Gegner der globalen Weltordnung, sieht es, wie im 4. Kapitel aufgeführt wurde, freilich anders aus: Gegen solche ›Terroristen‹ ist das Verbot der Todesstrafe ausdrücklich aufgehoben worden.

Weil die Strafgesetze des Atheners DRAKON (7. Jhd. v. Chr.), die Peinliche Gerichtsordnung Kaiser KARLS V., die ›Volksgerichte‹ der französischen, sowjetischen und völkischen Revolutionen außer Kraft gesetzt wurden, plädiert der Autor für die Wiedereinführung der Zurschaustellung von Delinquenten am Pranger, was den dazu Verurteilten keinerlei körperliche Schmerzen bereiten, jedoch eine höchst heilsame und erzieherische Wirkung erzielen dürfte. (*Großer Brockhaus*, 1886, Band 13; Richard VON DÜLMEN, *Theater des Schrekkens – Gerichtspraxis und Strafrituale in der frühen Neuzeit*, 1995)

Entgegen der bereits erwähnten Gerichtsordnung Kaiser KARLS V. aus dem Jahre 1532 sollten den heute ›offentlich inn pranger gestelten‹ nicht ›beyde oren abgeschnitten‹ und auch nicht ›mit ruthen ausgehauen‹ werden, sondern vor Rathäusern und Kirchen an den Pranger gebunden und – gespeist und getränkt – einige Tage dem Spott, Ekel oder Gaudium ihrer Mitbürger ausgesetzt verbringen. Der Massenandrang vor dem Frankfurter Dom, dem Wiener Stephansdom, der Londoner St. Paul's Cathedral, der Kathedrale

Notre Dame de Paris und vor allem vor der St. Patrick's Kirche in New York dürfte alle Rekorde schlagen.

6.2.4 Deutschlands Sonderstellung

> »Nichtswürdig ist die Nation, die nicht ihr Alles freudig setzt an ihre Ehre.«
>
> Friedrich SCHILLER, *Jungfrau von Orléans*

Deutschland war im Laufe seiner Geschichte nie ein ganz gewöhnliches Mitglied der europäischen Völkerfamilie. Als Römisches Kaiserreich Deutscher Nation überragte es seine Nachbarn und wurde von anderen Mächten gefürchtet. Das 1871 gegründete Zweite Deutsche Kaiserreich empfanden die arrivierten und etablierten Kolonialreiche Großbritannien und Frankreich sowie das Zarenreich und Österreich-Ungarn als lästigen Spätankömmling auf dem diplomatischen Schachbrett, als gefährlichen militärischen Faktor und – vor allem Großbritannien – als tödliche Gefahr für seine merkantile Weltherrschaft. Es wundert also nicht, daß schon um die Wende vom 19. zum 20. Jahrhundert verschwiegene Diplomaten und unauffällig gekleidete hohe Offiziere zwischen London, St. Petersburg und Paris eifrig hin- und herpendelten. Zunächst geheim, bald aber offensichtlich wurde die ›Entente cordiale‹ (herzliche Übereinkunft) zwischen Rußland, Frankreich und England geschmiedet, und niemand war sich im unklaren darüber, gegen wen sie sich richtete.

Als der Erste Weltkrieg ausbrach, standen an Deutschlands Seite nur das gebrechliche, einst mächtige Österreich und das morsche, zerfallende Osmanische Reich. Der ›herzlichen Übereinkunft‹ schlossen sich im Laufe des Krieges noch Japan, die USA und – mit gebotener Vorsicht – auch noch die Italiener an. Schon damals liefen die Zeitungspressen der ›Entente‹ heiß und verbreiteten die Mär vom blutrünstigen Kaiser WILHELM, den Kinderhände abhackenden Preußen und vom ›Völkerkerker‹ Österreich.

Nach der totalen Niederlage Deutschlands und Österreichs 1918 und den darauf folgenden ›Friedens‹-Diktaten von Versailles und St. Germain blieb beiden Ländern wenigstens eines erspart: die Fremdbesetzung ihres verbliebenen Staatsgebiets. Weder in Wien noch in Berlin wurden von den Siegermächten willige Kollaborateure, Umerzieher, Erfüllungsgehilfen eingesetzt, um ihre Raubpolitik umzusetzen, ›demokratische‹ Verhältnisse zu erzwingen, die Presse zu kontrollieren, das unter Reparationsforderungen schmachtende, Hunger und Arbeitslosigkeit leidende Volk niederzuhalten, sondern es blieb die Aufgabe der jungen republikanischen Parteien, auf dem Boden beider Kaiserreiche halbwegs funktionierende Demokratien zu errichten. Und fast hätten sie es geschafft.

Obwohl sie erbitterte Gegner der gerade gestürzten Habsburger- und Hohenzollernmonarchien waren, die jungen Republiken ihren Sieg der Niederlage der verhaßten Dynastien und Militärs verdankten, hat kein einziger der demokratischen Nutznießer von Deutschlands und Österreichs Schmach in seinen Memoiren den Triumph der feindlichen Armeen über die Heere des eigenen Volkes verherrlicht, die ›Friedens‹-Diktate, den Verlust der reichen Provinzen Oberschlesien, Saar, Sudetenland, Südtirol, Memel, die Reparationszahlungen und Demontagen, die Millionen Kriegsopfer gutgeheißen, geschweige denn den Jahrestag der Niederlage alljährlich als ›Befreiung‹ gefeiert. Egal, welcher der demokratischen Parteien SPD, Zentrum, DDP, DVP, BVP, DNVP, USPD, KPD sie angehörten: In ihren Memoiren, Briefen und Erinnerungen haben die Deutschen Friedrich Ebert, Philipp Scheidemann, Gustav Noske, Ulrich von Brockdorff-Rantzau, Matthias Erzberger, Heinrich Brüning, Gustav Stresemann, Walther Rathenau sowie die konservativen und sozialistischen Österreicher Karl Renner, Josef Schober, Ignaz Seipel, Karl Seitz zwar immer Krieg und Monarchie verdammt – niemals aber das eigene Volk, mit dem sie sich über alle Parteigrenzen hinweg stets verbunden fühlten.

Es herrscht heute kein Zweifel mehr darüber, daß es die Diktate von Versailles und St. Germain waren, die das deutsche und österreichische Volk in Not, Elend, Hunger, Arbeitslosigkeit und Armut gestürzt hatten, Hauptursachen für das Entstehen nationaler Parteien wurden, die sich der Revision dieser erpreßten Verträge verschrieben.

Tausende Bücher sind geschrieben worden, um abstruse oder einleuchtende Theorien und Thesen über die normative Kraft des faktisch bereits seit 1919 vorprogrammierten Zweiten Weltkriegs zu untermauern, weitere Tausende darüber, warum, wann, weshalb, wieso, wo, ob, dieser von deutscher Seite hätte gewonnen werden können oder vom Anfang an zum Scheitern verurteilt war. Ebenso einhellig ist die Meinung, daß die Niederlage Deutschlands im Mai 1945 die größte Katastrophe in der deutschen Geschichte bedeutet.

Dieser Meinung haben sich ja auch alle deutschen Nachkriegspolitiker angeschlossen, mit dem feinen Unterschied, daß sie die Folgen der Niederlage, nämlich die Aufteilung und Besetzung des übrig gebliebenen Deutschlands, den Verlust urdeutscher Provinzen, die unermeßlichen Zerstörungen, die Opfer von Vertreibung und Zwangsarbeit als ›Befreiung‹ feiern, während das deutsche Volk seiner Verschollenen und Toten gedenkt und die Vertriebenen um ihre verlorene Heimat trauern.

Man kann es drehen und wenden, wie man will: Deutschland ist heute eine vom Ethno-Masochismus befallene Nation. Wie formulierte es der Publizist Caspar VON SCHRENCK-NOTZING:

> »Was fällt Ihnen spontan ein, wenn Sie an Deutschland denken?Der Heerwurm der deutschen Denunzianten nach 1918, 1933, 1945.«

Der Versuch, zu erklären, warum Deutschland sich selbst haßt, fällt nicht leicht. Was Helmut KOHL die »Gnade der späten Geburt« nannte, ist für sehr viele Deutsche und Österreicher zu einem auf die Stirne unauslöschlich eingebrannten Kainsmal geworden. Anders als ihre Väter der sogenannten ›Erlebnisgeneration‹, die Vorkriegs- und Kriegsjahre mit wachen Sinnen verfolgt hatten und daher Zeitzeugen waren, wurden die ›Spätgeborenen‹ der Nachkriegsgeneration durch Umerziehung umgepolt: Alles, was sie bisher gelernt hatten, mußten sie vergessen. Durch Umlernen, Umdeuten, Umwerten, Umdenken, Umwenden aller Begriffe, die sie ergründet zu haben glaubten, wurden sie zu neuen Menschen geprägt, die nunmehr reif dafür waren, die Segnungen der ›Democracy‹ und des ›American way of life‹ auf europäischem Boden als Phäaken zu genießen und sie als Vasallen der ›Befreier‹ gegen äußere und innere Feinde mit allen Mitteln zu verteidigen. Ferner wurde ihnen durch die Umerzieher das festigende Rückgrat der Volkgemeinschaft entfernt.

Den nach amerikanischem Recht urteilenden Juristen bei den Nachkriegsprozessen, den amerikanischen Besatzungsoffizieren und den in ihrem Gepäck eingeflogenen Psychologen und Umerziehern gelang ein weiterer Geniestreich, nämlich für Kriegsschuld und alle Kriegsverbrechen nicht etwa HITLER und die regierenden Nationalsozialisten allein zur Verantwortung zu ziehen, sondern die Schuld dem Deutschen Volk als untilgbare Erbschuld (plus Zinsen und Zinseszinsen) anzulasten und dieses folglich auch in seiner Gesamtheit in alle Ewigkeit zu bestrafen. Weil Angriffskrieg und Völkermord unverjährbare Verbrechen sind, jede Tilgung deshalb ausgeschlossen ist, wurde dieses Volk in geistige und moralische Ketten gelegt und wird seit über fünfzig Jahren einem Dauerüberwachungs- und Umerziehungsprozeß unterworfen. Während die deutsche Regierung jährlich 200 Millionen Euro für die Förderung der deutschen Filmindustrie locker macht, finanziert sie – zwecks Umerziehung des eigenen Volkes – Hollywoodproduktionen pro Jahr mit drei Milliarden US-Dollar!

Der Autor erinnert sich, wie schon wenige Jahre nach Kriegsende deutsche Kinobesucher während der Vorführung amerikanischer Kriegsfilme begeistert klatschten, als deutsche Flieger abgeschossen wurden und britische Bomber deutsche U-Boote versenkten.

Wollte man für die positiven Eigenschaften, die man Deutschen immer schon nachsagte und auch heute noch weltweit zuordnet, wie etwa Fleiß, Tapferkeit, Organisationstalent, Heimatliebe, Gründlichkeit, Erfindungsgabe, Kunstsinn, Leistungsbereitschaft, Treue, Ausdauer, Noten von 1 bis 10 vergeben, könnte die Endsumme plus 100 ergeben. Doch auf Grund des in allen Ländern der westlichen ›Werte‹-Gemeinschaft immer wieder beschworenen Erinnerungskultes, wonach ›les boches‹ nicht nur für alles zahlen, sondern an allen Übeln und Verbrechen dieser Welt schuld seien, muß jedem auch noch so positiven deutschen Endergebnis der Multiplikator minus 1 vorangesetzt werden, auf daß in jedem Fall eine negative Endsumme herauskommt.

Dank der Moskauer Erklärung von 1943 konnte sich einige Jahrzehnte lang das im April 1945 wiedererstandene offizielle Österreich an der Fiktion ausrichten, es sei 1938 das erste Opfer deutscher Aggression geworden, es hätte niemand der einmarschierenden Wehrmacht oder gar dem Hitler am Heldenplatz zugejubelt, die 99 Prozent Ja-Stimmen zum Anschluß an das Deutsche Reich seien eine Fälschung, Österreicher seien keine Deutschen, sondern eine Mischung aus Slawen, Illyrern, Kelten und römischen Legionären, sprächen nicht Deutsch, sondern ›Unterrichtssprache‹, in Österreich hätte es eine ernst zu nehmende Widerstandbewegung gegen die Nazis gegeben. Erst in den achtziger Jahren wurden die Österreicher von der Geschichte eingeholt, überholt und unsanft daran erinnert, daß sie einen Anteil an Deutschlands Erbschuld mitzutragen und folglich abzuzahlen hätten, obwohl ihnen 1955 beim Abschluß des ›Staatsvertrages‹ von den Außenministern der vier Besatzungsmächte mit Brief und Siegel bestätigt wurde, mit Inkrafttreten besagten Vertrages seien alle weiteren Zahlungs- und Wiedergutmachungsforderungen nichtig.

War es schon eine gewaltige Leistung der Besatzungsmächte, Millionen DeutschInnen umzuerziehen und dazu zu bringen, daß sie ihren Befehlen und Anordnungen widerspruchslos folgten und sich sogar widerstandslos in ihr Schicksal ergaben, so war es noch erstaunlicher, wie schnell sich Hunderttausende Lizenz-›Deutsche‹ als Erfüllungsgehilfen ihrer früheren Feinde bereit fanden und auch heute noch bereit finden, auf allen erdenklichen politischen, publizistischen, juristischen und bildungsbezogenen Posten fremde Interessen wahrzunehmen.

Die Liste peinlicher Würdelosigkeiten, kriecherischen Untertanengeistes, vorauseilenden Vasallengehorsams seitens ›deutscher‹ Politiker gegenüber ihren fremden Herren würde viele Chroniken füllen. Dem Autor ist ein einziges Beispiel bekannt, daß ein deutscher Politiker sich gegen die Beleidigung seiner Nation verwahrte. Es wird vom Münchner CSU-Abgeordneten Peter Gauweiler, am 9.März 2009 in der Münchner *Abendzeitung* zitiert:

> »Als Konrad Adenauer nach Israel fuhr, wurde er vom damaligen Ministerpräsidenten Levi Eschkol eingeladen. In seiner Ansprache sagte Eschkol: ›Herr Bundeskanzler, wir sind davon überzeugt, daß das deutsche Volk unter Ihrer Führung in die Gemeinschaft der zivilisierten Völker zurückkehren wird.‹ Adenauer stand auf, wandte sich an den deutschen Botschafter: ›Bestellen Sie mein Flugzeug, ich fliege morgen zurück. Man hat das deutsche Volk, das ich vertrete, beleidigt.‹ Eschkol suchte sich bei Adenauer zu entschuldigen, aber Adenauer entgegnete: ›Herr Ministerpräsident, was Sie denken, kümmert mich nicht, und was Sie von mir halten, interessiert mich nicht im geringsten. Ich repräsentiere das deutsche Volk, Sie haben es beleidigt, also reise ich morgen früh ab.‹ Erst als Eschkol sein Redemanuskript im nachhinein förmlich abänderte, blieb Adenauer. Ich mußte – so Gauweiler weiter – an diese Geschichte denken, als letzte Woche der polnische Beauftragte Bartoszewski die deutschen Verteidiger Erika Steinbachs als Narren bezeichnete – darunter auch den Bundespräsidenten – ohne jede Reaktion des amtlichen Berlin.«

Und hier noch einige besonders markante Beispiele von Würdelosigkeit und Selbsterniedrigung:

– Im Januar 1997, zum 50. Jahrestag seines Erscheinens, druckt *Der Spiegel* eine Sonderausgabe über seine Entstehung und verweist auf seine Gründung durch die britische Besatzungsmacht. Mit einem nicht gerade vornehm zurückhaltend hanseatischen Geleitwort beginnt Mitbegründer Rudolf AUGSTEIN seine Selbstbeweihräucherung:

»Hannover, anderthalb Jahre nach Kriegsende: Drei britische Soldaten, Major CHALONER und die Stabsfeldwebel ORMOND und BOHRER [die beiden letzteren kamen ursprünglich aus Deutschland] wollten die besiegten Deutschen für die menschliche Kultur zurückgewinnen. Das Instrument, das sie sich für diesen Zweck ausgedacht hatten, waren wir.«

Und dann folgt das am Tag der britischen Lizenzerteilung aufgenommene Bild, auf das man *spiegel*seits offensichtlich auch heute noch – fünfzig Jahre nach Kriegsende – ungeheuer stolz ist: Da lachen AUGSTEIN, zwei deutsche Mitarbeiter, zwei britische Presseoffiziere in Uniform, bester Stimmung und Arm in Arm in die Kamera.

Welche britische, französische, russische, japanische Zeitung würde es wagen, sich offen und stolz als Lizenzblatt einer fremden Macht zu bezeichnen?

– Derselbe *Spiegel* (Nr. 33/2010) entlarvte sich mit dem Leitartikel über Winston CHURCHILL wieder einmal als das Lizenzblatt schlechthin der britischen Besatzungsmacht und seine Redakteure als Organe von ›his master's voice‹. Das ›deutsche‹ Nachrichtenmagazin über den Versuch, die im Mai 1940 über den Ärmelkanal

Arbeitssitzung beim *Spiegel* im Jahre der Gründung 1947. Mitte, sitzend: Rudolf Augstein.

fliehenden Briten bei Dünkirchen zu bombardieren: »Zum Glück hängen die Wolken tief und schlechte Sicht behindert die Luftwaffe...« Folglich dürfte man wohl annehmen, daß dieses Qualitätsblatt eine Reportage über die gelungene Bombardierung Dresdens durch die Royal Air Force mit den Worten beginnen würde: »Gott sei Dank herrscht an diesem Tag ein prachtvolles Wetter...«

– In welchem Land der Welt wird ein Politiker, der das Volk besudelt, mit hoher Ehrung belohnt? Richtig! In Deutschland: Erich Mühsam (1878–1934), Mitglied der Münchner Räterepublik, bekam nach dem Zweiten Weltkrieg ein Ehrengrab in Berlin für sein 1923 erschienenes Gedicht: »Strömt herbei, Besatzungsheere / schwarz und rot und braun und gelb, / daß das Deutschtum sich vermehre / von der Etsch bis an den Belt./ Schwarzweißrote Jungfernhemden / wehen stolz von jedem Dach, / grüßen euch, ihr dunklen Fremden: / Seid willkommen, schwarze Schmach! / Jungfern, lasset euch begatten, / Beine breit, ihr Ehefrau'n / und gebäret uns Mulatten / möglichst schokoladenbraun./ Schwarze, Rote, Braune, Gelbe, Negervolk aus aller Welt,/ Ziehet über Rhein und Elbe / kommt nach Niederschönenfeld! / Strömt herbei in dunkler Masse / und schießt los mit lautem Krach: / Säubert die Germanenrasse, / sei willkommen, schwarze Schmach.« Dieses Gedicht wurde am 22. Oktober 2003, Mühsams 125. Geburtstag, in der *Nürnberger Zeitung* gewürdigt.

– In welchem Land der Welt kann ein Bürger, der im Ausland zum Kampf gegen das eigene Land gehetzt hat und nach dessen Niederlage in der Uniform des Feindes in seine Heimat zurückkehrt, zum Bundeskanzler gewählt werden? Richtig! Das gibt es nur in Deutschland. Dort wird Willi Brandt heute noch verehrt.

– Anläßlich der Feiern zum 60. Jahrestag der Beendigung des Zweiten Weltkrieges hielt das österreichische Bundesheer im Mai 2005 eine Parade auf der Wiener Ringstraße ab: Vorneweg marschierte eine Abordnung russischer und amerikanischer Soldaten, die man zu diesem Zweck nach Wien eingeladen hatte. Die Bundesregierung hatte sich nicht entblödet, Österreich mit dieser Anbiederung an die ehemaligen Besatzungsmächte gewissermaßen als Mit-Sieger darzustellen, um die Schrecken der Besetzung als ›Befreiung‹ umfunktionieren zu können.

– In welchem Land der Welt kann ein Bürger, der sich brüstet, in Zeiten größter Gefahr das Hasenpanier ergriffen und seine Frontkameraden in Stich gelassen zu haben, um sein eigenes Leben zu retten, und der die größte Katastrophe, die über sein Land kam, als ›Befreiung‹ bezeichnete, es zum Bundespräsidenten bringen? Richtig! Nur in Deutschland, wo Richard von Weizsäcker noch heute als Weiser verehrt wird.

– Harald Neubauer in *Nation & Europa* (10/2007): »Seit Monaten schon stand Eva Herman auf der Abschußliste. Sie wurde verhöhnt als ›blondes Dummchen‹, mußte sich aus der *Tagsschau* zurückziehen, sah sich bei öffentlichen Auftritten von Störern bedrängt. Der Jagdgesellschaft war klar, daß ihr Opfer eines Tages straucheln würde – über ein falsches Wort, eine mißverständliche Formulierung... Deutschlands beliebteste Moderatorin verspürt nun am eigenen Leib die ganze Unduldsamkeit und Menschenverachtung ihrer Branche... *RTL*-›Dschungelkönigin‹ Désirée Nick fordert: ›Eva Herman ist eine Wiederholungstäterin und müßte schwer bestraft werden.‹ Warum nicht gleich Hexenverbrennung? Oder zumindest Zwangsarbeit? Mehrfach wurde in München eine Gedenktafel zu Ehren der ›Trümmerfrauen‹ angeregt. Doch Oberbürgermeister Christian Ude, Sohn eines NS-Poeten, ist strikt dagegen, da auch ehemalige Parteigenossinnen der NSDAP zu Trümmerbeseitigungsarbeiten eingesetzt wurden... Eva Herman: ›Normalerweise verteidigt sich ein Land, wenn es von einer anderen Nation eingenommen wird. Wir befinden uns im Krieg mit uns selbst.‹«

– In welchem Land der Welt kann ein(e) Regierungschef(in) in zwei Hauptstädten ehemaliger Feindstaaten mit deren Präsidenten die Paraden zum Gedenken an den Sieg über das eigene Land gemeinsam feiern und sich für die ›Befreiung‹ (!) bedanken, ohne vom eigenen Volk mit Schimpf und Schande aus dem Amt gejagt zu werden? Richtig, nur in Deutschland! Weder in Paris noch in Moskau fand Angela Merkel Zeit, einen deutschen Soldatenfriedhof zu besuchen. Völlig unvorstellbar, daß ein japanischer Kaiser an einem 2. September nach Washington pilgert, um an der Seite des amerikanischen Präsidenten den Abwurf der Atombomben auf sein Land und die Kapitulation Nippons gemeinsam zu feiern, daß Marschall Pétain nach Frankreichs Niederlage 1940 an der Seite Hitlers in Berlin die Siegesparade abgenommen hätte. Undenkbar, daß ein Präsident Medwedjew den Jahrestag des Abzugs der geschlagenen sowjetischen Truppen aus Afghanistan, Präsident Obama den Jahrestag des Abzugs der geschlagenen amerikanischen Truppen

Angela MERKEL und Wladimir PUTIN am 1. September 2009 auf der Westerplatte. Der russische Ministerpräsident brachte kein Schuldbekenntnis zum Ausdruck.

aus Vietnam, in Kabul und Saigon mit den Staatschefs der ehemaligen Feindmächte gefeiert hätten! Einen Staatsmann, der solch verächtlicher Gesinnung und Unterwürfigkeit fähig wäre, würden Russen und Amerikaner, Franzosen und Japaner, und wohl alle der Selbstbeschmutzung und Rückgratlosigkeit unfähigen Nationen als Schande empfinden, ihn seiner Staatsbürgerschaft entkleiden und mit Acht und Bann belegen.

Die Auflistung peinlicher Selbsterniedrigungen und Kasteiungen ließe sich auch 65 Jahre nach Kriegsende beliebig verlängern. Verfügen denn deutsche PolitikerInnen über keine auch noch so winzigen Restelemente von Würde, Anstand, Scham- und Ehrgefühl mehr, die sie davon abhalten, sich Vertretern anderer Nationen aufzudrängen, um ihnen die Peinlichkeit deutscher Unterwürfigkeit zu ersparen?

Hier einige weitere Beispiele deutscher Sklavengesinnung, deutscher Würdelosigkeit:

– Anläßlich seines Deutschlandbesuches im Juni 2009 ließ US-Präsident OBAMA keinen Zweifel darüber aufkommen, welchen Stellenwert er diesem Land beimißt: Auf dem US-Militärstützpunkt Ramstein verkündete er, Deutschland sei ein besetztes Land und werde es bleiben. Als man ihn fragte, warum er Frau MERKEL nicht gebeten hatte, ihn nach Ramstein zu begleiten, antwortete er, er habe sich nichts dabei gedacht. Die Erfüllung der Bitte, wenn er Dresden schon nicht besuchen wolle, so möge er doch ein paar einfühlsame Worte zu den Dresdnern sprechen, verweigerte er kategorisch. Dafür besuchte er das KZ Buchenwald, zwar ohne MERKEL, dafür aber mit Elie WIESEL.

– Unter dem zynischen Motto: »Feste feiern, wie sie fallen« laden deutsche (!) Antimilitaristen jedes Mal zum ›Schampussaufen‹ ein, wenn ein deutscher Soldat in Afghanistan fällt.

– Aus der Heimseite der im Kölner Stadtrat vertretenen Bürgerinitiative ›Pro Köln‹ im April 2007: »Ein geradezu absurdes Beispiel für die totale Verweigerungshaltung lieferte die grüne Stadträtin Barbara MORITZ: ›Selbst wenn draußen die Sonne scheint und Pro Köln feststellen würde, daß eben draußen die Sonne scheint, würden wir das ablehnen.‹«

– Dem *Spiegel* (44/2009) war zu entnehmen, daß Passagiere am Flughafen Berlin-Schönefeld von Geheimdienstbeamten aus Israel befragt werden, und fast alle würden freundlich Auskunft geben.

– Der *Spiegel* (52/2009) berichtete von einer belgischen Organisation, die sich des Problems belgischer Kinder angenommen hat, die Beziehungen belgischer Frauen und deutscher Soldaten während der Besetzung (1940–44) entsprossen. Reporter H. J. SCHLAMP: »Mindestens 20000 waren das Erbe [solcher] Beziehungen. Nach jedem Krieg, jeder Besetzung eines Landes bleiben Soldatenkinder zurück. Manche sind das Ergebnis schrecklicher Verbrechen, systematischer Vergewaltigungen etwa...« Der Autor hat bei der genannten Organisation nachgefragt, von wie vielen Besatzungskindern sie konkrete Kenntnis hätte, die »nach schrecklichen Verbrechen und systematischen Vergewaltigungen« geboren wurden. Antwort: keinen einzigen. Hat SCHLAMP mit hinterhereilender politischer Korrektheit auftragsgemäß gefaselt?

Dazu ergänzend: 2004 erschien das Buch *Enfants maudits* (*Verfluchte Kinder*) von J. P. PICAPER und L. NORZ über die etwa 200000 Besatzungskinder, die von 1940 bis 44 Beziehungen französischer Frauen und deutscher Soldaten entsprossen. In diesem Buch wird ausdrücklich erwähnt, daß die deutschen Besatzer in dieser Zeit keine Verbrechen an oder systematische Vergewaltigungen von französischen Frauen begangen haben. Und wie steht es mit Österreich?

– Im September 2009 veranlaßte Österreichs rot-schwarze Regierung, alle Urteile gegen Deserteure und von deutschen Militärgerichten verurteile Soldaten rückwirkend aufzuheben.

– Alle Jahre wieder strahlt Bundespräsident Heinz FISCHER von seiner Ehrenloge aus über den Wiener Opernball. 2010 sollte er vom bekannten *ORF*-Moderator Alfons HAIDER interviewt werden, der sich einige Tage zuvor über das »total verschissene und verlogene Österreich« ausgelassen hatte. Wie würde Österreichs Staatsoberhaupt reagieren? Würde er HAIDER die kalte Schulter zeigen? Mitnichten, er plauschte mit ihm, als sei gar nichts geschehen.

– In Wien werben die Grünen mit Plakaten: »Heimat im Herzen, Scheiße im Hirn« und »Wer Österreich liebt, muß Scheiße sein«. Sie verteilen Zettel mit einem hockenden Hund auf einer Österreichfahne: »Mach Dein Kackerl auf das Flaggerl«.

– Nach seinem 2007 wahlbedingten Abgang von der Politik schämte sich Ex-Vizekanzler und Bundesminister der FPÖ Hubert GORBACH nicht, auf offiziellem Amtspapier der Republik Österreich Bewerbungsbriefe nach Moskau, Vilnius und London zu schicken. Der Brief nach London war an ›Dear Alistar‹ (sic!) gerichtet, den britischen Finanzminister Alistair DARLING. Der Vorarlberger GORBACH beginnt seinen Brief mit der Klage, in Vorarlberg sei ihm die Welt zu klein, er sehne sich nach einer Position, in der seine multiplen Talente und Kontakte zur Entfaltung kommen könnten. Es ist nicht bekannt, ob ›dear Alistar‹ ihm geantwortet hat.

Und hier noch einige bemerkenswerte Begebenheiten aus dem bundesdeutschen Absurdistan:

– Seit einigen Jahren scheint es ein wichtiges Anliegen von spätgeburtbegnadeten deutschen (!) Politikern zu sein, die Zahl der Opfer des Bombenangriffs auf Dresden von amtlich bestätigten 253 000 um mindestens neunzig Prozent senken zu müssen. Wollten die Stadtväter Warschaus oder Rotterdams den Versuch unternehmen, die offiziellen Opferziffern deutscher Luftangriffe zu relativieren oder gar nach unten zu revidieren, würden ihre Bürger sie teeren und federn. Während Unentwegte, sehr zum Ärger der rotgrünen Dresdner Stadtmusikanten alle Jahre wieder in die Stadt pilgern, um der Opfer des schwersten Bombenangriffs aller Zeiten zu gedenken, versammeln sich deutsche (!) Linke und Berufshasser, die israelische Fahnen und Transparente mit der Aufschrift »Bomber-Harris, do it again« und »Alles Gute kommt von oben« entfalten. Strafanzeigen deutscher Patrioten gegen Deutschenhasser, die zu neuen Massakern an Deutschen aufrufen, wurden von den Staatsanwaltschaften München und Dresden mit der Begründung abgeschmettert, daß gegen Deutschland gerichtete Kundgebungen durch das Recht auf freie Meinungsäußerung gedeckt seien. In Leipzig demonstrierte ›man‹ mit Plakaten: »Lieber Kinderschänder als Nazis«.

– Kann sich eine einzige Leserin, ein einziger Leser vorstellen, daß am Gedenktag des grauenhaften Massakers am Wounded Knee (1890) Nachfahren der Sioux fordern: »Colonel FORSYTH, do it again!«, Nachfahren der Opfer von Hiroshima: »TRUMAN, do it again!«, Palästinenser und Libanesen: »Ariel SHARON, do it again!«, Bewohner

Das Massaker an den Dakota-Indianern am 29 Dezember 1890 am ›Wounded Knee‹.

von New York: »Osama BIN LADEN, do it again!«, ohne sofort von ihrem Volk gelyncht zu werden? Ein einziges Volk samt seinen Politikern duldet, daß am Jahrestag des Massakers an über 100 000 Bürgerinnen und Bürgern einer seiner Städte von Selbsthaß Zerfressene dafür demonstrieren, das Verbrechen möge bald wieder geschehen.

– Tote, die es nach offizieller Meinung nicht gibt, brauchen nicht gesucht zu werden: Grabungsexperten und ortsansässige Landwirte fanden auf dem riesigen Gelände und dem früheren Massenlager für deutsche Kriegsgefangene auf den Rheinwiesen immer wieder Erkennungsmarken deutscher Landser. Der ›Volksbund für Deutsche Kriegsgräberfürsorge‹ kann nicht tätig werden, weil er nur für Kriegstote im Ausland zuständig ist. Noch zu Lagerzeiten sind offiziell 5000 Tote und 1953 weitere 2000 beigesetzt worden, gerade so viele, wie heute von der offiziellen Geschichtsschreibung zugegeben werden. Weitere Suchaktionen nach Massengräbern und auf in den Rheinwiesen Verscharrten sind vom Innenministerium Rheinland-Pfalz politisch korrekt verboten worden, obwohl es Berichte von Zeugen und Historikern gibt, die von Hunderttausenden Verhungerten und der Witterung schutzlos Ausgesetzten sprechen. Einem Hobby-Archäologen, der im Bereich der Lagerlatrine graben wollte, wo bis zu 10 000 Kriegsgefangene aus Schwäche umgekommen sein sollen, wurde die Genehmigung verweigert. Das Gelände sei ein ›Kulturdenkmal‹ (!), stehe unter Denkmalschutz, dem Wunsch nach Gedenken sei durch das Errichten eines Mahnmals Genüge getan worden. Der Autor besuchte die schlichte Gedenkstätte: Wie im heutigen Deutschland nicht anders zu erwarten, war es mit pietätlosen Hetzparolen vollgeschmiert und mit Farbe besudelt.

In Marienburg (heute Malbork, Polen) stieß man im Oktober 2008 bei Abbruchsarbeiten auf ein Massengrab, aus dem nach und nach über 2000 Schädel, darunter auch von Frauen und Kleinkindern, geborgen wurden, die zum Teil Einschüsse aufwiesen. Nach mehreren Vertuschungsversuchen steht nunmehr fest, daß es sich um deutsche Opfer eines im Juni 1945 begangenen Massakers handelt, das von Angehörigen polnischer Milizen begangen wurde.

> »Fest steht«, so die *Unabhängige Nachrichten* 2/2009, »daß hier offensichtlich alle deutschen Bewohner Marienburgs und der näheren Umgebung getötet wurden... Die deutsche Bundesregierung wie auch deren Justiz, die sonst in jedem griechischen, italienischen oder französischen Dorf ermittelt, in dem möglicherweise Partisanen oder Geiseln von Deutschen erschossen wurden, zeigt keinerlei Interesse, deutsche Staatsanwälte tätig werden zu lassen. Um die ›Freundschaft‹ mit Polen nicht zu belasten, wird man die Opfer dieses Verbrechens als ›logische Konsequenz von NS-Greueltaten‹ zu ›Hitlers letzten Opfern‹ degradieren und die Akte schließen.«

Auch in Grünberg und Hirschberg sollen sich Massengräber von 1945 abgeschlachteten deutschen Zivilisten befinden.

> »Wie souverän die BRD wirklich ist, zeigte sich in Treuenbrietzen, im Südwesten Brandenburgs«, so die *Aula* (Dezember 2009).

»Dort hatte am 23. April 1945 die Sowjetsoldateska 1000 Männer des Ortes ermordet. Nachdem vor geraumer Zeit das ›Forum für Erneuerung und Aufklärung‹ das sonst nur DDR-Unrecht erforscht, bei der Staatsanwaltschaft Potsdam Strafanzeige wegen Mordes erstattet hatte, wurde das Verfahren bald ›wegen eines Verfahrenshindernisses‹ eingestellt. Nach einer Stellungnahme des Bundesjustizministeriums handelt es sich bei dem ›Hindernis‹ um das Kontrollratsgesetz vom 20. Oktober 1945, wonach die Zuständigkeit deutscher Gerichte für strafbare Handlungen von Militärpersonen der alliierten Streitkräfte ausgeschlossen ist. Womit amtlich feststeht, daß in Deutschland noch immer Besatzungsrecht herrscht.

Wie es bundesdeutsche Gerichte mit dem an Deutschen begangenen Unrecht halten, ist eine leidvolle Geschichte: Da hatte der Bürger B. S. gegen die Ausstrahlung der Sendung *Ostpreußens Norden* durch diverse Sender der *ARD* wegen der Sätze: ›Nach dem Krieg wurde die Bevölkerung ausgetauscht. Die Deutschen gingen, die Russen kamen‹ und ›Es ist [jetzt] ihr Land, das die Geschichte ihnen vermacht hat‹ wegen Volksverhetzung geklagt. Die zuständige Staatanwaltschaft wies seine Klage ab: ›Selbst wenn man davon ausginge, daß auch im weiteren Kontext die Vertreibung der deutschen Bevölkerung verharmlost wird, stellt dies keine Volksverhetzung gem. § 130 StGB dar. Eine Ausnahme bildet allein § 130 Abs. 3 StGB der die Leugnung oder Verharmlosung des unter der Herrschaft des Nationalsozialismus begangenen Völkermordes als singuläres Ereignis unter Strafe stellt. Unabhängig davon, ob man die gegen die deutsche Bevölkerung gerichteten Vertreibungsmaßnahmen als Völkermord betrachtet, würde dies den Tatbestand nicht erfüllen, da es sich nicht um Taten handelt, die unter der Herrschaft des Nationalsozialismus begangen wurden.‹«

Genau diese Art einseitiger, parteiischer ›Rechts‹-Auffassung, die die eigenen Verbrechen relativiert und exkulpiert, die gegnerischen dogmatisiert, hat Jan Mahnert kritisiert (siehe 6. Kapitel unter ›Analog-Justiz‹).

In einem offenen Brief vom 9. Oktober 2009 wendet sich Frau Karin Zimmermann, aus ihrer Heimat vertrieben am 26. Juni 1945, an Bundeskanzlerin Angela Merkel:

»... den Zeitungen vom 28. 9. 2009 entnehme ich Ihre Aussage ›Mein Verständnis war und ist es, daß ich die Bundeskanzlerin aller Menschen in Deutschland sein werde.‹

Das klingt gut und vertrauenerweckend – auch für uns Vertriebene, denn wir sind ja auch Menschen in Deutschland – oder? Was hat sich am Wahltag geändert? Denn in Ihrer ersten Legislaturperiode waren Sie ja nicht die Kanzlerin aller Menschen in Deutschland – zumindest nicht die der Vertriebenen, die entgegen den Bestimmungen des für alle Menschen auf dieser Erde geltenden Völkerrechts und auch entgegen den zentralen Bestimmungen unseres Grundgesetzes. [Es folgt eine Aufzählung aller an Vertriebenen begangenen Verbrechen und Unrechtshandlungen sowie gebrochener Versprechen; d. Verf.] Und das alles, nicht weil sich die Menschen irgendwelcher Verbrechen schuldig gemacht hätten, sondern weil sie Deutsche waren... Eine weitere himmelschreiende Ungerechtigkeit besteht darin, die in den Vereinten Nationen zusammengefaßten Verantwortlichen dieser Erde unter der Bezeichnung Völkerrecht zwar Vorschriften geschaffen haben, die das Zusammenleben der Menschen regeln, daß aber diese Regeln durch eine Anzahl dieser Verantwortlichen schlicht negiert werden... Und eine dieser Verantwortlichen sind Sie – jedenfalls bisher gewesen.

Nun soll ja alles anders werden. Nun sind Sie ja Bundeskanzlerin aller Menschen in Deutschland. Jedenfalls haben Sie es gesagt... Wir Vertriebene bitten Sie ganz kleinlaut um Verständnis, daß wir an Ihrer Aussage zweifeln. Einfach deswegen, weil Sie uns bisher nicht das Gefühl vermittelt haben, daß Sie auch ›unsere‹ Kanzlerin sind. Immerhin waren Sie es, die... bei Ihren Polen-Besuchen die durch Deutsche verursachten polnischen Verluste an Menschen in dem von Polen wesentlich provozierten Krieg vervielfacht und dadurch auch dort Befremden durch Ihre einseitigen antideutschen Anklagen hervorgerufen haben. Das glauben Sie nicht? Lesen Sie es in http://polskaweb.eu/html nach... und weil Sie bei Ihren Besuchen im Ausland (z. B. in China) die Einhaltung der Menschenrechte einfordern, während Sie diese uns deutschen Vertriebenen dauerhaft vorenthalten... Die Wiederherstellung unserer Menschenrechte ist unser innigster Wunsch an Sie, Frau Bundeskanzlerin.«

Peinlich und würdelos war das Verhalten des deutschen Außenministers Guido Westerwelle und der Bundeskanzlerin Angela Merkel im Zusammenhang mit der Bestätigung Erika Steinbachs (CDU) als Vorsitzende des Bundes der Vertriebenen. Für CDU-Chefin und FDP-Chef waren nicht die Leistungen Steinbachs und Frau Interessen der Vertriebenen ausschlaggebend, sondern die Frage, ob die energische Steinbach den Polen zumutbar sei. Laut *Aula* (1/2010) konterte Frau Steinbach mit dem Hinweis, kein einziger deutscher Außenminister habe die Grab- und damit Mahnstätten der Vertreibung besucht, und legte damit die Finger in die Wunde der deutschen Selbstvergessenheit und des Nationalmasochismus.

Im November 2005 erhielt der westdeutsche Bauunternehmer Dr. Limmer die Genehmigung für den Bau einer Gedächtnisstätte in der sächsischen Kleinstadt Borna, zum Gedenken an die zivilen deutschen Opfer des Zweiten Weltkriegs durch Bomben, Verschleppung, Vertreibung und in Gefangenenlagern. Was bei allen Völkern der Welt eine Selbstverständlichkeit ist, nämlich das Gedenken an seine zivilen Opfer von Krieg und Vertreibung, sollte den Deutschen nicht gestattet sein. Anfang 2006 erfolgte ein Baustop, und nach vier Jahren Rechtstreit mit der Genehmigungsbehörde, die starkem politischen Druck ausgesetzt war, mußte der ›Verein Gedächtnisstätte‹ Borna verlassen. Vereinsvorsitzender W. Schiedewitz meint dazu:

Limmers Entwurf für die Gedenkstätte Borna, der wegen Hindernissen von seiten der Verwaltung nicht verwirklicht werden konnte.

> »Die 12 Millionen Toten, die wir mit unserer Gedächtnisstätte betrauern, sind das Ergebnis eines großen Opferganges unseres Volkes, den die Welt – und auch leider viele Deutsche – vergessen wollen. Es ist in allen Ländern der Erde eine selbstverständliche menschliche und vaterländische Pflicht, seine Toten zu ehren und ihrer würdevoll zu gedenken... Es ist eine historische Verdrehung ohne Rücksicht auf die tatsächlichen historischen Abläufe, diese Opfer nicht auch als Opfer zu behandeln.«

Leider gilt für Deutsche, und zwar nur für Deutsche, die Sonderklausel: Quod decet Iovi non licet bovi‹ (Was Jupiter geziemt, darf der Ochs' noch lange nicht).

Deutschlands Sonderrolle ergibt sich aus der Tatsache, daß es ein Analog-Staat ist: Sein Staatsgebiet wird von einer Besatzungsmacht kontrolliert, seine Regierung ist fremdbestimmt, er besitzt keine Verfassung, sein Staatsvolk hat die Wurzeln zu seiner Abstammung und seinem Erbe gekappt, seine Geschichte, seine Traditionen, sein Liedgut vergessen, und es verzichtet darauf, Kinder zu zeugen.

Der ›Saldo‹ der Globalisierer: »Kill them«, wenn sie erneut Widerstand leisten.

Unser Fazit: Schließen wir uns Völkern an, die sich von der Globalisierung befreien konnten.

Literaturhinweise:

Kurt SCHUSCHNIGG, *Austrian Requiem*, 1946; Erich KORDT, *Wahn und Wirklichkeit*, 1948 und *Nicht aus den Akten*, 1950; Bruno BREHM, *Am Rande des Abgrunds*, 1950; Horst OSTERHELD, *Konrad Adenauer*, 1977; Hans HABE, *Ich stelle mich*, 1986; James BACQUE, *Other losses - Mass death of German prisoners by Americans*, 1989; Marion Gräfin DÖNHOFF, *Deutschland Deine Kanzler*, 1992; Ernst HOFBAUER, *Der Verrat*, 2000; Wolfgang POPP, *Wehe den Besiegten*, 2001; Rolf KOSIEK, *Die Frankfurter Schule*, 2001; Helmut SCHMIDT, *Die Mächte der Zukunft*, 2004; Gerhard FREY, *Die Erpressung: Wie Deutschlands Milliarden über den Jordan gingen*, 2005; Klaus SOJKA, *Deutschland ist kein Staat*, 2008; *Deutsche Annalen*, 2009, 2010.

6.3 Die Internationalisierung der Sozialpolitik und des Gesundheitswesens

6.3.1 Soziales

»Wo einige Leute sehr reich sind, das Volk verarmt ist, wird sich entweder eine extreme Demokratie, eine absolute Oligarchie, auf jeden Fall eine Despotie heranbilden.«
ARISTOTELES (384–322), *Politeia*

Weil ›Humanressourcen‹ – das sind die Menschen der dritten und vierten Klasse in dieser Welt – gemäß dem ersten Gebot (›first flow‹) der Globalisierung als Ware wie jede andere gehandelt wird, wurde die soziale Frage als Symptom und Nebenerscheinung von Wirtschaft und Politik bereits teilweise im 4. und 5. Kapitel behandelt. Im ersten Abschnitt dieses Kapitels werden die Themen Abkoppelung von sozialer Gerechtigkeit, Massenzuwanderung und Demographie behandelt, von denen die ›Humanressourcen‹ nachhaltig betroffen sind.

Globalisierung ist das Gegenteil von sozial gerechter Beschäftigungspolitik und eines sozial verträglichen Wirtschaftens. In den Ländern Globalistans gelten die vier Gebote der Globalisierung, und deshalb besteht auch die Nachrangigkeit sozialer Belange und Interessen der Humanressourcen hinter die Notwendigkeiten des weltumspannenden gleichgeschalteten Marktes: Mit dem Minimum an Risiko, dem Maximum an Profit sollen Zug um Zug Renten- und Krankenkassen, Gesundheitswesen, Konsumentenschutzorganisationen, Arbeitsämter, kommunale Leistungen usw., privatisiert und dann ausschließlich profitorientiert betrieben werden, wobei die Gewinne stets privatisiert, die Verluste sozialisiert werden.

Weil in den Bereichen Sozialpolitik, Arbeitsrecht und Alterfürsorge derzeit 80, demnächst 90 Prozent aller Gesetze und Richtlinien vom Brüsseler Sozialkommissariat beschlossen werden, erübrigt es sich, über Vor- und Nachteile vergangener internationaler und nationaler Sozialsysteme zu diskutieren. Dazu nur soviel: Globalisierung ist das genaue Gegenteil von ethnisch und kulturbedingten, regional verschiedenen Formen des Sozialismus und Faschismus: Während die Globalisierer – wie vor ihnen schon die amerikanischen und sowjetischen Imperialisten – in allen wirtschaftlichen und politischen Belangen eine Entregionalisierung durch Fusionen und Konzentrationen betreiben sowie die Gleichschaltung der gesamten Menschheit durch Vermischung anstreben, richteten sich die regional variablen Formen des Sozialismus und Faschismus ausschließlich nach den Gegebenheiten und Bedürfnissen ihrer Staatsvölker, wie es im 20. Jahrhundert die Beispiele Spaniens unter Franco, Portugals unter Salazar, Italiens unter Mussolini, Deutschlands unter Hitler, Ungarns unter Horthy, Rumäniens unter Antonescu, Kubas unter Castro, Guineas unter Sékou Touré, usw. zeigen. All diesen Formen des regionalen, autochthonen Sozialismus und Faschismus ist eigen, daß sie keine Exportartikel waren und den Tod ihrer Begründer - mit Ausnahme Kubas und Nordkoreas – nur selten überlebten.

Die sich heute ›sozialistisch‹, ›sozialdemokratisch‹, ›christlich-sozial‹ nennenden Parteien und Organisationen Globalistans betreiben Etikettenschwindel und entsprechen einem gerechten Sozialismus, wie ihn seine Gründerväter erträumt hatten, genau so wenig wie Analog-Käse dem echten Emmentaler, Stilton oder Brie de Meaux.

In allen Ländern EU-Europas ergibt sich seit Jahren aus allen Erhebungen und Umfragen, daß zwei heiße Themen die Völker Europas am meisten beunruhigen:

1. Die Angst der Menschen, keinen Arbeitsplatz zu finden oder diesen zu verlieren;

2. die Angst vor der wachsenden Zahl an Zuwanderern und Asylanten aus der Zweiten und Dritten Welt, die weder integrationswillig noch -fähig sind.

6.3.1.1 Soziale Gerechtigkeit und Ungerechtigkeit

Waren es unangenehme Wahrheiten oder nur typisch kapitalistisch überhebliche Behauptungen, die Thilo Sarrazin, langjähriges Bundesbankvorstandsmitglied und ehemaliger Berliner Finanzsenator, in einem Interview mit *Lettre Internationale* im Herbst 2009 aussprach – lange vor der aktuellen Diskussion um sein Buch *Deutschland schafft sich ab*? Sarrazin schrieb schon damals:

> »[Berlin] hat eine überdimensionale Infrastruktur für 4,5 Millionen Menschen. . . daneben hat sie einen Teil von Menschen, etwa zwanzig Prozent der Bevölkerung, die nicht ökonomisch gebraucht werden, zwanzig Prozent leben von Hartz IV und

Transfereinkommen; bundesweit sind es nur acht bis zehn Prozent... Eine große Zahl an Arabern und Türken..., deren Anzahl durch falsche Politik zugenommen hat, hat keine produktive Funktion, außer für den Obst- und Gemüsehandel, und es wird sich vermutlich auch keine Perspektive entwickeln. Das gilt auch für einen Teil der deutschen Unterschicht, die einst in den subventionierten Betrieben Spulen gedreht oder Zigarettenmaschinen bedient hat. Diese Jobs gibt es nicht mehr...

Berlin ist belastet von zwei Komponenten: der Achtundsechzigertradition und dem Westberliner Schlampfaktor. Es gibt auch das Problem, daß vierzig Prozent aller Geburten in der Unterschicht stattfinden... Man muß aufhören, von den ›Migranten‹ zu reden. Wir müssen uns einmal die unterschiedlichen Migrantengruppen anschauen. Die Vietnamesen: Die Eltern können kaum Deutsch, verkaufen Zigaretten oder haben einen Kiosk. Die Vietnamesen der zweiten Generation haben dann durchweg bessere Schulnoten und höhere Abiturquoten als die Deutschen. Die Osteuropäer, Weißrussen, Ukrainer, Polen, Russen weisen tendenziell dasselbe Ergebnis auf. Sie sind integrationswillig, passen sich schnell an und haben überdurchschnittliche akademische Erfolge. Die Deutschrussen haben anfangs große Probleme..., danach läuft es wie am Schnürchen, weil sie noch eine altdeutsche Arbeitsauffassung haben... Bei den Chinesen und Indern ist es dasselbe. Bei der Kerngruppe der Jugoslawen sieht man dann schon eher ›türkische‹ Probleme; absolut abfallend sind die türkische Gruppe und die Araber. Auch in der dritten Generation habe sehr viele keine vernünftigen Deutschkenntnisse, viele gar keinen Schulabschluß...

Hinzu kommt das Problem: Je niedriger die Schicht, um so höher die Geburtenrate... Große Teile von ihnen sind weder integrationswillig noch integrationsfähig... Die Lösung des Problems kann nur heißen: Kein Zuzug mehr!... Es ist ein Skandal, wenn Mütter der zweiten oder dritten Generation immer noch kein Deutsch können..., es ist ein Skandal, wenn türkische Jungen nicht auf weibliche Lehrer hören, weil ihre Kultur eben so ist... Wir haben in Berlin vierzig Prozent Unterschichtgeburten, und die füllen die Schulen und Klassen, darunter viele Kinder von Alleinerziehenden. Wie müssen in der Familienpolitik völlig umstellen: weg von Geldleistungen, vor allem bei der Unterschicht...

Jeden Montagmorgen muß die Stadtreinigung zwanzig Tonnen Hammelreste von türkischen Grillfesten aus dem Tiergarten beseitigen... Da gibt es eine Araberfrau, die ihr sechstes Kind bekommt, weil sie durch Hartz IV damit Anspruch auf eine größere Wohnung hat... Der Weg, den wir gehen, führt dazu, daß der Anteil der intelligenten Leistungsträger aus demographischen Gründen kontinuierlich fällt.«

Für seine Feststellungen – und erst für ihre ausführliche Fassung in seinem 2010 erschienenen Buch – wurde SARRAZIN von ›deutschen‹ Politikern und der Lizenzpresse medial hingerichtet. Die von ihm ausgesprochenen Tatsachen lassen nur den Schluß zu, daß die von den Globalisierern in Deutschland geplante Entvolkung und Nivellierung nach unten zügig umgesetzt wird.

Das *Geld-Magazin-Extra* (Wien, Oktober 2009) warnt vor kommenden Verteilungskämpfen. Rudolf MITTENDORFER schreibt:

»In absehbarer Zeit wird auf einen Erwerbstätigen ein Pensionist kommen. Die Finanzierbarkeit ausreichender Pensionen wird durch das Umlageverfahren nicht mehr möglich sein. 2030 werden die Pensionen um maximal zehn bis dreizehn Prozent über dem Existenzminimum liegen...

Eine der am häufigsten beschworenen Floskeln sind die ›wohlerworbenen Rechte‹. Dabei wird nicht unterschieden, ob es um jene von gescheiterten Vorständen staatsnaher Betriebe geht, welche ihre Verträge ausbezahlt und mit Boni aufgefettet erhalten, um dann noch mit saftigen Ruhegenüssen einige Aufsichtsratmandate wahrzunehmen. Auch nicht um die Tausende qualifizierten Mitarbeiter von Banken, Versicherungen, Energieerzeugern etc., die mit 53 Jahren (oder noch weniger) nach Hause geschickt werden (meist mit 75 Prozent der Bezüge). Schon gar nicht um die Zigtausenden von Bundes- und Gemeindebediensteten, bei denen dieses System System hat. Die zahlreichen Besserstellungen im öffentlichen Sektor sind eine schwelende Wunde unseres Pensionssystems bzw. dessen Anspruch auf ›Gerechtigkeit‹. Mit ›wohlerworbenen Rechten‹ und gerechtem Anteil an der Steigerung des Wohlstands argumentieren auch die Pensionistenvertreter besonders eloquent und nachhaltig. Zur Untermauerung hat man sogar an einem eigenen Pensionisten-Index gebastelt, der beweisen soll, daß die Kosten für Pensionisten stärker steigen als jene des Verbraucherpreisindex. Hat schon jemand eine kinderreiche

> Familie gefragt, wie hoch deren Kosten steigen und in welchem Ausmaß diese Mehrkosten durch Familienbeihilfen abgegolten werden?
>
> Der Anfang vom Ende jedes Gemeinwesens ist, wenn Eigeninteressen das Gesamtinteresse des Kollektivs dominieren. Kinder haben keine Lobby, Jugendliche dürfen zwar mit 16 wählen, sind auf diese Aufgabe aber kaum vorbereitet und wählen ›coole‹ Polit-Darsteller statt Programme und Ideen. . . Bestens organisiert sind die Pensionisten. Ihre Stimmen sind auch entscheidend, denn sie werden von Jahr zu Jahr mehr. Wenn diese Gruppe weiterhin auf ihre wohlerworbenen Rechte pocht und kein Ausgleich der Lasten stattfindet, dann wird die Schuldenlast jedes österreichischen Neugeborenen (derzeit 22000 Euro) massiv weiter ansteigen.«
>
> »Sind staatliche Pensionen sicher?« fragt MITTENDORFER weiter: »Allen Beruhigungspillen staatlicher Vertreter zum Trotz sind die ÖsterreicherInnen durchaus kritisch. . . In den nächsten Jahren erwarten 40 Prozent der Betroffenen Schwierigkeiten mit der Sicherheit der Pensionen.«

Robert HOLTZMANN, Direktor für soziale Sicherheit bei der Weltbank, behauptet:

> »Österreich ist mit seinen hohen Pensionskosten nicht mehr wettbewerbsfähig.«

Vielerorts wird für die private Vorsorge die Werbetrommel gerührt. Ist diese sicherer, zuverlässiger? Schon im September 2000 hatte der *Kurier* berichtet:

> »Seit einiger Zeit geistert ein gewisser Bert RÜRUP als Berater der österreichischen Bundesregierung in Sozialfragen herum. Unsere Pensionisten können ein Lied davon singen, daß mit ihm der Bock zum Gärtner gemacht wurde. Aufgrund seiner sündteuren ›Studien‹ werden sie nun kräftig geschröpft. Zynisch empfiehlt er der jüngeren Generation, zumindest einen Teil ihrer Pensionsbeiträge undurchschaubaren Spekulationsfonds von Privatkapitalisten anzuvertrauen.«

Daß es gerade die privaten Versicherungen und Pensionsfonds waren, die in den USA die Ersparnisse und Rentenrücklagen von Millionen Amerikanern verspekuliert haben, ist sicher kein Hinweis auf die Zuverlässigkeit privater Anbieter.

Warum machen wir es nicht wie viele japanische Konzerne und Behörden? Sie exportieren ihre Rentner in tropische Inselparadiese des Pazifik, wo ihnen in riesigen, von Japanern verwalteten Seniorenresidenzen und Pflegeheimen billige Vollpension und Unterhaltung geboten wird.

Im Januar 2009 berichtete *Deutsche Stimme*:

> »Die Bundesregierung ist sich offenbar für nichts zu schade: Nun soll bezeichnenderweise im Superwahljahr 2009 die Arbeitslosenstatistik in Deutschland geändert werden. Durch eine entsprechende Gesetzesänderung werden dann plötzlich Hunderttausende Arbeitslose nicht mehr mitgezählt. Selbst die Bundesagentur für Arbeit bescheinigt der geplanten Schönfärberei eine unsaubere Vorgehensweise.«

In ganz Deutschland, in allen Ländern EU-Europas schrillen die Alarmglocken, doch die verantwortlichen Politiker heben den Hörer nicht ab, denn sie haben anderes zu tun: Im Auftrag des ›Großen Baumeisters Aller Welten‹ hämmern und meißeln und zirkeln sie am rohen Stein der zu erschaffenden Neuen Menschheit. Doch diese wird erst entstehen können, wenn die alte untergegangen ist. Und drum ist Eile geboten.

Antwort des österreichischen ÖVP-Vizekanzlers Josef PRÖLL auf die Zumutung, die Regierung möge eine Volksbefragung über die Einrichtung neuer ›Asylzentren‹ durchführen:

> »Volksbefragungen dürfen nicht zum Mittel der Politik werden. Das wäre ganz gefährlich. Wir sind gewählt, um zu entscheiden.«

In wessen Interesse denn, Herr PRÖLL?

Der österreichische ›Arbeitsmarktservice‹ – früher Arbeitsamt genannt – warnt seine ›Kunden‹ – früher Arbeitslose genannt:

> »Sie könnten ja selbst schuld an ihrer Arbeitslosigkeit sein, Sie müssen eben positiv denken, mobil sein, sich besser verkaufen.«

Auf Befehl von ganz, ganz oben sind die Regierungen aller Euro-Staaten dazu verdonnert worden, ihre exorbitanten Schulden im Laufe der nächsten Jahre radikal abzubauen. Für das Jahr 2011 sind sowohl in Deutschland als auch in Österreich Sparbudgets geplant, bei denen die größten Einsparungen im Sozialbereich vorgesehen sind. In Österreich sind die vorgesehenen Einschnitte derart schmerzhaft, daß die SPÖ/ÖVP-Koalition das Budget nicht im Sommer, sondern – entgegen geltenden Gesetzen – erst Ende Oktober, also nach den entscheidenden Landeswahlen in Wien und in der Steiermark, zu veröffentlichen.

Dazu ein passendes Gedicht von Wolf MARTIN in der *Kronenzeitung*:

»Es steigen Preise und Gebühren,
die Löhne aber, die stagnieren.
Man nimmt's den Armen und den Kranken,
doch nicht den Managern der Banken.
Die kriegen noch etwas dazu,
und trotzdem gibt das Volk noch Ruh
und wählt das Pack, das es belügt,
für dumm verkauft, verrät, betrügt.«

6.3.1.2 Massenzuwanderung, Asylanten und Demographie – vom Migrations-Hintergrund zum Migrations-›Forder‹-Grund

Trotz jahrzehntelanger Propaganda, die ›Limimimihi‹ (lieben Mitbürgerinnen und Mitbürger mit Migrationshintergrund) seien Bereicherungen, die sich nicht nur selbst finanzierten, sondern auch viele, viele Steuern abführten und somit Arbeitslosengeld und Renten absicherten, läßt sich nicht mehr verschweigen, daß sie für den Staat sowohl finanziell als auch für das gesamte Sozialgefüge zu einer unerträglichen Belastung geworden sind. Giovanni DI LORENZO, Chefredakteur der *Zeit*, am 17. Februar 2010:

> »Es gibt eine weitere alarmierende Zahl, deren Erörterung aus Angst, noch ganz andere Ressentiments zu wecken, besonders schwerfällt: Nach einer vom Bundesarbeitsministerium erst vor drei Monaten veröffentlichten Studie sind Migranten und ihre in Deutschland geborenen Nachkommen doppelt so häufig auf Sozialhilfe angewiesen wie der Rest der Bevölkerung... Andererseits aber drängt sich der Verdacht auf, daß unser in Deutschland so angefeindetes Sozialsystem immer noch attraktiv genug ist, daß es eine massenhafte Einwanderung in die sozialen Netze auslöst, was das Prinzip der Einwanderung, um in einem fremden Land durch eigener Hände Arbeit sein Glück zu finden, auf den Kopf stellt.«

Schon vor Jahren hatte der Demograph HERWIG darauf hingewiesen, daß die Migranten dem deutschen Fiskus keinen Gewinn, sondern erhebliche Kosten verursachten.

Dies gilt nicht nur für die – noch! – halbwegs stabil wirtschaftenden Nettozahler der EU sowie für die Schweiz, sondern auch für die USA: Es ist kein Zufall, daß die drei vor dem Bankrott stehenden US-Bundesstaaten Kalifornien, Texas und New York die größte Zahl von jüngst eingebürgerten und illegalen ›aliens‹ (Migranten, Asylanten) beherbergen. Allein Texas, so *American Free Press*, muß per saldo jährlich 4,7 Milliarden an Sozialleistungen für seine zwei Millionen Illegalen aufbringen. Und jedes Jahr verlieren 1880000 Amerikaner ihren Arbeitsplatz an illegale Einwanderer, deren niedrige Löhne vom Steuerzahler auch noch subventioniert werden.

Die *FAZ* titelte am 26 Januar 2010 auf Seite 1:

> »Sozialstaat in Schieflage: Hier einige staunenswerte Zahlen: Von 1970 bis 2003 stieg die Zahl der Ausländer in Deutschland von drei auf 7,3 Millionen. Die Zahl der sozialversicherungspflichtigen Ausländer blieb dagegen konstant. Ein Großteil der Einwanderung ging also am Arbeitsmarkt vorbei direkt in das Sozialsystem.«

Mit anderen Worten: 4,3 Millionen Zuwanderer haben hier nichts geleistet. Nur weiter so!

Angesichts der für uns Europäer in Globalistan zu jeder Tages- und Nachtzeit sicht-, hör- und riechbaren Auswirkungen der nicht mehr einzudämmenden Invasion unserer Städte fällt es den zuständigen EU-Kommissaren, Bevollmächtigten für Integrationsfragen, Mahnwächtern gegen Ausländerfeindlichkeit immer schwerer, uns Inländern die schleichend stattfindende Entvolkung durch Vermischung, Benachteiligung und Zurücksetzung als ›Bereicherung‹ zu verkaufen.

Die UNO-Flüchtlingsorganisation UNHCR, die EU-Flüchtlingskommission, staatliche, private und kirchliche Organisationen mahnen und werben mit dem Spruch:

> »Flucht ist nie freiwillig! Niemand entscheidet sich dafür, alles aufzugeben, seine Heimat zu verlassen, eine lange gefährliche Reise auf sich zu nehmen und in einem fremden Land um Asyl anzusuchen.«

Diese Aussage ist zweideutig, denn sie bezieht sich sowohl auf die wegen Hunger und Krieg Geflohenen als auch auf all jene, die ihre Heimat verlassen, weil es sich herumgesprochen hat, daß es sich auf den von liberalen Sozialsystemen abgefederten Diwanen und den von sozialen Netzen abgesicherten Hängematten auf Kosten europäischer Steuerzahler, die sich ihre nationalen Rücklagen seit drei Generationen hart und redlich erarbeitet haben, sehr gut leben läßt.

Zunächst ist mit aller Deutlichkeit und Bestimmtheit festzuhalten, daß jedes europäische Kulturvolk, trotz Überbevölkerung – auch ohne UNO-Flüchtlingskonvention und Menschenrechtsartikel – notleidende und schutzsuchende wirkliche Flüchtlinge stets bei sich aufgenommen hat und weiterhin aufnehmen wird. Dafür gibt es unzählige Beispiele, nicht nur aus jüngerer Geschichte, auf die Europa zu Recht stolz sein kann. Europäer benötigen deshalb keine guten Ratschläge von selbsternannten Berufs-Bereicherern. Was man den europäischen Völkern jedoch seit Jahren zumutet, ist eine Massenzuwanderung, die sich kein Stamm von Zulus, Aborigines, Botokuden oder Beduinen gefallen lassen würde, nämlich eine amtlich geförderte, geforderte und verordnete Massenintegration von Wirtschaftsflüchtlingen und Scheinasylanten.

Es ist kein Geheimnis, daß es vom Anfang an Ziel der ›kommunitären‹ EU-Politik war, EU-Europa bis 2050 mit über 50 Millionen Zuwanderern aus Afrika und Asien zu beglücken. Dies ist sowohl aus dem 1. Gebot der Globalisierer (siehe 1. Kapitel) als auch aus folgenden Informationen zu ersehen:

Am 17. Juni 2008 versprach Jacques Barrot, EU-Innenkommissar, anläßlich der Vorlage zweier Strategiepapiere zur Asyl- und Einwanderungspolitik ein multikulturelles Europa. Einwanderer und Flüchtlinge sollten mehr europäische Hilfe bekommen. Europa dürfe sich nicht verschließen: »Wir wollen ein offenes Europa!« Die Einwanderung trage zur europäischen Wirtschaftskraft bei. Jährlich kämen 1,5 bis 2 Millionen Einwanderer in die EU-Staaten, doch die EU solle verstärkt Flüchtlinge aus Lagern sogenannter ›Drittstaaten‹ aufnehmen – also vor allem Nord- und Schwarzafrikaner.

Am 25. Oktober 2009 schlagzeilte Simon Walters, Redakteur der britischen *Mail on Sunday*: »Dishonest Tony Blair and Jack Straw accused over secret plan for multicultural UK.« Andrew Neather, Mitarbeiter des früheren Innenministers Straw und Redenschreiber Blairs, behauptet, beide führende Labour-Politiker hätten ihren Geheimplan des Jahres 2000 verheimlicht, das Vereinigte Königreich durch Masseneinwanderung multikulturell umzugestalten. Die meisten Argumente und Statistiken habe Jonathan Portes, ein früherer Redenschreiber von Gordon Brown beigetragen, der die

Vorteile der Masseneinwanderung in den rosigsten Farben beschrieb.

Zur Zeit, Nr. 36/2009 berichtet, daß die EU seit Oktober 2008 in Bamako, Hauptstadt der westafrikanischen Republik Mali, ein ›Immigrationszentrum‹ unterhalte, von wo aus billige Arbeitskräfte nach EU-Europa geschleust würden. Mit Unterstützung der österreichischen Regierung sei Anfang 2009 ein weiteres Anwerbezentrum (!) auf den Kapverdischen Inseln eröffnet worden.

In der *Aula* (Januar 2010) schreibt EU-Abgeordneter A. Mölzer:

> »Besonderes Ungemach droht von der spanischen EU-Ratspräsidentschaft, die das geplante gemeinsame EU-Asylsystem nicht an den strengsten Maßstäben, etwa am Vorbild Dänemarks, orientieren will, sondern ausschließlich an den Interessen illegaler Zuwanderer.«

Weil es den Multikulti-Fanatikern in der EU ein großes Anliegen ist, unter dem Deckmantel des Asyls und der Familienzusammenführung möglichst viele Menschen aus der Dritten Welt hereinzuholen, soll jetzt der Begriff ›Familie‹ – so Mölzer – auf Eltern, Vormünder sowie minderjährige Geschwister eines Asylanten erweitert werden.

Montenegro, so die *Kronenzeitung,* verkauft seine Staatsbürgerschaft zum Preis von einer halben Million Euro und ermöglicht dadurch Zehntausenden von Immigranten den Zugang zu den Fleischtöpfen EU-Europas. Hätte Österreich nur einem Teil seiner Million Zuwanderer denselben Tarif berechnet, gäbe es heute kein Loch im Sozialbudget.

Peter Gnam in der *Krone* vom 14. Mai 2010: Beim Treffen von Innenministerin Maria Fekter mit osteuropäischen Kollegen in Preßburg sei es um neue EU-Pläne gegangen, wonach Asylwerber von Österreich auch dann nicht zurückgewiesen werden dürfen, wenn sie aus einem sicheren Nachbarland kommen, ferner darum, daß ihre Grundversorgung auf das österreichische Niveau angehoben werden soll.

Sogar manchem im politischen System der Bundesrepublik Deutschland integrierten Politikern platzt langsam der Kragen: Auf die Behauptung des Berliner Innensenators Körting in der *FAZ* vom 22. März 2009, er könne keine einzige Straße in Berlin nennen, durch die er nicht auch nachts allein laufen würde, reagierte ein Kriminalkommissar Lohse:

> »Dazu möchte ich anmerken, daß es sicher ein interessantes Projekt des Innensenators KÖRTING wäre, ohne Personenschützer ganz allein im feinen Zwirn... zur richtigen Zeit durch Wedding, Kreuzberg, Marzahn oder ähnlich spannende Bezirke Berlins zu gehen.«

Die Berliner Polizei spricht bereits von einem »verlorenen Gebiet, von einem rechtsfreien Raum«. Geduckt laufen Polizeibeamte

> »am Rande der ausländischen Besatzungszonen durch die Straßen«, so das *National-Journal* (13. 4. 2009), »und müssen sich anhören ›Scheiß Bulle‹. Da wird die Bundeswehr nach Afghanistan geschickt, als würden uns die Afghanen bedrohen. In Berlin müßte die Bundeswehr zum Einsatz kommen, Afghanistan ist in Berlin und anderen deutschen Großstädten!«

Dr. Friedhelm FARTHMANN, Ex-Fraktionsvorsitzender der SPD im Düsseldorfer Landtag, warnte schon vor vielen Jahren:

> »Eine multikulturelle Gesellschaft führt zu gesellschaftlichen Disharmonien, Egoismus, bis hin zum Gruppenhaß... Diese Phänomene sind überall dort zu beobachten, wo es multikulturelle Gesellschaften gibt.« (*Frankfurter Rundschau*, 16. 4. 1992)

Im Herbst 2009 also bekannte Thilo SARRAZIN in einem Interview mit *Lettre Internationale*:

> »Die Türken erobern Deutschland genauso wie die Kosovaren das Kosovo erobert haben: Durch eine höhere Geburtenrate... Ich muß niemanden anerkennen, der von unserem Staat lebt, diesen Staat ablehnt, für die Ausbildung seiner Kinder nicht vernünftig sorgt und ständig neue kleine Kopftuchmädchen produziert.«

Und so paßt das Zitat des türkischen Unternehmers und SPD-Europa(!)-Abgeordneten Vural ÖGER wunderbar in diesen Zusammenhang, der gesagt hat:

> »Das, was Sultan SÜLEIMAN mit der Belagerung Wiens 1683 begann, werden wir über die Einwanderung mit ihren kräftigen Männern und gesunden Frauen verwirklichen.« (Erwin ARLT, *Aula*, Dezember 2009.)

Auf eine Anfrage bezüglich der Mitversicherung von Eltern bei deutschen Krankenkassen antwortete die ›Deutsche Verbindungsstelle, Krankenversicherung Ausland in Bonn‹:

Thilo SARRAZIN.

Der Banker Thilo SARRAZIN hat mit seinem Buch *Deutschland schafft sich ab* die Bundesrepublik bewegt. Eine der zahlreichen zitierbaren Textstellen (S. 392) »Ich möchte aber, daß meine Nachfahren in 50 und in 100 Jahren noch in einem Deutschland leben, in dem die Verkehrssprache Deutsch ist und die Menschen sich als Deutsche fühlen, in einem Land, das seine kulturelle und geistige Leistungsfähigkeit bewahrt und weiterentwickelt hat, in einem Land, das eingebettet ist in einem Europa der Vaterländer. Ich finde das – mit Verlaub – wichtiger als die Frage, ob der Wasserspiegel der Nordsee in den nächsten 100 Jahren um 10 oder 20 Zentimeter steigt. Ich bin sicher, daß auch unsere östlichen Nachbarn in Polen in 50 oder 100 Jahren noch Polen sein wollen, genau wie die Franzosen, die Dänen, die Holländer und die Tschechen Entsprechendes für ihre Völker und ihre Länder wollen.«

> »Das deutsch-türkische Abkommen über Soziale Sicherheit sieht u. a. vor, daß in den Fällen, in denen Familienangehörige eines in der BRD versicherten Arbeitnehmers in der Türkei wohnen. . ., türkisches Recht gilt. . . Zu den nach türkischem Recht anspruchsberechtigten Familienangehörigen gehören der Ehegatte, die Kinder und die Eltern der unterhaltsverpflichteten Versicherten.«

Dank einer EU-Regelung steht fest (lt. *InterInfo* März 2010),

> »daß Rentner aus Rumänien und Bulgarien auf unsere Kosten unter dem Titel ›Ausgleichzahlung‹ ihr monatliches Einkommen von z.B. 100 auf 720 Euro erhöhen können. Hat ein Rumäne oder auch ein Deutscher keine oder nur eine Pension von nur 100 Euro, kann er bei der zuständigen Stelle die Differenz auf die österreichische Ausgleichszulage (720 Euro) einfordern. Dazu ist lediglich ein Meldezettel für einen Wohnort in Österreich nötig, den auch ein Dritter vorweisen kann. Immer mehr balkanesische Rentner melden sich hier an, mieten zu 20 oder 40 Mann ein Zimmer, und kassieren monatlich - völlig EU-legal - 620 Euro an unseren Steuergeldern. Bisher wurden so 4,9 Millionen Euro erschwindelt - Tendenz stark steigend!«

6.3.1.3 Die Globalisierer beharren auf der Umvolkung

Die *Deutsche Stimme* (Juli 2010) berichtet über den Sozialbericht der Stadt Nürnberg für das Jahr 2009:

> »Demnach lebt über ein Fünftel der Nürnberger Bevölkerung bereits in Armut, jedes dritte Kind ist heute schon davon betroffen, 13300 Kinder unter 15 Jahren leben von Sozialtransferleistungen, die schon heute brutto 158 Millionen Euro betragen. Auch die Altersarmut steigt und wird weiter zunehmen. . . Selbst arbeitende Bürger sind auf Sozialleistungen angewiesen, weil der Verdienst nicht mehr ausreicht. . .
>
> Die sozialen Probleme Nürnbergs gleichen denen anderer deutscher Großstädte. Sie sind auch eine Folge der Einwanderungsgesellschaft, die ebenfalls durch die herrschenden Parteien gewollt und gefördert wird. . . Die mit der Einwanderungspolitik verbundenen Probleme werden zwar vom Sozialreferat der Stadt Nürnberg erkannt und benannt, aber als unabänderliches Schicksal gesehen, . . . weil man die Zuwanderer nicht als Belastung, sondern als ›Bereicherung‹ betrachtet.
>
> Immerhin sind 41 Prozent der Sozialleistungsbezieher Ausländer, 74 Prozent haben einen sogenannten ›Migrationshintergrund‹, und 35 Prozent der Hartz IV-Empfänger haben einen ausländischen Paß. Zur Lösung der Herausforderung will man ›Chancengleichheit‹ für alle herstellen und macht die mangelhafte Bildung und das angeblich falsche Schulsystem für die ungenügende Integration verantwortlich.«

Protest gegen den Beschluß des Nürnberger Stadtrats, sich für noch mehr Zuwanderung nach Nürnberg einzusetzen, kommt – wen wundert es – nur von der Bürgerinitiative Ausländerstop (BIA), die sich gegen die im Rahmen des von der UNO-Flüchtlingskommission betriebenen, von der Bundesregierung übernommenen und vom Nürnberger Stadtrat wärmstens begrüßten ›Save me‹ (Rette mich)-Programms zur Neuansiedlung von Flüchtlingen aus Asien und Afrika einsetzt.

2009, so das Monatsmagazin *Zuerst!* (Juli 2010), seien bereits 2500 Iraker nach Deutschland verfrachtet worden. In Aachen zum Beispiel sollen die Flüchtlinge »mit Hilfe von Paten bestmöglich in die Gesellschaft‹ integriert werden«. Mit Propagandavokabeln wie ›resettlement‹, was sowohl Wiederbesiedlung als auch Umsiedlung bedeuten kann, verschleiern die Verantwortlichen ihr Programm für eine systematische Umvolkung.

Trotz steigender Arbeitslosigkeit und kaum mehr finanzierbarer Sozialleistungen will Cecilia Malmström, EU-Kommissarin für Innenpolitik, laut *Times* vom 15. Juli 2010 den Zuzug von Migranten in die EU fördern und erleichtern:

> »Wir brauchen Zuwanderer, um unser wirtschaftliches Überleben zu gewährleisten.«

Papageien gleich, wie könnte es auch anders sein, beschwören auftragsgemäß und wortwörtlich übereinstimmend Annette Schavan, Bundesministerin für Bildung und Forschung (CDU), Michael Spindelegger, österreichischer Außenminister (ÖVP), und andere Berufsglobalisierer von der Maas bis an den Inn den Untergang des Abendlandes, falls die Schleusen für das Hereinströmen Hunderttausender Limimimihi in die EU, zwecks Rettung vor dem unaufhaltsamen Bevölkerungsrückgang und Aufrechterhaltung unserer Pensionskassen und Sozialleistungssysteme, nicht weit geöffnet werden.

Und wie gehen die Europäer mit der aufgezwungenen Masseneinwanderung um?

Das Reizwort ›Rasse‹ vermeidend, betitelte der Schweizer Soziologe und Publizist Jan Mahnert seinen Beitrag für *Genius* (November 2008) mit den Worten: »Über die menschliche Biodiversität«. Eingangs erinnert Mahnert an die zahlreichen Versuche seriöser, aber auch politisch motivierter Genetiker und Ethnologen, das Vorhandensein von menschlichen Rassen in Abrede zu stellen. Wie genau man aber anhand der Erbsubstanz die Herkunft von Menschen bestimmen kann,

> »hat das Team um John Novembre in der Studie ›Genes mirror geography within Europe‹ (›Gene spiegeln die Geographie Europas wider‹) im August dieses Jahres gezeigt,. . . so daß man bestimmen kann, aus welchem Land eine untersuchte Person stammt bzw. welchem Volk. . . sie angehört«.

Mahnert fragt nun, wie mit diesen Erkenntnissen umzugehen sei:

> »Noch während die Entzifferung des menschlichen Genoms im Gange war, verabschiedete die UNESCO die ›Allgemeine Erklärung über das menschliche Genom und Menschenrecht‹. Dieser Erklärung zufolge darf niemand auf seine genetischen Eigenschaften reduziert und einer Diskriminierung auf Grund geneti-

scher Eigenschaften ausgesetzt werden. Dies hat konkret zur Folge, daß beispielsweise eine selektive Einwanderungspolitik auf Grund genetischer Distanz von Zuwanderern zur Bevölkerung des Aufnahmelandes grundsätzlich unzulässig ist. Die Absichten der UNESCO sind ethisch nachvollziehbar, geraten aber mit dem Gedanken eines ökologisch motivierten Schutzes der Biodiversität in Konflikt.

Zu Recht nimmt man heutzutage größere Rücksicht auf die Rechte des Einzelnen und schützt ihn vor verschiedenen Übeln. Wer aber nur einen Haufen von schutzbedürftigen Individuen sehen will, geht an einem wichtigen Teil der Realität vorbei: Der Einzelne gehört im Regelfall einer Gruppe an, der ebenfalls Rechte zukommen – insbesondere das Recht auf biokulturelle Kontinuität (Fortbestand).

Pflanzen- und Tiergemeinschaften wird das Recht auf Kontinuität prinzipiell zuerkannt: Es bildet das Fundament jeder Naturschutzpolitik. Bei Menschengemeinschaften wird dieses Recht hingegen nicht mehr als selbstverständlich erachtet. Insbesondere in Europa hat sich zunehmend die Vorstellung durchgesetzt, einheitliche Gemeinschaften seien etwas Rückständiges und Gefährliches. Um das ethnische Bewußtsein der Völker Europas zu schwächen, wurden in den letzten Jahrzehnten im Zeichen der EG/EU die Landesgrenzen durchlässig gemacht und die Personenfreizügigkeit gefördert. Fremdenfreundlichkeit wurde zum moralischen Imperativ erklärt, und das Zusammenleben von Menschen aus aller Herren Länder wird einseitig nur als Bereicherung erklärt. Die Befürworter dieser Politik sehen in der abnehmenden Einheitlichkeit der europäischen Stammbevölkerungen einen Fortschritt; aus ökologischer Sicht ist diese Entwicklung aber als Negativum zu bewerten. . .

Wie eine Schutzpolitik im Humanbereich aussehen könnte, schildert Frank SALTER (Max-Planck-Institut, Andechs) im Buch *On Genetic Interests* (2007), das vom Schutz der genetischen Interessen ethnischer Mehrheiten handelt, womit SALTER dem Zeitgeist wider den Strich geht. Geschützt werden heutzutage nämlich vor allem Minderheiten; die Mehrheit wird hingegen häufig umgekehrt als Bedrohung für die Minderheiten dargestellt und soll im Namen der Toleranz auf die eigenen genetischen Interessen verzichten.

Heutzutage ist die Frage vom Schutz der biokulturellen Identität der Völker in Europa weitgehend tabu, so tief sitzt das Trauma des Nationalsozialismus und seiner wahnsinnigen Rassenpolitik. Seit 1945 wurden alle Bemühungen unternommen, um das ›völkische‹ Gedankengut auszurotten, was zur Verpönung des Nationalismus allgemein führte: Ein Volk darf nicht mehr einen Raum für sich allein beanspruchen, sondern muß ihn teilen. Da alle Menschen als gleich(berechtigt) und auswechselbar anzusehen sind, darf es keine Rolle spielen, woher die Zuwanderer kommen. Diese Vorstellungen haben binnen wenigen Jahrzehnten zur Entstehung multikultureller Gesellschaften geführt und dauerhaft das Gesicht Europas verändert. Wem das nicht gefällt, der wird sofort in die Nähe von HITLER gerückt. Sergio Vieira DE MELLO, ehemaliger UN-Administrator für das Kosovo, gab unmißverständlich zu verstehen: ›Ich wiederhole: Unvermischte Völker sind eigentlich ein Nazikonzept.‹ (zit. nach Daniel SCHIKORA, *Re-Islamisierung im albanischen Kosovo*, in: *Sezession*, Heft 13, April 2006, S. 42. Folglich ist der Multikulturalismus als Inbegriff der Demokratie zu verstehen. Wie wenig die Multikulti-Ideologie aber mit Demokratie zu tun hat, ist an Folgendem zu ersehen. . . Wenn Selbstbestimmung das ist, woran man Demokratie mißt, leben wir in einem Punkt unter einer sehr eingeschränkten Freiheit: In den meisten Ländern Europas ist es der Stammbevölkerung so gut wie unmöglich geworden, über ihr Schicksal zu bestimmen, indem sie auch ihre biokulturellen Interessen verteidigt. Wer sich aktiv dafür einsetzt, kann vor Gericht kommen. . . Die hochgelobte Meinungsfreiheit, also ein ›liberaler Grundwert‹ bleibt hier auf der Strecke.«

Am 21. Oktober 2009 wurde der französische Autor und Journalist Guillaume FAYE vom *Occidental Observer* zur Zukunft unserer Zivilisation befragt:

»Wir erleben das Ende der europäischen Zivilisation. Europa wird jetzt von denselben Völkern erobert, die es einst unterworfen hatte. Alle früheren moralischen, geistigen, psychologischen Werte und die Überlegenheit der Europäer haben ihren Endpunkt erreicht und werden zu einem Brei von Gutmenschentum und Gleichheitswahn zerstampft. . . Die Hauptfrage lautet, ob die ethische, ethnische, ökologische Katastrophe, die durch den selbstverschuldeten Niedergang der europäischen Zivilisation ausgelöst wurde, ihr Wiederauferstehen auslösen oder ihr Verschwinden nach ziehen wird... Gegenwärtig sind wir Europäer fremdbestimmt und leiden unter extremem Ethno-Masochismus. Obwohl es jedermann täglich in den Straßen selbst erleben kann, steckt die politische ›Elite‹ den Kopf in den Sand... Als in Frankreich allen bekannten Filmschauspielern, Literaten und Kunstschaffenden eine Petition zum Verbot der Ausweisung der ›sans papiers‹ (illegal im Lande lebenden Asylanten) zur Unterschrift vorgelegt wurde, gestanden mir viele, sie hätten nur deshalb unterschrieben, weil es sonst das Ende ihrer Karriere bedeutet hätte. Sogar Gérard DEPARDIEU, der seine Unterschrift verweigert hatte, wurde von den Medien scharf attackiert.«

Der Pessimismus der Autoren beider vorangegangenen Beiträge ist nur allzu berechtigt.

Es gilt ein für allemal klarzustellen, daß es in EU-Landen keine Ausländerfeindlichkeit, sehr wohl aber eine sehr berechtigte Überfremdungsangst gibt.

Was deshalb dringend Not tut, ist die Bestellung von Beauftragten zum Schutz vor Überfremdung und Inländerfeindlichkeit. Dazu müßten wir uns freilich erst aus dem Würgegriff der Globalisierer befreien.

Als vielgereister Zeitzeuge, der Jahrzehnte in der Fremde verbracht hat, ist der Autor nie einem Europäer begegnet, der Ausländer gehaßt hätte. Im Gegenteil: Er kennt nur Europäer, die vom Erleben fremder Kulturen, von Bekanntschaften mit Menschen aus aller Welt schwärmen und seit diesen Begegnungen tiefe Hochachtung vor und Verständnis für ihre Denkweisen empfinden. Er hat auf allen Kontinenten erlebt, daß sich Völker gegen unkontrollierte Invasionen und Überfremdung wehren, indem ihre Regierungen Schutzgesetze erlassen und strenge Kontrollen einführen.

In den Ländern der sogenannten westlichen ›Werte‹-Gemeinschaft jedoch fallen die Grenzen, und ist Überfremdung amtlich verordnet.

»Vielfalt ist Stärke!« lautete die Kernaussage einer vom Schweizer Nationalrat eingebrachten Entschließung, die Ende Juni 2008 verabschiedet wurde, so die *Neue Züricher Zeitung* vom 26. Juni:

»Die Vielfalt sei ein herausragendes Merkmal heutiger demokratischer Gesellschaften und eine unvermeidliche Konsequenz sowohl der Globalisierung und Liberalisierung der Wirtschaft

> als auch der veränderten demographischen Entwicklung. Nach seriösen Schätzungen gibt es zurzeit 64 Millionen Zuwanderer in Europa, mit ständig ansteigender Zahl.«

Über solchen Zuwachs freute sich auch der liberale Kardinal SCHÖNBORN in seiner Predigt vom 13. Mai 2010:

> »Die Kirche in Österreich ist nicht mehr nur die Kirche der Österreicher, sondern auch die Kirche der Zuwanderer.«

Schöner hätte es auch ein Thomas BARNETT nicht auf den Punkt bringen können:

Globalisierung bedeutet Multikulti-‹Vielfalt›, die als Bereicherung dargestellt wird, in Wirklichkeit aber Um- und Entvolkung bedeutet.

Viel kritischer sieht das Peter GNAM in der *Krone* vom 12. 1. 2010:

> »Darüber hinaus haben es die Österreicher satt, wie sich die Regierung zuletzt nur noch um das Wohl und Wehe von Asylwerbern, Illegalen, Zuwanderern etc. gekümmert hat. Damit ist man voll in die Falle von Organisationen geraten, die versuchen, die Ausländer vor die Inländer zu stellen. Im neuen *profil* liest man dazu eine Gebrauchsanweisung, denn dort steht, daß [für unsere Politiker] womöglich nicht die Ausländer, sondern die Inländer in Österreich das Problem sind.«

Das trifft genau den Nagel auf den Kopf: Wir werden von Politikern an der Nase herumgeführt, deren Loyalität nicht ihren Völkern gilt, sondern einer Goldenen Internationale von Freimaurern, Bilderbergern und anderen Weltbeglückungstheoretikern, die – wie sie schon COUDENHOVE-KALERGI erträumte und die Globalisierer mit allen Mitteln anstreben – alle Völker der Welt in eine einheitliche und zu jeder Art von Sklavenarbeit bereite Mischungshumanität umwandeln wollen. Dieser feinen Auslese von ›Menschenfreunden‹ ist eines gemeinsam: Sie gehören längst keinem Volk, keiner Gemeinschaft mehr an, stehen über allen ethischen Werten und haben Gott und Moral überwunden.

6.3.1.4 Und wie halten es Asiaten und Afrikaner mit Flüchtlingen und Asylanten?

Zunächst ist festzuhalten, daß kein einziger islamischer, afrikanischer, west-, süd- und ostasiatischer oder lateinamerikanischer Staat automatisch und ohne Vorbedingungen ›Asylanten‹ und Flüchtlinge aufnimmt. Zwar gebieten Kirche, Koran und KONFUZIUS, in

Not geratene und hereinströmende Flüchtlinge zu pflegen und zu verköstigen, doch ist nirgendwo die Rede, sie auf Dauer im Lande aufzunehmen, geschweige denn, sie Inländern gleichzustellen, an den Sozialleistungen des Gastvolkes partizipieren zu lassen oder ihnen gar die Staatsbürgerschaft zu verleihen. Nicht einmal die märchenhaft reichsten Länder des Persischen Golfes denken im Traum daran, Asylanten und Flüchtlinge bei sich aufzunehmen und aufzupäppeln.

Eine Ausnahme bildet das Schicksal der palästinensischen Flüchtlinge, die 1948, 1967, 1973, 1989, von den Israeli aus ihrer Heimat vertrieben wurden. Jetzt fristen sie zu Hunderttausenden – teilweise schon in dritter Generation – in Baracken- und Wellblechlagern des Libanon, Syriens und Jordaniens ihr Leben als ›Staatenlose‹, weil sie weder in ihre Heimat zurückkehren können noch jemals die Staatsbürgerschaft ihrer ›Gastgeber‹ bekommen werden. Die libanesische Regierung ist nicht bereit, das Palästinenserproblem in ein Problem des Libanon umzuwandeln. In vielen Ländern Asiens und Afrikas haben Millionen Menschen aus Nachbarländern, die aus Furcht vor Hungersnot, Bürgerkriegen oder rassischer Verfolgung geflohen sind, Aufnahme gefunden. Sie leben in primitiven Lagern, werden von UNO-Hilfsorganisationen oder anderen Institutionen am Leben erhalten, aber niemals eingebürgert.

Einige arabische Länder haben eine weitere Hürde gegen unerwünschte ›Bereicherung‹ durch Wirtschaftsflüchtlinge und Asylanten errichtet: Ausländer, die eine Einreise- oder Arbeitsgenehmigung benötigen, müssen einen inländischen Bürgen vorweisen, der das Visum beantragt und für die Dauer der Anwesenheit für seinen Gast die volle Verantwortung trägt. Der Autor arbeitete viele Jahre in Kuwait, in Saudi Arabien, in den Emiraten, stets unter der Bürgschaft einheimischer Bürger.

Als der Autor Mitte der fünfziger Jahre der sowjetisch besetzten Zone Österreichs den Rücken kehren, den Lockrufen Amerikas folgen wollte und ein kanadisches Visum beantragte, mußte er sich einem strengen Ausleseverfahren unterziehen, medizinische und psychologische Prüfungen bestehen und bei der Bibel schwören, daß er weder schwul, noch Kommunist, noch an einer Verschwörung gegen den kanadischen Staat beteiligt sei – ›so help me God‹ – (so wahr mir Gott helfe!). Als er in Kanada eintraf, gab es keine einzige Anlaufstelle oder Hilfsorganisation für Einwanderer. Jeder war auf sich selbst gestellt und mußte sehen, wie er im fremden

Lande zurechtkam. Beschwerte er sich, weil er als ›immigrant‹ meist nur den halben Lohn bekam, dafür eine höhere Miete zahlen mußte, hieß es: »Wenn's Dir nicht paßt, dann hau doch wieder ab!« Er fand diese Zurechtweisung auch völlig berechtigt.

Oftmals hat der Autor mit jungen fluchtwilligen Arabern und Afrikanern gesprochen, ihren Gesprächen gelauscht und so ihre Meinungen und Vorstellungen über die heutigen Europäer erfahren: Was seien wir doch für Schlappschwänze und Schlafmützen, die weder in der Lage wären noch den Wunsch hätten, unsere Länder und Städte zu verteidigen, unseren Glauben und unsere Traditionen zu bewahren, unsere Frauen und Töchter zu beschützen. Wir erließen Gesetze, schafften Behörden, finanzierten Programme zur Bevorzugung der Ausländer und zur Benachteiligung der Inländer.

Schon in den achtziger und neunziger Jahren wurden von Verkehrsministerien und Luftfahrtbehörden einiger europäischen Länder, nicht etwa ihren eigenen Staatsbürgern, sondern nur arabischen Passagieren auf Nahostflügen ihrer nationalen Fluggesellschaften (Austrian Airlines, Lufthansa, SAS) sogenannte ›ethnic tariffs‹, stark verbilligte staatszugehörigkeitsbezogene Flugpreise eingeräumt.

Es müssen Almanija, Nemsa und Suisra tatsächlich Schlaraffenländer sein, wenn afrikanische, asiatische, kaukasische Stämme und Großfamilien zehn- oder zwanzigtausend Euro zusammenkratzen, damit Schlepperbanden eines ihrer Mitglieder heil über fünf oder zehn Grenzen nach Deutschland, Österreich und in die Schweiz schleusen, um endlich am Ziel zu sein und ›Asyl‹ genießen zu können. Stämme und Familien gehen davon aus, daß ihr ›Asylant‹ dank kostenloser juristischer Beratung, gesetzlicher Lücken und gefinkelter Tricks die in ihn investierte Summe, samt Zugewinn aus Schwarzhandel und Drogengeschäften, in zwei bis drei Jahren lokker abstottern kann. Wenn er Glück hat, findet er eine einheimische Ehefrau, ist jetzt EU-Europäer, zeugt viele, viele kleine Nachkommen und sorgt dafür, daß auch viele aus dem Dorf nachkommen. Das also ist die von Brüssel verordnete und gepriesene ›Bereicherung‹.

Bereits 1981, so *Zuerst* (Nr. 10/2010), warnten deutsche Professoren im »Heidelberger Manifest« vor den Gefahren der Überfremdung. Dr. Theodor Schmidt-Kaler gehörte damals zu den Erstunterzeichnern.

Zuerst: »Erstmals haben sich damals etablierte Professoren zum Überfremdungsthema laut vernehmbar geäußert. Warum hat es fast 30 Jahre gebraucht, bis ein etablierter Politiker dieses heiße Eisen anpackt?«

SCHMIDT-KALER: »Alles, was wir damals prognostiziert hatten, ist eingetreten. Es ist keine Übertreibung, wenn ich heute sage: Unser deutsches Volk steht auf der Kippe zum Sterben. Die Politik hat dazu geführt, daß in den Jahren seit der Freigabe der Abtreibung. . . etwa acht Millionen Deutsche erst gar nicht mehr geboren wurden. Das bedeutet, es fehlen uns mindestens zwölf Jahrgänge zur Bestanderhaltung des deutschen Volkes. Wir hätten unsere eigenen Kinder innerhalb unseres Systems bestens ausbilden und fördern können, anstatt schlecht qualifizierte Menschen aus dem Ausland zu holen.«

Zuerst: »Warum ist das so gelaufen?«

SCHMIDT-KALER: »Die Regeln hat unsere sogenannt politische Elite verfaßt. Diese Entwicklung fand unter dem Beifall der sogenannten Intelligenzia statt. . .«

Zuerst: »Nehmen Sie bitte zur Aussage Stellung, die Ausländer hätten Deutschland nach dem Krieg aufgebaut.«

SCHMIDT-KALER (lacht): »Das habe ich auch schon öfters gelesen. Absolut lächerlich! Das erste Anwerbeabkommen wurde 1955 mit Italien geschlossen, da war der Wiederaufbau weitgehend abgeschlossen und das Wirtschaftswunder voll im Gange. . . das Anwerbeabkommen mit der Türkei erst 1961 unterzeichnet.«

Zuerst: »1981 fand die Einwanderung noch durch den Grenzübertritt statt, heute über die Kreißsäle unserer Krankenhäuser.«

SCHMIDT-KALER: »Ja, das ist ein großer und wichtiger Unterschied. . . Die Ausländergemeinschaften wachsen jetzt aus sich heraus, wie Inseln in einem Ozean.«

Zuerst: »Ist also schon alles zu spät ?«

SCHMIDT-KALER: »Nein, noch nicht. Die meisten Zuwanderer haben noch keine deutsche Staatsbürgerschaft. Jedes andere normale Land er Welt weist Ausländer aus, wenn sie nur die Sozialkassen belasten und nichts einbringen. Würden wir dieses Prinzip auch bei uns konsequent anwenden, ließe sich dieses Problem lösen.«

Erfreulicherweise brechen in letzter Zeit immer häufiger Mitwisser und Mitverantwortliche des Überfremdungs-Desasters ihr Schweigen und melden sich in der Integrationsdebatte zu Wort.

Dabei hat es schon in den zurückliegenden Jahrzehnten nicht an Warnungen und Hinweisen besorgter Beobachter des Zuwanderungsstroms aus Drittweltländern und Kennern der Integrationsproblematik gemangelt. Von den verantwortlichen Politikern wurden und werden sie jedoch weder zur Kenntnis noch ernstgenommen, sondern als ›rechtsextreme‹ Panikmacher geleugnet. Die ›Bereicherung‹ des ihnen anvertrauten Volkes wird deshalb bewußt und zügig vorangetrieben. Ganz anders sieht die Sache freilich aus, wenn eingeweihte Fachleute aus dem inneren Zirkel des herrschenden Systems den Heldenmut aufbringen, ihr Schweigen zu brechen und unangenehme Binsenwahrheiten zu veröffentlichen. Die Rede ist von Kirsten HEISIG und Thilo SARRAZIN.

Kirsten HEISIG, Jugendrichterin in Berlin-Neukölln, weiß wovon sie spricht. Die *Junge Freiheit* schreibt am 7. August 2010:

> »Die erste Auflage ihres Buches *Das Vermächtnis einer Richterin*, 2010, war noch am Tag des Erscheinens ausverkauft. . . Die überhandnehmende Jugendkriminalität ist – nicht nur in Berlin, sondern auch in anderen europäischen Großstädten. . . in erster Linie eine Folge der fehlgeschlagenen Integration von Einwanderern. . . ›Etliche türkischstämmige und arabische Jugendliche achten die in Deutschland geltenden Regeln und Gesetze nicht, sie sind ihnen gleichgültig‹, so HEISIG. Sie spart nicht mit Details: Die Frauenverachtung, die Lehrerinnen und Schülerinnen demütigt. Der Deutschenhaß, er mit Sprüchen wie ›Deutsche kann man nur vergasen!‹ ins Mark der deutschen Neurosen zielt.«

Den Grund für diese Entwicklung sei, so HEISIG, »sozialromantische Verblendung gepaart mit blanker Angst«. Hinter vorgehaltener Hand heiße es: »Man kann kein Kind zwangsweise aus einem solchen Clan nehmen. Die Familien erschießen jeden, der das versuchen sollte.« Mit ihrem Buch hatte sich die Richterin viele Feinde geschaffen. Kein Wunder, daß nach ihrem

Kirsten HEISIG. Ihr Buch: *Das Ende der Geduld*, 2010.

plötzlichen, unerwarteten Tod die ›Behörden‹ sofort von Selbstmord sprachen und weitere Nachforschungen tunlichst unterblieben.

Hatte Kirsten Heisig übertrieben? Keineswegs! *Zuerst* (Nr. 8/2010) meint über den *Bildungsbericht 2010* der deutschen Bundesregierung:

> »Unter dem Begriff ›demographischer Wandel‹... [versteht sich auch] die Entwicklung zu eben jener ›bunten Republik‹, zu der sich Bundespräsident Christian Wulff in seiner Antrittsrede so begeistert bekannte...«

Aus dem *Bildungsbericht 2010* sei zu ersehen, daß der Bevölkerungsanteil mit Migrationshintergrund in der Altersgruppe bis zu 15 Jahren innerhalb der letzten fünf Jahre in Frankfurt am Main von 48,8 auf 65,2, in Stuttgart von 42,8 auf 57,3, in München von 41,6 auf 55,6, in Köln von 39,7 auf 50,9, in Hamburg von 36,6 auf 45,5, in Berlin vom 37,4 auf 44,5 Prozent angestiegen ist.

Thilo Sarrazin, jahrzehntelang SPD-Mitglied, ehemaliger Berliner Finanzsenator und im Vorstand der Bundesbank, schrieb das Buch *Deutschland schafft sich ab*, das auch 2010 erschien und bei den ›Großkopferten‹ landesweit ein politisches Erdbeben auslöste.

»Was tun?«, titelte der ratlose *Spiegel* (34/2010) und zitiert den Berliner Häretiker:

> »Letztlich hat die Arbeitsmigration der sechziger Jahre eine neue europäische Völkerwanderung in Gang gesetzt, an deren Folgen wir heute laborieren. Heute wissen wir, daß Fabriken und Dienstleistungen wandern müssen, nicht die Menschen... Die geographische und kulturelle Grenze Europas ist dabei ganz klar am Bosporus zu ziehen und nicht, wie in vielen EU-Statistiken, an der türkischen Grenze zum Irak und zum Iran. Heute leben rund drei Millionen Menschen türkischer Herkunft in Deutschland. Ihr Anteil an den Geburten ist doppelt so hoch wie der Bevölkerungsanteil und nimmt ständig zu. Aus heutiger Sicht war die Gastarbeitereinwanderung in den sechziger und siebziger Jahren ein gigantischer Irrtum... Die letzten Jahrzehnte haben gezeigt, daß die finanziellen und sozialen Kosten der muslimischen Einwanderung weitaus höher waren als der daraus fließende wirtschaftliche Ertrag. Wenn wir den Zuzug nicht steuern, lassen wir letztlich eine Veränderung unserer Kultur, Zivilisation und unseres Volkscharakters in eine Richtung zu, die wir nicht wünschen. Es würde dann nur wenige Generationen dauern, bis

> wir zur Minderheit im eigenen Land geworden sind. Das ist nicht nur ein Problem Deutschlands, sondern aller Völker Europas.«

Das ansonsten so migrationsfreundliche Massenblatt *Bild am Sonntag* publizierte allein am 29. August 2010 ein Dutzend Leserbriefe, deren Autoren ausnahmslos SARRAZINS Thesen zustimmten.

Hier das Urteil des Nachrichtenmagazins *Zuerst* (Ausgabe 10/2010) über Thilo SARRAZIN:

> ». . . diese 464 Buchseiten voller Thesen, Zahlen und Fakten haben schon jetzt ein regelrechtes Plebiszit gegen die politische Klasse der Bundesrepublik Deutschland ausgelöst, gegen deren volksferne Politik der galoppierenden Überfremdung, der undurchdachten Zuwanderung, mißlingender Integration, der schleichenden Islamisierung, des Sozialmißbrauchs und dessen Folgen. . . In jedem Land Europas kosten die muslimischen Migranten aufgrund ihrer niedrigen Erwerbsbeteiligung und hohen Inanspruchnahme von Sozialleistungen die Staatskasse mehr, als sie an wirtschaftlichem Mehrwert einbringen. . . Kulturell und zivilisatorisch bedeuten die Wertvorstellungen, die sie vertreten, einen Rückschritt. Demographisch stellt die enorme Fruchtbarkeit muslimischer Migranten eine Bedrohung für das kulturelle und zivilisatorische Gleichgewicht im alternden Europa dar. . . In Deutschland arbeitet ein Heer von Integrationsbeauftragten, Soziologen, Politologen und eine Schar von naiven Politikern Hand in Hand intensiv an Verharmlosung, Selbsttäuschung und Problemleugnung. . . Doch in allen Umfragen und in sämtlichen Leserabstimmungen zur ›Causa Sarrazin‹ stimmen zwischen 65 und 94 Prozent seinen Thesen zu. . . Der algerische Publizist Hamid SKIF: ›SARRAZIN ist der neue Prophet jenes Deutschlands, das bisher nicht laut auszusprechen wagte, was es schon die ganze Zeit leise denkt.‹«

Kein Wunder, daß nach Bekanntwerden von SARRAZINS ketzerischen Thesen alle gutmenschlich-pawlowschen Glöckchen bundesweit läuten: Von MERKEL bis WULFF, von WESTERWELLE bis GABRIEL, alle fielen über SARRAZIN her. Diese volksentfremdeten abgehobenen Internationalisten scheinen vergessen zu haben, daß es gemäß Urteil des Bundesverfassungsgerichtes vom 21. Oktober 1987 ihre verfassungsrechtliche Pflicht und Schuldigkeit ist, die Identität des deutschen Staatsvolkes zu erhalten. Um so perfider ist es, ausgerechnet SARRAZIN zu unterstellen, er habe den »demokratischen Konsens«

Das Wort ›Multikulti‹ bleibt ein Zauberwort und das friedliche multikulturelle Miteinander ein Traum. Das im Wohnpark Volkhoven-Weiler gestartete mutikulturelle Wohnprojekt (hier der Kinderspielplatz, Foto: Laif) erfüllte in keiner Weise die Hoffnungen der Utopisten.

verlassen. Tatsächlich hat er gezeigt, wie nachhaltig sich die politische Klasse vom Geist des Grundgesetzes entfernt hat. Das Nachrichtenmagazin *Zuerst* meint:

> »Gerade jene, die sich jetzt besonders ereifern, hören nicht nur den Weckruf aus SARRAZINs Worten, sondern als Begleitmusik auch ihr politisches Totenglöckchen läuten.«

Hier stellt sich die Frage, wer oder was uns – die Deutschen, die Österreicher und letztlich jedes eigenständige Volk – denn eigentlich ›abschaffen‹ will. Sind es die Deutschen selbst, wie SARRAZIN klagt, oder sind es die ungebetenen Wirtschaftsflüchtlinge und Asylanten aus aller Welt? Keine von beiden, denn sowohl Inländer als auch Immigranten verdanken ihr Überleben der funktionierenden, kulturell hochstehenden und zivilisierten Gemeinschaft, in die sie hineingeboren wurden oder die sie aufgenommen hat. Nein, es sind jene ›deutschen‹ Nachkriegspolitiker, die sich als willige Vollstrecker der triefenden Deutschenhaß predigenden Siegermächte und deren Trabanten dazu hergeben, die längst beschlossene Auflösung der Autochthonen in Deutschland herbeizuführen. Es sind die Doktrinären, denen man auf Parteihochschulen, Seminaren, Sonderkursen die Utopie der ›Einen Welt‹ eingetrichtert hat, es sind die fanatischen Weltverbesserer, die drei Bücher gelesen, drei Entwicklungsländer bereist, dort Schecks zur Entwicklungshilfe überreicht, Solidarität gepredigt haben und nun überzeugt sind, daß alle Menschen eine große Familie bilden, ›Demokratie‹ ersehnen, Menschenrechte einfordern und denselben politischen Tagträumen nachhängen. Es sind ferner die Drahtzieher und Betreiber der Umvolkung durch Globalisierung, denen die ewigen und unumstößlichen Wahrheiten der Genetik sehr wohl bekannt sind und deshalb wissen, daß ihnen nur von ethnisch halbwegs noch intakten Kulturvölkern der stärkste Widerstand gegen ihre Machtergreifung droht. Und leisten diese verstockten ›Terroristen‹ Gegenwehr, so droht ihnen, das fordert Chefstratege Thomas BARNETT ganz offen – die Hinrichtung durch das ›US-Special Operations Command‹.

Literaturhinweise:

Fritz SCHACHERMEYR, *Lebensgesetzlichkeit in der Geschichte*, 1940; Revilo OLIVER: *History and Biology*, 1963; Arthur de GOBINEAU, *Sur l'inégalité des races humaines*, 1968; Irenäus EIBL-EIBESFELDT, *Der vorprogrammierte Mensch*, 1976; Johann SZILVÁSSY, ANTHROPOLOGIE, 1978; Hans Jürgen EYSENCK, *Die Ungleichheit der Menschen*, 1984; Nathaniel WEYL, *The Geography of American Achievement*, 1989; Roger PEARSON, *Race, Intelligence and Bias in Academe*, 1991; Rainer KNUß MANN, *Vergleichende Biologie des Menschen*, 1996, Andreas VONDERACH, *Anthropologie Europas*, 2008; H. BURANDT, *Das Grundrecht auf Asyl und die Folgen für Deutschland*, 2006, Thilo SARRAZIN, *Deutschland schafft sich ab*, 2010; Kirsten HEISIG, *Das Ende der Geduld*, 2010

6.3.1.5 Globalisierung und Demographie

Gegen diese zwei gefährlich drohenden Plagen ist durchaus so manches Kraut gewachsen: Das eine heißt Abwehr von politischern Unterwanderungsversuchen, finanzieller Einflußnahme und von wirtschaftlicher Abhängigkeit. Das andere heißt Einführung strenger Einwanderungsgesetze zum Schutz gegen Überfremdung und Unterwanderung. Um solches Gewächs zu hegen und zu pflegen, bedarf es freilich nationalgesinnter Politiker, die nicht im Solde fremder Mächte stehen.

Zunächst ist festzustellen, daß es zu keiner Zeit und in keinem Land der Welt zu einer gelungenen Integration zweier oder mehrerer Völker unterschiedlicher Rasse gekommen ist. Daß sich Völker immer schon gegen zwangsweise Vermischung mit und Integration von Fremden wehren und immer schon gewehrt haben, mag ein Konstruktionsfehler der Natur sein. Diesbezügliche Beschwerden und Verbesserungsvorschläge wären allerdings an den Lieben Gott zu richten. Trotz dieser nachprüfbaren und erwiesenen Tatsachen beharren Einweltler, Freimaurer und Globalisierer nach wie vor und wider alle Erkenntnisse und Erfahrungen auf ihrem schon vor zwei Jahrhunderten verkündeten Dogma von der Erschaffung des ›Neuen Einheitsmenschen‹, der in ständiger ›liberté, égalité, fraternité‹ das Paradies auf Erden erleben wird.

Das Nicht-zur-Kenntnis-nehmen-Wollen und -Können von offensichtlichen Tatsachen durch doktrinäre Sozial-Internationalisten tritt im folgenden Textauszug grell zutage: »Woran scheitert die Integration in Deutschland?« fragt *Stern online* am 28. 5. 2009:

> »15,4 Millionen Menschen haben ihre Wurzeln in anderen Kulturen... Warum ist rund ein Drittel von ihnen erwerbslos, warum sind 44 Prozent von ihnen ohne Berufsabschluß? Warum haben fast 80 Prozent der Berliner Intensivtäter einen Migrationshintergrund? Unsinnig darüber zu streiten, wer die meisten Probleme hat: Türken oder Russen, Muslime oder die Religionslosen.«

Viele Familien kämen nach Deutschland, weil sie schon vorher wüßten, daß ihnen Sozialhilfe zusteht. In einem Bremer Stadtteil hätte sich eine Bürgerwehr gebildet, um gegen die steigende Ausländerkriminalität vorzugehen. 16 Milliarden Euro jährlich gingen dem Staat durch mangelnde Integration verloren,

> »und so stürzt sich eine Armada von Familienhelfern, Dolmetschern, Streetworkern, Sozialpädagogen, Bewerbungshelfern, Sprachlehrern, Juristen, Jobvermittlern, Psychologen, Konfliktschlichtern, Jugendgerichtshelfern, Kontaktpolizisten auf jene Familien, die es über Jahre hinweg nicht schafften, sich in Deutschland ein eigenständiges Leben aufzubauen«.

Eine Bremer Sozialpädagogin sagt:

> »Manchmal werde ich zu einer Konferenz gerufen, um über einen einzigen schwierigen Jugendlichen zu sprechen. Da sitzen 20 (!) Personen im Konferenzraum: Alles, was man sich an professionellem Hilfspersonal vorstellen kann, und alle sagen: Keine Ahnung. Wir wissen nicht weiter... Immer wieder hofft man bei dem einen oder anderen, daß man ihn vielleicht doch ein bißchen in die deutsche Gesellschaft integriert. Und dann kommt er aus den Sommerferien zurück und hat eine importierte Braut dabei. Wir scheitern. Die Gesellschaft scheitert.«
>
> »Die Deutschen müssen aufpassen, sonst ist hier Krieg!« brüllt ein junger Türke: »Der Aufstand in Frankreich war geil! Auch

> wir werden uns wehren!« Sie reden über die Scheißdeutschen in diesem Scheißland. Sie sagen: »Wenn die Deutschen sich nicht ändern, dann gehen wir!« Und man denkt plötzlich: Dann geht doch!. . .
>
> »Die kurdische Rechtsanwältin G.C sagt: ›Die Deutschen haben eine Nazi-Macke. Sie trauen sich nicht, gewalttätige Migranten zu kritisieren, weil sie Angst haben, als rechtsradikal bezeichnet zu werden.‹ Die türkische Sozialwissenschaftlerin N. K : ›Deutsche sind im Zweifelsfall eher bereit, ihre Verfassung zu ignorieren, als sich Ausländerfeindlichkeit vorwerfen zu lassen. Manche propagieren ein Toleranzverständnis, das einer Selbstaufgabe gleichkommt.‹«

Und sollten unsere EU-Migrationsfanatiker noch immer nicht glauben und sehen wollen, wohin ihre ›Zwangsbereicherung‹ führt, mögen sie in der *Washington Post* vom 29. April 2008 nachblättern, die ernüchternde Fakten zusammentrug: In Frankreich sind demnach 70 Prozent der Gefängnisinsassen Muslime, bei einem Gesamtbevölkerungsanteil von 12 Prozent. In den Niederlanden ist das Verhältnis 20 Prozent Muslime im Gefängnis bei 5,5 Bevölkerungsanteil, in Großbritannien 11 Prozent bei 3 Prozent Bevölkerungsanteil, in Belgien 16 Prozent bei einem Bevölkerungsanteil von 2 Prozent. In Frankreich hat der Staat schon begonnen, den Rückzug anzutreten: Es gibt im Lande über eintausend offiziell anerkannte ›zones de non-droit‹ (rechtsfreie Zonen), in denen das Recht der Scharia oder afrikanisches Stammesrecht herrschen.

Wie immer volksnah und fortschrittsorientiert, hat die bundesdeutsche SPD die Zeichen der Zeit erkannt und setzt auf sehnlich erwarteten neuen Wählerschwall.

Wie reagieren freie Völker auf Fremdgesetze, die ihren Bestand und ihre Kultur bedrohen? Sie verschaffen sich nach eigenem Gesetz Recht:

Am 10. Februar 2010 beschlossen die Häuptlinge der im Reservat von Kawanaké (Caughnawaga) südlich Montréal (Kanada) lebende Nation der Mohawk – oder was von ihr übrig geblieben ist – 26 ›non-natives‹ (nicht zum Stamm gehörige Bleichgesichter) auszuweisen. Diese klagten nach kanadischem Recht, doch das Oberste Gericht anerkannte das Gesetz der Mohawk, so wie es ihnen in früheren Verträgen zugesichert worden war. Nehmen wir uns doch ein Beispiel an den Indianern!

Was geschieht mit den Gesetzeswerken und Verfassungen der europäischen Nationen? Wie lange noch werden sich die europäischen Völker auf sie berufen dürfen? Wie lange noch werden Verfassungsrichter, die ja von der Politik eingesetzt werden, den Mut haben, in Globalistan auf nationale Verfassungen und Gesetze zu pochen? Ist es denn – im juristischen Sinne – nicht längst schon zu spät, um die Auflösung der abendländischen Völker Europas durch Massenzuwanderung nicht integrierbarer Völker aufzuhalten?

Tagtäglich erleben die Bürgerinnen und Bürger Globalistans, daß Lizenzfernsehen und Lizenzpresse Verbrechen von Tätern mit ›Migrationshintergrund‹ relativieren, schönreden oder deren Namen und Herkunft verschweigen. Kommt es zu Übergriffen Einheimischer auf Ausländer, werden diese maßlos aufgebauscht und sofort als Beweis einer ausländerfeindlichen Geisteshaltung aller Inländer dargestellt. Stellt es sich heraus, daß die als Opfer rechtsextremer Gewalt Dargestellten geflunkert oder schlicht gelogen haben, wird die Sache vertuscht oder in Vergessenheit verschoben.

Selbstverständlich handelt es sich bei Vorkommnissen wie das angebliche Ertränken eines libanesischen Kindes in einem Schwimmbassin, das angebliche Einritzen eines Hakenkreuzes in die Haut eines türkischen Mädchens, das Zu-Tode-Treten eines Rentners in der Münchner U-Bahn nicht um den Beweis einer inländerfeindlichen Geisteshaltung bei allen Immigranten und nicht einmal bei einem Bruchteil der in Deutschland lebenden Flüchtlinge und Asylanten. Viel erschreckender ist, wie ›unsere‹ Politiker und ›unsere‹ Medien mit solchen Ereignissen umgehen: MERKEL und KonsortInnen versprühen Abscheu und Betroffenheit, und *Bild, Süddeutsche, ARD* berichten nicht anders, als wären sie *Hürriyet, Al Ahram, Al Jazeerah.*

Noch schlimmer wird es, wenn inländische Richter – aus welchen gutmenschlichen Gründen auch immer – versuchen, es den Limimimimihi (lieben Mitbürgerinnen und Mitbürgern mit Migrationshintergrund) mit Recht recht zu machen. Dazu meint Christian ORTNER in der *Wiener Zeitung* (23. 1. 2010):

> »Wer seine Frau mit einem Messer aufschlitzt, weil sie die Trennung begehrt, und sicherheitshalber auch noch mit einem Rohr halbtot schlägt, kann durchaus mit Milde vor einem Wiener Gericht rechnen. Zumindest, wenn Staatsanwalt und Gericht dem Täter ausdrücklich eine ›allgemein begreifliche Gemütserregung‹

> zugestehen mit der eigentümlichen Begründung, er sei Migrant türkischer Abstammung.«

Einträchtig und tagelang erregten sich Medien, Grüne und Konservative über den skandalösen Urteilspruch, der dem Türken nur 6 Jahre Haft verpaßte.

> »Hier dürfte sich vielmehr ein diffuses Unbehagen entladen, das derzeit fast überall in Europa zu spüren ist. Im wesentlichen ist es ein Unbehagen darüber, daß die Staaten in Westeuropa langsam, aber stetig angesichts relativ schnell wachsender muslimischer Bevölkerungsteile beginnen, deren religiöse und kulturelle Besonderheiten bei der Ausübung staatlicher Autorität stärker als bisher zu berücksichtigen. Daß ein derartiges Urteil als Skandal empfunden wird, liegt eben auch daran, daß es... als Symptom einer schleichenden Islamisierung interpretiert wird... zumal in Teilen Englands seit einem Jahr bereits ›Scharia-Gerichte‹ [in Frankreich schon seit einem Jahrzehnt] zivilrechtliche Urteile innerhalb ihrer muslimischen Gemeinden fällen, die die traditionelle britische Gerichtsbarkeit anerkennt. Auch in Deutschland wurden jüngst immer wieder Fälle bekannt, in denen Richter besonders milde Urteile bei familiärer Gewalt mit dem Hinweis auf die islamische Herkunft der Täter und das damit verbundene besondere ›Ehrgefühl‹ begründeten.«

So verurteilte das Amtsgericht Gifhorn (Niedersachsen) einen jungen Asylbewerber nach einer Vergewaltigung nur zu einer Bewährungsstrafe. Er hatte argumentiert, daß er als Orientale nicht wissen konnte, daß eine solche Gewalttat in Deutschland strafbar sei.

Hier wird ganz offensichtlich EU-Rassismus gefördert und geduldet. Bekennen sich Europäer zum Rassismus, ist er Pfui. Richtet sich Rassismus gegen die Europäer, wird er von der EU anerkannt und belohnt.

Für die katholische Amtskirche bedeutet die Massenimmigration in das christliche Europa keine ethnische, sondern eine konfessionelle Gefahr. Im August 2002 wetterte Kurt KRENN, der sehr konservative Bischof von St. Pölten, bei einer Podiumsdiskussion in Linz, wie ein verspäteter Kreuzzügler:

> »Der Islam ist eine aggressive Religion. Wir hatten schon zwei Türkenbelagerungen, die dritte erleben wir jetzt. Islamische Religionslehrer sagen zu ihren Kindern, schaut her, die Christen sterben ja aus, bald sind wir hier die Herren!«

Der Autor fragte Bischof KRENN, wie er sich angesichts dieser Maseinwanderung verhalten würde, wenn all die hereinströmenden Afrikaner und Araber zum Katholizismus überträten? Würde er in diesen Millionen nichteuropäischer Zuwanderer eine ebenso gefährliche Belagerung Europas erblicken oder sie als Brüder in Christo willkommen heißen und für viele, viele Nachzügler beten, auf daß sie die leerstehenden Kirchen füllten? Bischof KRENN hatte die Frage sehr wohl verstanden, antwortete aber nicht. Der Diskussionsleiter überging die Frage des Autors und sagte, sie sei nicht relevant.

Es ist halt immer schon so gewesen, daß die Kirchen, wie auch die meisten Parteien, ihre Schäfchen lieber zählen als wiegen.

Eine Art umgekehrter Fremdenverkehrsförderung erlebten die Fahrgäste eines Regionalzugs in Tirol, der am 17. Oktober 2009 von einer rumänischen Bande von 15 Bettlern gestürmt wurde, die von Abteil zu Abteil zogen und sehr eindringlich und schwer abweisbar nach Geld verlangten. Die sich bedroht fühlenden Fahrgäste konnten den Lokführer verständigen, der den Zug sofort anhielt. Die Rumänen wurden von der Polizei abgeführt. Doch weil ›kein Verbrechen‹ vorlag, wurden sie umgehend freigelassen. Welche Folgerungen die guten Rumänen wohl aus dieser Lehre gezogen haben?

Barbara ROSENKRANZ, Kandidatin der FPÖ für die Wahl des Bundespräsidenten, in der *Krone* (18. 1. 2010):

> »Daß abgeschobene Kriminelle rasch nach Österreich zurückkommen, ist leider nicht Ungewöhnliches... Was braucht es noch, damit die Regierung endlich tut, was den Vertragspartnern im Schengenabkommen zugestanden wird? Daß nämlich der Vertrag befristet ausgesetzt werden kann, wenn eine besondere Situation eingetreten ist. Wann wird Österreich endlich in Brüssel mit dem Hinweis auf die explodierende Kriminalität die Aussetzung des Schengenvertrags anmelden und die Grenzkontrollen wieder aufnehmen?«

Eines hat ausnahmslos jedes auch noch so faule Mitglied einer afrikanischen oder asiatischen Gemeinschaft von frühester Jugend auf in seiner Heimat gelernt: Wer nichts leistet, wird nicht durchgefüttert, bekommt keinen Lohn. Doch gelangt er nach Europa, erlebt er, daß dieser Imperativ für Asylanten nicht mehr gilt.

Den meisten migrationswilligen Menschen in den Ländern der Zweiten und Dritten Welt wird von westlichen Medien eingetrichtert, daß sie von den Europäern als heiß ersehnte Blutauffrischer und willige Arbeitnehmer mit offenen Armen empfangen, in den Genuß aller Sozialleistungen und sogar der Einbürgerung kommen werden.

Nun erfährt die zweite und die dritte Welt aus unseren Medien, daß sich die Europäer verwandelt haben: Sie schützen nicht mehr ihre Grenzen, pflegen keine Traditionen mehr, schmücken nicht die Gräber ihrer Helden, spucken auf ihre Fahnen und Symbole, ihre Kirchen stehen leer, viele ihrer Frauen und Töchter sind Freiwild. Die einstmals hochgeachteten, gefürchteten Europäer verschenken heute an Fremde, die keine Leistung erbracht, sondern nur ein paar Jahre im Lande abgesessen haben, das Wertvollste, was ein Volk zu vergeben hat: die Staatsbürgerschaft.

EU-Europäer, die glauben, daß ihnen dafür von seiten der sie Bereichernden Anerkennung und Dankbarkeit entgegengebracht wird, glauben an den Weihnachtsmann. Die einzige Empfindung, die sie auslösen, ist tiefste Verachtung.

6.3.1.6 Die Unumkehrbarkeit der demographischen Entwicklung am Beispiel der USA

Mit exponentieller Geschwindigkeit verändert sich das Bevölkerungsgefüge der über 300 Millionen Nordamerikaner. Im Jahre 2000 erfuhr man, daß der erste der 50 US-Bundesstaaten, und zwar der bevölkerungsstärkste, nämlich Kalifornien, ethnisch ›gekippt‹ sei: Dort leben jetzt zusammengenommen mehr Latinos und Afroamerikaner als Weiße. Für die meisten Großstädte in den USA gilt dies schon seit langem, und in spätestens fünfzig Jahren wird es mit der weißen Mehrheit in den USA vorbei sein. Galt es noch bis in die achtziger Jahre als amerikanisches Ideal und Ziel der Bundespolitik, die Integration aller Rassen herbeizuzwingen, so muß dieses Experiment als gescheitert angesehen werden. Sämtliche Bundesprogramme zur erzwungenen Integration im Schulsystem, bei der Wohnungsvergabe, bei der Arbeitsplatzbeschaffung, wie ›head start‹, ›affirmative action‹, haben nur zu wirklichkeitsfremden und skurrilen Quotenregelungen geführt, wobei es zu krassen Benachteiligungen der weißen Noch-Mehrheit gekommen ist.

Daß durch Demographie herbeigeführte Änderungen in der ethnischen Zusammensetzung sich selbstverständlich auch auf demokratische Verhältnisse auswirken, ist wohl klar: Daß in der Bundeshauptstadt Washington, deren Bevölkerung zu über 90 Prozent aus Schwarzen besteht, der Stadtrat sicher keine Budgetmittel für bundesrelevante Vorhaben genehmigt, sondern nur für solche, die der notleidenden schwarzen Stadtbevölkerung zugute kommen, ist verständlich. Daß im amerikanischen Senat ein aus Mexiko stammender Senator seine Rede auf Spanisch hielt, war ein Skandal, doch noch größer war die Schande, daß keiner der über 300 anderen anwesenden amerikanischen Senatoren es gewagt hat, zu protestieren. (Siehe: Richard MELISCH, *Der letzte Akt*, 2007)

Angesichts der auch in EU-Europa rasch voranschreitenden demographischen Entwicklung ist der Autor überzeugt, daß es nicht mehr lange dauern wird, bis auch im britischen Unterhaus, in der französischen Abgeordnetenkammer, im Bundestag, ein Volksvertreter seine Rede auf Hindi, auf Arabisch oder auf Türkisch halten und daß kein einziger seiner autochthonen Kollegen auch nur einen leisesten Tadel wagen wird.

Daß die USA, wie immer, uns Europäern auch in Sachen ethnischer Bereicherung weit voraus ist, beweist der folgende aktuelle Beitrag:

Michael RICHARDS ist ein erfolgreicher jüdisch-amerikanischer Starkomiker, der jahrelang in der Fernseh-Serie *Seinfeld* die Rolle des Cosmo KRAMER spielte. Anläßlich eines Theaterauftritts in Hollywood wurde er von einem schwarz-amerikanischen Zuschauer beleidigt, reagierte mit der Aufforderung, man möge diesen »f... Nigger« hinauswerfen, vor fünfzig Jahren hätte man mit solchen Typen noch kurzen Prozeß gemacht. Es kam zu einer Klage wegen rassistischer Äußerungen und zum Prozeß. Hier die Übersetzung der Verteidigungsrede, die Michael RICHARDS vor Gericht hielt:

> »Es mußte doch endlich mal die Wahrheit gesagt werden. Doch wie viele kümmert es, daß es ›Afrikanische‹ Amerikaner, ›Mexikanische‹ Amerikaner, ›Asiatische‹ Amerikaner, ›Arabische‹ Amerikaner usw. geben darf, und dann gibt es noch ›die Amerikaner‹. Auf der Straße werde ich von euch angerempelt, ihr nennt mich ›White Boy‹, ›Cracker‹, ›Honkey‹, ›Whitey‹, ›Caveman‹, [Schimpfworte aus den Ghettos der Farbigen für weiße Amerikaner], und das findet ihr völlig OK. Doch wenn ich euch ›Nigger‹, ›Kike‹, ›Towel Head‹, ›Sand-Nigger‹, ›Camel‹, ›Gook‹ oder ›Chink‹ [Schimpfnamen der Weißen für Neger, Juden, Araber, Ostasiaten] rufe, nennt ihr mich einen Rassisten.

Ihr behauptet, daß die Weißen Gewalt gegen euch anwenden. Warum sind dann eure Ghettos die gefährlichsten Bezirke einer jeden amerikanischen Stadt? Warum werden 85 Pozent der Vergewaltigungen an weißen Frauen von Schwarzen, nur fünf Prozent der Vergewaltigungen an schwarzen Frauen von Weißen begangen?

Ihr habt einen ›Negro College Fund‹ [Stipendien-Fonds für schwarze Studenten], ihr begeht alljährlich den ›Martin Luther King Day‹, den ›Black History Month‹, den ›Cesar Chavez Day‹, den ›Yom Hashoah‹, den ›Maulad Al-Nabi‹. Ihr habt die NAACP [National Association for the Advancement of Coloured People = Nationale Organisation zur Förderung farbiger Menschen], ihr habt das BET [Black Entertainment Television = das Fernseh-Unterhaltungsprogramm für Schwarze]. Hätten wir ein WET, ein ›White Entertainment Television‹, würdet ihr uns Rassisten nennen. Wollten wir einen ›White History Month‹ einführen und gäbe es eine Organisation zur Förderung der Anliegen von uns Weißen, wären wir Rassisten. Es gibt eine ›Hispanic Chamber of Commerce‹ und eine ›Black Chamber of Commerce‹ [eine hispanische und eine schwarze Handelskammer], und dann gibt es eine ›Chamber of Commerce‹.

WER glaubt ihr, kommt für die Kosten all dieser Sonderinteressen auf?

Während eine weiße Amerikanerin nie zur Wahl der ›Miss Black America‹ antreten dürfte, können Amerikanerinnen jedweder Hautfarbe an der Wahl der ›Miss America‹ teilnehmen. Gäbe es eine Einrichtung zur Erteilung von Stipendien nur an weiße Studenten, wären wir Rassisten. In den USA gibt es mehr als sechzig Universitäten, die ausschließlich schwarze Studenten aufnehmen. Gäbe es ein einziges College, in das nur Weiße Studenten eintreten dürften, wären wir Rassisten. Eure Teilnehmer am ›Million Men March‹ glauben, sie würden für eure Rasse und eure Rechte marschieren. Falls wir für unsere Rasse und Rechte marschierten, würdet ihr uns Rassisten schimpfen. Ihr seid stolz, schwarz, braun, gelb, orange zu sein und euch zu eurer Farbe zu bekennen. Doch wenn wir uns stolz dazu bekennen, weiß zu sein, nennt ihr uns Rassisten.

Ihr brecht bei uns ein, raubt uns aus und schießt auf uns. Doch wenn ein weißer Polizist einen schwarzen Einbrecher erschießt, einen flüchtenden schwarzen Drogenhändler verprügelt, nennt ihr ihn einen Rassisten.

Ich bekenne mich zu meinem Stolz, ein Weißer zu sein. Wie kommt es, daß hierzulande ein ›Rassist‹ nur der Weiße sein kann? Mir scheint, daß wir die meisten Rechte in unserem Land nur deshalb verloren haben, weil wir ganz einfach nicht mehr den Mut aufbringen, für sie zu kämpfen.«

Vor einigen Jahren erblickte der Autor anläßlich einer Reise in die USA mehrmals den folgenden Aufkleber auf Stoßstangen: »So many Christians, no Lions« (»So viele Christen, keine Löwen«). Welchen weltmedialen Aufschrei gäbe es, wenn weiße Rassisten ihre Stoßstangen mit Aufklebern »So viele Schwarze, keine Galgen«, »So viele Juden, keine KZ«, »So viele Muslime, kein Guantánamo« zieren würden?

Und wie steht es mit den Rechten der weißen Eingeborenen in Europa?

All jenen Landsleuten, die allzeit schuldbeladen, aschebedeckten Hauptes, ewig schandegedenkend ihr Leben fristen, aber auch den immer mehr verzweifelnden ›White Caucasians‹ Nordamerikas, möchte der Autor die folgenden Zeilen widmen:

Wenn auch den europäischen Völkern nach zwei verheerenden Weltkriegen die ungebrochene Kraft, der Pioniergeist, das Selbstvertrauen und die Begeisterungsfähigkeit früherer Jahrhunderte abhanden gekommen sind, so gibt eine Aufstellung der noch verfügbaren schöpferischen Kräfte und Reserven Europas keinen Anlaß zur Hoffnungslosigkeit. Denn noch immer beherrschen europäischer Geist, europäische Kultur, europäische Gesittung das Leben aller Völker der Erde. Während Portugiesen, Spanier, Engländer, Holländer und Franzosen die Errichtung ihrer mächtigen Kolonialreiche vom 16. bis 19. Jahrhundert lediglich zwei Faktoren verdankten, nämlich erstens der Erfindung des schlanken Bootkiels und einer Takelage, mit der sie gegen Passat-, Monsun-, und Gegenwinde kreuzen konnten, zweitens ihren weiterreichenden Geschützen und Musketen, mit denen sie feindliche Schiffe, Festungen und Soldaten aus größerer Entfernung bekämpfen konnten, sind es heute andere Eigenheiten, die sich zwar ebenso aus der Zeit der europäischen Kolonialreiche herleiten lassen, doch heutzutage eine viel sanftere Diktatur über die nichteuropäische Menschheit ausüben.

Es ist vor allem das weltweit anerkannte Wissen darum, daß technischer Fortschritt und naturwissenschaftliche Erkenntnisse fast ausschließlich auf Forschungen und Erfindungen von Europäern zurückzuführen sind, daß den meisten Völkern auf fünf Kontinenten dank den Ausgrabungen europäischer Archäologen das Wissen um die eigene Kultur und Geschichte zurückgegeben wurde. Ferner, daß sich heute noch Frauen und Männer weltweit nach dem Geschmack französischer und italienischer Modeschöpfer richten; daß das Ideal nordischer Frauenschönheit die weiblichen Sehnsüchte und männlichen Traumwelten quer durch alle Kontinente beherrscht; daß die gaumenerfreuende Diktatur französischer Gastronomie und Weinkultur die Feinschmecker und Weinkenner in aller Welt verunsichert; daß die Einhaltung des europäischen Kalenders Voraussetzung für jede Art von Planung ist; daß europäisches Protokoll auf jedem diplomatischen Parkett und bei Empfängen jeder Art, die richtige Etikette bei Tisch, im Konzertsaal und in der Oper bestimmt; daß der Imperativ der Sprache, der sich seit einigen Jahren leider nur noch auf das amerikanisch verballhornte Englisch beschränkt, die äußere Form auf allen internationalen Konferenzen, bei jedem internationalen Austausch in Wort und Schrift, an den meisten Instituten und Universitäten der Welt den Inhalt eines jeden Dokumentes regelt; daß kein Abu Dhabi, kein Trinidad Tobago, kein Burkina Faso, kein Kiribati existieren dürfte und ernst genommen würde, hätte es sich nicht nach europäischem Muster eine rechteckige Fahne, eine erfundene Landeshymne, eine Ehrengarde in Phantasieuniform, eine nationale Fluggesellschaft und Fußballmannschaft zugelegt; daß sich den Traditionen der europäischen symphonischen Musik, klassischen Dichtung, Malerei, Architektur noch immer die Mehrheit der Ober- und Mittelschichten von Japan bis Nigeria, vom Libanon über Indien bis Mexiko fügen, während das einfache Volk sich auf allen Kontinenten willig und mit Begeisterung dem Eroberungszug europäischer Sportarten hingibt.

Alle diese Faktoren erinnern die nichteuropäischen Völker täglich daran, daß sie noch sehr lange Zeit benötigen werden, um sich von europäischer Gesinnung und Gesittung zu emanzipieren und zu distanzieren, sofern sie dies überhaupt wollen. In einem einzigen Bereich haben die Europäer jedoch als Lehrmeister zu allen Zeiten versagt: Sie waren zu keiner Zeit in der Lage, den Menschen auf anderen Kontinenten als Vorbilder für das Verfolgen einer weisen und nachhaltig friedlichen Politik zu dienen.

Europäer sind in der Zweiten und Dritten Welt gewiß nicht beliebt, werden aber beneidet, genießen Ansehen und gebieten Respekt, sofern sie als überzeugende Vertreter ihrer Kulturnationen auftreten und die in sie gesetzten sittlichen und intellektuellen Erwartungen nicht enttäuschen. Am allermeisten lehnen die Gastgeber Gleichheitsapostel, Weltverbesserer und Aussteiger ab, die glauben, durch Anbiederung und Nachahmung der Einheimischen von diesen als Gleiche unter Gleichen angesehen zu werden. Seit den Zeiten des ›Raj‹, da sie fast zwei Drittel des Erdenrunds beherrschten, verachteten die Engländer Landsleute, ›who went native‹, die zu den Eingeborenen wechselten.

Darum liegt es auf der Hand, daß nur denjenigen unter uns Europäern, die willens sind, auch in schweren Zeiten die Verpflichtung ihrer Hautfarbe, die Last ihrer Kultur zu tragen und sich zu diesen zu bekennen, die hinreichend gefestigt sind, um sie freudig und würdig nach außen zu vertreten, und die bereit sind, ihre Werte zu verteidigen, von Menschen fremder Kulturen und anderer Hautfarbe Hochachtung entgegengebracht wird. Jenen Weltverbesserern und Zeitgeistlern, die dies nicht verstehen, weil sie es nie verstanden haben und nie verstehen werden, hat Johann Wolfgang von Goethe die folgenden Zeilen gewidmet:

> »Wer nicht von dreitausend Jahren sich weiß Rechenschaft zu geben, bleib' im Dunkeln, unerfahren, um von Tag zu Tag zu leben.«

Falls unsere Stunde gekommen ist, weil wir Europäer zu müde geworden sind, um diese weltgeschichtliche, zivilisatorische Last zu schultern und um unser Überleben zu kämpfen, sollten wir uns zurücklehnen, die Augen schließen und wie Francesco Petrarca (1304–1374) darüber meditieren, daß »un bel morrir tutta la vita honora« (»ein schöner Tod das Leben verklärt«).

Und der Saldo der Globalisierer?

> »Wir Globalisierer werden der Ware Mensch zum ersten Mal in der Geschichte eine grenzenlose Welt bieten, in der sie nie wieder für den Erhalt von Grenzen ihrer Nation, Kultur, Religion, Tradition, kämpfen muß, sondern sich ausschließlich der Befriedigung ihrer drei Primärbedürfnisse widmen wird.«

Bedeutet für uns Nicht-Globalisierer: Wenn wir nicht als Viehherden der Globalisierer getränkt, gefüttert, gemästet werden wollen, müssen wir uns von ihren Fesseln befreien. Drum: Raus aus der EU!

6.3.2 Gesundheitswesen

> »Die Arznei, die alles heilt, rentiert sich nicht... Was gut ist für Profite und Dividenden, ist nicht immer gut für Patienten. Die Pharma-Riesen interessieren sich weniger dafür, Menschen zu heilen, als Geld zu verdienen: Gesundheit ist Geschäft!«
>
> Richard J. ROBERTS, Nobelpreis für Medizin, 2007

Gesundheitspolitik, die nicht dem Wohl der Bürger dient, sondern die Interessen der Pharmakonzerne vertritt, nennt man Analog-Gesundheitspolitik.

Für Globalisierer haben die Begriffe ›Gesundheitsvorsorge‹ und ›Volksgesundheit‹ keinen Stellenwert. Getreu ihren Dogmen dürfen Heilkunst, Heilmittel, Krankenhäuser, Krankenkassen nicht zur sozialen Fürsorge und Besserstellung von Humanressourcen vergeudet, sondern müssen Medizin, Pharmazie, Hospitäler, Versicherungen als Industriezweige angesehen werden, die privat umstrukturiert, rationalisiert, entregionalisiert werden und maximalen Profit einzufahren haben. Die besonders kostenintensiven persönlichen Beratungen durch Arzt und Apotheker werden Zug um Zug abgeschafft zu Gunsten kostengünstiger elektronischer Automaten.

Am 24. August 2007 stellte Microsoft das Modell eines Robot-Arztes vor, der Patienten untersuchen, ihnen Heilmittel oder eine Behandlung verschreiben und in wenigen Jahren vielleicht schon einfache Eingriffe vornehmen kann. Vorgestellt wurde auch ein Robot-Teddybär, der Streicheleinheiten von Großeltern, Eltern oder Babysittern an Kleinkinder weitergibt. Ärzte und Apotheker werden nur noch über zentralisierte Call-Center erreichbar sein. 2008 schloß die DAK mit der amerikanischen Firma ›Healthway‹ einen Vertrag zur Betreuung chronisch Kranker in Bayern und Baden Württemberg ab. Die Leistung sieht so aus, daß Krankenschwestern von einem Call Center aus die ›Betreuung‹ übernehmen.

> »Die Richtung ist klar«, meint Karl RICHTER in der *Deutschen Stimme* (Juli 2008), »das einstmals vorbildliche deutsche Gesundheitssystem wird meistbietend veräußert. Die ersten Opfer sind die Hausärzte und die Patienten. Sie bekommen für Krankenkassenbeiträge immer weniger Leistung... Am Ende steht ein ›Gesundheitswesen‹ nach amerikanischem Vorbild, das keines mehr ist.«

Im Zuge der Entsozialisierung und Entsolidarisierung des Gesundheitswesens, die von den Regierungen der EU-Staaten schon seit einiger Zeit angestrebt werden, stößt man immer häufiger auf den Begriff ›Priorisierung‹, der nichts Gutes verheißt. Die ›Priorisierung‹ hat nichts mit Behandlung, Linderung und Heilung von Erkrankungen zu tun, sondern ist eine Entscheidungshilfe beim Erstellen von Kriterien, ob Patienten für eine Behandlung in Frage kommen, ob sie sich überhaupt noch rentieren. Gemäß ›Priorisierung‹ kämen zum Beispiel 80jährige, Krebskranke, Behinderte für das Einsetzen künstlicher Gelenke oder aufwendige Organtransplantationen nicht mehr in Frage. Maßstab der Priorisierung ist natürlich immer das Geld.

6.3.2.1 Das große Geschäft mit den ›Pandemien‹

Auf dem Höhepunkt der Panikmache für die drohende Vogel-, später auch für die Schweinegrippe finanzierten die Pharma-Riesen weltweite ›Awareness Campaigns‹ (Aufklärungskampagnen zum Erkennen tödlicher Gefahren, die die Menschheit bedrohten) und investierten Pharma-Lobbyisten viele Millionen in käufliche Fachpolitiker, Wissenschaftler, ›Experten‹, EU- und WHO-Beamte, um die Menschheit auf Massenimpfungen mit ihren Produkten vorzubereiten.

Dank Verbreitung von Schreckensmeldungen und eines gewaltigen Propagandaaufwandes glaubte Ende der neunziger Jahre die Erdbevölkerung, sie sei von der ›Vogelgrippe‹ bedroht, gegen die angeblich nur der Impfstoff Tamiflu helfen sollte, ein Produkt der kalifornischen Firma Gilead Sciences, an der Donald RUMSFELD, der ehemalige US-Verteidigungsminister, beteiligt war. Im April 2009 wurde weltweit die Nachricht verbreitet, es seien 400 Mexikaner, ein paar Tage später, es seien auch kalifornische Kinder an einem seltsamen Atemwegsleiden erkrankt. Amerikanische Behörden und Epidemiologen sprachen von einer gefährlichen Grippeepidemie, die sich über die ganze Welt ausbreiten könnte. Alte Seilschaften zwischen der WHO (World Health Organization) in Genf, wo der Koordinator Keiji FUKUDA und Margaret CHAN, Präsidentin der WHO, eng mit der amerikanischen Seuchenbehörde CDC zusammenarbeiteten, die sich schon seit der Panikmache um die Seuchen SARS (2003) und Vogelgrippe bestens kannten, wirkten ganz im Sinne der Pharma-Konzerne Novartis, Baxter und GlaxonSmithKline, die nun mit neuem Impfstoff gegen die ›Schweinegrippe‹ antraten.

»Im Falle einer Pandemie wäre die gesamte Menschheit bedroht«, orakelte WHO-Chefin CHAN vor Journalisten, und der WHO-Grippe-›Experte‹ FUKUDA assistierte ihr beflissen, es gebe bisher keine Anzeichen dafür, daß sich die Ausbreitung der Schweinegrippe verlangsame. Der mexikanische Präsident CALDERON forderte seine Landsleute auf, zu Hause zu bleiben. In Ägypten ließ Präsident Hosni MUBARAK 375000 Schweine schlachten.

In der Broschüre *Das Pandemie-Gespenst* schreibt Beatrix ULLRICH:

> »Die Projekte der WHO werden zum Teil als ›Public Private Partnership‹ (PPP) abgewickelt. Das wohl interessanteste Projekt dürfte die ›Globale Allianz für Impfstoffe und Immunisierung‹ (GAVI) sein, verfügt über ein Grundkapital von 32 Milliarden US-Dollar und wird zu 75 Prozent von der ›Bill & Melinda Gates Foundation‹ (Stiftung) gefördert. Mit 32 Milliarden kann man eine Menge Leute einkaufen, eine Menge schädlicher ›Impfstoffe‹ herstellen und eine Menge Schweinegeld als Schweigegeld verteilen!«

Mit Hilfe addierter Zahlen der Opfer von Saisongrippe und Schweinegrippe (H_1N_1), Lungenentzündung und anderer Infektionen wurden die Todesziffern maßlos übertrieben, gelang es den genannten Pharma-Konzernen dank ihres Monopols an dem Impfstoff, Milliardenaufträge für weltweite Massenimpfungen zu ergattern.

Als im November 2009, wie von Brüssel und den Gesundheitsministerien der Mitgliedsstaaten empfohlen, die flächendeckenden Impf-Aktionen in Schulen und Spitälern anliefen, stellte sich heraus, daß das Volk diesmal nicht mitspielte. Immer mehr Politiker, berühmte Künstler und Sportler bekannten, sie dächten gar nicht daran, sich impfen zu lassen, und schon nach wenigen Tagen wurden die Massenimpfungen abgeblasen. Nur acht Prozent der Deutschen hatten sich impfen lassen. In Schweden waren es 50 Prozent. Die Regierungen Polens und Finnlands hatten schon vorzeitig erklärt, sie wollten sich an der Massenimpfung nicht beteiligen. Auch in den USA bekannten mehrere Senatoren und Kongreßabgeordnete, sie dächten nicht daran, sich impfen zu lassen. Nur in der Ukraine hatte die Regierung auf ›allgemeine Impfpflicht‹ bestanden, obwohl Regierungschefin Julia TIMOSCHENKO von Ärzten und Wissenschaftlern der Universität Lwiw (Lemberg) vor dem Impfstoff gewarnt worden war.

Im Zusammenhang mit der Schweinegrippe war vielfach von ›Squalen‹ als Öl-Adjuvantien die Rede. Die Verwendung von Squalen (lat. ›Hai‹) als Verstärker in Anthrax-Impfstoffen war der Auslöser von Schäden, die man ›Golfkriegssyndrom‹ genannt hat. Pam ASA, Amerikas führende Wissenschaftlerin auf dem Gebiet des Einsatzes von Squalen, meint: »Öl-Adjuvantien sind die heimtückischsten chemischen Waffen, die jemals entworfen wurden.«

»Schwächelnde Grippe«, titelte der *Spiegel* (53/2009): »Im nachhinein haben es viele schon vorher gewußt: Die Schweinegrippe verläuft 2009 milder, als von vielen Experten zunächst befürchtet. Der Virenstamm H_1N_1 kostete bis Mitte Dezember in Deutschland 119 Menschen das Leben – das entspricht in etwa einem Prozent der Opfer einer herkömmlichen Grippewelle. Über 40 Millionen Impfdosen, von den Behörden bestellt, drohen zu verfallen. Einen der ›größten Medizinskandale des Jahrhunderts‹ vermuten Kritiker wie der Arzt und ehemalige Bundestagsabgeordnete Wolfgang WODARG (SPD). Er wirft der Weltgesundheitsorganisation in Genf Panikmache vor, sie hätte unnötigerweise Millionen gesunder Menschen dem Risiko mangelhaft getesteter Impfstoffe ausgesetzt.«

Die Pharma-Industrie habe ihre Interessen erfolgreich in der Politik durchgesetzt, sagte Wolfgang WODARG. Bisher hätten die Hersteller von Grippe-Impfstoff nie gewußt, wie viele Abnehmer sie dafür im Herbst hätten. Neu sei nun, daß die Bundesregierung der

Pharma-Industrie eine Verkaufsgarantie gibt. Auch die Krankenkassen, die mit Beitragserhöhungen wegen der geplanten Massenimpfungen drohten, versuchten nun, von der Pandemie-Angst zu profitieren und Geld für sich rausschlagen.

In den USA hatte die Gesundheitsministerin Kathleen Sebelius dem Impfstoff-Erzeuger GSK für den Fall unvorhersehbarer Begleiterscheinungen und Folgeschäden sogar eine Immunitätsgarantie gegeben. Dank eines Ausnahmegesetzes könnte die belgische Gesundheitsministerin Laurette Onekelinx sogar per Standrecht die Massenimpfung erzwingen. Im Herbst 2009 hatte die in England zuständige Behörde noch mit 65000 Schweinegrippetoten gerechnet und mit entsprechenden Quantitäten an Impfstoff vorgesorgt. Laut *Le Parisien* kaufte Frankreich gar 100 Millionen Impfdosen für 1,5 Milliarden Euro von den Pharmakonzernen.

6.3.2.2 Das Geschäft mit der Gesundheit bedroht das Leben der Völker

Wenn es um Profitmaximierung und Milliardengewinne geht, ist den Globalisierern nichts mehr heilig.

Der *Spiegel* (13/2009) berichtete von einem beispiellosen Forschungsskandal in der Anästhesiologie: Der bisher als Spitzenforscher geltende Scott Reuben soll in 13 Jahren mindestens 21 seiner Forschungsergebnisse überwiegend frei erfunden haben. Finanziert wurden seine Arbeiten zum Teil vom Pharmahersteller Pfizer, der das Mittel ›Neurontin‹ auf den Markt gebracht hat. Es sei nicht auszuschließen, wenn auch unwahrscheinlich, so Winfried Meissner, Leiter der Schmerzambulanz der Uni-Klinik Jena, daß dadurch Patienten zu Schaden gekommen sind.

> Meissner: »Dieser Fall wirft einen Schatten auf die Überprüfung wissenschaftlicher Arbeiten. Wir verlassen uns vielleicht zu sehr darauf, daß Gutachter solche Betrügereien erkennen.«
>
> *Spiegel*: »Machen Sie der Pharmaindustrie einen Vorwurf?«
>
> Meissner: »Ich weiß nicht, ob die Firmen von den Fälschungen wußten. Es ist aber ein großes Problem, daß solche Studien von den Kosten her nur noch mit Unterstützung der Pharmaindustrie durchgeführt werden können. Wir brauchen dringend auch pharma-unabhängige Möglichkeiten, neue Medikamente eingehend zu überprüfen.«

Auszug aus einem Artikel der mexikanischen Zeitung *La Jornada* (6. 11. 2009):

»Pandemie der Profitgier – Auf Erden sterben jährlich 2 Millionen Menschen an Malaria, die ganz einfach durch ein Moskitonetz geschützt werden könnten. Der Presse ist das keine Zeile wert. Auf Erden sterben jährlich 2 Millionen Mädchen und Jungen an Darmerkrankungen, die mit einer isotonischen Salzlösung zum Preis von 25 Cent behandelt werden könnten. Das ist den Medien keine Zeile wert. An Masern, Lungenentzündung und anderen mit relativ preiswerten Impfstoffen heilbaren Krankheiten sterben jedes Jahr fast zehn Millionen Menschen. Darüber schweigen die Medien. Aber als vor einigen Jahren die sogenannte ›Vogelgrippe‹ ausbrach, überfluteten uns die globalen Informationssysteme mit Schreckensmeldungen. Mengen an Tinte wurden verbraucht und beängstigende Alarmsignale ausgesandt, sie sei eine Epidemie, die gefährlichste von allen. Eine tödliche Pandemie! Und trotz alledem kamen durch die Vogelgrippe weltweit ›nur‹ 250 Menschen zu Tode. 250 Menschen in zehn Jahren, im Durchschnitt 25 pro Jahr! Die normale Grippe tötet jährlich weltweit ungefähr 500 000 Menschen.

Warum wird ein solcher Rummel um die Vogelgrippe veranstaltet? Der transnationale Pharma-Riese Roche hat von seinem famosen Tamiflu zig Millionen Dosen allein in den asiatischen Ländern verkauft. Obgleich Tamiflu von zweifelhafter Wirksamkeit ist, hat die britische Regierung 14 Millionen Dosen zur Vorsorge für die Bevölkerung gekauft. Die Vogelgrippe hat den Pharmakonzernen Roche und Relenza milliardenschwere Gewinne eingespielt. Zuerst mit den Hühnern, jetzt mit den Schweinen.

Jetzt beginnt die Hysterie um die Schweinegrippe. Ich frage mich: Wenn es hinter den Hühnern einen großen Hahn gab, wird hinter den Schweinen wohl auch ein großes Schwein stecken! Die amerikanische Firma Gilead Sciences hält das Patent für Tamiflu. Die wirkliche Pandemie heißt Gier, die unersättliche Gier dieser Aasgeier nach Gewinnen.«

Leserbrief von Dr. Thomas Szekeres, Vizepräsident der Ärztekammer für Wien in der *Krone* vom 21. September 2009:

»Die Ausgaben für das österreichische Gesundheitssystem liegen seit 1995 bei ca. 10 Prozent vom BIP und sind somit nicht explodiert... Die Kassen sind überschuldet, da man ihnen Leistungen... verordnet hat, ohne für entsprechende Einnahmen zu sorgen... Ganz im Gegensatz zu vielen anderen Bereichen.

Dort hat es Veranlagungen und Spekulationen gegeben mit der Folge, daß die Bundesfinanzagentur bis zu 617 Millionen Euro verspielt hat. Die AUA benötigt bis zu 1 Milliarde Euro, um zu überleben. Die ÖBB hat fast 1 Milliarde bei Spekulationen verloren. Banken werden auf Grund risikoreicher Geschäfte mit 100 Milliarden Euro gestützt... Dies bedeutet, daß der Steuerzahler, wir alle, auch für die Fehler von Managern bezahlen, ohne daß irgend jemandem ein ernsthafter Vorwurf gemacht wird. Es sind ja die besten Köpfe tätig gewesen und hatten eben Pech. Personelle Konsequenzen sind nicht notwendig, da die besten Manager das Geld verspielt haben. Aber die Ärzte? Ja, die sind schuld am vermeintlichen Niedergang des Gesundheitssystems.

Fällt Ihnen hier eine Diskrepanz auf? Ich fürchte, daß nicht ganz unbeabsichtigt das soziale Gesundheitssystem kaputtgespart werden soll, um vermeintlich besser wirtschaftenden privaten Anbietern einen lukrativen Markt zu öffnen. Zehn Prozent der Wertschöpfung eines Landes sind nicht wenig, und natürlich stören ein Pflichtversicherungssystem und eine durch Bundesländer beeinflußte Spitalslandschaft bei der wirtschaftlichen Nutzbarmachung dieses wachsenden, konjunkturunabhängigen und potentiell extrem lukrativen Marktes...

Die Frage sollte lauten: Wollen wir im Gesundheitssystem mehr privat und weniger Staat? Was bringt eine Privatisierung für den Patienten? Beispiele hat man nicht nur in den USA, sondern auch in europäischen Ländern. Je mehr private Anbieter für Gesundheitsleistungen verantwortlich zeichnen, um so teurer wird das Gesundheitssystem, und um so schwieriger wird der Zugang zur Versorgung. Ich kann mir nicht vorstellen, daß die Mehrheit der Österreicherinnen und Österreicher sich so ein privates System wünscht. Dies bedeutet nicht, daß man unser Gesundheitssystem nicht verbessern könnte, allerdings bringt eine Privatisierung im Gesundheitssystem nur Mehrkosten und Ungerechtigkeiten. Deshalb sollte man unser sehr gutes System finanzieren und aufhören, den Menschen etwas vorzumachen.«

In dieselbe Kerbe schlägt der folgende offene Brief, erschienen in *Der freie Mensch* (9–10/2009), den Renate Hartwig, Autorin des Buches *Der verkaufte Patient,* im Oktober 2009 an die damalige bundesdeutsche Gesundheitsministerin Ulla Schmidt richtete:

»Hallo, hier ist das Volk! . . . Sie, Frau SCHMIDT, machen Krieg gegen die halbe Republik – gegen Beitragszahler, Patienten, Ärzte, Schwestern, Pfleger – und Sie brauchen sich nicht zu wundern, wenn sich immer mehr Leute fragen: Für wen arbeitet die Frau eigentlich? Wen vertritt sie, diese Volksvertreterin? . . . Und Sie schämen sich nicht, das Wort ›Kostendämpfung im Gesundheitswesen‹ vor einer miserabel bezahlten Krankenschwester, vor einem chronisch Kranken, der um seine Heilmittel kämpfen muß, vor einem jungen Arzt, der ökonomisches Harakiri betreibt, wenn er eine Praxis übernimmt, in den Mund zu nehmen? Wundert es Sie, wenn diese Leute Sie fragen: Für wen arbeiten Sie, Frau SCHMIDT? Wer steht eigentlich hinter Ihnen – außer Angela MERKEL, dem Berliner Lobbyisten-Verband, der Bertelsmann-Stiftung und dieser netten Firma ›Kaiser Permanente‹ in den USA, zu der Sie bevorzugt reisen und uns erzählen, es ginge Ihnen dabei um das Thema Prävention? Für wie dumm halten Sie uns Bürger eigentlich? . . . Beitragszahler sollen frei wählen können, welcher GKV sie angehören wollen, . . . die gezwungen werden sollen, den Kunden ›möglichst gute Qualität zu möglichst guten Preisen‹ anzubieten. . . ›Wettbewerb‹ klingt immer gut, auch wenn sich die Leute langsam fragen, warum das seit anderthalb Jahrzehnten gepredigt wird, während den Beitragszahlern von Jahr zu Jahr mehr abverlangt wird.

Ich will Ihnen sagen, was Sie beabsichtigen: Sie wollen die Krankenkassen in eine Form bringen, in der man sie verkaufen kann. . . Es muß zu einem glänzenden Geschäft werden, eine solche Kasse zu besitzen. Sie und Frau MERKEL wollen das leidige Thema Gesundheit vom Tisch haben. Es zieht den Staatshaushalt wie Blei in die Tiefe. . . Die Wahrheit ist: Sie antichambrieren schon bei den potentiellen Käufern, bauen ihnen Brücken, holen sie ins Land. Das werden wir Bürgerpatienten nach Kräften vereiteln. Gesundheit ist nicht 1 : 1 in Markt zu überführen. Gesundheit muß in weiten Teilen die soziale Aufgabe einer solidarisch verfaßten Gesellschaft bleiben.«

Frau HARTWIG und Dr. SZEKERES, Autoren der beiden vorangegangenen Texte, haben genau erfaßt, worum es geht: Gemäß dem zweiten Gebot der Globalisierung darf keine Nation mehr über ihre Rohstoffe, Naturreserven, Industrien, staatliche Betriebe, Finanzinstitute, Sozialeinrichtungen, Kommunalleistungen verfügen. Diese müssen privatisiert, internationalisiert und profitmaximiert vermarktet werden – et pereat populus (und möge das Volk krepieren).

Neben der stark geförderten Massenzuwanderung von Nicht-Europäern in die EU gilt auch das von Liberalen und Demokraten aller Schattierungen mit allen Mitteln verteidigte ›Menschenrecht‹ auf Abtreibung als Instrument der Ent- bzw. Umvolkung der von Europiden bewohnten Staaten. Einem Bericht von Dietmar Holzfeind in *Zur Zeit* (10/2010) zufolge

> »werden allein in Europa jährlich 2,9 Millionen Abtreibungen vorgenommen, davon in der EU 1,2 Millionen. Diese Ziffer entspricht ziemlich genau jener Zahl, die an Geburten notwendig wäre, um das demographische Defizit in der EU auszugleichen. . . Dem so entstehenden Problem der Überalterung der europäischen Völker wollen die politischen Eliten aber nicht etwa mit strengeren Abtreibungsregeln begegnen, sondern mit ausufernder Massenzuwanderung kulturfremder Völker«.

Schon 1979 war der Australier Peter Singer, Professor für Bioethik und Philosoph, in seinem Buch *Praktische Ethik* für die bedingungslose Freigabe der Abtreibung und Wiedereinführung der Euthanasie eingetreten. Er wies auf zahlreiche Fälle hin, bei denen Ärzte aus Gewissensgründen Patienten sterben ließen oder ihnen den Tod erleichterten. Wie werden Ärzte entscheiden, deren Gewissen privatisiert und profitorientiert funktionieren? Werden sie Abtreibungen und Euthanasie als Instrumente demographischer Selektion betreiben?

Auch hier wieder der ›Saldo der Globalisierer‹:

> »Die Kontrolle über das Gesundheitswesen ermöglicht es uns, je nach Bedarf, den Bestand an brauchbaren Humanressourcen zu erhöhen oder zu senken.«

Woraus für uns nur eine Konsequenz zu ziehen ist:Wollen wir nicht als Versuchskaninchen der globalisierten Pharma-Industrie und als potentielle Organspender für zahlungskräftige ›Eliten‹ dienen, müssen unsere Länder aus der EU schleunigst austreten.

6.3.3 ›Gender Mainstreaming‹ – die neue Rolle der Geschlechter

> »Eine Frau, die einen Kinderwagen vor sich herschiebt, hat das Recht, dem Sieger von Sedan und dem Dichter des Faust zu sagen: Gehen Sie mir aus dem Weg!«
>
> Otto von BISMARCK

Die gleichmacherische Globalisierung bringt Männer und Frauen hervor, die bar jeder Persönlichkeit und eigener Charaktereigenschaften sind, sondern nur durch Verpackung und äußeres Erscheinungsbild - auch genannt ›Image‹ - auffallen. Sie folgen jedem Trend, schwimmen niemals gegen den Strom und sind deshalb unfähig, unbeeinflußte Urteile zu fällen, selbständige Entscheidungen zu treffen. Es sind untereinander austauschbare Analogmänner und Analogfrauen, deren männliche und weibliche Unterscheidungsmerkmale zunehmend verwischt werden.

6.3.3.1 (Prä-)historischer Rückblick

Wohl hat es immer wieder Herrscherinnen gegeben, die zum Wohle oder zum Schaden ihrer Völker das Szepter geschwungen haben, doch geschah dies stets nur im Rahmen einer legalen oder illegalen Erbfolge, zu keiner Zeit und in keinem Lande aber in Folge einer durch sich selbst zur Macht gelangten Frauenherrschaft. Diese ist nicht zu verwechseln mit dem Matriarchat, das eine Form mutterrechtlicher Ordnung darstellt. Berichte von einem Reich kriegerischer Amazonen, afrikanischer Stammesköniginnen und weiser Inselpriesterinnen haben sich als grob gesponnenes Seemannsgarn erwiesen oder entpuppten sich als mythische Legenden. Entgegen den Forschungsergebnissen fast ausnahmslos aller Frühgeschichtler und Archäologen wollen einige seriöse WissenschaftlerInnen, freilich auch ideologisch engagierte Feministinnen, in der kleinen Steinfigur der ›Venus‹ von Willendorf, den hethitischen Ruinen von Çatal Hüyük (Anatolien) und in den Kunstdenkmälern des minoischen Palastes von Knossos (Kreta) Beweise einer von Frauen bestimmten Hierarchie und Kultur erkannt haben (Arthur EVANS, *The Palace of Knossos*, 1903; James MELAART, *Çatal Hüyük, Stadt aus der Steinzeit*, 1967; Maria GIMBUTAS, *The Language of the Goddess* (Die Sprache der Göttin), 1989, und *The Goddesses and Gods of Old Europe*, 1996.)

In ihrem Buch *Göttinnendämmerung*, 1996, haben sich die Archäologinnen Brigitte Röder, Juliane Hummel und Brigitta Kunz dem Studium dieser Frage gewidmet und die feministischen Theorien sehr kritisch beurteilt. Über die Gründe, warum sich in aller Welt und zu allen Zeiten eine Dominanz der Männer über die Frauen in vielen Bereichen ergeben hat, kann lange spekuliert werden, wird aber wohl nie eine befriedigende Erklärung gefunden werden. Möge sich die holde Weiblichkeit damit trösten, daß sie es war, die an der Seite vieler gekrönten Häupter, Schlachtenlenker, gefeierter Künstler und lorbeerbekränzter Wissenschaftler die Hosen getragen hat, und darüber freuen, daß auch der grimmigste Monarch, furchterregendste Krieger, unnahbarste Geistesriese von einem sanften Lächeln, zarten Kuß, betörenden Augenaufschlag besiegt werden kann. Über ihre Macht über Männer haben intelligente Frauen immer geschwiegen!

Die Geschichte kündet von nur sehr wenigen berühmten Männern, die sich – vielleicht aus Frust oder wegen schlechter Laune – über Frauen ungebührlich geäußert haben. Zu diesen gynäkophoben Ungalanten gehören:

Aristoteles, 384–322: »Das Weibchen ist Weib, kraft einer gewissen Fähigkeitslosigkeit.« (*Politika*).

Die Katholische Kirche: »Mulier taceat in ecclesia« (»Das Weib schweige in der Kirche«).

Martin Luther, 1483–1546: »Wenn die Frauen aber außer der Haushaltung reden, so taugen sie nichts. Denn wiewohl sie Wert genug haben, doch fehlts und mangelts ihnen an Sachen, die sie nicht verstehen, drum reden sie auch davon läppisch, unordentlich und wüst durcheinander über die Maaße.« (*Tischreden*).

Jakob Sprenger, 1489: »Man soll wider Hexen nie ›unschuldig‹ sprechen, sondern auf ›nicht bewiesene Unschuld‹ befinden.« (*Hexenhammer*).

Napoléon Bonaparte, 1769–1821: »Schlimmstes Unheil widerfährt Männern, wenn sie Frauen wie ihresgleichen behandeln. Sie sind minderwertige Geschöpfe, die geboren wurden, um uns zu dienen und die man mit einer Rute treiben muß.« (*Mémorial de Ste. Hélène*).

Arthur Schopenhauer, 1788–1860: »Das niedrig gewachsene, schmalschultrige, breithüftige und kurzbeinige Geschlecht das schöne zu nennen, konnte nur der vom Geschlechtstrieb umnebelte männliche Intellekt. Mit mehr Fug könnte man das weibliche Geschlecht das unästhetische nennen. Weder für Musik für Poesie, für bildende Künste haben sie wirklich und wahrhaftig Sinn und Empfänglichkeit, sondern bloß Äfferei; aus Behuf ihrer Gefallsucht ist es, wenn sie solche affektieren und vorgeben. Es kennzeichnet sie ein an Verrücktheit grenzender Hang zur Verschwendung, eine instinktartige Verschlagenheit, ein unvertilgbarer Hang zum Lügen. Kurz, das Weib ist ein subordiniertes Wesen, eine Art Mittelstufe zwischen Kind und Mann, als welcher der eigentliche Mensch ist.« (*Aphorismen zur Lebensweisheit*).

Alfred Rosenberg, hingerichtet 1946 zu Nürnberg: »Gerade das Eingeständnis von Jahrtausenden Unterdrückung ist Beweis der Unfähigkeit.« (*Mythos des 20. Jahrhunderts*).

Burt Reynolds, Filmschauspieler: »Frauen tun für ihr Äußeres Dinge, für die jeder Gebrauchtwagenhändler ins Gefängnis kommen würde.«

Über solch abfällige Urteile der Weiblichkeit über Männer allgemein wissen weder Clio noch Erato zu berichten. Frauen waren und sind eben viel zu klug, um die dankbaren Opfer ihrer sanften Diktatur zu reizen.

Den wenigen frauenfeindlichen Bemerkungen entgegen stehen die unzähligen Lobeshymnen, Elegien, Schwulst- und Schmachtgesänge, zarten Liebesgedichte, die Männer zu allen Zeiten und in allen Kulturen der holden Weiblichkeit allgemein, insbesondere ihren Angebeteten, gewidmet haben. Vom *Hohen Lied der Lieder* des Königs Salomo (964–926) über die *ars amatoria* (die Kunst des Liebens) von Ovid (43 vor - 17 nach Chr.), Goethes *Werthers Leiden*, den *fêtes galantes* von Paul Verlaine (1844–1896) bis hin zu den heute per SMS übermittelten Analphabetismen pubertärender Kids wird bekundet, daß die Männerwelt vom Uranfang an von den Waffen des schwächeren Geschlechts beherrscht wurde.

Fest steht jedenfalls, daß die Frau stets und überall das einzige Wild ist, das seinem Jäger auflauert.

Doch heute droht Heimtückisches: ›Menschenrechte‹ und Globalisierung erfordern den Abbau der Grenzen zwischen den Geschlechtern.

Wie in allen anderen Bereichen zwischenmenschlicher Beziehungen auch ist es ein Anliegen der Umstürzler und Zerstörer aller Kulturen, die traditionellen Bande zwischen Mann und Frau, Eltern und Kindern, aber auch zwischen Mann und Mann, Frau und Frau, radikalen Änderungen zu unterziehen, ihre Rollen neu zu definieren: Männer sollen entmännlicht, Frauen entweiblicht, die Geschlechter austauschbar und zu einer Frage des persönlichen Geschmacks werden. Wie der Abbau aller territorialen Grenzen, so würde auch das Niederreißen herkömmlicher Bindungen und Unterschiede zwischen den Geschlechtern die Gleichschaltung, Austauschbarkeit und Einsatzmöglichkeiten der Humanressourcen gewaltig fördern und damit die Globalisierung vorantreiben.

Nicht nur in Nachkriegs-Europa gingen die aus den USA entsandten Soziologen und Propagandisten eines tabu- und grenzenlosen Liberalismus daran, die von abendländischen Wertvorstellungen und christlicher Moral geprägten Europäer umzuerziehen, sondern auch in den USA selbst, wo Mitte des 20. Jahrhunderts die Bevölkerungsmehrheit sich noch stolz zu den Traditionen ihrer europäischen Herkunftsländer bekannte. Hier herrschten strenge Zucht, Sitten und Gebräuche, Beziehungen zwischen den Geschlechtern unterlagen strengen Regeln. In Hollywood-Filmen räkelten sich die Badenixen Esther WILLIAMS und Jane MANSFIELD in züchtigen Einteilern an der Sonne, gestatteten die ätherisch unnahbaren Traumschönheiten Rita HAYWORTH, Elizabeth TAYLOR und Ingrid BERGMANN den Herzensbrechern Cary GRANT, Gary COOPER und Clark GABLE bestenfalls einen züchtigen Kuß.

Doch dann explodierte dieses Bild untadeliger Moral und wurde als schändliche Heuchelei entlarvt, als 1953 das Buch *The Sexual Behavior in the Human Female* (*das Sexualverhalten des Menschenweibchens*) von Dr. Alfred KINSEY erschien. Der ›Kinsey-Report‹ schlug in der heilen Welt der Amerikaner wie eine Bombe ein: Gemeinsam mit Assistenten seines ›Institute for Sex Research‹ hatte er 8000 Frauen befragt und dabei herausgefunden, daß ein hoher Prozentsatz von ihnen, hinter einer Fassade äußerlicher Konventionen, sowohl vorehelichem Sex, außerehelichem Sex, als auch häufigem Partnerwechsel in allen Variationen gefrönt hatten. KINSEY wurde von ungläubigen Ärzten, Wissenschaftlern und Moralisten als Verräter und Lügner beschimpft, von vielen Frauen als Verleumder verdammt, von anderen als Befreier gefeiert. Der Skandal war perfekt und war gleichzeitig auch der Auslöser für ›Women's Liberation Front‹ und andere Selbstbefreiungsorganisationen von Frauen, die sich nicht dreinreden lassen wollten, mit wem sie wann, wie und wo ins Bett steigen durften. Der ›Kinsey-Report‹ war und blieb jahrelang ein Bestseller und Kultbuch der Frauenemanzipation.

Schon 1954 hatten die Gynäkologen E. Bergler und W. Kroger die Ungenauigkeit der Methodik und die unwissenschaftlichen Schlußfolgerungen Dr. Kinseys bemängelt. 1964 ging Gerschon Legman, einer der Assistenten Dr. Kinseys, an die Öffentlichkeit und bekannte, es sei Kinseys Plan gewesen, mittels Propaganda und ›Aufklärungs‹-Schriften das Sexualverhalten des amerikanischen Volkes radikal zu verändern und diesem Homosexualität, Promiskuität, Päderastie und andere Perversitäten näher zu bringen, doch Legmans Aussagen wurden politisch korrekt unterdrückt. Erst 1991 gelangte die Wahrheit ans Licht, als das Buch *Kinsey, Sex, Fraud – the Indoctrination of a People* (*Kinsey, Sex, Betrug, und die Umerziehung eines Volkes*) von E. Eichel und J. Reisman erschien. Sie hatten herausgefunden, daß die von Kinseys Team befragten Testpersonen dem Umfeld seines ›Institute for Sex Research‹ zuzuordnen und die Schlüsse, die aus Testserien gezogen wurden, nur zweckdienlichen Aussagen entnommen worden waren. Seit dem Erscheinen des Kinsey-Report waren schon fast vierzig Jahre vergangen, die ›sexuellen Revolution‹ hatte ihren Siegeslauf angetreten, und bald erreichte sie auch Europas Gestade.

Literaturhinweise:

Revilo Oliver, *Populism and Elitism*, 1981, und *America's Decline*, 1982; William Greider, *Who will tell the People*, 1992.

6.3.3.2 ›Gender Mainstreaming‹ als Instrument der Globalisierung

Auf einem EU-Sondergipfel, der im März 2000 in Lissabon stattfand, hatten die europäischen Regierungschefs ein neues Ziel angepeilt: Bis zum Jahr 2010 sollte die EU der wettbewerbsfähigste und dynamischste wissensgestützte Wirtschaftsraum der Welt werden. Zu diesem Zweck einigte sich der Rat auf die bis dahin zu erzielende Gesamtbeschäftigungsquote, vor allem auf die Frauenbeschäftigungsquote. Drei Jahre später faßte die EU den Beschluß 578/2003, die ›Gleichstellung der Geschlechter‹ durchzusetzen:

> »Die Vereinbarkeit von Beruf und Privatleben muß verbessert werden, indem die Zahl der Betreuungseinrichtungen für Kinder so erhöht wird, daß bis 2010 für mindestens 90 Prozent der Kinder zwischen 3 Jahren und dem Schulalter, und für minde-

stens 33 Prozent der Kinder unter 3 Jahren Betreuungsplätze zur Verfügung stehen.«

Kommentar von Christa Müller, Lebensgefährtin von Oskar Lafontaine, in ihrem Buch *Dein Kind will dich*, 2007:

> »Durch die Schaffung eines Überangebotes an Krippenplätzen sollen Hunderttausende von Müttern kleiner Kinder dem Arbeitsmarkt zugeführt werden, damit die Löhne nicht steigen und die Unternehmen ihre Profite erhöhen können.«

Barbara Rosenkranz, Mutter von zehn Kindern, Präsidentschaftskandidatin der FPÖ und Landtagsabgeordnete in Niederösterreich, schrieb das Buch *MenschInnen, auf dem Weg zum geschlechtlosen Menschen*, das 2008 im Ares-Verlag erschien. Eingangs verweist die Autorin auf das österreichische Durchschnittalter von 50 Jahren und eine Geburtenrate von 1,3 Prozent, während jenes der Frauen im Maghreb bei 20 Jahren und ihre Geburtenrate bei 3,9 liegen. Ein Drittel der österreichischen Frauen seien kinderlos, davon 42 Prozent der Akademikerinnen, 65 Prozent der Politikerinnen und Journalistinnen, der ›Eliten‹ also, von denen Otto Scrinzi, Arzt, Historiker und Mitbegründer der FPÖ sagt:

> »Vielleicht wird es in 20 oder 25 Jahren noch eine deutsche ›Elite‹ geben, aber kein deutsches Volk mehr!«

Zu Zeiten des Kaisers Augustus (27 vor bis 14 nach Chr.), als Rom von Geburtenarmut und Kinderlosigkeit geplagt wurde, erließ der Herrscher zwei Gesetze, die »lex Iulia« und »lex Papia«, wonach kinderlose Ehepaare das Anrecht auf die Hälfte einer Erbschaft verloren. Im »Ius trium liberorum« war festgelegt, daß Karriereaufstieg demjenigen gewährt war, der mindestens drei Kinder vorzuweisen hatte.

Den schwer übersetzbaren und daher schwer definierbaren Begriff ›Gender Mainstreaming‹ erklärt Rosenkranz wie folgt:

> »Im Rahmen der Gender-Theorie gilt es als ›normal‹, daß die Geschlechtsidentität unabhängig vom biologischen Geschlecht zu wählen, daß sie vielmehr fließend und nicht eindeutig ist. Transidentität, Transsexualität oder Transgender wird dies im Fachjargon genannt. Die Broschüre *andersherum ist nicht verkehrt* des Bundeslandes Salzburg, die anläßlich des ›Europäischen Jahres der Chancengleichheit für alle‹ 2007 herausgegeben wurde, erklärt ganz unbefangen, daß das biologische Geschlecht nicht

unbedingt mit dem empfundenen übereinstimmen muß: ›Transidentität ist unabhängig von der sexuellen Orientierung. Bei transidenten Menschen unterscheidet sich das empfundene vom biologischen Geschlecht: Frauen leben im Körper eines Mannes, Männer im Körper einer Frau. Der Wunsch nach einer Geschlechtsangleichung ist dauerhaft vorhanden.‹. . .

In der Bevölkerung ist entweder kein oder nur ein sehr diffuses Wissen über den Begriff ›Gender Mainstreaming‹ vorhanden. Es besteht das ›Gefühl‹, er hätte etwas mit Frauenförderung und Gleichberechtigung zu tun. Diese Undeutlichkeit aber hat für die Betreiber von ›Gender Mainstreaming‹ durchaus Vorteile. So konsequent wird vermieden, eine genaue Begriffsbestimmung der breiten Öffentlichkeit darzulegen, daß ein Schelm fast meinen könnte, dies wäre Absicht und Teil einer Strategie. Soll die Bevölkerung etwa gar nicht genau erfahren, was hinter dem Begriff steht, weil man um die Meinung der Bürger bescheid weiß und Widerstand befürchtet?‹ Eingeweihte Kreise wüßten, ›daß es darum geht, eine dauerhafte Weiterentwicklung der Elternrollen, der Familienstrukturen, der Formen der Arbeitsorganisation usw. zu fördern, betreffe doch die Chancengleichheit nicht allein die Frauen, die Entfaltung ihrer Persönlichkeit und Selbstständigkeit , sondern auch die Männer und die Gesellschaft insgesamt, für die sie Fortschritt und Unterpfand für Demokratie und Pluralismus sein kann.‹ Weiterentwicklung also, zwecks Änderung der traditionellen, seit Jahrhunderten bestehenden Familien, ja der gesamten Gesellschaftsstrukturen. . .

Als Kern des Gender Mainstreaming wird von der EU die Gleichstellung von Frauen und Männern angegeben, beinhaltet jedoch einen weiteren Aspekt: ›Es soll in allen Bereichen und auf allen

Gender Mainstreaming-Piktogramme in Wien.

Ebenen berücksichtigt werden‹, also von der Agrarwirtschaft bis zum Gesundheitswesen, von den Regierungsinstitutionen bis zum Verwaltungsorgan auf Landesebene. Ferner soll es ›von oben nach unten‹ durchgesetzt werden.

Will man den Begriff übersetzen, so beginnt man am besten mit dem zweiten Wort: ›Mainstream‹ bedeutet als Substantiv ›Hauptrichtung‹, als Adjektiv ›vorherrschend. Mit dem Wort ›Gender‹ bezeichnet man im Englischen das grammatikalische Geschlecht masculinum, femininum, neutrum. Erst in den 60er Jahren wurde es von der Sexualpsychologie übernommen, um mit Fällen von Transsexualität umgehen zu können. . .

Laut Experten der Humboldt-Universität spreche für die Übernahme des englischen Ausdrucks ›Gender‹, ›daß im Deutschen mit dem Begriff Geschlecht vor allem das biologische Geschlecht assoziiert wird. . ., was mit dem Risiko verbunden ist, die Bedeutung von Geschlecht als ein historisch veränderbares, soziales und kulturelles Verhältnis aus dem Blick zu verlieren.‹ Der Verdacht, daß eine eindeutige Übersetzung gar nicht erwünscht ist, bestätigt sich also: Eine Übersetzung des Begriffs ›gender‹ hätte die Beziehung zum ›biologischen Geschlecht‹ exakt benennen und damit die Katze aus dem Sack lassen müssen. . .

›Gender‹, das soziale Geschlecht, ist ausschließliches Ergebnis sozialer und politischer Umstände und damit völlig unabhängig vom biologischen Geschlecht. Dieser Gedanke ist nicht neu, er kommt schon 1949 bei der Ur-Feministin und Existentialistin Simone DE BEAUVOIR vor: ›Man kommt nicht als Frau zur Welt, man wird es.‹ Die amerikanische feministische Ikone Judith BUTLER: ›Wie Frauen und Männer ihr Geschlecht 'verkörpern' und was als 'natürlich' und 'normal' gilt, ist demnach auch immer abhängig von gesellschaftlichen Vorstellungen und Normen. Das heißt, auch das als 'natürlich' angenommene Geschlecht hat eine Geschichte, denn auch der naturwissenschaftliche und medizinische Blick auf den Körper ist einem historischen Wandel unterworfen.‹ Sie bekennt, daß ihre Schriften eine politische Annäherung von Feminismus, schwulen und lesbischen Perspektiven auf die Geschlechtsidentität und poststrukturalistische Theorie erstrebten. Ferner fordert sie ›eine postdisziplinäre Serie von Diskursen, um der Domestizierung der Geschlechter- oder Frauenstudien zu widerstehen und den Begriff der feministischen Kritik zu radikalisieren.‹ Sie lehnt es kategorisch ab, Menschen als Mann und Frau zu kategorisieren, sondert will ›den Phallogozentrismus und die Zwangsheterosexualität zentrieren, um sie zu dezentrieren.‹«

ROSENKRANZ befürchtet schon, das Schicksal eines ›MenschIn‹ erfahren zu müssen.

»Geschlecht ist also bloß ein Zufall der Geburt oder möglicherweise auch des Universums. Deshalb müssen alle biologischen Unterschiede zwischen den Geschlechtern auf soziale Konstruierung oder auf Unterschiede auf der reinen Verhaltensebene sein«, so der Feminist David Lee MUNDY und *Spiegel*-Autor René PFISTER (1/2007) erkennt: »Gender Mainstreaming will nicht nur die Lage der Menschen ändern, sondern die Menschen selbst.«

Eine Debatte findet nicht statt, sie wird von den Anhängern der Gender-Theorie verweigert. Jedes Gegenargument wird als Beweis für die Existenz einer massiven patriarchalen Verschwörung angesehen. Der Soziologe Michael BOCK, Professor an der Johannes-Gutenberg-Universität zu Mainz, bezeichnet Gender Mainstreaming als eine »totalitäre Steigerung der Frauenpolitik«. In der Tat erinnern viele ›Gen-Main‹ Thesen an jene von August BEBEL, Friedrich ENGELS und Wladimir I. LENIN:

»Die Frau bleibt nach wie vor Haussklavin, trotz aller Befreiungsgesetze, denn sie wird erdrückt, erstickt, abgestumpft, erniedrigt von der Kleinarbeit, die sie an Küche und Kinderzimmer fesselt und ihre Schaffenskraft durch eine geradezu barbarische unproduktive abstumpfende niederdrückende Arbeit vergeuden läßt.« (*Die große Initiative*, 1919).

Für die sogenannten ›Eliten‹ der Europäischen Union ist Gender Mainstreaming zum unhinterfragbaren Dogma geworden. Im österreichischen Parlament wird man mit einem Ordnungsruf bedacht, wenn man die Gender-Ideologie als ›Wahnsinn‹ bezeichnet. Wie tief diese bereits in die politische Mitte eingedrungen ist, zeigt das folgende Beispiel: Am 13. Juni 2008 erscheint in der Beilage der sich als konservativ-bürgerlich gebenden *Die Presse* der Beitrag *Das dritte Geschlecht*:

»Alice SCHWARZER ist gegen die Spaltung in Männer und Frauen... Die boomenden androgynen Inszenierungen in der Popmusik scheinen auf ihrer Seite zu sein, das traditionelle Ge-

> schlechterverhältnis bricht seit 1968 mehr und mehr auseinander, die Popmusik, als Sensor gesellschaftlicher Veränderungen hat dieses Treiben schon immer reflektiert.«

Ein Höhepunkt der Androgynität (Vereinigung männlicher und weiblicher Wesenszüge) sei in der Pop-Kultur mit Michael JACKSON erreicht worden, der sich chirurgisch so lange behandeln ließ, bis er als eine Art geschlechtloser Knabe galt. Diese ›Art Mensch‹, grell geschminkt, wird von Germaine GREER, der australischen Ikone des Feminismus, als ›begehrteste Beute, als erlesene Speise‹ bezeichnet, die den ›Appetit der Frauen befriedigt‹. . . Garniert ist dieser bemerkenswerte Beitrag in der bürgerlichen *Presse* mit sehenswerten Bildern, auf denen besondere Exemplare dieser Pop-Kultur ihre Ungeschlechtlichkeit lustvoll inszenieren.

In einem *Spiegel*-Artikel berichtet René PFISTER von folgendem Beispiel real angewandten Gender-Wahnsinns: Das Umweltministerium von Nordrhein-Westfalen schickte ein Expertenteam los, bestehend aus einer Soziologin und einer Ökothrophologin in den Nationalpark Eifel, mit folgendem wichtigen Auftrag: »Gender Mainstreaming im Nationalpark Eifel – Entwicklung von Umsetzungsinstrumenten.« Dahinter stand die Überzeugung, daß Sexismus nicht vor den Grenzen eines Naturschutzgebietes haltmacht. Nach elf Monaten Arbeit legte das Forscherteam einen 67seitigen Abschlußbericht vor. Es empfahl zum Beispiel, Bilder von der Hirschbrunft aus Werbebroschüren zu streichen, denn so etwas fördere stereotype Geschlechterrollen. Die Landesregierung überwies 27000 Euro für die Studie.

> »Wie lebensfern und lebensfeindlich die Ideen des Gender Mainstreaming sind, kann man besonders an den abstrusen Auswüchsen in der Praxis erkennen«, so noch einmal Barbara ROSENKRANZ. »Mit besonderer Aufmerksamkeit widmet man sich bei der praktischen Umsetzung Kindern und Jugendlichen. . . Männlichen Schulabgängern werden für Männer eher untypische Berufe aus dem Sozial- und Pflegebereich ans Herz gelegt, und Mädchen wird von genau diesen Berufen abgeraten. . . Einigen Aufruhr hat es in Deutschland doch gegeben, als einer breiteren Öffentlichkeit Schriften der Bundeszentrale für gesundheitliche Aufklärung, die dem Bundesministerien für Familie und Gesundheit untersteht, bekannt wurden. Der *Ratgeber für Eltern zur kindlichen Sexualerziehung vom 1. bis 3. Lebensjahr* oder das Liederbuch *Nase,*

> *Bauch und Po* für Kindergärten stehen eindeutig in der Tradition der ›Sexuellen Revolution‹ der 68er Generation, die ein etwas ›anderes‹ Verhältnis zur Pädophilie pflegte. So beschreibt der legendäre ›Rote Dany‹, Daniel COHN-BENDIT, heute Mitglied der Grünen Fraktion des EU-Parlaments, im Bändchen *Der große Basar* seinen Umgang mit kindlicher Sexualität: ›Es ist mir mehrmals passiert, daß Kinder meinen Hosenlatz geöffnet und mich gestreichelt haben... wenn sie darauf bestanden haben, habe ich sie berührt.‹...
>
> Stephan HOYNG, Professor für Jungen- und Mädchenarbeit in Berlin: ›... die globale Marktwirtschaft benötigt in Europa immer weniger Männer, die traditionelle Männlichkeit – z. B. dominant, wortkarg, gewaltbereit – als Stütze für ihren Selbstwert brauchen. Jungen, die sich an solchen Klischees orientieren, grenzen eigene Interessen und Bedürfnisse ein und sind damit in ihrer Entwicklung behindert... Daß einige Männer ausfallend werden, für die die Identitätskrücken traditioneller Männlichkeit unentbehrlich zu sein scheinen, betrachte ich... als Ausdruck der Angst vor der nahenden Veränderung.‹«

Barbara ROSENKRANZ hat ihre Leserinnen und Leser hinter die Kulissen des unseligen ›Gender Mainstreaming‹ blicken lassen. Man merkt die Absichten der Globalisierer und ist verstimmt. Aus Männern und Frauen sollen füg- und folgsame Arbeitsbienen werden, Humanressourcen der Globalisierung.

In der österreichischen Wochenzeitung *Zur Zeit* merkte Frau ROSENKRANZ zudem an:

> »Die politische Klasse hat sich eindeutig gegen Familie und Kinder entschieden. Stichwort: Gleichgeschlechtliche Partnerschaften. Die Gleichstellung dieser Lebensform mit der Ehe zwischen Mann und Frau – politisches Programm von Grünen, SPÖ und ÖVP (!) – wird beträchtliche Mehrkosten allein im Sozial- und Gesundheitsbereich nach sich ziehen... Das Merkblatt für eine ›Geschlechtsneutrale Sprache im Europäischen Parlament‹ hat eindrucksvoll bewiesen, wes Geistes Kind dessen Verfasser sind. Geschlechtsbezeichnungen wie Frau, Fräulein oder Madame sind ebenso verpönt wie der Staats- oder der Feuerwehrmann. Weniger zum Lachen ist es schon, als das Europäische Parlament mit großer Mehrheit beschloß, daß kochende, backende, waschende Mütter nicht mehr zu Reklamezwecken gezeigt werden dürfen.«

Ein gutes Beispiel von Gender-Wahnsinn erwähnt A. Delegesta in *Zur Zeit* (26/2009):

»Um der Flut der am Medizinstudium [in Österreich] Interessierten Herr zu werden, ist man auf die Idee verfallen, Eignungstests einzuführen. Klar, daß der Schwerpunkt auf naturwissenschaftlichem Gebiet liegt. Und an diesem Punkt wird's für die politische Klasse, die meint, für ›Gendergerechtigkeit‹ sorgen zu müssen, problematisch. Und zwar, weil Männer bei diesen Tests zu gut abschneiden. An der Medizin-Uni in Graz waren 58,4 Prozent der Prüflinge weiblich. Nur 48,5 Prozent von ihnen erhielten aber einen Studienplatz. Die Ergebnisse in Wien und Innsbruck sind vergleichbar. Den Schluß zu ziehen, daß Männer und Frauen eben geschlechtsspezifisch unterschiedliche Begabungen zeigen und die Ergebnisse diese widerspiegeln, verbietet sich von selbst. Folglich muß ›Diskriminierung‹ im Spiel sein... In den USA ist es – aus denselben Gründen – gelungen, die Leistungsstandards an den medizinischen Fakultäten derart massiv zu senken, daß der amerikanische Patient darauf achten muß, welchem Doktor er in die Hände fällt.«

»Die Würde des Mannes ist antastbar«, lautet der Titel eines Beitrags des Soziologen Walter Hollstein in der *Neuen Zürcher Zeitung* vom 6. Janar 2010: »Standen Männer einst im Ruf, die Krone des Menschseins zu sein, geben sie nach Jahrzehnten feministischer Brachialkritik ein eher tristes Bild ab... Die amerikanische Radikalfeministin Andrea Dworkin dezidiert: ›Terror strahlt aus vom Mann, Terror erleuchtet sein Wesen, Terror ist sein Lebenszweck‹, und ihre Landsfrau Marilyn French zögerte in ihrem Bestseller *Frauen* (1977) nicht, Männer mit Nazis gleichzusetzen, die erschossen gehörten... Tatsächlich scheint die Abwertung von Männern inzwischen selbstverständlich zu sein – so normal, daß auch dann niemand mehr aufmerkt, wenn etwa, wie vor kurzem Air France verfügte, daß allein reisende Männer nicht mehr neben Kindern sitzen dürfen; was besagt, daß jeder Mann unter dem Generalverdacht steht, ein Kinderschänder zu sein... Wurden an Männern einst Mut, Leistungswille und Autonomie gepriesen, werden diese Eigenschaften heute als Aggressivität, krankhafter Ehrgeiz und Unfähigkeit zu menschlicher Nähe stigmatisiert. Davon sind vor allem Knaben betroffen. Sie sind einem ›Mainstream‹ ausgesetzt, der alles Weibliche als Vorbild ausweist und alles Männliche abwertet... Alice SCHWARZER 1986 in der Zeitschrift *Emma*: ›Wenn wir wollen, daß es unsere Töchter einmal leichter haben, müssen wir es unseren Söhnen schwerer machen.‹ Wenn Tom SAWYER und Huckleberry FINN heute lebten, würde man bei ihnen ein Aufmerksamkeitsdefizitsyndrom diagnostizieren und sie mit Ritalin ruhigstellen.«

6.3.3.3 Der Siegeszug der Schwulen, Lesben und Transsexuellen

Während es im Interesse der Volksmehrheit ist, den Bestand des Generationenvertrags zu gewährleisten, fördern liberale Demokraten – getreu den Menschenrechten und auf Kosten der Mehrheit – Schwule, Lesben und andere Minderheiten, die sich diesem entziehen.

Otto MALE, Universitätsprofessor und Leiter des Labors an der 1. Wiener Universitätsklinik, kommt in seiner Schrift *Zum Problem der Homosexualität* (2004) aus der Sicht eines Venerologen und Mikrobiologen mit mehr als 40 Jahren Erfahrung zum Schluß, daß Homosexualität nach medizinischen Kriterien eine Abnormität darstellt.

Der amerikanische Kulturhistoriker Revilo OLIVER in *The Homosexual Plague*, 1992: »Die Proselyten dieser Perversion sind unermüdlich am Werk, diese als ›griechische Liebe‹ anzupreisen« – in der Hoffnung, daß niemand sich an PLATOS Verbot der Knabenliebe – siehe *Politeia*, 3. Buch, 12/403 b–c und *Gesetze*, 8. Buch, 5–8 – erinnert.

Bernhard TOMASCHITZ in *Zur Zeit* (50/2009), über die ›Europäische Homolobby‹:

> »Die Förderung gesellschaftlicher Randgruppen ist der Europäischen Union ein besonderes Anliegen. Deutlich wird dies am Beispiel der Homosexuellen. So untersagt die berühmt-berüchtigte Antidiskriminierungsrichtlinie ausdrücklich, ›ungerechtfertigte Ungleichbehandlungen‹ von Personen wegen ihrer sexuellen Orientierung. Eine fast gleichlautende Formulierung findet sich in Artikel 21 der Europäischen Grundrechte-Charta, die Teil des Lissaboner Vertrags ist.«

In England, so *The Times* vom 11. April 2009, haben sich fünf führende Adoptionsvermittler von der katholischen Kirche gelöst, um Kinder an homosexuelle Paare vermitteln zu können. Damit folgen sie einem 2007 beschlossenen Antidiskriminierungsgesetz, das verbietet, Service auf Grund sexueller Orientierung zu verweigern.

Wolfgang CASPART meint in der *Aula* (November 2007):

> »Offiziell wird die Frühsexualisierung von Kleinkindern bis in die Nähe zur Pädophilie, Geschlechtertausch, Anleitung zu Sexspielen samt Rollentausch in Schulen und sogar in Kindergärten gefördert. . . Vom Kindergarten an werden Kinder zu Masturbation und homosexueller Lustbarkeit mittels staatlicher ›Familienpolitik‹ und ›Erziehung‹ angehalten. . . Neben der ungebremsten Zuwanderung findet in der Perversionsförderung ein weiterer Frontalangriff auf die abendländische Kultur statt. Die Schweinerei ist so massiv, daß sich die Zeitgeistler eigentlich nur freuen können.«

Vor etwa 15 Jahren wurde im österreichischen Parlament beschlossen, das Höchstalter zum Schutz Minderjähriger vor sexuellen Übergriffen von 16 auf 14 Jahre herabzusetzen. Weil dem Autor niemand sagen konnte, welche Vorteile den Österreicherinnen und Österreichern aus einer solchen Gesetzesänderung erwachsen wür-

Homo-Hochzeit in Bochum 1997. Ex-Außenminister Joschka FISCHER spielte eine Vorreiterrolle bei der Aufwertung der Schwulenbewegung. 2000 wies er die 9000 Mitarbeiter seines Amtes in Berlin und in allen Auslandsmissionen an, Homosexuelle mit Ehepartnern gleichzusetzen, insbesondere bei Diplomaten, bei Mietzuschüssen, Staatsempfängen und informellen Angaben gegen Entschädigung. WESTERWELLE wird diese Maßnahme wohl begrüßt haben.

den, erkundigte er sich beim Bundesministerium für Justiz. Nach langer Warteschleife landete er bei einer Sekretärin im Büro des Ministers, die ihn – wie folgt – aufklärte: Jeder Antrag für ein neues Gesetz oder eine Gesetzesänderung müsse, wenn er von einer oder mehreren offiziell registrierten Vereinigungen, Interessensvertretungen, Organisationen kommt, im Parlament behandelt werden. Widerspricht das Anliegen nicht der Deklaration der Menschenrechte, internationalen Konventionen oder der österreichischen Verfassung, wird darüber abgestimmt. Nun fragte der Autor die Dame, welche Vereinigung, Interessensvertretung, Organisation ein Interesse daran haben könnte, die Schutzwürdigkeit unserer Kinder um zwei Jahre zu reduzieren. Sie sagte, der Antrag sei von der HOSI, der ›Homosexuellen-Initiative‹ eingereicht worden, die gegen Verleumdung durch ›Homophobe‹ (Schwulengegner) eintrete, einen großen Einfluß ausübe und über mächtige Seilschaften verfüge.

Beatrix ULLRICH erklärt in *Der freie Mensch* (5–6, 2009) den Begriff ›Homophobie‹ wie folgt: »Es ist eines dieser Kunstwörter aus der Hexenküche der Sozio-Psycho-Logenbrüder und läßt sich wörtlich kaum übersetzen, es sei denn als ›Gleich-Angst«. Es wird als Wortkeule gegen alle geschwungen, die die geschlechtliche Liebe zwischen Mann und Frau für den naturgegebenen, Leben spendenden Normalfall halten. ›Homophobie ist‹ – so steht's im Internet –

> »eine sachlich durch nichts begründete Angst vor homosexuellen Menschen und ihren Lebensweisen... und wird in den Sozialwissenschaften zusammen mit Phänomenen wie Rassismus, Fremdenfeindlichkeit oder Sexismus unter den Begriff der ›gruppenbezogenen Menschenfeindlichkeit‹ eingereiht«.

Es fehlt nur noch der Antisemitismus, um das Maß voll zu machen. Weil Homophobie als Keule noch nicht ausreicht, wird gleich noch ein Wortungetüm nachgereicht:

> »Unter Heterosexismus versteht man ein gesellschaftlich institutionalisiertes Denk- und Verhaltenssystem, welches Heterosexualität anderen Formen sexueller Orientierung als überlegen klassifiziert... In unserer Kultur stellt Heterosexismus eine meist unreflektierte Art gesellschaftspolitischer Umgangsform dar, in der von frühester Kindheit an alle Menschen aufwachsen und der sich kaum jemand entziehen kann... Homophobie ist aus tiefenpsychologischer Sicht eine unbewußte Angst vor der Infragestellung der eigenen Identität. Diese Angst verweist... auf die

Unsicherheit der AggressorInnen (!) selbst... Weitere Maßnahmen auf Ebene der Europäischen Union sind nötig, um Homophobie auszumerzen und eine Kultur der Freiheit, Toleranz und Gleichheit unter den Bürgern in ihren Rechtsordnungen zu fördern.«

Auf Grund dieser Entwicklung nennt es Johann GUDENUS, Obmann des ›Rings Freiheitlicher Jugend‹, einen Skandal, daß sich im Dunstkreis von Rot und Grün zahlreiche dubiose Vereine tummelten, die teilweise eine Senkung des Schutzalters für Kinder fordern und damit Sex mit Kindern unter 14 Jahren als legalen Spaßvertreib begehren – darunter eine Gruppierung namens ›AG Pädo‹, die sich als Selbsthilfegruppe von Pädophilen sieht und Straffreiheit für Sex mit Kindern fordert. In der Tat forderten die Grünen bei einer Pressekonferenz am 19. März 2008, »die Verankerung des Themas Homosexualität und gleichgeschlechtliche Lebensweisen in den Lehrplänen und in der LehrerInnenausbildung«.

Auch die Kirche in Deutschland liegt hier voll im Trend: Auf der Internetseite einer katholischen Pfarre in Stuttgart fand sich die Einladung an »Schwule, Lesben und ihre FreundInnen, sich jeden 3. Sonntag im Monat in der Kirche St. ... zum Gottesdienst einzufinden«.

Durch Dauerberieselung in den Medien sowie durch Dauerpropaganda in Wort und Schrift umerzogen, glaubt ein beträchtlicher Prozentsatz zeit(geist)genössischer europider Frauen, ihr ›Wert an sich‹ ließe sich nur an der Enge ihrer knappsitzenden Jeans und Shirts, an der Zurschaustellung ihrer sekundären, tertiären und quartären Geschlechtsmerkmale messen. Ein ebenso hoher Prozentsatz der voll im Trend liegenden europiden Knaben ist überzeugt, daß ihr ›Wert an sich‹ mit der Menge an haarprachtfestigendem Gel, an bräunungsfördernder Schminke, an im Kraftstudio und in der Disco verbrachten schweißtreibenden Stunden proportional wächst. Nur wenn echte Frauen und Männer noch bereit sind, ein vorbildhaftes Leben vorzuleben, könnte die Um-Umerziehung dieser Jugendlichen noch gelingen.

Auch am Ende dieses Kapitels wieder der ›Saldo‹ der Globalisierer: »Lasset eure Kinder zu uns kommen – ihr werdet sie nicht wieder erkennen!«

Unser Fazit: Wer seine Kinder liebt, wird sie aus den Klauen der Geschlechtsverwandler reißen.

6.4 Die Internationalisierung des Militärs

»Das vierte Gebot zur Aufrechterhaltung der Globalisierung lautet: ›The export of U.S. security services to regional markets‹ [Einsatz amerikanischer Dienstleistungsstreitkräfte zum Schutz der Märkte].«

Thomas BARNETT: *The Pentagon's New Map*, S. 198ff.

In der globalisierten Einen Welt wird es keine nationalen Streitkräfte mehr geben, sondern – nach dem Muster der NATO – eine weltumspannende ›Dienstleistungsarmee‹ unter amerikanischem Oberbefehl zur Aufrechterhaltung der Globalisierung. Nach Ende des Zweiten Weltkriegs verfügte das besetzte Deutschland über keine Wehrhoheit mehr. Die 1955 aufgestellte Bundeswehr sollte ursprünglich nur reinen Verteidigungszwecken auf dem Staatsgebiet der Bundesrepublik dienen und war vom Anfang an der NATO (North Atlantic Treaty Organization) unterstellt, die 1949 von den Amerikanern zum Schutz gegen einen möglichen Angriff der Sowjetunion auf Westeuropa geschaffen wurde.

Gründungsmitglieder des ›Nordatlantik-Paktes‹ waren die 15 Länder USA, Belgien, Kanada, Dänemark, Frankreich, Griechenland, Island, Italien, Luxemburg, Niederlande, Portugal, Türkei, Norwegen und Großbritannien, denen sich 1955 die Bundesrepublik Deutschland anschloß. Spanien stieß später dazu, und nach der Implosion des Sowjetimperiums beeilten sich die Länder Albanien, Bulgarien, Kroatien, Tschechien, Estland, Lettland, Litauen, Ungarn, Rumänien, Slowenien, Slowakei und Polen, sich unter amerikanischen Schutz zu begeben. Zu den 28 Mitgliedsstaaten haben sich sogenannte ›assoziierte‹ Partner-Länder gesellt, unter ihnen die zur Neutralität verpflichteten Staaten Schweden, Österreich, Schweiz, dazu Armenien, Aserbaidschan, Weißrußland, Bosnien, Finnland, Mazedonien, Georgien, Irland, Kasachstan, Kirgisien, Malta, Moldawien, Montenegro, Serbien, Tadschikistan, Turkmenistan, Ukraine und Usbekistan. Anfangs waren die Mitglieder im Falle eines Angriffes nicht zur gegenseitigen Hilfe verpflichtet, doch seit den Anschlägen des 11. September 2001 wurde Artikel 5 der NATO-Statuten aktiviert, und tritt im Falle eines Angriffs auf eines der Mitglieder die Beistandspflicht aller anderen ein.

Wohl untersteht die Bundeswehr der deutschen Bundesregierung, doch wesentliche Teile der Truppe sind den NATO-Hauptquartieren für den Kriegsfall unterstellt. Durch das Fehlen eines Großen Generalstabs ist die Bundeswehr in jedem Ernstfall arg behindert. Die Bundesrepublik hat die operativen Planungen für den Kriegsfall an die NATO-Hauptquartiere delegiert. Die zweite Aufgabe eines Großen Generalstabs, die Mobilmachung vorzubereiten, ist in deutscher Hand verblieben. Zwar gibt es keine generelle Unterstellung der Bundeswehr unter amerikanisches Kommando, doch verbleibt ihr operativer Oberbefehl stets in Händen des amerikanischen ›Supreme Allied Commander Europe‹ (SACEUR).

Weil die Bundesrepublik Deutschland keine nationale Außenpolitik verfolgt bzw. verfolgen darf, sondern in die gleichgeschalteten Länder des ›Core‹ integriert ist, muß die Bundeswehr als Analog-Militär z.b.V. der USA angesehen werden, das – im Ernstfall – bei der NATO nicht mehr Mitspracherecht besitzt als einst die Ghurkas bei der Royal Army, die Zuaven bei der Armée Française, die Askari bei der Kaiserlichen Armee.

Wenige Monate nach seiner fristlosen Entlassung aus der Bundeswehr gab General Reinhard GÜNZEL der Wiener *Zur Zeit* (13/2004) ein Interview:

> GÜNZEL: »Es ist delikat, daß ausgerechnet die Bundeswehr, die als einzige Wehrmachtstradition den 20. Juli 1944 gelten läßt, mit eiserner Faust zuschlägt, wenn der Primat der Politik auch nur im Ansatz angekratzt wird. Es ist also pure Heuchelei, wenn die Verteidigungsminister von STRAUSS bis STRUCK die Männer des 20. Juli in den Himmel heben, ihrer Generalität aber jeden Hauch von geistiger Eigenständigkeit verbieten.«
>
> *Zur Zeit*: »Was passiert mit Offizieren, die etwa eine nationale Orientierung an ›deutschen Interessen‹ einfordern?«
>
> GÜNZEL: »Ich bin ja nicht der erste, der entfernt bzw. vergrault wurde. Denken Sie zum Beispiel an die Generale TRETTNER, PANITZKI, GRASHEY, KRUPINSKI und SCHULTZE-RHONHOF.«
>
> *Zur Zeit*: »Wann wird diese stillschweigende politische Säuberung in der Bundeswehr nach Ihrer Einschätzung enden?«
>
> GÜNZEL: »Mit dem ersten scharfen Schuß.«
>
> *Zur Zeit*: »Wie wirkt sich Ihr eigener Fall auf die Bundeswehr aus?«
>
> GÜNZEL: »Ich glaube, daß mein Fall – und noch mehr der Fall Hohmann, im Unterbewußtsein gespeichert wird und den Un-

mut schürt. Allerdings wird dieser wesentlich eher im Volk hochkochen als in der Bundeswehr, die weitaus stärker dazu erzogen ist, das zu schlucken, was die Politiker ihr verabreichen.«

Zur Zeit: »Wie wirken sich dieser verdrängte Frust und diese Erziehung eigentlich auf die Kampfkraft der Bundeswehr aus?«

GÜNZEL: »Die Bundeswehr krankt auch daran, daß es schon bei ihrer Aufstellung nicht in erster Linie darum gegangen ist, als militärischer Verband Schlagkraft zu entwickeln. Es war die Zeit der ›Abschreckung‹. Vorrangig war, unseren Alliierten schnell ein paar Divisionen hinzuzustellen. Und auch in der folgenden Zeit ist alles getan worden, um zu verhindern, daß die Bundeswehr eine Armee wie jede andere wird, das heißt, daß sie sich auch wieder in den nationalen Traditionen sieht, was nämlich bedingt hätte, bei der Wehrmacht anzuschließen. Unter diesem Gesichtspunkt ist es geradezu erstaunlich, daß sich die Bundeswehr doch noch so gut entwickelt hat.«

Zur Zeit: »Solch eine Armee ist einmalig im Westen, ist dieser deutsche Sonderweg ein Unglück?«

GÜNZEL: »Eine Armee, die sich nicht aus nationalen Wurzeln speist, ist allemal eine unglückliche Konstruktion. Jeder Soldat wünscht sich, in einer selbstbewußten und effektiven Armee dienen zu dürfen. Wenn man aber weder patriotisch noch soldatisch sein darf, was bleibt dann noch übrig?«

Auszug aus der österreichischen Zeitschrift *Der Soldat* (September 2009) über die Kampfkraft der Bundeswehr in Afghanistan:

»Die ›Transall‹-Transportmaschinen sowie die Panzerwagen ›Fuchs‹ und ›Dingo‹ müssen laufend ›kannibalisiert‹ (ausgeschlachtet) werden, damit wenigstens ein paar Exemplare eingesetzt werden können; die Aufklärungsdrohnen ›Luna‹ funken nur bis zu einer Temperatur von 40 Grad; es dauert drei Tage, bis die von ›Tornado‹-Aufklärern aufgenommenen Bilder entwikkelt werden; es gibt keine abhörsicheren Funkgeräte. Bei den Briten stünde es nicht viel besser. . .«

6.4.1. Die zwielichtige Rolle der NATO

Der dänische NATO-Generalsekretär Anders F. RASMUSSEN gab dem *Spiegel* (Nr. 52/2009) unter dem Titel: »In Afghanistan bleiben, bis der Job erledigt ist«, das folgende Interview:

RASMUSSEN: »Wir werden mindestens 37000 zusätzliche Soldaten entsenden, vermutlich noch mehr. Gleichzeitig wollen wir die Verantwortung für die Sicherheit des Landes schrittweise afghanischen Soldaten und Polizisten übergeben. Die müssen wir deshalb verstärkt ausbilden. Afghanistans neue Regierung steht in der Pflicht, die Verwaltung des Landes besser in den Griff zu bekommen und den Drogenhandel und die Korruption entschlossen zu bekämpfen. Und viele Länder und Organisationen haben zugesagt, zum zivilen Aufbau beizutragen. Die EU hat dafür schon einen Aktionsplan, Japan hat fünf Milliarden Dollar bereitgestellt. All das zusammen bringt Dynamik in unser Engagement. Sie werden sehen, es geht jetzt bald vorwärts in Afghanistan.«

Spiegel: »Schneller als ihr Engagement wächst der Verdruß bei den Menschen in den kriegführenden NATO-Ländern. Rund 70 Prozent der Deutschen sind für einen schnellen Abzug ihrer Truppen. Wie lange können demokratisch verfaßte Nationen gegen den Mehrheitswillen im Volk Krieg führen?«

RASMUSSEN: »Ich glaube, daß die Menschen sehr gut verstehen, warum wir in Afghanistan sind.«

Spiegel: »Und wieso sind sie dann für den zügigen Abzug?«

RASMUSSEN: »Sie verstehen, glaube ich, daß wir mit unseren Truppen verhindern müssen, daß Afghanistan ein Rückzugs- und Aufmarschgebiet für Terroristen wird. Die könnten sonst von dort verstärkt nach Zentralasien und immer weiter vordringen. Zudem würden sie die benachbarte Atommacht Pakistan weiter destabilisieren. Das wäre extrem gefährlich, auch für uns.«

Spiegel: »Nicht viele glauben, daß unsere Freiheit wirklich am Hindukusch verteidigt wird. Und auch die Befürworter des Afghanistan-Einsatzes sagen: Wir wollen endlich Erfolge sehen.«

RASMUSSEN: »Das verstehe ich gut. Vielleicht haben wir in der Vergangenheit die Herausforderungen in Afghanistan unterschätzt. Deshalb verstärken und intensivieren wir jetzt unser Engagement.«

Spiegel: »Was genau ist eigentlich unsere Mission: Wollen wir in Kabul eine Demokratie nach westlichem Muster erreichen, Brunnen bauen, dafür sorgen, daß Mädchen zur Schule gehen? Oder begnügen wir uns damit, Europa und die USA vor der Terrororganisation Al Qaida zu schützen?«

RASMUSSEN: »Wir sind in Afghanistan, um zu verhindern, daß das Land wieder ein Hort des Terrorismus wird. Wir dürfen doch nicht vergessen: Das Attentat vom 11. September 2001 hatte seinen Ursprung in Afghanistan.«

Spiegel: »Die Bedrohungslage hat sich geändert. Die *New York Times* zitiert einen ehemaligen CIA-Verantwortlichen mit den Worten: Es gibt in Afghanistan keine Al Qaida und in der Al Qaida keine Afghanen mehr... Was erwarten Sie konkret von Deutschland?«

RASMUSSEN: »Konkrete Zahlen will ich jetzt nicht diskutieren. Aber eine ganze Reihe europäischer Regierungen haben mir in den letzten Wochen schon 7000 Mann Verstärkung zugesagt. Das ist mehr, als ich erwartet hatte... Ich bin zuversichtlich, daß die deutsche Regierung die richtige Entscheidung treffen wird.«

Spiegel: »Wann ist die NATO-Mission endgültig erfüllt?«

RASMUSSEN: »Die Mission ist erfüllt, wenn die Afghanen in der Lage sind, ihr Land zu regieren und die Sicherheit zu gewährleisten.«

Spiegel: »Russische Politiker haben die Expansion der NATO nach Osten in den letzten Jahren mit Sorge betrachtet...«

RASMUSSEN: »Die NATO-Position dazu ist klar: Georgien und die Ukraine werden NATO-Mitglieder. Das haben wir in Bukarest 2008 so beschlossen... «

Spiegel: »Und die NATO-Erweiterungstour geht auch danach weiter?«

RASMUSSEN: »Wir werden unsere ›Politik der offenen Tür‹ fortsetzen...«

Spiegel: »Worum soll sich die NATO künftig noch alles kümmern?«

RASMUSSEN: »Denken Sie an Cyber-Kriege, an die Bedrohung durch Piraten, die neuen Formen von Terror, alles Herausforderungen, auf die wir eine Antwort finden müssen...«

Wie ein Feldmeister die täglich guten Taten seiner Pfandfinder, so lobpreist im *Spiegel*-Interview RASMUSSEN veilchenduftversprühend und Friedenstaubenschwingen schlagend die Einsätze der NATO in Afghanistan als Hilfe zur Selbsthilfe, als Kampf gegen Drogenhandel, Terrorismus und Korruption, als Kampf für Frauenrechte und für den Weltfrieden, als ›Export of NATO Security Services‹ eben, als Dienstleistung im Namen des Weltfriedens. Hier hat RASMUSSEN geflunkert und ›gejunckert‹, daß sich die Balken biegen: Kein Wort verliert er über die wahren strategischen Ziele der NATO in Afghanistan, wo sie ausschließlich als Instrument der Globalisierung dient: nämlich zur Einkreisung Rußlands und des Iran, zur Kontrolle der Erdöl- und Erdgaslagerstätten des ›Greater Middle East‹, der Kontrolle über die Öl- und Gasleitungen nach Süd, West und Ost, sowie zum ›Andocken‹ an die Westgrenze Chinas.

Wie bei den Globalisierern so üblich, und wie es Jean-Claude JUNCKER, Luxemburgs Regierungschef und Ober-EU-Europäer, dem *Spiegel* im April 2004 ja auch anvertraute, »beschließen wir etwas, und warten, was passiert. Wenn es dann kein großes Geschrei gibt, machen wir weiter, bis es kein Zurück mehr gibt.« Und so geht auch die NATO vor, Schritt für Schritt, getarnt und in voller Deckung, bis es eben kein Zurück mehr gibt.

6.4.1.1 Der erste Streich

Im Dezember 2006 hatte gleichzeitig mit dem offiziellen NATO-Gipfeltreffen in Riga eine inoffizielle Nebenkonferenz stattgefunden, an der die sogenannte ›Istanbul Cooperation Group‹, ein NATO-Anhängsel, dem der ›assoziierte‹ Staat Israel angehört, sowie der Vorsitzende des Auswärtigen Ausschusses, US-Senator Richard LUGAR, zwecks Festlegung der neuen NATO-Strategie im Krieg gegen den ›Terrorismus‹ teilnahmen. Anwesend waren auch der alte kalte Krieger Zbigniew BRZEZINSKI, der Währungsspekulant und Financier aller orangen und liberalen Oppositionsparteien George SOROS sowie Vertreter amerikanischer und deutscher Fonds und ›Friedens‹-Stiftungen – die Crème de la Crème der Globaliserer also.

Der amerikanische Senator stellte laut *Novosti* vom 20. Dezember 2006 fest:

> »In den nächsten Jahrzehnten werden Energiemangel und -manipulationen die wahrscheinlichen Ursachen für bewaffnete Konflikte in Europa und den anliegenden Regionen sein. . . Die überwältigende Mehrheit der globalen Öl- und Gasvorräte liegt heute außerhalb der Kontrolle von Privatunternehmen und der marktwirtschaftlichen Rationalität. . . 79 Prozent der globalen Öl- und

Gasvorräte werden von den jeweiligen Regierungen kontrolliert... Diese Regierungen setzen Preise ausgehend von eigenen Interessen fest und haben umfangreiche Möglichkeiten, das Ventil aus politischen Erwägungen zuzudrehen.«

Deshalb forderte Richard LUGAR:

> »Die NATO muß darauf vorbereitet sein, auf eine Energieerpressung von Seiten Rußlands oder des Iran mit angemessenen Gegenmaßnahmen zu antworten. Die Energie wird heute als Waffe mißbraucht, und die NATO muß sich deshalb klar machen, welche Schritte sie unternimmt, wenn etwa Polen, Deutschland, Ungarn oder Lettland der gleichen Gefahr wie die Ukraine durch Rußland ausgesetzt wären.«

Daraus schließt der US-Senator messerscharf, das Kapitel 5 der NATO-Satzung, wonach der militärische Überfall auf ein NATO-Mitglied einem Überfall auf die gesamte Organisation gleichkommt, müsse eben auch auf ›energiewirtschaftliche Überfälle‹ ausgedehnt werden:

> »Da ein Angriff durch Aussetzung der Energiezufuhr die Wirtschaft eines Staates ruinieren und zu Tausenden Opfern führen kann, muß sich die NATO zur kollektiven Abwehr eines solchen Angriffs gemäß Kapitel 5 verpflichten. Es gibt keinen Unterschied, ob ein NATO-Mitglied durch die Einstellung von Energielieferungen einem fremden Willen unterworfen oder ob es Opfer einer militärischen Aggression wird.«

Ferner sprach sich LUGAR – wie in Zeiten des Kalten Krieges – für das Abhalten von NATO-Manövern im Grenzgebiet zu Rußland aus und drohte dem Iran mit ›*preemptive strikes*‹ (vorbeugenden Angriffen), falls er seine Ölexporte drosseln sollte.

Hat damals ein einziger der anwesenden EU- und NATO-Vasallen gegen diese heuchlerische ›Haltet-den-Dieb!‹-Strategie der Amerikaner protestiert? Stehen etwa russische und iranische Truppen an der texanischen Grenze – oder umzingeln nicht vielmehr die USA mit zahlreichen Stützpunkten den Iran und das Reich der Moskowiter? Hat ein einziger der anwesenden EU-Vasallen und Vertreter der Lizenzpresse nicht wenigstens laut gelacht, als LUGAR das schändliche Verhalten staatlicher Ölgesellschaften beklagte, die Selbstlosigkeit des Ölkartells hingegen hervorhob?

6.4.1.2 Der zweite Streich

Am 28. Januar 2008 stand im britischen *The Guardian* zu lesen, daß ein von führenden NATO-Offizieren verfaßtes vertrauliches Manifest aufgetaucht sei, in dem diese gefordert hatten, der Westen müsse sich eine neue globale Strategie zulegen, um sowohl mit atomaren als auch anderen Massenvernichtungswaffen Präventivschläge gegen den immer brutaler auftretenden ›Terrorismus‹ in der Welt zu führen. Nachdem es bereits dem Pentagon und dem NATO Generalsekretär Jaap de Hoop Scheffer unterbreitet worden war, sollte dieses Manifest bei der im April stattfindenden NATO-Konferenz in Bukarest zur Diskussion gelangen. Darin hätten die Generale John Shalikashvili, ehemaliger Vorsitzender der vereinten US-Generalstabschefs und Oberkommandierender der NATO in Europa, General Klaus Naumann, Deutschlands höchstrangiger Offizier und ehemaliger Vorsitzender des militärischen NATO- Komitees, General Henk van den Breemen, ehemaliger holländischer Generalstabschef, Admiral Jacques Lamxade, ehemaliger französischer Generalstabschef, sowie Feldmarschall Lord Inge, ehemaliger britischer Generalstabschef – die Elite also dieser dem Kommando der USA gehorchenden multinationalen Mischtruppe – vor der mangelnden Bereitschaft des Westens gewarnt, neuen Bedrohungen und Herausforderungen entschlossen entgegenzutreten, die sich nach den Ereignissen des 11. September 2001 ergeben hätten.

Obwohl sich die Werte und auch die Lebensweise unserer westlichen Zivilisation in höchster Gefahr befänden, mangele es der westlichen ›Wertegemeinschaft‹ am nötigen Willen – so die fünf Fünfbesternten –, diese zu verteidigen. Es gelte, folgenden Drohungsszenarien unbedingt vorbeugend zu begegnen:

- dem politischem Fanatismus und religiösen Fundamentalismus,
- dem internationalen Terrorismus, dem organisierten Verbrechen, der Verbreitung von Massenvernichtungswaffen,
- der Erderwärmung und Energieversorgungskrisen, die Verdrängungskämpfe und Wanderbewegungen von gewaltigen Menschenmassen auslösen würden,
- der Schwächung der Wehrfähigkeit von nationalen Armeen sowie der UNO, NATO und der EU.

Um diesen Gefahren zu begegnen, wollten die fünf Offiziere ein Umdenken im NATO-Entscheidungsprozeß herbeiführen und forderten deshalb ein neues ›Direktorium‹, das aus amerikanischen und europäischen Entscheidungsträgern zusammengesetzt ist, über die volle Entscheidungsgewalt verfügt und jede Art von Quertreibereien seitens der EU oder interne Querelen innerhalb der NATO außer acht lassen kann. Außerdem forderten sie:

- Anerkennung des Mehrheitsprinzips bei allen Abstimmungen anstatt der bisher geltenden Einstimmigkeit,
- Abschaffung jedes nationalen Einspruchsrechts gegenüber Entscheidungen der NATO,
- keine Mitbestimmung für Mitglieder, die an den NATO-Einsätzen nicht teilnehmen,
- NATO-Militäreinsätze auch ohne Genehmigung des UNO-Weltsicherheitsrates, wenn es um den Schutz von Menschenleben geht.

The Guardian berichtete weiter:

> »Im Zuge der scharfen Kritik, die der amerikanische Verteidigungsminister Robert GATES gegenüber einigen Mitgliedern auf Grund ihrer schwachen Leistungen im Kampf gegen den Terrorismus in Afghanistan erhoben hatte, bemängelten auch die fünf genannten Generale, hier stehe überhaupt die Glaubwürdigkeit der NATO auf dem Spiel, ja sogar ihr Versagen sei nicht mehr auszuschließen. In der Kritik gegen sein eigenes Land tat sich besonders NAUMANN hervor: Es sei jetzt die Zeit gekommen, da Deutschland entscheiden müßte, ob es als Partner noch ernstgenommen werden wolle. Mit ihrem Beharren auf Extrawürsten für ihr Kontingent im Norden Afghanistans würde die deutsche Bundesregierung zur Auflösung der NATO beitragen.
>
> NAUMANN gab zu, daß der atomare Erstschlag sogar unter den fünf genannten Generalen nicht unumstritten sei, doch bilde diese Option ein zentrales Element in den Überlegungen der NATO-Strategen, auch wenn einige von ihnen dies nicht offen bekennen wollten.«

Soweit der Bericht des britischen *Guardian*, wäre da nicht der folgende Absatz, dem die Leser auf den ersten Blick wenig Aufmerksamkeit schenkten:

> »Ron ASMUS, Direktor des ›German Marshall Fund‹ in Brüssel und ehemals hoher Beamter im US-Außenministerium, bezeichnete dieses Manifest als einen Alarmruf zur rechten Zeit, denn hier hätten führende NATO-Generäle zum Ausdruck gebracht:

›We are in trouble (wir stecken in Schwierigkeiten), der Westen läßt sich treiben und stellt sich nicht den Herausforderungen.‹«

Wer oder was steckt hinter diesem ominösen Fonds? Auf seiner Netzseite stellt sich dieser als ›German‹ bezeichnete ›Marshall Fund‹ und dessen Brüsseler Büro, das von einem Amerikaner geleitet wird, als wichtiges Hilfsmittel des transatlantischen Dialogs im Herzen EU-Europas dar, wobei Ron Asmus großes Verständnis für die europäische Politik attestiert und sein reicher Erfahrungsschatz in europäischen Angelegenheiten hervorgehoben werden. Diese Fähigkeiten seien im ständigen Kampf um die Erweiterung und Ausbreitung von NATO und EU in alle Himmelsrichtungen unverzichtbar, vor allem im Hinblick auf die gemeinsame Politik der USA und Europas in Sachen Türkei, Ukraine, Schwarzmeer-Region und des ›Erweiterten Nahen Ostens‹.

Der ›German Marshall Fund‹ wird im Internet als eine 1972 gegründete amerikanische Einrichtung vorgestellt, mit dem Ziel, eine engere Zusammenarbeit und ein besseres Verständnis zwischen den USA und Europa herbeizuführen. Finanziert wird diese Institution von Deutschland, aus Dankbarkeit für und im Gedenken an den amerikanischen Marshall-Plan. Neben seinem Hauptquartier in Washington unterhält dieser Fonds Zweigstellen in Berlin, Brüssel, Paris, Preßburg (!), Belgrad (!), Bukarest (!) und Ankara (!).

Freude kommt beim deutschen Steuerzahler auf, wenn er aus der Netzseite dieses ›German‹ Fonds erfährt, daß dieser sich für den EU-Beitritt der Türkei einsetzt, denn diese sei die einzige Demokratie in der islamischen Welt, erfülle deshalb eine Brückenfunktion von Europa hinüber nach Asien und stelle auf Grund ihrer geostrategischen Lage einen großen Gewinn für EU und NATO dar. Noch mehr Freude kommt beim zuwanderungsgeplagten deutschen Michel auf, wenn er über die Förderung von vielerlei Migrations- und Integrationsprogrammen durch den ›German Marshall Fund‹ liest, und richtige Jubelstimmung breitet sich bei den EU-Europäischen Spitzennettozahlern angesichts einer Studie des ›German Fund‹-Direktors Ron Asmus zur Frage der Aufnahme Israels in die EU und in die NATO aus, eine Forderung, die von ihm, trotz einiger Skepsis gegenüber so manchen noch zögernden und sich zierenden Europäern, von ganzem Herzen unterstützt wird.

Hier einige seiner Argumente: Immer stärker würde sich der Schwerpunkt der Euro-Atlantischen strategischen Allianz in den

›Erweiterten Nahen Osten‹ verlagern, wo das größte Gefahrenpotential lauere: Das Netzwerk der Al Qaida sei noch längst nicht zerstört, Rußland schlage einen antidemokratischen Kurs ein, und in Weißrußland herrsche ein ›Diktator‹. Brüssel habe die volle Integration der Türkei in die EU beschlossen, um sowohl deren Einfluß östlich des Schwarzen Meeres zu verstärken als auch den Demokratisierungsprozeß in der Ukraine voranzutreiben. Es sei jetzt im gegenseitigen Interesse Israels, der EU und der USA, sich im Krieg gegen den ›Terror‹ enger aneinander zu schließen, um den tödlichen Gefahren zu begegnen, die von fundamentalistischen Ideologien ausgehen, deren Anhänger nicht davor zurückschreckten, Massenvernichtungswaffen einzusetzen. Die Gefahr für Israels Sicherheit, aber auch für die Sicherheit der USA und der EU-Staaten, die von dem nuklear gerüsteten Iran und dem vielleicht bald ebenso gerüsteten Ägypten ausgingen, seien zwingende Argumente für eine Eingliederung des Zionistenstaates in die EU und NATO. Truppen der Allianz könnten Israels Grenzen beschützen und im Gaza-Streifen für Ordnung sorgen.

Dies würde in Israel das Gefühl der Isolation mindern, seinen Bürgern im Falle militärischer Auseinandersetzungen mit seinen Nachbarn ein Gefühl zusätzlicher Sicherheit vermitteln, Zugang zu neuen Märkten erschließen und die Stabilität ihrer Währung gewährleisten. Eine Partnerschaft Israels mit der NATO und EU wäre ein eindeutiges Signal an alle Staaten des ›Erweiterten Nahen Ostens‹, daß die Euro-Atlantische Allianz nunmehr offen für Israel Partei ergriffen habe. Dies würde weder zu einer weiteren Radikalisierung führen noch Ausbrüche von neuen antiwestlichen Feindseligkeiten nach sich ziehen, sondern die widerspenstigen Völker und Herrscher in der Region davon überzeugen, daß sich der Widerstand gegen ›Democracy‹, den liberalen ›way of life‹ und westliche Werte niemals auszahlt.

Der politisch halbwegs informierte deutsche Medienkonsument wird angesichts dieser eindeutig globalisierungsfreundlichen Ziele des ›German‹ Fonds kaum verwundert sein, auf dieser Netzseite unter seinen vielen ›Partnern‹ und Förderern die folgende Namen zu finden: Die Bertelsmann Stiftung, das Council on Foreign Relations, die Erste Bank-Stiftung (aus dem neutralen Österreich!), das deutsche Innenministerium, die Heinrich Böll-Stiftung (mit dem Beinamen: ›die Grüne politische Stiftung!‹), die Konrad Adenauer-Stiftung, die Rockefeller Foundation und eine ganze Reihe weiterer Einrichtungen, deren ehrenwerte Führungs-›Eliten‹ sich wohl schon von Davos, vom Forum Alpbach und von den Bilderberger-Treffen her kennen.

Verläßlich und vasallentreu beeilte sich die Bundestagsfraktion der CDU/CSU schon am 7. Mai 2008, ihre (!) ›Sicherheitsstrategie für Deutschland‹ vorzustellen, die den Vorgaben der Amerikaner genau entspricht. Dort heißt es:

> »Die Sicherheit unseres Landes ist heute völlig anderen, aber nicht minder gefährlichen Bedrohungen ausgesetzt als zu Zeiten des ›Kalten Krieges‹. Heute ist der transnationale Terrorismus die größte Gefahr für die Sicherheit unseres Gemeinwesens. Angesichts der steigenden Zahl von Krisen, die sich negativ auf unser Land auswirken können, muß sich Deutschland auf weitere, länger dauernde Einsätze der Bundeswehr, zur Friedensstabilisierung und Friedenserzwingung [welch herrliche Wortschöpfung! d. Verf.] vorbereiten... Bereits heute sind angesichts des weltweit stark wachsenden Energie- und Rohstoffbedarfs... Engpässe, Ressourcenkonflikte und Verteuerungen zu erwarten...
>
> Die Herstellung von Energiesicherheit und Rohstoffversorgung kann auch den Einsatz militärischer Mittel notwendig machen... Einsätze sind im Rahmen der kollektiven Beistandspflicht der NATO oder EU... oder auch ohne ein solches Mandat in Wahrnehmung des Rechts auf Selbstverteidigung [vorweggenommene Notwehr, ›anticipatory self defence‹]... möglich... Die Bundeswehr muß als Teil eines multinationalen Eingreifverbandes zur militärischen Krisenbewältigung auch dann kurzfristig einsatzbereit sein, wenn eine Entscheidung des Deutschen Bundestages nicht rechtzeitig herbeigeführt werden kann.«

Hier wird deutschen Wählerinnen und Wählern von einer deutschen Regierungspartei im Namen einer nicht in Zweifel zu stellenden transatlantischen Allianz der hinter den sieben Bergen des Hindukusch geisternde und von der CIA immer wieder hervorgezauberte Popanz Osama BIN LADEN als größere Gefahr für Deutschland hingestellt als jene des einst real existierenden Josef STALIN.

In den *Zeit-Fragen* (18. 5. 2009) kommentiert Karl MÜLLER einen Artikel, den Willy WIMMER, ehemaliger Staatssekretär im deutschen Verteidigungsministerium und langjähriger Bundestagsabgeordneter der CDU/CSU-Fraktion, über die aktuelle politische Landschaft in Deutschland verfaßt hatte, mit den Worten:

> »Deutschland wäre sehr schlecht beraten, wenn es in seinen Antworten auf die Weltfinanzkrise der von Washington und London vorgegebenen Linie folgen würde: Soll Deutschland wieder an das kontinentaleuropäische Modell der sozialen Marktwirtschaft der Nachkriegsjahrzehnte anknüpfen, das Deutschland und Europa Wohlstand und sozialen Frieden gebracht hat? Oder soll es so wie in den vergangenen 20 Jahren dem Modell des angelsächsischen Kapitalismus folgen – gegen die Interessen des Landes und auch gegen die Anliegen Europas?«

Folgt man WIMMER, so sind immer weniger Verantwortliche in Deutschland dazu bereit, künftig dem angelsächsischen Weg in den Untergang zu folgen... Der damalige deutsche Verteidigungsminister JUNG stellte laut *Frankfurter Rundschau* (12. 5. 2009) klar,

> »es darf meines Erachtens keine Hindernisse für einen Einsatz der Bundeswehr im Inland geben, um einer Terrorgefahr zu begegnen... Und bei Auslandsmissionen müssen wir klarstellen, daß Polizei und Militär gemeinsam eingesetzt werden können, auch wenn wir ohne Mandat von UNO oder EU handeln«.

Was geschieht, wenn es im Verlauf der längst nicht ausgestandenen Weltwirtschafts- und Finanzkrise zu Engpässen bei der Lebensmittel- und Energieversorgung, folglich zu Plünderungen und bewaffneten Verteilungskämpfen in EU-Landen kommt? Werden EU-Satrapen wie MERKEL, SARKOZY, BERLUSCONI und BROWN ihrem Militär befehlen, zur Aufrechterhaltung ihrer Macht und zum Schutz der an Not und Elend schuldigen Wucherer und Kriegstreiber aufs Volk zu schießen? Werden die Soldaten gehorchen, oder werden sie sich mit dem Volk solidarisieren?

6.4.1.3 Der dritte Streich

In *Global Research* vom 15. März 2010 berichtete der gut informierte Publizist Rick ROZOFF vom neuesten strategischen Konzept der NATO, ihrem geplanten Raketenabwehrschild und ihre Atomwaffen:

> »Am 23. Februar hielt NATO-Generalsekretär Anders RASMUSSEN eine Rede in Washington, in der er vor US-Verteidigungsminister GATES, Außenministerin Hillary CLINTON, der alten Schlachtrossin Madeleine ALBRIGHT und dem US-Sicherheitsberater James JONES die wichtigsten Punkte der neuen NATO-Strategie darlegte:

1. Erfolgreicher Abschluß des Krieges in Afghanistan, dem ersten, an dem die NATO außerhalb Europas teilnimmt,
2. Ausbau des NATO-Stützpunktes in Estland für ›Cyber Warfare‹ (elektronischer Krieg zu Lande, im Äther und im Weltraum) zur Abwehr ebensolcher Angriffe aus Rußland,
3. besondere Wachsamkeit gegenüber den Schurkenstaaten Iran und Nordkorea.

Danach besuchte RASMUSSEN (Spitzname: Abu Emsig) Jordanien, Bahrain, Finnland, Tschechien, Polen, um die Bande zu den neuen NATO-Mitgliedern zu festigen, um potentiell neue Mitglieder auszuloten, um Truppen für den NATO-Krieg in Afghanistan anzuwerben und um Besprechungen über den Ausbau eines globalen Raketenabwehrschirmes rings um die Schurkenstaaten zu führen. In bezug auf Rußland betonte RASMUSSEN, es genüge nicht mehr, Truppen und Panzer entlang Rußlands Grenze zu entfalten, denn jetzt gelte esb die Gefahr an der Wurzel zu packen, indem man sich auf den elektronischen Krieg (Cyber warfare) vorbereite.

Am 7. März fanden Gespräche in Jordanien über die Einbindung des Gastlandes sowie Ägyptens, Israels (!), Marokkos, Mauretaniens, Tunesiens und Algeriens in die Mittelmeer-Pläne der NATO statt; am 8. März sprach Abu Emsig in Bahrain über die Frage einer Partnerschaft mit den Ländern des ›Gulf Cooperation Council‹ Bahrain, Kuwait, Saudi Arabien, Qatar, die Vereinigten Emirate und Oman, zwecks Ausbaus einer strategischen Front rund um den Golf von Aden. Am 12. März flitzte RASMUSSEN nach Warschau, wo er – mit Blickrichtung Osten – mit Nachdruck betonte, was dpa noch am selben Tag zitierte: ›Solange Staaten und staatenähnliche Strukturen versuchen, in den Besitz von Atomwaffen zu kommen, werden wir unsere nuklearen Kapazitäten als ein starkes Element der Abschreckung weiterhin ausbauen.‹

Zwei Tage zuvor hatte der russische Verteidigungsminister Sergej LAWROW die USA gewarnt, Rußland werde nicht tatenlos zusehen, wie sie entlang der russischen Grenze Raketenabwehrschirme installierten. Es sei doch offenkundig, daß der Iran keinerlei Gefahr für die USA und Europa bedeute, und es sei sehr unwahrscheinlich, daß der Iran sich in absehbarer Zeit zu einer solchen entwickeln würde.

Auf die Frage, wo die Grenzlinie verlaufe, die die NATO verteidigen wollte, antwortete RASMUSSEN: ›Falls unser Militär feste Stellungen beziehen muß und die Grenzen der einzelnen Mitgliedsstaaten nicht überschreiten darf, können wir das Territorium der Allianz nicht effektiv verteidigen.‹ Aus diesem Grund sei die NATO in Europa, in Afrika, Mittel- und Südamerika, im Nahen Osten, im Kaukasus, im Südpazifik, in Zentral- und Ostasien Partnerschaften eingegangen... Abschließend besuchte RASMUSSEN das ›Joint Forces Training Center‹ in Bydgoszcz (Bromberg), wo NATO-Offiziere für den Einsatz in Afghanistan geschult werden.«

Was von RASMUSSEN – zumindest öffentlich – nicht angesprochen wurde, ist die Tatsache, daß die NATO, genau wie die hochgerüsteten US-Streitkräfte und das sieggewohnte israelische Tsahal, auf Kriege gegen modern gerüstete Gegner gut vorbereitet ist, gegen einen ›asymmetrisch‹ kämpfenden, hochmotivierten und zu jedem Opfer bereiten Gegner jedoch nicht gewinnen kann. (Siehe 9. Kapitel: ›Nahost‹)

6.4.2 Ein Damoklesschwert

Ein weiteres Tabu-Thema ist das zunehmend multikulturelle Züge aufweisende Gefüge der NATO-Mannschaftsgrade: Als ein in Sarreguemines (Saargemünd) stationiertes französisches Bataillon nach Afghanistan entsandt werden sollte, meuterte ein Viertel der Mannschaft. Sie waren Muslime und weigerten sich, gegen Glaubensbrüder in den Krieg zu ziehen. Weil etwa zwanzig Prozent der unteren Dienstgrade der französischen Armee einen ›Migrationshintergrund‹ haben, wagte niemand, eine Entscheidung zu treffen oder gar mit harter Hand durchzugreifen, aus Furcht, die Einsatzbereitschaft der ›Armée Française‹ müßte in Frage gestellt werden. Präsident Nicolas SARKOZY entschied, dieses heiße Eisen nicht anzufassen.

An dieser Stelle drängt sich ein – freilich hypothetischer und nicht ganz ernst gemeinter – historischer Vergleich mit der Seeschlacht von Trafalgar im Jahre 1805 auf.

Bei Tagesanbruch des 21. Oktober 1805 sichteten die Vorposten der vor dem Hafen Cádiz liegenden englischen Flotte das Auslaufen der französischen Kriegsflotte unter Admiral Pierre-Charles DE VILLENEUVE und der spanischen unter Admiral Federico GRAVINA, die sich wegen schwachen Windes nur sehr langsam näherten. Um 11.25 Uhr, wenige Augenblicke vor dem Beginn der Schlacht, gab Admiral NELSON dem Schiffskapitän der ›Victory‹, Thomas HARDY, den Befehl, das folgende, in den Annalen britischen Seeheldentums mit goldenen Lettern eingebrannte Signal zu setzen: »England expects that every man will do his duty« (»England erwartet, daß jeder Mann seine Pflicht erfüllt«). NELSON, den ein französischer Scharfschütze niedergestreckt hatte, erlebte seinen vollständigen Sieg nicht mehr: England hatte 1690 Tote und Verwundete zu beklagen, Spanien verlor 2423 und Frankreich 3370 Mann. Die verbündeten Flotten Spaniens und Frankreichs waren vor Kap Trafalgar versenkt worden.

Und so könnte eine Seeschlacht vor Trafalgar im Jahre 2010 + x ablaufen: Beim Herannahen der Flotte terroristischer Schurkenstaaten erteilt der von den Toten auferstandene Admiral NELSON dem Schiffkapitän des Flugzeugträgers ›NATO‹ den Befehl, dasselbe Signal wie vor der Schlacht von 1805 zu hissen, doch dieser zögert. »Was ist los, Mann, setzen Sie sofort das Signal!« – »Tut mir leid, Sir, das geht nicht.« – »Warum denn nicht, verdammt noch mal?« – »Neue Dienstvorschriften, Sir! Das Signal müßte heute lauten: ›England erwartet von allen an Bord, ob Mann oder Frau, schwul, lesbisch oder transsexuell, egal welcher Hautfarbe, Konfession, politischer Ausrichtung, daß sie in Befolgung der Menschenrechte und im festen Glauben an die demokratischen Werte ihre Friedensmission erfüllen.‹« Darauf NELSON: »Hissen Sie sofort die weiße Fahne!«

Und der ›Saldo‹ der Globalisierer aus alledem: »Wozu denn Militär, wenn nicht zum Einsatz gegen widerspenstiges Volk?«

Woraus glasklar folgt: Wer nicht erleben will, daß die ›Selbst-Auserwählten‹ das Militär zur Durchsetzung ihrer Utopien gegen das Volk einsetzen, muß die Globalisierung bekämpfen.

6.5 Die Internationalisierung von Bildung, Wissenschaft und Forschung

»Jedes Volk hat seinen Charakter. Es kann durch das größere oder geringere Maß der Erziehung, das ihm zuteil wird, wohl verändert werden, aber niemals verschwinden seine Grundzüge. Einzig die vollständige Zerstörung eines Staatswesens und seine Neubevölkerung mit fremden Ansiedlern können den Geist eines Volkes von Grund auf ändern. Aber man sehe sich vor! Das wäre dann nicht mehr das gleiche Volk.«

FRIEDRICH DER GROSSE, geschrieben 1751

In der gleichgeschalteten Einen Welt geht es den Globalisierern nicht um die Erziehung und Bildung der Menschen zu wert- und verantwortungsbewußten Mitgliedern ihrer Gemeinschaften, auch nicht zur Ausbildung der Jugend zu selbständig denkenden, in ihrer Berufswahl freien und ihren Berufungen frei folgenden Bürgerinnen und Bürgern, sondern um die Nivellierung der Massen an Humanressourcen von der Wiege bis zum Grabe.

Aus diesem Grund wird in den Ländern des ›Core‹ das traditionelle Erziehungs- und Bildungswesen abgeschafft, und nur noch Analog-Erziehung und Analog-Bildung betrieben, auf daß die MenschInnen möglichst schnell, frei von Bindungen an Familie, Geschlecht und Nation, als austauschbare und überall einsetzbare Arbeitssklaven für den großen Weltmarkt mobil gemacht werden können. Längst auch ist das Ende der freien Forschung eingeläutet worden, die sich einst unbeeinflußt von kommerziellen Zwängen ihren Sachgebieten widmen konnte. Immer mehr Forschungsinstitute, Großlaboratorien und technische Prüfstellen werden privatisiert und folgen deshalb den profitorientierten Vorgaben ihrer Besitzer und Investoren.

Geforscht, geprüft, untersucht wird nicht mehr ergebnisneutral, sondern in der festen Absicht, bereits vorher vereinbarte Zeugnisse, Gefälligkeitsgutachten, Prüfungszertifikate im Interesse von zahlungskräftigen Auftraggebern zu erstellen. Solcherlei Analog-Forschung beinhaltet vor allem in den Bereichen Medizin und Pharmazie, Sicherheit im Bauwesen und in der Kern-Energie, in der Luftfahrt und im Straßenverkehr ein großes Gefahrenpotential für die betroffenen Humanressourcen – freilich auch die Möglichkeit,

Betrügereien der Wucherer nun auch ›wissenschaftlich‹ abzusichern und zu untermauern.

Wir werden derzeit Zeuge, daß in allen unseren Ländern ›Analog-Erziehung‹ und ›Analog-Bildung‹ zügig umgesetzt werden.

»Derzeit wird zwischen den Parteien über alles gestritten«, schreibt Eva Herman in den Nachrichten des Kopp-Verlags (8. 2. 2010), »doch bei all dem Ärger gibt es doch einen Punkt, in welchem sich alle einig zu sein scheinen, nämlich in dem Vorsatz, Deutschland flächendeckend mit mindestens 750 000 Krippenplätzen zu überziehen! Bis 2013 soll das Ziel erreicht werden, koste es, was es wolle. Und es kostet mindestens zwölf Milliarden, sagt das Bundesfamilienministerium, mindestens 20 Milliarden, meinen Kritiker. . . Dieses Geld hat allerdings niemand; weder der Bund noch die Länder, und schon gar nicht die Städte und Kommunen. . . Gegen den Krippenausbau wagt auch in der Politik längst niemand mehr etwas zu sagen, aus Angst, Wählerstimmen zu verlieren. Denn die seit Jahren öffentlich vorgenommene Gehirnwäsche von seiten der Politik und der Medien funktioniert inzwischen bestens: Aus Begriffen wie ›frühkindliche Bindung‹ wurde durch das Austauschen eines einzigen Buchstabens die ›frühkindliche Bildung‹, womit tatsächlich Krippenplätze gemeint sind, die zwar irrsinnig viel Geld kosten, die jedoch in der Regel alles andere als Bildungseinrichtungen sind. Denn hier gibt es nahezu durchweg alarmierend wenig Personal für viel zu viele Kinder, und: Verheerend schlecht ausgebildetes Personal für viel zu kleine Kinder! Das, was Kleinkindern in deutschen Krippen vermittelt wird, ist in aller Regel Streß und persönlicher Überlebenskampf, doch mitnichten Zuwendung und Liebe, und schon gar nicht Bildung. . .

In der öffentlichen Gender-Debatte geht es heutzutage doch ohnehin nur noch um die mannigfaltigen Vorteile der weiblichen Selbstverwirklichungsmöglichkeiten, während das Wohl des Kindes dabei jedoch allermeist unbeachtet bleibt, der weltweite, warnende Ruf der Säuglings- und Hirnforscher ungehört verhallt. Dabei sind die zum Teil verheerenden Trennungsfolgen zwischen einer Mutter und ihrem Säugling durch internationale Studien und Untersuchungen wissenschaftlich längst eindeutig erkann und belegt:

Kinder, die in den ersten drei, vier Lebensjahren genügend Zuwendung von ihren Müttern bekommen und deren Bedürfnisse erfüllt werden, entwickeln für den Rest ihres Lebens ein stabileres Selbstbewußtsein und Urvertrauen als diejenigen, die fremdbetreut wurden. Diese ersten Jahre werden in der Psychologie die ›prägenden Jahre‹ genannt, denn hier wird angelegt, was für den Rest des Lebens gilt. Jenen Kindern, deren Urbedürfnisse nach Nähe, Liebe, Zeit und Zuwendung durch die eigene Mutter nicht erfüllt werden können, wird das ganze Leben mehr oder weniger schwerer fallen. Wenn sie zusätzliche Risikofaktoren mitbringen, wie eine Existenz als Scheidungskind, oder wenn Alkohol- oder Suchtprobleme eines der Elternteile oder psychische Schwierigkeiten vorhanden sind, werden die Hindernisse, glücklich zu werden, wachsen. . .

Die Kleinen sind oft nur wenige Monate alt, wenn sie frühmorgens aus dem Bettchen gerissen und in die Fremdbetreuung gebracht werden. Eine ungewisse Zukunft, weil man nicht weiß, was in dieser Kinderkrippe alles geschieht. . . Es ist immer eine ungewohnte Umgebung mit fremden Menschen, in der es keine individuellen Rückzugsmöglichkeiten für die Kinder gibt. Immer sind sie in der Gruppe und dem damit verbundenen Gruppenzwang verhaftet, und in alltäglichen Konfliktsituationen können die Betreuerinnen nicht immer zum Wohl des einzelnen Kindes entscheiden. . .

Das deutsche Familienministerium bezeichnet den Aufenthalt in einer Krippe weiterhin gebetsmühlenartig als ›frühkindliche Bildung‹. Abgesehen davon, daß kleine Kinder Bindung, aber nicht Bildung brauchen, sind deutsche Kinderkrippen Lichtjahre entfernt von dieser wohlgepriesenen Bildung. Im besten Fall kann es sich meist um Aufbewahrung handeln, in nicht seltenen Fällen besteht die akute Gefahr der Vernachlässigung. Das ist die Wahrheit, die keiner hören will, und noch weniger aussprechen möchte. . .

Wer heute darüber spricht, daß Deutschland belastungsfähige, junge Menschen für das künftige Berufsleben braucht, die die Qualität deutscher Erzeugnisse und innovativen Handelns und Entscheidens gewährleisten und die dem Facharbeitermangel entgegenwirken sollen, der muß wissen, daß man die dafür nötigen Menschen nicht in Kinderkrippen heranerzieht, sondern einzig und allein in natürlichen, stabilen Familien, in denen Liebe, Zuwendung, Disziplin, Zuverlässigkeit, Rücksichtnahme, Hilfsbereitschaft und Verantwortungsgefühl erlernt und für das ganze Leben vermittelt bekommt.

Das wußte übrigens auch schon der 1820 geborene Friedrich ENGELS, der gemeinsam mit Karl MARX die ›Grundsätze des Kommunismus‹ entwickelte und mit wissender Perfidie die Grundlagen dafür legte, daß das Dasein der Frau als Mutter seine ersten, tiefen Reputationsrisse erhielt: ›Die Beschäftigung der Frau in der Fabrik löst die Familie gänzlich auf, und diese Auflösung hat in dem heutigen Zustand der Gesellschaft, der auf der Familie beruht, die demoralisierendsten Folgen, sowohl für die Eheleute wie für die Kinder. Eine Mutter, die nicht Zeit hat, sich um ihr Kind zu kümmern, ihm während der ersten Jahre die gewöhnlichsten Liebesdienste zu erweisen, eine Mutter, die ihr Kind kaum zu sehen bekommt, kann diesem Kinde keine Mutter sein, sie muß notwendig gleichgültig dagegen werden, es ohne Liebe, ohne Fürsorge behandeln, wie ein ganz fremdes Kind. Und Kinder, die in solchen Verhältnissen aufgewachsen, sind später für die Familie gänzlich verdorben, können nie in der Familie, die sie selber stiften, sich heimisch fühlen, weil sie nur ein isoliertes Leben kennengelernt haben, und müssen deshalb zur ohnehin schon allgemeinen Untergrabung der Familie bei den Arbeitern beitragen.‹

Und der einstige Sowjet-Kommissar für Erziehung, Anatolij LUNATSCHARSKI, ging mit folgendem grausamen Plan ebenso vor: ›Unsere jetzige Aufgabe ist die Zerstörung der Familie und die Ablösung der Frau von der Erziehung ihrer Kinder. Wenn wir in unseren Gemeinschaftshäusern gut vorbereitete Abteilungen für Kinder organisiert haben, ergibt es sich zweifellos, daß die Eltern ihre Kinder von allein dorthin senden werden, wo sie durch medizinisch und pädagogisch qualifiziertes Personal überwacht sind. Dadurch werden zweifellos Ausdrücke wie ›meine Eltern‹ oder ›unsere Kinder‹ immer weniger gebraucht und durch Begriffe wie ›die Alten‹, ›die Kinder‹, ›die Säuglinge‹ ersetzt werden.‹

In seinem Buch *Perestroika* nahm Michail GORBATSCHOW 80 Jahre später zu jenen sowjetischen Erziehungsmaßnahmen klar und deutlich Stellung: ›Wir haben erkannt, daß viele unserer Probleme im Verhalten vieler Kinder und Jugendlicher – in unserer

> Moral, der Kultur und der Produktion – zum großen Teil durch die Lockerung familiärer Bindungen und die Vernachlässigung der familiären Verantwortung verursacht werden. Dies ist ein paradoxes Ergebnis unseres ernsthaften und politisch gerechtfertigten Wunsches, die Frau dem Mann in allen Bereichen gleichzustellen.‹ In Rußland gibt es auf Grund dieser Einsichten, welche die Politiker PUTIN und MEDWEDJEW teilen, heute so gut wie keine Krippen mehr. . .
>
> Wer in Deutschland für eine Dreiviertelmillion Kleinkinder Krippenplätze baut, der muß wissen, welche Verantwortung er auf sich nimmt: Er verändert damit langfristig die Mentalität einer ganzen Gesellschaft: Unserer Gesellschaft!«

Genau das ist ja die Absicht der Globalisierer!

Unter dem Titel »Ein Idealist packt aus« schreibt Wolfgang SCHENK, 35 Jahre lang Hauptschullehrer in Berlin, in der Berliner *Tageszeitung* vom 18. Dezember 2007:

> »Als im Jahr 2000 die erste Pisa-Studie herauskam, haben meine Kollegen und ich den Kopf geschüttelt und gelacht: 25 Prozent der Schüler können nicht richtig lesen und schreiben? Für uns war das seit Jahrzehnten keine Neuigkeit mehr. Erschüttert hat mich nur, daß Politik und Verwaltung erst durch ›Pisa‹ gemerkt haben, was an deutschen Schulen eigentlich los ist. Die Lösungen, mit denen die Bürokratie inzwischen reagiert hat, erinnern mich an die DDR-Planwirtschaft: Zentralabitur und Prüfungen wie der mittlere Schulabschluß sollen Schüler vergleichbar machen und zugleich das Niveau aller heben. Welch absurde Vorstellung!
>
> Fast alle Kinder kommen aus zerrissenen Familien. . . Viele sind verhaltensgestört, sie gehen im Wortsinn über Tische und Bänke, und die Migrantenkinder sprechen kaum einen vernünftigen Satz Deutsch. . . In der Hauptschule ist jeder Stundenanfang ein Kampf, es gilt das Recht des Stärkeren. . . Ohne den Lehrer haben die Schwachen keine Chance. Erpressungen und Bedrohungen sind Alltag. . . Manche Jungen sind so verroht, daß alle Lehrer kapitulieren. . . Wer an Hauptschulen als Lehrer tätig ist, vollbringt eine große Leistung, wenn es ihm gelingt, ein Minimum an Sachwissen zu vermitteln. Aber zu allererst trifft er auf Jugendliche, die von ihm all das erwarten, was sie zu Hause nicht haben. Als Hauptschullehrer sind wir Vater- oder Muttersatz.

Die Kollegen der Rütli-Schule (Berlin) haben 2006 in ihrem offenen Brief geschrieben: ›Die Mehrzahl unserer Schüler sind die einzigen, die morgens um sieben Uhr bei sich zu Hause aufstehen.‹ Den Kindern fehlen erwachsene Vorbilder, sie leben ohne jede Struktur, sie wissen nicht, zu wem sie gehören. Kinder brauchen den Schutzraum der Familie, um sich entfalten zu können.

Auch die ethnische Herkunft spielt eine entscheidende Rolle. Türkischstämmige Einwanderer stellen einen großen Teil der Unterschicht. Die erste Generation der türkischen Kinder war lernwillig, sie wollte gut sein. Die Eltern kamen noch zu jedem Elternabend, auch wenn sie kaum Deutsch sprachen, ihr Kind sollte etwas werden in Deutschland. Dann machten sich an den Hauptschulen schnell die Fehler der deutschen Einwanderungspolitik bemerkbar. Nach Berlin kamen viele bildungsferne, anatolische Bauern, wenig Mittelstand. Der Staat duldet noch immer aus falsch verstandener Toleranz, daß junge türkische Frauen für arrangierte Ehen nachgeholt werden.

Das bedeutet, daß die Jungs beginnen, ihre Mackerrolle zu spielen, sie fassen jede Kritik als Frontalangriff auf und reagieren schnell mit Gewalt. Die Mädchen sind eifrig, aber mit zwölf, dreizehn, sitzen sie plötzlich mit Kopftuch da und werden vom Sport- und Biologieunterricht abgemeldet. Ihre Eltern sind nicht daran interessiert, in der Gesellschaft anzukommen, ihre Kinder sollen es auch nicht... Auch in der Sozialpolitik gibt es schwere Verwerfungen. Es wurde nicht genug zwischen denen unterschieden, die sich um Arbeit und Weiterbildung bemühten, und denen, die es sich bequem machten im sozialen Netz. Der deutsche Staat hat einen Teil der Unterschicht jahrzehntelang mit einer falschen Alimentation zur Verantwortungslosigkeit erzogen. Manche Kinder sagen mir heute: Herr SCHENK, ich soll arbeiten gehen? Ich weiß doch, wo ich Geld kriege – im Sozialamt, Zimmer 117.

Vor allem aber frage ich mich: Warum vertraut die Schulbürokratie eher Bildungsforschern und Statistikern als den Lehrern, die ihre jahrzehntelangen Erfahrungen zur Verfügung stellen können? Das wird von keiner Studie abgefragt.«

Aus der Schüleraufklärungs-Zeitschrift *Durchblick* (Nr. 9/2010) für Niedersachsen:

»Seit Januar 2006 leben mehr als 400 Millionen Menschen aus 25 Staaten in der Europäischen Union. Sie können in jedem EU-Land eine Arbeit annehmen, sich dort niederlassen und das Wahlrecht bei Kommunal- und Europawahlen ausüben. Seit 1. 1. 1993 kann der Waren-, Dienstleistungs-, Kapital- und Personenverkehr ungehindert von einem Ort zum anderen fließen. Ziel war die Abschaffung geschützter Märkte oder der Vorrechte von Unternehmen. Die Konkurrenz in allen Wirtschaftsbereichen soll in der EU dazu beitragen, daß die Preise gerechtfertigt [für wen?] sind und alle Anbieter die gleich Chancen habe. Beispiel: Marco KAISER, 19, Zimmerer aus Leipzig erzählt: ›Kurz vor dem Ende meiner Lehrzeit hing in meinem Betrieb ein Aufruf: Holland sucht deutsche Zimmerer. Ich wollte dazulernen und besser verdienen. In Holland gab es mehr Geld als in Ostdeutschland, und ich muß sagen: Die Holländer sind viel netter als die Deutschen‹. . .«

So ist's recht! Schon die Schüler werden auf Mobilität und Austauschbarkeit getrimmt. Hauptsache, die Knete stimmt.

Der Spiegel titelt in seiner Ausgabe 21/2006:

»Cybersex im Kinderzimmer – in den Chat-Räumen des Internet treffen Jugendliche häufig auf äußerst zweifelhafte Freunde. Kinderschützer fordern stärkere Kontrollen seitens der Betreiber.

›Wie groß sind deine Titten?‹, ›Schon Sex gehabt?‹, ›Willst du CS (Cybersex)?‹ seien nur die Einstiegsfragen. Ungebeten verschickten Online-Lüstlinge Videos von ihren Geschlechtsteilen und Masturbationsszenen, bestellten getragene Höschen und gelocktes Schamhaar bei ihren minderjährigen Chat-›FreundInnen‹. Und oft versuchten sie, sich mit den Kindern zu treffen. Für Eltern, Psychologen und Polizei seien solche völlig unkontrollierten Kontaktbörsen der pure Graus. Kinderschützer fordern den Einsatz von Moderatoren, die alle Beiträge vorab lesen; sie wollen eine strikte Trennung von Kindern und Erwachsenen und ein Ende der Flüsterfunktionen, bei denen Botschaften unter Ausschluß der Öffentlichkeit von Chatter zu Chatter geschickt werden. . . Der Gesetzgeber vertraue auf die ›regulierte Selbstregulierung‹, so nennt das Verena W. von der Kommission für Jugendmedienschutz. . . Allein auf den guten Willen der Internet-Lobby könne man nicht vertrauen, so Thomas R., Innensenator von Bremen. Er drängt auf erweiterte polizeiliche Befugnisse und eine ›Mindestspeicherungsfrist‹ der Internet-Daten, die es auch nachträglich ermöglichen würden, den Täter aufzuspüren. . . Gerade die speziell für Kinder vorgesehenen Foren und Chat-Räume würden zur Falle. Hier bekämen die Täter ihre Opfer auf dem Silbertablett präsentiert, sagt Beate Sch., Gründerin des Kinderschutzvereins ›Netkids‹. Sie wüßte, was im Internet abgeht. Getarnt als ›MarieClaire13w‹ oder ›Leila12‹ hat sie sich selbst durch die virtuellen Jugendtreffs geklickt. Seit fünf Jahren tourt Sch. mit Vorträgen und einem Lehrfilm durchs Land. Sie will Schüler, Lehrer und vor allem die Eltern darüber aufklären, daß Kinder in einem Chat mit Leuten, die sich ›BoyfürneNacht‹ oder ›Nimmmich‹ nennen, nichts zu suchen haben. . . Sie hat eine ganze Liste parat mit Fällen, bei denen Internet-Bekanntschaften böse endeten. . . Das Problembewußtsein sei in den Polizeirevieren tatsächlich ausbaufähig, meint Manuela R. Sie war gut präpariert, als sie Anzeige gegen ›Cocolinth‹ erstatten wollte. Der angebliche Chat-Freund hatte ihre zwölfjährige Tochter auf der Seite von ›Knuddels.de‹ über ihren Körperbau befragt und sie zu einem Treffen überreden wollen. Einem anderen Mädchen hatte Cocolinth angeboten, bei der Vergewaltigung einer Freundin zuzusehen. Das alles hätte Manuela R. fein säuberlich dokumentiert. Die Polizei hätte sie abgewiesen. Es sei ja nichts passiert. Sie solle Cocolinth ignorieren oder ihrem Kind das Chatten verbieten...« (Siehe dazu auch das Buch *Schaut nicht weg!* von Stephanie zu Guttenberg (2010), die allerdings von regierungsamtlich empfohlenen Sexspielen à la Cohn-Bendit und Frau Ina-Maria Pilipps – siehe unten – nie gehört zu haben scheint.)

Wie unverantwortlich CDU-Bundesfamilienministerin von der Leyen handelte, berichtete der *Euro-Kurier* 3/2007:

»Ihr Ministerium hatte die ›Bundeszentrale für gesundheitliche Aufklärung‹ beauftragt, eine Broschüre unter dem Titel ›Körper, Liebe, Doktorspiele‹ zur Aufklärung von Eltern kleiner Kinder bis zu sechs Jahren herauszugeben. Darin wurde den Erziehenden empfohlen, schon bei Kleinkindern mit der Sexualisierung zu beginnen. Dazu sollten schon in den ersten Lebensjahren die entsprechenden Körperteile der Kinder ausgiebig behandelt werden, um die Kinder möglichst früh in die Lustgefühle des eigenen Körpers einzuführen. ›Scheide und vor allem Klitoris erfahren kaum Beachtung durch Benennung und zärtliche Berührungen, weder seitens des Vaters noch der Mutter, und erschweren es damit für das Mädchen, Stolz auf seine Geschlechtlichkeit zu entwickeln.«

In einem Interview von *Spiegel-Online* (6. 8.2007) mit der Autorin der Broschüre, Ina-Maria PHILIPPS, heißt es:

> PHILIPPS: »Es gab viel Zustimmung aus Kinderschutzkreisen und Kindergärten; Fachschulen für Erzieherinnen geben die Broschüre als Pflichtlektüre aus.«
>
> *Spiegel*: »An einer Stelle heißt es in dem Ratgeber: ›Das Notwendige mit dem Angenehmen zu verbinden, indem das Kind beim Saubermachen gekitzelt, gestreichelt, liebkost, an den verschiedensten Stellen geküßt wird.‹ Welche Körperregionen meinen Sie damit?«
>
> PHILIPPS: »Alle, den ganzen Körper.«
>
> *Spiegel*: »Das kann doch wirklich als Einladung an Pädophile angesehen werden.«
>
> PHILIPPS: »Das stimmt.«

Der Protest aus Fach- und Laienkreisen war so groß, daß VON DER LEYEN laut *FAZ* vom 1. August 2007 diese Broschüre zurückziehen mußte. Ihr Sprecher, Marc KLEINERT, mit entwaffnender Naivität: »Die Ministerin kann ja nicht jeden Text lesen.«

Die mit Steuergeldern finanzierte Skandalbroschüre »Körper, Liebe, Doktorspiele«. Oben, links: Daniel COHN-BENDIT, der sich nicht nur für Multikulti interessiert; unten: die ehemalige Bundesfamilienministerin Ursula VON DER LEYEN.

Eine Meldung in der *Krone* vom 15. Mai 2009: Beim ›Pisa‹-Test in Österreich wurden 15jährige nach der Häufigkeit ihrer sexuellen Aktivitäten befragt. Die *Ö1*-Nachrichten berichteten am 2. Oktober 2009, bei der Lehrlingsbörse ›Start‹ im Austria Center seien 8 Prozent der Lehrlingskandidaten zu schwach im Lesen und Schreiben gewesen, um den Mindestanforderungen zu genügen. Die *Kommentare zum Zeitgeschehen* im April 2008:

> »Für Kopfschütteln bei Eltern sorgt die Ankündigung eines Kindertheaters im Wiener ›Museums-Quartier‹, die da lautet: ›Im Februar zeigt der Dschungel Wien eine Produktion zum Thema Homosexualität. Das für Kinder ab 6 Jahren geeignete Stück *König und König* zeigt die Geschichte eines Prinzen, der sich in den Bruder einer Prinzessin verliebt.‹ Das Theater wird mit einer Million Euro von der Stadt Wien gefördert.«

Laut Bundesministerium für Unterricht, Kunst und Kultur haben in Österreich bundesweit 17,8 Prozent der Schülerinnen und Schüler einen Migrationshintergrund. Führend in dieser Statistik ist Wien, das auf 40,4 Prozent kommt.

Beatrix ULLRICH schreibt in *Der freie Mensch* (Ausgabe 9–10/2009):

> »Das Bundesland Nordrhein-Westfalen hat eine ›Werbeoffensive‹ in den Schulen gestartet, mit dem Ziel, daß Schulleitungen mehr ›Lehrer mit Zuwanderungsgeschichte‹ einstellen.«

Der *Kölner Stadtanzeiger* (11. 8. 2009) schreibt dazu:

> »Wir brauchen mehr solcher Lehrkräfte an unseren Schulen, weil sie mit ihren kulturellen, mehrsprachigen und fachlichen Kompetenzen dazu beitragen, die Lernerfolge von Schülerinnen und Schülern mit ausländischen Wurzeln zu verbessern.«

Was den deutschen Lehrkräften in Klassen mit hohem Ausländeranteil bisher nicht gelang, das sollen nun Ausländer für Ausländer richten. Fein! Und wie hilfreich ist die türkische Abstammung eines Lehrers bei Kindern von Kurden, Angolanern, Arabern, Polen, Chinesen, Russen, Albanern usw.? Mindestens die Hälfte aller Jugendlichen in Köln stammt nicht aus Deutschland, sie kommen aus über 120 Nationen.

Ausgesprochen interessant ist die Bemerkung einer ›Projektmanagerin für den Förderunterricht für Migranten bei der Essener Mercator-Stiftung‹:

»Viele deutsche Lehrer können sich kaum vorstellen, wie schwierig es ist, in einer fremden Sprache zu lernen.«

Diese Erkenntnis, daß es schwierig ist, nicht nur die fremde Sprache, sondern obendrein noch die in ihr vermittelten Lerninhalte zu lernen, entlarvt die ganze Hinterhältigkeit derer, die in unserem Deutschland zunehmend Schulfächer und Studiengänge auf die fremde englische Sprache umstellen!

Was also bei freiwillig eingewanderten Ausländerkindern zunehmend scheitert – das Lernen in einer anderen als der Muttersprache –, wird unseren Kindern als ›fortschrittlich‹ und ›weltoffen‹ im eigenen Lande aufgezwungen. Wie man es auch dreht und wendet – die zerstörerische Absicht hinter dem ganzen Integrationsgeschwätz ist offenkundig. Mit zunehmender Anzahl ausländischer Lehrkräfte an deutschen Schulen, bei ebenfalls ansteigenden Zahlen ausländischer Schüler, werden keine Ausländer in die BRD integriert, sondern unsere deutschen Kinder in eine dem eigenen Wesen fremder werdende Allerweltsgesellschaft ›extegriert‹.

Als Ministerin von der Leyen am 19. Juli 2008 eine Schule in Jahnsdorf (Sachsen) besuchte, veranlaßte der Lehrkörper, daß sie von den Schülerinnen und Schülern auf Englisch begrüßt wurde.

In der *Süddeutschen Zeitung* vom 2. Februar 2008 schrieb Julian Nida-Rümelin, Ordinarius für politische Theorie und Philosophie an der Münchner Ludwig-Maximilian-Universität:

»Seit einigen Jahren ist, auch infolge des Bologna-Prozesses mit seinen neuen Bachelor- und Master-Studiengängen und der angestrebten internationalen Anpassung, die bildungspolitische Lage völlig verändert. . . Das Umbauprogramm setzt auf mehr Betreuung, schnellere Studienabschlüsse, deren internationale Vergleichbarkeit und höhere Mobilität. Vor allem aber setzt es auf etwas, das nirgendwo ausgesprochen werden darf: Auf Dequalifizierung.

Bedingung selbstverantworteter Forschung und Lehre war bislang die Habilitation. An dieser Hürde scheiterten allzu viele wissenschaftliche Karrieren, und sie hielt Nachwuchsforscher zu lange in Abhängigkeit. . . Der bayerische Landesgesetzgeber hat nun bestimmt, daß als Qualifikation der betreffende Studienabschluß ausreicht. Die Dequalifikation betrifft aber nicht nur den akademischen Bereich, sondern vor allem auch den nicht-akademischen. In einer unheiligen Allianz aus Marktwirtschafts-

Ideologie und Bildungsfeindschaft wurde die Bedeutung der Meister- und Gesellenprüfungen in den vergangenen Jahren kontinuierlich vermindert. Das duale System aus betrieblicher Ausbildung und staatlich verantworteter beruflicher Bildung ist in einer Krise. Das hervorstechende Merkmal der deutschen Wirtschaft, nämlich über ein hohes Qualifikations-Niveau der Arbeitnehmerschaft zu verfügen, das sich auch statistisch, z. B. im Vergleich zu Großbritannien und den USA, immer noch zweifelsfrei belegen läßt. . ., ist in Gefahr. Das Szenario sieht etwa folgendermaßen aus: Die Akademikerquote, also der Anteil der Absolventen eines Hochschulstudiums an einem Jahrgang, wird auf 50 Prozent angehoben. Angesichts der knappen Personalressourcen studiert die ganz überwältigende Mehrzahl bis zum Bachelor, schon deswegen, weil für die Master-Studiengänge keine ausreichenden Kapazitäten mehr bereit stehen. Die Lehre in den Bachelor-Studiengängen entkoppelt sich von der wissenschaftlichen Forschung, verschult und erstarrt. Nach einigen Jahren hinkt sie dem Forschungsstand weit hinterher. Nur noch ein Bruchteil der späteren Akademiker erfährt die direkte Konfrontation mit der Forschung, die eigene Beteiligung an Forschungsprojekten und Methodendiskussionen eines Lehrstuhls, wovon Wilhelm von Humboldt zu Recht Persönlichkeitsbildung, Stärkung der Urteilskraft, geistige Unabhängigkeit und Entscheidungsstärke erwartete.

Wer auf dem Weg dorthin scheitert, geht nicht mehr den mühevollen Weg der Facharbeiter-Ausbildung, sondern sucht die einfachere Lösung über Anlernen im Job mit unsicheren Aussichten und niedrigem Einkommen – so ist jedenfalls die amerikanische Erfahrung, wo die Akademikerquote über 50 Prozent liegt. . .

Die dünkelhafte Herabsetzung handwerklicher und technischer Begabungen und Interessen sollte endlich der Vergangenheit angehören. Wir haben in Deutschland einen besonderen Mangel an Ingenieuren und Schlossern. Wir haben dagegen keinen Mangel an Architekten, Juristen, Kommunikationswissenschaftlern und Germanisten. Die pauschale Anhebung der Akademiker-Quote ergibt in Deutschland weder bildungspolitisch noch volkswirtschaftlich einen Sinn. In Kombination mit der dramatischen Unterfinanzierung des Bildungssektors führt dieser Weg in einen zweiten Bildungsnotstand.«

»Das Bildungswesen steckt in einer Krise«, titelt *Zur Zeit* am 3. Dezember 2009:

> »Zu lange schon gilt in der Bildungspolitik nicht mehr das HUMBOLDTsche Bildungsideal – also eine umfassende Allgemeinbildung und Formung der Persönlichkeit – als Maß aller Dinge, sondern Zwänge von politischer Korrektheit, Spaßgesellschaft und Wirtschaft. Schüler müßten vom Joch des Leistungsprinzips befreit werden, das Studium diene vor allem der Selbstverwirklichung, auch zum Preis, daß der frischgebackene Magister der Philosophie als Taxifahrer oder Kellner arbeitet, und Studien hätten sich ausschließlich an den Erfordernissen internationaler Konzerne auszurichten, lauten die unterschiedlichen Forderungen.
>
> Wohin Nivellierung und Planlosigkeit geführt haben, wissen wir: Das österreichische Bildungswesen ist Weltspitze – aber leider nur, was die Kosten betrifft. Zu viele Ressourcen gehen in den Mühlen der Bürokratie verloren, zahllose marxistisch motivierte Schulversuche tragen das Ihre zur Zersplitterung bei. Unabhängig von persönlicher Begabung sollen alle Zehn- bis Vierzehnjährigen in eine Einheitsschule gesteckt werden... Kein Wunder also, daß aufgrund dieser schweren Fehler in der Bildungspolitik gerade in den städtischen Ballungszentren ein Subproletariat herangezüchtet wird, für das Bildung ein Fremdwort ist.

Ein weiterer Grund, warum das klassische deutsche Bildungsbürgertum, ein wichtiger Wegbereiter des freiheitlichen Rechtsstaates, immer mehr ins Hintertreffen gerät, ist die Anglo-Amerikanisierung der Universitäten. Dem Vorbild der USA nacheifernd, hat die Europäische Union 1999 mit dem sogenannten Bologna-Prozeß beschlossen, der historisch gewachsenen europäischen Vielfalt ein Ende zu setzen und sie EU-weit ausschließlich durch das dreigliedrige System – Bakkalaureat (Bachelor), Magisterium (Master) und Doktorat (Ph. D.) – zu ersetzen. Hinzu kommt, daß nach amerikanischem Vorbild der Betrieb an den Universitäten immer mehr verschult wird. Dahinter steckt die Absicht, nicht mehr die Persönlichkeitsentwicklung in den Vordergrund zu stellen, sondern die Forderung der Wirtschaft nach Absolventen, die nach Möglichkeit in den Unternehmen keiner weiteren Einarbeitungsphase mehr bedürfen. Alles in allem soll der Weg hin zu einem kritiklosen Einheitsmenschen geebnet werden, der in erster Linie den Interessen der fragwürdigen Allianz aus Marxisten und internationalen Konzernen entspricht.«

Wie im 2. Gebot der Globalisierung ausdrücklich gefordert, erstreckt sich die Habgier der Wucherer nicht nur auf die Rohstoffe, Naturreserven, Kommunalleistungen, Sparguthaben aller Völker der Welt, sondern auch auf ihr geistiges Kapital: Vor kurzem forderte die US-Regierung von der EU, im Interesse der fortschreitenden Globalisierung und der Schaffung eines gleichgeschalteten Weltmarktes, die ›Freigabe geistigen Eigentums‹, das heißt: die Aufhebung des Patentschutzes.

Unser ›Saldo‹ der Globalisierer: »Die Kosten der Erziehung und Heranbildung brauchbarer und geeigneter Facharbeiter und Akademiker wird von den Humanressourcen selbst bezahlt. Die aus ihrem Einsatz in unseren Konzernen, Laboratorien, Verwaltungen gewonnenen Profite werden privatisiert.«

Wir setzen *unser Fazit* dagegen: Wer sich nicht zum Sklaven der Globalisierung ausbilden lassen will, möge sich dafür einsetzen, daß unsere traditionellen Bildungswege wieder eingeführt werden.

6.6 Die Landwirtschaft in ›Globalistan‹

> »Immer und zu allen Zeiten ist es der Boden mit seiner Fruchtbarkeit gewesen, der über Wohl und Wehe eines Volkes entschieden hat.«
>
> Justus von Liebig, Vater der Agrikulturchemie (1803–1873)

Ewiger Haß der Nomaden auf seßhafte Völker und Unverständnis entwurzelter Umstürzler für Wert und Leistung eines bodenständigen Landvolkes haben – wovon schon das Alte Testament, die Züge der Hunnen und Mongolen, die Massaker der Bolschewisten an russischen und ukrainischen Kulaken uns Kunde geben – zu Kahlschlag, Verwüstungen und Unnutzbarmachung ganzer Landstriche geführt. Die Versuche, die Leistungen einer seit Jahrhunderten bodenverwurzelten Bauernschaft durch industrialisierte Kolchosen, landwirtschaftliche Produktionsgemeinschaften, extensive Monokulturen und Kibbuze zu ersetzen, sind fehlgeschlagen. Für die entwurzelten, grenzenlos agierenden Globalisierer mit ihren vier Nomaden-Geboten ist gerade die Bedeutung der Landwirtschaft als Symbol Jahrhunderte und Jahrtausende alten Verhaftet-

Seins von Völkern mit Grund und Boden ein rotes Tuch, das zerrissen werden muß. Deshalb nimmt die Europäische Gemeinschaft einen neuen Anlauf, um die Landwirtschaft ihren Gesetzen von Mobilität, Rentabilität und reinen Profitdenkens zu unterwerfen.

Die Globalisierer wissen, daß ideologisch betriebene Analog-Landwirtschaft weder gemäß befohlenen Vier-Jahresplänen noch kapitalistischen Marktmechanismen funktioniert, ein- oder ausgeschaltet werden kann, und sie wissen auch, daß Natur und Boden eigenen, naturgegebenen Gesetzen gehorchen und daß die einmal ausgelöschte bodenständige Bauernschaft nie durch eine x-beliebige andere ersetzt werden kann. Weil aber die Bauernschaft überall und zu allen Zeiten immer ein Hort des Bewahrens nationalen Erbes, heimischer Kultur und Tradition war, gilt es, sie umzuerziehen oder langsam aussterben zu lassen.

Kriemhild Trattnig, ehemalige Fraktionsvorsitzende der FPÖ im Kärntner Landtag, meint zum Thema »Ohne freies Bauerntum keine Unabhängigkeit«:

> »Nur ein Volk, das nicht wegen Mangels an Lebensmitteln und Energie erpreßbar ist, kann sich als freies, unabhängiges Volk bezeichnen. . . Über viele Jahrtausende sicherte diese opferbereite Grundeinstellung der mit Beginn des Ackerbaus seßhaft gewordenen Bauern das Überleben und den Bestand unseres Bauerntums über alle Stürme hinweg bis in die jüngste Zeit. Zur Zeit bröckelt diese Opferbereitschaft und ringen viele Bauern im gesamten EU-Raum ums Überleben. Von 1951 bis 1999 sind in Österreich 215 340 Bergbauernhöfe aufgegeben worden, das sind 4500 Betriebe im Jahr, 12 Betriebe täglich! Ab Österreichs Beitritt zur EU 1994 bis 2006 sperrten weitere 90 000 Betriebe, also täglich über 20. Von seiten der offiziellen Agrar-Politik wird diese dramatische Entwicklung als notwendiger Strukturwandel und als Gesundschrumpfen der Landwirtschaft schöngeredet. Offizielle Statistiken beweisen, daß es in absehbarer Zeit keine Milchbauern in Österreich mehr geben wird: 1960 gab es 225 000 Milchbauern, 2004 noch 50 000, 2015 dürften es noch 25 000, 2030 gar keine mehr geben.
>
> Es ist eine traurige Tatsache, daß trotz Verdoppelung und Verdreifachung der Produktionsmengen und beträchtlicher EU-Fördergelder mehr als die Hälfte der Bauernhöfe (in Österreich) aufgegeben wurden. Die Hauptursache für diese unheilvolle

> Entwicklung liegt, meiner Meinung nach, einerseits im Kaufkraftschwund landwirtschaftlicher Erzeugnisse, ohne Berücksichtigung der allgemeinen Teuerung und Inflation und damit nicht nur der Minderbewertung landwirtschaftlicher Arbeit, andererseits in der Herabwürdigung der sozialen und gesellschaftlichen Stellung der Bauern und der landwirtschaftlichen Bevölkerung...
>
> Von der Öffentlichkeit viel zu wenig beachtet, vollzog sich die Aufgabe der Bauernhöfe nur sehr leise. Aufgescheucht durch die mediale Veröffentlichung obgenannter Zahlen, gab es einige Tage lang im August und September 2007 Schlagzeilen um das sogenannte ›Bauernsterben‹... Die den Bauern immer wieder vorgehaltene Absatz- und Exportsubventionierung kommt nur zu 25 Prozent bei den Bauern an, der Rest verbleibt bei den Händlern, Exporteuren und der Agrar-Industrie... Im EU-Raum stirbt jede zweite Minute ein Bauernhof, das sind pro Tag 720 Höfe und pro Jahr 262800 Betriebe.«

Der Forderung: »Mehr Bauern braucht das Land« steht die Tatsache gegenüber, daß die verbliebenen Wenigen in absehbarer Zeit nicht mehr in der Lage sein werden, die Erhaltung der Kulturlandschaft, der Gebäude, der Infrastruktur zu bewerkstelligen. Beispiele hierfür gibt es vor allem in Deutschland zuhauf. *Spiegel-Online* betitelte einen Bericht über entleerte Landstriche in der ehemaligen DDR: »Sterbendes Land: Keine Zukunft für die Kuhzunft.« Dies bedeutet: Bauernhöfe ohne Bauern, Landgemeinden ohne Gemeinderat, ohne Arzt, ohne Kneipe, ohne Schule, ohne Polizei, ohne Bäckerei, ohne Postamt, ohne Greißlerladen. Seit Jahrzehnten beobachten Fachleute wie der Kassler Professor für Agrarkultur Sigmar GROENEVELD das Verschwinden des Landes als Lebensraum, eine soziale und politische Erosion größten Ausmaßes, die längst zum öffentlichen Skandal geworden sein müßte. Er beklagt den Untergang der traditionellen, bäuerlichen Lebenswelten, somit ihrer Familienbetriebe, der alten Nutztier- und Pflanzenarten, der Blumen und Bäume an den wegrationalisierten Feldwegen. Das Sterben dieser Höfe gehe einher mit dem von Brüssel geforderten und geförderten Aufstieg einer Agrarindustrie, die letztlich zur Arbeitslosigkeit auf dem Lande beitrage. Wenn – so argumentiert GROENEVELD – die landwirtschaftlich genutzten Flächen aus den Händen der Dorfbewohner entschwinden und fremde sogenannte ›Tieflader-Bauern‹ die Dorfgemeinschaften übernehmen, dann verschwinden die letzten Beziehungen der Menschen zu ihrem Land. Mit großer maschineller Schlagkraft und mit Fruchtfolgen, die diesen Namen nicht mehr verdienen, können dann leicht 800 oder 1000 Hektar landwirtschaftlicher Fläche von zwei sogenannten ›Vollbeschäftigten‹ bewirtschaftet werden. Man braucht dann keine Dorfbevölkerung mehr, darf sich aber über stark steigende Arbeitslosigkeit nicht wundern, denn ein geschlossener Betrieb zieht mindestens drei Arbeitslose in den nachgeordneten Bereichen nach sich. Otto SCRINZI, Mitbegründer der FPÖ, über die Landflucht in Mitteldeutschland: »Aus dem Volk ohne Raum wird ein Raum ohne Volk.«

Ein besonderes Mittel, die noch verbliebenen Bauern abhängig zu machen, in den Ruin zu treiben und sich ihr Land anzueignen, ist die Genmanipulation an Saatgut, Tier und Mensch. Deshalb drängen Agrarindustrie und US-Regierung die EU, genmanipuliertes Saatgut zuzulassen, und die deutsche Politik hat teilweise schon nachgegeben. Renate KÜNAST, vormalige deutsche Landwirtschaftsministerin, bestätigte 2005 beim Bauerntag zu Rostock: »Wir haben ihnen damit die unternehmerische Freiheit zurückgegeben« – und schob damit den schwarzen Peter den Bauern zu und überließ die noch konventionell wirtschaftenden Bauern ihrem Schicksal.

In der Schweizer Zeitschrift *Swissaid Kampagne 2006* schrieb Caroline MOREL:

> »Stellen Sie sich das einmal vor: Vor zweieinhalb Jahren erteilte das Europäische Parlament der Firma Monsanto das alleinige Nutzungsrecht für einen Weizen mit besonderer Backqualität. Das Patent galt nicht nur für die Pflanze selber, sondern für alle aus ihr hergestellten Erzeugnisse. Also auf das Mehl aus diesem Weizen, die Kekse, das Brot usw. Die Firma DuPont erhielt im Jahre 2000 ein Patent über alle Maispflanzen mit einem bestimmten Ölgehalt. Auch hier erstreckten sich die Ansprüche auf alle aus diesen Pflanzen abgeleiteten Produkte, wie die Verwendung der Öle in Margarine, Saucen oder die Herstellung von Futtermittel für Schweine und Hühner. Diese Beispiele sind keine Fantasien, sonder Realität. Und diese Patente sind in vielerlei Hinsicht ein Skandal. In beiden Fällen handelt es sich um Patente auf Pflanzensorten, die im wesentlichen von Landwirten in Entwicklungsländern gezüchtet wurden. Der Weizen in Indien, der Mais in Lateinamerika. Es handelt sich um herkömmlich gezüchtete Pflanzen, für deren Patentierung die Firmen keinerlei Erfin-

> dung tätigten... Bis Ende 2004 erteilte das europäische Patentamt über 400 weitere Patente auf Pflanzen und Saatgut. Einige Tausend Patentanträge warten auf Erteilung, und weltweit gibt es weit über tausend Patentansprüche auf wichtigste Nutzpflanzen wie Mais, Soja, Reis und Weizen.«

Der bekannte amerikanische Publizist William ENGDAHL ist überzeugt, daß sich in 5, höchstens 10 Jahren, wesentliche Teile der weltweiten Nahrungsmittelversorgung in Händen von nur vier global agierenden Großkonzernen befinden werden. Da das Saatgut jährlich neu erworben werden muß, ist das für diese Konzerne ein Geschäft mit einem ›Perpetuum mobile‹, das der Teufel nicht hätte besser erfinden können. Wird diese Entwicklung nicht aufgehalten, entsteht eine neue, bislang nicht für möglich gehaltene Form der Leibeigenschaft für die Völker der Welt. ENGDAHL sagt ferner, daß die amerikanische Rockefeller-Stiftung der treibende Motor hinter dieser Entwicklung sei.

Wer die Bauern in den Ruin treibt und landlos macht, sich die Bodenschätze einverleibt, mit dubiosen Entwicklungshilfeprojekten die Armen immer ärmer, die Reichen reicher macht, treibt ein böses Spiel mit unschuldigen Menschen. Am 11. August sah sich William ENGDAHL bestätigt:

> »Trotz massiven Widerstands der Öffentlichkeit und der Regierungen in mehreren Mitgliedstaaten hat die Brüssler EU-Kommission die Zulassung für sechs neue gentechnisch veränderte Maissorten erteilt. Gleichzeitig wurden neue Richtlinien vorgestellt, wonach in der EU zum ersten Mal einer weitreichenden Kontamination durch GVO-Pflanzen und entsprechende Unkrautvernichtungsmittel Tür und Tor geöffnet werden... Noch im vergangenen Jahr hatte die deutsche Regierung angesichts vehementer Proteste von Landwirtschaftsverbänden und Verbraucherorganisationen Monsantos Antrag auf Genehmigung der Aussaat von MON810-Mais abgelehnt. Doch jetzt können die großen Agrobusiness-Konzerne einen großen Erfolg verbuchen – erzielt durch klammheimliche und bürokratische Machenschaften, für die keine Zustimmung auch nur eines einzigen Wählers erforderlich war. ›Was kümmert uns Demokratie‹ – so scheint man in Brüssel zu denken.« Das Wort ›scheint‹ hätte ENGDAHL ruhig weglassen können.

Auch in Österreich und fünf weiteren EU-Ländern sind Aussaat und Anbau von GVO-Saatgut verboten. Gemäß der neuen EU-Bestimmung – so heißt es heuchlerisch –

> »wird den Mitgliedsländern die Freiheit gewährt, über Zulassung, Einschränkung oder Verbot des Anbaus von gentechnisch veränderter Organismen (GVO) zu entscheiden«.

John DALLI, der für Gesundheit und Verbraucherschutz (!) zuständige EU-Kommissar, stammt aus Malta und arbeitete vor seiner ›Berufung‹ nach Brüssel als Buchhalter.

In *Zeit-Fragen* (Nr. 17/April 2005) hatte schon Metzgermeister Karl Ludwig SCHWEISFURTH, Gründer der Hermannsdorfer Landwerkstätten (Bayern), unter dem Titel »Wie herrlich weit haben wir's gebracht« den stufenweisen Abbau des Bauernstandes beklagt:

> »Es war einmal, und das ist erst eine Generation her, ein stolzer und angesehener Bauernstand. Über Jahrhunderte hatte der Bauer gelernt, mit seinem Standort optimal umzugehen. Er hielt so viele Tiere, wie sie der eigene Boden ernähren konnte, der Bauer arbeitete im Einklang mit der Natur und baute seine Felder in wechselnden Fruchtfolgen an. Diese bäuerliche Landwirtschaft hat unsere europäische Kulturlandschaft, unsere Heimat, maßgeblich geprägt.
>
> Metzger und Bauern bildeten eine vertrauensvolle Partnerschaft. Der Weg vom Bauern zum Metzger war kurz, die Tiere wurden unmittelbar nach dem Schlachten zerlegt und noch schlachtwarm verarbeitet. Alle ursprünglichen Stoffe, Kräfte und Wirkungen blieben so im Fleisch, in den Schinken und Würsten erhalten… Dann kamen die großen Verführer, die den Metzgern einflüsterten, es sich bequem zu machen und als erstes auf das umständliche eigene Schlachten zu verzichten. Man könne doch alle Fleischteile wunderbar zukaufen. So hat sich das Metzgerhandwerk Schritt für Schritt von den Tugenden der guten Handwerkskunst entfernt und wichtige Teile eines ganzheitlichen Prozesses ausgelagert. Die Folgen blieben nicht aus: Das Fleisch, das die Meisterfrau verkauft, ist heute zumeist das gleiche wie das in den Supermärkten aus den intensiven Tierhaltungen und von Großschlachthöfen. Die Individualität ist verlorengegangen. Kein Wunder, daß es die Metzger im Wettbewerb immer schwieriger haben und einer nach dem anderen aufgibt.

Dann kamen die großen Verführer, die den Bauern predigten: spezialisieren, wachsen oder weichen! So entstanden immer mehr Monokulturen mit hohem Chemieeinsatz, immer schwereren Maschinen und automatisierten Stallungen. Die Bauern gerieten in immer größere Abhängigkeit vom großen agro-industriellen System und den Banken. Kein Wunder, daß einer nach dem anderen aufgibt und die nächste Generation nicht weitermacht.

Die ›Tierproduktion‹ findet in intensiven Spezialbetrieben statt... Das alles mit billigem Futter und nun auch noch mit immer mehr Gen-Soja und Gen-Mais aus fernen Ländern. Es braucht ja – gemäß dem Gesetz – beim Fleisch und beim Ei nicht deklariert zu werden, ob die Tiere Genfutter gefressen haben. Wir produzieren Tiere wie Industriegüter: Im EU-Durchschnitt 60 Kilo Fleisch pro Kopf und Jahr, vom Baby bis zum Greis... In Megaschlachthöfen werden mittels schwerer Maschinen und Roboter bis zu 1000 Schweine pro Stunde geschlachtet. In den anschließenden Zerlegebändern werden die Schweinehälften mit Laserstrahlen abgetastet und zerteilt. Auf automatischen Verpackungsstraßen werden Schnitzel und Koteletts gepreßt, geformt und geschnitten, vakuumiert, mit ›Schutzgas‹ besprüht, um die Haltbarkeit zu verlängern, und etikettiert. Hier wird kaum noch Hand angelegt. Zwischen Schlacht-, Zerlege-, und Verarbeitungsbetrieben wird munter hin- und hertransportiert, gekühlt, gefroren, auf- und abgeladen. Die Frische bleibt buchstäblich auf der Straße. Logistikzentren organisieren über Nacht die Lieferung an Supermärkte und Discounter...

Die wichtigsten Personen im Prozeß: einige hochqualifizierte Planer und Organisatoren, die an ihren Computern die Produktion steuern; Wissenschaftler, die das nötige Wissen liefern für die Techniker, die die Automaten bauen; die ›Blaumänner‹, die dafür sorgen, daß kein Automat stillsteht, und die ›Weißmänner und -frauen‹, die Bakterien aufspüren und jagen. Dasselbe könnte ähnlich über fast alle industriell produzierten Nahrungsmittel geschrieben werden: perfekte Technik – schöne neue Welt?... Bei aller Bewunderung für das, was Wissenschaft und Technik ermöglicht haben: Dürfen wir alles tun, nur um immer mehr und immer billiger zu produzieren? Wo bleibt die Würde des Menschen, sowohl als Arbeitskraft als auch als Konsument? Wo bleibt die Würde des Tieres als Mitgeschöpf? Wo bleibt die echte Lebensmittel-Qualität? Wo bleiben ethische Moral und Verantwortung? Und wo die Freude beim Essen?«

Des Metzgermeisters berechtigte Klagen zeigen die eine Seite der Medaille, auf die andere verweisen jene, die vor der exponentiell wachsenden Erdbevölkerung und den gleichzeitig schrumpfenden landwirtschaftlich nutzbaren Flächen warnen.

»Von 14 Milliarden Hektar weltweit sind nur 1,5 Milliarden, also nur 11 Prozent der Böden, nutzbares Ackerland« berichten M. Bröker und H. Moritz in *top agrar* (12/2009). »28 Prozent sind zu trocken, 10 Prozent zu naß, 6 Prozent liegen unter Permafrost, 23 Prozent sind chemisch ungeeignet, 22 Prozent zu flachgründig... Es ist an der Zeit, endlich pfleglicher mit unserem knappen wertvollen Boden umzugehen. Er liefert 98 Prozent aller Nahrungsmittel, schützt und filtert das Trinkwasser, bringt Nährstoffe in den Kreislauf, so daß Pflanzen, Menschen und Tiere davon profitieren können... Heute leben 6,7 Milliarden Menschen auf Erden, und jede Woche kommen 1,5 Millionen, jedes

Stündlich werden über tausend Hektar Regenwald abgefackelt, um Platz für Soja- und Palmölplantagen zu schaffen. Der Soja-Anbau ist Ursache für die Entwaldung von 21 Millionen Hektar in Brasilien und 14 Millionen in Argentinien. 2006 gingen mehr als 50 Prozent der Maisernte von Iowa und South Dakota an Ethanol-Raffinerien. Es ist fraglich, ob sich die Menschheit auf dem richtigen Energiepfad befindet, nur um ihren großeren Energiehunger zu stillen.

Jahr 80 Millionen dazu... Im Jahr 2050 werden es nach Schätzungen der UNO 9,2 Milliarden sein. Um diese satt zu kriegen, muß die Nahrungsmittelproduktion um 70 Prozent steigen. Gelingen wird dies nur wenn genug fruchtbarer Boden für den Anbau von Weizen, Mais, Reis, Soja, usw. verfügbar ist...

Doch jährlich sinken auf Grund der Verluste an Böden durch Erosion, der Versalzung durch künstliche Bewässerung, der Konkurrenz durch erneuerbare Energie (Bedarf an riesigen Flächen zum Anbau von Pflanzen zur Gewinnung von Biotreibstoff sowie zur Installierung von Solar- und Windanlagen zur Stromerzeugung), dem Bau von neuen Straßen und Wohnanlagen, die verfügbaren Ackerflächen.

Bevölkerungsreiche Staaten mit schrumpfenden Ackerflächen und steigendem Nahrungsmittelbedarf begannen vor drei Jahren, rund um den Globus Millionen Hektar fruchtbaren Bodens aufzukaufen:

- Der südkoreanische Konzern Daewoo will in Madagaskar rund 1,3 Millionen Hektar Ackerland für 99 Jahre pachten - das ist fast die Hälfte der Insel.

- Laos, eines der ärmsten Länder der Welt, hat bereits 2 bis 3 Millionen Hektar - 15 Prozent der Landesfläche - für 70 Jahre an Thailand, Vietnam, Malaysia und China verpachtet.

- Jordanien, Kuwait und die Vereinigten Arabischen Emirate haben mit dem Sudan Verträge zur Nutzung von Ackerland abgeschlossen.«

Michael Howanietz in *Zur Zeit* (Nr. 48/2007) über »Das Agrar-Armageddon«:

»Eine Gesellschaft, deren ethnische Fragmentierung Hand in Hand geht mit demographisch ethischer Liquidierung, begegnet einer ausreichenden Zahl von Herausforderungen... Die resultierenden Konsequenzen bedeuten nicht weniger, als daß selbst eine familienpolitische Umorientierung in letzter Minute ihr sodann höchstes Ziel, die Überlebensfähigkeit der eigenen Zivilisation zu sichern, verfehlen könnte. Weshalb?

Weil ein Volk mit dem Verlust seiner Selbstversorgungs- und Selbstbestimmungsfähigkeit in der Wasser-, Lebensmittel- und Energieversorgung auch jede Form nationaler Souveränität und Entscheidungsfreiheit verliert. Aktuell ist vor allem der als Quoti-

> ent nationaler Verfügungsgewalt geltende Selbstversorgungsgrad mit landwirtschaftlichen Produkten bedroht. Von den USA ausgehend, kam es zur ›Gentechnischen Revolution‹ des Agrarbereiches, die beim Saatgut ansetzt: Teure Lizenzgebühren für patentiertes Saatgut bei gleichzeitiger Unterbindung von dessen Keimfähigkeit und zeitgleicher Verheerung aller frei wieder verwendbaren konventionellen Saatgutbeständen bedeuten... das Ende des freien Bauernstandes und das Ende nationalstaatlicher Selbstversorgungsfähigkeit...
>
> Ob in Fauna oder Flora, unter Wild- oder Nutzwesen ist eine dramatische Arten- und Sortenverarmung zu konstatieren. ›Einfalt statt Vielfalt‹ lautet das Motto der ausschließlich auf massenproduktionsgeeignete Monokulturen setzenden Agro-Industrie... Bauern und Konsumenten leiden unter tausend neuen Krankheiten,... weil ihre Nahrungsmittel mehr enthalten, als von Mutter Natur vorgesehen. Von verarbeiteten Fertigprodukten ganz zu schweigen, bieten schon Frischwaren des Nahrungsminderwerte fabrizierenden, globalisierten Weltdorfes Giftcocktails sonder Zahl. Da nur Obergrenzen für einzelne Pestizide gelten, die zulässige Gesamtmenge von Pflanzenschutzgiften aber ebenso ungeregelt ist wie deren Komposition, entfalten bereits einzelne Unfrüchte aus intensivlandwirtschaftlicher Produktion krankmachende, ja mitunter letale toxische Nebenwirkungen. Im Südosten Spaniens läßt eben jene, nicht Mensch, nicht Tier, nicht Umwelt schonende Intensivlandwirtschaft – mit Steuergeldern der EU geförderte – die erste Wüste Europas entstehen.«

Und während in unseren Landen das Bauernsterben hurtig voranschreitet, wurde die polnische Landwirtschaft von der EU mit über einer Milliarde Euro finanziert.

Was wird unseren Bauern von ihren Bünden, Verbänden, Ministern und von Landwirtschaftskommissaren in Brüssel angesichts der von den Globalisierern betriebenen Entbauerung und Abschaffung der Landwirtschaft in Mitteleuropa empfohlen? »Bauern können mit CO2 handeln!« (*Bauernzeitung*, Nr. 4, 2010), und »Bauern sollen neue Marktlücken nützen«, so Ex-EU-Agrarkommissar Franz FISCHLER – Gartenpflege von Villen und Chalets reicher Ausländer, Baumschulen betreiben, ländliches Kunsthandwerk erzeugen, Heilkräuter und Marmeladen verkaufen, Erlebnistourismus fördern und dergleichen mehr.

6.6.1. Verdrängungskampf um die letzten Lebensmittelreserven – wer steckt hinter dem Geschäft mit der Gen-Technik?

In der *UK Times* vom 7. März 2008 berichtete Carl Mortished:

»Das Gespenst einer weltweiten Lebensmittelknappheit wirft seine ersten Schatten auf unseren Planeten und hat zu Unruhen in Afrika, Protesten von Konsumenten in Europa und Panik in den von Importen abhängigen Ländern geführt. In einer Welt des Überflusses hat das Hamstern von Reis und Weizen bereits eingesetzt. Gloria Arroyo, Präsidentin der Philippinen, bat in einer persönlichen Botschaft den Premierminister von Vietnam, Nguyen Tan Dung flehentlich, ihr eine Liefergarantie für Reis zu bestätigen. Dieser ungewöhnliche Appell führte der ganzen Welt die krasse Abhängigkeit der Philippinen von Lebensmittelimporten vor Augen. Und wie dieser Staat, sind auf vier Kontinenten noch zahlreiche andere direkt betroffen.

Robert Zeigler, Direktor des International Rice Research Institute (Instituts für Reisforschung) warnt: ›Dies ist ein erster Weckruf: Eine ernste Krise in der Reisversorgung bahnt sich an!‹ Die Hälfte der Erdbevölkerung lebt von Reis: Als vor vierzig Jahren die Lagerbestände einen historischen Tiefstand erreichten, kam es in Bangladesch zu einer schrecklichen Hungersnot. Weil auch dieses Jahr die Reisernte geringer ausfallen wird als der jährliche Jahresbedarf von 430 Millionen Tonnen, befürchtet man arge Lieferengpässe in mehreren Kontinenten.

›Erste Vorboten der auf uns zukommenden Probleme waren Ende 2007 Straßendemonstrationen und Unruhen in Westafrika‹, so die Beobachter der FAO (Food and Agricultural Organization). Zu weiteren Unruhen kam es zu Beginn dieses Jahres in Mexiko, Marokko, Usbekistan, Jemen, Guinea, Mauretanien und Senegal. Aufruhr gab es ferner in Indonesien, wo die Bewohner der Hauptstadt Djakarta gegen die Erhöhung von Lebensmittelpreisen protestierten. Schuld an der Lebensmittelversorgungskrise ist einerseits die Bevölkerungsexplosion, andererseits der wachsende Wohlstand. Immer mehr Menschen in Asien verlangen heute nach Fleisch und Milchprodukten, wodurch die Produzenten von Viehfutter unter immer stärkeren Druck geraten. Auf Grund der wachsenden Nachfrage in Asien stieg 2007 der Preis für Milchpulver von 2000 auf 4800 Dollar pro Tonne, was wiederum zu Versorgungsschwierigkeiten und Preissteigerungen in Europa führte.

Verschlimmert wurde die Lage außerdem durch eine anhaltende Trockenperiode in Australien und die verstärkte Produktion von Biotreibstoff in den USA und Europa. Um die Versorgung ihrer Bevölkerung sicherzustellen, hat die indische Regierung die Ausfuhr von Reis eingeschränkt. Dies führte zu einer Reis-Preiserhöhung um 50 Prozent, wodurch auch in Großbritannien der Preis für Basmati in die Höhe schnellte.

Noch stärker gerät der Weizen unter Druck: Allein im letzten Jahr stieg sein Weltpreis um 115 Prozent! Schuld daran waren auch hier sowohl die Trockenperioden in Australien als auch der tiefste Lagerbestand seit vierzig Jahren. Woraufhin China, die Ukraine und Rußland einerseits ihre Exporte einschränkten, andrerseits die Exportpreise stark erhöhten. Um die Versorgung der eigenen Bevölkerung zu gewährleisten, hat Argentinien bis April 2007 eine Weizenexportsperre verfügt und hat China Exportquoten für Mais, Reis und Weizen festgelegt. Im Reich der Mitte ist auf Grund steigender Futtermittelpreise das Schweinefleisch gar um 48 Prozent teurer geworden. Auch in Europa wird Tierfutter immer teurer, und schon drohen die Hühnerfarmer und Schweinezüchter mit saftigen Preiserhöhungen.«

Auf Grund der anhaltenden Flächenbrände im Sommer 2010 sah sich die russische Regierung gezwungen, den Export von Weizen, Gerste, Roggen, Mais und Mehl bis Jahresende einzustellen, woraufhin der Preis für Weizen auf dem Weltmarkt um 92 Prozent anstieg. Überschwemmungen in Pakistan und Kanada, Trockenheit in der Ukraine und Kasakstan, Frost in Florida, übermäßiger Regen in Brasilien sorgten dafür, daß die Preise für Getreide, Orangen, Kaffee und Fleisch weltweit auf Rekordhöhe ansteigen.

The Independent (London) und *Wall Street Journal* (New York) befürchten, die Preisexplosion bei den Grundnahrungsmitteln könnte sich zu einer »inflationären Zeitbombe« entwickeln, zu Verdrängungskämpfen in der Dritten Welt führen und den Hungertod für viele Millionen Menschen in den ärmsten Ländern bedeuten.

2003 berichtete Jeffrey Smith in *Seed of Deception* (*Saat der Täuschung*), daß amerikanische Chemiefirmen im Jahre 2000 ohne Genehmigung der Regierung Mexikos in der Provinz Oaxaca zu Versuchszwecken genmanipulierten Mais angebaut hätten und daß schon zwei Jahre später 95 Prozent der Ernte kontaminiert waren. In Schottland hätten Versuche mit Ratten ergeben, daß sie schon zehn Tage nach dem Genuß genmanipulierter Kartoffeln schwere organische Schäden aufwiesen.

Dem sehr aufschlußreichen Taschenbuch *Das GenBuch Lebensmittel* von Max ANNAS und Gregor BORNES (2007) ist zu entnehmen, daß die unter starkem Profit- und Konkurrenzdruck stehenden Chemie-Riesen Monsanto (USA), Pioneer (USA), Aventis (Frankreich/Deutschland), Rice Tec (USA), CropSierra (USA), Syngenta (Schweiz), Bayer (Deutschland), ihre Gen-Forschungsabteilungen derart unter Zeitdruck setzen, daß sie gezwungen wären, »mit Schrotflinten auf Atomkerne« zu schießen. Übrigens ist Michael TAYLOR, ehemals Vizepräsident von Monsanto, heute oberster Experte bei der amerikanischen FDA (Food and Drug Administration) und Berater von Präsident OBAMA, und US-Landwirtschaftsminister Tan VILSACK war als Gouverneur von Iowa gleichzeitig Interessensvertreter von Monsanto.

Solcherart zustande gekommene Produkte seien so unausgereift, daß bei Ersteinsätzen, zum Beispiel in Indien, Tausende Menschen starben. Die meisten patentierten, genmanipulierten Produkte würden an der Lebensmittelbörse von Chicago gehandelt. 90 Prozent aller im Jahre 1900 noch bekannten Pflanzensorten existierten heute nicht mehr. Diese frühere Vielfalt und Diversifikation ermöglichte Ernten auf allen Böden. Durch die Einführung von Monokulturen seien sie immer häufiger gefährdet und müßten durch Einsatz von immer mehr Chemikalien gegen die Natur geschützt werden. Anno 1900 wogen Schweine nach 2 bis 5 Jahren im Durchschnitt 60 Kilo, dank spezieller Mast wiegen sie heute schon nach 5 bis 7 Monaten 110 Kilo. Die US-Chemieriesen konzentrieren sich vor allem auf die amerikanischen Pflanzen Mais, Soja, Raps, Baumwolle und wollten die ganze Welt importabhängig machen. Von findigen Juristen werden Patentrechte auf Pflanzen konstruiert, so zum Beispiel auf die gelben mexikanischen Bohnen.

Der US-Chemie-Gigant Monsanto erzeugt das Gift ›RoudUp‹, das alles Leben mit Ausnahme der Trägerpflanze auf den Äckern vernichtet. Die Folge ist, daß sich sehr bald resistente, gefährliche Organismen heranbilden. Genmanipulierte Lebensmittel seien längst schon in allen Regalen der EU zu finden: Fast alle Fertiggerichte enthielten entsprechend manipulierten Raps, Mais, Soja und Zukker.

Ein Anti-Monsanto-Plakat.

Auf der Liste von Lebensmitteln, die gen-behandelte Zutaten enthalten, stehen Baumwollöl, Bier, Brot, Erbse, Erdnuß, Fisch, Fleisch, Joghurt, Kartoffel, Mais, Milch, Käse, Raps, Reis, Schokolade, Softdrinks, Soja, Süßwaren, Tomate, Weizen, Wurst, Wein. Nur Weib und Gesang sind also vorläufig noch nicht kontaminiert...

Als die deutsche Landwirtschaftsministerin Ilse Aigner im April 2009 beschloß, den Anbau von Monsantos gentechnisch verändertem Mon810-Mais in Deutschland zu verbieten, bestellte Obamas Handelsrepräsentant Ron Kirk den deutschen Botschafter Klaus Scharioth zu einem Treffen ins Ministerium und brachte das Mißfallen seiner Regierung über das deutsche Verbot zum Ausdruck. Gleichzeitig, so William Engdahl (in *Kopp-Nachrichten*, 29. 4. 2009), gab Monsanto, der weltweit größte Gen-Manipulierer, bekannt, daß er Klage beim Verwaltungsgericht in Braunschweig eingereicht habe. Nur Tage später kam es zu einem weiteren Rückschlag für Monsanto: Laut Bericht vom 28. März in der südafrikanischen Zeitung *Rapport* war es in Südafrika auf Grund des Einsatzes gen-manipulierten Saatguts zu einer katastrophalen Mißernte gekommen. Im Oktober 2007 hatte die EU-Kommission unter dem Druck der USA und trotz Ablehnung seitens 15 EU-Staaten, unter ihnen Deutschland, Frankreich und Österreich, die Einführung des Gen-Mais von Monsanto durchgesetzt, und im Februar 2008 gab sie die Gen-Kartoffel ›Amflora‹ des Biotech-Riesen BASF als Futter- und Lebensmittel frei. Soviel zur ›Demokratie‹ in der EU!

Ziel der USA ist es, beim TEC (Transatlantic Technical Council) den Anbau des Monsanto-Saatguts zur zentralen Frage der Errichtung einer Freihandelszone zwischen der EU und den USA bis 2015 zu machen. Bemerkenswert ist, daß OBAMA einen der einflußreichsten Insider von Washington, Michael FROMAN, zum amerikanischen Vertreter bei diesen Gesprächen ernannt hat.

Wie es bei solchen Konferenzen zugeht, weiß Nahrungsexperte Dr. Hans-Ulrich GRIMM, der *Planet-Wissen* am 22. Mai 2009 das folgende Interview gewährte:

PW: »Wie muß man sich ihre Arbeit vorstellen?«

GRIMM: »Ich war zum Beispiel in Peking bei einer UNO-Konferenz, bei der die Lebensmittelstandards für die ganze Welt festgelegt wurden. Da saßen die Lobbyisten gleich mit in der Delegation der einzelnen Länder. So konnte dann ›Südzucker‹ für ›Germany‹ sprechen und ›Nestlé‹ für ›Switzerland‹. Da wurde mir klar, warum die Gesetze so sind, wie sie sind.«

PW: »Waren die Erkenntnisse, die sie gewonnen haben, für sie überraschend?«

GRIMM: »Ich dachte immer, wir haben Demokratie, und unsere gewählten Volksvertreter machen die Gesetze. Daß die Lobby die Regeln selbst festlegt, war mir neu.«

PW: »Wenn man in ihren Büchern schmökert, stößt man ja auf ganz unglaubliche Geschichten. Da erzählen Sie unter anderem von Kleinkindern, denen Brüste wachsen, weil sie mit gekaufter Babymilch gefüttert wurden. Wie kann das sein?«

GRIMM: »Sie hatten Babymilch aus Soja bekommen, und das hat die Wirkung des weiblichen Hormons Östrogen. . . Die Nahrungsmittel werden heute nicht in erster Linie für Menschen produziert, sondern für Supermärkte. Dort muß dann etwa ein Tüten-Kartoffelpüree über ein Jahr halten. Ein Kampf gegen den Verfall, mithin gegen die Natur, der nur mit Hilfe der Chemie zu führen ist.«

PW: »Aber sind diese Zusatzstoffe nicht auch einfach notwendig – wie etwa Konservierungsmittel?«

GRIMM: »Kein Mensch braucht Zusatzstoffe. Wenn ich zu Hause koche, dann geht das ohne Chemie. Die Zusatzstoffe richten sich gegen die Natur, und damit auch gegen die Menschen. Sie bringen zum Beispiel hormonelle Abläufe durcheinander, machen dick und führen zur Zuckerkrankheit, zum Beispiel durch den Geschmackverstärker Glutamat.«

PW: »Wie könnte man dieses Problem in den Griff bekommen?«

GRIMM: »Als Einzelperson, indem man echtes Essen kauft: Äpfel, Birnen, Blumenkohl, Schweinefleisch und Suppenhuhn. Die Politik müßte zunächst für eine unabhängige Wissenschaft sorgen, denn bisher sind die einschlägigen ›Experten‹ praktisch alle von der Industrie beeinflußt. Unabhängige Nahrungsforschung gibt es nach Aussagen von Wissenschaftlern in deutschen Universitäten nicht.«

»Der hungrige Planet« lautet der Titel eines Berichts von *Der Spiegel* (4/2008). Dort heißt es:

»Weizen, Mais, Milch und Fleisch erreichen Rekordpreise. Ein globaler Verteilungskampf um die besten Anbauflächen ist entbrannt... Eine Preiswelle baut sich auf, sie hat die Inflationsrate auf den höchsten Stand seit 14 Jahren gehievt... Wie soll die Landwirtschaft eine Welt ernähren, die jedes Jahr um 80 Millionen Menschen wächst und die zunehmend auch Kraftstoffe benötigt, die aus Pflanzen gewonnen werden?

Wandert das Getreide in den Tank statt auf den Teller, verteuern sich nicht nur die Nahrungs-, sondern auch Futtermittel wie etwa Silo-Mais oder Sojabohnen. Damit steigen die Kosten für die Aufzucht von Vieh, was sich direkt auf die Preise für Rind- und Schweinefleisch niederschlägt...

Vor allem die Amerikaner setzen große Hoffnungen auf Biosprit, um weniger abhängig von fremden Förderstaaten zu sein. Der größte Erzeuger von Biosprit ist Cargill, ein Familienbetrieb aus Minnesota... Mit Archer Daniels Midland (ADM) und Bunge bildet Cargill den legendären ABC-Komplex. An ihm kommt keiner vorbei, der im globalen Geschäft mit nachwachsenden Rohstoffen mitspielen will. Die Agro-Multis kaufen Getreide und Ölsaaten von Bauern und Genossenschaften auf, trocknen und verarbeiten es... Die größte Anlage in Europa, die Biodiesel-Produktion von ADM, befindet sich im Hamburger Hafen... Weltweit ist ein erbitterter Verteilungskampf um die besten Anbauflächen entbrannt; in Osteuropa aber ebenso auf der anderen Seite der Erde, in Brasilien... Wo sich früher Sojafelder, Rinderweiden und Baumwollplantagen erstreckten, baut die Biosprit-Industrie heute Zuckerrohr an und gewinnt daraus Ethanol... Meist fließen Dollar berühmter Investoren ins Land: Der Großspekulant George Soros, der Ex-Weltbankpräsident James Wolfensohn und der AOL-Gründer Steve Case haben sich in Ethanol-Fabriken eingekauft...

Inzwischen hat sich eine breite Front von Kritikern formiert... Die Umweltbilanz ist in der Tat enttäuschend. Ein Großteil der Energie, die die Bauern gewinnen, müssen sie zuvor in die Pflanzen hineinstecken. Sie benötigen fossile Energie bei der Ernte des Getreides, beim Transport, bei der Lagerung und Trocknung und zuvor schon für Pestizide und Dünger... Wie lausig das Potential von Biosprit ist, demonstriert eine einfache Rechnung: Um den Tank eines Geländewagens von annähernd hundert Litern zu füllen, muß ein Ethanol-Hersteller etwa eine Vierteltonne Weizen verarbeiten. Damit könnte ein Bäcker rund 460 Kilo Brot bakken, das insgesamt einen Nährwert von einer Million Kilokalorien besitzt: Das genügt, um einen Menschen ein Jahr lang satt zu machen.«

www.umweltaktiv.de berichtete im Februar 2009:

»3500 Menschen waren in der Rosenheimer Inntalhalle zusammengekommen, um ihren Unmut über die Agro-Technik zum Ausdruck zu bringen. Hauptrednerin des Abends war die indische Gentechnik-Kritikerin Vandana Shiva. Einleitend sprach Christoph Fischer, Gründer des Vereins ›Zivilcourage‹, über die 200 000 im letzten Jahrzehnt durch Suizid umgekommenen Bauern in Indien. Fischer erläuterte, daß ein ummittelbarer Zusammenhang zwischen den Suiziden und der Verwendung des Totalherbizids ›Roundup‹ des Chemiekonzerns Monsanto festgestellt wurde. Dieses Unkrautvernichtungsmittel war bei den Bauern beliebt, da es mit schneller Wirkung sämtliches Unkraut entfernte. Verschwiegen wurde den Bauern allerdings, daß es von Jahr zu Jahr an Wirkung verliert und in immer größeren Mengen eingesetzt werden muß... Die explodierenden Kosten könnten die Bauern nicht mehr bezahlen und hätten keinen anderen Ausweg gesehen, als sich das Leben zu nehmen.

Danach appellierte Vandana Shiva an die Moral der Großunternehmen und kritisierte scharf die Handlungsweise der Chemiegiganten Syngenta und Monsanto: ›Es darf nicht sein‹, mahnte sie, ›daß ein oder zwei Unternehmen über das Schicksal so vieler

Menschen bestimmen...‹ Gehe es weiter wie bisher, dann könnte schon bald die Bitte ›Gib' uns heute, Monsanto, unser tägliches Brot‹ zur Wirklichkeit werden...‹«

In derselben Ausgabe von umweltaktiv.de schreibt Thorsten SCHMIDT:

»Wird die Fischerei weiterhin so wie bisher fortgeführt, werden alle kommerziell nutzbaren Arten in den Weltmeeren innerhalb der nächsten Generation verschwinden. Die Meere werden dann von Quallen dominiert, die keine natürlichen Feinde mehr haben.«

Zu dieser düsteren Zukunftsaussicht seien auch die Wissenschaftler P. JARCHAU, M. NOLTING und K. WIEGLER in ihrer aktuellen Studie *Nahrungsquelle Meer* gelangt.

Hart geht das *geld-magazin* (April 2009) mit Globalisierungsheuschrecken ins Gericht, deren Gier selbst vor Spekulation mit dem Hunger nicht haltmacht:

»Im Frühjahr 2008 hatte es regelrechte Hungerrevolten gegeben, ausgelöst durch sprunghaft gestiegene Preise für Agroprodukte und in der Folge auch für Lebensmittel. In Haiti, wo sich die Kosten für Reis binnen weniger Monate fast verdoppelt hatten, fegten die Aufstände den Ministerpräsidenten aus dem Amt. Gewalttätige Proteste gegen die starke Verteuerung gab es auch in Bangladesch, an der Elfenbeinküste, in Ägypten, Usbekistan, Jemen, Thailand, Indonesien und Italien.

Gleichzeitig profitierten die Spekulanten vom Hunger in Honduras und den Philippinen. Indonesien und Indien verhängten einen Ausfuhrstop für Reis, Nordkorea drohte im Juni 2008 eine humanitäre Katastrophe, und schließlich stürmten auch Tausende Südafrikaner in Johannesburg auf die Straße, um gegen die hohen Lebensmittelpreise zu protestieren...

Das *Wall Street Journal* empfahl am 21. April 2009 seinen amerikanischen Lesern, sogar Lebensmittel zu horten, und zwar nicht nur, um im Falle einer Verknappung in den USA vorzusorgen, sondern als gutes ›Investment‹. Als Hauptgrund für die ansteigenden Preise verkaufte das *Wall Street Journal* seinen Lesern die eher skurrile Erklärung, schuld daran sei eine starke Nachfrage beim Mittelstand in China und Indien. Soweit die eher peinliche Erklärung des ›Mainstream-Finanzblattes‹. Demgegenüber veröffentlichte zur gleichen Zeit die FAO (Food and Agriculture Organization der UNO) einen Bericht, wonach die weltweite Nachfrage nach Weizen seit 2006 lediglich um ein Prozent gestiegen sei. Ähnlich gering stieg der Verbrauch anderer Nahrungsmittel. Und damit ist wohl kaum zu erklären, warum der Preis von Reis um zehn Prozent innerhalb nur einer Woche und um 75 Prozent in zwei Monaten explodiert ist...

Eine ganz andere Erklärung lieferte denn auch der bekannte Kolumnist William PFAFF in der *International Herald Tribune*: Viel wesentlicher sei die Börsenspekulation mit Nahrungsmitteln als Rohstoff... Dies sei die neue Heimat für Finanzinvestoren geworden, die aus der Veranlagung in Papierwerten, wie den verbrieften Subprime-Krediten oder anderen ›toxischen‹ Wertpapieren, geflüchtet seien. Der Zustrom von Käufern treibe die Preise und mache die Nahrungsmittel für die Armen dieser Welt unerschwinglich. Dieser Umstand veranlaßte gleichzeitig die Spekulanten zu Jubelmeldungen: ›Es ist phantastisch! Dies ist das Jahr der Agrar-Rohstoffe‹, vermittelte Abah OFEN, Nahrungsmittel-Analyst der britischen *Standard Chartered Bank*, seinen Kunden. Tatsächlich sind viele Milliarden Dollar an heißem Spekulationsgeld aus der kollabierenden Immobilienblase fluchtartig abgezogen und in die Rohstoffmärkte an den Terminbörsen umgeleitet worden. Das Ergebnis war eine unglaubliche Spekulationsblase, die sämtliche börsennotierten Rohstoffe erfaßte – von Rohöl bis Zucker, von Holz bis Schweinebäuche, von Weizen und Mais bis Orangenkonzentrat und Lebendrinder.«

top agrar Österreich (7/2009) berichtet:

»Die Agrarpolitik in Richtung Freihandel lenken wollen die Entscheidungsträger großer Konzerne und der Agrarpolitik. Darüber ließen sie auf einem Kongreß in Salzburg keinen Zweifel«, berichtete Klaus FLAISSNER. Und weiter: »Nur mit einem weltweit freien Agrarhandel und dem Einsatz modernster Gen-Technik könne sowohl dem Hunger in der Welt als auch dem Klimawandel zu Leibe gerückt werden. Das war der einhellige Tenor... Diskutiert wurde über die Zukunft der globalen Landwirtschaft und auch über die Zukunft unserer Bauern. Veranstalter war das in Bauernkreisen weitgehend unbekannte ›International Food & Agriculture Trade Policy Council‹ (IPC). Diese Nichtregierungsorganisation hat offensichtlich großen Einfluß in Landwirtschaftsfragen. [Hier einige Namen: Hans JÖHR von Nestlé, Jerry STEINER von Monsanto, Sarah HULL von Syngenta, Carl HAUSMANN von Bunge, Pascal LAMY, Generalsekretär der WTO, der Österreicher Franz FISCHLER, ehemaliger EU-Agrar-Kommissar, und Niki BERLAKOVICH, Österreichs Landwirtschaftsminister]. Die IPC-Mitglieder ließen keinen Zweifel daran, wohin der Weg gehen soll: ›Liberalisierung wird den Handel der Güter und Dienstleistungen fördern. Ein freierer Warenverkehr wird die Lebensmittelversorgung verbessern... Jetzt ist nicht die Zeit für neue protektionistische Maßnahmen oder dem vergeblichen Streben nach landwirtschaftlicher Selbstversorgung. Wir sollten anstatt dessen die Krise nutzen und frech vorwärts schreiten, um für die Liberalisierung des Agrarhandels die seit langem bestehenden Barrieren zu durchbrechen.‹ Dies befürwortete auch Österreichs Landwirtschaftsminister BERLAKOVICH, der vorschlug, man sollte auch (!) soziale und ökologische Aspekte berücksichtigen.«

Kann angesichts einer solch offensichtlichen, von der österreichischen Bundespolitik geduldeten Machtergreifung von der Landwirtschaftspolitik und dem Schicksal unserer Bauernschaft durch fremde Chemie-Konzerne auch nur ein einziger Österreicher glauben, daß wir in unserem eigenen Land noch irgend etwas zu sagen haben?

Auf Grund dieser offensichtlich von Börsen, Pharmakonzernen, Agro-Industrien und anderen Lobbies gesteuerten Analog-Landwirtschaftspolitik ist schwer verständlich, warum hierzulande viele engagierte Öko-Idealisten ausgerechnet den Betreibern einer ›Global Marshall Plan-Foundation‹ mit Sitz in Hamburg zutrauen, die Landwirtschaft aus dem Würgegriff der Globalisierer befreien zu können.

Da wundert es niemanden, daß ausgerechnet die Vorsitzende des Verwaltungsrates der ›European Food Safety Agency‹ (EFSA), der zuständigen Agentur für Lebensmittelsicherheit der Konsumenten, die Ungarin Diána BÁNÁTI, von der Fraktion der Grünen in Brüssel als enge Mitarbeiterin des ›International Life Science Institute‹ (ILSI), einer Lobby der Lebensmittelchemieriesen Monsanto, Dupont, Syngenta, BASF, Coca Cola, Nestlé, Unilever und Danone, enttarnt und zum Rücktritt aufgefordert wurde. Es war zuvor keinem der Brüssler Armleuchter aufgefallen, daß die EFSA seit ihrem Bestehen noch keine einzige Gen-Pflanze abgelehnt hatte. (*Krone*, 1. 10. 2010)

6.6.2 ... und die Folgen für die Konsumenten

Den ›Codex Alimentarius‹ (Lebensmittelrichtlinien), so Peter TROST in *Aula* (Juli/August 2009) gibt es seit über dreißig Jahren:

> »Die Weltgesundheitsorganisation WHO, die Ernährungs- und Landwirtschaftsorganisation FAO, die Welthandelsorganisation WTO und fast alle wichtigen globalen Pharmakonzerne sind seine Schirmherren; 27 EU-Kommissionen befassen sich mit ihm. Auf über 5000 Seiten ist er inzwischen angewachsen und bestimmt heute die Grundlagen unserer Ernährung, doch kaum jemand weiß von ihm. Jene EU-Kommission, die sich der Gentechnik widmet, befürwortet sie...
>
> Die Kommission, die sich um die Etikettierungsvorschriften kümmert, hat ihre Zuständigkeit erweitert und erstellt heute auch Vorschriften, was über bestimmte Substanzen gesagt werden darf – und was nicht... Interessant auch jene Kommission, die für die Pestizidrückstände verantwortlich zeichnet: Die Grenzwerte, die hier festgelegt wurden, erlauben seit September 2008 mehr Pestizide einzusetzen, als bisher erlaubt war. Zitat *ORF* vom 29. Mai 2008: ›Die maximal zulässigen Rückstände von 171 Pestiziden in Obst und Gemüse sind dann in allen Staaten gleich hoch... Bei 111 Chemikalien nämlich höher, als derzeit in Österreich erlaubt... Die Höchstwerte sind derart angehoben worden, daß zwischen dem künftig erlaubten Wert und jener Menge, die toxisch wirken kann, kaum mehr ein Puffer besteht. Waschen und Schrubben sind im Regelfall nutzlos... Empfohlen werden deshalb grundsätzlich Bio-Produkte‹.
>
> Doch wie steht es mit den Bio-Produkten? *Ärzte Zeitung* vom 28. August 2008: ›Die für Äpfel, Birnen, Trauben, Tomaten und Paprika zugelassenen Pestizid-Belastungen sind einer Greenpeace-Studie zufolge oftmals so hoch, daß dies insbesondere bei Kindern zu akuten und chronischen Gesundheitsschäden führen könne.‹
>
> Nicht nur FAO, WTO, WHO, 27 EU-Kommissionen und Pharmakonzerne wie Syngenta und Monsanto stehen hinter diesem Regelwerk: auch die Ford- und die Rockefeller-Stiftung sind daran beteiligt.«

Gibt es Grund zur Panik? Universitätsprofessor Werner PFANNHAUSER, Lebensmitteltechniker und -chemiker, Leiter des Analyticum-

Labor in Grambach (Steiermark), gibt in *Zur Zeit* (36/2009) Entwarnung:

> »Unbestritten ist: Kein Lebensmittel auf dem Markt, auch nicht Imitatkäse, Schummelschinken, Formfleisch, gefährden die Gesundheit. Ebenso unbestritten ist: Konsumenten können, weil es ihnen oft an Warenkunde und Kenntnissen fehlt, irregeführt werden. Die Lebensmittelwirtschaft steht vor dem Dilemma, daß ihr ein schlechter Ruf vorauseilt, der an ›Gammelfleisch‹ & Co. festgemacht wird... Information über die Zusammensetzung von Lebensmitteln ist gleichermaßen eine Bringschuld des Erzeugers, wie eine Holschuld des Konsumenten‹, so PFANNHAUSER. ›Imitatkäse‹ sei kein Käse und müsse als ›Pizzaauflage‹ deklariert sein. Die Wortverbindung ›Schinken‹ mit ›Imitat‹ sei ebenfalls unzulässig. Wenn Schinken draufsteht, muß es Schinken sein. Wenn er auf der Pizza saftig sein soll, wird dieser Schummelschinken mit höherem Wassergehalt hergestellt, was für den Konsumenten praktisch nicht zu erkennen ist. Auch beim Schnitzel besteht die Gefahr, daß der Konsument anstatt in Scheiben geschnittenen Fleisches eine aus mehreren Stücken zusammengesetzte Portion Formfleisches zu bekommen, was gemäß ›Codex Alimentarius‹ durchaus zulässig ist.«

Franz FLOSS, Geschäftsführer des Vereins für Konsumenteninformation in *Unser Land* (4/2010):

> »... für das Etikett ›österreichisches Erzeugnis‹ genügt es, daß 50 Prozent der Wertschöpfung – zum Beispiel Zerkleinerung oder Verpackung – in Österreich erfolgen. Die Rohstoffe dagegen müssen nicht zwingend aus heimischer Landwirtschaft stammen.«

Das Vertrauen der EU-Konsumenten in die ihnen vom Codex Alimentarius zugemutete Lebensmittelqualität dürfte sich in Grenzen halten.

Leserbriefschreiber Walter KOREN erwähnt in *Zur Zeit*, daß in der Kantine der britischen Monsanto-Niederlassung nur garantiert gentechnik-freie Kost serviert wird.

Im Mai 2009 berichtete *Le Canard enchainé*, der französische Hersteller von Speiseöl ›Lesieur‹ habe aus der Ukraine 40 000 Tonnen maschinenölverseuchtes Sonnenblumenöl importiert. Weitere sieben französische Importeure sowie Knorr und Unilever seien ebenfalls betroffen, Griechenland habe den Import gestoppt. Doch die EU verfügte, das Öl könne zur Lebensmittelerzeugung weiterverarbeitet werden, sofern die Verseuchung durch Maschinenöl zehn Prozent nicht überschreite.

Literaturhinweise

Werner KEWELOH, *Dauertropf Entwicklungshilfe*, 1997; Sabine RIEWENHERM, *Gentechnologie*, 2000; Jeffrey SMITH, *Seed of Deception*, 2003; William ENGDAHL, *Saat der Zerstörung*, 2006; M. ANNAS & G. BORNES, *Das GenBuch Lebensmittel*, 2007; N. HOFER & M. HOWANIETZ, *Energie und Lebensmittel*, 2007.

Der ›Saldo‹: »Die Globalisierung kann nur gelingen, wenn aus Seßhaften Nomaden geworden sind. Wir arbeiten daran. . .«

Unser Fazit: Ackerbauern braucht das Land, nicht Ackermänner.

6.7 Kunst und Kultur, Medien und Reklame

6.7.1 Kunst und Kultur

> »Es gibt keine Kunst, denn Kunst kommt von Können. Aber wenn man etwas kann, dann ist es keine Kunst.«
>
> Karl VALENTIN, 1882–1948, Münchner Volksschauspieler

Kunstwerke und Kulturen sind die lebenden Beweise dafür, daß es keine europäische, geschweige denn eine Einheitsweltkultur gibt, sondern ausschließlich Kunstwerke, die nationalen Kulturen und deren Künstler zugeordnet werden können.

Kein Wunder, daß den Globalisierern diese Vielfalt ein Hindernis auf dem Weg zur Gleichschaltung und Nivellierung aller Kulturen und dem Geschäft mit der Kunst bedeutet. Weil echte Kunst nur vom jeweiligen Herkunftsvolk auf Grund seines Erbes und seiner Traditionen als solche erkannt und subjektiv bewertet werden kann, ist der internationale Kunst-›Markt‹ dazu übergegangen, Analog-Musik und Analog-Literatur zu vermarkten, Analog-Kunstwerke als Spekulationsobjekte und Wertanlage anzupreisen.

»Kunstwerke sind die ultimativen Statussymbole des Kapitalismus. Der Kunstmarkt boomt. Die Preise explodieren. Kaum jemand begreift die Mechanismen, die diese Preise hervorbringen. In keinem anderen Markt herrscht eine so fundamentale Unsicherheit wie auf dem Kunstmarkt«, so Piroschka DOSSI in *HYPE!*

> *Kunst und Geld*, 2007. »Kunst ist zum Objekt einer sozial akzeptierten Gier geworden. Auf dem Kunstmarkt werden aberwitzige Preise bezahlt. Die Akteure sind Künstler, Kritiker, Sammler, Händler und Museen. Das Objekt des Verlangens ist das Kunstwerk... In keinem anderen Markt herrscht eine so fundamentale Unsicherheit über den Wert der gehandelten Ware, wie im Kunstmarkt. Die Loslösung von handwerklichen Kriterien, die Forderung nach umfassender Freiheit und beständiger Erneuerung der Kunst haben die Frage nach der Qualität eines zeitgenössischen Kunstwerks einer eindeutigen Antwort beraubt. An ihre Stelle ist ein Einflußsystem der Kunstbewertung getreten, das zunehmend von Marktinteressen bestimmt wird. Jene Entwicklung, die über Jahrhunderte zur Befreiung der Kunst von klerikaler und feudaler Macht geführt hat, trägt heute dazu bei, daß Kunst zum Spielball ökonomischer Kräfte geworden ist.«

Daß die von der Autorin erwähnte ›Befreiung‹ der Kunst zu ihrer Unterwerfung unter die Diktatur marxistischer Ideologen und selbsternannter Kulturapparatschiki bedeutet, für die alles Kunst ist, was schrill, grell, schräg, krumm, schief, fremd und undefinierbar ist, nach Kot stinkt, nationale und religiöse Symbole besudelt, Gefühle und Kunstsinn des einfachen Volkes beleidigt, hat sie offenbar nicht bemerkt. Der englische Begriff ›Hype‹ bedeutet umgangssprachlich Trick, Wirbel, Medienrummel. Dank ›Hype‹ gelingt es, daß ›Shit sells‹, daß auch der letzte Dreck verkauft werden kann.

> »Es tobt ein erbitterter Kampf«, so Dossi, »in dem es um die Abgrenzung des erlaubten Profits vom unerlaubten Wucher geht. Geld wird mit seinem Versprechen des Paradieses auf Erden zum Erzkonkurrenten der christlichen Religion. Beide versprechen Erlösung vom irdischen Leiden. Doch das Geld bietet dies seinen Anhängern zu Lebzeiten, während die Kirche ihre Schäfchen auf den Himmel vertröstet... Das Geld weckt Eigennutz.«

Ähnlich wie im heiligen Sakrament, wo die Verwandlung einer an sich wertlosen Hostie in den Leib Christi stattfindet, die Transsubstantiation von Wertlosem in Wertvollstes, erfolgt dank ›Hype‹ nun auch die Transsubstantiation von Shit in Kunst, von Shit-Kunst in Gold.

> »Nachdem das handwerkliche Können immer mehr an Bedeutung verlor«, so die Autorin, »wurde der Künstler als Schöpfer

> und Erfinder des Kunstwerks zum Dreh- und Angelpunkt der Preisspiralen des Kunstmarktes. Bezahlt wird für Namen, nicht für Werke... Der Wert eines Kunstwerks wird in einer kapitalistischen Gesellschaft erst anerkannt, wenn seine Konvertierbarkeit in Geld gewährleistet ist.«

Also müssen zuvor die Künstlernamen bekannt ›gemacht‹ werden. Wer ›macht‹ diese ›Künstler‹, die nichts können? Es sind ehemalige Hedge-Fonds-Manager wie Daniel LOEB und Steven COHEN, die Londoner Galerie Charles Saatchi, die Sammlerin Ydessa HENDELES, die Museen für moderne Kunst in New York und anderen amerikanischen Großstädten, Ronald LAUDER, Eli BROAD, die Guggenheim Stiftung, die Kunsthändler Paul CASSIRER, Ileana SONNABEND und Marianne BOESKY, die Auktionshäuser Alfred TAUBMAN (Sotheby's), James CHRISTIE und zahlreiche weitere Spekulanten, die ihren ›Kunstsinn‹ entdeckt haben und zumeist in den USA beheimatet sind. Weil heute jeder und jede sich einen Künstler, eine Künstlerin nennen darf und es nur von der Kultur-Nomenklatura abhängt, wer ›gemacht‹ und wessen Artefakte ausgestellt, bewertet und bei Auktionen angeboten werden, ist der ›Kunstmarkt‹ – so richtig nach dem Geschmack der Globalisierer – zu einem Spekulationskarussell verkommen, auf dem jeder blind mitfahren kann, Hauptsache er zahlt.

Klar, daß sich nur moderne ›Kunst‹, die keinerlei künstlerischen Kriterien unterliegt, manipulieren läßt und den höchsten Reibach einbringt. Klar, daß kein auch noch so schrulliger, verschrobener Sammler oder Galerist – von sich aus – eine leere Konservendose als Kunstobjekt erwerben oder sich damit brüsten würde, in seinem Garten ein tiefes Loch als Kunstwerk anzupreisen. Wird jedoch genügend ›Hype‹ betrieben, schafft es auch ein Nichtskönner wie Andy WARHOL, sein Bild einer Suppendose, die Kasseler ›Dokumenta‹, ein tiefes Loch vor dem Museum als ›Kunst‹ zu verkaufen.

Kein Mensch würde ein Stück Leinwand mit Farbklecksen an die Wand hängen. Ist diese jedoch von Jackson POLLOCK bekleckst, wird sie nach entsprechendem ›Hype‹ für 140 Millionen Dollar verkauft. Kein Mensch würde sich die Plastik eines ausdruckslosen Strichmännchens ins Regal stellen. Heißt der ›Künstler‹ jedoch Alberto GIACOMETTI, treibt ›Hype‹ den Preis auf 74 Millionen Euro hinauf. Daß nicht nur ›Shit‹, sondern mit entsprechendem ›Hype‹ auch

›nichts‹ verkauft werden kann, bewies im Mai 1999 die Versteigerung eines Bildes mit weißen Streifen auf weißem Hintergrund zu sehen waren: Sie erbrachte dem ›Künstler‹ Robert RYMAN 1,5 Millionen Dollar. Ganz ohne ›Hype‹ zieht es voyeuristische ›Kunst‹-Sachverständige in die Museen, wenn dort Nackedeis ›in action‹ angekündigt werden: So in die Wiener ›Sezession‹, wo man nächtens in einem der Räume Pärchen beim Paaren zusehen kann, oder ins ›Museumsquartier‹, wo ein mit ›Arsch Bar‹ angekündigter riesiger Darmausgang samt dazugehörigem Spermium des niederländischen ›Kollektiv‹-Ateliers VAN LIESHOUT zu bewundern sind. Es kann dann niemanden verwundern, daß von der Kulturschickeria in Wien ein indischer ›Bildhauer‹ namens Anish KAPOOR ernst genommen wird, der verkündet:

> »Es war mir ein philosophisches Anliegen, eine Kunstschleudermaschine zu konstruieren, die mit 50 km die Stunde bunte Vaseline-Wachsklumpen an die Wand knallt.«

Auch in der Sparte moderne Musik wird ›Hype‹ eingesetzt, um diese zu vereinheitlichen, sprich: zu amerikanisieren, um sie leichter zu vermarkten. Es handelt sich um Analog-Musik, eine Konservenmusik, die nicht komponiert, sondern am Mischpult elektronisch zusammengemixt wird. Ihre Merkmale sind gigantische Lautsprecher, ein Maximum an Dezibel, Beleuchtungskünste, das

Der vom amerikanischen abstrakten ›Künstler‹ Cy TWOMBLY gestaltete neue Eiserne Vorhang in der Wiener Staatsoper.

Gröhlen der auf der Bühne wild hopsenden Akteure. Weniger Erfolg wurde den Versuchen beschieden, atonale Musik dem Publikum näher zu bringen. Immerhin versucht es ein ›Künstler‹ namens Peter HERBERT mit ›demokratischer Musik‹, die auf zwölf völlig gleichberechtigten Töne beruht. Andere Berufsverbesserer und -umdeuter versuchen es mit ›Reorientation and Redirecting‹ alter Schläuche wie MOZART, BEETHOVEN und BACH und durch ›Radierungen und Rationalizing‹ von DÜRER und MICHELANGELO auf den Punkt zu bringen.

Während das Volk bei seinen Leisten, sprich: seinem Kunstsinn vertrauend, eher auf traditionelle Kunst zurückgreift, folgt die politisch korrekte ›Elite‹ dem vorgegebenen ›Hype‹, hängt Schüttbilder des Blut- und Kotmeisters Hermann NITSCH und Machwerke des wegen Pädophilie vorbestraften Sudelmeisters Otto MÜHL an die Wände ihrer Büros, vergibt Staatspreise und Fördermittel an jede(n) dahergelaufene(n), sich ›KünstlerIn‹ nennende SchmiererIn. Hauptsache, sie ziehen religiöse und traditionelle Symbole in den Dreck, besudeln das Andenken an die wirklichen Meister ihres Fachs oder ›verbessern‹ deren Werke mit zeitgeistgerechten Sauereien und Verschlingensiefungen.

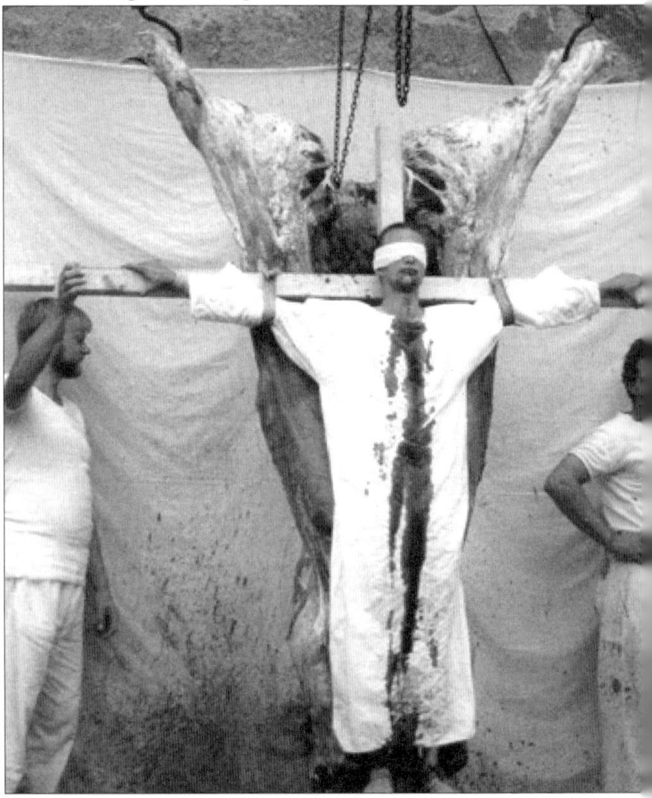

Wiener Aktionismus pur: »80th Action« von Hermann NITSCH, Prinzendorf 1984. »Volksverdummung auf hohem Honorar-Niveau« (Prof. Richard W. EICHLER). Durch öffentliche Tierschlachtungen unter Einbeziehung des Kruzifixes – so Doppelkreuzigung einer Frau und eines Schweines 1968 in München machte sich NITSCH auf sich aufmerksam.

Otto MÜHL wurde wegen Vergewaltigungen und Sex mit Minderjährigen verurteilt.

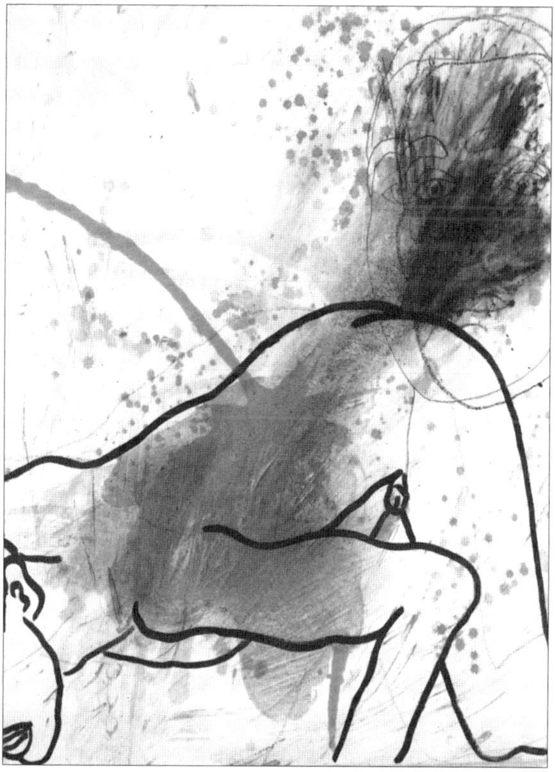

»Scheißbild mit Gelb« nannte der in Berlin wirkende Maler und Kunsthistoriker Martin VON OSTROWSKI (Jahrgang 1958) sein Werk aus dem Jahre 1987. Prof. Richard W. EICHLER spricht in diesem Zusammenhang von »Miserabilismus«, um diese Abkehr von den ästhetischen Regeln und den Sturz in die Niederungen zu bezeichnen. Die berühmte Geigerin Anne-Sophie MUTTER meint zur Kulturlosigkeit: »Wir brauchen Kultur, um uns als Menschen mit einer Tradition zu definieren und um uns gleichzeitig abzugrenzen. Mittelfristig führt Kulturlosigkeit zur geistigen Verarmung und langfristig zur Verblödung eines Landes.«

›Saldo‹ der Globalisierer – kurz und bündig: »Was Kunst ist und ihr Preis, das bestimmen wir!«

Deshalb: In *unserer* Kunst suchen und finden wir Andacht und Ergriffenheit. Drum raus aus der Globalisierung!

6.7.2 Medien und Nachrichtenagenturen

»Detraction is the only tribute which mediocrity can pay to the truth« (»Verleumdung ist der einzige Tribut, den Mittelmaß der Wahrheit zollen kann«)

Edith Hamilton, deutsch-amerikanische Autorin, 1867–1963

Kein Bereich wird von den Globalisierern so eng am Zügel geführt und streng überwacht wie das Kartell internationaler Medien und Nachrichtenagenturen.

Die fünf größten Medienkonzerne der globalisierten Einen Welt sind AOL Time Warner, NBC Universal, Bertelsmann, Rupert Murdoch und Viacom. Vorstandsdirektoren und Aufsichtsratsmitglieder dieser Konzerne wechseln untereinander die Chefsessel und sind auch bei Unternehmen der Rockefeller-Gruppe, des Axel Springer Verlages, bei Paramount und anderen Filmstudios, aber auch bei General Electric und anderen Industriekonzernen anzutreffen. Sie üben eine lückenlose Kontrolle über die Fernsehsender ABC, NBC, CBS, CNN, Fox News und MTV aus. Die wichtigsten sechs Nachrichtenagenturen der westlichen Welt sind die amerikanischen AP (Associated Press), UPI (United Press International) und Bloomberg, die britische Reuter, die französische AFP (Agence France Presse), die deutsche DPA, allesamt in Privatbesitz.

Die Zusammenballung des Nachrichtenwesens der westlichen Welt in den Händen einiger weniger politisch gleichgesinnter Medienproduzenten verschafft diesen eine Monopolstellung, die ausschließt, daß sich bei Presse und Fernsehen auch nur ein einziger politisch unkorrekter Bazillus zwischen die Zeilen und Kommentare der sterilen Lizenzpresse und Fernsehprogramme verirrt. Diese mediale Einseitigkeit hat im Laufe der vergangenen zwei, drei Jahre dazu geführt, daß in den USA und Britannien die Auflagenzahlen führender Zeitungen wie *New York Times, Washington Post und Herald Tribun* dramatisch gesunken sind. Aus Geldnöten ist die Chefredaktion der *Washington Post* dazu übergegangen, ihren besten Kunden zum Preis von 25 000 Dollar vertrauliche Treffen mit führenden Politikern zu vermitteln. Übrigens sollen in Deutschland Gespräche mit CDU-Politikern zum etwa gleichen Tarif vermittelt werden.

Die totale Kontrolle der Globalisierer über die Medien läßt sich zum Beispiel daran messen, wie lückenlos das weltweite Verbot der Berichterstattung, ja nur der Erwähnung eines Bilderberger-Treffens eingehalten wird. Obwohl diese alljährlich an wechselnden Orten abgehalten werden, schweigen Medien und Politiker einträchtig wie ein Grab. Kann die Rede des Präsidenten eines ›Schurkenstaates‹, der Aufruf eines als ›Terroristen‹ gebrandmarkten Oppositionellen nicht mehr totgeschwiegen werden, lassen die gleichgeschalteten Lizenzmedien dieselben Passagen weg, fügen dieselben Wortverdrehungen ein, verwenden dieselben Substantive und Adjektive, um die Inhalte als »undemokratisch«, als »Lügenpropaganda«, als »Verdrehung der Tatsachen« zu bezeichnen, die »weltweite Empörung« auslösen, »Besorgnis« erregen oder als »Skandal« empfunden werden.

Dazu Udo Ulfkotte am 1. Dezember 2009:

> »Wer im deutschsprachigen Raum mehrere Zeitungen zur Hand nimmt, spürt schnell, daß die Lektüre stets die gleiche ist. Die Nachrichten unterscheiden sich so wenig voneinander wie die Seifenopern, mit denen Fernsehsender ihre Zuschauer zu fesseln versuchen. Fast alle Journalisten schreiben nur noch von Nachrichtenagenturen ab. Und so gleichen sich ›Nachrichten‹ und ›Kommentare‹ häufig fast aufs Wort. Die Wünsche und Bedürfnisse der Konsumenten scheinen erstaunlicherweise keine Rolle zu spielen. Wenn der Bundesbanker Thilo Sarrazin Klartext redet und in allen Umfragen eine große Mehrheit der Deutschen seinen Äußerungen zustimmt, dann nennen deutsche Qualitäts(!)-Medien den Mann durchweg ›durchgeknallt‹, oder schlicht ›geschmacklos‹. Auch wenn die Schweizer sich bei einer Volksabstimmung mehrheitlich gegen den Bau weiterer Minarette entscheiden, dann nennen deutsche Qualitäts(!)-Journalisten das ›rassistisch‹ und ›unerhört‹...
>
> Die Folge: Immer mehr Leser laufen den Journalisten weg... Seit 2000 haben allein die deutschen Tageszeitungen fünf Millionen Käufer verloren... Viele große Zeitungsverlage lassen Tag für Tag zwischen zehn und fünfzehn Prozent der gedruckten Auflage durch die eigene Werbeabteilung aufkaufen, fahren sie tagsüber in Lastwagen kreuz und quer durch Deutschland und liefern sie am nächsten Tag insgeheim zum Einstampfen wieder ab – so suggeriert man den Anzeigenkunden verkaufte Auflagen,

die es in Wahrheit schon längs nicht mehr gibt... Allein die im Ruhrgebiet ansässige Verlagsgruppe WAZ hat 300 ihrer 900 Journalisten entlassen...

Die große Mehrheit der Journalisten ist weiterhin politisch korrekt: Sie schaut immer dann weg, wenn Menschen Unbequemes sagen... Die über Jahrzehnte hin selbstherrlichen und nun sterbenden Medien flehen heute immer öfter in ganzseitigen Berichten um Mitleid... Sie verdrängen dabei, daß sie eine politisch korrekte Monokultur geschaffen haben, die beispielsweise dem einstigen Waffen SS-Mann und ›Starautor‹ Günter GRASS bereitwillig und schnell alles verzeiht, doch gleichzeitig die *Tagesschau*-Sprecherin Eva HERMAN erbarmungslos als hetzende Meute immer weiter verfolgt.«

Unter dem Titel »Presse macht Rundfunk« versandte die deutsche GVK (Gremienvorsitzendenkonferenz) am 9. August 2010 die folgende Pressemitteilung:

»Laut Gutachten des Prof. Dr. Hans Jürgen PAPIER [bis März 2010 Vorsitzender des Bundesverfassungsgerichts] zählt das Internetangebot des öffentlich-rechtlichen Rundfunks zum Kern des öffentlich-rechtlichen Grundversorgungsauftrages, da die Meinungsbildung der Öffentlichkeit und des Einzelnen, insbesondere der jüngeren Generation, heute in starkem Maße auf dem Weg des Internets erfolge. Er ist daher der Ansicht, daß der Gesetzgeber dem öffentlich-rechtlichen Rundfunk schon von Verfassung wegen (!) einen grundsätzlichen Online-Auftrag erteilen mußte. Im Internet erhalte der öffentlich-rechtliche Funktionsauftrag einen neuen Schwerpunkt: Der öffentlich-rechtliche Rundfunk müsse ›die Informationsquelle sein, die Gewähr für Objektivität (!) und Binnenpluralität [was ist das? d. Verf.] bietet‹ und dem Bürger konzentrierte Orientierung [eben!] in dem potentiell unbegrenzten Informationsspektrum ermöglicht... Verfassungsrechtlich seien Internetangebote... grundsätzlich als Rundfunk zu qualifizieren.«

(Es folgen Lobeshymnen auf dieses Gesetz von seiten des Vorsitzenden der GVK, des Vorsitzenden des Telemedienausschusses, der Vorsitzenden des NDR- und des WDR-Rundfunkrates.)

Dazu der Chefredakteur der *FAZ*, Michael HANFELD am 21. Juli unter dem Titel »Bestellte Wahrheiten«:

»Du bist Rundfunk, ich bin Rundfunk, wir alle sind Rundfunk. Sie betreiben einen Blog im Internet? Dann sind Sie Rundfunk. Sie arbeiten für einen Verlag, bei einer Zeitung, die einen Online-Auftritt unterhält, mit Texten, Bildern, kurzen Filmen? Dann arbeiten Sie für den Rundfunk. Eigentlich ist jeder Rundfunk, der eine Website betreibt... Das ist die Konsequenz, die der ehemalige Verfassungsrichter Papier in einem Gutachten zur Zulässigkeit der Online-Auftritte von ARD und ZDF nahelegt. Plagten sich die Anstalten bislang mit der Auflage herum, ihre Angebote sollten nicht ›presseähnlich‹ sein, sind sie nun aller Rechtfertigungszwänge ledig. Denn ›presseähnlich‹ sei, was im Internet im Maßstab eins zu eins wie eine gedruckte Zeitung aussieht – also fast nichts... Die Mitteilung, mit welcher die Gremienchefs auf das von uns allen bezahlte Papier hinweisen, trägt den Titel *Presse macht Rundfunk*. Es verkündet nichts anderes als einen totalen Machtanspruch, das Ende der freien Presse und die Herrschaft des Staatsjournalismus.«

Aber da wird Michael HANFELD, Chefredakteur der Lizenzzeitung *Zeit*, doch nicht im Ernst behaupten wollen, daß es vor dem ›Papier‹-Dekret in der Bundesrepublik eine freie Presse gab...

Der scheidende ZDF-Korrespondent Ulrich TILGNER hat mit seiner harschen Kritik am ZDF offenbar eine Lawine ausgelöst. Er warf dem Sender Agenturabhängigkeit vor. Auch Alexander SOBECK, ZDF-Korrespondent in Paris, schlägt in dieselbe Kerbe.

Nur noch was bei Nachrichtenagenturen über den Ticker gehe, sei ein Thema. TILGNER erklärte, er selbst habe einige Zeit bei Agenturen gearbeitet und dort morgens schlicht selbst Meldungen zu seinen Themen abgesetzt. Danach habe er keine Probleme gehabt, die Redaktion zu überzeugen: Sie hätte nach 20 Minuten von sich aus angerufen. Am Rande des ›Süddeutschen Journalistentags‹ (2008) erfuhr man von Regionalzeitungen, daß Zeitungsredaktionen, die mehrfach etwas anderes geschrieben hatten, als von den großen Nachrichtenagenturen vorgegeben, mit einer ›Liefersperre‹ bedroht wurden. Was kaum ein Zeitungskonsument für möglich halten würde: Selbst die Ereignisse aus Deutschland erfährt die Redaktion seiner Tageszeitung zumeist aus London.

In *Hintergrund* (Heft 2/2009) erklärt Jörg BECKER, wie Kriege medial vorbereitet werden. Ein Beispiel aus vielen: Die Regierung Georgiens beauftragte schon im November 2007 die vom Deutschen

Patrick WORMS und dem Engländer James HUNT geleitete PR-Agentur Aspect Consulting, ihre Auffassungen der Außenwelt zur Kenntnis zu bringen. Sie unterhält in den bedeutenden Hauptstädten EU-Europas Büros und hat sich darauf spezialisiert, offizielle Versionen von Ereignissen samt Schönfärbereien weltweit glaubhafter darzustellen. Kaum war am 7. August 2008 der ›Kaukasuskrieg‹ ausgebrochen, wurde an alle Diplomaten und Medienvertreter die längst vorbereitete Version der georgischen Regierung überreicht: ›Ungefähr 150 Panzer- und Militärfahrzeuge der regulären russischen Armee drangen heute früh in den Roki-Tunnel ein und rückten gegen Zchinwali vor. . . Brutal erdrückt der grausame russische Bär ein kleines demokratisches Land.‹ Dabei war es, wie man inzwischen weiß, die georgische Armee, die in Süd-Ossetien eingerückt war und Zivilisten im Schlaf getötet hatte. In mehreren Interviews mit CNN und BBC wird Staatspräsident Michael SAAKASCHWILI seine Version wiederholen und in einem Beitrag für das *Wall Street Journal* versichern: ›Der Krieg in Georgien ist ein Krieg für den Westen!‹«

Paul Craig ROBERTS (71), Vizefinanzminister unter Präsident REAGAN und einer der sieben bekanntesten Journalisten der USA, veröffentlichte am 29. März 2010 seinen Abschiedsbrief:

> »Die reine Wahrheit ist eine unwillkommene Sache. Sie beunruhigt. Wer die Wahrheit verkündet, läuft in Gefahr, als ›Anti-Amerikaner‹, ›Antisemit‹ oder ›Verschwörungstheoretiker‹ gebrandmarkt zu werden. Heute werden die Amerikaner durch Propaganda manipuliert. Sie schätzen die Wahrheit nicht und sind nicht in der Lage, sie zu erkennen. Die Wahrheit ist ein Ärgernis für die Regierung und für die Lobbies, die mit ihren ›Spenden‹ die Regierung kontrollieren. Die Wahrheit ist ein Ärgernis für die Staatsanwälte, die Verurteilungen anstreben, statt der Aufklärung von Schuld oder Unschuld nachzugehen. Die Wahrheit ist ein Ärgernis für Ideologen. Heute werden jene, die sich für gewöhnlich um die Aufdeckung der Wahrheit bemüht haben, fürstlich dafür bezahlt, sie zu unterdrücken. Die Vertreter der ›freien Marktwirtschaft‹ wurden bezahlt, um den Amerikanern das Auslagern von Produktionsstätten und die Schaffung von Arbeitsplätzen im Ausland schmackhaft zu machen. Jetzt sind die Amerikaner auf der Suche nach Hightech-Büro-Jobs in der ›New Economy‹, eine künstliche Wirtschaftsform, um an der Wall Street Millionen zu verdienen.

Aber nicht nur Wirtschaftsexperten verkaufen ihre Seele für schnöden Mammon. In letzter Zeit haben wir von Medizinern gehört, die für Geld in Fachzeitschriften ungeprüfte ›Studien‹ veröffentlicht haben, um diese oder jene neue Medizinen hochzuloben, die von Pharmafirmen hergestellt werden und für diese ›Studien‹ bezahlt haben. Und dann gibt es den Skandal um die globale Erwärmung, in dem sich private Organisationen, die UNO und die Atomindustrie verschworen haben, um ein Weltuntergangsszenario zu erfinden, in der Absicht, unter dem Deckmantel des Umweltschutzes Milliardenprofite einzustreichen.

Als Wirtschaftsexperte bin ich überrascht, daß die Elite der amerikanischen Wirtschaftsfachleute nicht erkennen will, daß sich die USA durch ›*out-shoring*‹ (Auslagerung) des produzierenden Teils ihrer Wirtschaftskraft selbst aus dem Rennen genommen haben. Ihre Intelligenz und Integrität wurden mit Geld gekauft. Während Washington sich über die ›islamische Gefahr‹ Sorgen macht, zerstören Globalisierer, Wall Street, US-Konzerne und die Lobpreiser der ›freien Marktwirtschaft‹ die US-Wirtschaft und die Arbeitsplätze von Millionen Amerikanern. . .

Die amerikanischen Medienkonzerne dienen nicht der Wahrheit. Sie dienen der Regierung und den Interessensvertretungen, von denen sie finanziert wird. Jahrelang habe ich für die *Washington Times*, für *Business Week* und das *Wall Street Journal* gearbeitet, bis ich schließlich gekündigt wurde.

Mit einer Arbeitslosenquote von 21 Prozent, mit diversen Kriegen, die in Washington Vorrang vor allen anderen Problemen haben, mit einem Dollar, dessen Wert durch Schulden überlastet ist, mit dem Verzicht auf Freiheiten, die wir für den ›Krieg gegen den Terror‹ opfern mußten, mit all diesen Maßnahmen wurden Freiheit und Wohlstand des amerikanischen Volkes in den Mülleimer der Geschichte geleert. Der Militarismus der USA und Israels, die Gier der Wall Street und der Konzerne werden sich jetzt ungehindert ausbreiten. Da die Feder zensiert wird und ihre Macht somit erloschen ist, melde ich mich ab.«

Auch ›Werbung‹, auch ›Reklame‹ genannt, ist nichts anderes als Marktschreierei und ist ein unverzichtbares Attribut der Globalisierung. Sie dient nicht etwa der Information und Aufklärung über die von ihr beworbenen Produkte, seien es Waschmittel, Elektrogeräte, Automobile oder politische Parteien, sondern folgt der Fälscherdevise: Mehr Schein als Sein. ›Werbung‹ ist eine verborgene Steuer, die jeden trifft: Draufzahler ist stets der Konsument, der beim Einkauf sowohl den Aufpreis für die beworbene Ware als auch die an Vater Staat zu entrichtende Werbesteuer mitbezahlen muß. Durch die weltweite Ausbreitung der Werbepest in Presse und Fernsehen, auf Plakatwänden und Litfaßsäulen, in U-Bahnstationen, Autobussen und Taxis, durch Besetzung auch des letzten noch freien Quadratzentimeters auf Hosen von Fußballstars, Prospekten, Einkaufstüten, durch Eindringen in jede kleinste Zeitritze bei Sportübertragungen, Filmsendungen und jede Art von Veranstaltungen, wird Marktschreierei ausnahmslos als Nötigung und Aufdringlichkeit empfunden, weil sie mit endlos wiederholten, primitiven ›Botschaften‹ – genau wie Ungeziefer, Juckreiz und Mundgeruch auch – die Konsumenten überall hin und zu jeder Zeit verfolgt. Jährlich erfreut sich in Deutschland und Österreich jeder Haushalt über durchschnittlich 33 Kilogramm nicht bestellte und unerwünschte Kataloge und Prospekte, die das Fällen von jährlich 2,7 Millionen Bäumen verursachen.

7. Kapitel

Die Vereinigten Staaten von Nordamerika

Einleitung

> »Zu lange schon scheint mir, daß wir unser Streben nach höheren Zielen und den Dienst an unserem Volke hintangestellt haben zu Gunsten des Strebens nach persönlicher Bereicherung.«
>
> Robert F. KENNEDY, Bruder des 1961 ermordeten Präsidenten, aussichtsreicher Kandidat für die Präsidentschaftswahl 1968, wenige Tage vor seiner Ermordung

Der Autor möchte klarstellen, daß er mit seiner Kritik an ›den Amerikanern‹ die USA, und nicht das einfache amerikanische Volk, nicht die Mittelschicht, auch nicht die nur ihre Pflicht erfüllende Masse von Beamten, Offizieren und Funktionären meint, sondern jene wenigen, die schon seit Gründung der Vereinigten Staaten von Amerika 1776 mit Zirkelmaß und Kelle im verborgenen fleißig am Werke waren, um die junge Republik in eine Weltmacht im Dienste des Imperialismus zu verwandeln.

Die Amerikaner, die nie einen Krieg verloren haben, zehren davon, daß die meisten Völker der Welt so tun, als ob sie ihre liebgewonnen, von Moralin triefenden Heldensagen glauben, oder nicht wagen, sie zu bezweifeln. Hier nur ein Beispiel: Auf dem Sockel des Denkmals des US-Präsidenten Thomas JEFFERSON (1743–1826) in Washington sind seine berühmten Worte zur Gleichheit der weißen und schwarzen Rasse eingemeißelt: »Nothing is more certainly written in the book of fate than that these people are to be free.« (»Nichts ist vom Schicksal sicherer vorherbestimmt, als daß diese Menschen [Neger] in Freiheit leben sollen.«) Weggelassen wurde freilich die Fortsetzung: ». . . nor is it less certain that the two races, equally free, cannot live in the same government.« (». . . und genauso vorherbestimmt, daß die beiden Rassen – gleich frei – nicht unter derselben Herrschaft leben können.«)

JEFFERSON: »When a negro is freed, he is to be removed beyond the reach of mixture.« (»Wird ein Neger befreit, soll dahin verbracht werden, wo er keine Vermischung verursachen kann.«) JEFFERSON forderte die Ausweisung aller freigelassenen Neger nach Hispaniola (Haiti) oder ihre Repatriierung nach Afrika. Das steht freilich nicht in den Geschichtsbüchern.

Kein Volk der Welt wurde von den Menschen des 20. Jahrhunderts so bewundert wie die Amerikaner und um ihr Land der ›unbegrenzten Möglichkeiten‹ beneidet. Jeder, der in seiner Jugend den *Lederstrumpf*, den *Old Shatterhand* gelesen, Clark Gable in *Vom Winde verweht*, Gary Cooper in *High Noon* erlebt hat, ist auch heute noch mit Hochachtung vor den Amerikanern, ihrem Pioniergeist, ihrem edlen Kampf für Gerechtigkeit und Frieden überall in der Welt aufgewachsen. Wie kam es, was hat dazu geführt, daß im Verlauf der letzten hundert Jahre, für alle Welt sichtbar, das heroisch selbstlose Hollywood-Image Amerikas sich zunehmend als dicht aufgetragene Schminke, die hohen moralischen Ansprüche, mit denen es sein politisches und wirtschaftliches Handeln stets verbrämte, als purer Egoismus und ekelhafte Heuchelei erwiesen haben? Wie steht es heute um die hehren Ideale, von denen die Reden der amerikanischen Präsidenten und die Geschichte der USA häufig nur so triefen? Merken denn unsere amerikanischen Freunde nicht, daß es angesichts der vielen aufgedeckten Propagandalügen rund um Amerikas vergangene und gegenwärtige Angriffskriege auch für uns europäische Vasallen immer schwieriger wird, die Rolle treuer Alliierter zu spielen? Sind denn die jüngsten Vorkommnisse in Guantánamo und in den Folterkellern von Abu Ghraib nur bedauerliche Einzelfälle gewesen?

Unter der Überschrift »Wo is Yoo?« berichtete *American Free Press* im Oktober 2008 vom starken Einfluß, den Bundes-Staatsanwalt Dr. John Yoo auf die Rechtsauffassung von Präsident Bush im Krieg gegen den ›Terrorismus‹ ausübte: In seinen Funktionen als oberster Kriegsherr dürfe der Präsident von keinem Gesetz behindert werden. Kriegsgegner und Oppositionelle müßten als ›Anti-Patrioten‹ belangt werden, und weil der Staat niemals irren könne, bedeute oft schon ein bloßer Verdacht die Wahrscheinlichkeit einer Schuld. Der Präsident dürfe jeden beliebigen Verdächtigen auf Erden zum Feind erklären, ihn foltern lassen und zum Tod verurteilen. Auf die Fragen des Menschenrechtsexperten Doug Cassel antwortete Dr. Yoo wie folgt:

Cassel: »Gesetzt der Fall, der Präsident befiehlt das Foltern des Kindes eines Verdächtigen und man würde dabei seine Hoden

> zerquetschen: Gibt es irgendein Gesetz, das den Präsidenten daran hindern könnte?«
>
> YOO: »Nicht ein einziges Gesetz. Ich glaube, es hängt nur davon ab, welche Ziele der Präsident dabei verfolgt... Ich kann mir nicht vorstellen, daß ein generelles Verbot der Folter sinnvoll wäre.«

Hier ein Beispiel, wie in amerikanischen ›Rechts‹-Verfahren Geständnisse zustande kommen können: 1996 wurde der blinde Ägypter Scheich OMAR ABDEL RACHMAN, Prediger und Anführer der fundamental islamischen Bewegung ›Dschama'a Al Islamija‹, von einem amerikanischen Gericht zu lebenslänglichem Kerker verurteilt. Scheich OMAR hatte gestanden, 1990 für die Ermordung des radikalen Zionistenführers Meir KAHANE, 1993 für den Bombenanschlag auf das World Trade Center und für die Ermordung von 58 westlichen Touristen im ägyptischen Luxor verantwortlich zu sein. Er gestand ferner, Bombenanschläge auf das UNO-Gebäude, auf Straßentunnel unter dem Hudson River, auf die George Washington-Brücke und auf das Hauptquartier des FBI geplant zu haben. Wie oft ist Scheich OMAR wohl ›gewaterboardet‹ worden, bis er alles gestand? Nach seiner Verurteilung mutmaßten amerikanische Journalisten sarkastisch, Scheich OMAR hätte sicher auch die Morde an John F. KENNEDY und Abraham LINCOLN gestanden, hätte man ihn beim ›Waterboarding‹ nur etwas länger unter Wasser gedrückt. Großinquisitor Thomas DE TORQUEMADA läßt grüßen!

7.1. Die Implosion der amerikanischen Weltmacht

Eine Reihe kritischer amerikanischer Publizisten haben in den vergangenen Jahren diese These von verschiedenen Blickwinkeln aus betrachtet und sind zu ähnlichen Ergebnissen gekommen. So stellte 2001 Benjamin BARBER, Professor für Politologie an der Universität von Maryland, in *Coca Cola und der Heilige Krieg – Jihad gegen Mac World* das zunehmende Auseinanderklaffen zwischen dem sich über die ganze Welt ausbreitenden globalen ›Amerikanismus‹ und jenen Völkern und Konfessionen fest, die sich diesem widersetzen. Amerikanismus, auch Globalisierung genannt, erfordere die Gleichschaltung der Märkte, eine gemeinsame Währung, eine gemeinsame Sprache, gemeinsame Verhaltensweisen von der Art, wie sie das kosmopolitische Stadtleben hervorbringt. Organisationsprogrammierer, Filmregisseure, Werbetexter, Devisenspekulanten, Kolumnisten, Lobbyisten usw. ergäben einen neuen Menschenschlag, für den familiäre und konfessionelle Bindungen, Kultur, traditionelle Werte und ethnische Zugehörigkeit nur noch von marginaler Bedeutung seien. Diese ›Mac World‹ sei das Produkt einer vom globalen Kommerz geförderten Massenkultur, deren Schablone typisch amerikanisch ist. Der zunehmende Widerstand sich vom Amerikanismus bedroht fühlender national und konfessionell konservativer Völker und Gesellschaften sei somit vorprogrammiert.

»Stets handelten die USA interventionistisch, wann immer sich die Gelegenheit dazu ergab«, erinnert Patrick BUCHANAN in *A Republic, not an Empire* (1999):

> »Thomas JEFFERSON hat nicht gezögert, die französische Kolonie Louisiana um einen Spottpreis von NAPOLEON zu erwerben und eine Flotte ins Mittelmeer zu entsenden, um US-Handelsschiffe gegen nordafrikanische Piraten zu schützen. James MADISON hat die spanische Kolonie Florida besetzen lassen und gegen das britische Kanada eine Armee aufgeboten. John TYLER annektierte Texas von den Mexikanern und verkündete ein Protektorat über das polynesische Königreich Hawaii. James POLK ließ die US-Army in Mexiko einrücken und raubte das mexikanische Kalifornien. William SEEWARD kaufte Alaska dem Zaren ab und annektierte die Insel Midway. Er versuchte sich der kanadischen Provinz British Columbia und des dänischen Grönlands zu bemächtigen. Als die amerikanische Kriegsflotte nach dem Bürgerkrieg abgewrackt wurde, stellte Alfred MAHAN die Vorherrschaft der USA auf den sieben Weltmeeren wieder her. Das *New York Journal* der Hearst-Gruppe und die *New York World* der J. Pulitzer-Gruppe unterstützten die Kriegshetze gegen das ›papistische und blutrünstige‹ spanische Königreich, dessen Kolonien ›befreit‹ werden müßten, um an den Segnungen der amerikanischen Herrschaft teilhaben zu dürfen. Obwohl der US-Botschafter in Madrid mehrmals kabelte, die Spanier seien zu einem großzügigen Vergleich bereit und wollten den Amerikanern Kuba freiwillig abtreten, wird der Krieg erklärt: Die inzwischen neu ausgerüstete US-Navy versenkt die nur aus Holzschiffen bestehende spanische Armada vor Kuba. Die spanische Flotte, die zur Verteidigung der Philippinen in der Bucht von Manila auf Reede liegt,

> wird von den neuen US-Kreuzern des Admirals DEWEY in den Grund gebohrt - bei eigenen Verlusten von einem einzigen Mann, der einen Hitzschlag erlitt. Im Sommer 1941, als die USA noch neutral waren, besetzten sie Stützpunkte im friedlichen Island und Grönland, begleiteten amerikanische Zerstörer britische Geleitzüge über den Atlantik, meldeten den Engländern gesichtete deutsche U-Boote. Als das deutsche Passagierschiff ›Columbus‹ vom Ausbruch des Zweiten Weltkriegs in der Karibik überrascht wurde und die sofortige Heimfahrt antrat, heftete sich ein amerikanischer Zerstörer an sein Heck und meldete es per Funk einem britischen Kreuzer. Nach Übergabe von Passagieren und Mannschaften an den Kreuzer versenkte der deutsche Kapitän die ›Columbus‹ selbst.«

Daß die Amerikaner von ihren Präsidenten Woodrow WILSON in den Ersten Weltkrieg, von Franklin D. ROOSEVELT in den Zweiten Weltkrieg, von Harry S. TRUMAN in den Vietnam-Krieg, von George W. BUSH in den Irak-Krieg hineingelogen wurden, wird heute von keinem ernst zu nehmenden Historiker mehr bezweifelt.

Bei dieser Gelegenheit seien einige Gedanken zum Gedenken an den 11. September 2001 angeführt.

Mit Abscheu erinnert sich die ›westliche Wertegemeinschaft‹ an die Bilder tanzender, jubelnder, feiernder Menschen in den Elendsvierteln lateinamerikanischer, nordafrikanischer und asiatischer Städte, die angesichts der Anschläge des 11. September 2001 auf New York und Washington ihrer Freude Ausdruck gaben. Von Reportern arabischer Sender befragt, antworteten die fröhlichen Leute, wer dauernd Schläge austeile, müsse solche auch einstekken. Während die Nomenklatura der amerikanischen EU-Vasallenstaaten, von transatlantischer Solidarität und Betroffenheit triefend, alljährlich dieses Tages gedenkt, verstärkt sich an diesem fatalen Datum bei allen von Globalisierung, Ausplünderung, ›Befreiung‹ à l'américaine bedrohten und betroffenen Völker der Ersten, Zweiten und Dritten Welt - ungeachtet ihrer Religion - immer mehr die Überzeugung, daß nur noch ›Terroristen‹ wie Wladimir PUTIN, Hugo CHÁVEZ, Hassan NASRALLAH und Achmadin EDSCHAD sie von der Vereinnahmung und Gleichschaltung durch das globale Imperium retten können.

Es ist nicht überliefert, ob die Nachfahren der einst stolzen nordamerikanischen Indianer in ihren geschrumpften Reservaten aus

Anlaß des Überfalls auf die Bleichgesichter am 11. September Freudentänze um ihre Lagerfeuer aufführten. Gesichert ist jedoch, daß die Filipinos nicht vergessen haben, daß sie 1898 Versprechungen der Amerikaner vertrauten, diese würden ihnen nach der ›Befreiung‹ von den Spaniern die Unabhängigkeit gewähren. Nach einem mehrjährigen Feldzug gegen sich zäh wehrende Tagalen, Ilocos und Pampangan besetzte US-Militär die gesamte Inselgruppe, wobei 640 000 Filipinos den Tod fanden. Präsident McKinley konnte freilich ein unwiderlegbares Argument für dieses Kriegsverbrechen vorbringen: »God told me to take the Philippines!«

Die Bewohner von Hiroshima und Nagasaki haben sicher nicht vergessen, wie ihre Eltern und Großeltern im August 1945 von den Amerikanern gegrillt, verstrahlt, atomisiert wurden. Weil es japanische Art ist, sowohl Trauer als auch Freude mit Würde zu begegnen, werden sie am 11. September 2001 sicher nicht in den Straßen getanzt, sondern in Stille und Einkehr ihrer Ahnen gedacht haben. Auch die Kubaner erinnern sich, daß es der ›gute Präsident‹ Kennedy war, der im April 1961 eine von der CIA geleitete Expedition in die Schweinebucht entsandte, um die Revolution auf Kuba niederzuschlagen. Die Vietnamesen haben auch nicht vergessen, daß sie in den sechziger und siebziger Jahren mittels Bombenteppichen, giftbesprühter Reisfelder und chemischer Entlaubungsmittel für ›Liberty‹ und ›Democracy‹ reifgeschossen werden sollten. Jetzt sind die Iraker und Afghanen dran, ›befreit‹ zu werden. Haben Filipinos, Mexikaner, Kubaner, Japaner, Deutsche, Koreaner, Vietnamesen, Afghanen, Iraker, die USA jemals bedroht? Wer wird wohl der nächste sein?

Amerikanische Braut vor dem Schädel eines japanischen Soldaten, den ihr Verlobter von der Front geschickt hat.

Können Palästinenser und Libanesen jemals vergessen, daß die meisten der von Israel auf ihre Dörfer und Städte abgeworfenen Streubomben, abgefeuerten Granaten und Raketen die Aufschrift »made in the USA« ziert? Kein Wunder, daß Millionen Palästinenser in Flüchtlingslagern und Elendsquartieren, daß Schiiten im Südlibanon und in West-Beirut angesichts der einstürzenden Türme des

World Trade Center ausgelassen feierten. Nicht etwa ob der vielen unschuldigen Menschen, die in den Trümmern den Tod fanden, sondern beim Anblick der Vernichtung eines der bedeutendsten Symbole amerikanischen Weltherrschaftsanspruchs und maßloser Selbstüberschätzung.

Wie halten es die EU-Europäer mit diesem Gedenktag? Während offizielle Besucher aus Europa nicht versäumen, sich mit gesenktem Haut, verschränkten Händen, ernst und gefaßt, vor der Gedenktafel beim ›Ground Zero‹ fotographieren zu lassen, ist bei den meisten Europäern beim Erwähnen des 11. September 2001 wie auch des Mordes an John F. KENNEDY ein von Ungereimtheiten, Widersprüchen, glatten Lügen und offiziellem Verschweigen ausgelöster schaler Geschmack zurückgeblieben.

7.2 Im Westen nichts Neues

Über die schweren Hurrikane, deren sich die amerikanische Wirtschaft erwehren muß, und den verheerenden Tsunami, den das amerikanische Finanzsystem noch lange nicht überstanden hat, wurde bereits im 5. Kapitel berichtet. Auf Grund der demographischen Entwicklung und des wirtschaftlichen Niederganges geraten immer mehr Bundesstaaten und Großstädte in finanzielle Not und kommunalpolitischen Notstand. Zahlreiche Städte drucken ihr eigenes Geld: den ›Cheer‹ in Detroit, den ›Mac‹ in South Bend (Indiana), den ›Plenty‹ in Piedmont (North Carolina), den ›Torch‹ in Brooklyn (New York) usw. Einige Bundesstaaten, unter ihnen Vermont, überlegen, ob sie die Union verlassen sollen. Viele Eltern nehmen ihre Kinder aus den Schulen und organisieren *›home schooling‹*. In immer mehr Gemeinden und Städten entstehen Bürgerinitiativen, die Käufe und Verkäufe, Leistungen und Gegenleistungen bargeldfrei und im Tauschhandelsverfahren abwickeln, die ihre basis-republikanischen Grundrechte einfordern und darauf hinweisen, daß der von den Machthabern in Washington nur allzuoft mißbrauchte Sakralbegriff ›Democracy‹ weder in der amerikanischen Unabhängigkeitserklärung noch in der Verfassung verankert ist: In Artikel IV der ›Constitution‹ heißt es:

> »Die Vereinigten Staaten garantieren jedem Bundesstaat der Union eine republikanische Regierungsform und Schutz gegen Angriffe von außen.«

Nicht mehr und nicht weniger. Von staatlichen Eingriffen der Bundesbehörden in das Privatleben des einzelnen Bürgers ist da keine Rede. Die meisten Amerikaner haben kein Vertrauen in ihre Regierung mehr. Das beweist auch die sinkende Wahlbeteiligung.

Auch die letzten Wahlen brachten keinerlei Änderung in der amerikanischen Politik. Nach zwei Amtsperioden des republikanischen Präsidenten George W. BUSH hat es Anfang 2009 der Kandidat der Demokraten, Barack OBAMA, von dem es schon wenige Monate nach Amtsantritt hieß, er habe seine prophezeite glänzende Zukunft bereits weit hinter sich gelassen, ins Weiße Haus geschafft. So wie seine zwölf Vorgänger im Amt, mußte zuvor auch Barack OBAMA – wie sein republikanischer Konkurrent John MCCAIN – den Segen der Wall Street, der mächtigen Geheimlogen und Lobbies auf sich herabflehen und sich den Riten des politischen Systems unterwerfen. Er stellte sich den Anhörungen des ›Council on Foreign Relations‹ und der ›Trilateralen Kommission‹ des David ROCKEFELLER, sprach vor jüdischen Organisationen, wohl wissend, daß trotz eines Bevölkerungsanteils von nur zwei Prozent insgesamt 42 Prozent der Spenden an die Kandidaten, so *American Free Press* am 17. August 2008, von jüdischen Organisationen kommen.

Hier ein Auszug aus OBAMAS Dankesrede an das AIPAC (›American Israel Public Affairs Committee‹) nach der gewonnenen Wahl:

> »Ich möchte, daß Sie wissen, daß ich heute aus ganzem Herzen und als wahrer Freund Israels vor Ihnen spreche. Ich weiß auch, daß ich hier unter guten Freunden bin. Wir, als Freunde, haben die gemeinsame Verpflichtung, das Band zwischen den Vereinigten Staaten und Israel aufrechtzuerhalten: Heute, morgen und in alle Ewigkeit... Als Präsident werde ich niemals Kompromisse schließen, wenn es um die Sicherheit Israels geht. Wir werden alle Elemente der amerikanischen Macht nutzen, um Druck auf den Iran auszuüben und ihn daran hindern, Atomwaffen zu erlangen... Das Versprechen, das ich sowohl unseren Verbündeten als auch unseren Widersachern zur Kenntnis bringen werde, daß Amerika in fester Freundschaft zu Israel steht und eine unverbrüchliche Verpflichtung für seine Sicherheit übernimmt, wird unsere Außenpolitik bestimmen.«

Daß auch Präsident Barack OBAMA in seiner Anbiederung an eine beherrschende Macht zu weit gehen kann, wird von *Spiegel-online* erwähnt:

»›Ich hatte einen Onkel, der unter den ersten amerikanischen Soldaten war, die in Auschwitz (!) eindrangen und die Konzentrationslager befreit haben. Als er heimkam, soll er auf den Dachboden gegangen sein und das Haus sechs Monate nicht verlassen haben‹, sagt OBAMA, die linke Hand lässig in der Hosentasche.«

Auch andere Politiker müssen da mitspielen. Das *Jewish Journal* am 2. September 2008:

»Sarah PALIN, Hoffnungsträgerin der Republikaner, besucht AIPAC ›and declares herself for Israel‹ (›bekennt sich zu Israel‹), und Joe BIDEN, OBAMAS Vizepräsident, in *Shalom TV*: ›I'm a Zionist‹ (›ich bin Zionist!‹).«

Kein Wunder deshalb, so die *Neue Zürcher Zeitung* vom 15. Oktober 2009, daß die USA ihr Veto gegen die Behandlung des ›Goldstone-Berichts‹ im UNO-Sicherheitsrat über Israels Kriegsverbrechen im Gaza-Streifen eingelegt haben. Der Schweizer Botschafter Peter MAURER sagte vor dem Rat, die Empfehlungen des Berichtes zu mißachten, sei unverantwortlich, denn Israel erfülle seine Verpflichtungen gemäß den Menschenrechten nicht.

Die Amerikaner wählten Barack OBAMA, weil er versprach, die völlig überflüssigen, verbrecherischen Kriege des George W. BUSH zu beenden und als erste Amtshandlung »to bring our troops home«. Diese Kriege hätten Amerikas Ruf beschädigt und seine finanziellen Reserven erschöpft. Kaum im ›Oval Office‹ eingerichtet, findet OBAMA heraus, daß er vom militärisch-industriellen Komplex beherrscht wird: Die Kriege werden nicht etwa beendet, sondern verlagern sich vom unpopulären Krieg im Irak zum weniger unpopulären Krieg in Afghanistan. Er muß sich dafür hergeben, die Souveränität Pakistans zu verletzen, um ›terroristische Ziele‹ in diesem Land anzugreifen. Anstatt nur im Irak, wo nach Abzug der US-Kampftruppen nunmehr an die 60 000 Angehörigen der ›Special Forces‹ und Privatsöldner für ›Ordnung‹ sorgen sollen, führt jetzt der militärisch-industrielle Komplex – nur unter viel schwierigeren Bedingungen – zwei Kriege gleichzeitig. Dankbar für die Fülle an ungeahnten Aufstiegsmöglichkeiten, die ihm durch jahrzehntelanges Kriegführen auf allen Kontinenten geboten wurden, hat das amerikanische Offizierskorps das Trompetensignal zum Kampf gegen die »Gefährdung der Sicherheit Amerikas durch die Taliban« vernommen: »Wir müssen sie drüben umlegen, bevor sie zu uns kommen.« Diese von Medien und Lobbies nicht nur in den USA, sondern auch in EU-Europa geschürte Angst vor dem Popanz Al Qaida genügt, um sich die Unterstützung der von Arbeitslosigkeit bedrohten amerikanischen Bürger zu sichern, während die Heime der in Not Geratenen von jenen Banken zwangversteigert werden, die für die Weltwirtschaftskrise verantwortlich sind.

Würden Amerikanerinnen und Amerikaner öfter die Weltkarte studieren, kämen sie vielleicht drauf, daß nicht ›Schurkenstaaten‹ die USA bedrohen, sondern diese von amerikanischen Stützpunkten umzingelt sind und bedroht werden. Weder in Washington noch in den Hauptstädten der EU wagt jemand die Binsenwahrheit auszusprechen, daß nach Abzug von NATO und ›US-Security Services‹ aus Afghanistan und dem Irak von diesen Ländern keine Bedrohung mehr für die westliche Welt ausgehen würde, keine Gefallenen, keine massakrierten Zivilisten mehr zu beklagen wären. Amerikanerinnen und Amerikaner würden dann vielleicht begreifen, daß sie – wie ihre europäischen Zwangs-Alliierten auch – nur als Kanonenfutter jener verschworenen Verbrecher dienten, die auf ihre Kosten ihr weltumspannendes ›Globalistan‹ errichten wollen.

7.3. Viel Sand im Getriebe der amerikanischen Streitkräfte

Was nützen den USA ihre 800 Stützpunkte auf sechs Kontinenten, ihre Weltraumsatelliten, die mehrfache ›Overkill‹-Kapazität von Tausenden Atomraketen, ihre neun ›Strategic Commands‹ zur flächendeckenden Überwachung unserer Mutter Erde, wenn Generäale meutern, im Irak hundert Milliarden Dollar einfach verschwinden und sie keine Infanterie mehr haben?

General Peter Pace, Vorsitzender Generalstabschef der vereinten Waffengattungen, wurde gefeuert, nachdem er 2003 und 2007 auf Grund der Kriegspläne des US-Präsidenten George W. Bush das amerikanische Militär gewarnt hatte:

> »Es ist die unbedingte Pflicht eines jeden Uniformträgers, einen unrechtmäßigen oder unmoralischen Befehl zu verweigern. . . Jeder wird für die Entscheidungen, die er trifft, zur Rechenschaft gezogen. So zum Beispiel für den ungesetzlichen und unmoralischen Befehl, Massenvernichtungsmittel einzusetzen.«

Auf die Frage, ob dies nicht einem Aufruf zur Befehlsverweigerung gleichkomme, antwortete Pace,

> »weder der Befehl des Verteidigungsministers noch des Präsi-

denten sind Freibriefe zum Begehen von Verbrechen gegen die Menschlichkeit«.

Im März 2008 warnte der Oberbefehlshaber Nahost, Admiral William FALLON, sowohl Israel als auch Präsident BUSH und den Kriegstreiber CHENEY vor Provokationen, die Amerika in einen Krieg gegen den Iran verwickeln könnten. Einen solchen werde er nicht zulassen: »Not on my watch!« sagte er, und trat zurück. Seinen Untergebenen, General David PETRAEUS, bezeichnete er als »ass-licking little chicken-shit«, einen arschkriechenden kleinen Hühnerdreck. Als Oberbefehlshaber in Afghanistan folgte ihm zunächst General Stanley MCCHRYSTAL, der wegen Kritik an Präsident Barack OBAMA im Juni 2010 gefeuert wurde. Zum Nachfolger bestimmte der Präsident ausgerechnet »little chicken-shit«, General David PETRAEUS, der bereit ist, jeden Angriffsbefehl – also auch gegen den Iran – auszuführen. Die Frage ist, ob das nicht gerade regierungsfreundliche Offizierskorps ihm folgen würde.

Von einem Mega-Skandal, der die Betrügereien des Bernard MADOFF in den Schatten stellt, berichtet der britische *The Independent* am 16. Februar 2009 aus Bagdad: Amerikanische Behörden suchen nach 125 Milliarden Dollar, die seit 2003 in der irakischen Wüste versickert sind. Dieses Geld, das für den Wiederaufbau der irakischen Infrastruktur nach Bagdad überwiesen wurde, ist verschwunden. Beobachter seien überzeugt, daß irakische Beamte und amerikanische Besatzungsoffiziere jahrelang glänzende Gewinne aus der Finanzierung von Scheingeschäften und fingierten Bauaufträgen bezogen haben. Seit 2003 seien nirgendwo in Bagdad Baukräne zu sehen, mit Ausnahme der ›Grünen Zone‹, wo die festungsartige US-Botschaft errichtet und laufend ausgebaut wird. Unter Präsident BUSH und Verteidigungsminister RUMSFELD seien Baufirmen, die der republikanischen Partei nahestanden, mit Aufträgen in Milliarden-Höhe betraut worden. Das Papiergeld sei in Transportpaletten eingeflogen, in Pizza-Kartons verteilt, Quittungen nur in den seltensten Fällen verlangt worden. Riesenmengen an Erdöl sei vom amerikanischen Militär an der irakischen Ölgesellschaft vorbei verschoben worden.

Und noch einige bemerkenswerte Tatsachen zum Innenleben der US-Army.

Weil sich keine amerikanische Regierung traut, den allgemeinen Wehrdienst wieder einzuführen, und um dem dramatisch ansteigenden Mangel an Rekruten zu begegnen, ist die Armee der USA dazu übergegangen, die Werbetrommel sowohl in Ländern der Dritten Welt als auch verstärkt in den Gefilden der Weiblichkeit zu schlagen. Das ›Recruiting Office‹ in Uganda bietet Rekruten ein saftiges Handgeld, hohen Sold und die amerikanische Staatsbürgerschaft, wenn sie sich für drei Jahre Kriegsdienst verpflichten. Erreicht der Frauenanteil in der Bundeswehr neun Prozent, so liegt er in der US-Army insgesamt bei 15 Prozent, im Irak-Einsatz bei 11 Prozent, und immer mehr Amerikanerinnen drängt es zu den Fahnen, vor allem zur kämpfenden Truppe, weil dort höherer Sold bezahlt wird. Entsprechende Gesetze und starker Druck von Frauenorganisationen werden – so Mike Finch in *AFP* (Juli 2008) - dafür sorgen, daß innerhalb der nächsten zwei Jahre in Kasernen, Schützengräben und Pilotenkanzeln sämtliche Schranken zwischen den Geschlechtern fallen werden. Vor zwei Jahren wurde erstmals eine US-Offizierin zur Viersterne-Generalin ernannt. Als im Dezember 2009 die amerikanische Marine verkündete, sie wolle auch auf U-Booten, wo Männlein und Weiblein unter sehr beengten Lebensbedingungen den Dienst versehen müßten, Geschlechtergleichheit einführen, gab es Proteste: nicht etwa von Seiten der betroffenen SeemännInnen, sondern der Ehefrauen von Offizieren, die hier arge Gefahren für ihre Männer witterten.

Über den bewaffneten Kriegseinsatz von Frauen gehen die Meinungen auseinander: Den Theorien der Apostelinnen von ›Women's Lib‹ stehen die praktischen Erfahrungen von Frontoffizieren entgegen, die alles andere als Begeisterung für den Nachschub an Schürzen-Regimentern erfreut sind. Sie verweisen auf die Statistik: 32 Prozent der beim US-Militär dienenden Frauen sind in ihrer Dienstzeit überfallen oder vergewaltigt, fast alle sind sexuell bedrängt worden. Das Ausbildungspersonal klagt, es gehe mehr Zeit drauf, Rekruten von Rekrutinnen fernzuhalten, als diese auszubilden. Rekrutin Catherine Aspy in *Reader's Digest* (2/1999): »In der Kaserne sah es aus wie in einem Kinderheim; überall lagen und saßen jugendliche Mütter mit ihren Babys herum. Offiziere und mittlere Chargen waren um uns so besorgt, daß wir uns nur zu zweit im Haus bewegen durften. Man stelle sich vor: Wir Frauen wurden hier ausgebildet, um gegen die iranische oder nordkoreanische Armee zu kämpfen, mußten aber in einer amerikanischen Kaserne auf dem Weg zu den Toiletten beschützt werden.« Die Reporterinnen Pascale Bourgaux und Mercedes Gallego dokumentierten 2007 in *Rape in the Ranks: The Enemy Within* (*Notzucht in Reih' und Glied: Der Kamerad als Feind*), daß Gewaltanwendung gegen Kameradinnen vor allem von schwarzen ›Kameraden‹ ausgehe und deshalb selten verfolgt werde.

Die US-Kriegsmarine hat nach Manövern Resultate ausgewertet, wie sich seemännisches und seeweibliches Personal in Notlagen verhält. Die Ergebnisse der Damen waren niederschmetternd. Bei Fronteinsätzen in Panama, im Verband mit der Marineinfanterie, sind Pilotinnen von Rettungshubschraubern gar nicht aufgestiegen, sind Sanitäterinnen nicht nach vorne gekommen, hatten sich zahlreiche Soldatinnen aus geschlechtsbedingten Gründen vom Dienst kurzfristig abgemeldet. (Brian Mitchell, *Women in the Military: Flirting with Disaster*, 1998; Kingsley Browne: *Co-Ed Combat*, 2007).

Natürlich haben die Gleichheitsparagraphen von Schwulen, Lesben und Transsexuellen vor den Kasernentoren nicht haltgemacht. Was früher als Perversität angesehen wurde, ist heute gesetzlich erlaubt, gilt als ›trendy‹ und ›in‹ und darf öffentlich ausgelebt werden, auch in Uniform. Zumindest theoretisch, denn die Männer der US- Army, Navy und Air Force spielen nicht mit. Offiziere und Soldaten, die sich als warm ›ge-outet‹ haben, werden von Kameraden gemieden: Aus Angst vor AIDS weigern sich ›normale‹ Offiziere und Mannschaften, bei Kampfeinsätzen von schwulen Sanitätern begleitet zu werden, die Bluttransfusionen verabreichen und Wunden verbinden. Auch die offen zur Schau getragene Transsexualität konnte sich beim Militär bisher nicht durchsetzen. Der Bericht einer Soldatenzeitung, in Quantico, der Kaderschmiede der US-Marineinfanterie, sei der transsexuelle Adjutant eines Generals im Minirock, mit Dauerwelle, geschminkt und in Stöckelschuhen zum Dienst erschienen, hat sich (noch) nicht bewahrheitet.

7.4 ... und die Zuwanderung aus Lateinamerika hält an

Das unkontrollierte Hereinströmen über die kaum bewachte, etwa 2100 Kilometer lange Grenze zwischen Mexiko und den US-Bundesstaaten Kalifornien, Arizona, New Mexico und Texas hat allein in den vergangenen fünf Jahren zu einer Invasion von über 20 Millionen illegalen Zuwanderern geführt. Während das US-Militär in Afghanistan und im Irak Jagd auf ›Terroristen‹ macht, patrouillieren nur wenige tausend schlecht ausgerüstete ›state troopers‹ (Provinzpolizisten) entlang der offenen Grenze, um sich nicht nur dem Tsunami mexikanischer Arbeitssklaven, Drogenschmuggler und Prostituierten, sondern auch von Hungerleidern und Flüchtlingen aus ganz Mittel- und Südamerika entgegenzustemmen.

Die ›Maywoodisation‹ Amerikas schreitet voran, titelt *American Free Press* (20.9. 2010):

> »97 Prozent der Bewohner von Maywood (Kalifornien) sind Hispanics, von denen die Hälfte keine acht Jahre die Schule besucht hat. 40 Prozent von ihnen sind illegal eingereist, die Stadt ist pleite, die Polizei patrouilliert längst nicht mehr, auf dem Postamt weht die mexikanische Fahne, kommunale Leistungen werden von benachbarten Gemeinden wahrgenommen. Es ist die Politik des Barrack OBAMA, die an dieser Entwicklung schuld ist und zur bundesweiten Einrichtung von Tausenden solcher Maywoods begünstigt, in denen Korruption und Gesetzlosigkeit herrschen. Der Ärger bei den ›White Caucasians‹, den Weißen, die mit ihren Steuern all dies Maywoods finanzieren müssen, wächst beträchtlich.«

Immer schneller droht auch der staatstragende Mittelstand - ›Middle America‹ - in den Strudel von Arbeitslosigkeit und Pleiten unterzugehen, so der *Spiegel* (Nr. 33/2010): Ventura ist ein kleines Städtchen am Pazifik, rund eine Autostunde nördlich von Los Angeles. Ventura ist Märchenbuch-Kalifornien.

> »Eine gutsituierte Gegend«, sagt Captain FINLEY, Chef der örtlichen Heilsarmee. »Aber fast 20 Prozent der Einwohner sind inzwischen von Obdachlosigkeit bedroht. Im vergangenen Sommer hat Ventura unter seiner Leitung im Stadtgebiet das Übernachten im Auto erlaubt.« FINLEY über ›die neuen Armen‹: »Es ist eine ganz neue Kategorie, als wir sie bisher kannten, die niemals in ihren wildesten Träumen geglaubt hätten, sie könnten einmal von Obdachlosigkeit bedroht werden. . . Früher kam man aus der Armut und war auf dem Weg nach oben. Das war der amerikanische Weg. Heute sehen wir die Leute zu uns kommen in Autos, die 50 000 Dollar gekostet haben, Leute die jetzt am Ende sind und ihren ganzen Stolz schlucken müssen. Heute geht der amerikanische Weg oftmals nach unten.«

Die Arbeitslosenstatistik spricht Bände: 2000 waren es eine halbe Million, Juni 2003 6,3 Millionen. Im Mai 2010 waren es 15 Millionen, davon 6,8 Millionen Langzeitarbeitslose.

Die Kosten für illegale Einwanderer betragen jährlich insgesamt knapp 150 Milliarden Dollar. Davon 22 Milliarden für Sozialfürsorge, 2,2 Milliarden für Ausspeisungen, 2,5 Milliarden für ärztliche Behandlung, 12 Milliarden für den englischen Sprachunterricht, 17 Milliarden für den Schulunterricht für die in den USA geborenen Kinder der illegalen Einwanderer, 90 Milliarden für verschiedene Sozialleistungen, 2 Milliarden für den Gefängnisaufenthalt verurteilter illegaler Einwanderer, insgesamt knapp 150 Milliarden Dollar. Das National Policy Institute hat errechnet, daß die Rückführung der Illegalen etwa 338 Milliarden US-Dollar kosten, sich also schon nach zwei Jahren rentieren würde.

Die Regierung in Washington sieht dieser Masseninvasion tatenlos zu, doch das von ungebetener ›Bereicherung‹ betroffene Volk setzt sich zur Wehr. Senator Russell PEARCE aus Arizona hat das Gesetz »S.B. 1070« eingebracht, das ab 29 Juli der lokalen Polizei und Miliz das Recht geben soll, illegale Einwanderer aufzugreifen und abzuschieben, sowie inländischen Bürgern verbietet, Illegale einzustellen und Wohnraum an sie zu vermieten. Während in Tennessee, Pennsylvania, Nebraska, Texas und dreißig weiteren Bundesstaaten auf lokaler Ebene ähnliche Gesetze in Vorbereitung sind, haben das Department of Justice (Justizministerium), die einflußreichen Menschenrechtsorganisationen ACLU (American Civil Liberties Union) und ADL (Anti Defamation League) ihr politisch korrektes Veto eingelegt. Obwohl die mexikanischen Einwanderungsbestimmungen viel drastischer als die US-amerikanischen sind, erwägt Mexiko, Arizona wegen des Gesetzes »S.B.1070« zu verklagen. Sollte sich Washington gegen die eigenen Bundesstaaten durchsetzen, rechnet man mit dem baldigen Zuzug von mindestens vier Nachzüglern pro Jahr und pro amtlich ›legalisiertem‹ Zuwanderer.

Dazu die passende Nachricht aus dem *San Diego Examiner* vom 24. Juli 2010:

> »Das berüchtigte mexikanische Drogenkartell ›Los Zetas‹ hat zwei ›Ranches‹ bei Laredo (Texas) besetzt. ›Wir betrachten das als kriegerischen Akt›, so der lokale Polizeichef. Die Besitzer der ›Ranches‹ konnten sich rechtzeitig in Sicherheit bringen.«

In vielen Bereichen kommt es auf Grund von Schutzparagraphen und Sonderbestimmungen zugunsten von Minderheiten, wie ACLU (American Civil Liberties Union), ›Head Start‹, ›Affirmative Action‹,

ENDA (Employment Non-Discrimination Act) nicht nur zu krassen Benachteiligungen der noch-weißen Mehrheit beim Studium, bei der Wohnungssuche, am Arbeitsplatz und vor dem Gesetz, sondern zu bedrohlichen Fehlentscheidungen, wenn die Rechte der unter Rechtschutz Stehenden physikalische Gesetze und Sicherheitsnormen außer Kraft setzen. Hier der Bericht eines (weißen) Flugingenieurs:

> »Auf Grund von Quotenregelungen und Bevorzugung von Farbigen bei der Einstellung bei Bundesbehörden kommt es bei der amerikanischen Bundesluftfahrtbehörde ›Federal Aviation Authority‹ (FAA) immer öfter vor, daß sowohl die ausführenden als auch die sie überprüfenden Techniker derselben Minderheit angehören. Gefälschte Zeugnisse, Gefälligkeitslizenzen, Schlampereien bei Montagen und Materialprüfungen sind die Regel. Vor jeder Prüfung oder Reparatur eines Flugzeugs sollte das passende Handbuch vorliegen. Jeder Handgriff, jedes Austauschen eines Ersatzteils muß eingetragen werden. Allein in Texas sind Hunderte Flugzeugmechaniker eingestellt worden, die kein Wort Englisch verstehen und die Handbücher nicht lesen können. Beschwert man sich über sie, wird man zurechtgewiesen und verwarnt. Unfälle und Abstürze häufen sich. Werden Sie in der Boeing 747 sitzen, die irgendwann demnächst brennend vom Himmel stürzen oder 30000 Fuß über der Erde explodieren wird, weil Sch...-Politiker die strengen Einwanderungsbestimmungen nicht durchsetzen und Aktionäre schnellen Profit einstreichen wollen?«

7.5 Die US-Gesellschaft ›kippt‹

Wie schlimm es um das Mißverhältnis im Sozialgefüge der USA bestellt ist, beleuchtet der folgende Beitrag von Michael GRANDT in *Kopp exklusiv*, Ausgabe 32/2010:

> »Viele Statistiken beweisen, daß die Mittelschicht in den Vereinigten Staaten systematisch ausgelöscht wird: Die Reichen werden immer reicher und die Armen immer ärmer. Einst hatten die USA die wohlhabendste Mittelschicht der Welt. Doch das ändert sich mit atemberaubender Geschwindigkeit. Politiker und führende Wirtschaftsvertreter propagierten in der Vergangenheit, daß die Globalisierung und der ›freie Handel‹ gut für das Land seien. Sie vergaßen aber einige unangenehme Nebenwirkungen zu erwähnen. So verschweigen sie, daß ›Weltwirtschaft‹

auch bedeutet, daß die amerikanische Mittelschicht im direkten Wettbewerb mit Arbeitern auf der anderen Seite der Welt steht, wo es keinen Mindestlöhne und nur wenig Arbeitregulierungen gibt... 83 Prozent aller US-Aktien sind in den Händen von nur einem Prozent der Bevölkerung. Bereits 61 Prozent aller Amerikaner leben von Gehaltscheck zu Gehaltscheck. 36 Prozent sorgen nicht vor, 43 Prozent haben weniger als 10.000 Dollar für den Ruhestand gespart... Mehr als 1,4 Millionen Amerikaner meldeten im Jahr 2009 Privatinsolvenz an, das ist ein Anstieg um 32 Prozent gegenüber 2008. Im Jahr 1950 betrug das Verhältnis von Managergehältern und Arbeitslöhnen im Durchschnitt 30 zu eins. Jetzt lautet es 300 bis 500 zu eins... Auf jede neu geschaffene Stelle kommen derzeit sechs Arbeitslose. Zum ersten Mal in der Geschichte der Vereinigten Staaten sind mehr als 40 Millionen Amerikaner auf Essensmarken angewiesen. 21 Prozent aller Kinder in den USA leben unterhalb der Armutsgrenze. Die Mittelschicht wird systematisch ausgelöscht und trotz vieler Beteuerungen der OBAMA-Regierung verschlechtert sich die Lage.«

In diesem Beitrag sind die katastrophalen Folgen der unkontrollierten Masseneinwanderung aus Lateinamerika noch gar nicht erwähnt. *CNS-News* vom 6. August 2010:

»Die 1200 Soldaten der Nationalgarde, die an die Südgrenze versetzt wurden, werden weder entlang der Grenze patrouillieren noch Ausländer (aliens) festnehmen, die illegal eingereist sind. Weil derzeit 55000 Soldaten der Nationalgarde im Ausland eingesetzt sind, können angeblich keine Nationalgardisten die Südgrenze der USA bewachen. Da 460000 Männer und Frauen bei den National Guards Dienst tun, 55000 von ihnen im Ausland stationiert sind, bleiben doch an die 390000 übrig, von denen doch wohl sicher einige Tausend für die Sicherheit der Staatsgrenze und den Schutz der Grenzbevölkerung abgestellt werden könnten.«

7.6 Wer oder was regiert eigentlich die USA?

Erst nach und nach stellt sich nach der Katastrophe des 20. April 2010 auf der Bohrinsel ›Deepwater Horizon‹ heraus, daß weder das zuständige US-Ministerium für Energie, noch die US-Umweltbehörde, noch die US-Regierung für einen solchen Fall vorgesorgt haben, geschweige denn wußten, was im Fall der Fälle organisatorisch und technisch zu tun sei. Schnell schiebt man alle Schuld und Verantwortung auf den Ölmulti BP, dessen Geschäftsführer Tony HAYWARD behauptet, nicht zu wissen, wieviel Öl wie lange aus dem Leck austreten wird, wie und wann man es schließen könnte, so, als wäre eine solche Möglichkeit nie erörtert worden. Eine Schande für die US-Regierung, mit welch sträflichem Leichtsinn sie das Wohl und Weh der Bevölkerung und der Umwelt von fünf US-Küstenstaaten einem Ölmulti überantwortete, ohne für Sicherheit und mögliche Schäden vorsorglich Maßnahmen zu ergreifen und vorzeitig auf Garantien zu bestehen.

Die daraufhin folgende Panik-Reaktion der US-Regierung, sämtliche Ölbohrungen im Golf von Mexiko auszusetzen, wird von vielen Seiten kritisiert, denn sie bestraft nicht nur die britische BP, sondern auch jene US-Ölfirmen, die 4000 Bohrinseln im Golf betreiben, sowie Zehntausende ›oil-riggers‹ (Arbeiter auf Bohrinseln) und ihre Familien.

Glaubt man Berichten der *American Free Press*, des *London Telegraph* und der *London Times*, verkaufte Goldman Sachs wenige Tage vor der Explosion der ›Deepwater Horizon‹ BP-Aktien im Wert von 250 Millionen US-Dollar und ebenso Aktien von TransOcean, dem Besitzer der Bohrinsel. Wachovia Bank soll BP-Aktien für 2,66, UBS um 2,21 Millionen Dollar ›zeitgünstig‹ abgestoßen haben. Reiner Zufall natürlich, daß Tony HAYWARD am 17. März höchstpersönlich BP-Aktien für 2 Millionen Dollar verkauft haben soll. Es heißt, TransOcean habe – vorausahnend – seine Bohrinsel um 560 Millionen Dollar versichert und dank der Explosion einen Profit von 270 Millionen ›erwirtschaftet‹. Die Aasgeier lauern und freuen sich schon, denn es ist zu befürchten, daß BP in den sicheren Hafen eines Konkurses flüchten könnte, was seiner Chef-Etage ungeheure Summen an Abfertigungen und Leistungsprämien bescheren, die amerikanischen Steuerzahler, ihre Kinder und Kindeskinder, Multibillionen Dollar für die Beseitigung der Umweltschäden kosten würde.

American Free Press berichtet, daß BP Millionen Gallonen Corexit 9500 von Flugzeugen aus auf den Ölteppich im Golf gekippt hat. Dieses von der Nalco Holding Company in Naperville (Illinois) erzeugte hochtoxische ›dispersal agent‹ (Lösungsmittel) soll das an der Oberfläche treibende Öl versenken. Die amerikanische Umweltbehörde EPA (Environment Protection Agency) verbot BP mit Verweis auf ›acute aquatic toxicity‹ (akute Gefahr einer Wasservergiftung) den weiteren Gebrauch von Corexit, was BP jedoch ablehnte. EPA befürchtet das Absterben aller Meerestiere und -pflanzen in den »biologically richest waters in America« (den biologisch reichsten Gewässern Amerikas). Wissen denn die zuständigen US-Behörden nicht, daß der Einsatz von Corexit 9500 in der Nordsee von den Anrainerstaaten verboten wurde?

Offensichtlich genießt BP auch heute noch so manche Narrenfreiheit: BP darf entlang der Küste Louisianas einen eigenen Sicherheitsdienst unterhalten, und die ›US Coast Guard‹ (Küstenwache) verbietet Privatflugzeugen das Überfliegen des ölverseuchten Meeresgebietes, um ungebetene Zeugen des sich ausbreitenden Ölteppichs zu verscheuchen.

Am 15. Juni 2010 – also fast zwei Monate nach der Explosion – setzte Präsident OBAMA eine Sonderkommission ein »to study the BP oil disaster« (»um das BP Öl-Desaster zu untersuchen«). Am 30. Juni waren die vorgesehenen sieben Experten noch immer nicht ernannt. Wie es aussieht, wird auch nichts dabei herausschauen, denn im zuständigen ›Energy Committee‹ des US-Kongresses sitzen die Abgeordneten und Lobbyisten der Ölindustrie Roy BLUNT (133 110 Dollar), Joe BARTON (100 470 Dollar), Mike ROSS (76 950 Dollar), Charles MELANCON (65 500 Dollar), Tim MURPHY (62 950 Dollar), Jim MATHESON (47 750 Dollar) und Gene GREEN (43 500 Dollar). In Klammer gesetzt sind die Summen, die sie laut *American Free Press* von ›Big Oil‹ für den ›guten Zweck‹ bekamen, ebensolche Untersuchungskommissionen zu verhindern.

An die 14 000 offiziell gemeldete Lobbyisten sind in Washington am Werk, um ein paar tausend Regierungsbeamte und ein paar hundert Abgeordnete zu ›beraten‹.

Amerikanische Medien berichten regelmäßig, welche Abgeordneten von ›Big Oil‹, vom militärisch-industriellen Komplex, von Banken und Versicherungen, von der Automobilindustrie, vom AIPAC, von der Pharma- und Tabakindustrie, von ausländischen Regierungen und Zeitungsredaktionen ›beschäftigt‹ werden.

Am 30. April 2009 erwies sich einmal mehr der Vorrang der Lobbies vor dem Wohl des Volkes, als der im Senat von der Demokratischen Partei eingebrachte Gesetzentwurf zur Verhinderung der Zwangsversteigerung von 1,7 Millionen amerikanischer Häuslebauer ausgerechnet von den ›Democrats‹, die über eine Mehrheit von 60 Abgeordneten gegenüber den ›Republicans‹ verfügen, mit 51 zu 45 zu Fall gebracht wurde. Obwohl es kaum möglich sein dürfte,

Das Time Square in New York. Ein Bild von dem Amerika, das wir schon immer kennen. Doch der Schein trügt, denn dieses Amerika ist stark angeschlagen und immer mehr von Selbstzweifeln geplagt.

sich eine Lobby mit schlechterem Ruf vorzustellen, hat die Mehrheit der Abgeordneten des amerikanischen Volkes nicht gezögert, dem Befehl der Bankierslobby zu folgen. Dick Durbin, Sprecher der demokratischen Senatsmehrheit, gestand die Abstimmungsniederlage ein: »The banks, frankly, own this place« (»Ehrlich gesagt, haben die Banken diesen Ort fest im Griff«.)

Der Grund lag auf der Hand oder, besser gesagt, in der Brieftasche: Unter den Umfallern der ›Democrats‹ befanden sich folgende Senatoren, ihr Kaufpreis ist in Klammern angegeben: John Tester (halbe Million Dollar), Max Baucus (3,5 Millionen), Blanche Lincoln (1,3 Millionen), Ben Nelson (1,4 Millionen), Mary Landrieu (2 Millionen), Tim Johnson (2,5 Millionen), Arlen Specter (4,5 Millionen).

Spitzen-›Spenden‹-Empfängerin unter Senatoren und Kongreßabgeordneten des Jahres 2009 war die Lobbyistin und ›Hoffnungsträgerin‹ der Republikaner, Nancy Pelosi, mit 9 Millionen Dollar. Den Rekord über ihre gesamte Amtszeit halten derzeit Jane Harman mit 377 Millionen und Darrell Issa mit 337 Millionen Dollar. So läßt sich's recht wohl leben in einer ›Democracy‹.

Eher klettert ein Kamel auf die Freiheitsstatue, als daß sich am ›demokratischen‹ System der USA etwas ändern würde.

7.7 Die USA sind bankrott, es will nur keiner zugeben

Senator Ron PAUL meint:

> »Auf die Frage, warum die letzten Multimilliarden-Dollar-Hilfspakete nicht gegriffen haben, antworten die Neo-Keynesianer in der Regierung, sie hätten sehr wohl gegriffen, und die US-Wirtschaft stünde viel schlechter da, wenn sie nicht geschnürt worden wären. Die Regierung droht in dieselbe Falle zu tappen, in die schon ihre Vorgängerin bei der ›Great Depression‹ des Jahres 1929, die deutsche Regierung bei der Hyperinflation des Jahres 1920 geraten waren. Die Geschichte lehrt uns aber, daß Regierungen den Wohlstand nicht durch maßlose Ausgaben erkaufen können.«

Kopp-Online meldete am 30. August 2010, Ron PAUL wolle 2011 einen Gesetzesvorschlag zur Überprüfung der amerikanischen Goldreserven einbringen, die vor fünfzig Jahren das letzte Mal kontrolliert worden sind:

> »Sollten wir zu dem Entschluß kommen, unsere Währung wieder an das Gold zu binden, sollten wir wissen, wieviel Gold vorhanden ist. Die [dafür zuständige] Federal Reserve bekennt sich zu gar nichts, müßte aber beweisen, daß das ganze Gold auch da ist. Es gibt Gründe für unser Mißtrauen.«

Der amerikanische Wirtschaftsexperte Laurence KOTLIKOFF, Professor an der Boston University, schreibt in *Bloomberg* (11. 8. 2010):

> »Der Internationale Währungsfonds hat die USA praktisch für bankrott erklärt. In seinem Juli-Bericht fordert er unter Absatz 6 ›a permanent annual fiscal adjustment equal to 14 percent of the U.S.GDP‹ (›eine jährliche finanzielle Anpassung in der Höhe von 14 Prozent des BIP‹), um das gähnende Defizit auszugleichen. Um dieses Ziel zu erreichen, müßten ab sofort unsere Löhne und Gehälter, die Bundes- und Körperschaftssteuern um das Doppelte erhöht werden und die USA in den kommenden Jahren riesige Überschüsse erwirtschaften. Auf der Grundlage der vom CBO (Congressional Budget Office) publizierten Ziffern ergibt sich ein Defizit von 202 Billionen (amerikanisch: trillion) Dollar. Es ist fünfzehnmal höher als das offiziell zugegebene Defizit. Über die Jahre war der Kongreß eben sehr erfolgreich bemüht, die meisten seiner angehäuften Verbindlichkeiten als ›inoffizielle Ausgaben‹ aus den Büchern herauszuhalten... Ein Beispiel: Wenn

die 78 Millionen ›baby boomers‹ (Kinderreichen) in 15 oder 20 Jahren das Pensionsalter erreichen, werden ihre Renten, Medicare und Medicaid jährlich ungefähr vier Billionen Dollar kosten. Das ist eben die Folge des seit 60 Jahren angewandten ›Ponzi scheme‹ (Schneeball-Systems), das darin besteht, die Jungen zu schröpfen, um die Alten zu beschenken und ersteren in ferner Zukunft die Sterne vom Himmel zu versprechen. Drei Möglichkeiten stehen der Regierung offen. Erstens: Radikale Kürzungen der Renten, zweitens: gewaltige Steuererhöhungen, drittens: das Drucken wertlosen Papiergeldes. Wollt Ihr meine Meinung hören? Unser Land ist pleite.«

Dieser Überzeugung ist auch Ralph FORBES, der am 11. Oktober in *American Free Press* schreibt:

»Je schneller sich seine Zellen vermehren, um so tödlicher der Krebs. Je gieriger die Wucherer, um so höher die Zinsen. 1980 betrugen die offiziell bestätigten Staatsschulden der USA 909 Milliarden Dollar: Dies entsprach 33 Prozent des Bruttoinlandsprodukts. Bis 2010 sind sie auf – offiziell! – 13,4 Billionen geklettert. Dies entspricht 92 Prozent des BIP, und bis 2012 werden sie auf satte 16,5 Billionen (amerikanisch: trillion) Dollar explodieren und 100 Prozent des amerikanischen BIP auffressen. David WALKER, Comptroller General (Präsident des Rechnungshofes) von 1998 bis 2008: ›Die Höhe der Staatsschulden ist eine größere Bedrohung als der Terrorismus‹, und Andrew MOYLAN, Chef der National Taxpayers Union: ›Die Regierung verheimlicht die Höhe der Schulden.‹ Der Finanzexperte Laurence KOTLIKOF hat berechnet, daß sie in Wirklichkeit über 200 Billionen Dollar ausmachen und – wie ein unheilbarer Krebs – unkontrollierbar wachsen.«

Es mangelt also nicht an aufmerksamen, verantwortungsbewußten Beobachtern im Mastkorb der schwer angeschlagenen USS Globalisierungs-›Titanic‹, die »Eisberg voraus!« melden. Doch die Wucherer und Spekulanten auf der Brücke samt ihren wohlgeschmierten Helfershelfern aus Politik und Presse denken nicht im Traum daran, die Geschwindigkeit zu drosseln, den Kurs zu ändern, geschweige denn, die Passagiere unter Deck zu warnen. Der nächste Mega-Crash des Systems ist deshalb mit arithmetischer Sicherheit und ziemlich zeitgenau vorauszusehen.

7.8 Zusammenfassung

Seit Ende des Zweiten Weltkriegs, vor allem aber nach der Implosion des Sowjet-Imperiums bedeutet Europa für die USA erstens ein strategisches Aufmarschgebiet gegen das wieder aufstrebende Rußland, zweitens ein Reservoir an verläßlichen Vasallen für seine Kolonialkriege im Kampf gegen den ›Terrorismus‹ und zur Errichtung von ›Globalistan‹, drittens eine fette Milchkuh, die gehütet und gefüttert wird, solange sie sich melken läßt, die ausgeschlachtet werden muß, wenn sie nichts mehr hergibt. Auf Grund der unumkehrbaren demographischen Entwicklung und des ›Crash‹ des amerikanischen Finanzsystems einerseits, andrerseits der überragenden wirtschaftlichen und strategischen Bedeutung, die von den führenden Mitgliedern der ›Shanghaier Organisation für Zusammenarbeit‹ und den BRIC-Staaten (Brasilien, Rußland, Indien, China) in den letzten Jahren errungen haben werden die USA gezwungen sein, Zug um Zug ihre aktiv bestimmende Rolle als monopolare Weltmacht aufzugeben und sich hinten anzustellen (siehe auch Kapitel 9).

Jetzt, wo die USA unter unzähligen Plagen leiden, ihr nun zum dritten Mal schwer beschädigtes Globalisierungs-Staatsschiff USS ›Titanic‹ mit starker Schlagseite im Weltmeer krängt, beginnt das amerikanische Volk langsam, sehr langsam aufzuwachen und zu begreifen, daß seine Ideale vom Anbeginn an schmählich verraten worden sind. Sie entdecken, daß Senatoren und Kongreßabgeordnete, Journalisten und Politiker ihre Gesinnungen um Milliarden Silberlinge an Lobbies verkauft haben, Präsidenten Meineide leisteten, daß sich die Wolkenkratzer biegen, daß sie ihr Volk in Kriege hineinbetrogen haben, die Millionen Opfer an Zivilisten und Soldaten forderten, daß ein militärisch-industrieller Komplex mit Billionen Dollar an Steuergeldern gemästet wird, das Militär jedoch seit 1945 keinen Krieg mehr gewonnen hat. Es dämmert den Amerikanern, daß sie selbst die Milchkuh sind, die von der Wall Street, den Wucherern und Spekulanten seit hundert Jahren trockengemolken wird. Noch läßt sich die große Masse von Hollywood chloroformieren und von den Medien verblöden. Doch zwischen Alaska und Florida, Kalifornien und Maine entstehen immer mehr Bürgerinitiativen, die sich ›Minute Men‹ und ›Tea Parties‹ nennen und damit an die Rebellen im Befreiungskrieg gegen die britischen Kolonialherren erinnern und anknüpfen wollen.

Heute sind die europäischen Nationen auf dem Schachbrett der Weltpolitik mit freiem Auge kaum mehr erkennbar. Gelegentlich wird der eine oder andere Staat von einem der ›Global Players‹ als Bauer um ein Feld vorgerückt oder gefressen. EU-Europa, so haben es die Globalisierer vom Anfang an geplant, ist zu einem willigen Anhängsel der USA degradiert worden. Die heutige EU ist ein voll ausgebuchtes, tief im Wasser liegendes Passagierschiff, dessen Führungsmannschaft sich freiwillig mit einer Stahltrosse an das amerikanische Staatsschiff USS ›Titanic‹ gehängt hat und seither in ihrem Schlepptau fährt. Weil es keinen eigenen Kurs bestimmt, braucht es weder Kapitän noch Ingenieur. Auf seiner Brücke stehen Winzlinge der Marke BARROSO, VAN ROMPUY und Lady ASHTON, EU-Europas kleinste gemeinsame Nenner, und befolgen als EU-Befehlsempfänger die Signale der USS ›Titanic‹.

Seit einigen Monaten ist Unruhe unter den EU-Passagieren entstanden: Vom Deck aus erkennen sie, daß die USS ›Titanic‹, trotz starker Schlagseite und immer tiefer sinkend, weder den Kurs ändert noch die Geschwindigkeit drosselt. Was geschieht, wenn sie absäuft? *Jetzt* müßte die Stahltrosse gekappt werden, damit die ›EU‹ der ›Titanic‹ nicht auf den Meeresgrund folgt. Schon beim nächsten Sturm könnte es zu spät sein. Es ist zu ersten Meutereien gekommen: Matrosen und Passagiere der dritten und vierten Klasse haben sich zusammengerottet. Sie fordern die Herausgabe von Schwimmwesten und Notrationen, doch diese sind nirgendwo zu finden. Dafür erklingen Tag und Nacht aus den Bordlautsprechern flotte Weisen, beruhigende Wetterberichte, gute Ratschläge für das Anlegen in Schiffahrt-Aktien.

Ahoi, Ihr glücklichen Sklaven, wollt ihr ewig schweigen?

Kapitel 8

Der Nahostkrieg – und kein Ende

»Salam Aleikum!« – »Schalom Aleichem!«
»Friede sei mit euch!« (auf Arabisch und Iwrit)

So ähnlich die beiden Sprachen auch klingen mögen, so unversöhnlich stehen sich Araber und Israeli seit der Gründung des Staates Israel im Jahre 1948 gegenüber.

Vor einiger Zeit fragte eine Bekannte aus Israel den Autor, warum sich Menschen in der ganzen Welt so aufregen, wenn Israel zum Schutz seiner Bürger tausend Palästinenser in Gaza umlegt. Als vor einigen Jahren die Tutsis eine Million aufsässiger Hutus wahllos massakrierten, habe sich doch auch niemand aufgeregt. Ich antwortete: »Wenn ihr so weitermacht, wird euch die ganze Welt bald auch als Tutsis betrachten. Wollt ihr das?«

Einleitend möchte der Autor darauf hinweisen, daß beide Konfliktparteien jederzeit bereit wären, einen Friedensvertrag zu unterzeichnen, wäre nur die jeweilige Gegenseite bereit, folgende vier Bedingungen zu erfüllen:

- Die Araber fordern den Abzug der Israeli aus allen seit 1967 besetzten Gebieten, also die Erfüllung der UNO-Resolutionen 242 und 338, die Rückkehr aller seit 1948 aus ihrer Heimat vertriebenen palästinensischen Flüchtlinge, die Schaffung eines unabhängigen palästinensischen Staates auf seinem angestammten Boden mit der Hauptstadt Ost-Jerusalem.
- Das Auserwählte Volk wiederum hat sich seinem Gott gegenüber verpflichtet, das Land Erez Israel vom großen Strom im Norden bis zum großen Strom im Süden zu besetzen. Sie müssen es aber noch erobern, besiedeln, bebauen. Deshalb klettert eher ein Kamel auf das Minarett, als daß eine israelische Regierung eine einzige der vier arabischen Forderungen erfüllen wollte und könnte.

Die Zionisten fordern ihrerseits von den Arabern die Anerkennung des Staates Israel, das Eingeständnis, daß die inzwischen 1,4 bis 1,6 Millionen zählenden palästinensischen Flüchtlinge ihre Heimat freiwillig verlassen und daher kein Recht auf Rückkehr haben. Die Zionisten verweisen darauf, daß in Jordanien schon so viele Palästinenser Zuflucht gefunden hätten, daß dieses Land schon jetzt die Rolle eines Palästinenserstaates ausüben könnte und dort auch noch die restlichen Palästinenser aus dem Westjordanland und dem Gaza-Streifen Platz finden würden. Eine geteilte Hauptstadt Jerusalem komme deshalb ohnehin nie in Frage.

Was US-Regierungen und ihre EU-Trabanten seit Jahrzehnten bei ihren ›Nahostkonferenzen‹ aufführen, ist reine Politmasturbation ›pour épater le bourgeois‹, um dem Publikum vorzugaukeln, daß etwas geschieht. Schon die Tatsache, daß der demokratisch längst abgewählte PLO-Chef Machmud ABBAS von den USA und Israel als Verhandlungspartner vorgeführt wird, ist Gewähr dafür, daß sich im Nahostkonflikt nichts bewegt. Vielleicht ist derzeit gerade dies die Absicht Israels und der USA.

Sijad HANI, führender schiitischer Geistlicher im Libanon und direkter Nachfahre des Propheten, antwortete dem Autor auf die Frage, wie der Islam zu einen Judenstaat in Palästina stehe:

> »Wir würden nur einen Judenstaat anerkennen, dessen Einwohner vor 1948 in Palästina lebten. Alle Juden, die nach 1948 eingewandert sind, müßten wieder verschwinden.«

In seinem Essay *Stunden der Wahrheit* (*Spiegel* 29/2010) legt Ullrich FICHTNER die Ratlosigkeit der Weltmacht USA im Irak und in Afghanistan bloß:

> »OBAMA hat versprochen, bis Ende 2011 *alle* Truppen aus dem Irak abzuziehen. Und er hat versprochen, ab Juli 2011 *alle* Truppen aus Afghanistan heimzuholen. Nichts dergleichen wird geschehen. Die in diesen Wochen neu nach Afghanistan abrückenden US-Soldaten, 30000 zusätzlich, die das US-Kommando dort auf gut 100000 Mann verstärken, werden erst im November dieses Jahres überhaupt vollzählig dort angekommen sein. Sie hätten dann, wenn OBAMAS Ankündigungen zuträfen, bis Juli 2011 noch knapp neun Monate Zeit, um eine Wende im Krieg am Hindukusch zu erzwingen. Das ist aber nach der aktuellen Lage der Dinge ein aussichtsloses Vorhaben...
>
> In diesen Wochen wird die Weltöffentlichkeit auf eine große, angeblich entscheidende Offensive gegen Kandahar vorbereitet, die Hochburg der afghanischen Taliban. Die zugehörige Rhetorik erinnert sehr an die Lageberichte der scheiternden Generäle in Vietnam. Es braucht deshalb keine große Prophetengabe, um vorauszusagen, daß es auch von dort bald schlechte Nachrich-

ten hageln und sich wieder erweisen wird, daß dieser Krieg... nicht zu gewinnen ist.

Die afghanische Bevölkerung mitsamt ihrer korrupten, inkompetenten Führung in Kabul hat in ihrer Mehrheit spürbar kein Interesse mehr an einem Erfolg der Amerikaner und ihrer Verbündeten. Es scheint heute eher so, als wünschten sich die Afghanen nichts sehnlicher, als daß all die Fremden auf heimischem Boden endlich wieder dorthin verschwinden, wo sie hergekommen sind, und sei es um den Preis einer neuerlichen Taliban-Herrschaft. . .

Der Irak war anders von Beginn an. Saddam HUSSEIN mag ein brutaler Diktator gewesen sein, aber sein Regime entfaltete auf seine Weise Modernisierungseffekte, von denen die irakische Gesellschaft bis heute profitiert. . . Da OBAMA an dem Plan festhält, bis Ende 2011 alle Truppen abzuziehen, wittern die Sektierer und Terroristen im Land wieder Morgenluft. . .

Das wahre Leben spielt, im Irak wie in Afghanistan, . . . immer am Rand eines möglichen Bürgerkriegs. OBAMA wird sich deshalb, wenn nicht alles im Irak Gewonnene schlagartig wieder zerrinnen soll, in Sachen Truppenabzug am Ende korrigieren müssen, mit allem Autoritätsverlust, den diese Entscheidung mit sich bringen wird. . . Es ist offenkundig, daß die amerikanische Diplomatie kurz davor steht, Afghanistan aufzugeben. . .

Die Probleme im Irak nehmen sich, gemessen an jenen am Hindukusch, vergleichsweise klein aus. . . Trotz aller Verhandlungsrunden. . . ist es noch immer nicht gelungen, einen gerechten Schlüssel für die Verteilung des irakischen Öl-Reichtums zu finden. . . Diese Unfähigkeit geht einher mit den Unzulänglichkeiten der Regierenden, die sich bislang unfähig gezeigt haben, die Versorgung des Irak mit Strom und Wasser. . . zu bewerkstelligen. Die Bevölkerung wird das komplizierte Spiel in Bagdad leid und beginnt sich abzuwenden von Führern, die das Wohl des Landes nicht mehren, aber auf ihr eigenes sehr bedacht sind.«

8.1 Wie stellt sich die Lage aus israelischer Sicht dar?

Bekanntlich sind sich die israelischen Parteien immer einig, welche Politik gegenüber den Arabern verfolgt werden müßte, jedoch niemals einig, welche Politik verfolgt werden kann. Es gibt Radikale wie Rabbi Yisrael ROSEN, der in der *Ha'aretz* vom 26. März 2008 zum Völkermord an den Palästinensern aufrief:

> »Die Torah legitimiere indirekt ihre Vernichtung, zahlreiche bedeutende Rabbiner stimmten ROSENS Meinung zu... Er vergleicht die Palästinenser mit dem Volk der Amalekiter, deren Tötung Gott zugelassen habe und daß dies zum Bestandteil jüdischer Rechtsprechung geworden sei. ROSEN bezeichnet die Amalekiter nicht als ein bestimmtes Volk oder eine Religionsgemeinschaft. Es gebe zu jeder Zeit Amalekiter, die in anderen Rassen erscheinen, um die Juden anzugreifen. Deshalb müsse der Krieg gegen sie global geführt werden.«

Nicht minder radikal klingen die Ausführungen des israelischen Militärexperten Dr. Martin VAN CREVELD im Interview mit der *Jungen Freiheit* vom 12. März 2010:

> *JF*: »MERKEL droht dem Iran mit Sanktionen. Beeindruckt Teheran das?«
>
> VAN CREVELD: »Das möchte ich bezweifeln. Nach meiner Einschätzung betrachten die Iraner ihr Nuklearprogramm als eine nationale Frage. Sanktionen würden sie daher nicht beeindrucken, sonder eher dazu führen, daß sie um so mehr um AHMADINEDSCHAD scharen.«
>
> *JF*: »Wie gefährlich sind den die USA und Israel nach Ihrer Ansicht?«
>
> VAN CREVELD: »Fragen Sie doch mal Slobodan MILOSEVIC oder Saddam HUSSEIN. Die beiden haben erfahren müssen, wie gefährlich die USA sind... Und was die Gefährlichkeit Israels angeht, vielleicht sollten sie dazu mal die Leute im Libanon und in Syrien befragen.«
>
> *JF*: »Also wird die Gefahr, die von einem atomaren Iran ausgeht, übertrieben?«
>
> VAN CREVELD: »Na klar, und das Kalkül dahinter ist doch offensichtlich: Die USA haben stets alles unternommen, um andere davon abzuhalten, in den Besitz der Waffen zu kommen, über die sie längst verfügen. Im Falle Israels ist der Beweggrund ein anderer: Offensichtlich geht es darum, von Ländern wie Deutschland oder den USA Geld und Waffen zu bekommen. Dieses Spielchen spielen die Zionisten nun schon seit hundert Jahren – und zwar mit großem Erfolg, wenn ich das hinzufügen darf.«

JF: »Und das geben Sie so unbefangen zu?«

VAN CREVELD: »Ich bin Historiker und kann es mir leisten, die Wahrheit... auszusprechen.«

JF: »2008 sprach Angela MERKEL die berühmten Worte, das Existenzrecht Israels sei Teil deutscher Staatsräson. Fühlen Sie sich von dieser Liebeserklärung berührt?«

VAN CREVELD: »Oh, sie macht mich sehr glücklich. Aber im Ernstfall wären Frau MERKELS Möglichkeiten doch sehr begrenzt.«

JF: »Glauben Sie, daß Deutschland die eigene Existenz riskieren und die Bundeswehr in einen großen Krieg für Israel schicken würde?«

VAN CREVELD: »Natürlich nicht... Und übrigens, bei allem Respekt, aber mit Blick auf einen ruhigen Schlaf, möchte ich meine Sicherheit von der heutigen deutschen Armee auch nicht abhängig wissen. Israel muß sich auf sich selbst verlassen können. Und falls das Unwahrscheinliche geschehen und Israel der Vernichtung gegenüber stehen sollte, würde es mich nicht überraschen, wenn wir so viel der übrigen Welt [die Amalekiter? d. Verf.] in den Abgrund reißen würden, wie wir nur können.«

Vielen Israeli mag es egal sein, was die Welt über sie denkt, sehen sie sich doch als Angehörige eines seit 3000 Jahren unschuldig verfolgten Volkes, dem sein Gott ein Stück leerer Wüste inmitten eines Meeres von mörderischen Muselmanen und meuchelnden Mohren zugewiesen hat. Glaubt man den Aussagen so mancher israelischer Politiker und Publizisten, betrachten viele ihrer Landsleute die Araber tatsächlich als Hutus. Die eine Hand am Gewehr, die andere am Pflug, hätten die Zionisten aus der leeren Wüste Palästina in wenigen Jahren ein blühendes Land erschaffen, um das sie die faulen und unfähigen arabischen Nachbarn beneiden. Israel sieht sich im Morgenland als leuchtendes Beispiel von Demokratie und als Vorposten der westlichen Zivilisation.

Die Mehrzahl der Juden in aller Welt, die nicht im Traum daran denkt, seine Zelte in den Großstädten beiderseits des Atlantik abzubrechen, um sich im Dauer-Brandherd Israel niederzulassen, sieht das freilich anders. In den letzten Monaten und Jahren mehrten sich Kritik und Vorwürfe aus den Reihen führender europäischer und amerikanischer Juden an Israel: Sowohl die Konfrontationspolitik der radikalen Rechten als auch die Unentschlossenheit der

Linken hätten zu keinen friedlichen Lösungen, sondern zu immer größerer Gewaltbereitschaft auf beiden Seiten geführt. Der Antisemitismus sei deshalb weltweit im Anwachsen. In den USA hätten im Herbst 1997 zahlreiche nichtorthodoxe jüdische Gemeinden, zu denen sich etwa 85 Prozent der amerikanischen Juden bekennen, durchgesetzt, daß ihre Spenden nicht mehr nach Israel überwiesen werden, sondern im Lande verblieben. 300 französische Juden, die sich vom zunehmenden Antisemitismus in Frankreich bedroht fühlten, haben in Florida um politisches Asyl angesucht.

Um ihre Vasallen bei der Stange zu halten, die Medien mit Horrorgeschichten zu beschäftigen, dem leichtgläubigen Volk den personifizierten Teufel in islamischer Menschengestalt an die Wand zu malen, ihre Kriege gegen ›Schurkenstaaten‹ und ›Terroristen‹ zu finanzieren, geben die USA und Israel vor, immer noch Osama Bin Laden zu jagen, der – wie die Geheimdienste längst wissen – am 13. Dezember 2001 in Tora Bora an Nierenversagen gestorben ist. Als zweiter Popanz wird aus denselben Gründen der iranische ›Terrorist‹ Ahmadi Nedschad verfolgt, der angeblich an einer islamischen Atombombe bastelt, um den Zionistenstaat Israel auszulöschen. Wie in Rußland, in der Ukraine, im Kaukasus, in Lateinamerika, in Weißrußland, in Xingjang, in Tibet, in Myanmar haben sich US-Geheimdienste 2009 auch in die iranischen Wahlen eingemischt und haben blutige Zusammenstöße mit der von ihnen finanzierten Opposition provoziert, Attentate verübt und Schauermärchen über die wiedergewählte Regierung verbreitet. Israelische Medien bestätigten, daß bei den Wahlen im Iran auch der Mossad fleißig mitgemischt habe.

Am 16. August 2010 erinnerte *Globalresearch* an frühere Aussagen des ehemaligen NATO-Chefs Wesley Clark:

> »Der geheime militärische Fünfjahresplan des Pentagon im Jahre 2001 sah den Angriff gegen den Irak vor, dann sollten Syrien, der Libanon, Libyen, der Iran, Somalia und der Sudan drankommen. . . Es wurde auch die Rolle Israels als Auslöser des Angriffs auf den Iran besprochen.«

Hat nicht auch Thomas Barnett bestätigt, zwecks Vorbereitung von Angriffen auf ›Schurkenstaaten‹ jederzeit einen neuen ›elften September‹ auslösen zu können?

8.2 Wie stellt sich die Lage aus arabischer Sicht dar?

Die Regierungen der politisch stets zerstrittenen arabischen Staaten klammern sich an den einzigen gemeinsamen Nenner, zu dem sie sich anläßlich von Gipfelkonferenzen seit 60 Jahren gebetsmühlenartig bekennen: an das unveräußerliche Recht der Palästinenser auf Selbstbestimmung. Je feuriger ihre Appelle an die ›Weltgemeinschaft‹, die unzähligen UNO-Resolutionen gegen den Zionistenstaat endlich umzusetzen, um so lauer freilich die Bereitschaft der arabischen Länder, ihren palästinensischen Brüdern außer Lippenbekenntnissen und gelegentlichen Almosen konkrete Hilfe zukommen zu lassen. Kein Wunder, daß die seit der Gründung Israels 1948 von ›unfreundlicher Übernahme‹ größerer oder kleinerer Teile ihres Staatsgebiets durch den Judenstaat bedrohten Palästinenser, Libanesen, Syrer und Ägypter inzwischen gelernt haben, weder der Solidarität der am Tropf amerikanischer Subsidien hängenden arabischen Potentaten, noch den von amerikanischen Leibgarden beschützten Ölscheichs, noch bei Friedenskonferenzen gesäuselten Schalmeinklängen der sogenannten ›Internationalen Wertegemeinschaft‹ zu vertrauen, sondern sich ausschließlich auf den Freiheitsdrang, die Widerstandskraft und die Opferbereitschaft des eigenen Volkes sowie auf die Gebote des Koran zu verlassen.

Palästinensern, Libanesen, Irakern und anderen Arabern ist längst klar, daß die einst zur strikten Neutralität im Nahostkonflikt verpflichtete Europäische Union sich zum verläßlichen Alliierten Israels gemausert hat.

Dazu *Informationclearinghouse* vom 1. August 2010:

> »Der irische Publizist David Cronin schreibt, Israel habe während der letzten zehn Jahre so starke politische und wirtschaftliche Beziehungen zur EU geknüpft, daß es in allen Belangen ein Mitgliedstaat der Union wurde – nur nicht dem Namen nach. Tatsächlich war es Javier Solana, der zwielichtige ›top dog‹ der EU-Außenpolitik, der letztes Jahr sagte: ›Israel – erlauben sie mir dies zu sagen – ist ein Mitglied der EU, ohne ein Mitglied der Institution zu sein.‹«

Daß Israel längst auch in die NATO integriert ist, beweisen mehrere Vorfälle, bei denen israelisches Militär – so zum Beispiel Ende Juli beim Absturz eines NATO-Hubschraubers anläßlich eines Manövers in Rumänien – beteiligt war.

8.3 Ein Blick in die Zukunft

In seinem Buch *Pulverfaß Nahost* hat der Autor 2003 die Prognose erstellt, daß der Nahostkrieg bereits entschieden ist. Obwohl seit dem Erscheinen seines Buches sieben Jahre vergangen sind, ist der Autor - mehr denn je - von der Richtigkeit seiner Thesen überzeugt.

Der Nahostkonflikt ist entschieden: Israel ist militärisch unbesiegbar, kann den Krieg aber nicht gewinnen, weil die Araber ihn nicht verlieren können. Den zionistischen Entscheidungsträgern innerhalb und außerhalb Israels stehen zwei Optionen offen:

1. Die Fortsetzung der Konfrontation mit den arabischen Nachbarstaaten mit kriegerischen Mitteln, obwohl diese Option nach sechs Jahrzehnten Krieg Israel einem Sieg oder einem entscheidenden Durchbruch keinen Schritt näher gebracht hat.
2. Der Einstieg in Friedensverhandlungen mit den Nachbarstaaten und vor allem mit den Palästinensern auf der Grundlage voller Gleichberechtigung, wobei die Araber niemals von ihren vier Bedingungen abgehen werden.

Israel kann weder den Krieg noch den Frieden gewinnen: Die Kriegsoption bedeutet für Israel drei Jahre Militär- und Polizeidienst für ein Drittel seiner männlichen und weiblichen Bevölkerung, Abwanderung von Fachkräften und Führungskadern, Stocken der Einwanderung und des Tourismus, Angst vor Terroranschlägen, Abhängigkeit von finanzieller und militärischer Hilfe des Westens - doch für wie lange noch?

Die Friedensoption bedeutet für Israel die Räumung der Golan-Höhen und mehrerer Siedlungen im Westjordanland und in Ost-Jerusalem. Etwa zwei Drittel der im Kriegsdienst Eingezogenen wären demobilisiert und nunmehr arbeitslos. Es käme zur Öffnung der Grenzen nach dem Libanon, nach Syrien, nach Jordanien, nach Ägypten, zum Hereinströmen von Hunderttausenden arabischer Arbeitskräfte und zum Konkurrenzkampf israelischer Erzeuger mit den aus allen arabischen Ländern nunmehr frei hereinströmenden billigen landwirtschaftlichen Produkten und Konsumartikeln.

Für neue Einwanderer nach Israel gäbe es wenig Anreiz. Die internationale Staatengemeinschaft würde erwarten, daß sich Israel mit seinen Nachbarn endlich in einem friedlichen wirtschaftlichen Wettstreit bewähren möge. Israel müßte mit exponentiell ansteigender demographisch bedingter Überflutung durch Araber rechnen müssen.

Seit dem Sechstagekrieg des Jahres 1967 galt als erwiesen, daß kein arabischer Gegner es mit ›Tsahals‹ materieller und technischer Überlegenheit zur Erde, zu Wasser und in der Luft aufnehmen könnte. Nach dem mißlungenen Afghanistanfeldzug der Roten Armee und der Implosion des Sowjetimperiums galt es als ebenso sicher, daß die USA weltweit keinen militärischen Gegner mehr zu fürchten bräuchten. Drei Ereignisse haben in jüngster Zeit die Welt vom Gegenteil überzeugt:

– Amerikas Pleite im Irak:

Als sich nach vierjähriger Besetzung des Irak die neokonservativen Kriegstreiber in Washington eingestehen mußten, daß sie ihren Zielen, den irakischen Widerstand zu brechen und die störrischen Schiiten und Sunniten zwangzudemokratisieren, keinen Schritt näher gekommen waren, erging der Befehl vom Pentagon, an einer der Hochburgen des sunnitischen Widerstandes, der Kleinstadt Faludscha und ihren 200 000 widerspenstigen Einwohnern, ein Exempel zu statuieren. Als nach tage- und nächtelanger Eindeckung der Stadt mit Bomben und Granaten kein Stein mehr auf dem anderen stand, kein lebendes menschliches Wesen in den Ruinen mehr vermutet werden konnte, erfolgte der Befehl an die Infanterie, das Trümmerfeld zu besetzen. In drei Tagen vermochten es weder das dort eingesetzte Eliteregiment der Marineinfanterie noch jenes der Fallschirmjäger, Faludscha einzunehmen. Die durch schwere Schußwesten, Nachtsichtgeräte, Funkausrüstung, Nahkampfwaffen und Munition in ihren Bewegungen behinderten, im Häuserkampf gegen einen entschlossenen Gegner völlig unerfahrenen, diesem an Kampfwillen und Entschlossenheit weit unterlegenen GIs vermochten es nicht, die schwach bewaffnete irakische Miliz niederzuringen.

Nicht einmal der Einsatz einer Privatarmee von hochbezahlten Söldnern aus aller Welt konnte die totale militärische und politische Pleite der USA im Irak verhindern. Es ist nicht die Frage ob, sondern nur wann die eher schillernde als schimmernde amerikanische Wehr, bis auf die Knochen blamiert, ganz still und leise aus dem Irak abziehen und das reine Chaos hinterlassen wird. Und in Afghanistan und Pakistan werden die USA – gemeinsam mit ihren treuen EU-Vasallen – genau dieselbe Pleite erleben, die politischen

Folgen tragen und letztere für ungeheure Zerstörungen aufkommen müssen.

– Israels Pleite im Südlibanon:

Nach zweiwöchigem Dauerbombardement der Infrastruktur des Libanon im August 2006 verkündete Israel die Endziele seiner nun folgenden Bodenoffensive: Ausschaltung der politischen Kader der ›radikal-islamischen‹ Hisbollah, Vernichtung ihres militärischen Potentials, Einsetzung einer pro-amerikanischen Regierung in Beirut. Das Ende ist bekannt: Israels Panzerregimenter und Elitesoldaten bleiben gleich hinter der Grenze vor den gut getarnten Stellungen der Hisbollah liegen, verlieren 13 Fallschirmjäger, einen Hubschrauber samt Besatzung und 72 Panzer der Type ›Merkava‹. Israel gibt auf. USA und EU müssen eiligst einen Waffenstillstand herbeiführen und die UNO-Resolution 1701 durchpeitschen: ›Tsahal‹ zieht mit eingezogenem Schwanz ab. Für alle Welt ist sichtbar, daß Hisbollah das Schlachtfeld behaupten, ihr Arsenal an Raketen wieder auffüllen, ihre politische Rolle sowohl im Libanon als auch in der arabischen Welt festigen konnte und diesen Krieg somit gewonnen hat.

– Israels Pleite in Gaza:

Nach zweiwöchigem Dauerbombardement der Stadt Gaza und der Infrastruktur der im engen Gazastreifen eingepferchten 1,5 Millionen Palästinenser verkündet die israelische Regierung Anfang Ja-

Israelische Panzer an der libanesischen Grenze im August 2006. Israel hat, obwohl es nahezu alle in seinen Bunkern lagernden konventionellen Waffen einsetzte, keines seiner großen Kriegsziele erreicht.

nuar 2009 lauthals die Endziele ihrer nun folgenden Bodenoffensive: Ausschaltung der politischen Kader der ›radikal-islamischen‹ Hamas, Vernichtung ihrer militärischen Organisation, der ›Al Qassam-Brigaden‹, Beseitigung der Gefahr, die Israel vom Beschuß durch Raketen der Hamas droht, Verbot der demokratisch gewählten Hamas-Partei, Einrichtung der PLO-Verwaltung des US-Vasallen Machmud Abbas, der von den Palästinensern als Kollaborateur der israelischen Besatzungsmacht angesehen wird. Auch dieses Ende ist bekannt: Nach drei Tagen haben es fünf (!) eingesetzte israelische Divisionen nicht geschafft, Hamas aus ihren Stellungen zu vertreiben. ›Tsahal‹ kann den gespannt wartenden internationalen Medienvertretern keinen einzigen gefangenen Kämpfer der Qassam-Brigaden, keinen einzigen eroberten Bunker vorweisen. Während Noch-Präsident Olmert in der Knesseth stolz verkündet: »Wir haben gesiegt!«, müssen USA und EU im Eiltempo über die UNO-Resolution 1860 den Waffenstillstand herbeiführen. Ägypter und EU-ropäer sollen fortan dafür sorgen, daß Gaza von der Außenwelt abgeriegelt bleibt.

– Die ›Seeschlacht‹ von Gaza:

In diese Reihe von Pleiten reiht sich Israels Akt von Staatspiraterie, als ›Tsahal‹ am 31. Mai 2010 eine mit Hilfsgütern beladene, mit unbewaffneten, aber zum Teil rauflustigen Friedensaktivisten und -aktivistinnen bemannte und beweibte Flotte von sechs Schiffen in

Protest gegen den von Israel am 31. Mai 2010 verübten Akt der Piraterie, der eher auf Schwäche schließen läßt.

internationalen Gewässern stürmte, um ihnen die Zufahrt nach Gaza zu verwehren. Israel gewann die Seeschlacht: Das israelische Enterkommando tötete neun ›Terroristen‹ und verlor keinen einzigen Mann. Politisch bedeutet dieser ›Sieg‹ freilich ein politisches Stalingrad, weiß doch jedermann, jedefrau, daß zu allen Zeiten und von jedem Volk Piraten an die höchste Rah gehängt wurden. Daß Israel solch verzweifelte – dazu noch stümperhaft ausgeführte – Unternehmen anordnet, ist kein gutes Zeichen für die Zukunft: Ein Nachgeben würde der Feind als Zeichen von Schwäche deuten, und diese kann sich Israel rund um das Pulverfaß Nahost nicht leisten. Israel weiß das. Der Iran, die Araber, die Türken wissen dies freilich auch.

Henning Mankell, schwedischer Schriftsteller und Passagier an Bord der feindlichen ›Kriegsflotte‹, stellte sich zwei Tage nach seiner Freilassung der Presse.

Mankell: »Die israelischen Soldaten trugen Gesichtsmasken und sagten, wir sollten unter Deck gehen. Einige von uns sind etwas älter, sie waren ihnen nicht schnell genug. Die Soldaten setzten Elektroschockwaffen ein, um sie anzutreiben. Es war schrecklich, sie fielen hin. Die Soldaten schossen mit Gummigeschossen auf einen Mann, der neben mir stand. Sie waren von Anfang an bereit, gewaltsam gegen uns vorzugehen. Und all das in internationalem Gewässer.«

Spiegel (Nr. 23): »Und dann?«

Mankell: »Sie übernahmen das Schiff, mit Kurs auf Israel. Erst war es Piraterie, dann kam Kidnapping dazu.«

Spiegel: »Die israelische Regierung hatte mehrmals gewarnt, sie würde den Konvoi nicht nach Gaza durchlassen. . . Dann kamen Sie in ein Gefängnis. Wie hat man Sie behandelt?«

Mankell: »Wir mußten Spießruten laufen, Fotografen des Militärs filmten uns dabei. Sie machten uns zu Objekten einer Show, das werde ich den Israelis nie verzeihen. Und dann haben sie uns alles weggenommen: Telefon, Geld, Kleidung, Kreditkarten. So erging es jedem von uns. Sie sind Diebe.«

Spiegel: »Die israelische Regierung argumentiert, sie befinde sich im Krieg mit der Hamas. . .«

Mankell: »Das ist die Arroganz der Macht. Diesen Krieg führt sie auf hoher See – dürfen sie das? Es waren keine Waffen an Bord.«

Spiegel: »Videos sind im Umlauf, die zeigen, wie sich eine Gruppe von Männern mit Steinschleudern und Metallstangen auf den Angriff der Israelis vorbereitet...«

MANKELL: »Wer greift hier wen an? Die Kommandos kamen in Hubschraubern. Es waren ja nicht die Leute auf dem Schiff, die die Hubschrauber enterten!«

Rachel CORRIE am Morgen des 16. März 2003.

Eine Woche später: Das unter irischer Flagge fahrende Versorgungsschiff ›Rachel Corrie‹ nähert sich der Küste des Gazastreifens. Wer war Rachel CORRIE? Die 1979 geborene amerikanische Studentin und Friedensaktivistin stellte sich am 16. März 2003 in der Stadt Rafah vor einer Planierraupe der israelischen Armee, um die Zerstörung palästinensischer Häuser zu verhindern. Auf dem Bild ist klar zu erkennen, daß der Fahrer sie nicht übersehen konnte. Sekunden später wird sie zermalmt.

An Bord der ›Rachel Corrie‹ befanden sich die nordirische Nobelpreisträgerin Mairead MAGUIRE, der malaysische Politiker Matthias CHANG und der UN-Diplomat Denis HALLYDAY. Sie berichten, daß ihr Geld, ihre Mobiltelefone, Fotoapparate, Wertgegenstände, Wäsche und Kleidung von der israelischen Polizei konfisziert wurden.

8.4 Bilanz

Diese von den USA und Israel erlittenen taktischen militärischen Rückschlage werden von der amerikanischen, EU-europäischen und israelischen Öffentlichkeit als solche kaum wahrgenommen, stehen doch sowohl die größte als auch die viertgrößte Militärmacht der Welt – zumindest äußerlich – noch unangekratzt da. Doch von Moskau bis Mexiko, von Mombasa bis Mumbai, von Mekka bis Macao, von den Slums amerikanischer Großstädte bis zu den afrikanisch und islamisch geprägten Wohnvierteln in Europas Städten ist für Milliarden von Menschen voller Schadenfreude klar erkennbar, daß das siegessichere und dünkelhafte Militär der USA und ihres israelischen Alliierten trotz ungeheurer Übermacht nun schon zum dritten Mal vor wenigen tausend kaum bewaffneter Freiheitskämpfer zurückstecken mußte, die an den Heiligen Krieg zur Befreiung ihrer Heimat glaubten und deshalb zu jedem Opfer bereit waren. Israel und die USA haben in den Augen der gesamten Zweiten und Dritten Welt das Gesicht verloren und damit auch den Mythos ihrer Unbesiegbarkeit, und das bedeutet – frei nach SUN TZU, CLAUSEWITZ und MACHIAVELLI – eine sowohl strategische als auch politische Katastrophe.

Politisch und militärisch sind sowohl der islamische Widerstand im Irak als auch die libanesische Hisbollah und die palästinensische Hamas beträchtlich aufgewertet worden. Weil die meisten Regierungen der EU-Staaten sich bedingungslos auf die Seite Israels geschlagen haben, werden die Staatsangehörigen dieser Länder, gleich, ob sie in Badehose, Nadelstreif oder Uniform auftreten, in weiten Teilen der Welt die blutige Rechnung zu bezahlen haben, die EU-Nettozahler auf jeden Fall für den Wiederaufbau des Irak, des Südlibanon und des Gazastreifens aufkommen müssen.

Seit der Gründung der Vereinten Nationen wurden ›Blauhelme‹ zur Erhaltung des Friedens und zur Trennung von Kriegsparteien eingesetzt. Stets war es die selbstverständliche Pflicht der an UNO-Missionen beteiligten Mitgliedstaaten, sich in den Konflikten politisch neutral zu verhalten und militärisch niemals einzugreifen. Als im Sommer 2006 der Überfall Israels auf den Libanon am Widerstand der ›Hisbollah‹, einer Résistance-Bewegung von armen Bauern, Handwerkern und Arbeitern, kläglich scheiterte, wurde ein Waffenstillstand vermittelt und im Zuge der UNO-Resolution 1701 verfügt, daß eine international zusammengesetzte UNO-Friedenstruppe die beiden Konfliktparteien trennen sollte. Franzosen und Italiener entsandten motorisierte Truppen und die deutsche Regierung Einheiten der Bundesmarine an die Küste des Libanon. Doch zum ersten Mal geschah es, daß die Regierung eines an der Friedensmission beteiligten Staates öffentlich kundtat, ihr Land – nämlich Deutschland – sei in diesem Konflikt nicht neutral, sondern entsende Truppen zur Sicherung einer der beiden Kriegsparteien, nämlich des Aggressors Israel.

Standen beim früheren deutschen Verteidigungsminister JUNG irgendwelche deutschen Sicherheitsinteressen im Vordergrund, als er in einem Interview mit dem *Spiegel* auf die gezielte Frage:

> »Wenn wir Sie richtig verstehen, würden Sie die Bundeswehr eher zur Verteidigung Israels schicken, denn als Friedenstruppe, die neutral zwischen den Konfliktparteien steht?« antwortete: »Es bleibt dabei, wir haben eine geschichtliche Verpflichtung gegenüber Israel, und deshalb stehen wir an der Seite Israels!«

Welche außenpolitischen deutschen Interessen verfolgte der damalige deutsche Außenminister STEINMEIER, der drei Wochen später dem *Spiegel* anvertraute:

> »Die israelische Regierung und auch größere Teile der israelischen Öffentlichkeit sehen offenbar in einer deutschen Beteiligung an der internationalen Friedenstruppe kein Problem. Das (!) haben wir bei einer möglichen Entscheidung im Kabinett und im Bundestag zu berücksichtigen. Unsere historische Verantwortung [für Israel] gebietet uns, einen Beitrag dazu zu leisten, daß dieser Konflikt zu Ende kommt, die Menschen in Israel nicht in Angst vor Raketenbeschuß leben müssen.«

Daß zuvor die Libanesen wochenlang israelischen Bomben und Raketen ausgesetzt waren, ist dem ›neutralen‹ Außensteinmeier kein einziges Wort wert. Nicht, ob das deutsche Volk ein Problem damit hat, daß seine Marinesoldaten an Libanons Küste eine sehr heiße Suppe auslöffeln müssen, die von ganz anderen eingebrockt wurde, ist für den deutschen Außenminister ausschlaggebend, sondern ob ihr Einsatz Israels Regierung und Öffentlichkeit genehm ist!

War sich die deutsche Bundeskanzlerin Angela MERKEL, als sie im März 2008 und im März 2009 vor der Knesset erklärte, es sei ein felsenfester Grundsatz der bundesrepublikanischen Politik, die israelischen Sicherheitsinteressen zu wahren, im klaren darüber, daß sie den arabischen Frontstaaten soeben Deutschlands Kriegserklärung übermittelt hatte? Wußte Frau MERKEL, als sie am 30. November 2009 vor dem US-Kongreß in Washington (!) erklärte: »Wer Israel angreift, greift auch uns an«, daß sie mit diesen Worten der Republik Iran klargemacht hatte, daß Deutschand niemals neutral sein durfte? Das deutsche Volk wird sich fortan nicht wundern dürfen, wenn seine Soldaten, Bürgerinnen und Bürger von Kabul bis Khartum, von Maskat bis Marrakesch fortan als Feinde behandelt werden, sein Land als Feindstaat betrachtet wird. Man merkelt die Absicht und ist verstimmt, doch trägt hierfür allein die deutsche Regierung die volle Verantwortung.

Als sich die palästinensischen religiösen Organisationen und laizistischen Parteien auf Druck der demokratischen ›Wertegemeinschaft‹ nach langem Zieren und Zögern darauf einigten, im Januar 2006 erstmals demokratische Wahlen abzuhalten, war die Enttäuschung auf seiten eben jener Musterdemokraten groß, als die in unseren Systemmedien als ›radikal islamisch‹ abgestempelte Partei ›Hamas‹ die Wahlen mit großem Vorsprung vor der als ›gemäßigt‹ geltenden ›Fatah‹ gewann. Um den Palästinensern beizubringen, wie man richtig wählt, beschlossen die USA und die europäischen Polit-Lemminge einträchtig, das Wahlergebnis einfach zu ignorieren. Hamas wurde verteufelt, weil sie für einen freien, unabhängigen palästinensischen Staat eintritt, gegen die israelischen Besatzer Widerstand leistet, die Fatah sowie der von den USA, Israel und den EU-Europäern ausgehaltene Statthalter Machmud ABBAS hingegen als leuchtende Beispiele von ›Western Democracy‹ nach dem Geschmack der Globalisierer hingestellt.

Ganz besonders beleidigt ob des Ausgangs der Wahl war Israels Führungsetage und beschloß, den etwa 1,5 Millionen Palästinensern im Gaza-Streifen mit einer Blockade zu Lande, zur See und in der Luft eine Lehre zu erteilen, die zur Zähmung der Widerspenstigen führen sollte. Als Opfer der israelischen Blockade der Strom-, Treibstoff-, Wasser- und Lebensmittelzufuhr hatten die ›Gazaouin‹ beachtlichen Erfindungsgeist bei der Einrichtung eines unterirdischen Warenverkehrs bewiesen: Sie gruben an die tausend Tunnel unter die hermetisch geschlossene Südgrenze nach Ägypten, durch die 90 Prozent des benötigten Imports an Lebensmitteln, Heizmaterial und Treibstoff nach Gaza abgewickelt wurde. Ein typischer Tunnel durch den sandigen Boden ist etwa 500 Meter lang, 15 Meter tief und benötigt eine Bauzeit von mehreren Monaten.

Als nach drei Wochen pausenloser Bombenangriffe auf Gaza und dem anschließenden Einmarsch von fünf (!) Divisionen die israelischen Aggressoren, die kein einziges ihrer Ziele erreicht hatten, im Januar dieses Jahres eine einseitige Waffenruhe ausrufen mußten, um dann schmählich abzuziehen, waren die gesamte Infrastruktur, die Getreidesilos, Hühnerfarmen, Konservenfabriken, 230 Kleinbetriebe in und um Gaza sowie Spitäler und Lebensmittellager der Vereinten Nationen völlig zerstört. Vor den Grenzstationen stauten sich jetzt Hunderte Lastwagen mit dringend benötigten Lebensmitteln, Medikamenten und Ersatzteilen, doch Israels Grenzposten verweigerten die Durchfahrt. Die Korrespondentin Lara MARLOWE berichtete in der *Irish Times* vom 26. Januar 2009, wie sich das Volk von Gaz gegen den Hungerstod wehrt:

> »Die 1000 Tunnel von Gaza sind die Lebensadern der vom Hungertod bedrohten Palästinenser. Obwohl viele Tunnel während der Bombenangriffe zerstört wurden, sind die meisten von ihnen wieder freigeschaufelt. Aus der Luft erscheint das Grenzgebiet wie ein durchlöcherter Schweizer Käse. Die jungen Tunnelbohrer haben ihre Stollen mit Holzbohlen gesichert. Sollte Israel die Bombenangriffe wieder aufnehmen, müßten sie lernen, sie mit Betonträgern zu stützen. Auf Plastikschlitten werden Mehl, Milch, Öl, Zigaretten, Gasflaschen, kleine Generatoren, Petroleumöfen durch die Tunnel geschleppt. Für das Herübertreiben von Kleinvieh werden breitere Tunnel verwendet, Dieselöl wird durch lange Schläuche gepumpt. Die ägyptischen Polizisten und Zollbeamten schauen weg und greifen nicht ein.«

Die chinesischen *Xin Hua News* meldete am 22. Januar:

> »Trotz der israelischen Offensive sind die Tunnel von Gaza wieder in Betrieb. Palästinensische Tunnelbohrer erklären, sie hätten auf Grund der aufrechterhaltenen israelischen Blockade keine andere Wahl, als sich unterirdisch zu versorgen. Die meisten Tunnel dienten der Versorgung der Bevölkerung, andere würden von der Hamas und anderen Widerstandsgruppen benützt, um leichte Waffen und Munition hereinzuschmuggeln. Israelische F-16 könnten noch so viele Bomben abwerfen, würden aber das Abfeuern von ›Qassam‹-Raketen auf Israel niemals unterbinden können, denn in Gaza gebe es Hunderttausende junge Arbeitslose ohne jede Zukunftsaussichten, die darauf brennen, ihr technisches Können und Improvisationstalent beim Basteln von Rohrbomben, Raketen, Mörsern und Sprengminen unter Beweis zu stellen. An Tonnen von herumliegendem Blech, Betonstahl und Elektromaterial, das Israel zurückgelassen hat, herrscht hier kein Mangel.«

Am 19. Januar, zwei Tage nach der Verkündung des Waffenstillstandes durch Israel, eilten sechs von niemandem wirklich ernstgenommene Politzwerge nach Scharm el Scheich, um zunächst dem ägyptischen Präsidenten Mubarak und noch am selben Abend dem israelischen Noch-Präsidenten Olmert in Jerusalem ihre Hilfe zur Beendigung des Konflikts anzubieten. Während Mubarak warnte, ein Waffenstillstand ohne Einbindung der Hamas werde keinen

Bestand haben, versicherte Sarkozy in Jerusalem, Frankreich werde niemals einer Lösung zustimmen, die Israels Sicherheit gefährde, beteuerte Zapatero Spaniens Interesse an einer langfristigen Waffenruhe, erinnerte Berlusconi daran, daß er es ja gewesen sei, der die Hamas auf die EU-Liste der Terrororganisationen gesetzt habe, und gelobte feierlich, sich für Israels Vollmitgliedschaft in der EU einzusetzen, boten Merkel und Gordon Brown deutsche und britische Hilfe zur Unterbindung jeglichen Schmuggels in den Gazastreifen an. Werden demnächst deutsche Kriegsschiffe nun auch den Hafen von Gaza blockieren, deutsche Pioniere, Funkmeß- und Abhörspezialisten der Bundeswehr an der palästinensisch-ägyptischen Grenze eingesetzt werden, um die unterirdischen Lebensadern der im Gazastreifen zusammengedrängten Bevölkerung abzuwürgen?

Während die sechs EU-Politzwerge dafür sorgten, daß ihre Länder nun endlich in den brodelnden Hexenkessel rund um das Pulverfaß Nahost hineingezogen werden, hat kein einziger dieser Lemminge gewagt, Israels Einsatz von Phosphorbomben und DIME-Granaten (dense inert metal explosive), ein mit Wolframpartikeln verdichteter Sprengstoff, der auf engstem Raum die schwersten Verletzungen gewährleistet, gegen zivile Ziele und die Zerstörung des UNO-Krankenhauses in Gaza auch nur ganz leise zu kritisieren. Nicht nur in den Augen des islamischen und arabischen, sondern auch des weltweiten Widerstandes gegen Kolonialismus und Globalisierung haben sich die EU-Vasallenstaaten auf Grund ihrer bedingungslosen Parteinahme für die USA und Israel in ihrer Rolle als unredliche Vermittler und unehrliche Makler nun endgültig entlarvt.

Ist ›deutschen‹ Politikern eigentlich klar, welche Folgen die Sprengung der Tunnel zum Gazastreifen für die dort lebende Zivilbevölkerung nach sich ziehen würde? Wissen deutsche Pioniere und Funkmeßtechniker, die überlegen, ob sie sich für einen solchen Einsatz melden sollten, wofür sie dort ihr Leben aufs Spiel setzen würden? Wollten sie die Verantwortung für den Hungertod von Tausenden Frauen und Kindern mittragen? Wollten sie als Handlanger jener Verbrecher dastehen, die durch Unterbindung der Lieferung von Medikamenten und Spitalbedarf praktische Sterbehilfe für die Kranken und Verwundeten in Gaza leisten würden? Wollen sie zuguter Letzt für jene Politiker den Kopf hinhalten, die selbst niemals zur Verantwortung für ihre Verantwortungslosigkeiten gezogen würden?

8.5 Warnung

Glauben die Kriegseinsatzfreudigen zu Berlin und Brüssel, daß Hunderttausende zu allem entschlossene Palästinenser, die schon alles verloren und deshalb nichts mehr zu verlieren haben, tatenlos zusehen würden, wenn ›Almanis‹ Hand anlegen, um die Versorgung ihrer Frauen, Kinder, Verwundeten und Mudschahedin zu unterbinden? Glaubt die Bundeswehr im Ernst, das Tragen eines Blauhelms und des angenähten Schildes ›United Nations‹ werde deutsche Soldaten vor Anschlägen seitens islamischer Krieger schützen? Weil auch Afghanen, Iraker, Libanesen, Ägypter und Palästinenser Zeitungen lesen, könnte in Folge einer derart eindeutigen und anhaltenden Parteinahme zu Gunsten der USA und Israels so mancher Anführer einer arabischen oder muslimischen Widerstandsbewegung auf den Gedanken kommen, er vollbringe eine Allah-gefällige und nationale Heldentat, wenn er Anschläge und Überfälle nunmehr vorrangig gegen deutsche Einrichtungen und deutsches Militär richtet, das vor der Küste der Levante, an den Hängen des Hindukusch und demnächst – wer weiß? – auch entlang des Gaza-Streifens oder im Persischen Golf unter der falschen Flagge einer neutralen ›Friedenstruppe‹ segelt.

Weil Deutsche niemals auf seiten der Feinde des Islam standen, niemals gegen Araber gekämpft haben, waren sie von Marakesch bis Maskat, von Mogadischu bis Masar e Scharif, bis vor kurzem noch als Freunde und Vorbilder hoch angesehen, doch hat sich dieses Bild innerhalb der letzten Jahre radikal geändert, wurde dieses Kapital von ›deutschen‹ Politikern aus Kadavergehorsam gegenüber ihren transatlantischen Auftraggebern leider verschleudert. Es scheint, daß ›deutsche‹ Politikerinnen und Politiker parteiübergreifend es gar nicht mehr erwarten können, die fremden heißen Kastanien aus den knisternden Flammen rund um das Pulverfaß Nahost holen zu dürfen.

So sicher wie Allah im Koran, wird das seit einhundert Jahren bestehende nahöstliche Kolonial-Imperium des Ölkartells Jahr für Jahr immer tiefer im Wüstensand versickern. Dank Amerikas militärischer Präsenz, Amerikas Schutz für die verhaßten Drohnen auf den Thronen Saudi Arabiens, Kuwaits und anderer Öl-Emirate vergeht kein Tag, an dem sich die vorgegebenen amerikanischen Ideale, die Parolen von ›Freedom and Democracy‹, den islamischen Völkern nicht als leere Worthülsen erweisen. Die ›Eliten‹ der USA lassen keine Gelegenheit aus, gegebene Versprechen zu brechen, die Würde islamischer Völker zu mißachten, ihre Kultur und Religion zu beleidigen, sie ihrer Bodenschätze, ja sogar ihrer Kunstsammlungen zu berauben. Die Heuchelei dieser /Schein-Democracy‹ ist unerträglich: Täglich will sie die Welt belehren, verbessern, umerziehen und bietet selbst fast täglich Beweise roher Gewalt und menschenverachtender Behandlung unschuldiger Zivilisten.

Der islamische Widerstand muß gar keinen Krieg mehr führen. Das amerikanische Imperium und Israel besiegen sich selbst.

Kommt es zum Angriff auf den Iran?

Keine Frage, daß sowohl Israels ›Tsahal‹ als auch die neokonservativen amerikanischen Schlachtrösser wiehern und mit den Hufen scharren, wenn sie nur das Wort Iran hören. Wozu die vielfache Übermacht an Bombern, Raketen, Atom U-Booten, biologischen und chemischen Kampfstoffen, wenn diese Waffen nicht endlich eingesetzt werden? Keine Frage, daß der Iran gegen eine solche Übermacht nicht die geringste Chance hätte. Ebenso sicher ist aber, daß der Iran im Kriegsfall nicht zögern würde, den Persischen Golf an seiner engsten Stelle zu sperren und somit die Ausfuhr von etwa 40 Prozent des weltweit geförderten Erdöls nachhaltig zu verhindern. Für die mitten in der Krise steckende Weltwirtschaft wäre ein solcher Versorgungsengpaß nicht zu verkraften, zumal in Folge des BP-Desasters im Golf von Mexiko sich ohnehin schon eine Verteuerung der Offshore-Bohrungen abzeichnet. Keine Regierung eines Erdöl importierenden Landes, nicht einmal die amerikanische und israelische, kann ein Interesse daran haben, daß der Ölpreis steigt, die Ölförderung sinkt. Sollte es dennoch zum Krieg gegen den Iran kommen, wird er wahrscheinlich von einer ›false flag operation‹ (Provokation unter falscher Flagge) ausgelöst werden. Angesichts des starken Widerstandes in den Reihen des amerikanischen Militärs ist es trotz israelischen Drängens unwahrscheinlich, daß sich die USA zum jetzigen Zeitpunkt einen Krieg gegen den Iran leisten können.

Im Oktober 2010 wurden von amerikanischen Geheimdiensten und gesteuerten Medien wieder einmal Warnsignale ausgesendet: Osama Bin Laden schlafe nicht, sondern plane Angriffe der Al Qaida auf Ziele in Paris und Berlin. Die *Kronenzeitung* befürchtete in vorauseilender Solidarität gar einen Terrorangriff auf das Wiener Schloß Schönbrunn!

9. Kapitel

Können wir uns aus dem Würgegriff der Globalisierung befreien?

9.1 Die Achse Paris–Berlin–Moskau

Der von manchen politischen Kreisen in Frankreich und Deutschland schon seit langem gehegte Traum von der Schaffung eines französisch-deutschen Kerneuropas und der Verlängerung der Achse Paris–Berlin bis Moskau ist nicht neu. General DE GAULLE, der in zwei Weltkriegen gegen Deutschland kämpfte, hat 1943 - mitten im Kriege - von seinem Wunschtraum gesprochen, den Vertrag von Verdun des Jahres 842 zur Aufteilung des Reichs KARLS DES GROSSEN revidieren zu können, auf daß die Franken des Westens mit den Franken des Ostens wiedervereinigt würden. Daß nach 1945 solche abendländischen Phantastereien weder von der Sowjetunion noch vom amerikanischen Imperium geduldet wurden, versteht sich von selbst. Während es Rußland nach der Implosion des Sowjetimperialismus gelang, sich schon nach wenigen Jahren sowohl von der Ausbeutung durch die von den USA finanzierten ›Oligarchen‹ als auch vom Ausverkauf durch seinen ›Präsidenten‹ JELZIN zu befreien, sind Europas einstige Mächte Frankreich, Britannien und Deutschland in politischen Dauerschlaf versunken, aus dem sie die einzig verbliebene Weltmacht und ihre verläßlichen Aufpasser nicht wecken wollen.

Rußland wird immer mächtiger und hat es nicht nötig, zuzuwarten, bis sich Paris und Berlin zur Emanzipation von den USA aufraffen und Moskau eine ernst zu nehmende Alternative zu seiner zunehmend nach Asien ausgerichteten Wirtschaftspolitik bieten. Wenn sich das deutsche und französische Volk nicht sehr beeilen, einen heroischen Entschluß zu ihrer Selbstbefreiung zu fassen, wird sich kein künftiger DE GAULLE mehr über die Wiederzusammenführung der Franken beiderseits des Rheins freuen können, sondern höchstens über das Aufblühen und Gedeihen von Tausenden anatolischer und maghrebinischer Gemeinden auf dem Gebiet des einstigen fränkischen Kaiserreiches.

Was ist dran an Rußland als Partner? Zur Illustration einige Sätze aus Vladimir PUTINS Warnung an die Adresse der Globalisierer, die dieser in aller Unmißverständlichkeit in einer Rede am 10. Februar 2007 im Rahmen der »Münchner Konferenz zu Fragen der Sicherheitspolitik« anklingen ließ. Die Rede war eine Antwort auf die amerikanische Politik der einsamen Entscheidungen und weltweiten Einmischungen, und PUTIN warnte, daß Rußland nicht bereit sei, sich der amerikanischen Vereinnahmung durch Globalisierung zu unterwerfen:

> »Wir erleben eine immer stärkere *Nichtbeachtung grundlegender Prinzipien des Völkerrechts.* Mehr noch: Bestimmte Normen, ja eigentlich fast *das gesamte Rechtssystem* eines *Staates – die Rede ist vor allem von den Vereinigten Staaten* – hat seine Grenzen in allen Sphären überschritten: sowohl in der Wirtschaft, der Politik, im Militärischen als auch im humanitären Bereich wird es anderen Staaten übergestülpt. . . Rußland ist ein Land mit einer tausendjährigen Geschichte, und fast immer hatte es das Privileg, eine *unabhängige Außenpolitik* betreiben zu können. *Wir wollen an dieser Tradition auch heute nichts ändern, doch wollen wir gerne mit* verantwortungsbewußten und selbständigen Partnern auf gleicher Augenhöhe *zusammenarbeiten* am Aufbau einer gerechten und demokratischen Welt, in der Sicherheit und Aufblühen *nicht nur für Auserwählte, sondern für alle gewährleistet ist.*«

Während er diese Sätze sprach, blickte er unverwandt die deutsche Bundeskanzlerin an, die einige Meter vor ihm in der ersten Reihe saß.

Sicher wußte PUTIN, daß eher ein Kamel das Minarett hinaufklettert, als daß es die Transatlantiker MERKEL und SARKOZY wagen würden, sich von den USA zu emanzipieren.

9.2 Die ›Shanghai-Connection‹

Die ›Shanghaier Organisation für Zusammenarbeit‹ bietet sich an. Anläßlich eines Treffens im Juni 2001 hatten die sogenannten ›Shanghai Five‹ China, Rußland, Kasachstan, Usbekistan und Kirgisien die ›Shanghai Cooperation Organisation‹ (SCO bzw. SOZ) gegründet, der sich kurz darauf Tadschikistan und die Mongolei anschlossen. Als Ziel gab die SOZ den gemeinsamen Kampf gegen Terrorismus, Extremismus und Separatismus bekannt. Bis 2007 schlossen sich die Länder Indien, Pakistan, Iran, Nepal, Turkmenistan, Sri Lanka und Weißrußland als Beobachter an. 2007 beschloß die SOZ die Erweiterung des Bündnisses zum kollektiven Verteidigungspakt ›Collective Security Treaty Organization‹. In der Folge wurden 2007 und 2009 gemeinsame Manöver im Ural und am Amur durchgeführt. 2008 wurde der Iran ›assoziiertes Mitglied‹. Soweit die spärlichen offiziellen Informationen, die aus Moskau und Peking durchsickern.

Es ist sicher kein Zufall, daß die Gründung der SOZ mit dem Beginn der ersten Amtszeit von Präsident George W. Bush zusammenfiel. Der von seinen neokonservativen Beratern erhobene, von der Wall Street finanzierte, vom militärisch-industriellen Komplex und dem Ölkartell geförderte und von ihm selbst mit religiösem Eifer verkündete Anspruch auf ein amerikanisches Monopol auf die Weltherrschaft war sicher Grund genug, in Rußland, China und anderen ›Schurkenstaaten‹ die Alarmglocken schrillen zu lassen. Selbstbewußt und überheblich wie immer, verbreiteten politische und militärische Entscheidungsträger ihre Thesen einer neuen ›American Security Strategy‹, wonach ›God's own Country‹ (Gottes eigenes Land) das Recht beanspruche, im Namen des ewigen Friedens und der Zivilisation ›preemptive strikes‹ (Präventivschläge) gegen jeden Gegner zu führen, der sich seiner ›manifest destiny‹ (gottgewollten Bestimmung) zur Errichtung eines ›benevolent Empire‹, einer wohltätigen Weltherrschaft, entgegenstellen sollte.

Rußland und China wollten nicht mehr tatenlos zusehen, wie NATO, CIA, das US-Militär und die US-Diplomatie Schritt für Schritt ihre Einkreisung betrieben, in den angrenzenden Staaten Mittelasiens, im Kaukasus und in Osteuropa ›orange‹ Oppositionsparteien und ethnische Minderheiten finanzierten und zum ›Freiheitskampf‹ gegen Moskau und Peking aufstachelten, zur Privatisierung und Internationalisierung ihrer Industrien und Bodenschätze aufriefen. Den muslimischen SOZ-Mitgliedern und -Beobachtern war klar, daß es den USA nicht um ihre Beglückung mit Fortschritt und Demokratie ging, sondern um die Übernahme ihrer Erdöl- und Erdgasreserven und um die Ausweitung der amerikanisch-israelischen Kontrolle über die Staaten des ›Greater Middle East‹, des erweiterten Nahen Ostens. Während Indien, Nepal und Sri Lanka durch ihre Assoziierung mit der SOZ ihre Neutralität unter Beweis stellen und den Amerikanern signalisieren wollten, daß es Alternativen zur monopolaren Globalisierung gibt, betrieben Kasachstan und Pakistan ganz offensichtlich Schaukelpolitik. Somit fanden und finden in der SOZ Staaten zueinander, die nicht am selben Strang ziehen, sondern verschiedene Ziele verfolgen. Als gemeinsamer Nenner gilt aber, daß sich die Mitglieder und Assoziierten in einem Punkt einig sind: Sie wollen die Unabhängigkeit ihrer Staaten aufrechterhalten, ihre Grenzen verteidigen, ihre Traditionen bewahren und haben sich zu gegenseitigem Beistand verpflichtet.

Natürlich haben die USA sauer reagiert und die SOZ - völlig zu Recht - als ein gegen sich und NATO gerichtetes Instrument angeprangert. Der neokonservative Kriegstreiber Robert KAGAN wetterte in *Spiegel-online* (16. 7. 2008), die SOZ sei ein Bund von Anti-Demokraten und Autokraten, und forderte die Globalisierung aller Demokraten. Aus amerikanischer Sicht stellt die SOZ ein großes Hindernis auf dem Weg zur Weltherrschaft dar. Die USA werden deshalb alles unternehmen, um die SOZ zu spalten und zu schwächen, wenn nötig auch mit militärischen Mitteln.

Solange sich die SOZ auf die noch nicht globalisierten Weltteile des ›Gap‹ beschränkt, kann sie im Rahmen der Strategie gegen ›Schurkenstaaten‹ bekämpft werden. Zu einer todernsten Bedrohung für die Globalisierung würde die SOZ erst dann werden, wenn sich Staaten des ›Core‹ ihr anschließen sollten. Und genau dies ist vor kurzem geschehen.

Die seit Jahren totgesagte argentinische Wirtschaft gab plötzlich ein kräftiges Lebenszeichen, als die Regierung Argentiniens Ende 2005 dem Internationalen Währungsfonds einen Kredit von 9,8 Milliarden zwei Jahre vor dem Fälligkeitsdatum zurückzahlte. Es gelang ihr damit, sich aus dem Würgegriff des IWF, der internationalen Großbanken und der privaten Verleiher zu befreien, die jahrzehntelang das Land gezwungen hatten, Mindestlöhne, Renten und Sozialleistungen zu kürzen und die Lebensmittelpreise zu erhöhen. Stolz verkündete Präsident Nestor KIRCHNER seinen Landsleuten, dadurch würde ihr Land bis 2008 die jährlichen Zinsenrückzahlungen in der Höhe von 1,1 Milliarden Dollar einsparen. Der Ausstieg der Argentinier aus der Schuldenfalle bedeutet freilich eine Katastrophe für die Verleiher, denn je höher der Schuldenstand, desto größer ihr jährlicher arbeits- und daher müheloser Zinssegen.

Argentiniens Schritt erfolgte nur wenige Wochen nach dem Beschluß der Regierung Brasiliens, den Geldverleihern des ›Paris Club‹, dem 19 kreditgebende Staaten angehören, die volle Schuld von 2,6 Milliarden Dollar, dem IWF gar die Gesamtschuld von 15,5

Milliarden Dollar auf einen Schlag und ebenfalls zwei Jahre vor der Fälligkeit zur Gänze zu begleichen. Eine weitere Katastrophe für die Globalisierer und internationalen Zins- und Zinseszinshaie! Als der argentinische Präsident und sein brasilianischer Amtskollege Luiz Inácio Lula DA SILVA dem venezolanischen Präsidenten Hugo CHÁVEZ für ihre finanzielle Hilfe öffentlich dankten, war für die globale Finanzmafia nicht mehr zu übersehen, daß zumindest auf dem amerikanischen Kontinent gerade ein Wirtschaftsblock im Entstehen ist, der sich zum Rivalen der von den USA gesteuerten globalen Währungsdiktatur und Weltwirtschaftsordnung entwikkelt und dem sich seither auch die Länder Bolivien, Ecuador, Paraguay, Honduras, Nicaragua und die Dominikanische Republik angeschlossen haben.

9.3 Wer ist Hugo Chávez?

> »Der Tag ist nicht mehr fern, da drei Sternenbanner unser Territorium abstecken werden: das eine am Nordpol, das andere am Südpol, und genau zwischen beiden das dritte am Panamakanal. Zurecht wird uns die Herrschaft über die Hemisphäre kraft unserer rassischen Überlegenheit zufallen.«
>
> William H. TAFT, US-Präsident 1909–1913

Nachdem es den Siedlern in den 13 Kolonien entlang der Ostküste Nordamerikas gelungen war, 1776 nach hartem Kampf die Unabhängigkeit vom Britischen Empire zu erringen, lehnten sich auch die Siedler in Neu-Spanien, Neu-Granada und Brasilien auf, befreiten sich von der Herrschaft ihrer spanischen und portugiesischen Kolonialherren und gründeten zwischen 1811 und 1826 achtzehn lateinamerikanische Republiken. Im Unterschied zu den anfangs fast einheitlich angelsächsisch besiedelten Vereinigten Staaten von Nordamerika setzte sich die Bevölkerung Lateinamerikas aus kleinen regierenden Oberschichten von Kreolen, Minderheiten meist spanischer und portugiesischer Siedler (Colonos) und Mehrheiten aus indianischen Eingeborenen, Mischlingen und befreiten schwarzen Sklaven zusammen. Im Lauf der folgenden fast 200 Jahre mußten die unabhängigen Völker Lateinamerikas freilich zur Kenntnis nehmen, daß sie vom Regen in die Traufe gekommen waren: Statt Vizekönige und Gouverneure bestimmten jetzt nordamerikanische Konservenfabriken, Industriekonzerne und das Ölkartell, welche Politiker von Mexiko bis Montevideo unterstützt und welche beseitigt werden sollen. Gab es Widerstand, wurden die US-Kavallerie, die US-Navy oder die Marine-Infanterie entsandt und schafften wieder ›Ordnung‹.

»Im Anfang war das Erdöl, und das Erdöl war der Dollar, und der Dollar war Gott«, so könnte ein moderner Evangelist oder Chronist die Allmacht des Ölkartells beschreiben, der die meisten Länder Lateinamerikas fast einhundert Jahre lang beherrschte. Während in Caracas die Privatgesellschaft PDVSA (Petróleos de Venezuela) im Namen des Kartells unbeschränkt regierte, Milliardengewinne in die USA überwies und über ein fünfzig Mal höheres Jahresbudget als der venezolanische Staat verfügte, litt das einfache Volk in Stadt und Land bittere Not. Auf Grund der vom ›Internationalen Währungsfonds‹ aufgezwungenen drastischen Sparmaßnahmen gerät Venezuela Anfang 1989 in eine Krise: Das Volk kann die stark heraufgesetzten Preise für Lebensmittel und öffentliche Verkehrsmittel mit den herabgesetzten Löhnen nicht mehr bezahlen. Am 27. Februar kommt es zu einem landesweiten ›Caracazo‹, einem Volksaufstand der unteren und mittleren Schichten gegen die Ausbeuter, der von Sondereinheiten der Polizei blutig niedergeschlagen wird. Präsident Carlos A. Pérez: »Unser Volk wird lernen müssen, die Notwendigkeit ausländischer Investitionen einzusehen und die Vorzüge der Globalisierung zu verstehen.«

Doch das Volk wehrt sich. In den Annalen des Widerstandes gegen die Eine Welt wird dereinst in goldenen Lettern eingemeißelt sein, daß der Caracazo Venezuelas der erste Volksaufstand gegen die Globalisierung war.

In dieser Zeit liegt das Regiment des jungen Fallschirmjägeroffiziers Hugo Chávez in der Nähe von Caracas. Als er zum Kommandeur seines Regiments avanciert, beschließt er mit einigen Offizierskameraden im Februar 1992, einen Putsch zu wagen, der mißlingt, weil die Regierung sich abgesetzt hat. Von einem Sender aus ruft er seine Kameraden im ganzen Land auf, den Kampf ›por ahora‹ (vorläufig) einzustellen. Mit diesen zwei Worten schürt Chávez landesweit die Hoffnung, daß der Kampf noch nicht verloren ist. 1994 wird er vom Präsidenten Caldera freigelassen und gründet den ›Movimiento Revolucionário Bolivariano‹ (revolutionäre bolivarische Bewegung), die nach dem Namen des Freiheitshelden Simón Bolívar benannt ist. Bei den Wahlen des 6. Dezember 1998 erringt

CHÁVEZ 56 Prozent und besiegt die vom Ölkartell und fremden Lobbies finanzierten Oppositionsparteien. Gleich als erstes geht Präsident Hugo CHÁVEZ daran, Venezuelas Erdölindustrie zu verstaatlichen. Er bestellt das amerikanische Führungspersonal und die Fachingenieure zu sich und stellt sie vor die Wahl, um denselben Lohn für Venezuela weiterzuarbeiten oder in die USA zurückzukehren. Einige gehen, die meisten bleiben.

Beim Ölkartell und in Washington schlägt die Umwälzung in Caracas wie eine Bombe ein, denn Venezuela ist das ölreichste Land der Neuen Welt und Amerikas wichtigster Öllieferant; es exportiert 60 Prozent seiner Produktion in die USA, und der Transport von den Ölfeldern bei Maracaibo zu den texanischen Ölhäfen dauert nur vier Tage. Diesem CHÁVEZ ist alles zuzutrauen. Ist er Faschist? Ist er Kommunist? Wird er sich mit dem Erzfeind der USA Fidel CASTRO verständigen? Nicht auszudenken, wenn das Beispiel Venezuelas in Lateinamerika, dem Hinterhof der USA, Schule macht! Amerika reagiert sehr schnell: Anfang 2002 wird Charles SCHAPIRO zum US-Botschafter in Venezuela ernannt. Er ist Spezialist für die Lösung schwieriger Probleme in Lateinamerika. 1973 war er Militärattaché in Chile, als Präsident Salvador ALLENDE gestürzt wurde, fünf Jahre lang koordinierte er in Salvador den Kampf gegen ›Terroristen‹. George W. BUSH ernennt Otto REICH zum stellvertretenden Außenminister für Lateinamerika, der engste Kontakte zur venezolanischen Opposition pflegt. Von der amerikanischen Botschaft in Caracas schwärmen Agenten der CIA aus lassen Millionen Dollar springen. Vertreter der NED (National Endowment for Democracy), einer dem US-Kongreß unterstellten Tarn-Stiftung ›für Demokratie‹, erstellen einen Plan, um eine Gegenrevolution zu organisieren und zu finanzieren.

Am 10. April 2002 ist es soweit: Nach einer wochenlangen Propagandakampagne in den privaten Medien ist von Unternehmerseite aus und mit Beteiligung ehemaliger Führungskräfte der Ölgesellschaft PDVSA ein ›Generalstreik‹ ausgerufen worden. Die Demonstration der Putschisten bewegt sich in Richtung auf das Präsidentenpalais Miraflores, es kommt zu Schießereien. Um ein Blutbad zu verhindern, verläßt CHÁVEZ seinen Amtssitz, der vom Putschisten Pedro CARMONA, der im Solde der Amerikaner steht, besetzt wird. Die Privatmedien verbreiten die Falschmeldung, daß CHÁVEZ zurückgetreten sei, worauf CARMONA am 12. April den Amtseid leistet, die Verfassung außer Kraft setzt, das Parlament und den

Obersten Gerichtshof schließen läßt und die PDVSA wieder privatisiert. Als sich im Volk und beim Militär herumspricht, daß CHÁVEZ nicht zurückgetreten, sondern von den Putschisten eingesperrt worden ist, zieht am 13. April eine riesige Menschenmenge vor den Palast Miraflores und fordert die Freilassung des rechtmäßigen Präsidenten, der am nächsten Morgen sein Amt wieder antreten kann. Der amerikanischen Anwältin Eva GOLINGER ist es gelungen, in ihrem Buch *Code Chávez – CIA gegen Venezuela* (2006) nicht nur die Machenschaften der CIA, sondern auch die Namen der einbezogenen Agenten aufzudecken.

Westliche Lizenzmedien haben wahrheitswidrig behauptet, die Arbeiterschaft habe am 10. April gegen CHÁVEZ gestreikt. In Wirklichkeit hatten die Unternehmer durch die Schließung ihrer Betriebe eine Arbeitsniederlegung erzwungen. Die westliche Lizenzpresse stellt CHÁVEZ – im Auftrag Washingtons – auf eine Stufe mit Osama BIN LADEN. Sie bezeichnen ihn als ›Marxisten‹ oder, noch schlimmer: als ›Faschisten‹. Die westlichen Medien verschweigen, daß Venezuela seinen Erdöl-Lieferverpflichtungen an die USA stets pünktlich nachkommt. Sie verschweigen, daß ›Diktator‹ Hugo CHÁVEZ keinen einzigen der Privatsender, die laufend gegen ihn Lügengeschichten verbreiten, verboten hat. Sie verschweigen, daß er die in venezolanischem Besitz befindliche amerikanische Tankstellenkette CITGO angewiesen hat, die frierende und darbende Bevölkerung von amerikanischen Großstadt-Slums in den Wintermonaten mit kostenlosem oder verbilligtem Heizöl zu versorgen, während keine einzige zum Ölkartell gehörige US-Ölgesellschaft den Preis ihres Heizöls auch nur um einen Cent pro Gallone herabgesetzt hat.

Hugo CHÁVEZ und seine Partei PSUV (Partido Socialista Unido de Venezuela) hatten einen Sieg errungen, doch er wußte, daß ihn die Amerikaner nun um so unerbittlicher bekämpfen würden und ihm deshalb ein militärischer Überfall drohte. Schließlich hatte sogar der bekannte US-Fernsehprediger Pat ROBERTSON die CIA öffentlich dazu aufgefordert, ihn zu liquidieren. 2005 gründete CHÁVEZ die ›Alternativa Bolivariana de las Américas‹ (ALBA) und bezog sich dabei erneut auf den Namensgeber Simón BOLÍVAR, den bedeutendsten Freiheitskämpfer Lateinamerikas.

Jetzt, wo die Milliarden aus dem Ölexport im Lande blieben und nicht auf den Konten des Ölkartells in Texas oder Kalifornien landeten, konnte CHÁVEZ aufrüsten: In Rußland bestellte er 50 moderne

Kampfflugzeuge vom Typ ›Mig 29‹ SMT, bewaffnet mit je zwei Tonnen schweren Marschflugkörpern, die - laut Berichten amerikanischer Medien - »jeden Öltanker oder Flugzeugträger im Golf von Mexiko wegpusten können«. Für Einsätze im Tiefflug über der Karibik sind sie mit tiefblauem Tarnanstrich versehen worden. Die Einschulung der venezolanischen Piloten auf russisches Gerät stellen die Kubaner sicher, die zu diesem Zweck von CHÁVEZ fünf Maschinen deselben Typs erhielten. Als Präsident PUTIN nachfragte, wieviel Kredit er denn benötige, antwortete CHÁVEZ: »Ich zahle bar, Amigo!«

Aber was sind schon 50 Kampfflugzeuge gegen die Weltmacht USA mit ihrem Arsenal an Kernwaffen, Bomben und Raketen, Flugzeugträgern und ›Security Services‹? Das kleine Venezuela mit seinen 27 Millionen Einwohnern brauchte dringend Alliierte gegen die 300 Millionen Nordamerikaner. Aber woher nehmen?

Und tatsächlich geschieht in Lateinamerika ein weiteres Wunder, als es 2005 einem Nachahmer von Hugo CHÁVEZ gelingt, in Bolivien, dem ärmsten Land Südamerikas, eine nationale Revolution zu entfachen. Sein Name ist Evo MORALES.

Nachdem Bolivien unter der Führung von Simón BOLÍVAR 1825 seine Unabhängigkeit von Spanien erkämpft hatte, wurde das Land - wie die meisten anderen lateinamerikanischen Republiken auch - abwechselnd von Vertretern alteingesessener, kreolischer Großgrundbesitzer und der Offizierskaste regiert. Etwa einhundert dieser Oligarchen kontrollieren noch heute die Wirtschaft, die Industrie, die Banken, die Medien, daher auch die Politik, und besitzen 25 Millionen Hektar Land, während zwei Millionen Campesinos auf 5 Millionen Hektar zusammengedrängt leben müssen. 55 Prozent der insgesamt neun Millionen Einwohner sind Indios, die Quetschua, Aymará oder andere indianische Dialekte sprechen. 30 Prozent sind Mestizen, 0,5 Prozent Schwarze und knapp 15 Prozent ›creollos‹, Nachfahren spanischer Siedler oder späterer Zuwanderer aus Europa. Entlang der Ostgrenze Boliviens bilden die an Bodenschätzen reichen Departamientos (Provinzen) Pando, Beni, Santa Cruz und Tarija den ›media luna‹, den Halbmond, in dem Boliviens Reichtümer an Erdgas, Zinn, Gold, Wolfram und Silber lagern.

Auf Grund des 2003 vom Internationalen Währungsfonds geforderten und von Amerika-hörigen Oligarchen geförderten Ausverkaufs der bolivianischen Erdgasindustrie an die USA kommt es zu einem landesweiten Volksaufstand, wächst der Widerstand gegen die USA und ihre Vasallen in den reichen Ostprovinzen. In der Folge erringt im Dezember 2005 die sozialrevolutionäre Bewegung MAS (Movimiento al Socialismo) einen überwältigenden Wahlsieg gegen die bisher regierende Partei der weißen Minderheit ›Podemos‹ (›Wir schaffen es!‹). Während sich der abgewählte Präsident LOSADA in die USA absetzt, gelangt mit Evo MORALES, dem Parteichef des MAS, erstmals ein Indianer an die Spitze des bolivianischen Staates. Als Zeichen des Bekenntnisses zur zweitausendjährigen Kultur und Tradition seines Volkes und des Aufbruchs in eine neue Zeit feiert Evo MORALES bei den Tempelruinen von Tiahuanaco mit seinen Anhängern und angereisten Vertretern von Indianerstämmen aus vielen Ländern Südamerikas seine Amtseinführung nach altem Aymará-Ritus.

Dem Beispiel Hugo CHÁVEZ in Venezuela nacheifernd, geht MORALES in Bolivien sofort daran, die Erdgasindustrie zu verstaatlichen, und schließt mit den wichtigsten Abnehmern, Brasilien und Argentinien, langfristige Lieferverträge ab. Zwar werden die amerikanischen Investoren großzügig abgefertigt, doch denken weder das internationale Energiekartell noch die Verleiher an der Wall Street im Traum daran, auf ihre politischen und wirtschaftlichen Vorrechte in Bolivien zu verzichten. Mit tatkräftiger und dollarschwerer Unterstützung von CIA, USAID, DEA (Drug Enforcement Administration, Amerikas Drogenbehörde, die beim Drogenhandel fleißig mitmischt), sogenannter amerikanischer ›Diplomaten‹ und Spezialisten für Umstürze und ›dirty tricks‹ der Marke Philip GOLDBERG, der seine Sporen als US-Botschafter im Kosovo verdiente, James FOLEY, John NEGROPONTE, stellvertretender Außenminister, der im Auftrag des Pentagon und neokonservativer Kriegstreiber schon beste Referenzen als Sonderbotschafter in Honduras, El Salvador und im Irak einheimsen konnte, finanzieren sie Oppositionsparteien in abspaltungswilligen Provinzen.

Doch wie sein Vorbild in Venezuela, hält sich auch MORALES an demokratische Spielregeln, behindert weder die aggressive Propaganda seiner Gegner, die mittels der von ihr beherrschten Presse die Ängste der ärmeren Weißen schüren, er wolle eine Bodenreform einführen und sie zugunsten der indianischen Mehrheit enteignen. Weil Evo MORALES verkündet, die Bodenschätze des Landes gehörten allen Bolivianern, findet in den vier rohstoffreichen Departamientos des ›Media luna‹ (Halbmondes) der Ruf nach Autonomie immer mehr Gehör. Immer häufiger kommt es hier zu Überfällen von der Opposition finanzierter Schlägerbanden und von Weißen aus ärmeren Schichten auf wehrlose Indios, die von den Medien als ›mierda de macacos‹ (Affendreck) bezeichnet werden. Sie trauen sich schon nicht mehr, ihre Elendsviertel zu verlassen, um in den Städten des ›Media luna‹ Arbeit zu suchen oder zu betteln. Hier aufgegriffene Indios werden verprügelt, davongejagt oder zu Zwangsarbeiten eingezogen. Die ansässigen Weißen leugnen diese Vorwürfe und klagen ihrerseits über zunehmenden Haß und Neid der ›Indígenas‹ (Eingeborenen) auf ihre Privilegien.

Anfang Dezember 2008 fand in Bolivien eine Volksabstimmung über die von Evo Morales geplante Einführung einer Bodenreform sowie einer Kranken- und Altersversicherung statt. Die Bevölkerungsmehrheit hat für ihn gestimmt, gegen ihn jedoch die Mehrheit der Einwohner der vier privilegierten Provinzen, denen die USA, im Falle ihres »No« ein goldenes Zeitalter versprochen haben.

Seit Jahren werden unter der Anleitung amerikanischer Spezialagenten für ›under cover‹ und ›false flag operations‹ (verdeckte und unter falscher Flagge begangene Anschläge) die Söldner der oppositionellen und sezessionswilligen Provinzen Boliviens im fernen Süden der Provinz Tarija in Guerillataktik geschult. Anfang September 2008 sprengen sie die Erdgasleitung nach Brasilien. Als Vergeltung werden von Präsident Morales der US-Botschafter Philipp Goldberg, von Präsident Chávez der US-Botschafter Patrick Duddy und ein Jahr später – auf Grund der Massaker im Gasa-Streifen – der israelische Botschafter Shlomo Cohen des Landes verwiesen. War es den Amerikanern bisher immer gelungen, ihre militärischen oder geheimdienstlichen Interventionen in Lateinamerika durchzuführen, ohne daß diese Länder oder gar der UNO-Sicherheitsrat protestierten, so werden sie heute mit der Tatsache konfrontiert, daß sich die Mittel- und Südamerikaner von Uncle Sam erstens nichts mehr gefallen lassen, zweitens gegen ihn eine gemeinsame Front beziehen. Unterstützt vom brasilianischen Präsidenten Inácio Lula da Silva und Argentiniens Präsidentin Cristina Kirchner, verkündete Mitte September 2008 der Präsident von Ecuador, Rafael Correa, die Völker Südamerikas würden einer von den USA betriebenen Kosovarisierung ihrer Länder durch Abspaltung rohstoffreicher oder strategisch wichtiger Provinzen nicht tatenlos zusehen – ein zweites ›Panama‹ dürfe sich nie mehr ereignen!

Worauf bezog sich Correa? Jeder Südamerikaner weiß, daß die heutige Republik Panama bis 1811 Teil des spanischen Kolonialreiches und danach eine Provinz Kolumbiens war. »Mit Unterstützung der USA«, so ist in zeitgeistgerechten und politisch korrekten Märchenbüchern zu lesen, »spaltete sich Panama von Kolumbien ab und sein Präsident übertrug 1903 den Amerikanern eine vom Pazifik zum Atlantik reichende Zone, durch die sie den Panama-Kanal bauten.« Daß in dieser ›Zone‹ panamesische Guerilleros noch jahrzehntelang gegen ihre amerikanischen ›Befreier‹ kämpften, wird in den zartrosa und veilchenblau gefärbten Heiligenlegenden ›made in the USA‹ freilich verschwiegen.

9.4 Die unaufhaltsame Emanzipation der indigenen Völker Lateinamerikas

Von gleichgeschalteten westlichen Lizenzmedien, die keine Gelegenheit auslassen, Rußland, China, dem Iran und anderen ›Schurkenstaaten‹ kriegerische Absichten zu unterstellen, werden wir natürlich nicht davon unterrichtet, daß die USA sowohl in Ecuador, Salvador, Kolumbien, als auch vor der venezolanischen Küste auf den Inseln Aruba und Curacao Luftwaffen- und Militärstützpunkte – FOL (Forward Operation Locations) genannt – errichtet haben, von denen aus sie, nach offizieller Lesart, Drogenbanden bekämpfen, in Wirklichkeit jedoch ihre Vasallenstaaten beaufsichtigen, um – wenn nötig – von dort aus einzugreifen und zum Beispiel dafür zu sorgen, daß sich die venezolanische Ölprovinz Maracaíbo unter der Führung einiger bestochener Oligarchen ›balkanisiert‹, von Venezuela abspaltet und seine ›Unabhängigkeit‹ erklärt. Seitdem Kolumbien 2008 den USA sieben Militärstützpunkte abgetreten hat, darf sich sein Präsident Alvaro Uribe über jährliche Subsidien von 5 Milliarden Dollar freuen; die dritthöchste Summe nach Israel und Ägypten. Mit Amtsantritt von Präsident Juan Manuel Santos Mitte 2010 scheint sich auch Kolumbien von den USA zu distanzieren: Santos und Chávez trafen sich an der kolumbianisch-venezolanischen Grenze, umarmten und küßten sich mit heftigem ›abrazo‹ wie alte Freunde.

Um die Emanzipation Venezuelas von der amerikanischen Gängelung zu unterstreichen, besucht Hugo Chávez regelmäßig seine Amtskollegen in Moskau, Peking, Teheran und ist dort ein stets willkommener Gast, was ihm seitens der USA den Titel ›Terrorist‹,

Venezuela das Epitheton ›Schurkenstaat‹ eingebracht hat. Vor der UNO-Generalversammlung in New York schreckte er nicht davor zurück, Präsident BUSH mit dem Teufel zu vergleichen. Auch das hat ihm weltweit Pluspunkte gebracht.

Angesichts der dahinschwindenden Kontrolle über ihren südamerikanischen Hinterhof sind die USA in den letzten Jahren dazu übergangen, ihre militärische Präsenz zu verstärken. Im Februar 2008 reaktivierten sie ihre 4. Flotte und entsandten sie in die Karibik zu den Manövern ›Enduring Freedom‹ (schon mal gehört?), um verschiedene Variationen von Präventivschlägen und Einsätzen gegen ›Terroristen‹ der Marke CHÁVEZ und MORALES durchzuspielen. Doch auch diese militärischen Drohgebärden verfehlten ihren Zweck, als die USA zur Kenntnis nehmen mußten, daß sich ihren Globalisierungsplänen nicht nur die sozialrevolutionären ›Schurkenstaaten‹ Venezuela und Bolivien, die Alt-Revoluzzer in Kuba, der Nationalist CORREA in Ecuador, sondern erstmals auch die Amigos aus dem sozialistisch-nationalen Lager, der Präsident Argentiniens, der gerade erst im August 2008 zum Präsidenten Paraguays gekürte Arbeiterbischof Fernando LUGO und der brasilianische Präsident entgegenstellten, dessen Land sich unter seiner Führung zu einem der fünf führenden Industriestaaten entwickelt hat.

Völlig unerwartet sehen sich die USA mit der neuen Lage konfrontiert, daß die südamerikanischen ›Rebellen‹ keineswegs auf sich allein gestellt sind, denn seit Sommer 2008 patrouillieren russische Bomber vom Typ ›Tu-160‹, russische Kreuzer und Zerstörer in der Karibik. Sie werden sich an deren Anblick freilich gewöhnen müssen und auch daran, daß in Moskau kein beflissener Boris JELZIN mehr am Steuer sitzt, sondern verantwortungsbewußte Staatsmänner. Sie werden sich auch daran gewöhnen müssen, von den Chinesen vor ihrer eigenen Haustür herausgefordert zu werden. Peking hat auf Kuba eine von den Russen stillgelegte Ölraffinerie in Betrieb genommen, die jetzt venezolanisches Erdöl teils für den kubanischen Bedarf, teils für den Export nach China verarbeitet. Mit Fidel CASTRO haben die Chinesen einen Vertrag zur Erschließung der Öl- und Gaslagerstätten in der Floridastraße unterzeichnet. In Sichtweite von Key West (Florida) werden sie demnächst mit Probebohrungen nach den auf fünf bis neun Milliarden Barrels geschätzten Ölreserven beginnen.

Auf Grund dieser Entwicklungen kommen das in Lateinamerika seit einigen Jahren zu beobachtende Nachlassen des Interesses am

Studium der englischen und die Hinwendung zur russischen Sprache keineswegs überraschend. Waren Tausende Russischlehrer auf Kuba nach der Implosion des Sowjetimperiums arbeitslos geworden, ist auf der Insel jetzt kein einziger von ihnen mehr aufzutreiben: Russisch hat in der Region jetzt Hochkonjunktur.

Und wie verhält sich EU-Europa zu diesen Ereignissen? Neutral die Südeuropäer, aufmerksam beobachtend die Franzosen, in gewohnter amerikanischer Vasallentreue die Deutschen. Anläßlich ihrer Lateinamerikareise besuchte Angela MERKEL 2008 brav und folgsam ausschließlich die Amerika-freundlichen Länder Mexiko, Peru und Kolumbien. Hier ›arbeiten‹ aus Steuergeldern finanzierte sogenannte ›Friedens‹-Stiftungen im Auftrag der deutschen Transatlantiker, nämlich die regierungskonforme CDU-nahe Konrad Adenauer-Stiftung, die SDP-nahe Friedrich Ebert-Stiftung, die FDP-nahe Friedrich Naumann-Stiftung, die linke Rosa Luxemburg-Stiftung und die CSU-nahe Hanns Seidel-Stiftung. Letztere verursachte im Februar 2008 einen politischen Skandal, als ruchbar wurde, daß sie in El Salvador den Wahlkampf der pro-amerikanischen Rechtspartei ARENA gegen die nationale Befreiungsfront FMNL finanziell unterstützt hatte. Noch vor Beginn der Ende Mai 2008 in Lima stattfindenden lateinamerikanischen Gipfelkonferenz lud die Konrad Adenauer-Stiftung hochrangige deutsche und amerikanische Politfunktionäre nach Brüssel ein. Unter ihnen kubanische und andere lateinamerikanische Oppositionelle, den mit der ›Befreiung‹ Kubas und der anschließenden ›Desocialisación‹ beauftragten US-Politiker Caleb MCCARRY sowie den ehemaligen Coca Cola-Direktor und Präsidenten von Mexiko Vicente FOX. Ziel der Konferenz war es – von deutschen ›Stiftungen‹ großzügig mitfinanziert –, eine gemeinsame Strategie zur Eindämmung der von Hugo CHÁVEZ und Evo MORALES losgetretenen nationalen und sozialen Revolutionen in Lateinamerika auszuarbeiten.

Am 26. September 2010 fanden in Venezuela Wahlen statt: PSUV, die Partei des Hugo CHÁVEZ erhielt zwar über fünfzig Prozent der Stimmen, verpaßte aber knapp die Zweidrittelmehrheit. Am 3. Oktober wählte Brasilien: Dilma ROUSSEFF, Nachfolgerin des beliebten Inácio Lula DA SILVA, der kein drittes Mal kandidieren durfte, und neue Chefin des PT (Partei der Arbeit), gewann die erste Wahlrunde.

Was vor wenigen Jahren noch unmöglich schien, ist jetzt Wirklichkeit geworden: Die lateinamerikanischen Völker sind auf dem besten Wege, sich von der zweihundert Jahre andauernden Gängelung und Ausbeutung durch die ›Gringos‹ Nordamerikas zu befreien. Am 3. November 2007 eröffnete in Caracas die ›Bank des Südens‹ (Banco del Sur). Sie stellt eine Herausforderung, ja eine Kriegserklärung an die von den USA kontrollierte Weltbank und den Internationalen Währungsfonds (IWF) dar. Sie ist mit einem Startkapital von sieben Milliarden Dollar ausgestattet, das innerhalb des ersten Jahres um weitere fünfzig Milliarden erhöht wurde. Joseph STIGLITZ, Nobelpreisträger für Ökonomie, beurteilt diese Bank wie folgt:

> »Sie stellt für die Völker dieser Region endlich eine gerechte Alternative zur Weltbank und zum IWF dar, die als Werkzeuge der amerikanischen Außenpolitik und amerikanischer Konzerne angesehen werden müssen. Schließlich ist das US-Treasury (Schatzamt) der größte Aktionär des IWF!«

Der Bank des Südens haben sich neben Venezuela die Staaten Brasilien, Argentinien, Bolivien, Paraguay, Ecuador und Uruguay angeschlossen. Peru und Mexiko sollen demnächst folgen.

> »Die Bank des Südens«, so der venezolanische Finanzminister Rodrigo CABEZAS, »wird den Mitgliedstaaten zinsgünstige Kredite einräumen, ohne ihnen politische Bedingungen zu diktieren, ohne auf sozial unverträgliche Auflagen zu bestehen, wie sie beim IWF üblich sind.«

Die Bank des Südens wird nicht nur Wirtschaftsabkommen und Infrastrukturprojekte, sondern auch Export- und Importgeschäfte der Mitgliedsländer in Landeswährung, in Euro, in Dollar oder im Rahmen von Gütertauschgeschäften vorfinanzieren und absichern. Die Regierungen einiger Mitgliedsstaaten wollen den ›Banco del Sur‹ auf Südamerika beschränken, um die USA nicht zu sehr herauszufordern. Andere fordern die Ausweitung der Bank auf alle Länder Lateinamerikas, einige die Öffnung ihres revolutionären Finanzierungskonzepts auch auf die Staaten Asiens, Afrikas und sogar der EU.

Einen peinlichen Fußtritt in den Allerwertesten mußten die USA und Kanada einstecken, als am 23. Februar 2010 erstmals alle 33 Staatsoberhäupter der lateinamerikanischen und karibischen Staaten – ohne nordamerikanische Beteiligung – zusammenkamen, um CELAC zu gründen: die ›Comunidad de los Estados Latino-americanos y Caraibes‹ (Gemeinschaft der lateinamerikanischen und karibischen Staaten). Dies versetzte gleichzeitig der 1948 von den USA gegründeten und beherrschten OAS (Organization of American States) den Todesstoß. Sogar die von den USA stark abhängigen Präsidenten Mexikos, Kolumbiens und Panamas waren bei der Konferenz in Cancún erschienen. Dem von den USA in Honduras eingesetzten Usurpator Roberto MICHELETTI war die Einreise verweigert worden. Den beiden nordamerikanischen Gringo-Staaten wird die CELAC auch fürderhin verschlossen bleiben.

9.5 Das Angebot des Hugo Chávez an die Völker Europas

Zum Abschluß der österreichischen EU-Präsidentschaft fanden in Wien Ende Juni 2006 die Gipfelkonferenz der G8-Staaten und die Konferenz der europäisch-lateinamerikanisch-karibischen Länder (EU-LAC) statt. Bei letzterer, die der Autor besuchen durfte, waren alle EU-Mitglieder und lateinamerikanischen Staaten hochrangig, die Weltmedien überaus zahlreich vertreten. Präsident Hugo CHÁVEZ führte aus:

> »Die Amerikaner behaupten, da gehe der Imperialist Hugo CHÁVEZ herum, würde ausländische Unternehmen enteignen, Monopole schaffen, um andere Staaten zu dominieren. Wie lächerlich! Wir betreiben eine Politik der Anerkennung souveräner Staaten und der besonderen Interessen anderer Völker und bieten allen Staaten die Möglichkeit zu einer echten Zusammenarbeit auf der Grundlage von Solidarität, gegenseitigem Austausch, Respekt vor internationalen Konventionen und Gesetzen, ganz im Gegensatz zu den USA, die in der gesamten Welt als imperiale Macht auftreten. Dort befindet sich das Imperium, und nicht in Venezuela! Wir bekämpfen die Monopole, wir bekämpfen den Imperialismus! Wir wollen das Erdöl nicht monopolisieren. Wir planen nur, die Reserven Südamerikas genau so zu integrieren, wie es die Europäer anfangs mit ihrer Kohle und ihrem Stahl getan haben. Wir wollen in diese Wirtschaftsgemeinschaft sowohl unsere ungeheuren Reserven von 150 000 Milliarden Kubikmeter Erdgas einbringen als auch unsere 300 Milliarden Barrels Erdöl. Nicht, damit eine kleine Elite von Globalisierern davon profitiert, sondern dieser Reichtum allen Völkern der Erde zugute kommt. Gemeinsam mit dem brasilianischen, dem argentinischen und dem bolivianischen Präsidenten planen wir die gewaltige 8000 Kilometer lange Gasleitung ›Gasoduct‹, die von der Karibik bis

Hugo CHAVEZ – die Hoffnung der Lateinamerikaner.

Patagonien alle Länder Südamerikas mit sauberem und billigem Erdgas versorgen wird. Wir laden europäische Unternehmen ein, sich an diesem Jahrhundertprojekt zu beteiligen, das der Entwicklung Südamerikas dienen und die Armut seiner Völker beseitigen wird.«

Im Anschluß an diese Rede wurden einige Kooperationsmodelle und weitere Projekte besprochen, an denen sich Europa zum Auf- und Ausbau der Infrastruktur Südamerikas beteiligen könnte. CHÁVEZ wandte sich direkt an die deutschen und französischen Delegierten im Saal und sagte sinngemäß:

»Ich sehe hier den Weltmeister im Autobahnbau; ich sehe hier die Vertreter beider Länder, die gemeinsam den Airbus bauen, die den TGV, die den ICE bauen. Wir werden viele Tausende Kilometer Autobahnen, viele Tausende Kilometer Eisenbahnstrecken bauen, vom Pazifik zum Atlantik, von der Karibik nach Feuerland. Wir werden Tausende Kilometer Kanäle bauen, um das Amazonasbecken mit dem Paraná zu verbinden. Wir brauchen Tausende Airbusse, Tausende TGV- und ICE-Lokomotiven. Schickt uns eure besten Ingenieure, Techniker, Fachleute; bilden wir Projektgruppen, arbeiten wir gemeinsame Zehn-, Zwanzig-, ja Vierzigjahrespläne aus! Wir werden Stahlwerke, Kraftwerke, Häfen bauen, auf daß unseren Völkern jene Grundlagen geboten werden, die – nach zwei Jahrhunderten Unterdrückung – zur Erhöhung ihres Lebensstandards nötig sind. [Tosender Applaus!] Die Modernisierung Lateinamerikas ist ein gigantisches Projekt, das Euch Europäer auf hundert Jahre hinaus von der Geißel der Arbeitslosigkeit und von euren Schulden befreien wird!« [Jubelrufe von der Presse-Tribüne, die europäischen Delegierten im Parterre springen auf und rufen »Viva CHÁVEZ«!]

Ein italienischer Journalist wagt die Frage: »Wieviel Kredite werden Sie benötigen?« – CHÁVEZ: »Was? Kredite? Gar keine Kredite! Das einzige, was wir haben, ist Geld! Wir können bar, in Euro, in Dollar oder in Landeswährung zahlen. Am günstigsten für beide Seiten wäre aber der Weg des Warentausches, und zwar zinsfrei und an den Börsen vorbei. Schließen wir doch langfristige Warentauschverträge: Ihr bekommt von uns zu Sonderpreisen Rohstoffe, Erdöl, Erdgas, Kaffee, Rindfleisch, und wir bekommen von Euch zu Sonderpreisen Ingenieurleistungen, Maschinen, Lokomotiven und Flugzeuge. Jedes Jahr können die Verträge, den Umständen und Marktgegebenheiten entsprechend, adjustiert werden. Schickt uns Eure besten Techniker und Konstrukteure. Worauf warten wir noch? Beginnen wir doch gleich morgen! [Minutenlanger Applaus, »Olé« und »Viva CHÁVEZ!«]

Der Autor gesteht, daß nicht nur er, sondern die meisten der Anwesenden von der vierstündigen (!) freien Rede des Präsidenten CHÁVEZ tief ergriffen waren. Am nächsten Morgen kaufte er vier oder fünf österreichische Tageszeitungen, blätterte darin, fand aber keinen einzigen Hinweis auf CHÁVEZ' Rede vom Vortag. Im Internet suchte er nach Kommentaren in deutschen Zeitungen, waren doch am Vorabend die Schilder von dpa, ZDF, ARD, *Süddeutsche, Spiegel, FAZ, Welt* usw. deutlich zu erkennen gewesen. Doch auch in Deutschland wurden die Ausführungen des venezolanischen Präsidenten totgeschwiegen. Tags darauf sprach CHÁVEZ in London bei der jährlichen ›Commonwealth Conference‹ und soll dort ähnliche Vorschläge unterbreitet haben. Doch auch in England funktionierte die Zensur perfekt: Nur in *The Guardian* las der Autor den sarkastischen Hinweis, »was sich denn dieser dahergelaufene Halbindianer CHÁVEZ erlaube, dem Britischen Commonwealth eine neue Weltwirtschaftsordnung vorzuschlagen«.

Der Botschafter der ›República Bolivariana de Venezuela‹ in Wien war untröstlich, hatte er doch – genau wie der Autor – die Rede seines Präsidenten verfolgt. Er versuchte bei österreichischen Ministerien herauszubekommen, warum man diese totschwieg, wurde aber fein diplomatisch vertröstet. Der Autor erfuhr von dem ihm gut bekannten Chef der Wirtschaftsredaktion einer Wiener Tageszeitung, »wir arbeiten noch an dem Beitrag, müssen ihn aber mit ›anderen‹ abstimmen. . .«

Es war also ›höheren Ortes‹ dafür gesorgt worden, daß die Rede des Präsidenten Hugo CHÁVEZ amtlich gar nicht gehalten worden ist. Von der venezolanischen Botschaft weiß der Autor, daß kein einziger hochrangiger Minister eines EU-Mitgliedsstaates nach Caracas geflogen ist, um zumindest Klarheit darüber zu erhalten, ob die Vorschläge des Präsidenten ernstgemeint, ob die Planungen existieren und ob die Projekte tatsächlich finanzierbar seien. Im November 2006 wurde in Venezuela mit dem Bau eines gewaltigen Stahlwerks begonnen. Wer wird dieses bauen? Die Inder, nach deutschen Plänen. Ende 2008 wurde die erste Teilstrecke einer transkontinentalen Bahnverbindung von Venezuela nach Brasilien eröffnet. Wer baut sie? Richtig! Die Chinesen, nach deutschen Plänen. Wann endlich erwachen auch wir Europäer, emanzipieren uns von der Cocacolonisierung unserer Politik, Wirtschaft, Kultur und jagen unverantwortliche Politiker dorthin, wo der Cayenne-Pfeffer wächst?

Sind wir, die an Freiheitshelden so reichen Europäer, denn schon so faul, fett und feige geworden, daß sich in unseren Breiten keiner mehr findet, der sich an Hugo und Evo ein Beispiel nimmt, wie man sich selbst befreit, den ungebetenen Lotsen wieder zum Fallreep geleitet, das Ruder in die eigenen Hände nimmt und einen selbst gewählten Kurs fährt?

Jedes europäische Kulturvolk hat im Laufe seiner Geschichte mehrmals bewiesen, daß es unter der Führung entschlossener Fürsten, Bürger oder Soldaten in der Lage war, sich von seinen Fesseln zu befreien. Solange die ethnische Homogenität eines Volkes nicht grundlegend verändert worden ist, können die Umerzogenen wieder um-umerzogen werden. Kein Wunder, daß die Globalisierer fleißig daran arbeiten, in EU-Europa ethnisch unumkehrbare Verhältnisse herbeizuführen. Keine Frage, daß auch Deutschland, Österreich und die Schweiz in der Läge wären, sich aus dem Würgegriff der Globalisierung zu befreien, wenn nur einige dem eigenen Volk verpflichtete Politiker den Mut und Willen fänden, es zu wollen.

Die Globalisierung ist zwar zum Scheitern verurteilt, doch wird ihr Todeskampf noch lange dauern, gewaltige Umwälzungen verursachen, Not und Leid nach sich ziehen. An uns liegt es, ob wir als glückliche Sklaven und Kanonenfutter der Globalisierer an unserer Selbstauslöschung mitwirken oder – wie es die Lateinamerikaner gerade vormachen – aktiv dazu beitragen, daß dieser Kelch an uns vorübergeht.

Nachwort

Es verhält sich ja in Masochistan nicht so, daß die herrschenden Polit-Bonzinnen und -Bonzen nur blutenden Herzens und unter Gewissensqualen den Befehlen fremder Herren zum Nachteil ihrer Völker nachkommen, sondern so, daß sie selbst aus tiefster Überzeugung ihr Land und Volk der Globalisierung ausliefern und ihre fremden Auftraggeber drängen, noch unnachsichtiger, noch radikaler vorzugehen.

Die Globalisierer haben uns, den souveränen Völkern, den Totalen Krieg erklärt. Sie haben ihre militärischen und weltanschaulichen Frontstellungen bezogen und uns – Thomas BARNETT sei Dank – ihre strategischen Pläne verraten. Wer hören kann und lesen, wird diese Dokumente sehr ernst nehmen. Wer nicht versteht oder nicht verstehen will, um welche ungeheure Bedrohung es hier geht, dem ist nicht zu helfen. Ein altes arabisches Sprichwort könnte auf viele Mitbürger und Zeitgenossen gemünzt sein. Es lautet: »Man kann Kamele zwar zum Brunnen führen, man kann sie aber nicht zwingen zu trinken.«

Wie verhalten sich Völker und Regierungen, die noch Ehrgefühl besitzen, angesichts einer Kriegserklärung? Worauf warten denn ›unsere‹ verantwortlichen Politiker, um sich aus dem Würgegriff der Globalisierungsheuschrecken zu befreien? Seit Urzeiten war es die Aufgabe politischer Führer, die Interessen ihrer Völker wahrzunehmen und Schaden von ihnen fernzuhalten. Sie mußten darauf keinen Eid leisten, denn die Erfüllung dieser Pflicht war ihnen heilig und selbstverständlich eine Ehrensache. Wäre es deshalb nicht ebenso selbstverständlich, daß sich die heutigen Polit-›Eliten‹ gegen die Abschaffung ihrer Völker zur Wehr setzen? Doch es scheint, daß eher ein Kamel auf das Minarett hinaufklettert, als daß unsere Volksvertreter sich auf ihre Pflicht und Verantwortung besinnen.

Doch *wir* sind das Volk, also haben wir nicht nur das Recht, sondern auch die verdammte Pflicht und Schuldigkeit, uns eine politische Führung zu erwählen, die weder Erfüllungsgehilfin fremder Lobbies noch Handlangerin utopischer Einheitsweltbeglückungstheoretiker ist, sondern allein ihrem Souverän, dem Volk, das sie erwählt hat, verpflichtet ist. Vielleicht, aber nur vielleicht, lassen sich in unserer sittlich und geistig verödeten Welt noch einige Männer und Frauen finden, in denen noch Spurenele-mente alt hergebrachter Wertbegriffe brennen, die sich freudig zu Wahrheit, Ehre, Treue, Verantwortung, Opfermut und Sittlichkeit bekennen und fest in ihrem Glauben sind, daß Gott, der Herr, sie auf ihrem schweren Weg begleiten wird. Solchen Vorbildern wollten wir - und vor allem unsere Jugend - gern folgen.

Sie würden als erstes zum Grundsatz zurückfinden, daß Gemeinnutz stets vor Eigennutz geht; zweitens sich danach richten, daß als einziger Maßstab für erfolgreiches politisches Handeln und wirtschaftliches Treiben nicht der Profit des Einzelnen zu gelten hat, sondern ausschließlich das Wohl und der Nutzen des Volkes. Sie würden drittens mit dem Aberglauben aufzuräumen wissen, daß nur ungebremstes Wirtschaftswachstum, das zwangsläufig zu progressiv anwachsender Zins- und Zinseszinsverschuldung der Völker in alle Ewigkeit führt, ein segensreiches Wirtschaften bedeutet, sondern zum gesunden Volkswirtschaften zurückfinden, um Arbeitsplätze und Produktion vorrangig im Inland zu gewährleisten. In enger Zusammenarbeit mit gleichgesinnten, freien Nationen würden sie schließlich dafür sorgen, daß der profitorientierten Rohstoff- und Menschenwegwerfgesellschaft Einhalt geboten wird zugunsten eines sozial ausgewogenen und entschleunigten Wirtschaftens, das mit unseren Naturreserven sparsam umgeht.

Allein solchen Vorbildern würde das Recht zustehen, nach getaner Arbeit die Worte zu wiederholen, die Kaiser Augustus 14 n.Chr. auf dem Totenbett sprach:

»Plaudite amici, bene egi acta vitae.« (»Zollt mir Beifall, Freunde, denn wohl habe ich meine Pflichten erfüllt.«)

Personenverzeichnis

Abbas, Machmud 434, 443, 448
Abernathy, Virginia 159
Ablitas, Esmel de 195
Abraham a Santa Clara 53
Acheson, Dean 171
Ackermann, Josef 41, 105, 182, 203, 208
Aden,. Menno 92
Alfons XI. 194
Allende, Salvador 459
Alogoskoufis 220
Altvater, Elmar 118
Alvarez, Scott 175
Ammianus Marcellinus 194
Angelides, Phil 177
Annas, Max 386
Antonescu, Ion 284
Applegarth, Adam 182
Aristoteles 61, 330
Arlt, Erwijn 254
Arlt Erwin 293
Arminius 52
Arroyo, Gloria 384
Ashley, Catherine 214
Ashton, Catherine 102 f., 432
Asmus, Ron 353 f.
Attlee, Clement 72
Augstein, Rudolf, 72, 271
Augustus (Kaiser) 334, 474
Aviano, Marco d' 53
Bader, Erwin 92
Bainville, Jacques 194
Bánáti, Diána 393
Bandion-Ortner 91
Bandulet, Bruno 211
Barber, Benjamin 411
Barnett, Thomas 13, 15 f., 18, 20 f., 34, 36, 38, 39, 41, 43, 44, 45, 89, 300, 308, 438
Barofsky, Neil 178
Barroso, José Manuel 56, 102 f., 105, 214, 432
Barrot, Jacques 291
Barton, Joe 427
Bartoszewski 270
Bartsch, Bernhard 66
Baruch, Bernard 123
Bassevi von Treuenberg 198
Bastian, Uwe 249
Baucus, Max 161, 428
Beatrix von Holland 105
Beatrix von den Niederlanden 204
Beauvoir, Simone de 336
Bebel, August 337
Becker, Jörg 405
Beethoven, Ludwig van 400
Benedikt XVI. 80
Benesch, Eduard 215, 259 ff.
Berger, Roland 208
Bergler, E. 333
Bergmann, Ingrid 332
Berija, Lawrenti S. 115
Berlakovich, Niki 393
Berlusconi , Silvio 56, 215, 357, 450
Bernanke, Ben Shalom 41, 157, 166, 172, 175 f., 182, 233
Bernhard von Clairvaux 53
Biden, Joe 417
Bildt, Carl 105, 204
Bischoff, Mandred 203
Blair, Tony 56, 215, 291
Blankfein, Loyd 177, 183, 187 f.
Blocher, Christoph 105
Blunt, Roy 427
Bock, Michael 337
Bodin, Jean 57
Boesky, Marianne 398
Boldrin, Michele 134
Bolívar, Simón 460 f.
Bonaparte, Napoléon 330
Bonde, Jens 94
Bora, Katharina von 257
Bornes, Gregor 386
Braman, Norman 190
Brandeis, Louis Demnitz 123
Brandt, Willy 272
Brasillach, Robert 115
Breemen, Henk van de 352
Broad, Eli 398
Brockdorff-Rantzau, U von 267
Bröker, M. 381
Bronner, Oskar 203
Brown , Ellen 132
Brown, Gordon 103, 1 182, 215 ff., 291, 357,
Brüning, Heinrich 267
Brzezinski, Zbiginiew
Buffett, Warren 182
Bulmahn, Edelgard 20
Bündchen, Gisela 135
Burdick 130
Busek, Erhard 203
Bush, George W. 17, 23, 28, 34 f., 45, 106, 145, 160, 182, 410, 4 416–419, 455, 459, 4
Butler, Judith 336
Buzek, Jerzy 102
Cabezas, Rodrigo 467
Cameron, David 215 f
Carmona, Pedro 459
Carter, Jimmy 32
Case, Steve 390
Caspart, Wolfgang 34
Cassano, Joseph 182,
Cassel, Doug 410
Cassirer, Paul 398
Cassius Dio 52
Castro, Fidel 284, 459,
Cavalleria Jahuda 195
Cayne, James 183
Cayne, Jimmy 182
Celente, Gerald 145
Cerfbeer, Herz 196
Chan, Margaret 321 f.
Chang, Matthias 445
Charles V. 195
Chávez, Hugo 413, 4 460, 462–466, 468–4
Cheney, Dick

f., 28, 34 f., 45,
0,419
ssudovsky, Michel 179
istiansen, Andres 189
istie, James 398
obog, Jürgen 203
rchill, Winston 271
ero, Marcus T. 194
fi, Ralph 182
k, Stephen 176
k, Wesley 438
udius 194, 239
usewitz, Carl von 446
nenceau, Georges 223,
5
nent, Wolfgang 208
ton, Bill 131,
5, 160, 182, 186
ton, Hillary 357
en, Abby 182
en, Shlomo 463
en, Steven 398
n, Gary 223
n-Bendit, Daniel 339,
3
nerotte 263
way, Edmund 231
idge, Calvin 38, 192
per, Gary 332, 410
et, Kathleen 182
les, Eckhard 203
ea, Rafael 463 ff.
ie, Rachel 445
igan, Gerald 203
denhove-Kalergi 300
tois, Stéphane 248
vshaw, Steve 182
eld, Martin van 436
nwell, Oliver 197
in, David 439
d 106
, Fleix 194
, John 379
on, Georges 59
ng, Alistair 276
gnon, Etienne 102
ene, Jean-Luc 263
gesta, A. 340
int, Jim 158
rdieu, Gérard 299
ey (US-Admiral) 413
Dimon, James 177
Dio Cassius 194
Diodoros 194
Disraeli, Benjamin 197
Dodd, Chris 131, 166, 177, 182
Dossi, Piroschka 396 f.
Drakon 265
Droysen, Johann G. 194
Dubnow, Simon 194
Duddy, Patrick 463
Dudley, William 203
Dulles, Allen 171
Dung, Nguyen Tan 384
Durbin, Dick 161, 428
Dürer, Albrecht 400
Dutroux , Marc 262
Dworkin, Andrea 340
Ebert, Friedrich 267
Ederer, Brigitte 105, 264 f.
Edschad, Achmadin 413
Edward I. 197
Edward III. 197
Eichel, E. 333
Eichel, Hans 208
Eismann, Stephen 182
Enders, Thomas 203
Engdahl, William 184, 378, 387
Engels, Friedrich 337, 364
Erdogan, Recep T. 52, 214, 234
Erzberger, Matthias 267
Eschkol, Levi 270
Fahsel, Fank 251
Fallon, William 35, 419
Farthmann, Friedhelm 293
Faye, Guillaume 298
Faymann, Werner 260 .
Feinstein, Leonard 190
Feith, Douglas 24
Fekter, Maria 292
Feldstein, Martin 140
Ferdinand von Aragon 195
Ferrero-Waldner, Benita 140
Fichtner, Ullrich 434
Finch, Julia 181
Fini, Gianfranco 214
Finn, Huckleberry 341
Fischer, Christoph 390
Fischer, Heinz 204, 276
Fischer, Joschka 56, 105, 208
Fischler, Franz 393
Fitschen, Jürgen 203
Flaissner, Klaus 392
Fleiner, Thomas 246
Floss, Franz 395
Foley, James 462
Forbes, Ralph 430
Forsyth (Colonel) 277
Forsyth, Frederick 212
Fox, Vicente 466
Franco 284
Frank, Barney 131, 177
Frank, Barnez 176
Frankenberger, K. D. 203
Frankfurter, Felix 123
Franzin, Mario 165
Frattini, Franco 247
Freiligrath, Ferdinand 116
Freisleben 168
Freisleben, Wolfgang 166
French, Marilyn 340
Friedman, Milton 140
Friedrich Wilhelm II 196
Froman, Michael 388
Fuchs, Michael 203
Fukuda, Keiji 321 f.
Fuld, Richard 182 f.
Füle, Stefan 240
Funke, Georg 183
Funston, Christopher 191
Gable, Clark 332, 410
Gabriel, Siegmar 306
Gallatin, Albert 128
Garlick, Jamie 131
Gates, Bill 204
Gates, Robert 353, 357
Gaulle, Charles de 57, 72, 453
Gauweiler, Peter 270
Gavin, Andrew 179
Gaxotte, Pierre 77
Geithner, Timothy 105, 143, 164, 167, 173, 176, 182, 184, 191
Genscher, Hans-Dietrich 140
Gentz, Friedrich 198
Gerhardt, Wolfgang 203

Giacometti, Alberto 398
Gibbon, Edward 194
Gnam, Peter 292, 300
Goebbels, Joseph 96
Goethe, Johann Wolfgang von 64, 319, 331
Goldberg, Philipp 462, 463
Goldman 41
Goldsmid, Benjamin 196
Golinger, Eva 460
Goodwin, Fred 182, 183
Gorbach, Hubert 276
Gorbatschow, Michail 364
Gordon, Ian 191
Graetz, H. 194
Graf, Martin 91
Gramm, Phil 182
Gramsci, Antonio 115
Grant, Cary 332
Grashey 349
Grass, Günter 404
Gravina, Frederico 360
Grayson 157
Green, Gene 427
Greenberg, Maurice 182
Greenspan, Alan 41, 133, 143, 166, 175, 181, 182
Greer, Germaine 338
Gregg, Judd 177
Grimm, Hans-Ulrich 388 f.
Groeneveld, Sigmar 376
Gudenus, Johann 344
Guesde, Jules 127
Günzburg, Joseph H. 196
Günzel, Reinhard 346
Gusenbauer, Gustav 105
Guthrie, Lord 203
Guttenberg, Stephanie zu 368
Ha-Levi, Ephraim Benveniste 195
Haarde, Geir 182
Hahn, Gio 240
Haider, Alfons 276
Hallyday, Dennis 445
Hammerl, Elfriede 261
Hammurabi 57
Hanfeld, Michael 404, 405
Hani, Sijad 434
Hankel, Wilhelm 130, 134, 140, 146, 149, 151, 152, 156, 206, 227, 232
Hankellaut, Wilhelm 206
Hannan, Daniel 223
Hardy, Thomas 360
Harman, Jane 428
Hartwig, Renate 326 f.
Häupl, Michael 255
Haupt, Jean 65
Hausmann, Carl 393
Haverbeck, Ursula 254
Hayward, Tony 426
Hayworth, Rita 332
Heine, Solomon 196
Heinrich VIII 217
Heisig, Kirsten 304 f.
Hendeles, Ydessa 398
Herbert, Peter 400
Herman, Eva 252, 273, 362, 404
Herwig 289
Herzog, Thomas 79
Heseltine, Michael 217
Higgins, Nigel 203
Hinz, Thorsten 221
Hitler, Adolf 96, 205, 269, 273, 298
Hohmann 349
Holbrooke, Richard 105
Hollstein, Walter 340
Holtzmann, Robert 287
Holzfeind, Dietmar 328
Hoop Scheffer, Jaap de 105, 352
Hornby, Andy 182, 183
Horton, T. 130
House, Mandel 123
Howanietz, Michael 382
Höyng, Stephan 339
Hull, Sarah 393
Humboldt, Wilhelm vo 372
Hummel, Juliane 330
Hunt, James 406
Huntington, Samuel 1C
Hussein, Saddam 23, 4
Igel, Regine 214
Inge (Lord) 352
Innozenz III. 194
Isabella von Kastilien 1
Ischinger, Wolfgang 2C
Issa, Darrell 428
Issing, Otmar 208
Issing, Otmar 140
Itzig, David 196
Jackson, Andrew 129
Jackson, Michael 338
James I. 197
Jarchau, P. 391
Jefferson, Thomas 128, 409, 412
Jelzin, Boris 15, 453, 46
Jentzsch, Stefan 183
Joachim von Brandenb 198
Jodl, Alfred 71
Johnson, Tim 161, 428
Jöhr, Hans 393
Jones, James 357
Josephus Flavius 194
Jovi, Snežana 165
Juncker, Jean-Claude 1 222, 350
Jung, Franz Josef 357, 4
Justinian (Kaiser) 57
Juvenal 194
Kagan, Robert 36, 105, 456
Kahane, Meir 411
Kallas, Siim 240
Kapeller, Norbert 261
Kapoor, Anish 399
Karamanlis 220
Karl V. 265
Karl der Große 57, 45
Karl V. 57
Karmasin, Sophie 212
Kashyap, Anil 178
Kauder, Volker 207, 2
Kennedy, John F.

l, 414 f.
nedy, Robert F. 409
, Lord 203
, Mervyn 181
sey, Alfred 332 f.
hhof, Paul 193
hner, Cristina 463
hner, Nestor 456
, Ron 387
inger, Henry
2, 105, 184, 204
den, Eckart 106
, Christian 256
s, Václav 96, 215
atsky, Hans 89
nert, Marc 369
na, Viktor 264 f.
emnästra 9
p, Carsten 187
n, Roland 106
l, Helmut 140, 268
ler, Kristina 252, 253
n, Donald 158
n, Sonja 182, 190 f.
mbus, Christoph 195
ossa, Gerd-Helmut 73
fuzius 300
pel, Roger 107 f.
ing 293
koff, Laurence 429 f.
thammer, Charles 24
n, Kurt 51, 312 f.
s, Neelie
, 204, 259
er, W. 333
inski 349
ast, Renate 377
z, Brigitta 330
n, Osama bin 17, 38,
, 356, 438, 452, 460
ntaine Oskar 249, 334
e, Andrew 182
xade, Jacques 352
y, Pascal 393
mann, Salcia 194
rieu, Mary 161, 428
ler, Ronald 398
chery, Frédéric 262
ow, Sergej 358
nan, Gerschon 333
er, Ulrich 203

Leitl, Christoph 223
Leitner, Wolfgang 106
Lellouche, Pierre 232
Lendman, Stephen 137
Lenin, Wladimir I. 248, 337
Levi, Lipman 196
Levine, David 134
Leyen, Ursula von der 252, 368 f.
Liebig, Justus von 374
Lieshout 399
Limmer, Ludwig 281
Lincoln, Aaron 197
Lincoln, Abraham 58, 129, 411
Lincoln, Blanche 161, 428
Lindbergh, Charles A. sen. 170
Loeb, Daniel 398
Loeb, Salomom 168
Lorenz, Konrad 192, 193
Lorenzo, Giovanni 289
Losada 462
Löscher, Peter 203 f.
Ludwig XIV. 196 f., 233, 239
Ludwig XVI. 58, 115
Lüftl, Walter 192 f.
Lugar, Richard 350 f.
Lugo, Fernando 465
Lunatscharski, Anatolij 364
Luther, Martin 50, 257, 330
Mac Arthur (General) 39
Machiavelli 446
Mack, John J. 177, 183
Madison, James 412
Madoff, Bernard 41, 182, 190, 419
Maguire, Mairead 445
Mahan, Alfred 31, 412
Mahnert, Jan 247, 296
Major, John 217
Male, Otto 341
Malmström, Cecilia 296
Mandelson, Peter 216 f.
Mankell, Henning 444 f.
Mann, Thomas 19
Mannichl, Alois 250
Mansfield, Jane 332
Marat, Jean Paul 59, 114
Marie Antoinette 59
Marinovic, Walter 103

Marlborough 197
Marlowe, Lara 448
Martin, Paul C. 192
Martin, Wolf 289
Marx, Karl 248, 364
Matheson, Jim 427
Maurer, Peter 417
McCain John 132, 416
McCarry, Caleb 466
McChrysta, Stanley 419
McFadden, Louis T. 164
McKinley 414
Medina, Solomon 197
Medwedjew, Dmitri A. 273, 365
Meissner, Winfried 324
Melancon, Charles 427
Mello, Vieira de 298
Merckle, Adolf 209
Merkel, Angela 19, 80, 82, 207, 208, 210, 232, 234, 265, 273, 274, 279, 281, 306 311, 327, 357, 436, 437, 447, 450, <454, 466
Merkin, Ezra 190
Merz, Friedrich 203
Metternich, Klemens Fürst von 114, 198
Meyer, Joachim 253
Michael von Berlin 198
Michelangelo 400
Micheletti, Roberto 468
Milosevic, Slobodan 436
Mittendorfer, Rudolf 286
Mitterbauer, Peter 203
Mocatta Moses 196
Mock 140
Moeller van den Bruck , Arthur 51
Moltke, Helmuth von 52
Mölzer, Andreas 102, 259, 292
Mommsen, Theodor 194
Monckton, Christopher 96
Monroe, James 32
Montefiore, Simon 115
Montesquieu, Charles de 57
Morales, Evo 461 ff.,

465 f.
Morel, Caroline 377
Morgan, J. P. 168
Morgenthau, Henry 123
Moritz, Barbara 275
Moritz, H. 381
Mortished, Carl 384
Moylan, Andrew 430
Moynihan, Brian 177
Mozart, Wolfgang Amadeus 400
Mozilo, Angelo 182
Mubarak, Hosni 322, 449
Mühl, Otto 400
Mühsam, Erich 272
Müller, Christa 334
Müller, K.P. 203
Müller, Karl 205, 356
Mundy, David Lee 337
Müntefering 246
Murdoch, Rupert 144
Murphy 185
Murphy, Tim 427
Murswiek, Dietrich 98
Mussolini, Benito 284
Mutter, Anne-Sophie 401
Napoleon 197
Nasi, Joseph 195
Nasrallah, Hassan 413
Naumann, Klaus 352
Neather, Andrew 291
Nedschad, Ahmadi 438
Negroponte, John 462
Nelson (Admiral) 360 f.
Nelson, Ben 158, 161, 428
Nestroy, Johann 114
Neubauer, Harald 273
Neupel, Joachim 183
Nick, Désirée 273
Nicolas, Jean 262
Nida-Rümelin, Julian 371
Nitsch, Hermann 400
Nitzsche, Henry 93
Nolting, M. 391
Norz, L. 275
Noske, Gustav 267
Novembre, John 296
Nowotny, Ewald 203
Obama, Barack 131 25, 35, 52, 106, 142, 144, 157, 159, 161, 164, 166, 174 f., 176, 183, 185 f., 273 f. 274, 386, 387 f., 416 f., 419, 427, 434 f.
Oetker, Arendt 203
Ofen, Abah 392
Official, Nathan 196
Öger, Vural 293
Oliver, Revilo 341
Olmert 443, 449
Omar Abdel Rachman 411
O'Neal, Stan 182, 183
Onekelinx, Laurette 324
Orlando, Maurizio d 142
Ortner, Christian 146, 311
Ortseifen, Stefan 183
Ospel, Marcel 183
Ovid 331
Özdemir, Cem 106
Pace, Peter 418
Palin, Sarah 417
Pándi, Claus 102
Panitzki 349
Papaconstantinou, G. 204, 220
Papandreou, Georgos 220 f.
Papier, Hans Jürgen 101, 404
Paul , Ron 137, 158, 171, 175 ff., 429
Paul, Ron 137, 158, 171
Paulson, Henry 167
Paulson, John 182
Payen, Michel 105
Pearce, Russell 423
Pedro I. 195
Pelosi, Nancy 428
Pérez, Carlös A. 458
Perle, Richard 106, 204
Perthes, Volker 106
Pétain, Philippe 273
Peter ›der Einsiedler‹ 53
Peter der Große 196
Petherick, Christopher 158
Petraeus, David 419
Peymann, Klaus 256
Pfaff, William 392
Pfannhauser, Werner 394 f.
Pfister, Ren=e 337
Pfund, Dieter. 203
Philipp II. 195
Philipp, Prinz von Belgi[...] 105
Philippe IV. 195
Philipps, Ina-Maria 369
Picaper, J. P. 275
Pillay, Navi 108
Pinay, Maurice 194
Plassnik, Ursula 203
Platon 241, 341
Polanski, Roman 67
Polk, James 412
Pollock, Jackson 398
Porta, Benveniste das 1[...]
Portes, Jonathan 291
Prince, Chuck 182
Pröll Josef 226, 288
Putin, Wladimir 143, 365, 413, 453 f.
Quinan, Denis 196
Raines, Franklin 131 f.
Rampl, Dieter 203
Ranieri, Lewis 182
Rasmussen, Anders F. 349 f., 357 f.
Rathenau, Walther 267
Reagan , Ronald 38, 1[...] 192, 406
Rehn, Olli 106, 222
Reich, Otto 459
Reisman, J. 333
Renner, Karl 77, 267
Renouf, Michele 254
Reuben, Scott 324
Reynolds, Burt 331
Richards, Michael 315
Richter, Karf 257, 320
Riesenhuber, Heinz 20[...]
Riester, Walter 208
Rittenhouse, Stanley 1[...]
Roberts, Paul Craig 135, 160, 172, 406
Robertson, Linda 175
Robertson, Pat 460
Robespierre, Maximilie[...] 59
Rockefeller, David 106, 204, 416
Rockefeller, John D. 16[...]
Röder, Brigitte 330
Roeder, Manfred 76
Romig, Friedrich 182

ıpuy, Herman van
1 f., 214, 232, 432
sevelt, Franklin D.
. 45, 125,
7, 129, 178, 205, 413
sevelt, Theodore 31
en, Yisrael 436
enberg, Alfred 331
enkranz, Barbara 313,
4, 339
enthal, Leon 196
s, Mike 427
ıschild 123
ıschild, Meyer Amschel
3 f., 198
bini, Nouriel 144,
5, 182, 226
sseau, Jean-Jacques 62
sseff, Dilma 466
off, Rick 357
in, Robert
5, 143, 182, 186
olf, Germar 254
ısfeld, Donald
9, 321, 419
o, Elio di 263
ıp, Bert 208, 287
ıan, Robert 399
kaschwili, Michael 406
s 41
r, Dirk 254
t-Just 114
zar 284
mo (König) 331
r, Frank 297
man, Charles 171
aras, Antonis 220
l, Shlomo 194
lers, Bernie 155
os, Juan Manuel 464
ozy, Nicolas 56,
, 357, 359, 450, 454
ızin, Thilo 284,
, 293, 304–307, 403
narola, Girolamo 53
yer, Tom 341
chtschneider, Albrecht
78, 80, 88, 92 f., 96,

fer, Erich 90
labi, Achmed 24

Schapiro, Charles 459
Scharioth, Klaus 387
Schaub, Bernhard 72
Schavan, Annette 296
Scheidemann, Philipp 267
Schenk, Wolfgang 365
Schiedewitz, W. 281
Schiff, Jakob 123, 199
Schiller, Friedrich 64
Schiller, Karl 130
Schlamp, R. J. 275
Schmid, Carlo 68
Schmid, Thomas 65
Schmidt, Thorsten 391
Schmidt, Ulla 326, 327
Schmitt, Carl 64
Schmitz, Andreas 203
Schober, Josef 267
Scholten, Rudolf 106, 204
Scholz, Olaf 204
Schönborn (Kardinal) 300
Schopenhauer, Arthur 330
Schrempp, Jürgen 106
Schrenck-Notzing, Caspar
von 268
Schröder, Gerhard 208
Schulte-Noelle, H. 203
Schultze-Rhonhof, Gerd.
349
Schumer, Chuck 131
Schumpeter, Joseph A. 128
Schüssel, Wolfgang 140,
265
Schwartz, Alan 167
Schwarzenberg, Karel 106
Schwarzenegger, Arnold
159
Schwarzer, Alice 337, 341
Schweisfurth, Karl Ludwig
379
Scrinzi, Otto 377
Sebelius, Kathleen 324
Seeward, William 412
Seipel, Ignaz 267
Seitz, Karl 267
Sékou Touré 284
Seligman 199
Semeta, Algirda 210
Seneca 62, 194, 239
Shaikh, Akmal 66 f.
Shalikashvili, John 352

Shapiro, Carl 190
Sharon, Ariel 277
Shiva, Vandana 390
Silva, Luiz Inácio Lula da
457, 463, 466
Singer, Peter 328
Sinn, Hans Werner 208
Skif, Hamid 306
Sobeck, Alexander 405
Sodann, Peter 188
Sofia von Spanien
105, 204
Solana, Javier 214, 439
Sonnabend, Ileana 398
Soros, George 41, 144,
182, 207, 350, 390
Soros, George 144
Specter, Arlen 161, 428
Spielberg, Steven 190
Spillmann, Markus 106
Spindelegger, Michael
161, 296
Sprenger, Jakob 330
Stalin , Josef
72, 114, 248, 356
Stamp, Josiah 129
Stauffenberg 60
Steinbach, Erika 270, 281
Steinbrück, Peer 208, 246
Steiner, Jerry 393
Steinmeier 447
Stiglitz, Joseph 144, 467
Stöcker, Gangolf 118
Strauss, Franz-Josef 348
Strauss-Kahn, Dominique
106, 182, 190
Straw, Jack 291
Strehle, Andreas 209
Streissler, Erich 141 f.
Stresemann, Gustav 267
Struck 348
Suasso, Isaak 197
Süleiman 293
Summers, Larry 143, 182
Sun Tzu 446
Sutherland, Peter 106, 204
Sutton, Anthony 205
Swoboda, Hannes 250
Szekeres, Thomas 325, 327
Tacitus 194
Taibbi, Matt 185

Taubman, Alfred 398
Taylor, Eliabeth 332
Taylor, Martin 204
Taylor, Michael 386
Tester, John 161, 428
Thain, John 183
Thatcher, Margaret 95, 217
Tietmeyer, Hans 208
Tiffany, John 132
Tilgner, Ulrich 405
Timoschenko, Julia 322
Tiner, John 182
Tomaschitz, Bernhard 111, 341
Torquemada, Thomas de 411
Traficant, Jim 176
Traian 194
Treichl, Andreas 203
Treitschke, Heinrich von 194
Trettner 349
Trichet, Jean-Claude 106, 203
Trost, Peter 394
Truman, Harry S . 72, 277, 413
Turner, Adair 154
Tusk, Donald 232
Twombly, Cy 399
Tyler, John 412
Ude, Christian 23, 257, 273
Ulfkotte, Udo 208, 403
Ullrich, Beatrix 322, 343, 370
Ünal, Arif 59
Unterberger, Andreas 255
Untermeyer, Samuel 123
Uribe, Alvaro 464
Varus, Quinctilius 52
Vasella, Daniel 106, 204
Verheugen, Günter 214
Verlaine, Paul 331
Vesoul, Menasse de 195
Vietor, Jürgen 256
Villeneuve, Pierre-Charles de 360
Vilsack, Tan 386
Volcker, Paul 144, 175, 282, 203 f.
Voser, Peter 204
Voss, Thomas 256
Wagner, F. J. 252
Waldvogel, Francis 204
Walker, David 145, 430
Walters, Simon 291
Warburg, Max 199
Warburg Paul 123, 168, 199
Ward 189, 190
Ward, Anthony 189
Warhol, Andy 398
Watt, Mel 175 f.
Weber, Axel 208
Weber, Klaus 127
Weill, Sandy 183
Weinberg, Sidney 123
Weinstein, Boaz 182 f.
Weiß, Heinrich 203
Weizsäcker, Richard v. 273
Welteke, Ernst 208
Wertheimer Samson 198
Westerwelle, Guido 281, 306
Whitelaw, Willy 217
Whitney, Meredith 182
Wieandt, Axel 188 f.
Wiegler, K. 391
Wiesel, Elie 190, 275
Wilhelm I. von Hessen-Kassel 198
Willeke, Franz-Ulrich 210
William III. 197
Williams, Esther 332
Williamson, Richard 62
Wilpon, Fred 190
Wilson, Woodrow 32 f., 122, 169, 413
Wimmer, Willy 356 f.
Winkler, M. 200
Wisner, Frank 171
Wissmann, Matthias 203
Wodarg, Wolfgang 323
Wolfensohn, James D. 182 390
Wolfowitz, Paul 24, 106, 182
Wolsey, Kardinal 217
Worms, Jakob 196
Worms, Patrick 406
Wuffli, Peter 183
Wulff, Christian 234 f., 336
Yoo, John 410
York, Aaron 197
Zapatero 450
Zeigler, Robert 384
Zetsche, Dieter 204
Zimmermann, Karin 279
Zoellick, Paul 106
Zoellick, Robert 182, 204
Zuckerman, Mortimer 190